Collectie Zonder Moeite

door Federico Benedetti

Nederlandse bewerking door Carine Caljon

Illustraties van J.L. Goussé

94430 Chennevières-sur-Marne
FRANCE

© ASSIMIL 2024
ISBN 978-2-7005-0978-6

Bij **onze cursussen**

horen geluidsopnamen op audio-cd of audio download; voor sommige talen is er ook een e-cursus*.

Zonder Moeite

Duits
Engels
Frans*
Portugees
Russisch
Spaans

Talen als target

Engels leren A2
Frans leren A2
Italiaans leren A2
Spaans leren A2

Conversatie-gidsen

Duits
Engels
Frans
Italiaans
Spaans

Werkboeken

Duits
Engels
Frans
Italiaans
Spaans

Inhoud

Voorwoord VII
Inleiding VII
Italiaans leren met Assimil IX
Uitspraak XI

Lessen 1 tot 100

1	I nuovi vicini	1
2	Colazione al bar	3
3	Studenti	7
4	Una camera prenotata	9
5	Alla biglietteria	13
6	Che bella città!	17
7	Revisione	19
8	Impariamo l'italiano	23
9	Comprare scarpe	27
10	Di dove sei?	31
11	Che buona la pizza!	35
12	Mestieri	37
13	Gatti e vacanze	41
14	Revisione	45
15	Una vacanza tra amici	51
16	Mangiare qualcosa	55
17	La lettura, che passione!	59
18	Nel traffico del centro	63
19	Al cinema	67
20	Dal fruttivendolo	71
21	Revisione	75
22	Un appuntamento importantissimo	85
23	Le quattro stagioni	89
24	Che fame!	93
25	Origini italiane	99
26	La qualità della vita	103
27	L'appartamento	109
28	Revisione	113
29	Informazioni stradali	123

30	Un tavolo al ristorante	127
31	Vestito per uscire	133
32	Una dura giornata	139
33	Dal medico	143
34	Calcoli	149
35	Revisione	153
36	Progetto di gita	163
37	Conversazione in treno	169
38	Il treno per Ancona	175
39	All'ufficio postale	181
40	Invito a cena	187
41	Un colloquio di lavoro	191
42	Revisione	197
43	In banca	205
44	Iscrizione in palestra	211
45	Le prossime vacanze	217
46	Attività extrascolastiche pomeridiane	221
47	Posta elettronica	227
48	Musica classica	233
49	Revisione	239
50	Messaggerie	247
51	Assistere i genitori	253
52	Consigli a un amico	257
53	Lavoretti	263
54	Consigli sul computer	269
55	Giardinaggio	275
56	Revisione	281
57	All'aeroporto	285
58	Dal meccanico	291
59	Nel centro commerciale	297
60	Meteo	301
61	Venezia	307
62	Rinnoviamo la casa	313
63	Revisione	319
64	Nascita in vista	325
65	Scegliere una facoltà	331
66	L'elettricista	337
67	Ricette di cucina	343
68	Un'inaugurazione	349

69	Un incidente stradale	355
70	Revisione	359
71	Una giornata alle terme	367
72	Un sondaggio telefonico	373
73	La festa di compleanno	379
74	Il riciclo dei rifiuti domestici	385
75	Download	391
76	Dal concessionario	395
77	Revisione	401
78	Al parco divertimenti	407
79	Preparare un viaggio all'estero	413
80	Animali domestici	417
81	Feste e tradizioni	423
82	Turismo a Verona	429
83	Un articolo della stampa locale	435
84	Revisione	441
85	Diete	445
86	Una gita scolastica	451
87	Un sogno	457
88	Una mostra di pittura	461
89	Promozione e competenza	467
90	Assemblea condominiale	473
91	Revisione	479
92	Le basiliche di Roma	483
93	Il brutto anatroccolo	491
94	Una scoperta sensazionale	497
95	Un caso di furto	503
96	Siena	509
97	Scambi accademici	515
98	Revisione	519
99	Montaggio "fai da te"	531
100	Arrivederci!	535

Grammaticale bijlage 544
Woordenlijsten 583
Woordenlijst Italiaans-Nederlands 584
Woordenlijst Nederlands-Italiaans 647

Met dank aan Alessandra, docente Italiaans uit Rome, voor haar waardevolle bijdrage aan deze cursus.

Voorwoord

De uitgeverij ASSIMIL is verheugd u deze cursus *Italiaans* voor te stellen. In de loop der jaren, meer bepaald sinds de jaren 1930, is de inhoud al meermaals volledig vernieuwd. In een wereld die voortdurend verandert, willen we immers altijd het actuele taalgebruik aanbieden!
De globalisering, waarbij de evoluerende communicatietechnologie een belangrijke rol speelt, brengt mensen dichter bij elkaar. Tegenwoordig kan men via vertaalapps in bijna alle talen communiceren, tot op zekere hoogte... Heel wat mensen – wellicht bent u ook zo iemand – willen echter echt contact met, bijvoorbeeld, de lokale bevolking van het land waar ze op reis zijn, buitenlandse zakenpartners, de nieuwe buren, kortom anderstaligen met wie ze om een of andere reden voeling hebben. Om linguïstische eigenschappen ten volle te appreciëren, is een degelijke kennis van de taal onontbeerlijk.
Al bijna een eeuw draagt ASSIMIL bij tot de toenadering tussen mensen uit verschillende landen en culturen, door hen elkaars taal te leren spreken. Daartoe vernieuwen we regelmatig de inhoud en lay-out, maar blijven hierbij trouw aan onze specifieke taalstudiemethode: intuïtieve assimilatie, dus veeleer gebaseerd op het auditieve en het laten doordringen van de taal, dan het op schoolse wijze instuderen van woordenlijstjes en spraakkunstregels, al zal grammatica wel heel de cursus door aan bod komen.
U zal Italië en de Italianen leren kennen, in al hun gelaagdheid en uitbundigheid, met ASSIMIL aan uw zijde. We zullen u tijdens heel uw studieparcours begeleiden, zodat u stapsgewijs en doeltreffend de prachtige Italiaanse taal leert!

Inleiding

In tegenstelling tot andere talen, zoals Engels of Spaans, heeft Italiaans geen beduidend internationaal karakter en wordt het alleen door Italianen gesproken, ondanks het feit dat dit volk, dat onophoudelijk is blijven emigreren, overal ter wereld gevestigd is (meer dan 4 miljoen Italianen wonen in het buitenland). En toch is Italiaans een van de meest gestudeerde talen, mede door het prestige dat Italië altijd genoten heeft bij de internationale gemeenschap, zowel in culturele middens als in de zakenwereld (milieus waarin heel wat Italianen hoge functies bekleden). Het staat inderdaad op de vierde plaats, na Engels, Frans en Spaans, met wereldwijd meer dan 2 miljoen mensen die Italiaans leren.

Het werd lang beschouwd als dé cultuurtaal, gezien het rijke verleden in de kunst, literatuur, muziek en film, maar ook in het economische leven nam het belang van Italiaans toe: Italië maakt deel uit van de groep van 7 rijkste en meest geïndustrialiseerde landen in de wereld, ondanks de moeilijkheden die meer voor de bevolking dan voor de bedrijfswereld voelbaar zijn. Het onderhoudt belangrijke internationale betrekkingen, dikwijls vanuit de intense export van vermaarde producten.

Bij het samenstellen van deze cursus hebben we dus rekening gehouden met het gevarieerd profiel van onze lezers: van liefhebbers van schilderkunst uit de renaissance, nieuwsgierigen naar de originele teksten van Dante tot de vele mensen met interesse voor het moderne, geïndustrialiseerde Italië, dat zowel mode als technologie exporteert, dat deskundige technici en wetenschappers naar de belangrijkste onderzoekscentra uitzendt, dit allemaal wereldwijd.

We laten dus verschillende aspecten van het hedendaagse leven in Italië aan bod komen, met woordenschat en structuren op de werkvloer, in de informatica en de telecommunicatie, maar ook bij allerlei culturele activiteiten, huiselijke besognes enz. Uiteraard hoort daar ook het gewone taalgebruik bij, in de omgang met familie en vrienden, in situaties waarin iedereen wel eens kan belanden, in een winkel of een hotel, in de bank, op de luchthaven enz., maar dan in het Italiaans!

Absoluut geen saaie materie, aangebracht vanuit dialogen en situaties uit het dagelijkse leven in Italië, met een vleugje humor, met personages en herkenbare karaktertrekken, met gevoel voor traditie maar dan wel in de wereld van nu. Welkom in het land van zon, stranden en niet alleen **farniente**...!

Italiaans leren met Assimil

Eerst een paar belangrijke raadgevingen:
• Neem u meteen voor dagelijks ongeveer een halfuur aan uw studie te besteden. Hebt u een dag minder tijd, sla dan niet heel uw dagelijkse studie over; besteed er op z'n minst toch vijf minuten aan door, bijvoorbeeld, de dialoog van de vorige dag opnieuw te beluisteren/lezen of een oefening opnieuw te maken. Ga ook niet sneller dan nodig: geniet, maar met mate! Regelmaat is van het grootste belang bij intuïtieve assimilatie, dus ook bij een Assimilcursus.
• Vertrouw op ons. Onze methode beoogt de geleidelijke verwerving van een taal via dialogen en observatie; ze volgt enigszins hetzelfde proces als bij het leren van de moedertaal. Zo zal u bepaalde wendingen of grammaticale elementen meermaals tegenkomen alvorens hun constructie of werking te begrijpen of er de nodige uitleg voor te vinden, en soms wordt deze over verschillende lessen gespreid voor een perfecte assimilatie.
• Verwerk de dialogen hardop, baseer u hiervoor op de geluidsopnamen en de uitleg in de rubriek "Uitspraak". We kunnen het nut van dit mondelinge aspect niet genoeg benadrukken, vooral in het begin. Speel komedie! Zo komt u van uw geremdheid af en bent u voorbereid op "echte" gesprekken.
• Herhaal regelmatig. De methode stoelt op voortdurend herhalen (opmerkingen die in latere lessen uitgediept worden, de "tweede fase", enz.). Slaagt u er niet meteen in een woord te onthouden of een grammaticaal gegeven te begrijpen, geen paniek! Gun uzelf de tijd en ga gewoon door. De kans is groot dat het probleem na een poosje spontaan is opgelost.
• Creëer een echt "taalbad" tijdens uw studie. Benut alle mogelijkheden om in contact te komen met de Italiaanse taal (websites, sociale media, blogs, film, kranten,…). Uiteraard zal niet alles onmiddellijk verstaanbaar zijn, maar dit brede contact met de taal zal het natuurlijke verwervingsproces ervan vergemakkelijken.
• Amuseer u! Ook dit is een wezenlijk onderdeel van de Assimilmethode: leuke verhaaltjes, anekdotes, grappige tekeningen,… alles om het nuttige met het aangename te verenigen.

De eerste of "receptieve" fase

Zo noemen we het eerste, eerder "passieve" gedeelte van uw taalstudie, een soort "onderdompeling" in de Italiaanse taal.

Begin met het beluisteren van de volledige lestekst – meestal een dialoog – om de klanken en het ritme van de Italiaanse taal aan te voelen. Deze luisteroefening is heel belangrijk. Het is weliswaar mogelijk om de methode te volgen zonder de geluidsopnamen, maar dit is vergelijkbaar met een liedjestekst lezen zonder er de bijbehorende muziek van te kennen. We raden dus aan er werkelijk het geluid bij te halen, temeer daar ritme en frasering heel belangrijk zijn in gesproken Italiaans!

Lees daarna de tekst, zin per zin. Raadpleeg de Nederlandse vertaling en beluister opnieuw de zin. Neem aandachtig de opmerkingen door: ze lichten lexicale en grammaticale elementen toe of behandelen een bepaalde moeilijkheid (beschouw ze als de stem van uw leraar, die u uitleg verschaft en aanmoedigt). Aan het einde van sommige lessen vindt u ook culturele informatie over het leven in Italië.

Tijd om te herhalen. Beluister de les opnieuw en herhaal elke zin, hardop. Boots zo goed mogelijk de klemtonen en intonatie na. In de eerste lessen werd de tekst langzamer dan het gebruikelijke ritme ingesproken. Het spreektempo wordt gaandeweg opgevoerd naar een natuurlijke cadans. Bij een dagelijkse portie Italiaans valt die al vrij snel, zonder moeite te volgen.

Sluit de les af met de aangeboden oefeningen: ze vormen de rechtstreekse toepassing van wat u net geleerd hebt.

Elke reeks van zeven lessen wordt afgesloten met een herhalingsles. Deze lessen maken integraal deel uit van de cursus. Besteed er dus evenveel tijd aan als aan een nieuwe les, want ze vatten uw opgedane kennis op meer systematische wijze samen en vullen de informatie uit de dagelijkse opmerkingen verder aan.

In de grammaticale bijlage achterin dit boek bundelen we de Italiaanse spraakkunstregels, handig om snel iets op te zoeken.

Ten slotte is er de dubbele woordenlijst (Italiaans-Nederlands en omgekeerd), waarin u omzeggens alle Italiaanse woorden uit deze cursus terugvindt.

De tweede of "productieve" fase

Vanaf de 50e les, wanneer u de basis goed geassimileerd hebt, zal onze cursus gericht zijn op het zelf produceren van taal. Dit is het tweede, veeleer "actieve" gedeelte van uw studie. Terwijl u zoals voorheen blijft doorgaan met dagelijks een nieuwe les, moeten nu ook de eerder bestudeerde lessen weer een voor een bekeken worden, eveneens met een frequentie van één les per dag en te beginnen met les 1. We zullen u vanaf dan verzoeken om naar het Italiaans te vertalen. In deze "tweede fase", die een sleutelelement van de Assimil-methode vormt, zal u zich bewust worden van de gemaakte vorderingen en uw kennis consolideren. We komen hierop terug zodra de tijd er rijp voor is.
Vergeet niet de telwoorden te leren: besteed 30 seconden per dag aan het hardop lezen van de pagina- en lesnummers, zo leert u de hoofdtelwoorden resp. rangtelwoorden.

Kortom, regelmatige inzet, graduele vooruitgang en plezier in het leren: dankzij deze fundamenten van onze methode zal u op een zo goed als natuurlijke wijze de Italiaanse taal onder de knie krijgen. Het wordt ongetwijfeld een verrijkend avontuur!

Uitspraak

Hét Italiaans, dat bestaat eigenlijk niet! Een reden hiervoor is dat er pas laat (1861) een nationale politieke eenheid kwam, met heel sterke regionalistische invloeden. Soms is het moeilijk om de "correcte" uitspraak van een woord te detecteren, wegens de talrijke streekvarianten (maar dat is met Nederlands niet anders...). Zo zal, bijvoorbeeld, voor een Toscaan of Bolognees **pesca** met een **e** zoals in 'crème' *perzik* zijn en **pesca** met een **e** zoals in 'café' *visvangst* betekenen; iemand uit Lombardije of Veneto spreekt **pesca** uit met gesloten **e** in beide betekenissen.
Lange tijd werd Toscaans beschouwd als standaard voor de 'Italiaanse taal', om culturele redenen (de erfenis van Dante...), maar dat stond soms ver van de linguïstische realiteit in het land. Wanneer u naar de nationale televisie kijkt, merkt u misschien een Romeins accent op bij sommige journalisten en presentatoren, en de reden hiervoor is

dat de meeste studio's in Rome gevestigd zijn... Vaak spreekt elkeen met zijn eigen regionale tongval, zelfs in de hoogste echelons van de maatschappij, met gebruik van lokale uitdrukkingen, die iemand in een ander landsdeel niet noodzakelijk kent!

In de geluidsopnamen hebben wij getracht om een zo "neutraal" mogelijke uitspraak en intonatie aan te bieden, al werd te tekst ingesproken door acteurs uit verschillende streken van Italië. Let bij het herhalen van de zinnen zowel op het fonetische als op het ritmische aspect. Beeld u daarbij gewoon in dat u de scènes "speelt"! Welkom in het land van **la Commedia dell'Arte**!

1 Klemtoon

Het is belangrijk om de klemtoon in een woord juist te plaatsen. Soms werkt hij zelfs betekenisonderscheidend, denk maar aan 'bedelen' en 'bedelen' in het Nederlands! Italiaanse voorbeelden: l'**ancora** is *het anker*, maar **ancora** betekent *nog*; **i condomini** zijn *de mede-eigenaars*, **i condomini** *de mede-eigendommen* en soms gewoon *de gebouwen*; **perdono** (*ik vergeef*), **perdono** (*ze vergeven*). Italiaanse woorden worden, afhankelijk van welke lettergreep de klemtoon draagt, ingedeeld in de volgende groepen:

– **parole piane**, letterlijk *vlakke woorden*, waarbij de klemtoon op de voorlaatste lettergreep valt: **amico**, *vriend*; **mangiare**, *eten*

– **parole sdrucciole**, *glijdende woorden,* met de klemtoon op de derdelaatste lettergreep: **ultimo**, *laatste*; **chiamali**, *roep hen*

– **parole bisdrucciole**, *dubbelglijdende woorden,* met de klemtoon op de vierdelaatste lettergreep: **abitano**, *ze wonen*; **portacelo**, *breng het ons*; **diteglielo**, *zeggen jullie het hem*

– **parole tronche**, *afgekapte woorden* (zo genoemd omdat de oorspronkelijke eindlettergreep "weggevallen" is), waarbij de laatste lettergreep beklemtoond wordt, wat geschreven herkenbaar is aan het accent boven de klinker: **città**, *stad*; **virtù**, *deugd(zaamheid)*.

Alleen bij deze laatste groep valt de plaats van de klemtoon af te leiden uit de spelling. In de dialogen in dit boek worden de klinkers in de beklemtoonde lettergreep vet gedrukt, zowel in de dialoogtekst als in de weergave in klankschrift eronder (dit laatste tot u voldoende ingewerkt bent om het zelf aan te voelen, zoals een echte Italiaan(se)! Vanzelfsprekend speelt het beluisteren van de opnamen hierbij een fundamentele rol: zo hoort u hoe de woorden correct uit te spreken, met de juiste klemtoon.

2 Klankschrift

Om het u makkelijker te maken, hebben we de rubriek *Uitspraak* voorzien. Hierin geven we een fonetische transcriptie (in schuine druk) van de dialoogtekst (integraal tot en met les 13, gedeeltelijk daarna). We gaan hierbij uit van Nederlandse klanken. Zo zal, bijvoorbeeld, de letter **u** die in het Italiaans als 'oe' uitgesproken wordt, weergegeven worden met *oe*, dus **punto** als *[poento]*.

Dit klankschrift heeft niets wetenschappelijks (hiervoor is het gebruik van het internationaal fonetisch alfabet nodig, wat voorstudie vergt), maar moet u helpen om Italiaans uit te spreken... als was het Nederlands. We zijn ons bewust van de onvolmaaktheden in dit systeem en verzoeken u dan ook om het louter te zien als hulpmiddel, naast de geluidsopnamen die als model dienen. Voor Nederlandstaligen vormen Italiaanse klanken op zich geen probleem vermits ze ook in onze taal voorkomen. In principe wordt een Italiaans woord uitgesproken zoals het geschreven staat, mits rekening te houden met een aantal letter(combinatie)s die anders geïnterpreteerd worden dan in het Nederlands.

3 Klinkers

3.1 De basisklinkers

- De klank van de Italiaanse **a** ligt tussen een open en gesloten a.
- De **e** klinkt in het ene geval zoals in b<u>ee</u>t of caf<u>é</u> (*[é]* in ons klankschrift), in het andere zoals in b<u>e</u>k of crème *[è]*, bv. **niente** *[nièntè]*, *niets* (let er dus ook op een eind-e nooit dof uit te spreken!).
- De **i** is scherp zoals in c<u>i</u>troen en r<u>i</u>sico (*[i]* in ons klankschrift); indien beklemtoond klinkt ze langer, zoals in s<u>i</u>re en r<u>ie</u>t *[i]*, bv. **difficile** *[diffitsjilé]*, *moeilijk*.
- De **o** klinkt soms zoals in h<u>oo</u>s, soms zoals in h<u>o</u>k.
- De **u** klinkt als *[oe]*, bv. **punto** *[poento]*, *punt*.

3.2 Klinkercombinaties

Opeenvolgende klinkers worden ieder apart uitgesproken, bv. **ei** (**e** + **i**), **ie** (**i** + **e**, niet zoals in ons 'lief'), **ui** (**u** *[oe]* + **i**, niet zoals in 'huis'), **Europa** *[éoeropa]*, *Europa*.

Bij een klankovergang: net als in het Nederlands kan een **i** neigen naar een j-klank (bv. **più** *[pioe]* neigend naar *[pjoe]*, *meer*); de oe-klank van een **u** kan neigen naar een w-klank (bv. **qualità** *[koealita]* neigend naar *[kwalita]*, kwaliteit), maar we kiezen voor *[oe]* om een al te Nederlandse [w] te vermijden).

Verdere bijzonderheden, met name een paar combinaties van medeklinkers met klinkers, zullen we behandelen waar ze in de cursus voorkomen.

4 Medeklinkers

4.1 *C* en *CH*

• De letter **c** klinkt als *[k]* vóór de klinkers **a**, **o**, **u**; om die *[k]*-klank vóór een **e** of **i** te horen, is een **h** nodig tussen de **c** en die klinker, bv. **Mi chiamo Michele** *[mi kiamo mikèlé]*, Ik heet Michel.
• Vóór **e** of **i** klinkt de letter **c** zoals *[tsj]* in 'tsjonge', bv. **Piacere!** *[piatsjéré]*, Aangenaam!, **Sicilia** *[sitsjilia, Sicilië*; om die *[tsj]*-klank vóór een **a**, **o** of **u** te horen, is een **i** nodig tussen de **c** en die klinker, bv. **Ciao!** *[tsjao]*, hallo!, hoi!, dag!, **Faccio ciò** *[fattsjo tsjo]*, Ik doe dat.

spelling	uitspraak	voorbeeld
ca	*[ka]*	**casa** *[kaza]*, huis
co	*[ko]*	**cosa** *[koza]*, zaak, ding
cu	*[koe]*	**cubo** *[koebo]*, kubus
che	*[ké, kè]*	**anche** *[anké]*, ook, **orchestra** *[orkèstra]*, orkest
chi	*[ki]*	**chilo** *[kilo]*, kilo
cia	*[tsja]*	**arancia** *[arantsja]*, sinaasappel
cio	*[tsjo]*	**cioccolato** *[tsjokkolato]*, chocolade
ciu	*[tsjoe]*	**acciuga** *[attsjoeGa]*, ansjovis
ce	*[tsjé, tsjè]*	**cercare** *[tsjérkaré]*, zoeken, **certo** *[tsjèrto]*, zeker
ci	*[tsji]*	**cima** *[tsjima]*, top

4.2 *G* en *GH*

• De letter **g** klinkt zoals de harde g *[G]* in het Engelse 'goal' en in het Franse 'garçon' vóór de klinkers **a**, **o**, **u**, bv. **gatto** *[Gatto]*, kat, **gusto** *[Goesto]*, smaak; om die harde g te horen vóór een **e** of **i** is een **h** nodig tussen de **g** en die klinker, bv. **lunghe saghe** *[loenGé saGé]*, lange sages, **i colleghi** *[i collèGi]*, de collega's.

• Vóór **e** of **i** klinkt de letter **g** zoals *[dzj]* in het Engelse 'ginger': **ingegnere** *[indzjénjéré]*, *ingenieur*, **Parigi** *[paridzji]*, *Parijs*; om die *[dzj]*-klank te horen vóór een **a**, **o** of **u** is een **i** nodig tussen de **g** en die klinker, bv. **la Norvegia** *[la norvèdzja]*, *Noorwegen*, **Giochiamo a calcio** *[dzjokiamo a kaltsjo]*, *We voetballen*, **Non è giusto!** *[non è dzjoesto]*, *Het is niet juist/eerlijk!*

spelling	uitspraak	voorbeeld
ga	*[Ga]*	**collega** *[collèGa]*, *collega*
go	*[Go]*	**lago** *[laGo]*, *meer*
gu	*[Goe]*	**gufo** *[Goefo]*, *uil*
ghe	*[Gé, Gè]*	**portoghese** *[portoGézé]*, *Portugees, -gese*, **paghe** *[paGé]*, *lonen*
ghi	*[Gi]*	**aghi** *[aGi]*, *naalden*
gia	*[dzja]*	**loggia** *[loddzja]*, *loggia*
gio	*[dzjo]*	**giorno** *[dzjorno]*, *dag*
giu	*[dzjoe]*	**giusto** *[dzjoesto]*, *juist, eerlijk*
ge	*[dzjé, dzjè]*	**geranio** *[dzjéranio]*, *geranium*, **gennaio** *[dzjénnaio]*, *januari*
gi	*[dzji]*	**Parigi** *[paridzji]*, *Parijs*

4.3 De combinaties *GLI* en *GN*

• De combinatie **gli** klinkt zoals *[lj]* in 'miljoen', bv. **famiglia** *[familja]*, *familie, gezin*.
• De combinatie **gn** klinkt zoals *[nj]* in 'anjer', bv. **gnocchi** [njokki].

4.4 De letter *H*

De letter **h** wordt op zich niet uitgesproken, bv. **ho** *[o]*, *(ik) heb*.

4.5 *QU*

Op de letter **q** volgt altijd een **u** en samen klinken ze als *[koe]* (met een enigszins afgezwakte oe-klank), bv. **quadro** *[koeadro]*, *kader, schilderij*.

4.6 De letter *R*

Meestal hoor je in Italië een rollende of tongpunt-r; in sommige delen van het land, bijvoorbeeld in de provincie Parma, is het eerder een keel-**r**.

4.7 De letter *S*

Let erop dat een **s** als *[z]* klinkt
• tussen klinkers, bv. **filosofo** *[filozofo], filosoof* (tenzij als aanzet van een tweede element in een samenstelling, bv. **buonasera** *[boeonaséra], goedenavond*)
• vóór een **b**, **d**, **g**, **l**, **m**, **n**, **r** of **v**, bv. **svelto** *[zvélto], snel*.
Weet ook dat de klank van een **s** of **z** van regio tot regio kan verschillen!

4.8 *SC*

• De combinatie **sc** klinkt zoals *[sj]* in 'meisje' vóór een **e** of **i**, bv. **pesce** *[pésjé], vis*, **sci** *[sji], ski*; om die *[sj]*-klank te horen vóór een **a**, **o** of **u** is een **i** nodig tussen **sc** en die klinker, bv. **lasciare** *[lasjaré], laten*, **liscio** *[lisjo], glad*, **pastasciutta** *[pastasjoetta], toebereide pasta*.
• Om vóór een **e** of **i** een *[sk]*-klank te horen, is een **h** nodig tussen **s** en **c**, bv. **affreschi** *[affréski], fresco's*.

spelling	uitspraak	voorbeeld
sce	*[sjé, sjè]*	**discesa** *[disjéza], afdaling*
sci	*[sji]*	**piscina** *[pisjina], zwembad*
scia	*[sja]*	**lasciare** *[lasjaré], laten*
scio	*[sjo]*	**uscio** *[oesjo], deuropening*
sciu	*[sjoe]*	**asciugare** *[asjoeGaré], (af)drogen*
sca	*[ska]*	**scatola** *[skatola], doos*
sco	*[sko]*	**scopa** *[skopa], bezem*
scu	*[skoe]*	**scudo** *[skoedo], schild*
schi	*[ski]*	**schiena** *[skiéna], rug*
sche	*[ské, skè]*	**scheletro** *[skélétro], skelet*

4.9 De letter *Z*

• In het ene woord klinkt de **z** als *[ts]*, bv. **pizza** *[pittsa], pizza*, in het andere als *[dz]*, bv. **zanzara** *[dzandzara], mug*. Ook hier moet rekening gehouden worden met regionale verschillen: in de Povlakte, bijvoorbeeld, klinkt een **z** wat als de Engelse th of de Spaanse z (Lombardije stond gedurende 200 jaar onder Spaans bewind!).

4.10 Dubbele medeklinkers

Wanneer een medeklinker tweemaal na elkaar voorkomt in een woord wordt de klank ervan wat langer aangehouden. Dit lijkt misschien overdreven, maar in sommige woorden is deze nuance belangrijk, daar het verschil alleen aan die enkele of dubbele medeklinker herkenbaar is, bv. **nona**, *negende* (v.) en **nonna**, *grootmoeder*. Verwar **la Nona di Beethoven**, *de Negende van Beethoven* dus niet met **la nonna di Beethoven**, zijn *grootmoeder*!

5 Intonatie

Italiaans, dat wordt gezongen! Let dus op de intonatie, die een zin richting kan geven, want een meedelende, vragende en bevelende zin kunnen dezelfde constructie hebben. Uiteraard is er de interpunctie, maar die zie je niet in gesproken vorm! De mededeling wordt "egaal" uitgesproken, **andiamo** (*we gaan*), de vraag met "stijgende" intonatie, **andiamo?** (*gaan we?*) en het bevel eindigt eerder "kortaf", **andiamo!** (*(laten) we gaan(, nu)!*). Wel, bent u klaar om mee te zingen in onze opera, 100 ASSIMILlessen lang? **Andiamo!**

U staat te popelen om aan de slag te gaan met uw eerste les... Neem zeker eerst aandachtig de vorige bladzijden door! Deze voorafgaandelijke uitleg is absoluut noodzakelijk voor een doeltreffende studie.

1 / Prima lezione

Lees voordat u met de eerste les begint aandachtig de inleiding, ook al bent u geen echte beginner meer.
Voor een vlotte studie benadert de woordorde in de Nederlandse vertaling zo goed mogelijk die van de Italiaanse zinnen. Afwijkende of bijzon-

Prima lezione *[prima létsioné]*

I nuovi vicini

1 – Buongiorno!
2   Siamo [1] i vostri nuovi vicini!
3   Io mi chiamo [2] Paolo, e lei [3]?
4 – Io sono Luciano,
5   e lei è mia moglie, Luisa.
6 – Io sono Laura, piacere [4]!
7 – Arrivederci!

Uitspraak
i noeovi vitsjini 1 boeondzjorno 2 siamo i vostri noeovi vitsjini 3 io mi kiamo paolo, é lèi 4 io sono loetsjano 5 é lèi è mia moljé, loeiza 6 io sono laoera, piatsjéré 7 arrivédértsji

Aanwijzingen bij de uitspraak
Het nummer verwijst naar de zin waarin de behandelde klank de eerste keer voorkomt in de dialoog.

(titel, 6) De letter **c** wordt vóór een **i** of **e** uitgesproken zoals in 'tsjilpen', in het klankschrift weergegeven met *[tsj]*.
(1) De letter **g** wordt vóór een **i** uitgesproken zoals in het Engelse 'ginger' *[dzj]*; de **i** na **g** is niet hoorbaar als er een andere klinker op volgt.
(3) De combinatie **ch** klinkt als *[k]*.
(4) Net als bij **gi** is in de combinatie **ci** de **i** niet hoorbaar als er een andere klinker op volgt.
(5) De klank van de combinatie **gl** is vergelijkbaar met *[lj]* in 'miljoen'; volgt op **gli** een andere klinker, dan is de **i** niet hoorbaar.

1 •   **uno** *[oeno]*

dere structuren in de dialogen worden als volgt voorgesteld: tussen vierkante haakjes [ ] staan woorden die in het Nederlands nodig zijn, maar in de Italiaanse zin niet voorkomen; de cursieve woorden tussen ronde haakjes ( ) geven de letterlijke vertaling weer, vaak woord voor woord.

Eerste les

De nieuwe buren

1 – Goeiedag!
2 [We] zijn *(de)* jullie nieuwe buren!
3 Ík heet *(me noem)* Paolo, en u?
4 – Ík ben Luciano,
5 en dit *(zij)* is mijn vrouw, Luisa.
6 Ík ben Laura, aangenaam *(plezier)*!
7 – Tot ziens!

Opmerkingen

1 Het persoonlijk voornaamwoord wordt als onderwerp meestal weggelaten in het Italiaans: **siamo**, *[we] zijn*. Als het gebruikt wordt, is dat vooral om het onderwerp te benadrukken of te verduidelijken, bijvoorbeeld om het tegenover een ander onderwerp te plaatsen, zoals verderop in de dialoog, wanneer mensen zich voorstellen. (Bij gebruik zullen we dit aantonen door in het Nederlands het persoonlijk voornaamwoord in zijn beklemtoonde vorm of voorzien van een accentteken te schrijven.)

2 Voor ons werkwoord *heten* gebruikt het Italiaans de wederkerende vorm *zich noemen*: **mi chiamo ...**, *ik heet ...*, letterlijk *[ik] me noem ...*

3 Het persoonlijk voornaamwoord **lei** geldt voor de vrouwelijke 3e persoon enkelvoud *zij, ze* én voor de beleefdheidsvorm *u* (wellicht een overblijfsel van een oude aanspreking zoals **Vossignoria**, *Uwe Heerlijkheid*, een vrouwelijke vorm), gebruikelijk tegenover zowel een vrouw als een man. Let er dus op dat in het Italiaans de beleefdheidsvorm vervoegd wordt in de 3e persoon!

4 Waar wij bij het kennismaken 'aangenaam' zeggen, gebruiken Italianen de formule **piacere**, wat letterlijk *plezier, genoegen* betekent. Het vervat ook het gevoel dat met de ontmoeting gepaard gaat...

Esercizio 1 – Traducete
Oefening 1 – Vertaal

❶ Io mi chiamo Paolo, piacere! ❷ Lei è mia moglie. ❸ Siamo i nuovi vicini. ❹ Buongiorno, io sono Luisa, e lei? ❺ Arrivederci!

***

Esercizio 2 – Completate
Oefening 2 – Vul aan
Op elk puntje hoort een letter (soms een apostrof) te komen.

❶ Goeiedag, we zijn de nieuwe buren!
Buongiorno, ... i nuovi vicini!

❷ Ík heet Paolo, en u?
Io mi chiamo Paolo, e ... ?

❸ Ík ben Luisa, aangenaam!
Io sono Luisa, ... !

❹ Luisa is mijn vrouw.
Luisa è mia ....

❺ Ik heet Luciano.
Mi ...... Luciano.

Seconda lezione [sékonda létsioné]

Colazione al [1] bar

1 – Ciao [2] Michele, hai fame?
2   Un caffè e una brioche [3], come al solito [4]?
3 – Anche due! Ho una fame da lupo!
4 – Io stamattina [5] non [6] ho fame.
5   Prendo solo un cappuccino.
6 – Ecco [7] perché sei così magro!

Tweede les / 2

Oplossing van oefening 1

❶ Ík heet Paolo, aangenaam! ❷ Dit *(Zij)* is mijn vrouw. ❸ We zijn de nieuwe buren. ❹ Goeiedag, ík ben Luisa, en u? ❺ Tot ziens!

Oplossing van oefening 2

❶ – siamo – ❷ – lei ❸ – piacere ❹ – moglie ❺ – chiamo –

Dit was uw eerste les Italiaans! Met al meteen een paar bijzonderheden, maar net dat maakt het boeiend en authentiek. U hoeft ook niet alles onmiddellijk te onthouden. Een taal verwerven gebeurt geleidelijk aan... zonder moeite. Vergeet niet de audioversie van de dialogen aandachtig te beluisteren!

Tweede les

Ontbijt in de bar

1 – Hallo Michele, heb [je] honger?
2   Een koffie en een *brioche*/croissant, zoals gewoonlijk?
3 – Zelfs twee! [Ik] heb honger als een *(een honger van)* wolf!
4 – Ík heb vanmorgen geen *(deze-morgen niet heb)* honger.
5   [Ik] neem alleen een cappuccino.
6 – Daarom ben je *(Ziehier waarom bent)* zo mager!

Uitspraak

kolatsio**né** al bar **1** tsjao mikè**lé**, ai fa**mé 2** oen kaf**fè** é **oe**na briosj, ko**mé** al s**o**lito **3** an**ké** do**eé**! o **oe**na fa**mé** da l**oe**po **4** **i**o stamat**ti**na non o fa**mé 5** pr**é**ndo s**o**lo **oe**n kappoet**tsji**no **6** **è**kko pér**ké** s**è**i k**o**zi ma**G**ro

quattro [koeattro]   • 4

Aanwijzingen bij de uitspraak

(Titel) De letter **z** wordt in bepaalde woorden als *[ts]*, in andere als *[ds, dz]* uitgesproken, waarbij ook nog regionale verschillen mogelijk zijn.

(1, 3) De letter **h** wordt op zich niet uitgesproken (zo komt hij ook maar zelden voor, o.a. bij een paar persoonsvormen van het werkwoord **avere** in de tegenwoordige tijd, zie les 7).

(2, 4, 5, 6) Dubbele medeklinkers, zoals de opeenvolging letters **t** in **stamattina**, worden uitgesproken door hun klank iets langer aan te houden.

(6) De letter **g** klinkt zoals de harde g *[G]* in 'goal' of 'garçon', behalve vóór een **i** (zoals we zagen in les 1) of een **e** (bv. **gelato** *[dzjélato]*, *ijsje*), in **gl** (zie les 1) of in **gn** (zoals in volgende les zal blijken).

Opmerkingen

1 **Al** is de samentrekking van het voorzetsel **a** en het bepaald lidwoord mannelijk enkelvoud **il**. Later meer hierover, alles op z'n tijd.

2 **Ciao** is de meest gebruikte informele begroetingsformule, bv. onder vrienden of familieleden. Ze is dus voorbehouden voor mensen die

***

Esercizio 1 – Traducete
Oefening 1 – Vertaal

❶ Prendo un caffè e una brioche, come al solito. ❷ Stamattina ho una fame da lupo. ❸ Non hai fame. ❹ Ecco un caffè. ❺ Ciao Luisa!

***

Esercizio 2 – Completate

❶ Heb je honger vanmorgen?
  ... fame stamattina?

❷ Ik heb geen honger.
  Non .. fame.

❸ Ik neem alleen een koffie.
  Prendo .... un caffè.

❹ Michele is mager.
  Michele è ....

❺ Ik neem een cappuccino zoals gewoonlijk.
  Prendo un cappuccino come .. ..

5 • **cinque** *[tsjinkoeé]*

Tweede les / 2

met jij worden aangesproken en is vergelijkbaar met *hallo, hoi, dag*. Aan de basis ligt een oude Venetiaanse uitdrukking voor "ik ben uw dienaar", waarin **s-ciavo** voor *uw dienaar, slaaf* stond.

3 Met het Franse, onveranderlijke woord **brioche** wordt een *croissant* bedoeld.

4 **Come al solito** is het equivalent van *zoals gewoonlijk*.

5 **Stamattina**, *vanmorgen* bestaat uit (een deel van) het vrouwelijk aanwijzend voornaamwoord **questa**, *deze, dit* + het zelfstandig naamwoord **mattina**, *morgen, ochtend*.

6 Het volstaat om **non**, *niet* vóór het werkwoord te zetten om een zin ontkennend te maken: **ho fame**, *ik heb honger* → **non ho fame**, *ik heb geen honger*; **sono magro**, *ik ben mager* → **non sono magro**, *ik ben niet mager*.

7 **Ecco** betekent *ziehier, ziedaar, ziezo* enz.: **Ecco il tuo caffè**, *Ziehier je koffie; Hier heb je je koffie; Hierzo, je koffie*.

***

Oplossing van oefening 1
❶ Ik neem een koffie en een brioche/croissant, zoals gewoonlijk. ❷ Vanmorgen heb ik honger als een wolf. ❸ Je hebt geen honger. ❹ Ziehier een koffie. ❺ Hoi Luisa!

***

Oplossing van oefening 2
❶ Hai – ❷ – ho – ❸ – solo – ❹ – magro ❺ – al solito

Cappuccino is ongetwijfeld de bekendste en meest gekozen koffiedrank bij een ontbijt op z'n Italiaans: aan de koffie wordt melk toegevoegd die vooraf met hete lucht is opgeschuimd. Het woord slaat ook op een kapucijner monnik wiens pij dezelfde kleur heeft als... koffie met melk. Naar het schijnt ontstond de drank én de naam ervan in Wenen, waar in de 18e eeuw een kapucijner monnik, ambassadeur van de paus tijdens het beleg van de stad door de Turken, melk liet toevoegen aan de volgens hem te bittere koffie. Mede door zijn bemiddelende rol tijdens die woelige periode kwam het nieuwe drankje meteen na de oorlog, en voor eeuwig, op de kaart te staan!

sei *[sèi]*

3

Terza lezione [tèrtsa létsioné]

Studenti

1 – Scusa, questo posto è libero? [1]
2 – Sì, accomodati! [2]
3 – Ci sono [3] sempre molti [4] studenti in questo corso
4   e non c'è [3] mai posto!
5   Tu come ti chiami?
6 – Mi chiamo Luis, sono spagnolo [5].
7 – Gli [6] spagnoli sono molto [4] simpatici!

Uitspraak

stoedènti **1** skoeza, koeésto posto è libéro **2** si, akkomodati **3** tsji sono sèmpré molti stoedènti in koeésto korso **4** é non tsjè mai posto **5** toe komé ti kiami **6** mi kiamo loeis, sono spanjolo **7** lji spanjoli sono molto simpatitsji

Opmerkingen

[1] Merk op hoe de zinsstructuur van een vraagzin dezelfde is als van een stellende zin, dus geen inversie van onderwerp-werkwoord zoals in het Nederlands.

[2] Met **accomodati** nodig je iemand uit om plaats te nemen, te gaan zitten, binnen te komen enz. De uitdrukking is gebaseerd op **comodo** dat *comfortabel* betekent.

[3] **C'è** betekent *er is*, **ci sono** *er zijn* (het weglatingsteken in **c'è** vervangt dus de **i** van **ci**). Ontkennen gebeurt met **non** ervoor: **non c'è molto** *er is niet veel*, **non c'è posto** *er is geen plaats*, **non ci sono studenti** *er zijn geen studenten*.

[4] Als **molto** (als bijvoeglijk naamwoord) vóór een zelfstandig naamwoord staat, moet het er in geslacht en getal mee overeenkomen en betekent het *veel*, bv.: **molti studenti/spagnoli**, *veel studenten/Spanjaarden*

7 • **sette** [sètté]

Derde les

Studenten

1 – Excuseer, is deze plaats *(deze plaats is)* vrij?
2 – Ja, neem gerust plaats!
3 – Er zijn altijd veel studenten in deze cursus
4   en [niet] er is nooit plaats!
5   Hoe heet jij *(Jij hoe je noemt)*?
6 – [Ik] heet Luis, [ik] ben Spanjaard.
7 – [De] Spanjaarden zijn heel sympathiek!

Aanwijzingen bij de uitspraak
(titel, 1, 6) Let goed op bij de uitspraak van de klinker **u** als een oe-klank, dus ook vóór een **i** (bv. in **Luis** *[oe + i]*) en enigszins afgezwakt na een **q**.
(titel, 1) Denk er ook aan de **i** uit te spreken zoals in 'citroen' (onbeklemtoond *[ij]*) of 'sire' (beklemtoond *[i]*).
(6) De klank van de combinatie **gn** is vergelijkbaar met *[nj]* in 'anjer'.

(mannelijk meervoud); **Non ho molta fame**, *Ik heb niet veel honger* (vrouwelijk enkelvoud).
Staat **molto** (als bijwoord) vóór een bijvoeglijk naamwoord, dan is het onveranderlijk en betekent het *heel, erg, zeer*, bv.: **Luis è molto simpatico**, *Luis is heel sympathiek*; **molto magro**, *erg mager*.

5   Nationaliteit wordt in het Italiaans zonder hoofdletter geschreven: **spagnolo/spagnola**, *Spanjaard, Spaans / Spaanse*; **belga**, *Belg(isch) / Belgische*; **nederlandese** of **neerlandese, olandese**, *Nederlander, Nederlands(e)*.

6   **Gli** is het bepaald lidwoord mannelijk meervoud bij een woord dat begint met **s** + medeklinker. Meer uitleg en andere lidwoorden komen later aan bod. Rome werd niet in één dag gebouwd…

otto *[otto]*

Esercizio 1 – Traducete

❶ Scusa, come ti chiami? ❷ Mi chiamo Paolo, piacere! ❸ C'è posto? ❹ Sì, accomodati! ❺ Ci sono molti studenti spagnoli.

***

Esercizio 2 – Completate

❶ Er is geen plaaats.
 Non ... posto.

❷ Vanmorgen heb ik veel honger.
 Stamattina ho ..... fame.

❸ In deze cursus is er nooit plaats.
 In ...... corso non c'è ... posto.

❹ Is deze plaats vrij?
 ...... posto è libero?

❺ Hoe heet je?
 .... ti chiami?

Quarta lezione [koearta létsioné]

Una camera prenotata

1 – Buonasera [1], abbiamo una camera prenotata in questo albergo.
2 – Certo, signori [2], a che nome?
3 – Biagini, è [3] una camera matrimoniale con bagno [4].
4 – Benissimo, signor [2] Biagini, è la stanza [5] ottantacinque, al secondo piano.
5 – Scusi [6], sono molto stanca, c'è l'ascensore [7]?
6 – Naturalmente, signora, è in fondo al [8] corridoio.
7 – Grazie mille! [9]
8 – Di niente, signora!

Oplossing van oefening 1

❶ Excuseer, hoe heet je? ❷ Ik heet Paolo, aangenaam! ❸ Is er plaats?
❹ Ja, ga gerust zitten! ❺ Er zijn veel Spaanse studenten.

Oplossing van oefening 2

❶ – c'è – ❷ – molta – ❸ – questo – mai – ❹ Questo – ❺ Come –

Vierde les

Een geboekte kamer

1 – Goedenavond, [we] hebben een geboekte kamer *(kamer geboekte)* in dit hotel.
2 – Zeker, meneer en mevrouw *(heren)*, op welke naam?
3 – Biagini, [het] is een kamer met een tweepersoonsbed *(kamer echtelijke)*, met bad.
4 – Heel goed, meneer Biagini, [het] is *(de)* kamer 85 *(tachtig-vijf)*, op de tweede verdieping.
5 – Excuseert [u me], [ik] ben heel moe, is er een *(er is de)* lift?
6 – Natuurlijk, mevrouw, [hij] is aan het einde van de gang.
7 – Heel erg bedankt *(Dank duizend)*!
8 – Met plezier *(Van niets)*, mevrouw!

dieci *[diètsji]* • 10

4 / Quarta lezione

🗣 Uitspraak

*oe*na kam*é*ra pr*é*not*a*ta **1** b*oe*onas*é*ra, abbi*a*mo *oe*na kam*é*ra pr*é*not*a*ta in k*oeé*sto alb*è*rGo **2** tsj*è*rto, sinj*o*ri, a k*é* n*o*m*é* **3** biadzj*i*ini, è *oe*na kam*é*ra matrimonial*é* kon b*a*njo **4** b*é*n*i*ssimo, sinj*o*r biadzj*i*ini, è la st*a*ntsa ottantatsjink*oeé*, al s*é*kondo pi*a*no **5** sk*oe*zi, s*o*no m*o*lto st*a*nka, tsjè lasj*é*ns*o*ré **6** nat*oe*ralm*é*nté, sinj*o*ra, è in f*o*ndo al korrid*o*io **7** Gratsi*é* mill*é* **8** di ni*è*nté, sinj*o*ra

Aanwijzingen bij de uitspraak

(5) Tussen klinkers wordt één s uitgesproken als *[z]* (bv. in **scusi**), tenzij in een samenstelling (bv. in **buonasera** (1)).

(titel, 2, 4) De **c** wordt uitgesproken als *[k]*, behalve vóór een **e** of **i** waar ze als *[tsj]* klinkt (zie les 1).

(5) De combinatie **sc** klinkt vóór een **e** of **i** zoals *[sj]* in 'meisje', bv. **ascensore**; volgt op **sci** nog een klinker, dan is de **i** niet hoorbaar, bv. **prosciutto** *[prosjoetto]*, *ham*.

📋 Opmerkingen

1 Met **buonasera** begroet je iemand 's avonds, met **buongiorno** overdag (*goeden-, goeiedag, -morgen, -(na)middag, dag*). **Buonanotte** is *goedenacht, welterusten*.

2 De aanspreekvormen zijn **signore** voor *meneer*, **signora** voor *mevrouw* en **signori** (lett. *heren*) tegenover een mannelijk of gemengd gezelschap. Volgt op **signore** een naam, dan wordt het **signor**, zoals in zin 4: **signor Biagini**.

3 Het onderwerp in de vorm van het onpersoonlijke 'het' kan weggelaten worden in het Italiaans, zoals hier met het werkwoord **essere**, *zijn*: **è**

***

▶ Esercizio 1 – Traducete

❶ Abbiamo una camera matrimoniale con bagno. **❷** Scusi, c'è l'ascensore in questo albergo? **❸** La stanza ottantacinque è al secondo piano. **❹** Mia moglie è molto stanca. **❺** Siamo i signori Biagini.

11 • **undici** *[oenditsji]*

Vierde les / 4

una camera, *het is een kamer* (niet te verwarren met c'è una camera, *er is een kamer* (zie opmerking 3 in vorige les), noch met een 'foto-, filmtoestel').

4 Il bagno is zowel *het bad* als *de badkamer*.

5 Camera betekent *kamer*, in het bijzonder '*slaapkamer*', terwijl stanza ook algemener als '*vertrek*' kan geïnterpreteerd worden. In het hotelwezen zijn ze elkaars synoniem.

6 Scusare is *excuseren, verontschuldigen*; voor *excuseer, sorry, pardon* zegt men in de jij-vorm scusa, in de beleefdheidsvorm scusi, *excuseert u me, neemt u me niet kwalijk*.

7 Bij een naamwoord dat met een klinker begint hoort in het enkelvoud het bepaald lidwoord l'.

8 In fondo a betekent *aan het einde van, achterin*; il fondo is *de bodem*.

9 *Bedankt, dank je/u* wordt uitgedrukt met grazie; versterkend kan grazie tante ('*veel dank*') gebruikt worden, of grazie mille, *duizendmaal dank*, waarbij het woord volte, *keren* wegvalt (mille volte = *duizend keren*).

***

Oplossing van oefening 1

❶ We hebben een kamer met een tweepersoonsbed *(echtelijk)*, met bad. ❷ Excuseert u me, is er een lift in dit hotel? ❸ Kamer 85 is op de tweede verdieping. ❹ Mijn vrouw is heel moe. ❺ We zijn meneer en mevrouw Biagini.

Esercizio 2 – Completate

❶ Het is een kamer met een tweepersoonsbed.
. una ...... matrimoniale.

❷ Goedenavond, meneer Biagini.
Buonasera, ... Biagini.

❸ Ik *(v.)* ben erg moe.
Sono molto ....

❹ De lift is aan het einde van de gang.
L'ascensore è .. .. corridoio.

❺ Ik heet Biagini, aangenaam.
.. chiamo Biagini, ...!

Quinta lezione [koeinta létsioné]

Alla [1] biglietteria

1 – Buongiorno, vorrei [2] due biglietti [3] per Milano, per favore [4].
2 – Salve [5], signorine, di prima classe?
3 – No, va bene la seconda classe, abbiamo pochi [6] soldi!
4 – Hai il bancomat o paghi in contanti?
5 Scusa se ti do del tu [7], ma hai più o meno l'età di mia figlia...
6 – Non c'è problema!

Uitspraak

alla biljéttéria 1 boeondzjorno, vorrèi doeé biljétti pér milano, pér favoré 2 salvé sinjoriné, di prima klassé 3 no, va bènè la sékonda klassé, abbiamo poki soldi 4 ai il bankomat o paGi in kontanti 5 skoeza sé ti do dél toe, ma ai pioe o méno léta di mia filja 6 non tsjè problèma

Oplossing van oefening 2
❶ È – camera – ❷ – signor – ❸ – stanca ❹ – in fondo al – ❺ Mi -- piacere

In Italiaanse hotels lijken alleen gehuwde stellen aanspraak te kunnen maken op een tweepersoonsbed... **la camera matrimoniale** *betekent immers* de 'echtelijke' kamer! *Deze benaming is in Italië gebruikelijk voor een kamer met een tweepersoonsbed. De overige kamers zijn* **la camera singola,** de eenpersoonskamer (*lett.* enkele kamer) *en* **la camera doppia,** de tweepersoonskamer met twee aparte bedden (*lett.* dubbele kamer)*.*

Vijfde les

Aan het loket

1 – Goeiedag, [ik] zou twee tickets voor Milaan willen, alstublieft *(voor gunst)*.
2 – Dag jongedames, in *(van)* eerste klas?
3 – Nee, tweede klas is goed *(gaat goed de tweede klas)*, [we] hebben weinig geld *('soldo's')*!
4 – Heb [je] *(de)* **bancomat** of betaal [je] cash *(in contanten)*?
5 Sorry dat *(als)* [ik] je aanspreek met *(geef van-de)* jij, maar [je] hebt ongeveer *(meer of minder)* de leeftijd van mijn dochter...
6 – Dat is geen *(Niet er is)* probleem!

Aanwijzingen bij de uitspraak
(titel, 1) Let erop alle klinkers apart uit te spreken, bv.: **ie** in **biglietteria** als *[i + é]*, **ei** in **vorrei** als *[è + i]*.
(4) De combinatie **ghi** *[Gi]* wordt met een harde g uitgesproken (zoals in het Engelse 'guitar'); zonder die **h** zou het **gi** *[dzji]* zijn (zoals in 'ginger').
(5) Als in een woord de klemtoon op de laatste lettergreep valt, krijgt de

5 / Quinta lezione

klinker daar een accentteken, zoals in **più** en **età**. Nergens anders wordt de klemtoon aangeduid, vandaar dat wij ervoor hebben gekozen om de beklemtoonde klinker vet te schrijven, zo spreekt u alle woorden correct uit... zonder moeite!

Opmerkingen

1. **Alla** is een zgn. 'samengetrokken lidwoord', gevormd met het voorzetsel **a** + het bepaald lidwoord vrouwelijk enkelvoud **la**. **A** betekent hier *aan, bij*.

2. Een beleefde vraag wordt vaak ingeleid met de voorwaardelijke wijs van het werkwoord, *volere, willen*. Zo zal men, bijvoorbeeld, aan/bij een loket of in een winkel liever **vorrei**, *ik zou willen* dan **voglio**, *ik wil* zeggen.

3. Il biglietto is *het biljet,* maar wordt ook gebruikt voor een "vervoer- of toegangsbewijs", dus *kaartje* of *ticket*.

***

Esercizio 1 – Traducete

❶ Vorrei due biglietti di seconda classe per Milano. ❷ Scusa se ti do del tu. ❸ Mia figlia ha poca fame. ❹ Ho pochi soldi. ❺ Hai il bancomat o paghi in contanti?

***

Esercizio 2 – Completate

❶ Ik zou twee kaartjes voor Milaan willen.
...... due biglietti ... Milano.

❷ Een cappuccino en een brioche/croissant, alstublieft.
Un cappuccino . una brioche, ...

❸ We hebben weinig geld.
Abbiamo ..... soldi.

❹ Mijn dochter is heel moe.
... figlia . molto stanca.

❺ Dat/Er is geen probleem!
... ... problema!

15 • **quindici** *[koeinditsji]*

Vijfde les / 5

4 De uitdrukking **per favore** (lett. 'voor gunst') betekent zowel *alstublieft* als *alsjeblieft* bij het vragen om iets.

5 **Salve** is een vrij neutrale begroeting, bruikbaar zowel onder vrienden en familieleden (wat afstandelijker dan **ciao**) als in ontspannen formele situaties (bv. zonder hiërarchie).

6 **Poco**, *weinig* werkt zoals **molto**: als bijvoeglijk naamwoord richt het zich naar het zelfstandig naamwoord waarop het betrekking heeft → **poco** (m. ev.)/**poca** (v. ev.)/**pochi** (m. mv.)/**poche** (v. mv.), bv. **pochi soldi**, *weinig geld*; als bijwoord is het onveranderlijk, bv. **poco simpatico**, *weinig sympathiek*.

7 **Dare del tu** is *tutoyeren, jijen en jouen* (lett. 'geven van de **tu**/jij'), **dare del lei** is *vousvoyeren, iemand aanspreken met u*: **Ti do del tu**, *Ik spreek je aan met jij*.

***

Oplossing van oefening 1

❶ Ik zou twee tickets in tweede klas voor Milaan willen. ❷ Sorry dat *(als)* ik je tutoyeer. ❸ Mijn dochter heeft weinig honger. ❹ Ik heb weinig geld ❺ Heb je een bankkaart *(bancomat)* of betaal je in contanten?

***

Oplossing van oefening 2

❶ Vorrei – per – ❷ – e – per favore ❸ – pochi – ❹ Mia – è – ❺ Non c'è –

***

*Il **bancomat** is vergelijkbaar met 'Bancontact' of 'iDeal', dus het gebruik van een* bank-, pinkaart *waarmee men o.a. winkelaankopen kan betalen, veelal met onmiddellijke debitering, of geld kan **prelevare**, opnemen, afhalen, pinnen uit een automaat. Meestal is het gratis, in tegenstelling tot de betalende **carta di credito**,* kredietkaart. *Het onveranderlijke woord **bancomat** geldt ook voor de geldautomaat: **Dove c'è un bancomat?*** Waar is er een geldautomaat?

sedici *[séditsji]*

Sesta lezione [sèsta létsioné]

Che [1] bella città!

1 – Scusi, signore, che [1] cos'è [2] questo palazzo [3]?
2 – Non è un palazzo, signora, è il Colosseo!
3 – Che [1] meraviglia!
4 – Le [4] piace [5] Roma?
5 – Sì, mi piace [5] moltissimo [6]!
6 Grazie per l'informazione [7]!
7 – Prego, non c'è di che! [8]

Uitspraak
ké bèlla tsjitta 1 skoezi, sinjoré, ké kozè koeésto palattso 2 non è oen palattso, sinjora, è il kolossèo 3 ké méravilja 4 lé piatsjé roma 5 si, mi piatsjé moltissimo 6 Gratsié pér linformatsioné 7 prèGo, non tsjè di ké

Opmerkingen

1 Het onveranderlijke **che** kan gebruikt worden in een vraag (**Che è?**, *Wat is het?* of **Che cos'è?** (lett. *Wat/Welk ding is?*), *Wat (voor iets) is het?*) en in een uitroep (**Che meraviglia!**, *Wat 'n pracht!*, zonder lidwoord in het Italiaans!).

2 Het weglatingsteken vervangt de eindklinker -**a** van **cosa**, *ding, zaak*.

3 **Un palazzo** is zowel *een paleis* als *een gebouw* en wordt vooral in deze laatste betekenis gebruikt, vanwaar de verbazing dat de dame het Colosseum een 'gebouw' noemt...

4 **Le** is hier de beleefdheidsvorm van het persoonlijk voornaamwoord als meewerkend voorwerp (als onderwerp is dat **lei**, zoals we zagen in les 1).

5 **Piace**, van het werkwoord **piacere**, lett. *bevallen, behagen,* maar ook vaak vertaald met een constructie met *graag ...* of *leuk/fijn/mooi/lekker* enz. *vinden* of *houden van* (buiten de amoureuze sfeer...), waarbij wat 'plezier' het onderwerp van de zin is: **Mi piace Roma** (lett. Me bevalt

17 • **diciassette** *[ditsjasètté]*

Zesde les

Wat ['n] mooie stad!

1 – Excuseert [u me] meneer, wat *(ding)* is dit gebouw?
2 – Het is geen *(Niet is een)* gebouw, mevrouw, [het] is het Colosseum!
3 – Wat ['n] pracht!
4 – Bevalt Rome u *(U bevalt Rome)*?
5 – Ja, *(me bevalt)* enorm!
6   Bedankt voor de inlichting!
7 – Alstublieft, geen dank *(niet er is van wat)*!

Rome), *Ik hou van Rome*; **Le piace il Colosseo?** (lett. U bevalt het Colosseum?), *Vindt u het Colosseum mooi?*

6 Het achtervoegsel **-issimo** versterkt het bijwoord: **molto**, *heel, zeer, erg* en voor een werkwoord ook *veel* → **moltissimo**, *heel veel*; **poco**, *weinig* → **pochissimo**, *heel weinig*. Later meer over dit suffixgebruik bij andere bijwoorden en bij bijvoeglijke naamwoorden.

7 Bij een naamwoord in het enkelvoud dat met een klinker begint hoort het bepaald lidwoord **l'**. Bij het vrouwelijke **l'informazione** vervangt het weglatingsteken de eindklinker **-a** in **la**; hetzelfde gebeurt bij het onbepaald lidwoord vrouwelijk enkelvoud **una**: **un'informazione**, *een inlichting, informatie*.

8 **Prego** is *alstublieft/alsjeblieft* bij het geven of overhandigen van iets; **non c'è di che** geeft aan dat bedanken niet hoeft ('er is niets waarvoor bedankt hoeft te worden').

diciotto *[ditsjotto]*

Esercizio 1 – Traducete

❶ Che cos'è questo? ❷ Le piace questa camera? ❸ Roma mi piace molto. ❹ Che fame! ❺ Grazie per l'informazione!

***

Esercizio 2 – Completate

❶ Dit hotel bevalt me niet.
   Questo albergo non ....

❷ Bedankt voor de koffie!
   ...... per il caffè!

❸ Alstublieft, geen dank!
   Prego, non ... di ...!

❹ Ik zou een inlichting willen, alstublieft.
   Vorrei ...., per favore.

❺ Wat 'n pracht!
   ... meraviglia!

Settima lezione *[sèttima létsioné]*

Revisione – Herhaling

Uw eerste week Italiaans zit er bijna op! Zoals aangekondigd in de inleiding sluiten we elke reeks van zeven lessen af met een herhalingsles. Deze behandelt op meer systematische wijze de belangrijkste grammaticale elementen van de afgelopen week. Aan de hand van tabellen en meer theoretische uitleg zal u de spraakkunst leren en vervoegingen kunnen instuderen. De les wordt afgesloten met een paar interessante uitdrukkingen uit het dagelijks leven.
Veel studiegenot!

1 De (hulp)werkwoorden *essere*, zijn en *avere*, hebben in de tegenwoordige tijd

Ziehier de vervoeging in de onvoltooid tegenwoordige tijd (o.t.t., of **presente** in het Italiaans) van de twee (hulp)werkwoorden; we

Oplossing van oefening 1

❶ Wat (voor iets) is dit? ❷ Bevalt deze kamer u? ❸ Ik hou veel van Rome. ❹ Wat 'n honger! ❺ Bedankt voor de informatie!

***

Oplossing van oefening 2

❶ – mi piace ❷ Grazie – ❸ – c'è – che ❹ – un'informazione – ❺ Che –

Ook u kunt voortaan, tijdens een wandeling door de straten van Rome of van een andere mooie Italiaanse stad, een voorbijganger aanspreken en om een inlichting vragen: een gesprek aangaan kan vlot in Italië! Uw dagelijkse inzet en veel oefenen met onze geluidsopnamen zal ongetwijfeld tot aangename ontmoetingen leiden!

Zevende les

zetten de persoonlijke voornaamwoorden (**pronomi personali**) als onderwerp (**soggetto**) tussen haakjes vermits ze meestal weggelaten worden (zie opmerking 1 in les 1):

essere	zijn
(io) sono	ik ben
(tu) sei	jij/je bent
(lui, lei) è	hij, zij/ze is / u (ev.) bent
(noi) siamo	wij/we zijn
(voi) siete	jullie zijn
(loro) sono	zij/ze zijn

avere	hebben
(io) ho	ik heb
(tu) hai	jij/je hebt
(lui, lei) ha	hij, zij/ze heeft / u (ev.) hebt

venti *[vénti]*

(noi) abbiamo	wij/we hebben
(voi) avete	jullie hebben
(loro) hanno	zij/ze hebben

Denk eraan de **h** in de drie personen enkelvoud en de 3e meervoud niet uit te spreken!

2 Ontkennende vorm

Een zin wordt ontkennend door **non** vóór het werkwoord te zetten:
sei magro, *je bent mager* → **non sei magro,** *je bent niet mager*
ho fame, *ik heb honger* → **non ho fame**, *ik heb geen honger*.

3 Vraagvorm

Een vraagzin heeft dezelfde structuur als een stellende zin. In geschreven vorm is hij herkenbaar aan het afsluitende vraagteken, gesproken aan de 'stijgende' (en uiteraard bijbehorende 'zangerige') toon:
Questo posto è libero, *Deze plaats is vrij.*
Questo posto è libero?, *Is deze plaats vrij?*

4 Beleefdheidsvorm

Opgelet! De beleefdheidsvorm wordt vervoegd in de 3e persoon vrouwelijk enkelvoud en uitgedrukt met het persoonlijk voornaamwoord **lei** (dat dus zowel voor *u* als voor *zij, ze* geldt):
Io mi chiamo Paolo, e lei? *Ík heet Paolo, en u (of zij)?*
Vermits het persoonlijk voornaamwoord als onderwerp meestal weggelaten wordt, is de keuze van de juiste werkwoordsvorm ontzettend belangrijk, kwestie van een persoon met aanzien niet met 'je' aan te spreken...
Scusa, *Excuseer (me), Sorry, Pardon*; **Scusi**, *Excuseer(t u me), Neemt u me niet kwalijk*.

5 Een paar regelmatige en onregelmatige werkwoordsvormen

In de volgende lessen zullen we dieper ingaan op de vervoeging van (on)regelmatige werkwoorden. Nu bundelen we in onderstaande tabel

Zevende les / 7

de o.t.t.-vormen in de 1e, 2e en 3e persoon enkelvoud (de uitgangen staan in kleur) van **chiamare**, *roepen, noemen* (een werkwoord op **-are**, uit de 1e groep) en zijn wederkerende vorm **chiamarsi**, *heten, zich noemen*, en van **prendere**, *nemen* (op **-ere**, 2e groep):

	chiamare	chiamarsi	prendere
(io)	chiamo, *ik roep*	mi chiamo, *ik heet ('ik noem me')*	prendo, *ik neem*
(tu)	chiami, *je roept*	ti chiami, *je heet ('jij noemt je')*	prendi, *je neemt*
(lui, lei)	chiama, *hij, ze/u (ev.) roept*	si chiama, *hij, ze/u (ev.) heet ('hij, ze/u noemt zich')*	prende, *hij, ze/u (ev.) neemt*

We zagen ook het onregelmatig werkwoord **dare**, *geven* in **dare del tu**, *tutoyeren* en **dare del lei**, *vousvoyeren*:

	dare
(io)	do, *ik geef*
(tu)	dai, *je geeft*
(lui, lei)	dà, *hij, ze/u (ev.) geeft*

6 Een paar uitdrukkingen uit het dagelijks leven

6.1 Begroeten

buongiorno, *goedendag, goedemorgen, goedemiddag, (goeie)dag*
buonasera, *goedenavond*
buona notte, *goedenacht, welterusten*
ciao, *hallo, hoi, dag*
salve, *dag* (minder familiair dan **ciao** en dus ook bruikbaar in wat formelere situaties)
arrivederci, *tot ziens*

6.2 Dank je/u, alsjeblieft/alstublieft enz.

grazie, *dank je/u, bedankt*
grazie mille, *'duizendmaal' dank, heel erg bedankt*
prego, *alsjeblieft/alstublieft* (bij het geven, overhandigen, aanbieden van iets en als antwoord: **Grazie! – Prego!**)
per favore, *alsjeblieft/alstublieft* (bij het vragen om iets)

non c'è di che, *geen/zonder dank! niets te danken!*
di niente!, *graag gedaan, met plezier!*

6.3 Zich voorstellen
Mi chiamo ..., piacere!, *Ik heet ..., aangenaam!*

Dialogo di revisione – Herhalingsdialoog

Hier volgt een korte, samenvattende dialoog die tevens als vertaal-oefening opgevat wordt. De in de eerste lessenreeks opgedane kennis kan meteen gecontroleerd worden. Aan de slag!

1 – Salve, mi chiamo Mario.
2 – Io sono Sara, piacere!
3 – Ti do del tu o ti do del lei?
4 – Non c'è problema!
5 – È libero questo posto?
6 – Sì, accomodati!

Ottava lezione *[ottava létsioné]*

Impariamo [1] l'italiano [2]

1 – Parlate [1] italiano?
2 – Solo un po' [3].
3 – Siamo qui in Italia proprio [4] per imparare l'italiano.
4 – Siamo portoghesi [5] e studiamo [1] all'università per stranieri.
5 – Ma tu sei bionda [6], non sembri [1] mica [4] portoghese [5]!
6 – Anche tu [7] sei biondo [6] e non sembri italiano [6]!
7 – Allora né [8] gli [9] italiani [6] né [8] i [9] portoghesi [5] sono tutti mori [6]!

23 • **ventitrè** *[véntitré]*

7 – Io ho molta fame, e tu?
8 – No, prendo solo un caffè.
9 – Grazie per il caffè!
10 – Di niente!

Vertaling van de herhalingsdialoog
1 Dag, ik heet Mario. **2** Ík ben Sara, aangenaam! **3** Spreek ik je aan met jij of spreek ik je aan met u? **4** Dat is geen probleem! **5** Is deze plaats vrij? **6** Ja, ga gerust zitten! **7** Ík heb veel honger, en jij? **8** Nee, ik neem alleen een koffie. **9** Bedankt voor de koffie! **10** Graag gedaan!

Het tijdens deze eerste week geleverde werk werpt zijn vruchten af, zoals u gemerkt hebt bij het maken van de herhalingsoefening. Al heel wat woorden, uitdrukkingen en zinswendingen klinken vertrouwd en werden geassimileerd! Doe zo verder, een les per dag, om de Italiaanse taal steeds beter onder de knie te krijgen!

Achtste les

[We] leren *(het)* **Italiaans**

1 – Spreken [jullie] Italiaans?
2 – Maar een beetje.
3 – [We] zijn hier in Italië net om Italiaans te leren *(om-te leren het Italiaans)*.
4 – [We] zijn Portugesen en studeren aan de universiteit voor buitenlanders.
5 – Maar jij bent blond, [je] lijkt helemaal geen *(niet lijkt helemaal)* **Portugese**!
6 – Ook jij bent blond en lijkt geen Italiaan!
7 – Dan zijn noch de Italianen noch de Portugezen allemaal donkerharig!

ventiquattro *[véntikoeattro]*

8 / Ottava lezione

💬 Uitspraak

*impariamo litaliano **1** parlaté italiano **2** solo oen po **3** siamo koei in italia proprio pér impararé litaliano **4** siamo portoGézi é stoediamo alloeniversita pér straniéri **5** ma toe sèi bionda, non sémbri mika portoGézé **6** anké toe sèi biondo é non sémbri italiano **7** allora né lji italiani né i portoGézi sono toetti mori*

📕 Opmerkingen

1 In deze dialoog zitten een paar o.t.t.-vormen van werkwoorden uit de 1e groep, die waarvan de infinitief eindigt op **-are**: **imparare**, *leren*, **parlare**, *praten, spreken*, **studiare**, *studeren* en **sembrare**, *lijken*. Aan de al bekende uitgangen **-o**, **-i**, **-a** in de 1e, 2e, 3e persoon enkelvoud voegen we nu toe: **-iamo** in de 1e persoon meervoud, **-ate** in de 2e meervoud... en **-ano** in de 3e meervoud.

2 Talen worden in het Italiaans zonder hoofdletter geschreven: **italiano**, *Italiaans*, **nederlandese, neerlandese, olandese**, *Nederlands*.

3 **Un po'** is de verkorte vorm van **un poco**, *een beetje* (vandaar het weglatingsteken). Hij wordt meer gebruikt dan de volledige versie.

4 Deze twee bijwoorden dienen om het belang van het begrip waar ze bijhoren te benadrukken, het eerste in positieve, het tweede in negatieve zin: **proprio**, *(nu) net, juist, echt, precies, uitgerekend* (**Parli proprio bene italiano**, *Je spreekt echt goed Italiaans*) en **mica**, *echt/helemaal/ heus niet/geen* (**Non parli mica bene l'italiano**, *Je spreekt echt niet goed Italiaans*).

5 Een groep zelfstandige en bijvoeglijke naamwoorden eindigt op **-e** in het mannelijk en vrouwelijk enkelvoud (**portoghese**, *Portugees/ Portugese*), op **-i** in het mannelijk en vrouwelijk meervoud (**portoghesi**, *Portugezen/Portugesen*).

***

▶ Esercizio 1 – Traducete

❶ Anche tu parli un po' italiano. **❷** Gli italiani non sono tutti mori. **❸** Siete bionde, non sembrate mica portoghesi! **❹** Anche noi impariamo l'italiano. **❺** Studio proprio all'università per stranieri.

25 • **venticinque** *[véntitsjinkoeé]*

Achtste les / 8

Aanwijzingen bij de uitspraak

(4) De combinatie **ghe** *[Ge]* wordt met een harde g uitgesproken (zoals in het Engelse 'game'); zonder die **h** zou het **ge** *[dzje]* zoals in 'ginger' zijn. Vergelijk het met **ghi** *[Gi]* - gi *[dzji]* (les 5), **che** *[ke]* - ce *[tsje]* en **chi** *[ki]* - ci *[tsji]* (les 1).

6 De grootste groep zelfstandige en bijvoeglijke naamwoorden eindigt in het mannelijk enkelvoud op **-o**, in het vrouwelijk enkelvoud op **-a**, in het mannelijk meervoud op **-i** en in het vrouwelijk meervoud op **-e**. Er zijn dus telkens vier vormen van, bv. **moro**, *donkerkleurige huid of haren hebbend*: **un italiano moro / un'italiana mora / italiani mori** (bij een mannelijke of gemengde groep) **/ italiane more** (bij een vrouwelijke groep).

7 Let op de vaste woordvolgorde 'anche - onderwerp': **anch'io / anche voi / anche gli italiani**, *ook/zelfs ík / jullie / de Italianen, ík / jullie / de Italianen eveneens*. **Anche**, *ook, zelfs*; **neanche**, *ook/zelfs niet/geen, evenmin*.

8 **Né**, *noch* moet in het Italiaans dubbel gebruikt worden.

9 De bepaalde lidwoorden **gli** en **i** zijn allebei mannelijk meervoud: **gli** staat vóór een naamwoord dat met een klinker begint, **i** vóór een naamwoord dat als initiaal een medeklinker heeft (meer hierover in de volgende les...).

***

Oplossing van oefening 1

❶ Ook jij spreekt een beetje Italiaans. ❷ De Italianen zijn niet allemaal donkerharig. ❸ Jullie zijn blond, jullie lijken helemaal geen Portugesen! ❹ Ook wij leren Italiaans. ❺ Ik studeer net aan de universiteit voor buitenlanders.

ventisei *[véntisèi]*

Esercizio 2 – Completate

❶ Studeren jullie ook aan de universiteit?
..... voi .... all'università?

❷ Mijn vrouw is blond.
Mia moglie . ...

❸ Ik heb niet veel honger, maar een beetje.
Non ho molta fame, ...

❹ Luis is Spanjaard, hij spreekt helemaal geen Italiaans.
Luis è ...., non .... italiano.

❺ We hebben noch 'bancomat', noch contanten.
... . bancomat, .. contanti.

***

Wel, nee: niet alle Italianen hebben een donkere haar- en huidskleur en bruine ogen! De Italiaanse bevolking is heel divers. Het mediter-

---

Nona lezione [nona létsioné]

Comprare scarpe

1 – Vorrei provare [1] le [2] scarpe nere che sono in vetrina [3].
2 – Bravissima! [4] La [2] scarpa sportiva ma elegante, è un'ottima scelta [5]!
3 – D'estate [3] mi piacciono [6] soprattutto [7] le scarpe comode.
4 – Sì, lo [2] stivale in inverno [3] e il [2] sandalo in estate [3], vero [8]?
5   Le mie [9] clienti comprano spesso i [2] sandali quando fa [10] caldo.
6 – Io porto gli [2] stivali anche con la [2] bella stagione [5],
7   stivaletti leggeri naturalmente!

Oplossing van oefening 2

❶ Anche – studiate – ❷ – è bionda ❸ – solo un po' ❹ – spagnolo – parla mica – ❺ Non abbiamo né – né –

***

rane type is in de meerderheid in Midden- en Zuid-Italië (Italiaans-Etruskisch resp. Hellenistisch-Italisch type), terwijl in Noord-Italië meer trekken voorkomen van Keltische volkeren (vooral in het westen) en van Germaans-Slavische (in het oosten). Met zijn kruispuntligging was het schiereiland dan ook een doorgangsplaats tussen het gebied rond de Middellandse Zee en de rest van het huidige Europa. Al vanaf het neolithicum ontstond er etnische vermenging. Deze werd verdergezet via de talrijke invasies en bezettingen door vreemde mogendheden die het schiereiland lang moest ondergaan. Ontmoet u tijdens een wandeling op Sicilië een grote blonde met blauwe ogen... bedenk dan dat Sicilië in de 11e-12e eeuw Normandisch was en in de 13e eeuw Frederik II von Hohenstaufen als koning had!

Negende les

Schoenen kopen

1 – **Ik zou de zwarte schoenen die in de etalage staan willen passen** *(Zou-willen passen de schoenen zwarte die zijn in etalage)*.
2 – **Heel knap! Een** *(De)* **sportieve maar elegante schoen, [het] is een uitstekende keuze!**
3 – **'s Zomers hou ik vooral van** *(de)* **comfortabele schoenen.**
4 – **Ja, laarzen** *(de laars)* **in [de] winter en sandalen** *(de sandaal)* **in [de] zomer, [niet]waar?**
5   *(De)* **Mijn klanten** (v.) **kopen vaak** *(de)* **sandalen wanneer het warm is** *(doet warm)*.
6 – **Ík draag** *(de)* **laarzen zelfs bij** *(het)* **mooi weer** *(seizoen)*,
7   **lichte laarsjes natuurlijk!**

ventotto *[véntotto]*

9 / Nona lezione

Uitspraak

kompraré skarpé **1** vorrèi provaré lé skarpé néré ké sono in vétrina **2** bravissima! la skarpa sportiva ma éléGanté, è oenottima sjélta **3** déstaté mi piattsjono soprattoetto lé skarpé komodé **4** si, lo stivalé in invèrno é il sandalo in éstaté, véro **5** lé mié kliènti komprano spésso i sandali koeando fa kaldo **6** io porto lji stivali anké kon la bèlla stadzjoné **7** stivalétti léddzjèri naturalménté

io PORTO GLI STIVALI ANCHE CON LA BELLA STAGIONE.

Opmerkingen

1 In het Italiaans bestaat de voorwaardelijke vorm uit één woord: **vorrei**, *(ik) zou willen*. Merk op hoe de infinitief er meteen op volgt: **vorrei provare le scarpe**, *ik zou de schoenen willen passen*. **Provare**, *passen, proberen*.

2 Het bepaald lidwoord is in het vrouwelijk enkelvoud **la** (dat vóór een naamwoord dat met een klinker begint **l'** wordt); in het meervoud is het **le** (la scarpa, l'italiana - le scarpe, le italiane).

Het mannelijk bepaald lidwoord kent meer vormen: vóór een naamwoord dat met een klinker begint is het enkelvoud **l'**, het meervoud **gli** (l'italiano - gli italiani); vóór een naamwoord dat begint met een s waarop een andere medeklinker volgt is het enkelvoud **lo**, het meervoud **gli** (lo stivale - gli stivali); in alle andere gevallen is het enkelvoud **il**, het meervoud **i** (il sandalo - i sandali).

Merk op dat men bij algemeenheden in het Italiaans vaak een bepaald lidwoord gebruikt: **Le clienti comprano spesso i sandali**, *(Vrouwelijke) klanten kopen dikwijls sandalen*; **Hai il bancomat?**, *Heb je 'bancomat'?*

3 Het voorzetsel **in**: een lidwoord is overbodig vóór een vertrouwd naamwoord van plaats, object enz. (bv. **in vetrina**, *in de etalage*); in een tijdsuitdrukking zoals **in estate**, **in inverno** kan het vervangen worden

29 • **ventinove** *[véntinové]*

Negende les / 9

door het voorzetsel **di** (waarvan de eind-**i** vóór een klinker verandert in een apostrof): **d'estate**, *in de zomer, 's zomers*.

4 Het bijvoeglijk naamwoord **bravo**, *goed, knap, bekwaam,...* en zijn superlatief **bravissimo** wordt tegenover een vrouw **brava/bravissima**, tegenover een mannelijk of gemengd gezelschap **bravi/bravissimi**, tegenover een uitsluitend vrouwelijke groep **brave/bravissime**.

5 Meestal staat het bijvoeglijk naamwoord achter het zelfstandig naamwoord dat het nader bepaalt (**le scarpe nere**); is de bepaling persoonlijk, dan staat het ervoor (**un'ottima scelta, la bella stagione**).

6 We zagen de zinswending **Mi piace Roma**, *Rome bevalt me, Ik hou van Rome*; staat wat bevalt in het meervoud, dan neemt het werkwoord ook de meervoudsvorm aan: **Mi piacciono le scarpe comode**, *Ik hou van, heb graag* (lett. Me bevallen de) *comfortabele schoenen*.

7 Het bijwoord **soprattutto**, *vooral* bestaat uit het voorzetsel **sopra**, *boven(op)* en **tutto**, *alles*. Let op de twee dubbele **tt**'s!

8 **Vero** betekent *waar, echt*. Met **vero?** achteraan de zin vraag je instemming, zoals met *niet(waar)?, toch?* Het kan ook met **no?**: **Sono belle scarpe, no?**, *Het zijn mooie schoenen, niet* (lett. *nee)?*

9 Waar men bij bezittelijke voornaamwoorden in het Nederlands alleen rekening houdt met de 'bezitter' (ik/mijn, jij/jouw enz.), moet men in het Italiaans verder letten op het 'bezit' (mannelijk/vrouwelijk, enkel-/meervoud) én het gebruik van het juiste lidwoord (**il/la**, **i/le**) vóór het bezittelijk voornaamwoord: **la scarpa**, *de schoen* → **la mia scarpa**, *mijn schoen* (eigenlijk wordt het woord dat de bezitsrelatie uitdrukt gewoon toegevoegd...); **i miei clienti**, *mijn klanten* (mannelijke of gemengde groep); **le mie clienti**, *mijn klanten* (alleen vrouwelijke); **il mio vicino**, *mijn buurman*; **la mia vicina**, *mijn buurvrouw*. Uitzondering: er wordt geen lidwoord gebruikt wanneer het om één familielid gaat, zoals we zagen bij **mia moglie**, *mijn vrouw* in les 1 en **mia figlia**, *mijn dochter* in les 5. Later zien we een paar uitzonderingen op deze uitzondering...

10 **Fare**, *doen, maken* is een onregelmatig werkwoord uit de 1e groep, op **-are**. Ziehier de vervoeging in de o.t.t.: **faccio, fai, fa, facciamo, fate, fanno**. Om weersomstandigheden uit te drukken, wordt het in de 3e persoon enkelvoud gebruikt (waar wij 'is' zeggen), bv. **fa caldo/freddo**, *het is warm/koud*.

trenta *[trénta]*

Esercizio 1 – Traducete

① D'estate porto soprattutto i sandali. ② Quando fa caldo portiamo scarpe leggere. ③ Mi piacciono gli studenti stranieri. ④ Studiamo l'italiano all'università di Milano. ⑤ Bravissimi! È un'ottima scelta!

***

Esercizio 2 – Completate

① Ik zou de laarzen die in de etalage staan willen kopen.
Vorrei comprare … ……. che sono in vetrina.

② Bravo *(v.)* ! Het is een uitstekende keuze!
Brava! È un'…… ……!

③ We kopen geen sandalen.
… ……… sandali.

④ Mijn buurman is Portugees.
.. … …… è portoghese.

⑤ Ik heb graag lichte scarpe.
.. ……… le scarpe leggere.

Decima lezione *[dètsjima létsioné]*

Di dove sei?

1 – Di [1] dove siete?
2 – Io sono bolognese, ma abito a Milano da [2] dieci anni.
3 – Io invece sono di [1] Napoli.
4 – È vero, hai proprio l'accento napoletano!
5   Perché [3] ora abiti qui a Milano?
6 – Perché [3] ci [4] lavoro.
7   Purtroppo è difficile trovare [5] lavoro nel [6] Sud! □

Oplossing van oefening 1

❶ 's Zomers draag ik vooral sandalen. ❷ Wanneer het warm is, dragen we lichte schoenen. ❸ Ik vind buitenlandse studenten leuk. ❹ We studeren Italiaans aan de universiteit van Milaan. ❺ Heel knap! Het is een uitstekende keuze!

***

Oplossing van oefening 2

❶ – gli stivali – ❷ – ottima scelta ❸ Non compriamo – ❹ Il mio vicino – ❺ Mi piacciono –

Met de bepaalde lidwoorden en de bezittelijke voornaamwoorden zal het even wennen worden... en dat komt wel. Met het nodige geduld! Na deze wat moeilijke les wordt de volgende een 'makkie'.

Tiende les

Waar kom je vandaan *(Van waar bent)*?

1 – Waar komen jullie vandaan *(Van waar zijn)*?
2 – Ík ben Bolognese, maar [ik] woon in Milaan sinds tien jaar *(jaren)*.
3 – Ík daarentegen ben van Napels [afkomstig].
4 – [Het] is waar, [je] hebt echt een *(het)* Napolitaans accent!
5 – Waarom woon [je] nu hier in Milaan?
6 – Omdat [ik] er werk.
7 – Helaas is [het] moeilijk om werk te vinden *(vinden werk)* in het Zuiden!

trentadue *[tréntadoeé]* • 32

10 / Decima lezione

Uitspraak
di dové sèi **1** di dové siété **2** io sono bolonjésé, ma abito a milano da diètsji anni **3** io invétsjé sono di napoli **4** è véro, ai proprio lattsjènto napolétano **5** pérké ora abiti koei a milano **6** pérké tsji lavoro **7** purtroppo è diffitsjilé trovaré lavoro nél soed

Opmerkingen

1. Het voorzetsels **di** betekent vaak *van*, hier staat het voor de stad vanwaar men afkomstig is, waar men geboren is of woont: **Sono di Milano.** – **Di dove, dici?**, *Ik ben afkomstig van, kom uit Milaan.* – *Waarvandaan, zeg je?*

***

Esercizio 1 – Traducete
❶ Abito a Milano da dieci anni perché ci lavoro. ❷ Vorrei un cappuccino e una brioche, per favore. ❸ Purtroppo non abbiamo brioche. ❹ Dove lavorano ora Carlo e Luisa? ❺ Non mi piacciono i nuovi vicini.

***

Esercizio 2 – Completate
❶ Nu woon ik hier in Milaan.
   ... abito ... a Milano.

❷ Waar komen jullie vandaan?
   .. .... siete?

❸ In Italië hou ik vooral van Firenze/Florence en Rome.
   In Italia .. .. Firenze e Roma.

❹ Ik zou Italiaans willen leren.
   .... l'italiano.

❺ Luca en Andrea hebben echt een Napolitaans accent.
   Luca e Andrea .... l'accento napoletano.

Tiende les / 10

2 Het voorzetsels **da** betekent in deze zin *sinds, al*: **Abito a Milano da dieci anni**, *Ik woon sinds/al tien jaar in Milaan*. Let op het (eigenlijk consequente) gebruik van de meervoudsvorm **anni**, *jaren*!

3 **Perché** wordt zowel in de vraag als in het antwoord gebruikt en betekent dus zowel *waarom* als *daarom, omdat, want*. Handig, niet?

4 **Ci** betekent *er* (we kennen het uit **c'è / ci sono**, *er is / er zijn*): **Ci abito**: *Ik woon er*.

5 In de constructie 'vorm van het werkwoord **essere** + bijwoord / bijvoeglijk naamwoord + infinitief' is geen equivalent van ons 'om te' nodig: **È difficile trovare lavoro**, *Het is moeilijk om werk te vinden*.

6 **Nel** is de samentrekking van het voorzetsel **in** en het bepaald lidwoord mannelijk enkelvoud **il**: **in + il = nel**, *in de/het*.

***

Oplossing van oefening 1

❶ Ik woon in Milaan sinds tien jaar omdat ik er werk. ❷ Ik zou een cappuccino en een brioche/croissant willen, alstublieft. ❸ Helaas hebben we geen brioches/croissants. ❹ Waar werken Carlo en Luisa nu? ❺ Ik vind de nieuwe buren niet leuk.

***

Oplossing van oefening 2

❶ Ora – qui – ❷ Di dove – ❸ – mi piacciono soprattutto – ❹ Vorrei imparare – ❺ – hanno proprio –

Het regionale ligt gevoelig in Italië en Italianen horen snel aan iemands tongval uit welke streek hij of zij afkomstig is. Dit komt, grotendeels, door de late eenmaking van het land (1861). Alfabetisering en scolarisatie was niet altijd vanzelfsprekend voor grote delen van de bevolking (tot het begin van de eerste republiek in 1946), vooral in het zuiden van Italië, waar mensen heel lang uitsluitend hun dialecten hebben gesproken. Het verschil in economische ontwikkelingsgraad tussen het noorden en het zuiden bleef lang merkbaar, zoals het personage in de dialoog stelt: **purtroppo è difficile trovare lavoro nel Sud!**

11

Undicesima lezione [oenditsjézima létsioné]

Che buona la pizza!

1 – Andiamo ¹ in pizzeria stasera?
2 – Va bene ², io ho sempre voglia di ³ pizza!
3 – La pizza non mi piace;
4   quando vado ¹ in pizzeria di solito ⁴ mangio un primo ⁵.
5 – Che antipatico! Vai ¹ a ⁶ mangiare in compagnia e non mangi come gli altri!
6 – Che c'è di male?
7   Tutti i gusti sono gusti!

Uitspraak

ké boeona la pittsa **1** andiamo in pittséria staséra **2** va bèné, io o sèmpré volja di pittsa **3** la pittsa non mi piatsjé **4** koeando vado in pittséria di solito mandzjo oen primo **5** ké antipatiko! vai a mandzjaré in kompanjia é non mandzji komé lji altri **6** ké tsjè di malé **7** toetti i Goesti sono Goesti

Opmerkingen

1 **Andare**, *gaan* is een onregelmatig werkwoord uit de 1e groep, op **-are**. O.t.t.: **vado, vai, va, andiamo, andate, vanno. Andare in pizzeria**, *naar een pizzeria gaan, in een pizzeria gaan eten.*

2 **Va bene** drukt iemands akkoord met wat voorgesteld werd uit; in een vraag nodigt het uit tot instemming: **Domani andiamo in pizzeria, va bene?**, *Morgen gaan we naar de pizzeria, ok?* Het wordt ook gebruikt om iemand te vragen hoe het met hem of haar gaat: **Come va? Va bene? – Sì, grazie, tutto bene**, *Hoe gaat het? Gaat het goed (met je)? – Ja, dank je, alles ok.* In deze betekenis is het werkwoord **stare**, *zijn* (als tijdelijke toestand) echter meer geschikt: **Come stai? – Sto bene, grazie**, *Hoe maak je het* (lett. 'Hoe bent')*? – Ik maak het goed, ben ok, dank je.*

Elfde les

Wat 'n lekkere (Wat lekkere de) pizza!

1 – Gaan [we] naar [een] pizzeria vanavond?
2 – Graag (Gaat goed), ík heb altijd zin in pizza!
3 – Ik hou niet van (de) pizza;
4 wanneer [ik] naar een pizzeria ga eet [ik] gewoonlijk een 'voorgerecht'.
5 – Wat antipathiek! [Je] gaat (te) eten in gezelschap en eet niet zoals de anderen!
6 – Wat is er fout aan?
7 Ieder zijn smaak (Al de smaken zijn smaken)!

3 Avere voglio di betekent *zin hebben in*.

4 Di solito betekent *gewoonlijk*.

5 Il primo, lett. 'de eerste', is niet echt een voorgerecht maar doorgaans een *pastagerecht* (we zullen in lessen over de Italiaanse keuken zien dat er veel variatie bestaat); **il secondo**, 'de tweede', bestaat vaak uit vlees of vis (groenten staan doorgaans apart op de kaart als *bijgerecht*, **contorno**); als afsluiter is er **il dolce**, *het dessert*… ongenummerd!

6 Tussen een vorm van een werkwoord van beweging zoals **andare**, *gaan* en een infinitief moet het voorzetsel **a** ingelast worden, bv. **vado a lavorare**, *ik ga werken*. Dit gebruik is vergelijkbaar met het Nederlandse 'te' in bv. ik begin 'te' werken.

trentasei [tréntasèi] • 36

Esercizio 1 – Traducete

❶ Che bella città! ❷ La mia vicina va a mangiare in pizzeria. ❸ C'è posto qui? ❹ No, qui non c'è posto. ❺ Che cosa mangiate di solito quando fa caldo?

***

Esercizio 2 – Completate

❶ Hier zijn er uitstekende pizzeria's.
   Qui .. .... ottime pizzerie.

❷ Waar ga je gewoonlijk eten?
   Dove ... . di solito?

❸ Vanavond eet ik alleen een 'voorgerecht'.
   .... solo un ..... .

❹ Mijn buren gaan in Milaan werken.
   I miei vicini .... a Milano.

❺ Ik vind de laarzen niet mooi.
   Non .. .. stivali.

Dodicesima lezione [doditsjézima létsioné]

Mestieri

1 – Che lavoro [1] fa [2], signor Carli?
2 – Faccio il medico, sono psichiatra. [1]
3 – Dottore, accidenti [3]! È un mestiere [1] molto impegnativo, no?
4 – Abbastanza; si lavora [4] molto.
5   A volte è un problema per la famiglia, perché spesso torno a casa [5] molto tardi. [6]
6 – Anche sua moglie è dottoressa [7]?
7 – Sì, facciamo la stessa professione [1], e torniamo tardi [5] tutti e due [8]!

Oplossing van oefening 1

❶ Wat 'n mooie stad! ❷ Mijn buurvrouw gaat in een pizzeria eten. ❸ Is er hier plaats? ❹ Nee, hier is er geen plaats. ❺ Wat eten jullie gewoonlijk wanneer het warm is?

***

Oplossing van oefening 2

❶ – ci sono – ❷ – vai a mangiare – ❸ Stasera mangio – primo ❹ – vanno a lavorare – ❺ – mi piacciono gli –

Het is u opgevallen dat woordenschat en grammatica uit de vorige lessen mee verwerkt zit in de oefeningen van een nieuwe les. Zo neemt geleidelijk aan de moeilijkheidsgraad toe, naarmate ook uw kennis merkbaar uitbreidt en u intussen in staat bent om veeleisender opdrachten aan te gaan. Door regelmatig te werken, iedere dag een beetje, vordert uw studie van het Italiaans... zonder moeite!

Twaalfde les

Beroepen

1 – Welk werk doet [u], meneer Carli?
2 – Ik ben *(Doe de)* arts, [ik] ben psychiater.
3 – Dokter, hemeltje *(accidenten)*! [Dat] is een zeer veeleisend beroep, niet?
4 – Nogal, men werkt veel [in dat beroep].
5 Soms *(Bij keren)* is [het] een probleem voor het gezin, omdat [ik] dikwijls heel laat thuiskom *(terugkeer te huis)*.
6 – Is uw vrouw ook dokter?
7 – Ja, [we] hebben *(doen)* hetzelfde beroep en keren laat terug [naar huis] alle *(en)* twee!

trentotto *[tréntotto]* • 38

12 / Dodicesima lezione

🗨 Uitspraak

méstièri 1 ké lavoro fa, sinjor karli 2 fattsjo il mèdiko, sono psikiatra 3 dottoré, attsjidènti! è un méstièré molto impénjativo, no 4 abbastantsa; si lavora molto 5 a volté è un problèma pér la familja, pérké spésso torno a kaza molto tardi 6 anké soea moljé è dottoréssa 7 si, fattsjamo la stéssa professioné, é torniamo tardi toetti é doeé

📋 Opmerkingen

1 **Il lavoro**, *het werk*; **il mestiere**, *de stiel, het vak* of *beroep* eerder gericht op *'ambacht'*; **la professione**, *het beroep*, meer voor activiteiten die hogere studies vergen, zoals **medico**, *arts*, **avvocato**, *advocaat*, **ingegnere**, *ingenieur*. In combinatie met het werkwoord **fare** moet de beroepsnaam met een lidwoord gebruikt worden (**faccio il meccanico**, *ik ben mecanicien, monteur*), met **essere** niet (**sono psichiatra** (m./v.), *ik ben psychiater*).

***

▶ Esercizio 1 – Traducete

❶ Mia moglie è professoressa, io invece faccio il meccanico.
❷ Spesso in Italia si mangia solo il primo.
❸ Stasera andiamo in pizzeria tutti e tre.
❹ Non vorrei tornare tardi.
❺ Che lavoro fate?

Twaalfde les / 12

2 Let erop dat in het Italiaans de beleefdheidsvorm (**lei**) in de 3e persoon enkelvoud vervoegd wordt, dus **fa** van het werkwoord **fare**.

3 **Accidenti!** is een breed inzetbaar tussenwerpsel: hier toont de spreker zijn verrassing én bewondering tegenover meneer Carli, wiens functie hij niet zo 'hoog' had ingeschat; in een andere context komt het overeen met *oeps..., o jee!* enz. of zelfs met *verdorie!*: **Accidenti, non c'è posto!**, *Verdorie, er is geen plaats!*

4 Het voornaamwoord **si** wordt onpersoonlijk gebruikt zoals *men*, in de 3e persoon enkelvoud: **si lavora molto**, *men werkt veel*; **si mangia bene**, *men eet goed*.

5 **Tornare**, *terugkeren, -komen, -gaan;* **tornare a casa**, *naar huis terugkeren, gaan, thuiskomen.*

6 Merk op dat in het Italiaans het werkwoord niet naar het einde van de zin hoeft te verhuizen, zoals meestal in het Nederlands.

7 **Dottore → dottoressa**: enkele woorden krijgen in de vrouwelijke vorm de uitgang **-essa** (meervoud: **-esse**). Bij beroepsnamen e.d. is dat o.a. ook **il professore** *(professor, leraar)* → **la professoressa**, **lo studente** *(student)* → **la studentessa**, **il poeta** *(poëet, dichter)* → **la poetessa**; bij dierennamen o.a. **il leone** *(leeuw)* → **la leonessa**; bij adellijke titels o.a. **il conte** *(graaf)* → **la contessa**, **il principe** *(prins)* → **la principessa**.

8 **Tutti e due**, *alle twee, allebei* en verder **tutti e tre**, *alle drie*, **tutti e quattro**, *alle vier* enz. Bij uitsluitend vrouwelijke elementen: **tutte e due/tre**, *alle twee/drie*.

***

Oplossing van oefening 1

❶ Mijn vrouw is lerares, ik daarentegen ben mecanicien. ❷ Vaak eet men in Italië alleen een 'voorgerecht'. ❸ Vanavond gaan we alle drie naar de pizzeria. ❹ Ik zou niet laat willen terugkeren. ❺ Welk werk doen jullie?

quaranta *[koearanta]* • 40

Esercizio 2 – Completate

❶ Ik zou een prinses willen zijn.
   ...... essere una ....

❷ Ik heb een nogal veeleisend beroep.
   Ho una professione ....

❸ Gewoonlijk komen ze heel laat thuis.
   .. .. a casa molto ....

Tredicesima lezione [tréditsjézima létsioné]

Gatti e vacanze

1 – Ciao Stefania, come stai [1]?
2 – Sto [1] bene, grazie. E lei come sta [1], signora?
3 – Abbastanza bene anch'io, ti ringrazio.
4 – Domenica prossima [2] io e Giovanni [3] andiamo in vacanza, stiamo [1] via [4] una settimana.
5 – E come fate con il vostro gatto?
6   Lo portate [5] con voi o lo date [6] a qualcuno?
7 – Lo diamo [6] ai [7] suoi zii [8];
8   loro adorano i gatti, i cani e tutti gli animali! □

Uitspraak

Gatti é vakantsé **1** *tsjao stéfania, komé stai* **2** *sto bèné, Gratsié. é lèi komé sta, sinjora* **3** *abbastantsa bèné ankio, ti rinGratsio* **4** *doménika prossima io é dzjovanni andiamo in vakantsa, stiamo via oena séttimana* **5** *é komé faté kon il vostro Gatto* **6** *lo portaté kon voi o lo daté a koealkoeno* **7** *lo diamo ai soeoi dzi-i* **8** *loro adorano i Gatti, i kani é toetti lji animali*

Aanwijzingen bij de uitspraak

(7) De opeenvolgende i's in de meervoudsvorm **zii**, *ooms* worden alletwee uitgesproken, achter elkaar, met een korte pauze tussenin om de eerste wat meer nadruk te geven. Let op bij de vrouwelijke vorm **zie**, *tantes*: *[dzié]*!

❹ Is uw vrouw ook dokter?
   Anche ... . è ....?

❺ Wat doen we vanavond?
   ... cosa .... stasera?

Oplossing van oefening 2
❶ Vorrei – principessa ❷ – abbastanza impegnativa ❸ Di solito tornano – tardi ❹ – sua moglie – dottoressa ❺ Che – facciamo –

Dertiende les

Poezen en vakantie*(s)*

1 – Dag Stefania, hoe gaat het *(bent)*?
2 – *(Ben)* Goed, dank u. En hoe gaat het met ú *(u hoe bent)*, mevrouw?
3 – Vrij goed, ik ook, dank je *(jou bedank)*.
4 – Volgende zondag gaan Giovanni en ik op vakantie, [we] zijn een week weg.
5 – En wat *(hoe)* doen [jullie] met *(de)* jullie kat?
6 Nemen jullie hem mee *(Hem meenemen met jullie)* of geven [jullie] hem aan iemand?
7 – [We] geven hem aan*(de)* zijn oom en tante;
8 zij zijn dol op *(de)* poezen, *(de)* honden en alle *(al de)* dieren!

Opmerkingen

1 **Stare**, *zijn* is een onregelmatig werkwoord uit de 1e groep, op **-are**. O.t.t.: **sto, stai, sta, stiamo, state, stanno**. Het drukt 'zijn' uit als tijdelijke toestand (**Quanto tempo state in vacanza?**, *Hoelang* (lett. Hoeveel tijd) *zijn jullie met vakantie?*), ook m.b.t. gezondheid, comfort, gemoed enz. (**Qui si sta bene**, *Hier is/zit men goed, heeft men het goed*; **Oggi non sto mica bene**, *Vandaag voel ik me helemaal niet goed*). Soms is dat 'zijn' een toestand als 'zich bevinden', '(ver)blijven' en zo 'wonen': **Sto a Roma da undici anni**, *Ik ben/verblijf/woon al elf jaar in Rome*.

quarantadue *[koearantadoeé]*

13 / Tredicesima lezione

2 **Domenica prossima**, *zondag aanstaande, volgende zondag*. **La domenica** is als enige dag vrouwelijk; zijn dus mannelijk **il lunedì** *(maandag)*, **martedì** *(dinsdag)*, **mercoledì** *(woensdag)*, **giovedì** *(donderdag)*, **venerdì** *(vrijdag)*, **sabato** *(zaterdag)*.

3 In combinatie met andere (voor)naamwoorden komt **io** vaak eerst: **io e lui**, *hij en ik*; **io e Sandra**, *Sandra en ik*; **io, voi e mia moglie**, *jullie, mijn vrouw en ik*.

4 Het bijwoord **via** is vergelijkbaar met ons *weg*: **Paolo è via**, *Paolo is weg*; **Vado via**, *Ik ga weg*; Sto via tre giorni (merk op hoe **via** achter het vervoegd werkwoord blijft staan), *Ik ben drie dagen weg*. En bij een wedstrijd: **Pronti? Via!**, *Klaar* (m. mv.)*? Start!*

5 **Portare** zagen we in les 9 als *dragen*, maar het heeft ook andere betekenissen, bv.: *brengen* (**Porto mia figlia all'università**, *Ik breng mijn dochter naar de universiteit*), *meebrengen* (**Portiamo i soldi?**, *Brengen we het geld mee?*) of *meenemen* zoals in zin 6.

***

Esercizio 1 – Traducete
❶ Come stanno i suoi zii? **❷** Io, mia moglie e mia figlia andiamo via. **❸** Do le scarpe nere alle mie due clienti. **❹** Domenica prossima vado in vacanza. **❺** Porto anche i miei vicini.

***

Esercizio 2 – Completate

❶ Wat *(Hoe)* doen we met de dieren?
   Come .... con ... animali?

❷ Nemen we ze met ons mee of geven we ze aan iemand?
   Li .... con noi o li ..... a .... ?

❸ Sandro en Daniela gaan weg.
   Sandro e Daniela ....

❹ Ik heb een vrij veeleisend beroep.
   ...... un mestiere .... impegnativo.

❺ We hebben altijd zin in pizza.
   .... di pizza.

6 **Dare** betekent *geven* en heeft een onregelmatige o.t.t.: **do, dai, dà, diamo, date, danno. Lo** is in zin 6 en 7 het persoonlijk voornaamwoord (als lijdend voorwerp) *hem*; de vrouwelijke (en beleefde) vorm is **la** en het meervoud **li** resp. **le**.

7 **Ai** is de samentrekking van het voorzetsel **a** + het bepaald lidwoord mannelijk meervoud **i**. Samengetrokken lidwoorden worden veel gebruikt in het Italiaans. We zien er later meer van.

8 **Zio**, *oom* (mv. **zii**) en **zia**, *tante* (mv. **zie**) worden als stel **zii** (in het mannelijk meervoud); **il nonno** *(grootvader)* en **la nonna** *(grootmoeder)* zijn **i nonni** *(grootouders)*; **il nipote** *(kleinzoon/neef)* en **la nipote** *(kleindochter/nicht)* zijn **i nipoti** *(kleinkinderen / neef/nicht als oom-/tantezeggers)* enz.

***

Oplossing van oefening 1
❶ Hoe gaat het met zijn oom en tante? ❷ Mijn vrouw, mijn dochter en ik gaan weg. ❸ Ik geef de zwarte schoenen aan mijn twee klanten *(v.)*. ❹ Volgende zondag ga ik op vakantie. ❺ Ik neem ook mijn buren mee.

***

Oplossing van oefening 2
❶ – facciamo – gli – ❷ – portiamo – diamo – qualcuno ❸ – vanno via ❹ Faccio – abbastanza – ❺ Abbiamo sempre voglia –

***

Veel Italianen hebben een huisdier: bijna 60 miljoen, gemiddeld één huisdier per inwoner! Italië is zelfs Europees koploper wat betreft het aantal kooivogels: ongeveer 13 miljoen. Van poezen zijn er 7,5 miljoen, honden 7 miljoen en aquariumvissen 30 miljoen. De markt van voeding voor huisdieren draait bijna 2 miljard euro omzet. Onze vriendjes kunnen daar op beide oren slapen… met een goed gevuld buikje!

Quattordicesima lezione
[koeattorditsjézima létsioné]

Revisione – Herhaling

1 Regelmatige werkwoorden uit de 1e groep, op -*are*

Ziehier de vervoeging in de onvoltooid tegenwoordige tijd (o.t.t., **il presente**) van regelmatige werkwoorden (**verbi regolari**) uit de 1e groep, nl. die waarvan de infinitief eindigt op **-are**, gevormd door aan de stam van het werkwoord (bv. **parl-** bij **parlare**) een uitgang toe te voegen per persoon: **-o**, **-i**, **-a**, **-iamo**, **-ate**, **-ano** (in onderstaande tabel geven we de persoonlijke voornaamwoorden tussen haakjes vermits ze vaak weggelaten worden in het Italiaans; we duiden in het klankschrift met vet aan waar de klemtoon in de werkwoordsvorm ligt):

parlare	praten, spreken
(io) parlo *[parlo]*	ik praat, spreek
(tu) parli *[parli]*	je praat, spreekt
(lui, lei) parla *[parla]*	hij, ze/u (ev.) praat, spreekt
(noi) parliamo *[parliamo]*	we praten, spreken
(voi) parlate *[parlate]*	jullie praten, spreken
(loro) parlano *[parlano]*	ze praten, spreken

Deze groep bevat heel veel werkwoorden. In de dialogen van de vorige lessen zagen we o.a. de volgende: **abitare**, *wonen*, **comprare**, *kopen*, **imparare**, *leren*, **lavorare**, *werken*, **portare**, *dragen, (mee)brengen, meenemen*, **sembrare**, *lijken*, **studiare**, *studeren*, **trovare**, *vinden*.

2 Onregelmatige werkwoorden op -*are*

De o.t.t. van de belangrijkste onregelmatige werkwoorden (**verbi irregolari**) op **-are** (in onderstaande tabellen is de klemtoon aangeduid in kleur):

andare	gaan
(io) vado	ik ga
(tu) vai	je gaat

Veertiende les

(lui, lei) va	hij, ze/u (ev.) gaat
(noi) andiamo	we gaan
(voi) andate	jullie gaan
(loro) vanno	ze gaan

dare	geven
(io) do	ik geef
(tu) dai	je geeft
(lui, lei) dà	hij, ze/u (ev.) geeft
(noi) diamo	we geven
(voi) date	jullie geven
(loro) danno	ze geven

fare	doen, maken
(io) faccio	ik doe, maak
(tu) fai	je doet, maakt
(lui, lei) fa	hij, ze/u (ev.) doet, maakt
(noi) facciamo	we doen, maken
(voi) fate	jullie doen, maken
(loro) fanno	ze doen, maken

stare	zijn, (ver)blijven,...
(io) sto	ik ben, blijf,...
(tu) stai	je bent, blijft,...
(lui, lei) sta	hij, ze/u (ev.) bent, blijft,...
(noi) stiamo	we zijn, blijven,...
(voi) state	jullie zijn, blijven,...
(loro) stanno	ze zijn, blijven,...

Dit zijn vier veel gebruikte werkwoorden. Studeer ze dus goed in!

quarantasei *[koearantasèi]*

3 Zelfstandige en bijvoeglijke naamwoorden

We zagen de twee grote groepen zelfstandige naamwoorden (**sostantivi**) en bijvoeglijke naamwoorden (**aggettivi**):

3.1 Mannelijk op -o, vrouwelijk op -a

	mannelijk	vrouwelijk
enkelvoud	**italiano simpatico**, *sympathieke Italiaan*	**italiana simpatica**, *sympathieke Italiaanse*
meervoud	**italiani simpatici**, *sympathieke Italianen*	**italiane simpatiche**, *sympathieke Italiaansen*

3.2 Mannelijk en vrouwelijk op -e

	mannelijk	vrouwelijk
enkelvoud	**portoghese gentile**, *vriendelijke Portugees*	**portoghese gentile**, *vriendelijke Portugese*
meervoud	**portoghesi gentili**, *vriendelijke Portugezen*	**portoghesi gentili**, *vriendelijke Portugesen*

Het is dus opletten wanneer een zelfstandig en een bijvoeglijk naamwoord uit twee verschillende groepen gecombineerd worden, ieder moet zijn eigen regels volgen:
il portoghese simpatico, *de sympathieke Portugees*
la portoghese simpatica, *de sympathieke Portugese*.

3.3 Andere vormen

Er zijn uiteraard uitzonderingen, bijvoorbeeld:
- sommige naamwoorden voor beroepen en activiteiten zoals:
il dottore, *de dokter* → **la dottoressa**
lo studente, *de student* → **la studentessa**
il poeta, *de poëet, dichter* → **la poetessa**, *de dichteres*
- sommige dierennamen zoals:
il leone, *de leeuw* → **la leonessa**, *de leeuwin*
- sommige adellijke titels zoals:
il conte, *de graaf* → **la contessa**, *de gravin*
il principe, *de prins* → **la principessa**, *de prinses*.

We zullen later meer uitzonderingen en bijzondere vormen zien.

4 Bepaalde lidwoorden

De vorm van een bepaald lidwoord hangt af van het geslacht en het aantal van het zelfstandig naamwoord waar het bijhoort, maar in het Italiaans speelt ook de beginletter van het erop volgende naamwoord een rol. Er zijn in het Italiaans dus wel wat lidwoorden te onthouden! Onderstaande tabel geeft een overzicht van de bepaalde lidwoorden (**articoli determinativi**):

	mannelijk			vrouwelijk	
enkelvoud	il vóór een medeklinker (behalve s+medeklinker, gn-, ps-, z-)	lo vóór s+mede-klinker, gn-, ps-, z-.	l' vóór een klinker	la vóór een mede-klinker	l' vóór een klinker
meervoud	i	gli		le	

– voorbeelden in de mannelijke vorm:
il cliente, *de klant, cliënt* → **i clienti**, *de klanten, cliënten*
lo studente, *de student* → **gli studenti**, *de studenten*
lo zio, *de oom* → **gli zii**, *de ooms, oom(s) en tante(s)*
lo psichiatra, *de psychiater* → **gli psichiatri**, *de psychiaters*
l'italiano, *de Italiaan* → **gli italiani**, *de Italianen*
– voorbeelden in de vrouwelijke vorm:
la cliente → **le clienti**
l'italiana → **le italiane**

5 Een paar voorzetsels

Voorzetsels (**preposizioni**) vertalen is dikwijls lastig omdat ze verschillende betekenissen kunnen hebben; we zagen ze o.a. al als volgt:

• **a**

– *naar* (beweging): **Torno a casa**, *Ik keer terug naar huis;* **Vado a Milano**, *Ik ga naar Milaan.*

– aanwezigheid, toestand op een plaats: **Abito a Roma**, *Ik woon in Rome*; **Studio all'università**, *Ik studeer aan de universiteit*; **Pago alla biglietteria**, *Ik betaal aan/bij het loket,* **al secondo piano**, *op de tweede verdieping.*

– *aan* (meewerkend voorwerp): **Do il gatto ai miei zii**, *Ik geef de poes aan mijn oom en tante.*

– na een werkwoord van beweging zoals **andare**, *gaan*: **Vado a lavorare**, *Ik ga werken.*

• **di**

– *van*: **l'età di mia figlia**, *de leeftijd van mijn dochter*
– vóór iemands geboorte-, woonplaats: **Sei di Milano?**, *Ben je van Milaan afkomstig? Kom je uit Milaan?*
– vóór tijdsaanduidingen zoals seizoenen: **d'estate**, *'s zomers*; **d'inverno**, *in de winter*

• **da**

– *sinds, al*: **Abito a Milano da dieci anni**, *Ik woon sinds/al 10 jaar in Milaan.*

• **in**

– plaats: **Mangio in pizzeria**, *Ik eet in een pizzeria*; **le scarpe in vetrina**, *de schoenen in de etalage*; **nel Sud**, *in het Zuiden*
– beweging: **Andiamo in pizzeria**, *We gaan in een pizzeria eten, naar een pizzeria.*
– vóór tijdsaanduidingen zoals seizoenen (zie **di**), periodes: **in estate**, *'s zomers*, **in inverno**, *in de winter*; **in vacanza**, *in de vakantie, met/op vakantie*

• **per**

– *voor*: **Grazie per l'informazione**, *Bedankt voor de inlichting.*
– *om te*: **Siamo qui per imparare l'italiano**, *We zijn hier om Italiaans te leren.*

• **con**

– *met*: **Come fate con il vostro gatto**, *Wat (Hoe) doen jullie met jullie kat?*

Later meer over deze en andere voorzetsels!

6 Uitdrukkingen uit het dagelijks leven

– Iemand vragen hoe het gaat:
Come va?, *Hoe gaat het?*; **Come stai?**, *Hoe maak je het?*
het antwoord:
Bene, grazie, *Goed, dank je;* **Sto bene, grazie**, *Ik maak het goed, dank je.*
In deze betekenis kan het werkwoord **andare** alleen onpersoonlijk gebruikt worden, in de 3e persoon enkelvoud zonder vermelding van het onderwerp: **Va bene, grazie**.

– Er je van vergewissen dat je gesprekspartner akkoord gaat of dat wat je zegt klopt:
Sei italiano, vero?, *Je bent Italiaan, niet(waar)/toch?*
È un mestiere impegnativo, no?, *Het is een veeleisend beroep, niet?*

– Naar de reden vragen:
Perché abiti a Milano?, *Waarom woon je in Milaan?*
het antwoord:
Perché ci lavoro, *Omdat ik er werk.*

– Zeggen dat iets je bevalt of niet:
Mi piace Roma, *Ik hou van Rome, Ik vind Rome leuk.*
Non mi piacciono gli animali, *Ik hou niet van dieren.*

Dialogo di revisione

1 – Vorrei mangiare una pizza.
2 – Va bene!
3 Allora andiamo in pizzeria.
4 – Prendi la pizza, il primo o il secondo?
5 – No, mangio solo il dolce.
6 Prendo la pizza solo d'estate.
7 – Non mi piacciono i dolci.
8 – E tu perché non mangi?
9 – Perché non ho fame.
10 Non sto molto bene.

15 / Quindicesima lezione

Vertaling
1 Ik zou een pizza willen eten. **2** Ok! **3** Dan gaan we naar een pizzeria. **4** Neem je een pizza, een 'voorgerecht' of een

---

Quindicesima lezione [koeinditsjézima ...]

Una vacanza tra [1] amici [2]

1 – Vedete [3]? Sono le foto delle [4] mie vacanze [5] in Sardegna con Anna e Massimo.
2 Questa [6] ragazza con i pantaloni [7] verdi e la maglietta bianca è Anna.
3 – E quell'uomo [8] dietro di lei, con gli occhi azzurri e il cappello [9], è Massimo?
4 – Sì, proprio quel [8] tipo con la camicia marrone e le orecchie a sventola!
5 – Che brutto! Ha anche il naso storto!
6 – Lei invece è molto carina, ha un [10] bel [11] viso, una bella [11] bocca, begli [11] occhi e bei [11] capelli [9]!
7 – Sì, ma nonostante quello [8] strano aspetto, Massimo è una cara persona!
8 – Si vede [3] dalla faccia, che è un buon [11] ragazzo! □

Uitspraak
De uitspraak van het Italiaans stelt wellicht niet veel problemen meer nu u al zo veel woorden hebt geleerd. Daarom zetten we vanaf deze les niet meer de hele dialoog om in klankschrift, maar alleen nieuwe woorden of woorden waarbij twijfel over de uitspraak kan bestaan.

... tra amitsji **1** *védété ... foto déllé mié... sardénja ...* **2** *koeésta raGattsa ... pantaloni vérdi ... maljétta bianka ...* **3** *é koeélloeomo diétro ... okki addzoerri ... kappèllo ...* **4** *... koeél tipo ... kamitsja marroné ... orékkié a zvèntola* **5** *... broetto! a ... nazo storto* **6** *... invétsjé ... karina ... vizo ... bokka ... bèlji ... bèi kapélli* **7** *... nonostanté ... strano aspètto ... kara pérsona* **8** *... fattsja ... raGattso*

'hoofdgerecht'? **5** Nee, ik eet alleen een dessert. **6** Ik neem een pizza alleen in de zomer. **7** Ik lust geen desserts. **8** En waarom eet jij niet? **9** Omdat ik geen honger heb. **10** Ik voel me niet zo goed.

Vijftiende les

Een vakantie onder vrienden

1 – Zien [jullie]? [Het] zijn de foto's van*(de)* mijn vakantie*(s)* op Sardinië met Anna en Massimo.
2 Dit meisje met de groene broek*(en)* en het witte T-shirt is Anna.
3 – En die man achter *(van)* haar, met de lichtblauwe ogen en de hoed, is [dat] Massimo?
4 – Ja, precies die kerel met het bruine overhemd en flaporen *(de oren in waaier)*!
5 – Wat 'n lelijkerd! [Hij] heeft ook een kromme neus *(de neus krom)*!
6 – Zij daarentegen is heel knap, [ze] heeft een mooi gezicht, een mooie mond, mooie ogen en mooi haar *(haren)*!
7 – Ja, maar ondanks dat vreemd voorkomen is Massimo een lief persoon!
8 Men ziet aan zijn *(van-het)* gezicht dat [hij] een goede jongen is!

15 / Quindicesima lezione

Opmerkingen

1 Het voorzetsel **tra** betekent hier *onder, te midden van, tussen* en kan vervangen worden door **fra**.

2 Het meervoud van **amico** *[amiko]* is **amici** *[amitsji]*, waarbij de k-klank verandert in een tsj-klank. Dit gebeurt alleen in de mannelijke vorm, daar in het vrouwelijk meervoud *[k]* behouden blijft door inlassing van een **h**: **amica** → **amiche** *[amiké]*. Nog een paar naamwoorden op **-co** gedragen zich zo, bv.: **greco** (*Griek*) → **greci** (*Grieken*), **greca** (*Griekse*) → **greche** (*Griekgen*); **nemico** (*vijand*) → **nemici**, **nemica** → **nemiche**.

3 **Vedere**, *zien* is een werkwoord uit de 2e groep, die op **-ere**. De o.t.t.-uitgang is **-e** in de 3e persoon enkelvoud, **-ete** in de 2e meervoud.

4 **Delle** is de samentrekking van het voorzetsel **di** + het bepaald lidwoord vrouwelijk meervoud **le**, hier gebruikt voor de bezitsvorm: **le mie vacanze**.

5 *Vakantie* is doorgaans **vacanza** (in het enkelvoud) in de betekenis van 'verblijf, reis, enz.' en **vacanze** (meervoud) voor 'de periode waarin men zich ontspant' bv. **le vacanze di Natale**, *de kerstvakantie*.

6 **Questo** (m. ev.) / **questa** (v. ev.) / **questi** (m. mv.) / **queste** (v. mv.) zijn de aanwijzende voornaamwoorden voor iemand/iets dichtbij de spreker: **questo ragazzo**, *deze jongen*, **questa ragazza**, *dit meisje*, **questi ragazzi**, *deze jongens*, **queste ragazze**, *deze meisjes*.

7 Het woord **pantaloni**, *pantalon, (lange) broek* wordt in het meervoud gebruikt, net als sommige andere zaken met twee benen of armen, bv. **gli occhiali**, *de bril*.

***

Esercizio 1 – Traducete

❶ Questi bei pantaloni sono azzurri. ❷ Nonostante le orecchie a sventola, Marco è un bel ragazzo. ❸ Lui è brutto; lei, invece, è molto carina. ❹ Quella persona con la maglietta bianca dietro di lui è sua moglie. ❺ Cristina ha un bel viso e bei capelli.

Vijftiende les / 15

8 Bij de aanwijzende voornaamwoorden voor wie/wat zich verderaf bevindt (vgl. *die, dat*) moet, net als bij de bepaalde lidwoorden, rekening gehouden worden met de beginletter van het erop volgende woord: het mannelijke **quel** (mv. **quei**) hoort vóór een medeklinker (behalve **s**+medeklinker, **gn-**, **ps-**, **z-**), **quello** (mv. **quegli**) vóór **s**+medeklinker, **gn-**, **ps-**, **z-** en **quell'** (mv. **quegli**) vóór een klinker; het vrouwelijk enkelvoud is **quella** vóór een medeklinker, **quell'** vóór een klinker, het meervoud is **quelle**.

9 **Un cappello** is *een hoed* en **un capello** is *een haar*… Let dus op het aantal **p**'s! **I capelli** is *de haren* of *het haar* als 'haardos'.

10 **Un** is het mannelijk onbepaald lidwoord vóór een woord dat begint met een klinker of een medeklinker, behalve vóór een woord dat begint met **s** + medeklinker, **gn-**, **ps-** of **z-** waar **uno** nodig is.

11 **Bello** (*mooi* en ook *knap*, *lekker*, *leuk* enz.) en **buono** (*goed*) gedragen zich zoals lidwoorden.
De vormen van **bello** zijn vergelijkbaar met die van het bepaald lidwoord: **bel** zoals **il** (**il viso** → **un bel viso**, *een mooi gezicht*), mv. **i**→**bei**; **bello** zoals **lo** (**lo studente** → **un bello studente**, *een mooie student*), mv. **gli**→**begli**; **bell'** zoals **l'** (**l'amico** → **un bell'amico**, *een mooie vriend*), mv. **gli**→**begli**; de vrouwelijke vormen zijn **bella**, **bell'** en **belle**.
Buono volgt in het mannelijk enkelvoud de structuur van het onbepaald lidwoord: **un amico/ragazzo** → **un buon amico/ragazzo**, *een goede vriend/jongen;* **uno studente** → **un buono studente**, *een goede student*; de andere vormen zijn gewoon **buoni** (m. mv.), **buona** (v. ev.) en **buone** (v. mv.).

***

Oplossing van oefening 1

❶ Deze mooie pantalon is lichtblauw. ❷ Ondanks de flaporen is Marco een mooie jongen. ❸ Híj is lelijk; zij, daarentegen, is heel knap. ❹ Die persoon met het witte T-shirt achter hem is zijn vrouw. ❺ Cristina heeft een mooi gezicht en mooi haar.

Esercizio 2 – Completate

① Zien jullie deze foto's? Het zijn de foto's van mijn vakantie op Sardinië.
  .... foto? .... .. foto .... in Sardegna.

② Zijn vriendin heeft blond haar.
  La sua amica ha . ...•

③ Ik vind de groene lange broek van Marco niet mooi.
  Non mi .... verdi di Marco.

④ Ondanks zijn lelijke neus heeft Simone een mooi gezicht.
  .... il suo brutto ...., Simone ha .. ..•

⑤ Het is een vreemde kerel.
  È ... . tipo.

Sedicesima lezione [séditsjésima ...]

Mangiare qualcosa

1 – Se volete [1], possiamo [2] bere e mangiare qualcosa in quel ristorante!

2 – Magari [3]! Ho una sete terribile, e anche un po' di fame.

3 – Forse [3] è meglio se prendiamo [4] uno snack [5] in questo bar, quel ristorante è troppo caro.

4 – Sì, magari [3] un panino col [6] prosciutto e una bibita.

5 – Sì, anch'io faccio solo uno spuntino [5], voglio [1] dimagrire...

6 – E tu che cosa vuoi [1] mangiare e cosa [7] bevi [8]?

7 – Un'insalata [9] mista e un bicchiere d'acqua minerale mi vanno benissimo.

Oplossing van oefening 2

❶ Vedete queste – Sono le – delle mie vacanze – ❷ – i capelli biondi ❸ – piacciono i pantaloni – ❹ Nonostante – naso – un bel viso ❺ – uno strano –

In deze en in de volgende lessen komen regelmatige en onregelmatige werkwoorden aan bod. We kunnen niet genoeg herhalen hoe belangrijk vervoegingen zijn om zich correct uit te drukken. Werk regelmatig en besteed voldoende aandacht aan die werkwoorden. Het zal een gesprek met Italianen alleen maar vlotter en... aangenamer maken!

Zestiende les

Iets eten

1 – Als jullie willen, kunnen we iets drinken en eten in dat restaurant!
2 – Dat zou fijn zijn! Ik heb *(een)* vreselijke dorst en ook een beetje *(van)* honger.
3 – Misschien is het beter als we een snack nemen in deze bar, dat restaurant is te duur.
4 – Ja, misschien een broodje met*(de)* ham en een drankje.
5 – Ja, ik neem *(doe)* ook alleen een 'hartig tussendoortje', ik wil vermageren...
6 – En jij, wat wil je eten en wat drink je?
7 – Een gemengde salade en een glas *(van)* mineraalwater is prima voor me *(me gaan heel-goed)*.

cinquantasei *[tsjinkoeantasèi]*

16 / Sedicesima lezione

8 – Nessuno beve [8] una birra con me?
9 – Io non posso [2], devo [10] guidare e tengo [10] alla mia patente!

Nu u zelf woorden en structuren in een zin begint te herkennen, bv. het gebruik van persoonlijke voornaamwoorden, zullen we stilaan [ ] en ( ) alleen nog gebruiken om uw aandacht te vestigen op (nieuwe) bijzonderheden en verschillen tussen Nederlands en Italiaans.

Uitspraak

... koealk**o**za **1** ... vol**é**té, possiamo b**é**ré ... ristor**a**nté **2** maG**a**ri ... s**é**té t**é**rribilé ... **3** fors**é** è m**è**ljo ... sn**è**k ... tr**o**ppo ... **4** ... pan**i**no ... prosj**o**etto ... bib**i**ta **5** ... spoent**i**no, v**o**ljo dimaGrir**é 6** ...v**o**eoi ... b**é**vi **7** oeninsal**a**ta m**i**sta ... bikki**è**r**é** d**a**kkoea min**é**ral**é** ... **8** n**é**ss**o**eno ... b**i**rra ... **10** ... d**é**vo Goeidar**é** ... t**è**nGo ... pat**è**nté

Opmerkingen

1 **Volere**, *willen* is een onregelmatig werkwoord uit de 2e groep, op **-ere**. Vervoeging in de o.t.t.: **voglio, vuoi, vuole, vogliamo, volete, vogliono**.

2 **Potere** is ook een onregelmatig werkwoord uit de 2e groep en betekent *mogen* en *kunnen*. O.t.t.: **posso, puoi, può, possiamo, potete, possono**. Het is in het begin misschien wat lastig met al die verschillende vormen, maar ze bieden het voordeel dat je meteen weet over welke persoon het gaat; in het Nederlands, met al die zelfde vormen (bv. ik/jij/hij mag, we/jullie/ze mogen) lijkt het makkelijker, maar is het wel minder duidelijk, toch?!

3 **Magari!** kan als tussenwerpsel gebruikt worden in de betekenis van bv.: *O, dat zou fijn, leuk,... zijn!, Was het maar zo...* Op zich betekent het

Zestiende les / 16

8 – Drinkt niemand een bier[tje] met mij?
9 – Ík mag niet, ik moet rijden en ik wil mijn rijbewijs niet kwijtraken *(hou aan-het mijn rijbewijs)*!

misschien (bij een vorm van verwachting): **Magari stasera andiamo al cinema**, *Misschien gaan we vanavond naar de bioscoop*; **Magari Carlo non è a casa**, *Misschien is Carlo niet thuis*. **Forse** betekent eveneens *misschien*, alsook *wellicht*.

4 **Prendiamo**, *we nemen,* van **prendere**, ook een werkwoord uit de 2e groep, waarin we de uitgang **-iamo** van de 1e persoon meervoud herkennen. De rest van de regelmatige vervoeging van werkwoorden op **-ere** zien we binnenkort.

5 In de dialoog staan twee woorden voor 'een hartig hapje' in de loop van de dag, dat echter geen volwaardige maaltijd is: **lo spuntino** en **lo snack**. In de (late) middag is er ook **la merenda**, *het 'vieruurtje'*, vooral voor kinderen.

6 **Col** is de samentrekking van het voorzetsel **con**, *met* + het bepaald lidwoord **il**, *de/het* (m.).

7 **Cosa** kan met of zonder **che** ervoor een vraag inleiden: **Che cosa bevi?** of **Cosa bevi?**

8 **Bere**, *drinken* is een onregelmatig werkwoord uit de 2e groep. Het bijzondere eraan is dat als stam **bev-** genomen wordt (**Cosa bevi?**, *Wat drink je?*).

9 Het vrouwelijk onbepaald lidwoord **una** wordt **un'** vóór een woord dat met een klinker begint; daar het mannelijk onbepaald lidwoord vóór een klinker **un** is, is een weglatingsteken alleen in de vrouwelijke vorm mogelijk: **un amico**, *een vriend* / **un'amica**, *een vriendin*. **Insalata** = *salade, sla, slaatje; (krop)sla* = **lattuga**.

10 Nog twee onregelmatige werkwoorden op **-ere**: **dovere**, *moeten* (o.t.t.: **devo, devi, deve, dobbiamo, dovete, devono**) en **tenere**, *houden* (o.t.t.: **tengo, tieni, tiene, teniamo, tenete, tengono**). In de 2e groep zitten de meeste onregelmatige werkwoorden, die ingestudeerd moeten worden. Geen zorgen, dat lukt iedereen… zonder al te veel moeite! En we hebben de belangrijkste al gehad! **Tenere a**, lett. houden aan, betekent *eraan hechten, erop staan, prijs stellen op*.

Esercizio 1 – Traducete
❶ Vuoi fare uno spuntino? – Magari! ❷ Non posso bere una birra con te perché devo guidare. ❸ Se prendiamo uno snack in questo bar, io voglio bere anche una bibita. ❹ Non mi piace il prosciutto. ❺ Se volete, stasera possiamo andare al ristorante o in pizzeria.

***

Esercizio 2 – Completate
❶ Dat restaurant is te duur.
.... ristorante è ...... caro.

❷ Ik wil een lekker *(mooi)* broodje met ham eten.
...... mangiare un bel ....

❸ Ik eet de salade niet omdat ik ze niet lekker vind.
Non mangio .... non .. ..

Diciassettesima lezione *[ditsjassèttézima ...]*

La lettura, che passione!

1 – Ti piace leggere, vero?
2 – Sì, leggo [1] almeno un libro alla settimana [2].
3 – Che tipo di [3] libri leggi [1]? Narrativa o saggi?
4 – Non mi piacciono i romanzi, preferisco [4] l'attualità: politica, economia...
5 – Io e mio marito leggiamo [1] molto anche noi, soprattutto romanzi e novelle,
6 spesso in edizioni tascabili [5], sono più economiche [6]...
7 – Se cerchi [7] di spendere poco, puoi comprare i libri su internet, anche in digitale.

Oplossing van oefening 1

❶ Wil je iets kleins tussendoor eten? – Dat zou fijn zijn! ❷ Ik kan geen biertje drinken met jou omdat ik moet rijden. ❸ Als we een snack nemen in deze bar, wil ík ook een drankje drinken. ❹ Ik eet niet graag ham. ❺ Als jullie willen, kunnen we vanavond in een restaurant of in een pizzeria gaan eten.

***

❹ Mijn vriend Sandro gaat dikwijls naar het restaurant.
Il ... . Sandro .. .. al ....

❺ Ik lust geen drankjes.
Non .. .. le ....

Oplossing van oefening 2

❶ Quel – troppo – ❷ Voglio – panino col prosciutto ❸ – l'insalata perché – mi piace ❹ – mio amico – va spesso – ristorante ❺ – mi piacciono – bibite

Zeventiende les

(Het) **Lezen, wat 'n passie!**

1 – Je leest graag, nietwaar?
2 – Ja, ik lees minstens één boek per *(aan-de)* week.
3 – Welke soort *(van)* boeken lees je? Fictie *(Verhalend)* of essays?
4 – Ik hou niet van *(de)* romans, ik verkies actuele thema's *(de actualiteit)*: politiek, economie…
5 – Mijn man en ik, wij lezen ook veel, vooral romans en novellen,
6 vaak in pocketuitgave(n), [die] zijn goedkoper *(meer economische)*…
7 – Als je niet te veel wil uitgeven *(zoekt om uitgeven weinig)*, kan je *(de)* boeken op internet kopen, zelfs in digitale [versie].

sessanta *[séssanta]* • 60

17 / Diciassettesima lezione

8 Sono molto più economici [6], e li paghi [7] comodamente con la carta di credito.
9 – Grazie ma preferiamo [4] andare in libreria e chiedere consiglio ai librai.

Uitspraak
… léttoera … passioné **1** … lèddzjéré … **2** … lèGGo alméno … libro … **3** … lèddzji … narrativa o saddzji **4** … romandzi, préférisko lattoealita: politika, ékonomia **5** … marito ... léddzjamo … novèllè **6** … éditsioni taskabili … ékonomiké **7** … tsjérki … spèndéré poko … internèt ... didzjitalé **8** … ékonomitsji … li paGi komodaménté … karta di krédito **9** … libréria … kiédéré konsiljo … librai

Opmerkingen

1 Leggere, *lezen*, werkwoord op **-ere**, met de stam die eindigt op een **g**, een letter die vóór een **i** of **e** uitgesproken wordt als *[dzj]* en anders als een harde g *[G]*. De uitspraak hangt dus af van de uitgang: *[G]* in **leggo** (*[lèGGo]*, *ik lees*) en **leggono** (*[lèGGono]*, *ze lezen*); *[dzj]* in de infinitief *[lèddzjéré]*, **leggi** (*[lèddzji]*, *je leest*), **legge** (*[lèddzjé]*, *hij/ze/u leest*), **leggiamo** (*[léddzjamo]*, *we lezen*) en **leggete** (*[léddzjété]*, *jullie lezen*). Beluister aandachtig de geluidsopnamen om de uitspraak te onthouden! Want er was ook **leggere** *[léddzjère]*, *licht*, in les 9, met een andere klemtoon…

2 De frequentie van een handeling wordt uitgedrukt met het voorzetsel **a** + bepaald lidwoord: **un libro alla settimana**, *één boek in de, per week*; **Mangio tre volte al giorno**, *Ik eet drie keren, driemaal per dag*.

***

Esercizio 1 – Traducete
❶ Non mi piace leggere narrativa. **❷** Cerchiamo libri in edizioni tascabili perché sono più economiche. **❸** Preferisco comprare libri su internet e pagare comodamente con la carta di credito. **❹** Puoi chiedere consiglio al libraio. **❺** Stasera vanno in pizzeria.

8 Ze zijn veel goedkoper en je betaalt ze gewoon *(comfortabel)* **met je** *(de)* **kredietkaart** *(kaart van krediet)*.

9 – Dank je, maar we gaan liever *(verkiezen gaan)* **naar [een] boekhandel en vragen [liever] advies aan***(de)* **boekhandelaars.**

3 **Che tipo di ...**, *welk(e) soort (van) ...*

4 **Preferire**, *verkiezen (om), de voorkeur geven aan,* ook vaak vertaald met een constructie met *liever ...*, is een werkwoord uit de 3e groep, op **-ire**, meer bepaald uit de subgroep die **-isc-** inlast tussen stam en uitgang in o.a. de 1e persoon enkelvoud (**prefer**isc**o**, *ik verkies*), maar niet in o.a. de 1e meervoud (**preferiamo**, *we verkiezen*). Later meer hierover.

5 **Una tasca** is *een zak* (bv. bij kleding), vandaar **tascabile**, *zak-, pocket-*.

6 **Economico** betekent zowel *economisch* als *goedkoop*. Dit woord op **-co** heeft als meervoud **economici** (met tsj-klank); het vrouwelijk **economica** behoudt in het meervoud **economic**h**e** de k-klank dankzij de ingelaste **h**.

7 **Cercare**, *zoeken* en **pagare**, *betalen* moeten in de hele vervoeging hun stamklank *[k]* resp. *[G]* behouden. Dus, wanneer de uitgang begint met **i** krijgen ze er een **h** bij opdat de **c** resp. **g** geen *[tsj]* resp. *[dzj]* zou worden: **cerc**h**i**, *je zoekt* en **cerc**h**iamo**, *we zoeken*; **pag**h**i**, *je betaalt* en **pag**h**iamo**, *we betalen*. Dit geldt voor alle werkwoorden op **-care** en **-gare**. **Cercare di** betekent *zoeken, trachten te, proberen om, willen*.

***

Oplossing van oefening 1

❶ Ik lees niet graag fictie. ❷ We zoeken boeken in pocketuitgave omdat ze goedkoper zijn. ❸ Ik koop liever boeken op internet en betaal liever gewoon met mijn [de] kredietkaart. ❹ Je kan advies vragen aan de boekhandelaar. ❺ Vanavond gaan ze naar een pizzeria.

Esercizio 2 – Completate

① We betalen met de kredietkaart.
   .... con la .... credito.

② In dit restaurant geeft men weinig uit.
   In ...... ristorante si ....

③ Welke soort van boeken lees je?
   ... tipo di ....?

④ Ik wil een fictieboek kopen.
   ...... comprare .. .. di ....

⑤ Lees jij ook veel?
   ..... molto ..... tu?

Diciottesima lezione [ditsjottézima ...]

Nel traffico del centro

1 – Mamma mia [1], che traffico!
2   Non so [2] come fare per arrivare puntuale, con tutti questi ingorghi!
3 – Adesso sai [2], per la prossima volta, che a quest'ora devi prendere i mezzi pubblici!
4 – Sì, ma gli autobus sono sempre così affollati [3]!
5   Pensa che a volte gli autisti [4] non fanno più salire nessuno alle [5] fermate,
6   perché dentro i passeggeri sono stretti come delle [6] sardine!
7 – Lo so, mio fratello è autista [4] e mi parla sempre del [6] problema [7] del traffico in centro.

Oplossing van oefening 2

❶ Paghiamo – carta di – ❷ – questo – spende poco ❸ Che – libri leggi ❹ Voglio – un libro – narrativa ❺ Leggi – anche –

*Niet iedereen leest zoveel als de personages in onze dialoog. Volgens statistieken zou minder dan de helft van de Italianen minstens één boek per jaar lezen (tegen, bijvoorbeeld, 90 % van de Noren, 70 % van de Fransen, 60 % van de Spanjaarden); minder dan 40 % van de lezers leest meer dan drie boeken per jaar en zowat 15 % twaalf of meer. De meeste lezers zijn vrouwen. Qua leeftijdscategorie zijn het de jongeren tussen 11 en 14 jaar die het meest lezen. Cijfers kunnen evolueren... en met veel inzet, vooral in scholen en van ouders, wordt lezen **una passione**!*

Achttiende les

In het stadsverkeer *(verkeer van-het centrum)*

1 – Jeetje *(Mama mijn)*, wat 'n verkeer!
2 Ik weet niet wat te doen om tijdig aan te komen *(hoe doen om-te aankomen punctueel,)* met al deze opstoppingen!
3 – Nu weet je, voor de volgende keer, dat je op dit uur het openbaar vervoer *(de middelen publieke)* moet nemen!
4 – Ja, maar de *(auto)*bussen zitten *(zijn)* altijd zo stampvol!
5 Weet je *(Bedenk)* dat de chauffeurs soms niemand meer laten *(doen)* instappen aan de haltes,
6 omdat binnen de reizigers opeengepakt zitten zoals sardientjes *(van-de sardines)*?!
7 – Ik weet het, mijn broer is chauffeur en spreekt me steeds over het verkeersprobleem *(probleem van-het verkeer)* in [het stads]centrum.

8 – Sì, **tutti sanno** [2] che ci **s**ono dei [6] probl**e**mi [7] e ness**uno** [8] fa niente [8]!

9 – Mio fratello ha **u**na soluzi**o**ne: vu**o**le cambiare [9] mestiere!

Uitspraak

… traffiko … tsjéntro **1** mamma … **2** … arrivaré poentoealé … inGorGi **3** adèsso sai … koeéstora … mèddzi poebblitsji **4** … aoetoboes … affollati **5** pènsa … aoetisti … saliré … férmaté **6** … déntro … passéddzjèri … strétti … sardiné **7** … fratèllo … **8** … déi … **9** … solutsioné … kambiaré …

Opmerkingen

1 Iedereen kent deze uitdrukking waarmee Italianen, van welke leeftijd ook, bij een probleem de hulp inroepen van… hun mama! Ze drukt verrassing, verwondering of vrees uit. **Mamma**, *mama* en **la madre**, *de moeder*; **papà**, *papa* en **il padre**, *de vader*.

2 **Sapere** betekent hier *weten*. Het is een onregelmatig werkwoord uit de 2e groep, op **-ere**, met als o.t.t.: **so, sai, sa, sappiamo, sapete, sanno**.

3 **Affollato** is afgeleid van **la folla**, *de menigte*, *mensenmassa* en geeft dus 'vol mensen' weer; **(auto)bus** is onveranderlijk: **l'autobus offollato / gli autobus offollati**, *de overvolle bus/bussen*.

4 Let op: **l'autista** is *de chauffeur*, *bestuurder*, zowel mannelijk als vrouwelijk, met in het meervoud **gli autisti** en **le autiste**.

5 **Alle** is de samentrekking van het voorzetsel **a** + het bepaald lidwoord vrouwelijk meervoud **le**.

***

Esercizio 1 – Traducete

❶ Tutti sanno che in centro c'è sempre molto traffico. ❷ Gli autisti degli autobus affollati non fanno più salire nessuno alle fermate. ❸ Per arrivare puntuale, devi prendere i mezzi pubblici. ❹ Preferisco sempre prendere l'autobus. ❺ Mio fratello vuole cambiare mestiere.

8 – Ja, iedereen weet *(allen weten)* dat er *(van-de)* problemen zijn en niemand doet *(n)*iets!

9 – Mijn broer heeft een oplossing: hij wil veranderen [van] beroep!

6 **Delle** is de samentrekking van het voorzetsel **di** + het bepaald lidwoord vrouwelijk meervoud **le**; **del** is **di** + bepaald lidwoord mannelijk enkelvoud **il**; **dei** is **di** + bepaald lidwoord mannelijk meervoud **i**. **Delle** en **dei** treden hier op als meervoudsvorm van een onbepaald lidwoord, wat in het Nederlands niet gebruikt wordt en ook in het Italiaans vaak weggelaten wordt: **stretti come delle sardine** of **stretti come sardine**, **ci sono dei problemi** of **ci sono problemi**.

7 **Il problema**, *het probleem* is een mannelijk woord, ook al eindigt het op **-a**; meervoud is **i problemi**.

8 Merk op hoe in het Italiaans **nessuno**, *niemand* en **niente**, *niets*, twee ontkennende woorden, in eenzelfde zin voorkomen: **nessuno dice niente**, *niemand zegt iets* (lett. *niets*).

9 **Cambiare** staat direct vóór het naamwoord, zonder voorzetsel ertussenin: **cambiare mestiere**, *veranderen van beroep*, **cambiare camicia**, *verwisselen van (over)hemd*.

***

Oplossing van oefening 1

❶ Iedereen weet dat er in het [stads]centrum altijd veel verkeer is. ❷ De bestuurders van overvolle bussen laten niemand meer instappen aan de haltes. ❸ Om op tijd aan te komen, moet je het openbaar vervoer nemen. ❹ Ik neem liever altijd de bus. ❺ Mijn broer wil veranderen van beroep.

sessantasei *[séssantasèi]*

Esercizio 2 – Completate

❶ Iedereen weet dat dit probleem er is maar niemand doet iets.
.... che ... questo .... ma .... niente.

❷ Mijn broer weet niet wat te doen om tijdig aan te komen.
... . non .. .. per arrivare ....

❸ Ik moet het openbaar vervoer nemen.
.... prendere . ..... pubblici.

❹ We hebben een oplossing.
Abbiamo ... .

❺ In deze stad zijn er veel opstoppingen.
.. .. città .. .... molti ....

Diciannovesima lezione [ditsjannovézima ...]

Al cinema

1 – Andiamo al cinema domani pomeriggio?
2   Al Ristori danno l'ultimo film di Saulo Correntino;
3   parla della vita di Botticelli, il famoso pittore [1] del Rinascimento.
4 – Uffa [2], ancora un film fatto da [3] un uomo sulla vita di un uomo per un pubblico maschile!
5   Perché non ci sono mai film su pittrici, scultrici, scrittrici [1] e poetesse,
6   invece che [4] sempre su pittori, scultori, scrittori [1] e poeti?
7 – Insomma, amica femminista, ci [5] andiamo o no?
8 – Sì, ma solo se andiamo con la mia macchina e se guido io [6]!
9 – Okay, per questa volta sarai [7] tu [6] il mio cavaliere...

Oplossing van oefening 2

❶ Tutti sanno – c'è – problema – nessuno fa – ❷ Mio fratello – sa come fare – puntuale ❸ Devo – i mezzi – ❹ – una soluzione ❺ In questa – ci sono – ingorghi

***

In 22.000 Italiaanse steden staan overblijfsels van gebouwen uit de Griekse, Etruskische, Romeinse of middeleeuwse periode. Om **il centro storico**, *het historisch centrum, de oude binnenstad, te vrijwaren, zijn de meeste Italiaanse stadscentra autovrij en is men er aangewezen op* **i mezzi pubblici**. *In die* **zone a traffico limitato (ZTL)**, *zones met beperkt verkeer zijn alleen voertuigen met een speciale vergunning toegelaten.*

Negentiende les

Naar de bioscoop

1 – Gaan we naar de bioscoop morgennamiddag?
2 In de Ristori vertonen *(geven)* ze de laatste film van Saulo Correntino;
3 hij gaat *(praat)* over het leven van Botticelli, de beroemde schilder uit de renaissance.
4 – Pff, nog een film gemaakt door een man over het leven van een man voor een mannelijk publiek!
5 Waarom zijn er nooit films over schilderessen, beeldhouwsters, schrijfsters en dichteressen,
6 in plaats van altijd over schilders, beeldhouwers, schrijvers en dichters?
7 – Nou *(In-som)*, vriendin feministe, gaan we erheen of niet?
8 – Ja, maar alleen als we met *(de)* mijn auto gaan en als ík rijd!
9 – Ok, voor deze keer zal jij *(de)* mijn cavalier zijn...

19 / Diciannovesima lezione

Uitspraak

*... ts**i**néma **1** ... dom**a**ni pom**é**ridzzjo **2** ... l**oe**ltimo film ... s**a**oelo ... **3** ... v**i**ta ... bottits**jè**lli, il fam**o**so pitt**o**ré dél rinasjim**é**nto **4** **oe**ffa ank**o**ra ... f**a**tto ... maski**i**lé **5** ... pittr**i**tsji, skoeltr**i**tsji, skrittr**i**tsji ... poét**é**ssé **6** ... skoelt**o**ri, skritt**o**ri ... p**o**èti **7** ins**o**mma ... fémmin**i**sta ... **8** ... m**a**kkina ... Goe**i**do ... **9** ok**è**i ... v**o**lta ... kavali**è**ré*

Opmerkingen

1. De meeste woorden op **-tore** (zoals **pittore, scultore, scrittore**) krijgen in de vrouwelijke vorm de uitgang **-trice** (**pittrice, scultrice, scrittrice**), in het meervoud **-i** (zoals alle woorden met als enkelvoudsuitgang **-e**): **pittori/pittrici, scultori/scultrici, scrittori/scrittrici**. Er zijn uitzonderingen, met als belangrijkste **il dottore / i dottori**, *de dokter/dokters*, **la dottoressa / le dottoresse**.

***

Esercizio 1 – Traducete

❶ Uffa, parli sempre tu! ❷ Che cosa danno al cinema stasera? ❸ Quel film piace a tutti. ❹ Carlo e Lucia ci vanno domani sera. ❺ Perché nessuno fa film su pittrici e scultrici?

***

Esercizio 2 – Completate

❶ In de namiddag neem ik een 'hartig tussendoortje'.
Nel .... faccio ... .

❷ In de Ristori vertonen ze de laatste film van Correntino.
Al Ristori .... di Correntino.

❸ Nou, ga je erheen of niet?
......., ci ... o ..?

❹ Mijn boek gaat over het leven van een beroemde schilder uit de renaissance.
Il mio .... della vita di .. .. del ....

Negentiende les / 19

2 **Uffa!** zeggen of met bolle wangen blazen, zo tonen Italianen hun verveling, ongeduld of ontevredenheid. Een taal leer je met de bijbehorende gebaren!

3 Het voorzetsel **da** leidt in een passieve (lijdende) zin de handelende partij in: **un film** (onveranderlijk woord) **fatto da un uomo**, *een door een man gemaakte film*, **un pittore amato da tutti**, *een door iedereen geliefde schilder*.

4 **Invece che** betekent *in plaats van*.

5 **Ci** kennen we uit **c'è** en **ci sono**, *er is* en *er zijn*; het kan ook de waarde hebben van *erheen, ernaartoe* enz.: **ci andiamo con la mia macchina**, *we gaan er met/in mijn auto/wagen heen/naartoe*.

6 Merk op hoe door de volgorde werkwoord-onderwerp het belang van de persoon benadrukt wordt: **Parla lui**, *Híj spreekt*, **Sei tu**, *Jíj bent het*, **Guida Michele**, *Het is Michele die rijdt*.

7 **Sarai** is de 2e persoon enkelvoud in de toekomende tijd van **essere**: *je zal zijn*. Later vernemen we meer over de toekomende tijd.

***

Oplossing van oefening 1

❶ Pff, jíj bent altijd aan het woord! ❷ Wat vertonen ze in de bioscoop vanavond? ❸ Die film vindt iedereen goed. ❹ Carlo en Lucia gaan er morgenavond heen. ❺ Waarom maakt niemand films over schilderessen en beeldhouwsters?

***

❺ Morgen gaan we met mijn auto en ík rijd.
   Domani .... con .. .. e ....

Oplossing van oefening 2

❶ – pomeriggio – uno spuntino ❷ – danno l'ultimo film – ❸ Insomma – vai – no ❹ – libro parla – un famoso pittore – Rinascimento ❺ – andiamo – la mia macchina – guido io

settanta [*séttanta*]

20

Ventesima lezione [vèntézima ...]

Dal [1] fruttivendolo

1 – Buonasera, signora, che cosa desidera?
2 – Vorrei un chilo di carote e mezzo chilo di [2] mele ben mature, per favore.
3 – Certamente, ecco qua [3].
4   Ha bisogno di [4] altro? Ho pesche, albicocche, uva, tutta roba [5] di prima scelta!
5 – No, grazie; queste arance sono siciliane?
6 – No, signora, vengono [6] dalla [7] Spagna.
7 – Io compro solo frutta e verdura [8] italiane, niente [9] roba [5] straniera!
8 – Ma signora, ora siamo tutti europei, stessa moneta, stesso mercato, stesse arance!
9   Comunque, domattina [10] passa il mio fornitore con le arance di Sicilia.
10 – Bene, bene; ora voglio due banane un po' acerbe.
11 – Quelle, signora, faccio fatica a [11] trovarle [12] italiane!

Uitspraak
... froettivéndolo **1** ... désidéra **2** ... kilo ... karoté ... mèddzo kilo ... mélé ... matoeré ... **3** tsjértaménté, èkko koea **4** a bizonjo ... o pèské, albikokké, oeva ... roba ... **5** ... arantsjé ... sitsjiliané **6** ... vènGono ... spanja **7** ... froetta é vérdoera ... **8** ... éoeropèi, stéssa monéta ... mérkato ... **9** komoenkoeé, domattina ... fornitoré ... sitsjilia **10** ... banané ... atsjèrbé **11** ... fatika ... trovarlé ...

Twintigste les

Bij de fruit- en groentehandelaar

1 – Goedenavond, mevrouw, wat wenst u?
2 – Ik zou een kilo *(van)* wortelen en [een] halve kilo *(van)* goed rijpe appelen willen, alstublieft.
3 – Zeker, hierzo.
4 Hebt u nog iets nodig *(behoefte aan [iets] anders)*? Ik heb perziken, abrikozen, druiven, allemaal *(van)* eerste keus waren!
5 – Nee, dank u. Zijn deze sinaasappelen Siciliaanse?
6 – Nee, mevrouw, ze komen uit*(het)* Spanje.
7 – Ík koop alleen Italiaans fruit en [Italiaanse] groente, geen *(niets)* vreemde spullen!
8 – Maar mevrouw, we zijn nu allemaal Europeanen, zelfde munt, zelfde markt, zelfde sinaasappelen!
9 Hoe dan ook, morgenochtend komt *(de)* mijn leverancier langs met *(de)* sinaasappelen uit Sicilië.
10 – Goed, goed. Nu wil ik twee [nog] wat onrijpe *(wrange)* bananen.
11 – Die, mevrouw, kan ik moeilijk vinden in Italië *(doe moeite te vinden-ze Italiaanse)*!

Opmerkingen

1 Het voorzetsel **da** betekent *bij*, zowel voor de beroepsnaam van een handelaar (zoals hier **dal fruttivendolo**, *bij de fruit- en groenteboer*) als voor een persoonsnaam, om 'bij iemand thuis of in zijn zaak' uit te drukken: **Andiamo da Marco**, *We gaan bij Marco (thuis), naar Marco*.

2 Vorrei un chilo di / due chili di / mezzo chilo di / un chilo e mezzo di carote, *Ik zou een kilo / twee kilo('s) / [een] halve kilo / anderhalve kilo (een kilo en halve) wortelen willen*. Merk op hoe het voorzetsel **di**

ingelast wordt na de hoeveelheid 'van' iets (zoals ook in **un po' di fame**, *een beetje honger* in les 16).

3 Op **ecco**, *ziehier/ziedaar/ziezo* kan het bijwoord van plaats **qua** of **qui**, *hier* volgen, eigenlijk dubbelop want **ecco qua** is *'ziehier hier'*.

4 ... *nodig hebben* wordt in het Italiaans uitgedrukt met **avere bisogno di ...**, lett. 'behoefte, nood hebben aan ...': **Ho bisogno di frutta**, *Ik heb fruit nodig*; **Ho bisogno di te**, *Ik heb je nodig*.

5 **La roba** kan op verschillende manieren geïnterpreteerd worden: *waren, goederen, dingen, spullen*, soms met een negatieve connotatie, in het enkel- en meervoud: **C'è tanta roba da mangiare**, *Er is/ligt veel etenswaar*; **Che roba!**, *Wat 'n gedoe!*, **Roba da matti!**, *Da's maar al te gek!, Wat maf!* (lett. 'ding van gekken').

6 **Venire**, *komen*, onregelmatig werkwoord uit de 3e groep, op **-ire**. O.t.t.: **vengo, vieni, viene, veniamo, venite, vengono**.

7 **Da** geeft het vertrekpunt in een beweging, oorsprong aan (**Vengo da Milano**, *Ik kom van/uit Milaan*), **di** geeft 'afkomstig van, geboren in' weer (**Sono di Milano**, *Ik ben afkomstig van, kom uit Milaan*).

***

Esercizio 1 – Traducete

❶ Stamattina niente caffè, grazie. **❷** Vorrei un chilo e mezzo di mele, per favore. **❸** Le mie clienti comprano sempre arance spagnole. **❹** Non sappiamo se questa frutta è matura. **❺** Si fa fatica a trovare posto in questo corso.

***

Esercizio 2 – Completate

❶ Goedendag, meneer en mevrouw, wat wensen jullie?
Buongiorno, ..., ... cosa ....?

❷ We kopen alleen Italiaans fruit en [Italiaanse] groente.
Compriamo .... e ....

❸ Met al deze opstoppingen hebben ze het moeilijk om op tijd aan te komen.
Con tutti questi ...., ... ad arrivare ....

Twintigste les / 20

8 **La frutta** en **la verdura** zijn, net als in het Nederlands, enkelvoudsvormen: **Mi piace molto la frutta/verdura** (bepaald lidwoord bij iets algemeens), *Ik ben dol op fruit/groente*. In het Italiaans is er zo ook **la gente**, *de mensen, het volk*: **Quella gente parla troppo**, *Die mensen praten te veel*.

9 **Niente**, *niets* betekent vóór een naamwoord *(helemaal) geen/niet*: **Oggi niente brioche**, *Vandaag geen brioche(s)/croissant(s)*; **Niente male**, *Helemaal niet slecht!*

10 **Domattina** is de samentrekking van **domani**, *morgen* + **mattina**, *morgen, ochtend*; het betekent dus *morgenochtend*.

11 **Fare fatica a** betekent *moeite doen om, moeite hebben met* enz.: **Fa fatica a dimagrire**, *Hij/Ze heeft moeite met vermageren, afvallen lukt hem/haar niet goed*. **Faticoso** betekent *vermoeiend*.

12 Merk op hoe het persoonlijk voornaamwoord **le** achteraan de infinitiefvorm van het werkwoord **trovare,** zonder eind-**e**, vast geschreven wordt: **faccio fatica a trovarle** = *ik heb/doe moeite om ze (v. mv.) te vinden*. Later meer hierover.

***

Oplossing van oefening 1

❶ Vanmorgen geen koffie, dank u/je. **❷** Ik zou anderhalve kilo appelen willen, alstublieft. **❸** Mijn klanten *(v.)* kopen altijd Spaanse sinaasappelen. **❹** We weten niet of dit fruit rijp is. **❺** Men vindt moeilijk plaats in deze cursus.

***

❹ Op dit uur is er een vreselijke verkeer[sdrukte], te gek!
 . . . . c'è un . . . . , ... da . . . . . !

❺ Hebben jullie zin in fruit?
 Avete . . . . . . di . . . . . . ?

Oplossing van oefening 2

❶ – signori, che – desiderate **❷** – solo frutta – verdura italiane **❸** – ingorghi, fanno fatica – puntuali **❹** A quest'ora – traffico terribile, roba – matti **❺** – voglia – frutta

settantaquattro *[séttantakoeattro]*

Ventunesima lezione [véntoenézima ...]

Revisione – Herhaling

1 Regelmatige werkwoorden uit de 2e groep, op -ere

Ziehier de vervoeging in de onvoltooid tegenwoordige tijd (o.t.t.) van regelmatige werkwoorden uit de 2e groep, nl. die waarvan de infinitief eindigt op **-ere**, gevormd met de stam (bv. **ved-** bij **vedere**) + een uitgang per persoon: **-o**, **-i**, **-e**, **-iamo**, **-ete**, **-ono**.

ved**ere**	zien
(io) ved**o**	ik zie
(tu) ved**i**	je ziet
(lui, lei) ved**e**	hij, ze/u (ev.) ziet
(noi) ved**iamo**	we zien
(voi) ved**ete**	jullie zien
(loro) ved**ono**	ze zien

Let op de uitspraak als de stam op **g** eindigt: deze letter wordt als een harde g uitgesproken, behalve vóór de klinkers **-e** en **-i**, waar hij als *[dzj]* klinkt, bijvoorbeeld bij **leggere**, *lezen* in **leggi** *[lèddzji]*, **legge** *[lèddzjé]*, **leggiamo** *[léddzjamo]* en **leggete** *[léddzjété]*.

Door deze nuttige woorden en uitdrukkingen aan te leren, zal u snel een vlot gesprek kunnen voeren. Hierbij zijn de geluidsopnamen een onmisbaar hulpmiddel. Maak er dagelijks gebruik van, de hele cursus lang!

Eenentwintigste les

2 Onregelmatige werkwoorden op -*ere*

bere	*drinken*
(io) b<u>e</u>vo	*ik drink*
(tu) b<u>e</u>vi	*je drinkt*
(lui, lei) b<u>e</u>ve	*hij, ze/u (ev.) drinkt*
(noi) bevi<u>a</u>mo	*we drinken*
(voi) bev<u>e</u>te	*jullie drinken*
(loro) b<u>e</u>vono	*ze drinken*

dovere	*moeten*
(io) d<u>e</u>vo	*ik moet*
(tu) d<u>e</u>vi	*je moet*
(lui, lei) d<u>e</u>ve	*hij, ze/u (ev.) moet*
(noi) dobbi<u>a</u>mo	*we moeten*
(voi) dov<u>e</u>te	*jullie moeten*
(loro) d<u>e</u>vono	*ze moeten*

potere	*mogen, kunnen*
(io) p<u>o</u>sso	*ik mag, kan*
(tu) pu<u>o</u>i	*je mag, kan*
(lui, lei) pu<u>ò</u>	*hij, ze/u (ev.) mag, kan*
(noi) possi<u>a</u>mo	*we mogen, kunnen*

settantasei [séttantasèi]

(voi) potete	jullie mogen, kunnen
(loro) p<u>o</u>ssono	ze mogen, kunnen

sapere	weten, kunnen
(io) so	ik weet, kan
(tu) sai	je weet, kan
(lui, lei) sa	hij, ze/u (ev.) weet, kan
(noi) sappiamo	we weten, kunnen
(voi) sap<u>e</u>te	jullie weten, kunnen
(loro) s<u>a</u>nno	ze weten, kunnen

tenere	houden
(io) t<u>e</u>ngo	ik hou(d)
(tu) ti<u>e</u>ni	je houdt
(lui, lei) ti<u>e</u>ne	hij, ze/u (ev.) houdt
(noi) teni<u>a</u>mo	we houden
(voi) ten<u>e</u>te	jullie houden
(loro) t<u>e</u>ngono	ze houden

volere	willen
(io) voglio	ik wil
(tu) vu<u>o</u>i	je wil
(lui, lei) vu<u>o</u>le	hij, ze/u (ev.) wil
(noi) vogli<u>a</u>mo	we willen
(voi) vol<u>e</u>te	jullie willen
(loro) v<u>o</u>gliono	ze willen

Leer deze vormen uit het hoofd. Ze zijn heel nuttig in het dagelijks leven!
In de tabellen hebben we de beklemtoonde klinker onderstreept:
1e, 2e, 3e persoon enkelvoud en 3e meervoud → stamklinker,
1e meervoud → *[-iamo]* en 2e meervoud → *[-ete]*.

3 Werkwoorden uit de 1e groep op -*care* en -*gare*

Om in de hele o.t.t.-vervoeging de k-klank resp. harde g-klank *[G]* van de stam te behouden, wordt een **h** ingelast tussen de stam en een uitgang die met **i** begint, dus die in de 2e persoon enkelvoud en 1e meervoud, bv.:

cercare, zoeken → **cerchi**, je zoekt en **cerchiamo**, we zoeken;
pagare, betalen → **paghi**, je betaalt en **paghiamo**, we betalen.

4 Zelfstandige en bijvoeglijke naamwoorden: bijzondere vormen

4.1 Naamwoorden op *-co* en *-go*

Normaal moet in het meervoud een **h** ingelast worden om de k- resp. harde g-klank *[G]* te behouden, bv.:

poco (**poco posto**, *weinig plaats*) → **pochi** (**pochi posti**, *weinig plaatsen*), **poche arance** (*weinig sinaasappelen*);
ingorgo (**c'è un ingorgo**, *er is een opstopping*) → **ingorghi** (**ci sono degli ingorghi**, *er zijn opstoppingen*).

Maar sommige mannelijke **-co/-go**-woorden vormen hun meervoud met **-ci** resp. **-gi** (uitgesproken als *[tsji]* en *[dzji]*):

o.a. **amico**, *vriend* → **amici**; **nemico**, *vijand* → **nemici**; **greco**, *Griek(s)* → **greci**

en woorden met de klemtoon op de op twee na laatste lettergreep, bv.: **econ**o**mico**, *economisch, goedkoop* → **econ**o**mici**; **antip**a**tico**, *antipathiek* → **antip**a**tici**; **m**e**dico**, *arts* → **m**e**dici**; **asp**a**rago**, *asperge* → **asp**a**ragi**.

Deze uitzonderingen gelden dus niet voor de vrouwelijke meervoudsvorm, die altijd met een **h** geschreven wordt, bv.: **amiche greche**, *Griekse vriendinnen*; **arance economiche**, *goedkope sinaasappelen*.

4.2 Mannelijke naamwoorden op *-a*

Ook al eindigen deze mannelijke woorden in het enkelvoud op **-a**, hun meervoud is regelmatig op **-i**. In deze groep zitten ook woorden op **-ma**, dikwijls van Griekse oorsprong, bv.:
il problema, *het probleem* → **i problemi**; **il clima**, *het klimaat* → **i climi**; **il diploma**, *het diploma* → **i diplomi**.

Sommige hebben een vrouwelijke tegenhanger en dan loopt alles volgens de regels, bv.:
lo/la psichiatra, *de psychiater* (m./v.) → **gli psichiatri** / **le psichiatre**, *de psychiaters* (m./v.);
l'autista, *de chauffeur, bestuurder/-ster* → **gli autisti**, *de bestuurders* / **le autiste**, *de bestuursters*.

Al is er ook bv. **il poeta**, *de poëet, dichter* → **i poeti** / **la poetessa**, *de dichteres* → **le poetesse**...

4.3 Mannelijke naamwoorden op -tore

Woorden die in de mannelijke vorm eindigen op **-tore** eindigen in de vrouwelijke vorm op **-trice**, bv.: **lo scrittore**, *de schrijver* / **la scrittrice**; ze hebben een regelmatige meervoudsvorm op **-i**: **gli scrittori** / **le scrittrici**.

Al zijn er weer uitzonderingen, zoals bv. **il dottore**, *de dokter* / **la dottoressa**, **i dottori** / **le dottoresse**.

5 Onbepaalde lidwoorden

Zoals bij de bepaalde lidwoorden moet ook bij onbepaalde lidwoorden (**articoli indeterminativi**) rekening gehouden worden met de beginletter van het erop volgende woord.

Let er ook op dat een meervoudsvorm van onbepaalde lidwoorden in het Italiaans kan uitgedrukt worden met een samentrekking van het voorzetsel **di** + een bepaald lidwoord (het inleiden van een onbepaalde hoeveelheid in het meervoud)!

Onderstaande tabel geeft een overzicht van de mogelijkheden:

	mannelijk		vrouwelijk	
enkelvoud	**un** vóór een klinker of medeklinker (behalve s+medeklinker, **gn-**, **ps-**, **z-**)	**uno** vóór s+medeklinker, **gn-**, **ps-**, **z-**	**una** vóór een medeklinker	**un'** vóór een klinker
meervoud	**dei** vóór een medeklinker (behalve s+medeklinker, **gn-**, **ps-**, **z-**)	**degli** vóór een klinker of s+medeklinker, **gn-**, **ps-**, **z-**	**delle**	

Wat valt op:

• de enkel- en meervoudsvormen van onbepaalde lidwoorden lijken niet meteen op elkaar, vermits men in het meervoud gebruikmaakt van het voorzetsel **di** samengetrokken met een bepaald lidwoord; enkelvoud **un** (nooit gebruikt vóór **s**+medeklinker, **gn-**, **ps-** of **z-**) → meervoud **degli** vóór een klinker, **dei** vóór een medeklinker (behalve **s**+medeklinker, **gn-**, **ps-** of **z-**);

enkelvoud **uno** (gebruikt vóór **s**+medeklinker, **gn-**, **ps-** of **z-**) →
meervoud **degli**.

Voorbeelden:

– mannelijk:

un amico, *een vriend* → **degli amici**, *vrienden*
un panino, *een broodje* → **dei panini**, *broodjes*
uno straniero, *een vreemdeling, buitenlander* → **degli stranieri**

– vrouwelijk:

una mela, *een appel* → **delle mele**, *appelen*
un'italiana, *een Italiaanse* → **delle italiane**, *Italiaansen*

• alleen in het vrouwelijk enkelvoud **un'** staat een weglatingsteken,
bv.: **un autista**, *een chauffeur, bestuurder* / **un'autista**, *een bestuurster*.

6 Aanwijzende voornaamwoorden

Questo verwijst naar iemand/iets dichtbij de spreker (*deze, dit*),
quello naar wie/wat zich verderaf bevindt (*die, dat*).

Een aanwijzend (**dimostrativo**) voornaamwoord kan zelfstandig
(op zich) of bijvoeglijk (bij een zelfstandig naamwoord) gebruikt
worden:

queste sono le mie scarpe, *deze zijn mijn schoenen*
queste scarpe sono nere, *deze schoenen zijn zwart*.

• **Questo** richt zich in geslacht en getal naar het woord waarop het
betrekking heeft, zoals een zelfstandig of bijvoeglijk naamwoord
dat in het mannelijk enkelvoud eindigt op **-o**:

	mannelijk	vrouwelijk
enkelvoud	**questo**, *deze, dit*	**questa**, *deze, dit*
meervoud	**questi**, *deze*	**queste**, *deze*

Bijvoeglijk is vóór een naamwoord in het enkelvoud dat met een
klinker begint **quest'** van toepassing: **quest'uomo**, *deze man*,
quest'amica, *deze vriendin*; in het meervoud is het gewoon **questi
uomini**, **queste amiche**.

• **Quello** heeft bij zelfstandig gebruik gelijkaardige vormen, nl.
quello, **quell**a, **quell**i, **quell**e;
wanneer het bijvoeglijk gebruikt wordt, gedraagt het zich zoals een
bepaald lidwoord en moet er rekening gehouden worden met de
beginletter van het erop volgende woord:

		enkelvoud	meervoud
mannelijk	vóór een medeklinker (behalve s+medeklinker, **gn-**, **ps-**, **z-**)	quel	quei
	vóór s+medeklinker, **gn-**, **ps-**, **z-**	quello	quegli
	vóór een klinker	quell'	
vrouwelijk	vóór een medeklinker	quella	quelle
	vóór een klinker	quell'	

7 *Bello* en *buono*

Ook bij deze twee bijvoeglijke naamwoorden is het woord dat erop volgt van belang:
- **bello** gedraagt zich zoals een bepaald lidwoord,
- **buono** volgt in het mannelijk enkelvoud de structuur van het onbepaald lidwoord.

We gieten dit in twee tabellen:

		enkelvoud	meervoud
mannelijk	vóór een medeklinker (behalve s+medeklinker, **gn-**, **ps-**, **z-**)	**bel:** **un bel panino** *een mooi broodje*	**bei:** **dei bei panini** *mooie broodjes*
	vóór s+medeklinker, **gn-**, **ps-**, **z-**	**bello:** **un bello studente** *een mooie student*	**begli:** **dei begli studenti** **dei begli amici** *mooie studenten* *mooie vrienden*
	vóór een klinker	**bell':** **un bell'amico** *een mooie vriend*	
vrouwelijk	vóór een medeklinker	**bella:** **una bella scarpa** *een mooie schoen*	**belle:** **delle belle scarpe** **delle belle amiche** *mooie schoenen,* *mooie vriendinnen*
	vóór een klinker	**bell':** **una bell'amica** *een mooie vriendin*	

vóór een klinker of medeklinker (behalve s+medeklinker, **gn-**, **ps-**, **z-**)	vóór **s+medeklinker**, **gn-**, **ps-**, **z-**
buon: **un buon amico** *een goede vriend* **un buon lavoro** *een goed werk*	**buono**: **un buono studente** *een goede student* **un buono psichiatra** *een goede psychiater* **un buono zio** *een goede oom*

De andere vormen van **buono** zijn gewoon **buoni** (m. mv.), **buona** (v. ev.) en **buone** (v. mv.).

8 Voorzetsels

In de voorbije lessenreeks zagen we o.a. het volgende gebruik van voorzetsels:

8.1 *a*

A (evt. samengetrokken met een bepaald lidwoord) duidt aan hoeveel maal iets binnen een bepaalde tijd gebeurt:
Leggo un libro alla settimana, *Ik lees één boek per week.*

8.2 *di*

• Waar we in het Nederlands lange, samengestelde woorden kennen, maakt het Italiaans gebruik van constructies als 'basiswoord + **di** (evt. samengetrokken met een bepaald lidwoord) + woord dat het basiswoord nader bepaalt':
il traffico del centro, *het verkeer van het centrum* → *het centrumverkeer*; **la carta di credito**, *de kredietkaart*; **il dialogo di revisione**, *de herhalingsdialoog.*

• **Di** drukt de hoeveelheid 'van' iets uit:
Vorrei un po' di prosciutto e un chilo di uva, *Ik zou een beetje ham en een kilo druiven willen.*

• Samengetrokken met een bepaald lidwoord kan **di** gebruikt worden om een onbepaalde hoeveelheid in het meervoud in te leiden (zie punt 5):
Vorrei un'arancia, *Ik zou een sinaasappel willen* → **Vorrei delle arance**, *Ik zou sinaasappelen willen.*
Ci sono dei problemi, *Er zijn problemen.*

- Soms is, vergeleken met het Nederlands, het voorzetsel onnodig:
cambiare camicia, *veranderen van (over)hemd*.

8.3 *da*

Da leidt in een passieve zin de handelende partij in:
un film fatto da un uomo, *een film gemaakt door een man*.

Da (evt. samengetrokken met een bepaald lidwoord) geeft *bij (iemand thuis* of *diens winkel* enz.) weer:
Andiamo da Carlo e Giovanna, *We gaan bij Carlo en Giovanna*.
Vado dal fruttivendolo, *Ik ga bij/naar de fruit- en groenteboer*.

Da (evt. samengetrokken met een bepaald lidwoord) drukt het vertekpunt, de oorsprong uit:
Andate da Milano a Cagliari, *Jullie gaan van Milaan naar Cagliari*.
Si vede dalla faccia che è un buon ragazzo, *Men ziet het aan zijn gezicht* (nl. *'van' zijn gezicht valt af te leiden...*) *dat hij een goede jongen is*.

8.4 *tra* en *fra*

Ze hebben dezelfde betekenis en vertalen o.a. *onder, te midden van, tussen*:
Verona è tra Milano e Venezia, *Verona is/ligt tussen Milaan en Venetië*.
Fra noi ci sono molti studenti stranieri.
Onder ons zijn er veel buitenlandse studenten.

9 Uitdrukkingen uit het dagelijks leven

9.1 Uitroepen en tussenwerpsels

– Om te zeggen dat je iets mooi vindt:
Che bello!, *Wat mooi!*
– goed, lekker:
Che buono!, *Wat lekker!*
– of lelijk:
Che brutto!, *Wat lelijk! Wat 'n lelijkerd!*

– Om verveling, ontevredenheid, ergernis uit te drukken:
Uffa!, *Pff!*

– Om verrassing, verbazing, angst uit te drukken:
Mamma mia!, *Mijn God, Hemeltje, Potver!*

9.2 Vragen

Che (cosa) bevi?, *Wat drink je?*,
Che (cosa) vuoi bere/mangiare?, *Wat wil je drinken/eten?*

Dialogo di revisione

1 – Andiamo al cinema domani sera?
2   Al Ristori danno un bel film.
3 – Non mi piace molto il cinema.
4   Preferisco leggere romanzi e novelle.
5   Io e mio fratello leggiamo un libro alla settimana.
6 – Uffa, io voglio vedere quel film!
7 – Per questa volta, vengo con te, ma domani sera non posso.
8   Devo andare in pizzeria con amici.
9 – Allora perché non ci andiamo nel pomeriggio?
10 – Va bene, ma non voglio andare in macchina, perché c'è troppo traffico.
11 – Se vuoi, prendiamo i mezzi pubblici.

Vertaling

1 Gaan we naar de bioscoop morgenavond? **2** In de Ristori vertonen ze een mooie film. **3** Ik hou niet zo van cinema. **4** Ik lees liever romans en novellen. **5** Mijn broer en ik lezen een boek per week. **6** Pff, ík wil die film zien! **7** Voor deze keer kom ik met je [mee], maar morgenavond kan ik niet. **8** Ik moet naar een pizzeria met vrienden. **9** Waarom gaan we er dan niet in de namiddag heen? **10** Ok, maar ik wil niet met de auto gaan, omdat er te veel verkeer is. **11** Als je wil, nemen we het openbaar vervoer.

Hiermee zit onze derde lessenreeks erop, of onze derde week als we de regelmaat aanhouden en elke dag een les afwerken. De grammaticale structuren worden wat ingewikkelder, maar u leert die goed te beheersen. En uw woordenschat neemt met de dag toe. De dagelijkse inzet, die in het begin misschien wat moeilijk viel, lijkt te lonen en wordt zelfs leuk. Doe zo verder, het levert nog aangename verrassingen op!

22

Ventiduesima lezione [véntidoeézima ...]

Un appuntamento importantissimo [1]

1 – Che ora è? Che giorno è? Quanti ne abbiamo? [2]
2 – Sono le quattro e mezza, oggi è lunedì e ne abbiamo sedici [2].
3 – È il sedici marzo? Ne sei sicuro?
4 – Ma perché sei così agitata?
5 – Ho un appuntamento importantissimo alle diciassette [2], ma non ricordo se [3] è oggi o martedì.
6 – Guarda sul [4] calendario del [4] tuo cellulare, sicuramente c'è scritto.
7 – Che sbadata [5]! Il mio appuntamento non è né oggi né martedì:
8   è mercoledì prossimo, ed [6] è alle cinque meno un quarto [2]...
9   Vedi? Mercoledì diciotto marzo, ore [7] sedici e quarantacinque [8].
10   Devo andare con Daniela a comprare il nostro regalo [9] per suo cugino [9]: domenica è il suo compleanno [9].
11 – Il vostro regalo? Beh, non è un appuntamento importantissimo, dai [10]!
12 – Niente è più importante di [11] un regalo di compleanno!

Uitspraak

... appoentaménto importantissimo **1** ... koeanti ... **2** ... oddzji ... loenédi ... séditsji **3** ... martso ... **4** ... adzjitata **5** ... ditsjassètté ... martédi **6** Goearda soel kaléndario ... tsjélloelaré ... **7** ...

85 • ottantacinque [ottantatsjinkoeé]

Tweeëntwintigste les

Een heel belangrijke afspraak

1 – Hoe laat is het *(Welk uur is)*? Welke dag is het? De hoeveelste *(Hoeveel ervan)* hebben we?
2 – Het is halfvijf *(Zijn de vier en halve)*, vandaag is [het] maandag, de zestiende *(en ervan hebben zestien)*.
3 – Is het *(de)* zestien maart? Ben je er zeker van?
4 – Maar waarom ben je zo opgewonden?
5 – Ik heb een heel belangrijke afspraak om*(de)* zeventien [uur], maar herinner [me] niet of het vandaag of dinsdag is.
6 – Kijk op de kalender van*(de)* je smartphone *(cellulaire)*, het staat er zeker genoteerd *(er is geschreven)*.
7 – Wat 'n stomkop! *(De)* Mijn afspraak *(niet)* is noch vandaag noch dinsdag:
8   hij is volgende woensdag en is om*(de)* kwart voor vijf *(vijf min een kwart)*...
9   Zie je? Woensdag achttien maart, zestien uur vijfenveertig *(uren zestien en veertig-vijf)*.
10   Ik moet met Daniela *(het)* ons cadeau voor haar neef gaan *(te)* kopen: zondag is het *(de)* zijn verjaardag.
11 – *(Het)* Jullie cadeau? Ach, [dat] is geen erg belangrijke afspraak, komaan *(geef)*!
12 – Niets is belangrijker *(meer belangrijk)* dan een verjaardagscadeau!

---

zb**a**d**a**ta ...**8** ... m**é**rkol**é**di ... koe**a**rto **9** ... ditsj**o**tto m**a**rtso... koe**a**r**a**ntatsjinkoe**é** **10** ... n**o**stro r**é**Galo ... s**o**eo koedzj**i**no ... dom**é**nika ... kompl**éa**nno

Opmerkingen

1. Vorming van de 'absolute superlatief' (overtreffende trap van één element): bijvoeglijk naamwoord (zonder eindklinker) met eraan vast geschreven het suffix **-issimo/-issima/-issimi/-issime** (m. ev./v. ev./ m. mv./v. mv.).

2. **Quanto**, *hoeveel* richt zich naar zijn onderwerp, bv.: **Quanto tempo?**, *Hoeveel tijd?*; **Quanti giorni?**, *Hoeveel dagen?* Vragen naar de dag en datum: **Che giorno è? – È giovedì, il sei di aprile**, *Welke dag is het, hebben we? – Het is donderdag, zes april / de zes[de] april*; naar de 'hoeveelste dag in de maand': **Quanti ne abbiamo?** (Hoeveel hebben we ervan?), met als antwoord **Ne abbiamo ...** (We hebben er ... van). Vragen hoe laat het is kan met **Che ora è?** (in het enkelvoud) of met **Che ore sono?** (in het meervoud), lett. 'Welk uur is / Welke uren zijn [het]?'. Het antwoord staat in het enkelvoud bij *één uur* (**È l'una**) en bij *12 uur 's middags* (**È mezzogiorno**), verder in het meervoud, als volgt: **Sono** + bepaald lidwoord **le** + telwoord + evt. **mezza** (dat slaat op het 'halve' uur na het uitgedrukte klokuur), bv. **Sono le quattro e mezza** (Zijn de vier en halve), *Het is halfvijf, vier uur dertig*. Merk op dat **ora**, *uur* niet uitgedrukt wordt: **alle quattro** (om-de vier), *om vier uur*; **alle quattro meno/e un quarto** (min/en een kwart), *om kwart voor / over, na vier*. *Hoe laat, op welk tijdstip?* is **A che ora?**

3. Het voegwoord **se** zagen we al in de betekenis van *als* (vaak bij een voorwaarde), hier van *of* (bij twijfel).

4. **Sul** = **su + il**, **del** = **di + il**. We zagen al meer zgn. 'samengetrokken lidwoorden': de samentrekking van een voorzetsel + een bepaald lidwoord.

5. Het werkwoord **badare** betekent *oppassen, letten op*, vandaar het bijvoeglijk naamwoord **sbadato/-a**, met het ontkennend prefix **s-**, voor *'niet oplettend'*, dus *verstrooid*, wat als zelfstandig naamwoord iets als *stomkop* oplevert.

***

Esercizio 1 – Traducete

❶ Oggi è il ventidue e sono le ventidue e quindici. ❷ Signorina, perché è così agitata? ❸ È una pittrice famosissima. ❹ Oggi è il compleanno di mio fratello. ❺ Io e Daniela dobbiamo andare a comprare un regalo per suo cugino.

Tweeëntwintigste les / 22

6 Het voegwoord **e** wordt vaak **ed** vóór een woord dat met een klinker begint, vooral vóór **e-**: **Ed ecco un buon caffè**, *En ziehier een lekkere koffie*. Het voorzetsel **a** wordt zo vaak **ad**, vooral vóór **a-**.

7 Een "officieel tijdstip", zoals op een kalender, planning enz., wordt ingeleid met **ore**, *uren* terwijl **minuti**, *minuten* meestal weggelaten wordt: **ore sedici e quarantacinque (minuti)**.

8 Let op de volgorde in telwoorden: vanaf 17 is dat 'tiental + eenheid', bv.: **venticinque** 25, **trentanove** 39. Meer hierover in les 28 (herlees tegen dan de paginanummers...).

9 U weet nog dat er geen bepaald lidwoord gebruikt wordt vóór het bezittelijk voornaamwoord bij één familielid (**per suo cugino**), maar wel in alle andere gevallen (**il nostro regalo, il suo compleanno**).

10 **Dai** is een imperatiefvorm (gebiedende wijs) van het werkwoord **dare** die op zich *geef!* betekent, maar ook aanmanend of ontradend gebruikt wordt zoals *vooruit!, komaan!* enz.

11 De vergrotende trap wordt gevormd met **più**, *meer* vóór het bijvoeglijk naamwoord: **più grande**, *groter*. In een vergelijking wordt het tweede element, als het een zelfstandig naamwoord is, ingeleid met **di**: **questo regalo è più grande di quel regalo**, *dit geschenk is groter dan dat geschenk*. In **regalo di compleanno** is **di** een voorzetsel dat de 'omschrijving' van het hoofdwoord inleidt.

Oplossing van oefening 1

❶ Vandaag is het de tweeëntwintigste en het is tweeëntwintig uur vijftien. ❷ Juffrouw, waarom bent u zo opgewonden? ❸ Ze is een heel beroemde schilderes. ❹ Vandaag is het de verjaardag van mijn broer. ❺ Daniela en ik moeten een cadeau voor haar neef gaan kopen.

ottantotto *[ottantotto]* • 88

Esercizio 2 – Completate

❶ De hoeveelste *(dag)* hebben we vandaag?
   …… .. …… oggi?

❷ Ik herinner me niet hoe laat mijn afspraak is.
   Non …… a che ora è .. … …………..

❸ Ik moet gaan werken om 15 uur.
   …. …… a lavorare …. ………..

❹ Mijn stad is prachtig *(heel mooi)*.
   La … …… è ………..

❺ Ik wil een mooi cadeau kopen voor de verjaardag van mijn vrouw.
   …… …… un bel …… per il ……… di … …….

Ventitreesima lezione [véntitrèésima ...]

Le quattro stagioni

1 – Qual è la vostra stagione preferita?
2 – Mi piacciono le stagioni calde, ma tra la primavera e l'estate preferisco [1] di certo la primavera!
3 – Anch'io amo il caldo, ma tutti gli anni in dicembre, in gennaio e a volte anche in febbraio vado a sciare,
4   e allora faccio la pace col [2] freddo!
5   E poi in inverno ci sono le feste di Natale, con la [2] loro atmosfera davvero speciale...
6 – Io soffro [3] il freddo, ma in certi anni anche il caldo è insopportabile, soprattutto in luglio.
7 – Questo è vero per la gente obbligata a restare [4] in città:
8   per quelli che vanno al mare o in montagna, è tutta un'altra cosa!

Oplossing van oefening 2

❶ Quanti ne abbiamo – ❷ – ricordo – il mio appuntamento ❸ Devo andare – alle quindici ❹ – mia città – bellissima ❺ Voglio comprare – regalo – compleanno – mia moglie

Dit was een stevige start van onze vierde week. Wat 'n vooruitgang hebt u geboekt sinds het begin van uw studie! Niet alles wordt meteen uitgelegd, maar wees gerust, doorheen de cursus zullen alle puzzelstukjes op hun plaats terechtkomen.

Drieëntwintigste les

De vier seizoenen

1 – Wat *(Welk)* is *(het)* jullie favoriete seizoen?
2 – Ik hou van de warme jaargetijden, maar [als ik moet kiezen] tussen de lente en de zomer kies ik beslist voor *(verkies van zeker)* de lente!
3 – Ook ik hou van de warmte, maar ieder jaar *(al de jaren)* in december, in januari en soms ook in februari ga ik *(te)* skiën
4 en dan sluit ik *(maak de)* vrede met de koude!
5 En verder zijn er 's winters de kerstfeesten, met *(de)* hun werkelijk speciale sfeer...
6 – Ík heb last van *(lijd)* de koude, maar *(in)* sommige jaren is ook de warmte ondraaglijk, vooral in juli.
7 – Dit is zo *(waar)* voor *(de)* mensen [die] verplicht [zijn] om in [de] stad te blijven:
8 voor degenen die naar*(de)* zee of naar de bergen *(in berg)* gaan, is het een heel andere zaak!

novanta *[novanta]*

23 / Ventitreesima lezione

9 – Io in agosto rimango [4] a casa proprio per approfittare della città un po' meno affollata!
10 Esco [5] ogni sera e vado a vedere un sacco di spettacoli,
11 o anche solo a prendere il fresco fino a mezzanotte e anche più tardi.
12 – Per me la stagione più bella [6] è l'autunno: adoro gli alberi coperti di foglie di tutti i colori [7]!
13 – Sì, ma poi cadono, e nel nostro giardino chi le raccoglie [8] sempre? Io! ☐

Uitspraak

1 koeal ... 2 ... primavèra ... 3 ... ditsjèmbré ... dzjénnaio ... fébbraio ... sjiaré 4 ... patsjé ... 5 ... poi ... spétsjalé 6 ... tsjèrti ... luljo 7 ... dzjènté obbliGata ... tsjitta 8 ... koeélli ... montanja ... 9 ... aGosto rimanGo ... 10 ... onji ... 11 ... mèddzanotté ... 12 ... aoetoenno ... foljé ... 13 ... dzjardino ki lé rakkoljé ...

Opmerkingen

1 **Preferisco**, 1e persoon enkelvoud o.t.t. van **preferire**, *verkiezen, de voorkeur geven aan, liever hebben/doen/willen* enz. Het behoort tot de 3e groep werkwoorden, die op **-ire**, die hun o.t.t. vormen met de uitgang **-o**, **-i**, **-e**, **-iamo**, **-ite**, **-ono**. Bij de meeste werkwoorden uit die groep wordt tussen stam en uitgang **-isc-** ingelast in de drie personen enkelvoud en de 3e meervoud: **preferisco, preferisci, preferisce, preferiamo, preferite, preferiscono**. Let erop dat **sc** vóór **i** of **e** uitgesproken wordt als *[sj]*: *[préférisji], [préférisjé]*.

2 We zagen het samengetrokken lidwoord **col** (**con**, dat meestal *met* betekent + **il**) eerder al, maar samentrekkingen met het voorzetsel **con** zijn facultatief zodat **con il** en ook **con la** (in zin 5) ook mogelijk zijn.

3 **Soffrire**, *lijden* is een werkwoord op **-ire** dat in de vervoeging geen **-isc**-inlast zoals **preferire** (de o.t.t.-uitgangen zijn dezelfde): **soffro, soffri, soffre, soffriamo, soffrite, soffrono**.

4 Het regelmatig werkwoord **restare** is een synoniem van het onregelmatige **rimanere**, *blijven* waarvan de o.t.t. is: **rimango, rimani, rimane,**

Drieëntwintigste les / 23

9 – Ík blijf in augustus thuis om net te genieten van de wat minder drukke *(overvolle)* stad!
10 Ik ga elke avond uit en ga een resem *(zak van)* spektakels *(te)* bekijken
11 of ook alleen maar genieten van *(te nemen)* de koelte tot *(aan)* middernacht en zelfs later *(meer laat)*.
12 – Voor mij is het mooiste seizoen *(seizoen meest mooie)* de herfst: ik vind de bomen bedekt met bladeren in alle *(van alle de)* kleuren prachtig *(adoreer)*!
13 – Ja, maar daarna vallen ze [af] en wie raapt ze in onze tuin steeds op? Ík!

rimaniamo, rimanete, rimangono, met onregelmatigheid in de 1e persoon enkelvoud en 3e meervoud.

5 **Esco,** van het onregelmatig werkwoord **uscire,** *naar buiten gaan, uit-, weggaan,* met als o.t.t.: **esco, esci, esce, usciamo, uscite, escono.**

6 De 'relatieve superlatief' (overtreffende trap bij het vergelijken van verschillende elementen) wordt gevormd met een bepaald lidwoord + **più,** *meest* of **meno,** *minst*: la più/meno bella stagione dell'anno, *het mooiste / minst mooie seizoen van het jaar.*

7 Blijf erop letten dat lidwoorden, zelfstandige en bijvoeglijke naamwoorden in geslacht en getal moeten overeenkomen. Deze dialoog bevat talrijke voorbeelden.

8 **Raccogliere,** *(op)rapen, ophalen,* onregelmatig werkwoord op **-ere,** met als o.t.t.: **raccolgo, raccogli, raccoglie, raccogliamo, raccogliete, raccolgono.**

Esercizio 1 – Traducete

❶ In estate la gente va al mare o in montagna. ❷ Io, invece, rimango in città ed esco ogni sera. ❸ Lo spettacolo più bello dell'autunno è vedere gli alberi che cambiano colore. ❹ Quando cadono le foglie nel nostro giardino, le raccogliamo. ❺ In gennaio io e mia moglie andiamo sempre in montagna a sciare.

***

Esercizio 2 – Completate

❶ Hou je van de zomer of verkies je de koude seizoenen?
Ti .... o .... le stagioni ......?

❷ In de winter zijn er de kerstfeesten, zo hebben we vrede met de koude!
In .... di Natale, così .... freddo!

❸ In augustus blijf ik thuis en zie ik een resem spektakels in de stad.
In .... a .... e .... e .... di spettacoli .. ..

Ventiquattresima lezione *[véntikoeattrézima ...]*

Che fame!

1 – Mamma, ho fame, posso mangiare una merendina [1]?

2 – Ma hai già fatto la merenda [1] un'ora fa [2]!

3 Devi aspettare un po', fra [3] un'oretta [1] ceniamo [4].

4 – Fra un'ora [3]? Ma io muoio [5] di fame!

5 – Che esagerato! Piuttosto, mangia di più a pranzo [4], così non muori [5] di fame tutto il pomeriggio!

Vierentwintigste les / 24

Oplossing van oefening 1

❶ In de zomer gaan de mensen naar zee of naar de bergen. ❷ Ik, daarentegen, blijf in de stad en ga elke avond uit. ❸ Het mooiste spektakel van de herfst is de bomen zien (die) veranderen van kleur. ❹ Wanneer de bladeren in onze tuin vallen, rapen we ze op. ❺ In januari gaan mijn vrouw en ik altijd skiën in de bergen.

***

❹ Ook wij blijven in de stad en genieten van onze tuin.
..... noi .... e ....
...... giardino.

❺ Wat 'n stomkop! Je broer weet nooit welke dag noch de hoeveelste we hebben.
Che .... ! Tuo .... né che giorno .
.. .. abbiamo.

Oplossing van oefening 2

❶ – piace l'estate – preferisci – fredde ❷ – inverno ci sono le feste – facciamo la pace con il – ❸ – agosto rimango – casa – vedo un sacco – in città ❹ Anche – rimaniamo in città – approfittiamo del nostro – ❺ – sbadato – fratello non sa mai – è né quanti ne –

Vierentwintigste les

Wat 'n honger!

1 – Mama, ik heb honger, mag ik een 'snoepreep' eten?
2 – Maar je hebt al een *(het)* 'vieruurtje' gehad *(gedaan)* een uur geleden!
3   Je moet een beetje wachten, over een uurtje eten we.
4 – Over een uur? Maar ík sterf van [de] honger!
5 – Dat is *(Wat)* overdreven! Eet liever *(van)* meer bij [de] lunch, zo sterf je niet van [de] honger heel de namiddag!

novantaquattro *[novantakoeattro]*

24 / Ventiquattresima lezione

6 Fai colazione [4] alle sette poi vai a scuola, e se non mangi abbastanza a mezzogiorno [6] vieni a casa affamato.
7 – Vengo a casa affamato perché il cibo della mensa è pessimo [7]!
8 Ci sono sempre cose orribili come insalata, verdure cotte, minestrone [1]!
9 Sono certo che vengono preparate da [8] cuochi sadici che odiano i bambini!
10 – Invece le merendine sono preparate [8] in una fabbrica da operai che sicuramente amano tanto i bambini …
11 Qui a casa, invece, i pasti sono sempre ottimi [7] e sono sempre cucinati dalla [8] tua [9] mammina [1],
12 quindi ora devi aspettare e stare un po' tranquillo!

Uitspraak
2 … ai dzja … 3 … tsjéniamo 4 … moeoio … 5 … ézadzjérato … prandzo … poméridddzjo 6 … kolatsioné … skoeola … mandzji… mèddzodzjorno vièni … 7 vènGo … tsjibo … mènsa … 9 … koeoki saditsji … 11 … koetsjinati … 12 koeindi … trankoeillo

Opmerkingen

1 **La merenda** is een (dikwijls zoete) *tussenmaaltijd in de namiddag*; de verkleinvorm **la merendina** slaat meestal op een industriële, voorverpakte 'snoepreep' die wel eens als 'elf- of vieruurtje' wordt gegeten. In het Italiaans kan je de betekenis van zelfstandige en bijvoeglijke naamwoorden, en zelfs van bijwoorden, wijzigen a.h.v. suffixen, bv. 'verzachtend' in **un'ora**, *een uur* → **un'oretta** (zin 3) en 'lieftallig' in **la mamma** → **la mammina** (zin 11). Soms is het verwarrend, bv. met het vergrotende achtervoegsel **-one**: **la minestra**, *de soep* → **il minestrone** (zin 8) die geen 'grote soep' maar *groentesoep* is!

Vierentwintigste les / 24

6 Je ontbijt *(Doet ontbijt)* om zeven uur, gaat dan naar school en als je niet voldoende eet om 12 uur *(middag)* kom je uitgehongerd thuis.
7 – Ik kom uitgehongerd thuis omdat het eten in *(van)* de kantine barslecht is!
8 Er zijn altijd afschuwelijke zaken zoals salade, gekookte groenten, groentesoep!
9 Ik ben [er] zeker [van] dat ze klaargemaakt worden *(komen)* door sadistische koks die *(de)* kinderen haten!
10 – Terwijl *(de)* 'snoeprepen' worden *(zijn)* bereid in een fabriek door arbeiders die beslist erg gesteld zijn op *(de)* kinderen…
11 Hier thuis, daarentegen, zijn de maaltijden altijd heerlijk en worden *(zijn)* ze altijd bereid door*(de)* je mamaatje,
12 dus nu moet je wachten en even rustig zijn!

2 Fa, o.t.t. 3e persoon enkelvoud van **fare**, *doen, maken,* komt in tijdsaanduidingen overeen met *geleden*: **un'ora fa**, *een uur geleden*. Voor *het is jaren geleden* zegt men **sono anni** (lett. '[het] zijn jaren').

3 In tijdsaanduidingen komt het voorzetsel **tra** (of **fra**) overeen met *over*: **pranziamo tra/fra un'ora**, *we lunchen over een uur*.

4 **Cenare** is *'s avonds eten*, **la cena**, *het avondeten*; **pranzare** is *lunchen*, **il pranzo**, *het middagmaal, de lunch*; **fare colazione** is *ontbijten*, **la colazione**, *het ontbijt*.

5 **Muoio** en **muori**, o.t.t 1e en 2e persoon enkelvoud van het onregelmatig werkwoord **morire**, *sterven*: **muoio, muori, muore, moriamo, morite, muoiono**.

6 **A mezzogiorno** is *om 12 uur 's middags, op het middaguur*, net zoals er **a mezzanotte**, *om middernacht* is.

7 **Pessimo** en **ottimo** zijn bijzondere absolute superlatiefvormen van **cattivo**, *slecht* en **buono**, *goed*; ze kunnen weliswaar vervangen worden door de 'regelmatige' vormen **cattivissimo** en **buonissimo**, of gewoon door **molto cattivo** en **molto buono**.

novantasei *[novantasèi]*

8 In zin 9, 10 en 11 zien we de passieve vorm. Die wordt meestal gevormd met **essere**, *zijn* (in het Nederlands is dat meestal 'worden'), dat in sommige gevallen kan vervangen worden door **venire**, *komen*: **L'italiano è/viene parlato da molta gente**, *Italiaans wordt door veel mensen gesproken*. We weten al dat de handelende partij ingeleid wordt met het voorzetsel **da**, eventueel samengetrokken met een bepaald lidwoord: **Il cibo è cucinato dal cuoco**, *Het eten wordt door de kok klaargemaakt*; **La minestra è cucinata dal cuoco**, *De soep wordt door de kok bereid*. Merk al op dat het voltooid deelwoord zich in geslacht en getal richt naar het onderwerp dat de handeling onder-

***

Esercizio 1 – Traducete

❶ Facciamo colazione alle sette e trenta. **❷** Il cibo alla mensa della sua scuola è cattivissimo. **❸** I pasti vengono preparati da un ottimo cuoco. **❹** Il pranzo è a mezzogiorno, tra un'ora. **❺** Ma noi moriamo di fame!

***

Esercizio 2 – Completate

❶ Mijn broertje blijft voor het middageten in de schoolkantine.
Il mio ………. …… a pranzo …. ….. della …….

❷ Bij ons thuis is het eten heerlijk omdat mijn vader kok is.
A casa nostra .. ….. . …… perché … ….. fa il ……

❸ In de zomer eet men salade, in de winter verkiest men groentesoep.
.. …… . …… insalata, .. ……… .. ………. il minestrone.

❹ Vandaag is het maandag 15 januari.
Oggi . …… quindici …….

❺ Jullie moeten meer eten bij het ontbijt om niet uitgehongerd te zijn de hele dag.
…… mangiare .. … . ………. … non essere ……… ….. il giorno.

gaat. Later volgt meer uitleg. **Cucinare** is *eten klaarmaken, bereiden, koken.*

9 Wanneer het om één familielid gaat, staat er geen lidwoord vóór het bezittelijk voornaamwoord, behalve bij: **mamma** en **papà** omdat deze woorden beschouwd worden als aansprekingen (dus **Mio padre / Il mio papà fa il medico**, *Mijn vader/papa is arts*) en bij verwantschapsnamen met een verkleinings-, vergrotings- of ander suffix (**Mio fratello / Il mio fratellino è a scuola**, *Mijn broer/broertje is op school*).

***

Oplossing van oefening 1

❶ We ontbijten om zeven uur dertig. ❷ Het eten in zijn schoolkantine is barslecht. ❸ De maaltijden worden door een heel goede kok bereid. ❹ De lunch is om 12 uur, over een uur. ❺ Maar wij sterven van de honger!

***

Oplossing van oefening 2

❶ – fratellino rimane – alla mensa – scuola ❷ – il cibo è ottimo – mio padre – cuoco ❸ In estate si mangia – in inverno si preferisce – ❹ – è lunedì – gennaio ❺ Dovete – di più a colazione per – affamati tutto –

Italianen lijken wel de hele dag door te eten! Ze beginnen 's morgens met **la colazione**, *het ontbijt, waarop vaak, rond 10-11 uur, een tussendoortje volgt:* **lo snack** *of* **lo spuntino** *(***fare uno spuntino***,* **prendere** *of* **mangiare uno snack***). 's Middags is er* **il pranzo**, *het middagmaal (omstreeks 13 uur of zelfs later, rekening houdend met de werk- en schooltijden). Het volgende tussendoortje, vooral voor kinderen, is* **la merenda** *(***fare merenda***). De laatste hoofdmaaltijd van de dag is* **la cena**, *het avondmaal (aanvangsuur varieert, vooral tussen het noorden van het land, waar men rond 19.30-20 uur eet, en het zuiden, waar laat gegeten wordt, zelfs na 21 uur, vooral 's zomers als het heet is). Niet te vergeten:* **l'aperitivo**, *het aperitief, dat soms met zoveel hapjes gepaard gaat dat het* **l'apericena** *(*aperitivo + cena*) wordt, vooral op een feestdag of de vooravond ervan...* **Buon appetito!**, *Eet smakelijk!*

25

Venticinquesima lezione [véntitsjinkoeézima ...]

Origini italiane

1 – Lei parla molto bene l'italiano! Lo ¹ studia da molto tempo?
2 – No, lo ¹ studio solo ² da un mese, ma sono di origine italiana.
3 Mia ³ madre è di Udine e spesso vado in Italia a trovare ⁴ i miei ³ nonni ⁵, che parlano solo ² italiano!
4 Mia ³ sorella ci va più spesso di ⁶ me, quindi lo ¹ parla ancora meglio!
5 Mio ³ zio, il fratello di mia madre, ha tre figli ⁵, i nostri ³ cugini, che a scuola studiano il russo.
6 Quando li ¹ vediamo, con loro parliamo un po' in russo e un po' in italiano!
7 – E sua ⁷ madre che lingua parla con lei?
8 – Purtroppo a casa si parla solo ² in russo, perché mio ³ padre dice ⁸ che l'italiano è troppo difficile!
9 – Diciamo ⁸ che l'italiano non è una lingua facilissima, soprattutto per la sua grammatica,
10 ma è studiato da tanta ⁹ gente nel mondo.
11 – Di certo è più difficile di ⁶ altre lingue, ma l'Italia è il più bel paese del mondo,
12 e vale la pena di fare qualche sforzo, no? □

Uitspraak
oridzjini ... 1 ... stoedia ... témpo 2 ... mézé ... orizjiné ... 3 ... oediné ... mièi ...4 ... mèljo 5 ... dzio ... filji ... koedzjini ... roesso 7 ... soea ... linGoea ... 8 ... ditsjé ... 9 ditsjamo ... fatsjilissima ... Grammatika ... 12 ... koealkè sfortso ...

Vijfentwintigste les

Italiaanse origines

1 – U spreekt heel goed *(het)* Italiaans! Studeert u het sinds lang *(veel tijd)*?
2 – Nee, ik studeer het pas sinds een maand, maar ik ben van Italiaanse afkomst.
3   Mijn moeder is van Udine [afkomstig] en ik ga vaak naar Italië om *(de)* mijn grootouders op te zoeken *(vinden)* die alleen Italiaans spreken!
4   Mijn zus gaat er vaker *(meer vaak)* heen dan ik *(mij)*, dus ze spreekt het nog beter!
5   Mijn oom, de broer van mijn moeder, heeft drie kinderen/zonen, *(de)* onze neven, die op school *(het)* Russisch studeren.
6   Wanneer we hen zien, spreken we met hen een beetje in [het] Russisch en een beetje in [het] Italiaans!
7 – En uw moeder, welke taal spreekt zij met u?
8 – Helaas spreken we *(men spreekt)* thuis enkel *(in)* Russisch, omdat mijn vader zegt dat *(het)* Italiaans te moeilijk is!
9 – [Laten we] zeggen dat *(het)* Italiaans geen erg gemakkelijke taal is, vooral door *(de)* haar grammatica,
10   maar het wordt *(is)* door veel mensen in de wereld gestudeerd.
11 – Het is beslist moeilijker *(meer moeilijk)* dan andere talen, maar *(het)* Italië is het mooiste *(meest mooie)* land ter wereld
12   en loont de moeite om enige inspanning te leveren *(doen)*, niet?

Opmerkingen

1 **Lo** en **li** zijn de mannelijke persoonlijke voornaamwoorden in de rol van lijdend voorwerp voor de 3e persoon enkelvoud *(hem/het)* resp. 3e meervoud *(hen, ze)*. Doorgaans staan dergelijke voornaamwoorden vóór het vervoegd werkwoord. Al benieuwd naar **loro** dat ook vertaald wordt als *hen...* in zin 6 fungeert het als beklemtoond persoonlijk voornaamwoord voor de 3e persoon meervoud dat na een voorzetsel gebruikt moet worden (later meer hierover).

2 **Solo** kan op verschillende manieren vertaald worden, zoals blijkt in deze dialoog (en ook in o.a. les 2 en 8): *pas; alleen (maar), maar, enkel, slechts,...*

3 In de dialoog illustreren een paar voorbeelden verder de regel voor het gebruik van een lidwoord vóór het bezittelijk voornaamwoord bij familieleden: geen lidwoord in het enkelvoud (**mia madre, mio zio, mia sorella** enz.), wel in het meervoud (**i miei nonni, i nostri cugini** enz.).

4 **Andare a trovare** (lett. 'gaan te vinden') **qualcuno** betekent *bij iemand op bezoek gaan, iemand (gaan) opzoeken, bezoeken, een bezoek brengen*; zo is er ook **andare a prendere** ('nemen'), *gaan (op-, af)halen, oppikken*: **Andiamo a prendere i nostri figli a scuola**, *We gaan onze kinderen van school ophalen*.

5 Il nonno is *de grootvader*, la nonna *de grootmoeder* en i nonni *de grootouders*. Met **i figli** bedoelt men *de kinderen* (in de betekenis van 'het nageslacht'), waarbij **il figlio** *de zoon* is en **la figlia** *de dochter* (de eerste is **un ragazzo**, *een jongen*, de tweede **una ragazza**, *een meisje*). **Gli zii** *[dzi-i]* zijn **lo zio**, *de oom* en **la zia**, *de tante*: **I suoi zii vivono a Milano**, *Zijn oom*

***

Esercizio 1 – Traducete

❶ I nostri nonni vivono a Bologna da tre anni e noi ci andiamo spesso. ❷ Mio cugino è solo un ragazzino, ha tredici anni. ❸ L'italiano è difficile, ma viene studiato da tanta gente nel mondo. ❹ Mia sorella lo parla meglio di me. ❺ Veniamo a trovare i nostri zii perché non li vediamo da molto tempo.

Vijfentwintigste les / 25

en tante leven/wonen in Milaan. **Il cugino**, *de neef* en **la cugina**, *de nicht* zijn **i cugini** (zoon/dochter van oom/tante).

6 In een vergelijking wordt het tweede element ingeleid met **di** als het een persoonlijk voornaamwoord is (of een zelfstandig naamwoord, zie les 22), bv. **Ci va più spesso di me/papà**, *Hij/Ze gaat er vaker heen dan ik/papa*.

7 Denk eraan dat de beleefdheidsvorm **lei** in de 3e persoon enkelvoud staat en dat een bezittelijk voornaamwoord ook moet overeenkomen met 'het bezit': **sua** madre, *uw moeder* en **suo** padre, *uw vader*.

8 **Dire**, *zeggen*, een onregelmatig werkwoord op **-ire**, waarvan de infinitief eigenlijk de samentrekking is van het Latijn *dicere*, wordt grotendeels vanuit de stam **dic-** vervoegd zoals een werkwoord op **-ere**: dico, dici, dice, diciamo, dite, dicono.

9 Bij bijvoeglijk gebruik moet **tanto** overeenkomen met het woord waar het bijhoort: **la gente** (v. ev.), *de mensen, het volk* → **tanta** gente.

Oplossing van oefening 1

❶ Onze grootouders wonen al drie jaar in Bologna en wij gaan er vaak heen. ❷ Mijn neef is maar een jongetje, hij is *(heeft)* dertien jaar. ❸ Italiaans is moeilijk, maar het wordt door veel mensen in de wereld gestudeerd. ❹ Mijn zus spreekt het beter dan ik. ❺ We komen onze oom en tante bezoeken omdat we ze al lange tijd niet gezien hebben *(zien)*.

Esercizio 2 – Completate

❶ Helaas zie ik hem niet dikwijls.
.... non .. ..

❷ We studeren sinds korte *(weinig)* tijd Italiaans, maar we spreken het goed omdat we van Italiaanse afkomst zijn.
.... l'italiano .. .. ma .. .. perché .... italiana.

❸ Ik spreek het beter dan mijn zus.
.. parlo .... sorella.

❹ In augustus komen we onze Italiaanse neven opzoeken.
In agosto .... italiani.

❺ Om kwart voor twaalf moeten jullie naar school gaan om jullie kinderen op te halen.
A .... dovete andare a scuola
. ...

***

Doordat veel Italianen hun land verlieten (veelal wegens de armoede in bepaalde streken, maar ook omwille van politieke vervolging waarvan tegenstanders van het fascisme tussen 1922 en 1943 slachtoffer werden) zijn tegenwoordig ongeveer 135 miljoen mensen in de wereld van Italiaanse afkomst, hetzij 2 % van de wereldbevolking.

Ventiseiesima lezione [véntisèiézima ...]

La qualità della vita

1 – Finalmente ¹ qui!
2 Lavoro a città alta ², e ogni mattina salgo ³ da casa mia ⁴ in bicicletta!
3 Alla fine ¹ arrivo sempre stanchissima ⁵!
4 – Nella mia ⁶ città ci sono molte bici ⁷ in strada:
5 in pianura la bici ⁷ è il mezzo più comodo, è anche meglio dell'autobus ⁸!

Oplossing van oefening 2

❶ Pur*troppo* – lo vedo spesso ❷ Studiamo – da poco tempo – lo parliamo bene – siamo di origine – ❸ Lo – meglio di mia – ❹ – veniamo a trovare i nostri cugini – ❺ – mezzogiorno meno un quarto – a prendere i vostri figli

***

27 miljoen van hen woont in Brazilië (op 198 miljoen inwoners), 20 miljoen in Argentinië (nagenoeg de helft van de bevolking), 18 miljoen in de Verenigde Staten en de anderen vooral verspreid over Canada, Uruguay (45 % van de bevolking), Venezuela, Australië, Frankrijk (2 miljoen), Zwitserland en Duitsland. De meeste van deze mensen met Italiaanse roots zijn evenwel geen Italiaanstaligen, vermits ten tijde van die migraties hun voorouders veeleer een streekdialect spraken en hun kinderen meteen de taal van het gastland aanleerden. Toch is Italiaans de 21e meest gesproken taal en de 4e meest gestudeerde taal in de wereld. U bent dus in goed gezelschap!

Elke les bevat nieuwe woorden en typisch Italiaanse structuren. Ook de al geziene stof wordt hier en daar verwerkt in nieuwe situaties. Bovendien moeten bepaalde belangrijke spraakkunstregels, zoals die over overeenkomst in geslacht en getal, goed geassimileerd worden om vlot de volgende reeks lexicale en syntactische elementen aan te vatten. En die komen er aan!

Zesentwintigste les

De kwaliteit van het leven

1 – Eindelijk aangekomen *(hier)*!
2 Ik werk in [de] bovenstad *(stad hoge)* en elke morgen ga ik van mijn huis met de *(in)* fiets naar boven!
3 Uiteindelijk *(Aan-het einde)* kom ik altijd doodmoe aan!
4 – In*(de)* mijn stad zijn er veel fietsen op straat:
5 op [de] vlakte is de fiets het meest praktische [vervoer]middel, het is zelfs beter dan de bus!

26 / Ventiseiesima lezione

6 – Qui gli autobus [8] passano ogni mezz'ora!
7 – È il problema delle grandi città [9], la mia [6] è piccolina.
8 – Beato te [10] che abiti in una cittadina di pianura [2]!
9 – Vieni ad abitarci [11] anche tu!
10   La qualità della vita è migliore [12]: da noi si sta da re [13]!
11   Anche l'aria è più buona [12]!
12 – Magari! Con questa crisi [14] non posso lasciare il lavoro che ho qui.
13   Mi sa che [15] i re [13] sono solo nelle favole!   □

 Uitspraak

... koealita ... **1** finalménté koei **2** ... salGo ... bitsjiklétta **3** ... stankissima **5** ... pianoera ... déllaoetoboes **7** ... Grandi ... **8** béato té ... **9** ... abitartsji ... **10** ... miljoré ... ré **12** ... lasjaré ...

Opmerkingen

1 **Finalmente** betekent *eindelijk*, vooral als uitroep bij iets waar men op wacht of hoopt; met **alla fine**, *uiteindelijk, ten slotte, finaal* bedoelt men *aan/op het einde* van iets te zijn gekomen, wat ook kan met het bijwoord **infine**. Zeg dus niet **Finalmente parti!**, *Eindelijk vertrek je!* als *Uiteindelijk vertrek je...* bedoeld werd! **Finire** is *eindigen*.

2 **Città alta** duidt vaak het oudere stadsdeel aan dat, zoals bijvoorbeeld in Bergamo, in Lombardije, in de middeleeuwen hoger aangelegd werd om zich beter te kunnen verdedigen; in de **città bassa**, *benedenstad* bevinden zich dan de modernere buurten. **La pianura** is *het laagland, de (laag)vlakte*; *het platteland* is **la campagna**.

3 **Salgo**, van het onregelmatig werkwoord **salire**, *naar boven gaan, klimmen, stijgen*, met als o.t.t.: **salgo, sali, sale, saliamo, salite, salgono**.

4 Een manier om *bij mij thuis* te zeggen, is **a casa mia**, met een bezittelijk voornaamwoord achter het naamwoord: **Vengo a casa tua**, *Ik kom bij jou thuis, naar jouw huis*. Dit kan ook verwoord worden zonder voornaamwoord, maar met het bezit aanduidende voorzetsel **di**: **Vado a**

Zesentwintigste les / 26

6 – Hier rijden de bussen ieder halfuur langs!
7 – [Dat] is het probleem van de grote steden, de mijne is heel klein.
8 – Jij bofkont *(Gelukzalig jij)* die in een laaggelegen stadje *(van laagland)* woont!
9 – Kom jij er ook wonen *(Kom te wonen-er ook jij)*!
10 De levenskwaliteit is beter: bij ons leef je *(men leeft)* als [een] koning!
11 Ook de lucht is beter *(meer goed)*!
12 – Dat zou fijn zijn! [Maar] met deze crisis kan ik het werk dat ik hier heb niet opzeggen *(laten)*.
13 Mij lijkt *(weet)* dat *(de)* koningen alleen in*(de)* sprookjes bestaan *(zijn)*!

casa di Marco, *Ik ga bij Marco thuis, naar Marco's huis*. Of gewoon: **Vengo da te** en **Vado da Marco**.

5 Merk op hoe bij de absolute superlatief op **-issimo/-a** enz. de *[k]*- en *[G]*-klank vóór een **i** behouden blijft dankzij de ingelaste **h**: stanca, *moe* → **stanchissima**, lungo, *lang* → **lunghissimo**, *heel, ellenlang*.

6 Bezittelijke voornaamwoorden kunnen zowel bijvoeglijk als zelfstandig gebruikt worden: **È la mia città**, *Het is mijn stad* → **È la mia**, *Het is de mijne*; **Questo è il tuo libro, non è il mio**, *Dit is jouw boek, het is niet het mijne*.

7 **Bici**, *fiets* is de afkorting van **bicicletta** (meervoud: **biciclette**). Vermits het oorspronkelijke woorddeel dat de enkel- of meervoudsuitgang droeg weggevallen is, werd de afkorting onveranderlijk: **la bici** is in het meervoud **le bici**. Dit is voor alle afgekorte woorden het geval, bv. **la foto** → **le foto**, **il cinema** → **i cinema**, **l'auto** → **le auto**. U herinnert zich uit les 3 dat **molto** onveranderlijk is vóór een bijvoeglijk naamwoord (**una città molto bella**), maar dat het moet overeenkomen met een erop volgend zelfstandig naamwoord (**ci sono molte bici**).

8 Meer woorden zijn onveranderlijk, nl. leenwoorden (woorden die uit een andere taal komen) en woorden die eindigen op een medeklinker (soms overlappen ze elkaar), bv. **l'autobus** → **gli autobus**, **il camion** → **i camion**, **l'ananas** → **gli ananas**, **il computer** → **i computer**.

9 Ook woorden die eindigen op een beklemtoonde klinker zijn onveranderlijk, bv. **la città italiana → le città italiane**. Deze regel loopt gelijk met die voor afgekorte woorden, daar het accentteken op de laatste klinker is wat overblijft na het 'afknotten' (dergelijke woorden noemt men **le parole tronche**, *afgekapte woorden*) van een ouder, langer woord, vaak van Latijnse oorsprong en nog gebruikt in het middeleeuws Italiaans. **La città** komt van *la cittade* (uit het Latijn *civitas*, *civitatis*), **la virtù**, *de deugd(zaamheid)* van *la virtude* (uit het Latijn *virtus*, *virtutis*) enz.

10 **Beato/-a te** (lett. 'gelukzalig jij' m./v.) drukt *gelukkig voor jou* uit, dus dat je een bofkont bent! **Beata lei**, *Wat 'n geluk voor haar/u*; **Beati voi**, *Wat 'n geluk hebben jullie*.

11 Het plaatsaanduidende **ci** wordt achteraan de infinitief (zonder eind-**e**) vast geschreven: **Voglio andarci**, *Ik wil erheen gaan*.

***

Esercizio 1 – Traducete

❶ Mi sa che la tua cittadina è più tranquilla della mia. ❷ La qualità della vita è migliore e l'aria è molto più buona. ❸ Quando andiamo in vacanza facciamo sempre molte foto. ❹ Beati loro che abitano in pianura! ❺ Noi viviamo in montagna ma la odiamo e preferiamo il mare!

***

Esercizio 2 – Completate

❶ We nemen de fiets en klimmen naar jullie thuis.
.... e saliamo . ...

❷ Ze gaan hun grootouders opzoeken aan zee.
.... i loro .... mare.

❸ Ik vind jouw stad heel leuk en wil er ook wonen.
.. .. molto .. .. e voglio .... anch'io.

❹ Om er naartoe te gaan moeten we het openbaar vervoer nemen en hier rijden de bussen iedere twintig minuten langs.
Per .... i mezzi pubblici e ... ... passano .... venti minuti.

❺ Ze zeggen dat ze de bergstadjes verkiezen.
...... che .... le .... montagna.

12 **Migliore**, *beter* is de onregelmatige comparatief (vergelijkende trap) van het bijvoeglijk naamwoord **buono**, *goed*; de regelmatige vorm **più buono/-a/...** is ook mogelijk (wat in het Nederlands niet kan!).

13 Woorden die uit slechts één lettergreep bestaan zijn onveranderlijk, zoals **il re** → **i re**. Merk op hoe **da** hoedanigheid kan inleiden: **Si sta da re**, *Men leeft als een koning, koningen*; **Da ragazzo ero magro**, *Als kind (jongen) was ik mager*.

14 **Crisi** is onveranderlijk, net als alle naamwoorden (vaak uit het Oudgrieks) die eindigen op **-i**, bv. **l'analisi**, *de analyse* → **le analisi**; **la tesi**, *de these, thesis* → **le tesi**.

15 De uitdrukking **mi sa che** (lett. 'me weet dat') verwoordt *me dunkt, mij lijkt, ik heb het idee, de indruk dat, ik geloof dat* enz. bij een indruk, vermoeden enz.

***

Oplossing van oefening 1

❶ Ik heb de indruk dat jouw stadje rustiger is dan het mijne. ❷ De levenskwaliteit is beter en de lucht is veel beter. ❸ Wanneer we op vakantie gaan, maken we altijd veel foto's. ❹ Wat 'n geluk voor hen dat ze in het laagland wonen! ❺ Wij leven/wonen in de bergen maar we haten ze en verkiezen de zee!

***

Oplossing van oefening 2

❶ Prendiamo la bici – a casa vostra ❷ Vanno a trovare – nonni al – ❸ Mi piace – la tua città – abitarci – ❹ – andarci dobbiamo prendere – qui gli autobus – ogni – ❺ Dicono – preferiscono – cittadine di –

Jaarlijks stellen toonaangevende economische tijdschriften een klassement op van Italiaanse steden, met als criterium: hoe kwalitatief is het bestaan er? Elementen die dit soort statistieken bepalen zijn rijkdom per inwoner, consumptieniveau, werkgelegenheid, dienstverlening, veiligheid, cultuuraanbod, vrije tijd enz. Meestal bezetten middelgrote steden uit het noorden van het land de eerste tien plaatsen, waaronder Belluno in Venetië, Bolzano en Trento in Trentino-Alto (bij de grens met Oostenrijk), Triëst en Aosta. Van jaar tot jaar kunnen ze een plaatsje of twee opschuiven, maar blijven hoog scoren. De enige heel grote stad die de top benadert is Milaan, waar ondanks het chaotische leven van een metropool het niveau van de dienstverlening alsook het professioneel en cultuuraanbod heel hoog is.

27

Ventisettesima lezione [*véntisèttézima ...*]

L'appartamento

1 – **A**biti qui?
2 – Sì, pr**o**prio in qu**e**sto condom**i**nio ¹, al qu**a**rto pi**a**no.
3 V**e**di le d**u**e fin**e**stre lass**ù**?
4 – È un bell**i**ssimo pal**a**zzo ¹! S**e**i in aff**i**tto?
5 – No no, l'appartam**e**nto è n**o**stro ².
6 È s**o**lo un appartament**i**no, ma per n**o**i e per i n**o**stri d**u**e f**i**gli va pi**ù** che ³ b**e**ne.
7 Abbi**a**mo tre st**a**nze, cio**è** **u**na s**a**la da pr**a**nzo e d**u**e c**a**mere da l**e**tto,
8 pi**ù** **u**na cuc**i**na abit**a**bile ⁴ e i d**o**ppi serv**i**zi ⁵.
9 – Accid**e**nti, d**u**e b**a**gni ⁵! È grand**i**ssimo!
10 – Ma no, d**a**i! E ci s**o**no **a**nche d**u**e balc**o**ni, **u**no che d**à** s**u**lla str**a**da, e l'**a**ltro sul cort**i**le.
11 – E mag**a**ri **a**nche il gar**a**ge e la soff**i**tta?
12 – Il gar**a**ge sì, ma ni**e**nte soff**i**tta…
13 – Si**e**te davv**e**ro fortun**a**ti! I gar**a**ge s**o**no r**a**ri qui in c**e**ntro.
14 – Non ci lamenti**a**mo ⁶!

Uitspraak
lappartaménto 3 … lassoe 7 … tsjoè … 8 … koetsjina … sérvitsi 11 … Garazj … 14 … laméntiamo

Aanwijzing bij de uitspraak
(11) Leenwoorden, zoals hier **garage** of in les 2 **brioche**, uit het Frans, behouden zoveel mogelijk hun oorspronkelijke uitspraak.

Zevenentwintigste les

Het appartement

1 – Woon je hier?
2 – Ja, net in dit gebouw *(condominium)*, op de vierde verdieping.
3   Zie je de twee vensters daarboven?
4 – Het is een prachtig gebouw *(paleis)*! Ben je huurder *(in huur)*?
5 – Nee, nee, het appartement is [het] onze.
6   Het is maar een appartementje, maar voor ons en voor *(de)* onze twee kinderen is *(gaat)* het meer dan voldoende *(goed)*.
7   We hebben drie kamers, namelijk *(dat-is)* een eetkamer *(zaal van middagmaal)* en twee slaapkamers *(kamers van bed)*,
8   plus een eetkeuken *(keuken bewoonbare)* en twee badkamers met toilet *(de dubbele diensten)*.
9 – Jeetje, twee badkamers *(baden)*! Het is enorm!
10 – Maar nee, komaan! En er zijn ook twee balkons, een dat [uitzicht] geeft op de straat en het andere op de binnenplaats.
11 – En misschien ook een *(de)* garage en een *(de)* zolder?
12 – Een *(De)* garage, ja, maar geen zolder...
13 – Jullie zijn echt geluksvogels *(geluk-hebbenden)*! *(De)* Garages zijn zeldzaam hier in [het stads]centrum.
14 – We *(ons)* klagen niet!

Opmerkingen

1   Il **condominio** is een *gebouw* waarin meerdere eigenaars een eigen appartement of flat bezitten en waar elkeen bijdraagt in de kosten voor gemeenschappelijke ruimtes; de term **il palazzo** voor een *gebouw* of

paleis is van Latijnse oorsprong en verwijst naar de vroegere verblijfplaatsen van koningen en landsheerlijkheden. Het eeuwige optimisme van Italianen die zich in hun flat in een paleis wanen…

2 **È mio** (lett. 'is mijn'), *het is van mij, het mijne*; **è tuo** (lett. 'is jouw'), *het is van jou, het jouwe* enz. **Di chi è questo? È vostro? – No, non è nostro, è loro**, *Van wie is dit? Is het van jullie? – Nee, het is niet van ons, het is van hen*. Het is makkelijker in het Italiaans, niet?!

3 Is het tweede element in een vergelijking een bijwoord, dan wordt het ingeleid met **che**: **Fa più male che bene**, *Het doet meer kwaad dan goed*.

4 **Una cucina abitabile** (lett. 'een bewoonbare keuken') is een keuken die ruim genoeg is om erin te kunnen eten, *een eetkeuken*; **un angolo cottura** is *een kookhoek*.

***

Esercizio 1 – Traducete

❶ Vogliamo cambiare mestiere perché il nostro è troppo impegnativo. ❷ Il loro appartamento è più grande del mio. ❸ Sono anni che non lo vediamo. ❹ Niente cappuccino stamattina a colazione? ❺ La camera da letto dei nostri due figli è la stanza più grande della casa.

***

Esercizio 2 – Completate

❶ Ze blijven thuis omdat ze doodmoe zijn.
.... a .... perché sono ....

❷ Hij heeft "dubbele diensten", bij hem thuis zijn er namelijk twee badkamers (met toilet).
Ha . ..., cioè a .... ci sono due ..... .

❸ Ik verkies kleine appartementen met alleen een kookhoek.
Preferisco ... . con solo ....

❹ We wonen in dit gebouw, maar we zijn maar huurders.
Abitiamo in ...., ma ....

❺ De door de kok van dit restaurant bereide maaltijden zijn lekkerder dan het eten van onze schoolkantine.
. ... di questo ristorante sono .... della .... scuola.

Zevenentwintigste les / 27

5 In een Italiaanse woning vind je in **il bagno**, *de badkamer* (lett. 'het bad') een wastafel, een badkuip of douche en het toilet. Met **i doppi servizi** bedoelt men *twee badkamers,* de ene met een bad en de andere met een douche, allebei *met toilet*.

6 *Klagen* is in het Italiaans een wederkerend werkwoord: **lamentarsi** (al betekent het ook *zich beklagen*). Later meer over wederkerende vormen, maar noteer nu al het wederkerend voornaamwoord in de 1e persoon meervoud **ci**, *ons*: **Non ci lamentiamo**, *We klagen niet*.

***

Oplossing van oefening 1
❶ We willen veranderen van beroep omdat het onze te veeleisend is. ❷ Hun appartement is groter dan het mijne. ❸ We zien hem al jaren niet. ❹ Geen cappuccino vanmorgen bij het ontbijt? ❺ De slaapkamer van onze twee kinderen is het grootste vertrek van het huis.

Oplossing van oefening 2
❶ Rimangono – casa – stanchissimi ❷ – i doppi servizi, – casa sua – bagni ❸ – gli appartamentini – l'angolo cottura ❹ – questo palazzo – siamo solo in affitto ❺ I pasti preparati dal cuoco – migliori del cibo – mensa della nostra –

Tracht zoveel mogelijk te onthouden. Het geeft een goed gevoel wanneer woorden en structuren in een latere les terugkomen en u ze meteen herkent, toch? In veel lessen wordt woordenschat thematisch aangeboden, zoals in deze, over 'wonen'. Dankzij uw dagelijkse inzet zal u stilaan een gesprek kunnen voeren over allerlei onderwerpen, kortom, uw gesprekspartners versteld doen staan!

Ventottesima lezione [véntottézima ...]

Revisione – Herhaling

1 Regelmatige werkwoorden uit de 3e groep, op -ire

Voor de vervoeging in de tegenwoordige tijd (o.t.t.) verdelen we deze groep in twee subgroepen:
• de ene groep voegt aan de stam gewoon persoonsuitgangen toe: **-o**, **-i**, **-e**, **-iamo**, **-ite**, **-ono** (zoals **soffrire**, *lijden*),
• de andere groep last tussen stam en persoonsuitgang in de 1e, 2e, 3e persoon enkelvoud en 3e meervoud **-isc-** in (zoals **preferire**, *verkiezen, liever ...*, **finire**, *eindigen*, **capire**, *begrijpen, verstaan*).
Helaas kan je nergens uit afleiden tot welke subgroep een **-ire**-werkwoord behoort. Je moet het gewoon... leren!

Dit is de regelmatige o.t.t.:

soffrire, *lijden*	preferire, *verkiezen, liever ...*
(io) soffro, *ik lijd*	(io) preferisco, *ik verkies*
(tu) soffri, *je lijdt*	(tu) preferisci, *je verkiest*
(lui, lei) soffre, *hij, ze/u (ev.) lijdt*	(lui, lei) preferisce, *hij, ze/u (ev.) verkiest*
(noi) soffriamo, *we lijden*	(noi) preferiamo, *we verkiezen*
(voi) soffrite, *jullie lijden*	(voi) preferite, *jullie verkiezen*
(loro) soffrono, *ze lijden*	(loro) preferiscono, *ze verkiezen*

Let bij de uitspraak van de **-isc**-werkwoorden op het volgende:
- begint de uitgang met de letter **o** → *[isko]*,
- begint hij met **-i** of **-e** → *[isji]*, *[isjé]*.

2 Onregelmatige werkwoorden op -ire

dire, *zeggen*	morire, *sterven*	salire, *naar boven gaan,...*
(io) dico, *ik zeg*	(io) muoio, *ik sterf*	(io) salgo, *ik ga naar b.*
(tu) dici, *je zegt*	(tu) muori, *je sterft*	(tu) sali, *je gaat naar b.*

Achtentwintigste les

(lui, lei) dice, hij, ze/u (ev.) zegt	(lui, lei) muore, hij, ze/u (ev.) sterft	(lui, lei) sale, hij, ze/u (ev.) gaat naar b.
(noi) diciamo, we zeggen	(noi) moriamo, we sterven	(noi) saliamo, we gaan naar boven
(voi) dite, jullie zeggen	(voi) morite, jullie sterven	(voi) salite, jullie gaan naar boven
(loro) dicono, ze zeggen	(loro) muoiono, ze sterven	(loro) salgono, ze gaan naar boven

uscire, uit-, weggaan, naar buiten gaan	venire, komen
(io) esco, ik ga uit	(io) vengo, ik kom
(tu) esci, je gaat uit	(tu) vieni, je komt
(lui, lei) esce, hij, ze/u (ev.) gaat uit	(lui, lei) viene, hij, ze/u (ev.) komt
(noi) usciamo, we gaan uit	(noi) veniamo, we komen
(voi) uscite, jullie gaan uit	(voi) venite, jullie komen
(loro) escono, ze gaan uit	(loro) vengono, ze komen

3 Onregelmatige werkwoorden op -ere (vervolg)

raccogliere, (op)rapen, ophalen	rimanere, blijven
(io) raccolgo, ik raap op	(io) rimango, ik blijf
(tu) raccogli, je raapt op	(tu) rimani, je blijft
(lui, lei) raccoglie, hij, ze/u (ev.) raapt op	(lui, lei) rimane, hij, ze/u (ev.) blijft
(noi) raccogliamo, we rapen op	(noi) rimaniamo, we blijven
(voi) raccogliete, jullie rapen op	(voi) rimanete, jullie blijven
(loro) raccolgono, ze rapen op	(loro) rimangono, ze blijven

scegliere, kiezen	togliere, weghalen, afschaffen
(io) scelgo, ik kies	(io) tolgo, ik haal weg
(tu) scegli, je kiest	(tu) togli, je haalt weg
(lui, lei) sceglie, hij, ze/u (ev.) kiest	(lui, lei) toglie, hij, ze/u (ev.) haalt weg
(noi) scegliamo, we kiezen	(noi) togliamo, we halen weg

| (voi) scegliete, *jullie kiezen* | (voi) togliete, *jullie halen weg* |
| (loro) scelgono, *ze kiezen* | (loro) tolgono, *ze halen weg* |

En hier, opnieuw, wordt het... aanleren!

4 Passieve vorm

Waar in het Nederlands voor de passieve (lijdende) vorm (**forma passiva**) meestal gebruikgemaakt wordt van het werkwoord 'worden', kiest het Italiaans meestal voor **essere**, *zijn*. Bij een passieve vorm in de tegenwoordige tijd wordt het hulpwerkwoord **essere** vervoegd in de o.t.t.:
L'italiano è studiato da molte persone nel mondo.
Italiaans wordt door veel mensen in de wereld gestudeerd.
La lingua italiana è studiata da molte persone nel mondo.
De Italiaanse taal wordt door veel mensen in de wereld gestudeerd.
Let erop dat het voltooid deelwoord in geslacht en getal overeenkomt met het onderwerp (dat de handeling ondergaat)!

Wanneer de vervoegde vorm van **essere** uit één woord bestaat, zoals in bovenstaande voorbeelden, kan in de plaats een vorm van **venire** gebruikt worden:
La lingua italiana viene studiata da molte persone nel mondo.
De Italiaanse taal wordt door veel mensen in de wereld gestudeerd.
Dit zou niet kunnen met **La lingua italiana è stata studiata...**, waar de vervoegde vorm van **essere** uit twee woorden bestaat, hier lett. *is geweest*.
(De passieve vorm met **venire** is eigenlijk duidelijker, want zo'n zin met **essere** kan zonder context geïnterpreteerd worden als een zin in de v.t.t.)

De handelende partij wordt ingeleid met het voorzetsel **da**, op zich of samengetrokken met een bepaald lidwoord:
La lingua italiana viene studiata dagli studenti di tutto il mondo.
De Italiaanse taal wordt door (de) studenten uit de hele wereld gestudeerd.

Later meer over passieve vormen.

5 Onveranderlijke woorden

Dit zijn woorden die in het enkelvoud en meervoud dezelfde vorm hebben.

5.1 Woorden die verkort gebruikt woorden

Woorden zoals **foto** (van **fotografia**), **auto** (van **automobile**), **cinema** (van **cinematografo**), **bici** (van **bicicletta**), **moto** (van **motocicletta**) zijn 'verkortingen' die meestal de 'lange vormen' verdrongen hebben. Het deel waarin het onderscheid tussen enkel- en meervoud aangeduid werd is weggevallen, waardoor ze 'onveranderlijk' werden:
Ci sono poche auto, *Er zijn weinig auto's.*

5.2 Woorden met een beklemtoonde eindklinker

Vele kunnen als 'verkortingen' beschouwd worden, waarbij een vroeger gebruikt deel helemaal is weggevallen, bv. **città** (van *cittade*) en **virtù** (van *virtute*):
Nella mia cittadina / Nelle cittadine ci sono poche auto.
In mijn stadje / In de stadjes zijn er weinig auto's.

Sommige zijn door kinderen gebruikte onomatopeeën, bv. **papà** (*papa*) en **bebè** (*baby*):
I papà portano a letto i loro bebè.
De papa's brengen hun baby's naar bed.

5.3 Leenwoorden en woorden die op een medeklinker eindigen

Veel uit andere talen ontleende woorden eindigen op een medeklinker, bv. **film**, **bar** of **autobus**, maar ook woorden als **caffè, sushi** en **paella** werden al dan niet recent in het Italiaans opgenomen:
Fa colazione in tutti i caffè della città.
Hij/Ze/U ontbijt in alle cafés van de stad.

5.4 Woorden die op *-i* eindigen

Ze zijn vaak van Oudgriekse oorsprong, zoals **la crisi** (*de crisis*), **l'analisi** (*de analyse*) of **la parentesi** (*de parenthese*):
Le sue analisi sono ottime, *Zijn/Haar/Uw analyses zijn uitstekend.*

5.5 Eenlettergrepige woorden

Ze bestaan uit slechts één lettergreep, zoals **il re** (*de koning; de re (muzieknoot)*), **il do** (*de do*):
la vita dei re, *het leven van de koningen.*

6 Nuanceren met suffixen

Men kan naamwoorden 'nuanceren' door er een suffix (achtervoegsel) aan toe te voegen, om ze kleiner, groter, indrukwekkender, onaantrekkelijk, lief, saai enz. te laten overkomen. Een greep uit het aanbod aan suffixen:

- verkleinend met **-ino/-ina/-ini/-ine**: **una candela**, *een kaars* → **una candelina**, *een kaarsje;* **un lavoro**, *een werk, klus* → **un lavorino**, *een werkje, klusje,*...
- vergrotend met **-one/-ona/-oni/-one**: **un lavorone**, *een groot werk, zware taak,*...
- pejoratief met **-accio/-accia/-acci/-acce**: **un lavoraccio**, *een lastig karwei, prutswerk,*...
- 'lieftallig' verkleinend met : **-etto/-etta/-etti/-ette**: **una casa**, *een huis* → **una casetta**, *een leuk huisje;* **un lavoretto**, *een karweitje, klusje,*...

In de omgangstaal kunnen beide verkleinvormen door elkaar gebruikt worden, bv. **un lavorino** en **un lavoretto** zijn omzeggens synoniemen.

7 Comparatief en superlatief

7.1 Trappen van vergelijking

- Comparatief (vergelijkende trap, **comparativo**):
- gevormd met **più** (*meer*, vergrotend) of **meno** (*minder*, verkleinend) vóór het bijvoeglijk naamwoord:
Mio fratello Gianni è più vecchio di me.
Mijn broer Gianni is ouder ('meer oud') dan ik.
La mia cittadina è meno grande della tua.
Mijn stadje is minder groot dan het jouwe.

- bij gelijkheid staat **come** tussen de vergeleken elementen:
La nostra città è grande come la vostra.
Onze stad is even groot als die van jullie.

- Superlatief (overtreffende trap, **superlativo**):
- Relatieve superlatief (overtreffend in vergelijking met andere(n)),

Achtentwintigste les / 28

gevormd met een bepaald lidwoord + **più** (*meest*) of **meno** (*minst*) vóór het bijvoeglijk naamwoord:
il più bel paese / il paese più bello del mondo
het mooiste ('het meest mooie') land van de wereld
la più bella città / la città più bella del mondo
de mooiste ('de meest mooie') stad ter wereld.

• Absolute superlatief (op zich):
- stam van het bijvoeglijk naamwoord + suffix **-issimo/-a/-i/-e** (gedraagt zich zoals naamwoorden op **-o**)
of
- onveranderlijk bijwoord **molto** of **tanto** + bijvoeglijk naamwoord:
Questo romanzo è bellissimo of **Questo romanzo è molto bello** (of **tanto bello**), *Deze roman is prachtig, heel/zeer/erg mooi.*

7.2 Tweede element van de vergelijking

Het tweede element van de vergelijking wordt ingeleid met:

• **di** (op zich of samengetrokken met een bepaald lidwoord) als het gaat om:
– een zelfstandig naamwoord, een eigen- of een plaatsnaam:
Roma è più grande di Bologna, *Rome is groter dan Bologna.*
– een persoonlijk voornaamwoord:
Carlo parla italiano meno bene di noi, *Carlo spreekt minder goed Italiaans dan wij.*

• **che** in alle andere gevallen, bv.
- een bijvoeglijk naamwoord: **più largo che lungo**, *meer, eerder breed dan lang*
- een bijwoord: **più male che bene**, *meer kwaad dan goed.*

7.3 Bijzondere comparatief- en superlatiefvormen

Sommige bijvoeglijke naamwoorden hebben naast hun regelmatige vormen een bijzondere vorm van de vergrotende trap en van de absolute superlatief (zo zijn zowel **più buono** als **migliore**, zowel **buonissimo** als **ottimo** mogelijk).

bijvoeglijk naamwoord	vergrotende trap	absolute superlatief
buono	migliore	ottimo
cattivo	peggiore	pessimo

grande	maggiore	massimo
piccolo	minore	minimo
alto	superiore	supremo
basso	inferiore	infimo

Hun relatieve superlatief wordt altijd gevormd met een bepaald lidwoord + de vergrotende trap:
il migliore cuoco della città, *de beste kok van de stad*.

8 Bezitsvorm (possessivo)

• Bezittelijke voornaamwoorden (behalve **loro**) richten zich in geslacht en getal naar het 'bezit':

	m. ev.	v. ev.	m. mv.	v. mv.
mijn	mio	mia	miei	mie
jouw	tuo	tua	tuoi	tue
zijn *haar, uw (ev.)*	suo	sua	suoi	sue
ons/onze	nostro	nostra	nostri	nostre
jullie	vostro	vostra	vostri	vostre
hun	loro	loro	loro	loro

• Er staat een bepaald lidwoord (**il/lo, i/le**) vóór het bezittelijk voornaamwoord: **il mio amico**, *mijn vriend*
(evt. een onbepaald lidwoord: **un mio amico**, *een vriend van mij, een van mijn vrienden*),
tenzij het gaat over één familielid, in de vorm van het grondwoord, geen aanspreek-, verklein- of andere vorm, en zonder bijvoeglijk naamwoord erbij:
mio fratello, *mijn broer,* maar **i miei fratelli**, *mijn broers* (of *mijn broers en zussen*, want bij een gemengd gezelschap hoort de mannelijke vorm) en **il mio fratellino**, *mijn broertje*
mio padre, *mijn vader,* maar **il mio papà**, *mijn papa* en **la mia cara mamma**, *mijn lieve mama*.
Met **loro** wordt bij één familielid wel een lidwoord gebruikt: **il loro padre**, *hun vader*.

• Bezittelijke voornaamwoorden kunnen zowel bijvoeglijk als zelfstandig gebruikt worden (in het Italiaans noemt men ze **aggettivi possessivi** resp. **pronomi possessivi**):

Achtentwintigste les / 28

La mia bici è bella, ma preferisco la sua.
Mijn fiets is mooi maar ik heb liever de hare/uwe.

9 Voorzetsels

• **di** (evt. samengetrokken met een bepaald lidwoord) leidt bezit in:
le bici dei miei cugini, *de fietsen van mijn neven;*
Di chi sono queste bici? – Non sono nostre, sono dei nostri cugini.
Van wie zijn deze fietsen? – Het zijn niet [de] onze, ze zijn van onze neven.

• **da** leidt manier, hoedanigheid in, bv.:
in uitdrukkingen zoals **una vita da cani**, *een hondenleven* (een leven als dat van een hond), **ho una fame da lupo**, *ik heb honger als een wolf;*
Non ti comporti da adulto, *Je gedraagt je niet volwassen, als een volwassene.*
Da bambino, abitavo qui, *Als kind woonde ik hier.*

• **tra** of **fra** als *over* m.b.t. tijd of afstand:
Pranziamo tra un'ora, *We lunchen over een uur.*
Arriviamo fra pochi chilometri, *We komen over een paar kilometer aan.*

10 Samengetrokken lidwoorden

Ziehier een tabel van de zgn. 'samengetrokken lidwoorden', samentrekkingen van een voorzetsel + een bepaald lidwoord (in het Italiaans heten ze **preposizioni articolate**, voorzetsels 'voorzien van een lidwoord'):

	a	di	da	in	su	con *
il	al	del	dal	nel	sul	col
lo	allo	dello	dallo	nello	sullo	collo
l'	all'	dell'	dall'	nell'	sull'	coll'
la	alla	della	dalla	nella	sulla	colla
i	ai	dei	dai	nei	sui	coi
gli	agli	degli	dagli	negli	sugli	cogli
le	alle	delle	dalle	nelle	sulle	colle

* Alleen bij **con** is samentrekking met het lidwoord niet verplicht:

centoventi • 120

Va al mare cogli / con gli amici di sua sorella.
Ze gaat naar (de) zee met de vrienden van haar zus.

11 Telwoorden

Vorming van telwoorden (**numerali**) vanaf 17:
- 'tiental + eenheid', bv. **venticinque** 25, **trentanove** 39;
- eindigt een getal op 3, dan moet daar een accent op, bv. **cinquantatré** 53;
- eindigt een getal op 1 of 8, dan valt de eindklinker van het tiental weg, bv. **ventuno** 21, **trentotto** 38.

12 Klokuur en datum

Zie ook les 22.

12.1 Klokuur

Vragen hoe laat het is:
che ora è? of **che ore sono?**, *hoe laat is het?*

Zeggen hoe laat het is:
sono le quindici e trenta, *het is vijftien uur dertig*
sono le tre e mezza, *het is halfvier, drie uur dertig.*

Het werkwoord staat in het enkelvoud bij **l'una**, *één uur* en bij **mezzogiorno**, *12 uur 's middags* of **mezzanotte**, *middernacht*:
è l'una meno/e un quarto, *het is kwart voor / over, na één.*
è mezzogiorno e un quarto, *het is kwart over/na twaalf 's middags*
è mezzanotte in punto, *het is klokslag middernacht.*

12.2 Datum

Vragen naar de dag:
Che giorno è oggi? – Oggi è giovedì.
Welke dag is het, hebben we vandaag? – Vandaag is het donderdag.
de datum:
Qual è la data di oggi? – Oggi è giovedì venticinque giugno.
Welke datum is het, hebben we vandaag? – Vandaag is het donderdag 25 juni.
de 'hoeveelste' dag van de maand:
Quanti ne abbiamo oggi? – Oggi ne abbiamo trentuno.
De hoeveelste hebben we, is het vandaag? – Vandaag is het de 31e.

Achtentwintigste les / 28

> Dialogo di revisione

1 – Scusa, che ore sono?
2 – Sono le due e un quarto, ma perché sei così agitato?
3 – Ho un appuntamento molto importante per trovare un appartamento in affitto.
4   È un appartamentino in un palazzo di cinque piani.
5   È bellissimo, dalle finestre si vede tutta la città!
6 – Non mi piace vivere in condominio, preferisco la campagna.
7   Io abito in una casetta a venti minuti dalla città.
8   La qualità della vita è migliore che qui, e anche l'aria è molto più buona.
9   In estate non fa troppo caldo e si sta proprio bene.
10   Perché non venite ad abitarci anche tu e tua moglie?
11 – No grazie, ci piacciono le grandi città, i bar, i cinema e le vetrine!

Vertaling

1 Excuseer, hoe laat is het? **2** Het is kwart over twee, maar waarom ben je zo opgewonden? **3** Ik heb een heel belangrijke afspraak om een huurappartement te vinden. **4** Het is een appartementje in een gebouw met vijf verdiepingen. **5** Het is prachtig, vanuit de vensters ziet men heel de stad. **6** Ik woon niet graag in een *(gemeenschappelijk)* gebouw, ik verkies het platteland. **7** Ík woon in een leuk huisje twintig minuten van de stad vandaan. **8** De levenskwaliteit is beter dan hier en ook de lucht is veel beter. **9** In de zomer is het niet te warm en voelt men zich echt goed. **10** Waarom komen ook jij en je vrouw er niet wonen? **11** Nee, dank je, ons behagen / we houden van grote steden, bars, bioscopen en etalages!

Ventinovesima lezione [véntinovézima ...]

Informazioni stradali

1 – Scusate [1], mi sapete [2] dire come si fa per andare in via della Luna, per favore?
2 – Spiega [1] tu, io non mi ricordo bene.
3 – Certamente! Guarda [1,3], vedi quella piazza là [4] in fondo?
4 – Quella dopo il semaforo, con una fontana al centro?
5 – Sì, proprio quella! Arriva fin [5] lì [4], poi attraversa [1] la piazza.
6 – Mi raccomando [6], sii [1] prudente e usa [1] le strisce pedonali, perché le macchine lì vanno fortissimo ed è un po' pericoloso.
7 – Senti [1,3], non esagerare [7]! Non fare [7] paura alla signorina!
8 – Come no? I pedoni devono stare attenti [8] e a volte camminare incollati ai muri [9] per non essere investiti!
9 – Capisco, faccio attenzione [8]. Poi, una volta attraversata la piazza, da che parte vado?
10 – Prendi [1] viale Cavour, la via alberata di fronte alla [5] fontana, e continua [1] sempre dritto per un chilometro.
11 Ascolta [1,3] bene: al terzo incrocio gira [1] a sinistra [10], e ti trovi davanti alle [5] mura [9] della città.
12 Segui [1] le mura e a un certo punto la via della Luna è la prima traversa sulla tua destra [10]. Hai capito [11]?
13 – Sì, grazie, ho capito [11] benissimo!

Negenentwintigste les

Inlichtingen over de weg *(weg-)*

1 – Excuseren jullie [me], kunnen jullie me zeggen hoe je naar de Maanstraat gaat *(men doet om-te gaan in straat van-de Maan)*, alsjeblieft?
2 – Leg jij [het] uit, ík herinner [het] me niet goed.
3 – Zeker! Kijk, zie je dat plein daar aan het einde?
4 – Dat voorbij het verkeerslicht, met een fontein in het midden?
5 – Ja, precies dat! Als je daar bent *(Aankomt tot daar)*, steek dan het plein over.
6 – Alsjeblieft, wees voorzichtig en gebruik het zebrapad *(de strepen voetgangers-)*, want de wagens rijden *(gaan)* daar heel hard en het is een beetje gevaarlijk.
7 – Zeg *(Luister)*, overdrijf niet! Maak de jongedame niet bang *(Niet doen angst aan-de jongedame)*!
8 – Hoezo *(Hoe niet)*? *(De)* Voetgangers moeten opletten *(zijn aandachtig)* en soms langsheen de gevels schuren *(stappen gekleefd aan-de muren)* om niet aangereden te worden *(zijn)*!
9 – Ik begrijp [het], ik let wel op *(doe attentie)*. Daarna, eenmaal het plein overgestoken, welke kant *(deel)* ga ik op?
10 – Neem [de] Cavourlaan, de straat met bomen *(beboomde)* tegenover *(aan voorzijde van)* de fontein, en blijf altijd rechtdoor lopen gedurende een kilometer.
11 Luister goed: sla bij het derde kruispunt linksaf en je bevindt je voor de stadsmuren.
12 Volg de muren en op een bepaald punt is de Maanstraat de eerste dwarsstraat aan je rechterkant. Heb je [het] begrepen?
13 – Ja, bedankt, ik heb [het] heel goed begrepen!

Uitspraak

1 skoezaté ... 2 spièGa ... 3 ... koeélla piattsa ... 4 ... tsjéntro 6 ... si-i proedènté ... strisjé ... makkiné ... 7 sénti ... paoera ... 9 ... atténtsioné ... 10 prèndi ... fronté ... kilométro 11 ... tèrtso inkrotsjo dzjira ... davanti ... 12 séGoei ... poento ...

Opmerkingen

1 In deze dialoog zien we een aantal werkwoorden in de imperatief (gebiedende wijs). In de 1e en 2e persoon meervoud nemen ze dezelfde vorm aan als in de o.t.t.: **Stiamo/State attenti!**, *Laten we aandachtig zijn / Letten jullie op!*; de 2e persoon enkelvoud krijgt de uitgang **-a** bij werkwoorden op **-are**, **-i** bij die op **-ere** en **-ire** (**sii** is de onregelmatige imperatief van **essere**). De aangesproken mannen voeren het gesprek meteen in de jij-vorm (**tu**). Dit is in Italië steeds gangbaarder, zelfs onder onbekenden, vooral bij de jongere generaties.

2 **Sapete**, van *sapere*, hier in de betekenis van *kunnen* (eerder zagen we het als *weten*), in de o.t.t. 2e persoon meervoud.

3 Net als in het Nederlands kan de imperatief gebruikt worden om van je gesprekspartner de volle aandacht te krijgen: **guarda** (*kijk*), **senti** of **ascolta** (*luister*). **Sentire** en **ascoltare** betekenen allebei *luisteren*, **sentire** in de betekenis van *luisteren, horen*, **ascoltare** als *luisteren naar, beluisteren*.

4 **Lì** en **là** zijn gelijkwaardige bijwoorden van plaats voor *daar*.

5 **Fin** is de samentrekking van *fino a*, *tot aan*: **fin lì** is *tot daar*. **Di fronte a** betekent *tegenover*, 'aan de voorzijde van'; **davanti a** is *voor*.

6 Het werkwoord **raccomandare** betekent o.a. *aanbevelen, aanraden*: **Si raccomanda sempre di chiudere bene tutte le porte**, *Men raadt*

***

Esercizio 1 – Traducete

❶ Scusa, mi puoi dire come si fa per andare in viale Cavour?
❷ Guarda, vedi quella fontana di fronte al semaforo?
❸ Stiamo attenti, le macchine qui vanno fortissimo.
❹ Mi raccomando, usate le strisce pedonali per non essere investiti dalle macchine.
❺ Non andare forte, è pericoloso!

altijd aan alle deuren goed te sluiten. Met de wederkerende vorm **mi raccomando** spoor je iemand aan om iets (niet) te doen ('je doet me een plezier als, ik vertrouw erop dat'): **Mi raccomando, studia bene**, *Alsjeblieft, studeer goed*.

7 De ontkennende vorm van de imperatief wordt in de 2e persoon enkelvoud gevormd met **non** + infinitief, bv. **Non venire!**, *Kom niet!*, **Non andare forte!**, *Rijd/Ga niet hard/snel!*, in de andere personen met **non** + vervoegde vorm: **Non venite!**, *Komen jullie niet!* **Fare paura** is *bang maken, angst, schrik aanjagen*.

8 Dit zijn twee uitdrukkingen voor *opletten, oppassen*: **stare attento** of **fare attenzione**: **State attenti!** of **Fate attenzione!**, *Letten jullie op!*

9 **Il muro**, *de muur* heeft twee meervoudsvormen: **i muri** slaat op *de muren* van een huis, gebouw enz., terwijl **le mura** (vrouwelijk) gebruikt wordt voor *de stadsmuren*.

10 **A destra/sinistra**, *rechts/links(af), aan de rechter-/linkerkant*; **girare a destra/sinistra**, *naar rechts/links draaien/gaan, rechts/links afslaan/nemen*.

11 Net als in het Nederlands wordt de voltooid tegenwoordige tijd (v.t.t.) gevormd met de o.t.t. van het hulpwerkwoord **avere**, *hebben* (of **essere**, *zijn*) + het voltooid deelwoord van het hoofdwerkwoord: **Abbiamo studiato l'italiano**, *We hebben Italiaans gestudeerd*.

Oplossing van oefening 1

❶ Excuseer, kan je me zeggen hoe je *(men)* naar de Cavourlaan gaat? ❷ Kijk, zie je die fontein tegenover het verkeerslicht? ❸ Laten we opletten, de wagens gaan/rijden hier heel hard. ❹ Alstublieft, gebruiken jullie het zebrapad om niet aangereden te worden door de auto's. ❺ Ga niet snel, het is gevaarlijk!

Esercizio 2 – Completate

① Hoe gaat men naar het plein van de Republiek?
.... per ...... in .... Repubblica?

② Kijk, voorbij het verkeerslicht zijn er twee fonteinen.
......, ... il .... due ....

③ De Cavourlaan is tegenover de stadsmuren.
Viale Cavour è .. .. alle ....

④ Luister goed, sla bij het derde kruispunt niet rechtsaf, sla linksaf.
.... bene, al terzo ....,
.... a ....

⑤ Excuseer, we hebben het niet begrepen.
....., non ....

30

Trentesima lezione [tréntézima ...]

Un tavolo al ristorante

1 – Pronto [1], parlo con la trattoria [2] "Da Massimo"?
2 – Sì, che cosa desidera?
3 – Senta [3], io vorrei prenotare un tavolo per sabato sera, per otto persone,
4 ma ho bisogno di qualche informazione [4] sul menù [5].
5 – Dica [3] pure [6], signore, chieda [3] tutte le informazioni che vuole!
6 – Guardi [3], io non sono per niente difficile col cibo, ma i miei parenti [7] sì, allora vorrei sapere:
7 da voi si mangia sia [8] carne che [8] pesce? E anche verdura, se tra noi c'è qualche vegetariano o vegano?

Oplossing van oefening 2

❶ Come si fa – andare – piazza della – ❷ Guarda, dopo – semaforo ci sono – fontane ❸ – di fronte – mura della città ❹ Ascolta – incrocio non girare a destra, gira – sinistra ❺ Scusa – abbiamo capito

Er zijn heel wat termen voor 'verkeerswegen': **la strada***, de weg is een soortnaam die zowel voor een plattelandsweg als voor een straat in de stad gebruikt wordt;* **la via** *is de straat in een woonomgeving;* **il viale** *is de laan;* **il corso** *is de hoofdstraat, een wandelstraat of vrij brede, lange straat, soms de hoofdas in een dorp (waar er altijd wel een bar of café met de naam* **il Bar del Corso** *is);* **il vicolo** *is het straatje (***il vicolo chiuso** *is een doodlopende ('gesloten') straat).* **La piazza** *is het plein,* **il piazzale** *het voorplein. Naast deze over het hele grondgebied gangbare termen zijn er nog heel wat andere plaatselijke benamingen, alweer een voorbeeld van de grote diversiteit binnen Italië, waar taal- en politieke eenheid van recente datum zijn; de bekendste zijn* **la calle***,* **il campo** *en* **il campiello***, Venetiaanse termen voor een straat, een plein en een pleintje.*

Dertigste les

Een tafel in het restaurant

1 – Hallo, ben ik bij restaurant *(spreek met de 'trattoria')* "Bij Massimo"?
2 – Ja, wat wenst u?
3 – Luistert u, ík zou een tafel willen boeken voor zaterdagavond, voor acht personen,
4   maar ik heb enige informatie nodig over de menu[kaart].
5 – Zegt u maar, meneer, vraagt u alle informatie*(s)* die u wilt!
6 – Moet u weten *(Kijkt u)*, ík ben helemaal *(voor niets)* niet moeilijk wat eten betreft *(met-het eten)*, maar mijn familie wel *(verwanten ja)*, dus zou ik willen weten:
7   eet men bij jullie zowel *(zij)* vlees als vis? En ook groente, als er onder ons een *(enige)* vegetariër of vegan zou zijn *(is)*?

8 – Ma certo! Scarichi [3] il nostro menù completo dal nostro sito internet e consulti [3] i suoi parenti.

9 Abbiamo primi [9] a base di carne, ragù di manzo o sugo d'anatra, e anche con pesce fresco o frutti di mare.

10 I nostri clienti hanno sempre apprezzato le nostre taglioline allo scoglio [10].

11 Come secondo, fritto misto o grigliata di pesce ai ferri, oppure cotoletta alla milanese o ossobuco [11].

12 Come alternativa, proponiamo [12] pasta con verdure, eventualmente senza glutine, e sformato di zucchine e melanzane.

13 – Bravissimi! Avete un menù a prova di parenti difficili!

Uitspraak

1 pronto ... 3 sènta ... sabato ... 4 ... koealké ... ménoe 5 ...poeré ... kièda ... 6 ... parènti ... 7 ... karné ... pésjé ... védzjétariano o véGano 8 ... skariki ... konsoelti ... 9 ... raGoe ... mandzo ... soeGo ... 10 ... kliènti anno ... appréttsato ... taljoliné allo skoljo 11 ... Griljata ... oppoeré kotolétta alla milanézé ... 12 ... événtoealménté sèntsa Gloetiné... dzoekkiné ... mélandzané

Opmerkingen

1 Bij aanvang van een telefoongesprek zeggen Italianen **pronto**, wat letterlijk *klaar, gereed* betekent; als uitdrukking is **pronto** onveranderlijk. **Rispondere al telefono**, *antwoorden aan de telefoon, de telefoon beantwoorden, de telefoon opnemen*.

2 'Restaurants' zijn er in alle vormen, die niets te maken hebben met kwaliteit, maar met het imago van de zaak: **il ristorante** is een altijd bruikbare, neutrale term; **la trattoria** richt zich op de modale bezoeker, maar ook vrij chique restaurants kiezen die noemer om aan te tonen dat ze typische, regionale, "huisgemaakte" gerechten aanbieden. Dit geldt ook voor **l'osteria** en **la** (meer zeldzame) **locanda**.

Dertigste les / 30

8 – Maar natuurlijk *(zeker)*! Downloadt u onze volledige kaart van onze website *(internet-)* en raadpleegt u uw familieleden.
9 We hebben 'voorgerechten' op basis van vlees, rundvleessaus of eendensaus, en ook met verse vis of zeevruchten.
10 Onze klanten hebben altijd onze *taglioline allo scoglio (klif)* geapprecieerd.
11 Als 'hoofdgerecht', een assortiment gefrituurde vis *(gefrituurd gemengd)* of grillade van vis *(op-de ijzers)*, ofwel kotelet op z'n Milanees of *ossobuco*.
12 Als alternatief stellen we pasta met groenten voor, eventueel zonder gluten, en gratin van courgettes en aubergines.
13 – Fantastisch! Jullie hebben een kaart die bestand is tegen *(op proef van)* moeilijke familieleden!

3 De dialoog bevat alweer imperatiefvormen die de aandacht van de gesprekspartner moeten wekken, maar deze keer in de beleefdheidsvorm, bv. **senta** en **guardi**. We delen al mee dat de beleefde imperatief zijn vorm ontleent aan de conjunctief (aanvoegende wijs), als zou men behoedzaam een hoogheid aansporen met "dat Uwe Heerlijkheid zich installeert, op zich zelfs 'zich installere'...", maar later meer hierover. De uitgang is **-i** bij werkwoorden op **-are** (guardare → guardi, **scaricare** → **scarichi**), **-a** bij die op **-ere** (chiedere → chieda) en op **-ire** (sentire → senta, **dire** → **dica**).

4 **Qualche**, *enig(e), enkele,* maar ook *een paar/aantal, een (of ander(e)),* is onveranderlijk en staat in het enkelvoud, net als het begrip erachter, ook wanneer dat als meervoud kan opgevat worden: **qualche amico/amica**, *een of andere vriend/vriendin, enkele, een paar vrienden/vriendinnen*. Als synoniem kan **alcuni/alcune** gebruikt worden, sowieso een meervoudsvorm die overeenkomst vraagt: **alcuni amici**, *enkele vrienden* / **alcune amiche**, *enkele vriendinnen*; **Ho bisogno di alcune informazioni sul menù**, *Ik heb een paar inlichtingen over het menu nodig*.

centotrenta • 130

30 / Trentesima lezione

5 **Il menù** is *de (menu-, spijs)kaart* (met alle gerechten in een restaurant); voor de lijst met de gerechten van een maaltijd gebruikt men eerder **il menù (fisso)**, *(vast) menu* of, op toeristische plaatsen, **il menù turistico**.

6 **Pure** wordt in een aansporing, aanmoediging enz. gebruikt zoals *maar*, *gerust*: **Venga pure**, *Komt u maar, komt u gerust*.

7 **I parenti** zijn *de familieleden*, *verwanten*, dus **i nonni**, *de grootouders*, **i genitori**, *de ouders*, **i figli**, *de kinderen*, **gli zii**, *de oom(s) en tante(s)* enz. Merk op: het meervoud van **lo zio** is gewoon **gli zii** (m. ev. op **-o** → m. mv. op **-i**), maar **il figlio** → **i figli**, een woord waarbij de klemtoon niet op de i in io valt, volgt de meervoudsregel **-io** → **-i** (zo ook o.a. **l'armadio**, *kast* → **gli armadi**).

8 **Sia ... che ...** is het equivalent van *zowel ... als ...*: **Vogliamo mangiare sia il primo che il secondo**, *We willen zowel het voor- als het hoofdgerecht eten*. Het kan vervangen worden door **sia ..., sia ...**, bv. **D'estate andiamo sia al mare, sia in montagna**, *'s Zomers gaan we zowel naar zee als naar de bergen*. De uitdrukking wordt ook gebruikt bij twee opties: **Per venire qui, puoi passare sia per Bologna che per Padova**, *Om naar hier te komen, kan je ofwel langs Bologna, ofwel langs Padua passeren*.

***

Esercizio 1 – Traducete

❶ Abbiamo prenotato un tavolo per stasera in questa trattoria. ❷ Nel menù fisso ci sono sia il primo, sia il secondo. ❸ Che cosa propone il vostro menù per i vegani? ❹ Ho scaricato sul sito internet le informazioni per andare in viale Cavour. ❺ Preferite il fritto misto o la pasta al sugo d'anatra?

Dertigste les / 30

9 We zagen dat **il primo** bijna altijd *een (voor)gerecht* is met *pasta,* **la pasta** of evt. met *rijst,* **il riso** (in Italië worden pasta noch rijst als bijgerecht geserveerd). Het vlees, gevogelte enz. waarover de restauranthouder het heeft, zijn de basisingrediënten voor verschillende sauzen waarmee de pasta wordt toebereid. **Il ragù** is geen echte ragout, maar een saus van tomaat en vlees, en **il sugo** is saus van vlees en vleesjus (niet te verwarren met **il succo** (bv. **di frutta**) wat *het (vruchten)sap* betekent).

10 **Taglioline allo scoglio** is lintpasta met schaal- en schelpdieren en inktvis.

11 **La cotoletta alla milanese** is een gepaneerde kalfs- of varkenskotelet of -lapje en **ossobuco** is kalfsschenkel in tomatensaus.

12 Het werkwoord **proporre**, *voorstellen* wordt vervoegd zoals zijn onregelmatig basiswerkwoord **porre**, *stellen, zetten,* uit de 2e groep, met als o.t.t. **pongo, poni, pone, poniamo, ponete, pongono** en als voltooid deelwoord **posto**. Andere werkwoorden uit dezelfde familie zijn o.a. **disporre**, *opstellen*, **comporre**, *samenstellen* en **opporre**, *tegenstellen*.

***

Oplossing van oefening 1

❶ We hebben een tafel gereserveerd voor vanavond in deze trattoria. **❷** Het vast menu bevat zowel een voor- als een hoofdgerecht. **❸** Wat stelt jullie kaart voor voor vegans? **❹** Ik heb de informatie om naar de Cavourlaan te gaan gedownload van de website. **❺** Hebben jullie liever het assortiment gefrituurde vis of de pasta met eendensaus?

Een Italiaanse maaltijd kan ingezet worden met **un aperitivo**, *dan komt* **un antipasto**, *een assortiment fijne vleeswaren, kaas en groenten, vervolgens* **il primo**, *een 'eerste' (volwaardig) gerecht en* **il secondo**, *een 'tweede', dan* **il formaggio**, *de kaas,* **il dolce**, *het dessert (lett. 'het zoete'),* **il digestivo**, *het digestiefje en* **il caffè**, *de koffie. Vanzelfsprekend eten Italianen dit niet allemaal elke dag! Dit is voorbehouden voor speciale gelegenheden. Afgesloten met een deugddoend dutje,* **un pisolino** *of* **una dormitina**...

centotrentadue

Esercizio 2 – Completate

❶ Hallo? Ik zou met meneer Lugli willen spreken, alstublieft.
   ......, ... signor Lugli, ...

❷ Wat stellen jullie voor als hoofdgerecht, vlees of vis?
   Che .... come ...., ... o .....?

❸ Ik heb enkele inlichtingen nodig over de spijskaart van jullie trattoria.
   .. .. informazioni ... . della
   ....

Trentunesima lezione

Vestito per uscire

1 – Ma come ti sei vestito [1], Giacomo?
2 – Quando esco mi vesto [1] sempre elegante, con giacca e cravatta, rasato e pettinato.
3 – Anch'io mi lavo [1] e mi pettino [1] per uscire, ma tu ti vesti [1] troppo all'antica [2]! Modernizzati [3] un po'!
4   Ti sei messo [4] perfino il gilet!
5 – Che c'è di male? Per tutta la vita mio nonno si è messo [4] il gilet e anche il cappello, estate e inverno.
6 – Appunto [5], tuo nonno! Cent'anni fa!
7   Oggi non ci vestiamo [1] più così! Non ci si veste [6] più così da un pezzo [7]!
8   Non si vestono [1] più così neanche le persone anziane...
9   Devi metterti [8] un paio di jeans [9], una maglietta e delle [10] scarpe sportive come fanno tutti!

❹ We hebben nooit pasta met zeevruchten gegeten.
   Non .... la ..... ai ....

❺ Wat 'n honger! Ik wil zowel het voor- als het hoofdgerecht eten!
   ... .! ...... mangiare ... . il secondo!

Oplossing van oefening 2
❶ Pronto, vorrei parlare con il – per favore ❷ – cosa proponete – secondo, carne – pesce ❸ Ho bisogno di alcune – sul menù – vostra trattoria ❹ – abbiamo mai mangiato – pasta – frutti di mare ❺ Che fame! Voglio – sia il primo che –

Eenendertigste les

Gekleed om uit te gaan

1 – Maar hoe ben je *(je)* gekleed, Giacomo?!
2 – Wanneer ik uitga, kleed ik me altijd elegant, met jas en das, geschoren en gekamd.
3 – Ook ik was me en kam me om uit te gaan, maar jij kleedt je te ouderwets! Word eens wat moderner *(Moderniseer-je een beetje)*!
4 Je hebt *(je bent)* zelfs een *(het)* gilet aangetrokken!
5 – Wat is er mis mee? Gedurende heel zijn *(het)* leven heeft mijn grootvader een gilet gedragen *(zich is aangetrokken het gilet)* en ook een *(de)* hoed, winter en zomer *(zomer en winter)*.
6 – Precies, je grootvader! Honderd jaar *(jaren)* geleden!
7 Vandaag [de dag] kleden we ons niet *(niet ons kleden)* meer zo! Men kleedt zich *(men zich kleedt)* al een tijdje *(stuk)* niet meer zo!
8 Zelfs bejaarden kleden zich zo niet meer *(Niet zich kleden meer zo niet-ook de personen bejaarde)*...
9 Je moet *(je)* een *(paar van)* jeans, een T-shirt en *(van-de)* sportieve schoenen aantrekken zoals iedereen *(doen allen)*!

10 – E va bene, hai ragione tu, così sono decisamente ridicolo.
11 Il problema è che ho appuntamento oggi pomeriggio per un colloquio di lavoro e non so come vestirmi [8]!
12 – Guarda, se ti vesti così sei sicuro che non ti assumeranno [11]... mai!

Uitspraak

... oesjiré **1** ... dzjakomo **2** ... éléGanté ... dzjakka ... razato ... **3** ... antika ... modérniddzati ... **4** ... dzjilè **6** ... tsjéntanni ... **7** oddzji non tsji ... tsji si vèsté... pèttso **8** ... néanké ... antsiané **9** ... dzjins ... maljétta ... **10** ... radzjoné ... détsjizaménté ... **11** ... kollokoeio ...

Aanwijzingen bij de uitspraak

(4, 9) Leenwoorden behouden min of meer hun oorspronkelijke uitspraak: jeans *[dzjins]*, gilet *[dzjilè]*.

Opmerkingen

1 De wederkerende voornaamwoorden zijn mi, ti, si, ci, vi en si. Ze staan bijna altijd vóór het vervoegd werkwoord (in opm. 3 en 8 ontdekken we ze op een andere plaats). Zo is de o.t.t. van **vestirsi**, *zich kleden* **mi vesto, ti vesti, si veste, ci vestiamo, vi vestite, si vestono**. In het Italiaans worden wederkerende werkwoorden altijd vervoegd met **essere**, *zijn*. Let op: bij vervoeging met dit hulpwerkwoord hoort het voltooid deelwoord zich te richten naar het onderwerp, dus is de v.t.t.: **mi sono vestito/-a, ti sei vestito/-a, si è vestito/-a** (m./v.), **ci siamo vestiti/-e, vi siete vestiti/-e, si sono vestiti/-e** (-i bij een mannelijke/gemengde groep, -e bij een uitsluitend vrouwelijke).

2 **Antico** betekent *antiek*, maar ook *klassiek, oud*. L'**arte antica** is *de oude kunst* (m.b.t. de Grieks-Romeinse kunst is het l'**arte classica**), **un mobile antico** is *een antiek meubel* (l'**antiquariato** is *de antiquair, het antiquariaat*). **All'antico** betekent *ouderwets*.

3 Bij de informele imperatief van een wederkerend werkwoord wordt het wederkerend voornaamwoord achteraan het werkwoord vast geschreven; dit heeft geen invloed op de plaats van de klemtoon in het werkwoord: **lava**, *was* → **lavati!**, *was je!*

Eenendertigste les / 31

10 – Nou ok *(En gaat goed)*, jij hebt gelijk, zo ben ik beslist belachelijk.
11 Het probleem is dat ik [een] afspraak heb vanmiddag *(vandaag namiddag)* voor een sollicitatiegesprek *(onderhoud over werk)* en ik weet niet hoe me te kleden *(kleden-me)*!
12 – Kijk, als je je zo kleedt, weet *(ben)* je zeker dat ze je niet zullen aanwerven... nooit!

4 Het wederkerende **mettersi** geeft *aandoen, aantrekken* weer: **Ci mettiamo le scarpe** (lett. '[aan] ons [we] doen-aan de schoenen'), *We trekken onze schoenen aan*; **Carla si è messa le scarpe** (lett. 'Carla zich is aangedaan (wederkerend ww. → vervoegd met **essere** → overeenkomst met onderwerp → uitgang v. ev.) de schoenen'), *Carla heeft haar schoenen aangetrokken*. Het is dus opletten met voornaamwoorden: persoonlijke voornaamwoorden-onderwerp zijn meestal overbodig; een Italiaans wederkerend voornaamwoord kan soms achteraan een werkwoordsvorm vast geschreven worden; als de 'drager' bekend is wordt geen bezittelijk voornaamwoord maar een bepaald lidwoord gebruikt! **Mettersi in / vestirsi con giacca** *(jas(je), vest, colbert)* **e cravatta** is een uitdrukking voor *netjes, elegant gekleed gaan*. Met **il gilet** wordt hier een 'mouwloos jasje' bedoeld.

5 Het bijwoord **appunto** betekent *net, juist, precies* enz.

6 **Ci si** is de wederkerende vorm van het onpersoonlijke **men** (**si** = pers. vnw. *men* en wederk. vnw. *zich*, dus om geen tweemaal **si** na elkaar te hebben, wordt de eerste omgezet in **ci**). Let erop dat dan bij samengestelde tijden vervoegd wordt met **essere** en het voltooid deelwoord een meervoudsuitgang krijgt: **Ci si è vestiti** (-**i** omdat men hier uitgaat van een gemengde groep) **così per molti anni**, *Men heeft zich zo gekleed gedurende vele jaren*.

7 **Un pezzo** is *een stuk*, maar in de omgangstaal betekent het ook *een (hele) tijd, tijd(je), poos(je), even*: **A quest'ora, il ristorante è chiuso da un pezzo**, *Op dit uur is het restaurant al een tijd dicht*.

8 Volgt op een vervoegd werkwoord een infinitief, dan wordt het wederkerend voornaamwoord achteraan die infinitiefvorm (die hierbij zijn eind-**e** verliest, bv. **vestire**, *kleden* → **vestirsi**, *zich kleden*) vast geschreven: **Non**

puoi vestirti così all'antica!, *Je mag je niet zo ouderwets kleden!* Vermits in de 2e pers. ev. de ontkennende imperatief (dus ook een verbod) gevormd wordt met een infinitief, is ook hier het aaneenschrijven van werkwoord (infinitief zonder eind-**e**) en wederkerend voornaamwoord van toepassing: **Non vestirti così!**, *Kleed je niet zo!*

9 Broeken in alle soorten vormen in het Italiaans (net als in het Engels) een paar, bv. **un paio di pantaloni** ('een paar van pantalons', waarbij **di** de hoeveelheid 'van' iets weergeeft), *een lange broek, pantalon* (met het ongebruikelijke **il pantalone** zou je slechts één been bekleden...). **Un paio di jeans**, *een jeans, spijkerbroek.*

***

Esercizio 1 – Traducete

❶ Non ci si veste più così da cent'anni! ❷ Si è messa una maglietta e un paio di scarpe sportive ed è uscita. ❸ La mattina, quando ci si è lavati e pettinati, si va a scuola. ❹ Non so proprio come vestirmi per quell'appuntamento. ❺ Mettiti un paio di jeans e una camicia.

***

Esercizio 2 – Completate

❶ Trek niet die schoenen aan, trek deze aan.

... . quelle ......, ... queste.

❷ Men draagt *(zich doet-om)* geen das meer om naar een sollicitatiegesprek te gaan!

... . più la .... per andare a .. ..!

❸ Mijn broer en mijn zus zijn naar Rome gegaan vier jaar geleden.

... . e ... . a Roma ....•

❹ Het is al halftien, de film is afgelopen sinds een poosje.

.... già .. .., il film ....•

❺ Carla en haar nicht hebben hun schoenen aangetrokken vijf minuten geleden.

Carla e ... . cinque minuti ...

Eenendertigste les / 31

10 Merk het gebruik op van **delle** als onbepaald lidwoord meervoud (zie les 21).

11 In **ti assumeranno** is **ti** het persoonlijk voornaamwoord 2e pers. ev. in de rol van lijdend voorwerp (alle vormen: **mi**, **ti**, **lo/la**, **ci**, **vi**, **li/le**); **assumeranno** is de toekomende tijd in de 3e pers. mv. van *assumere*, *aanwerven*. Later meer over persoonlijke voornaamwoorden als lijdend en meewerkend voorwerp, en over de toekomende tijd.

***

Oplossing van oefening 1
❶ Men kleedt zich niet meer zo sinds honderd jaar! ❷ Ze heeft een T-shirt en een paar sportschoenen aangetrokken en is [de deur] uitgegaan. ❸ 's Morgens, wanneer men zich heeft gewassen en gekamd, gaat men naar school. ❹ Ik weet echt niet hoe me te kleden voor die afspraak. ❺ Trek een jeans/spijkerbroek en een overhemd aan.

***

Oplossing van oefening 2
❶ Non metterti – scarpe, mettiti – ❷ Non ci si mette – cravatta – un colloquio di lavoro ❸ Mio fratello – mia sorella sono andati – quattro anni fa ❹ Sono – le nove e mezza – è finito da un pezzo ❺ – sua cugina si sono messe le scarpe – fa

Dit was geen eenvoudige les... De Italiaanse zinsstructuur wijkt vaak behoorlijk af van de Nederlandse. Dat kan je niet altijd helemaal in één keer uitleggen (en we kunnen helaas niet fysiek aan uw zijde staan...). Het valt ook niet altijd makkelijk weer te geven in de vertaling, vandaar dat die soms wat stroef kan overkomen. De bedoeling is dat u de Italiaanse woorden begrijpt en hun volgorde herkent. Dat de woordenschat en grammatica anders zijn, maakt de studie niet eenvoudiger, maar wél boeiend!

32

Trentaduesima lezione

Una dura giornata

1 – Ieri ho corso [1] tutto il giorno, è stata una giornata durissima!
2 – Ci sono stati [2] problemi al lavoro?
3 – Magari! Al lavoro non c'è stato [2] nessun [3] problema!
4 Per una madre di famiglia il lavoro è la parte più riposante della giornata!
5 Mi sono svegliata [4] come al solito alle sei, mi sono lavata alla svelta [5] e pettinata in fretta [5],
6 insomma mi sono sbrigata per svegliare [4] i miei figli [6] alle sei e mezza per la scuola.
7 Naturalmente ho dovuto insistere per un quarto d'ora per svegliare [4] il piccolo, che [7] si è alzato in ritardo.
8 Mi sono preparata il caffè mentre i bambini [6] prendevano [8] il loro latte coi cereali, e pane, burro e marmellata.
9 Ci siamo vestiti, ci siamo lavati i denti [9], io mi sono messa il rossetto in qualche maniera [10]
10 e alle sette e un quarto siamo usciti di corsa [5], il tutto in mezzo alle grida [11], ai litigi e alle lamentele dei figli.
11 Appena arrivata in ufficio, la scuola mi ha telefonato:
12 "Per favore, venga a prendere suo figlio, ha la febbre".

Tweeëndertigste les

Een drukke dag

1 – Gisteren heb ik heel de dag gerend, het is een erg drukke dag geweest!
2 – Zijn er problemen geweest op het werk?
3 – Was het maar zo! Op het werk is er helemaal geen probleem geweest!
4 Voor een huismoeder *(moeder van gezin)* is het werk het rustigste *(meest rustgevende)* deel van de dag!
5 Ik ben wakker geworden *(Me ben gewekt)* zoals gewoonlijk om 6 uur, heb *(ben)* me vlugvlug gewassen en in aller haast mijn haar gekamd/gedaan,
6 kortom *(in-som)*, ik heb *(ben)* me gehaast om mijn kinderen te wekken om 6.30 uur voor *(de)* school.
7 Natuurlijk heb ik *(ge)*moeten aandringen gedurende een kwartier *(kwart van uur)* om de klein[st]e wakker te maken, die *(zich)* te laat *(in vertraging)* is opgestaan.
8 Ik heb *(ben)* me een *(de)* koffie[tje] klaargemaakt terwijl de kinderen hun melk met [ontbijt]granen en brood, boter en jam aten *(namen)*.
9 We hebben *(zijn)* ons gekleed, hebben onze tanden gepoetst *(ons zijn gewassen de tanden)*, ík heb lukraak wat lippenstift aangebracht *(ik me ben aangebracht de lippenstift op enige manier)*
10 en om kwart over zeven zijn we in de vlucht *(ren)* vertrokken *(weggegaan)*, het geheel onder *(te midden van)* het geschreeuw *(de schreeuwen)*, geruzie *(de ruzies)* en gejammer *(de klachten)* van de kinderen.
11 Net aangekomen op kantoor, heeft de school me getelefoneerd:
12 "Alstublieft, komt u uw zoon *(te)* ophalen, hij heeft *(de)* koorts".

13 Sono corsa [1] a scuola, poi ho portato mio figlio dal dottore,
14 ho fatto la spesa [12], e dopo i compiti ho preparato il pranzo e la cena.
15 – Hai ragione, per te [13] il lavoro è una vacanza! ☐

Uitspraak

... *dzjornata* **1** *ièri* ... **3** ... *néssoen* ... **4** ... *ripozanté* ... **5** ... *zvéljata* ... *zvélta* ... **6** ... *zbriGata*... *zvéljaré* … *filji* ... **7** ... *altsato* ... **8** ... *méntré* ... *préndévano* ... *tsjéréali* ... **9** ... *dènti* ... *manièra* **10** ...*oesjiti* ... *Grida* ... *litidzji* ... *laméntèlé* … **11** ...*oeffitsjo* ... **12** ...*vènGa* ...

Opmerkingen

1 Doorgaans gebruikt men het hulpwerkwoord **avere** bij transitieve werkwoorden, **essere** bij intransitieve (waaronder de meeste werkwoorden die beweging uitdrukken). Net als in het Nederlands wordt **correre**, *lopen, rennen, hollen* vervoegd met **avere** bij een beweging zonder vertrekpunt of richting (**ho corso tutto il giorno**), met **essere** als dit wel aangegeven wordt (**sono corsa a scuola**). U hebt het opgemerkt: overeenkomst van het voltooid deelwoord met het onderwerp bij vervoeging met **essere**, maar... niet met **avere**!

2 **C'è** en **ci sono**, *er is* en *er zijn* worden in de v.t.t. **c'è stato** (**stata** in het vrouwelijk) en **ci sono stati** (**state** in het vrouwelijk): **C'è stata una settimana caldissima**, *Het is een snikhete week geweest*; **Ci sono state settimane meno calde di questa**, *Er zijn minder hete weken dan deze geweest*. **Essere** en **avere** hebben zichzelf als hulpwerkwoord: **sono stato**, *ik ben geweest*, **ho avuto**, *ik heb gehad*.

3 Het bijvoeglijk gebruikt onbepaald voornaamwoord **nessuno**, *geen enkel(e), helemaal geen* gedraagt zich zoals het lidwoord **uno** en wordt dus **nessun** vóór woorden beginnend met een klinker of met een medeklinker anders dan s+medeklinker, **ps-**, **gn-** en **z-**: **nessun bambino**, *geen enkel kind*, **nessuno zio**, *geen enkele oom*.

4 **Svegliare** is *wakker maken, wekken*, de wederkerende vorm **svegliarsi** is *wakker worden, ontwaken*.

5 Drie uitdrukkingen voor *vlugvlug, in aller haast, gauw,...*: **alla svelta** (het bijvoeglijk naamwoord **svelto** betekent *vlug, snel*), **in fretta** (la

Tweeëndertigste les / 32

13 Ik ben naar school gehold, heb dan mijn zoon bij de dokter gebracht,
14 ik heb de boodschap[pen] gedaan en na de [huis]taken heb ik het middagmaal en het avondmaal klaargemaakt.
15 – Je hebt gelijk, voor jou is het werk *(een)* vakantie!

---

fretta is *de haast*, **ho fretta** betekent *ik heb haast, ben gehaast*), **di corsa**, *al rennend, op een loopje* (**la corsa**, *de koers, het rennen*).

6 **I figli** zijn *de kinderen* als 'nageslacht' (**Siamo andati a prendere i nostri figli a scuola**, *We zijn onze kinderen van school gaan halen;* **il figlio / la figla**, *de zoon/dochter*); **il bambino** is een *kind* tot de leeftijd van 10-11 jaar (later wordt het **il ragazzino**, nog later **il ragazzo**).

7 Het betrekkelijk voornaamwoord **che**, *die, dat* kan zowel naar het onderwerp als naar het lijdend voorwerp verwijzen: **la persona che parla**, *de persoon die praat*, **la persona che vedi**, *de persoon die je ziet*.

8 **Prendevano**, onvoltooid verleden tijd (o.v.t.) in de 3e pers. mv. van **prendere**, *nemen*: **prendevo, prendevi, prendeva, prendevamo, prendevate, prendevano**. Dat de medeklinker **v** een rol speelt in de vervoeging in deze tijd is al duidelijk.

9 *Zijn tanden poetsen* is in het Italiaans **lavarsi i denti** ('zich de tanden wassen').

10 In **qualche maniera** drukt *op een of andere manier, op welke manier ook, eender hoe* uit.

11 **Il grido** heeft twee meervoudsvormen: het vrouwelijke **le grida** voor menselijke *schreeuwen* en het mannelijke **i gridi** voor dierlijke.

12 **La spesa**, een enkelvoudsvorm, betekent *de boodschappen*.

13 Het persoonlijk voornaamwoord **te** wordt als meewerkend voorwerp gebruikt na een voorzetsel: **per te**, *voor jou*; **Veniamo con te**, *We komen met jou* (in les 13 zagen we **con noi/voi**, *met ons/jullie*, in les 16 **con me**, *met mij*). Dit zijn de zgn. 'beklemtoonde' vormen: **me, te, lui/ lei, noi, voi, loro** (zoals ook in het Nederlands bv. geeft het me - geef het aan mij).

centoquarantadue • 142

Esercizio 1 – Traducete

❶ Purtroppo ci siamo svegliati tardi, ci siamo sbrigati ma non siamo andati a prendere Carlo. ❷ Si sono vestite in fretta e in qualche maniera. ❸ Mio fratello si è fatto un panino ed è uscito di corsa. ❹ Il ragazzo che abbiamo visto stamattina è uno studente del terzo anno. ❺ Io e Gina siamo state bene da voi, siete stati molto simpatici con noi.

***

Esercizio 2 – Completate

❶ Ze hebben de boodschappen gedaan en de lunch klaargemaakt voor hun kinderen.
.... e .... per i loro figli.

❷ Carla en haar tante zijn om halfvijf weggegaan.
Carla . ... quattro e ..... .

❸ Donderdag zijn we heel de namiddag bij Simone geweest, die jongen die je gezien hebt op school.
Giovedì .... Simone, quel ragazzo ... ...

❹ Zijn er problemen geweest op kantoor?
.. .. in ufficio?

Trentatreesima lezione

Dal medico

1 – Si accomodi [1], venga pure avanti. Entri, mi dica [2].

2 – Dottoressa, ho un brutto raffreddore, mi soffio sempre il naso [3], tossisco e mi fa male la testa [3].

3 – Si sieda sul lettino e si levi la camicia.

Oplossing van oefening 1

❶ Helaas zijn we laat wakker geworden, we hebben ons gehaast, maar we zijn Carlo niet gaan ophalen. ❷ Ze hebben zich in aller haast en eender hoe aangekleed. ❸ Mijn broer heeft zich een broodje klaargemaakt en is in de vlucht vertrokken. ❹ De jongen die we vanmorgen gezien hebben, is een student uit het derde jaar. ❺ Gina en ik, we zijn goed geweest bij jullie, jullie zijn heel sympathiek geweest tegenover *(met)* ons.

***

❻ Zoals gewoonlijk hebben jullie vanmorgen gegeten, hebben jullie je tanden gepoetst en zijn jullie gaan werken.
Come .. .., stamattina ...., ... i denti e .... a lavorare.

***

Oplossing van oefening 2

❶ Hanno fatto la spesa – preparato il pranzo – ❷ – e sua zia sono uscite alle – mezza ❸ – siamo stati tutto il pomeriggio da – che hai visto a scuola ❹ Ci sono stati problemi – ❺ – al solito – avete mangiato, vi siete lavati – siete andati –

Drieëndertigste les

Bij de arts

1 – Komt u maar, komt u gerust door *(verderop)*. Komt u binnen, zegt u maar *(me)*.

2 – Dokter*(es)*, ik heb een lelijke verkoudheid, ik snuit *(me blaas de neus)* alsmaar, ik hoest en ik heb hoofdpijn *(me doet pijn het hoofd)*.

3 – Gaat u op de onderzoekbank zitten *(Zich neerzet op-het bedje)* en trekt u uw *(zich het)* overhemd uit.

33 / Trentatreesima lezione

4 Respiri profondamente... tiri fuori la lingua... la gola è un po' irritata...
5 Non si preoccupi [4], è un grosso raffreddore con un po' di mal [5] di gola e tosse.
6 Si deve curare [6] per bene, altrimenti può diventare una bronchite.
7 – Scusi, dottoressa, possiamo darci [7] del tu?
8 Sono qui per imparare l'italiano e non so ancora usare la forma di cortesia con il "lei".
9 – Ma certo! Vieni, siediti qui e ascoltami [2].
10 Va' [8] subito in farmacia e prendi queste medicine con la mia ricetta [9].
11 Vacci [8] subito, per non fare peggiorare la tosse.
12 Devi curarti [6] bene, mi raccomando! Non trascurare la tua salute!
13 – Grazie dottoressa, mi sento già meglio!

Uitspraak

3 ... sièda ... *4* ... profondaménté ... foeori ... linGoea ... Gola ... *5* ... Grosso ...*6* ... divéntaré ... bronkité *7* ... dartsji ... *8* ... kortézia ... *10* ... soebito ... farmatsjia ... méditsjiné ... ritsjètta ... *11* vattsji ... péddzjoraré ... *13* ... dzja mèljo

Opmerkingen

1 In les 3 zagen we **accomodati**; in de beleefdheidsvorm is dat **si accomodi**. Het zijn imperatiefvormen van het wederkerend werkwoord **accomodarsi** (vergelijkbaar met 'zich installeren'): het wederkerend voornaamwoord wordt achteraan de imperatief vast geschreven (**accomodati**), behalve in de beleefdheidsvorm waar het wederkerend voornaamwoord **si** los vóór het werkwoord staat (**si accomodi**).

2 Deze plaatsing is ook van toepassing bij persoonlijke voornaamwoorden als meewerkend voorwerp met een imperatief: **ascoltami**, *luister naar me, 'beluister me'* en **mi dica**, *zegt u me*, dus in de 2e pers. achteraan het werkwoord en in de beleefdheidsvorm los vóór het werkwoord. Alle

Drieëndertigste les / 33

4 Haalt u diep adem... steekt u uw *(de)* tong uit... uw *(de)* keel is wat geïrriteerd...
5 Maakt u zich geen zorgen *(Niet zich verontrust)*, het is een zware *(dikke)* verkoudheid met wat keelpijn en hoest.
6 U moet zich *(voor)* goed verzorgen, anders kan het een bronchitis worden.
7 – Excuseert u me, dokter, kunnen we elkaar met *"jij"* aanspreken?
8 Ik ben hier om Italiaans te leren en ik kan de beleefdheidsvorm met "u" nog niet gebruiken *(niet kan nog gebruiken de vorm van beleefdheid met de lei)*.
9 – Maar natuurlijk! Kom, ga hier zitten *(zet-je)* en luister [naar] me:
10 Ga onmiddellijk naar [de] apotheek en haal deze geneesmiddelen met mijn voorschrift.
11 Ga er meteen naartoe, om de hoest niet te laten *(doen)* verergeren.
12 Je moet je goed verzorgen *(Moet verzorgen-je goed)*, ik vertrouw erop! Verwaarloos je gezondheid niet!
13 – Bedankt, dokter, ik voel me al beter!

---

persoonlijke voornaamwoorden-meewerkend voorwerp: **mi, ti, gli/le, ci, vi, gli** (niet te verwarren met de vormen die gebruikt worden na een voorzetsel, de zgn. 'beklemtoonde' vormen, zie les 32).

3 *(Zijn neus) snuiten* is in het Italiaans wederkerend, **soffiarsi il naso** ('zich de neus blazen'). Onthoud ook de zinswending voor *ik heb hoofdpijn*, **mi fa male la testa...** vergelijkbaar met *mijn hoofd doet pijn*, 'het hoofd doet me pijn', maar dan in een Italiaanse volgorde. Zo ook **mi fanno male i piedi**, *mijn voeten doen pijn, ik heb pijn aan mijn voeten*. **A piedi** betekent *te voet*, **il piede** is *de voet*.

4 **Preoccuparsi** is *zich zorgen maken, zich verontrusten, ongerust zijn*. Ontkennende imperatief van een wederkerend werkwoord: in de 2e pers. ev. **non** + infinitief (zonder eind-**e**) met wederkerend voornaamwoord er achteraan vast geschreven (**non preoccuparti**, *maak je geen* *zorgen*), in de beleefdheidsvorm **non** + wederkerend voornaamwoord **si** + imperatiefvorm (**non si** preoccupi).

5 **Male** wordt ingekort voor het voorzetsel **di** + een lichaamsdeel, bv.: **mal di testa**, *hoofdpijn*, **mal di denti**, *tand-, kiespijn*.

6 Staat een vervoegd werkwoord vóór de infinitief van een wederkerend werkwoord, dan kan het wederkerend voornaamwoord ofwel aan de infinitief hangen (**devi curarti**, *je moet je verzorgen*, **deve curarsi**, *u moet zich verzorgen*) ofwel los vóór het vervoegd werkwoord staan (**ti devi curare, si deve curare**).

7 De wederkerende voornaamwoorden **ci, vi, si** kunnen ook wederkerigheid uitdrukken: **darsi del tu**, *elkaar tutoyeren*; **io e lei ci siamo parlati spesso**, *zij/u en ik, we hebben elkaar vaak gesproken* (met gebruik van

***

Esercizio 1 – Traducete

❶ Si sieda qui e mi ascolti. **❷** Levati la camicia e respira profondamente. **❸** Signorina, può alzarsi e accomodarsi nell'altra stanza. **❹** Sono stato in casa per due giorni perché ho avuto un brutto raffreddore. **❺** Si sono subito date del tu.

***

Esercizio 2 – Completate

❶ Simona, ben je nooit in Napels geweest? Ga erheen!
Simona, ... a Napoli? .....!

❷ Mevrouw, verwaarloost u uw gezondheid niet!
Signora, ... salute!

❸ Dokter, ik voel me niet goed: ik heb tandpijn.
Dottore, ...: mi ....

❹ Je moet deze medicijnen nemen en je goed verzorgen.
.... prendere queste .... per .....

❺ Ik heb hevige *(een lelijke)* keelpijn gehad.
.. .. un brutto ... .

Drieëndertigste les / 33

het hulpwerkwoord **essere** en bijgevolg overeenkomst van het voltooid deelwoord met het onderwerp). Eveneens veel gebruikte wederkerige werkwoorden: **incontrarsi**, *elkaar ontmoeten* en **vedersi**, *elkaar zien*.

8 **Va'** is de imperatief in de 2e pers. ev. van **andare** (het weglatingsteken vervangt de weggevallen **i** uit **vai**). Volgt er een voornaamwoord op, dan wordt dat, na verdubbeling van de beginmedeklinker, aan de imperatief (zonder ') vast geschreven: **vacci** (**va'** + **ci**), *ga erheen*. Vier andere werkwoorden met een eenlettergrepige imperatief: **dare → da'** (**da'** + **lo** = **dallo**, *geef hem/het*), **dire → di'** (**di'** + **mi** = **dimmi**, *zeg me*), **fare → fa'** (**falla**, *doe/maak ze/het*), **stare → sta'** (**stacci**, *wees er*).

9 **La ricetta** is het *doktersvoorschrift*, *-recept*, en ook het *keukenrecept*.

***

Oplossing van oefening 1
❶ Gaat u hier zitten en luistert u naar me. ❷ Trek je overhemd uit en haal diep adem. ❸ Juffrouw, u mag opstaan en in de andere ruimte plaatsnemen. ❹ Ik ben gedurende twee dagen thuis gebleven omdat ik een lelijke verkoudheid heb gehad. ❺ Ze hebben elkaar meteen getutoyeerd.

***

Oplossing van oefening 2
❶ – non sei mai stata – Vacci ❷ – non trascuri la sua – ❸ – non mi sento bene – fanno male i denti ❹ Devi – medicine e curarti – bene ❺ Ho avuto – mal di gola

*Het Italiaanse gezondheidssysteem is grotendeels gedecentraliseerd en wordt beheerd door **le Aziende Sanitarie Locali (A.S.L.)**, die sinds 1980 **le Mutue**, de mutualiteiten, ziekenfondsen (**Enti Mutualistici**) vervangen. Het systeem garandeert iedereen universele medische assistentie (opgenomen in de Italiaanse grondwet sinds 1948). Uit een door het **A.S.L.** voorgestelde lijst kiezen Italianen een vaste behandelende arts die ze gratis kunnen raadplegen. Zo nodig zal die de patiënt doorverwijzen naar een specialist en hem hiervoor*

Trentaquattresima lezione

Calcoli

1 – Bambini, oggi risolviamo insieme un problema.
2 Prendete [1] il quaderno e la penna [2] e copiate quello che ho scritto alla lavagna:
3 "Pierino [3] va al mercato a comprare delle uova [4] per la sua mamma, sua nonna e sua zia."
4 – Maestra, io ho mangiato un uovo [4] sodo stamattina!
5 – Silenzio, Riccardo, sta' seduto, scrivi e non disturbare i compagni!
6 "Ne compra venti, da dividere [5] in parti uguali."
7 – Maestra, non si [1] possono [6] dividere venti uova [4] in tre parti uguali,
8 venti diviso tre fa sei col resto di due: sei per tre diciotto, venti meno diciotto due! [7]
9 – Brava Rita, hai imparato bene le tabelline, ma si alza la mano per parlare...
10 Quindi ora ci sono sei uova per la zia, e sette per ciascuna delle altre due, va bene?
11 "Sul cammino del ritorno, ne rompe quattro".

un'impegnativa bezorgen, een aanvraag die nodig is om die specialist gratis te kunnen consulteren, of mits een eigen, variabele bijdrage via *il ticket*. Uiteraard kan men, buiten het openbaar gezondheidssysteem om, zelf naar een arts stappen en gewoon zijn honorarium betalen. De door de behandelende arts voorgeschreven geneesmiddelen vallen eveneens onder het **ticket**systeem, waarbij sommige producten gratis of tegen een beperkte eigen bijdrage afgeleverd worden, terwijl er voor andere geen tussenkomst is **(non mutuabili)**.

Vierendertigste les

Rekenen *(Berekeningen)*

1 – Kinderen, vandaag lossen we samen een vraagstuk op.
2   Nemen jullie je *(het)* schrift en je *(de)* pen en schrijven jullie over wat *(dat dat)* ik op het bord heb geschreven:
3   "Pierino gaat naar de markt om eieren te kopen voor zijn mama, zijn oma en zijn tante."
4 – Juf *(Meesteres)*, ík heb een hard[gekookt] ei gegeten vanmorgen!
5 – Stilte, Riccardo, blijf zitten *(gezeten)*, schrijf [op] en stoor je *(de)* [klas]genoten niet!
6   "Hij koopt er twintig, te verdelen in gelijke delen."
7 – Juf, twintig eieren kan je niet *(niet men kunnen)* in drie gelijke delen verdelen,
8   twintig gedeeld [door] drie is *(maakt)* zes en er blijft twee over *(met de rest van twee)*: zes maal drie, achttien, twintig min achttien, twee!
9 – Bravo Rita, je hebt de tafel*(tje)*s [van vermenigvuldiging] goed geleerd, maar je *(men)* steekt je *(de)* hand op om te spreken...
10 Dus nu zijn er zes eieren voor de tante en zeven voor ieder van de andere twee, juist *(gaat goed)*?
11 "Op de terugweg breken *(breekt)* er vier van".

34 / Trentaquattresima lezione

12 **O**ra f**a**te a m**e**nte la sottrazi**o**ne e la divisi**o**ne e d**i**te se pu**ò** div**i**dere in tre p**a**rti ugu**a**li qu**e**lle che r**e**stano.

13 – No, ma**e**stra, perch**é** s**e**dici è un n**u**mero p**a**ri [8] e tre è disp**a**ri [8], e c'è s**e**mpre un r**e**sto.

14 – Brav**i**ssima [9], R**i**ta, s**e**i un fen**o**meno, ma la pr**o**ssima v**o**lta **a**lza la m**a**no pr**i**ma di parl**a**re... □

Uitspraak

1 ... insièmé ... 2 ... koeadèrno ... lavanja 3 piérino ... oeova ... 4 maestra ... 5 silèntsio ... kompanji 6 ... oeGoeali 8 ... ditsjotto ... 9 ... altsa ... 10 ... tsjaskoena ... 11 ... rompé ... 12 ... ménté ... sottratsioné ... 13 ... séditsji ... noeméro

Opmerkingen

1 De imperatief in de 2e persoon meervoud is heel gebruikelijk in het Italiaans. Om eraan te wennen, zetten we hem nadrukkelijk in de vertaling, ook al zou je in het Nederlands eerder de 2e persoon enkelvoud gebruiken. Die *je*-vorm gebruiken wij in de Nederlandse omgangstaal soms ook 'onpersoonlijk' i.p.v. het afstandelijke *men*, **si**.

2 Net als in het Nederlands is **la penna**, *de pen* zowel een 'schrijfpen' als een 'vogelveer', immers vroeger werd met deze laatste geschreven... **La penna**, ook wel **la biro** genoemd, is een *balpen;* **la penna stilografica** is *een vulpen*.

3 **Pierino** is in grappige verhaaltjes de voornaam van een kind, nogal een deugniet, vergelijkbaar met ons Jantje.

Vierendertigste les / 34

12 Maken jullie nu uit het hoofd *(geest)* de aftrekking en de deling en zeggen jullie of je *(men)* die die overblijven in drie gelijke delen kan verdelen.

13 – Nee, juf, omdat zestien een paar getal is en drie onpaar is, en er is altijd een rest.

14 – Heel goed, Rita, je bent een fenomeen, maar *(de)* volgende keer steek je je *(de)* hand op voordat je spreekt *(alvorens te spreken)*...

---

4 **L'uovo**, *het ei* is mannelijk in het enkelvoud en wordt vrouwelijk in het meervoud: **le uova**: **l'uovo fresco**, *het vers ei* → **le uova fresche**, *de verse eieren*. Het onbepaald aantal ervan wordt ingeleid met **delle**.

5 Voorzetsels correct gebruiken is niet vanzelfsprekend, temeer omdat ze vaak op verschillende manieren kunnen vertaald worden. We pikken even in op **da** dat hier de bestemming, bedoeling van iets uitdrukt: **venti uova da dividere**, *twintig te verdelen eieren;* **una cosa da fare**, *iets wat gedaan dient te worden;* **una camicia da notte**, *een nachthemd* (hemd om 's nachts te dragen).

6 Bevat een constructie met het onpersoonlijke **si**, *men* een lijdend voorwerp in de vorm van een zelfstandig naamwoord, dan moet het werkwoord hiermee overeenkomen: **si mangia la pizza**, *men eet de pizza;* **si mangiano le pizze**, *men eet de pizza's*.

7 We vullen de rekentermen aan met de tekens: **più**, *plus* bij **l'addizione**, *de optelling;* **meno**, *min* bij **la sottrazione**, *de aftrekking;* **per**, *[vermenigvuldigd] met, maal* bij **la moltiplicazione**, *de vermenigvuldiging;* **diviso**, *gedeeld [door]* bij **la divisione**, *de deling*. **Le tabelline** zijn *de tafels van vermenigvuldiging*... Wie is goed in *hoofdrekenen*, **fare i calcoli a mente**?

8 **Pari**, *paar, even* en **dispari**, *onpaar, oneven* zijn onveranderlijk vermits ze eindigen op **-i**.

9 Blijf letten op de overeenkomst bij **bravo** en **bravissimo**, in de dialoogzin enigszins vergelijkbaar met 'heel flinke' Rita.

centocinquantadue • 152

Esercizio 1 – Traducete

❶ Ci sono state poche uova da dividere fra tanta gente.
❷ Non sono brava a fare i calcoli a mente. ❸ Quanti quaderni si possono comprare con trentacinque euro?
❹ Sette per tre, ventuno, meno due, diciannove. ❺ Si possono prenotare due camere?

***

Esercizio 2 – Completate

❶ Ik *(v.)* heb me neergezet op de onderzoekbank van de arts die het voorschrift heeft geschreven om naar de apotheek te gaan.

.. .. sul lettino ... .
.. .. per .... farmacia.

❷ Pierino, neem de/je pen en kopieer in het/je schrift wat geschreven staat op het bord.
Pierino, ... e .... quello
... . alla lavagna.

❸ Om dit vraagstuk op te lossen moeten jullie de tafels van vermenigvuldiging goed kennen.
Per risolvere .... conoscere bene
.. ..

❹ Ik hou niet van rekenen!
Non .. .. i calcoli!

35

Trentacinquesima lezione

Revisione – Herhaling

1 Voltooid tegenwoordige tijd

1.1 Vorming van de voltooid tegenwoordige tijd

De voltooid tegenwoordige tijd (v.t.t., **passato prossimo**) wordt, net als in het Nederlands, gevormd met:
onvoltooid tegenwoordige tijd (o.t.t.) van het hulpwerkwoord **essere**,

Oplossing van oefening 1

❶ Er zijn weinig eieren geweest om te verdelen onder zoveel mensen. ❷ Ik ben niet goed in hoofdrekenen. ❸ Hoeveel schriften kan men kopen met vijfendertig euro? ❹ Zeven maal drie, eenentwintig, min twee, negentien. ❺ Kan men twee kamers boeken?

***

❺ Ze zijn opgestaan om kwart over zes om de kinderen te wekken, zich te wassen, zich te kleden en het ontbijt klaar te maken.
.. .. alle sei . .. . i bambini, ..., ... e preparare la colazione.

Oplossing van oefening 2

❶ Mi sono seduta – del medico che ha scritto la ricetta – andare in – ❷ – prendi la penna – copia sul quaderno – che è scritto – ❸ – questo problema dovete – le tabelline ❹ – mi piacciono – ❺ Si sono alzati – e un quarto per svegliare – lavarsi, vestirsi –

***

Intussen bent u helemaal in de logica en het ritme van de Italiaanse taal gedoken. U zal die geleidelijk aan ASSIMILeren, voortbouwend op de al verworven kennis. U weet dat werken loont... Uw resultaten bewijzen het. Ga dus zo verder!

Vijfendertigste les

zijn of **avere**, *hebben* + voltooid deelwoord van het hoofdwerkwoord:
Sono andato/andata, **sei andato/andata** enz. **a Roma.**
Ik ben, je bent enz. *naar Rome gegaan.*
Ho parlato, **hai parlato** enz. **italiano.**
Ik heb, je hebt enz. *Italiaans gesproken.*
(In het Italiaans staat er niets, op een paar bijwoorden zoals **mai**, *(n)ooit* en **sempre**, *altijd* na, tussen hulpwerkwoord en voltooid deelwoord.)

1.2 Voltooid deelwoord

• Bij regelmatige vormen is de uitgang van het voltooid deelwoord (**participio passato**):
-ato voor werkwoorden op **-are**,
-uto voor werkwoorden op **-ere** en
-ito voor werkwoorden op **-ire**.

parlare	dovere	preferire
parlato	dovuto	preferito

• Er zijn veel onregelmatige vormen, zelfs bij werkwoorden die verder regelmatig zijn, maar sommige heel onregelmatige werkwoorden, zoals **dovere**, hebben dan weer een regelmatig voltooid deelwoord...

Ziehier het onregelmatig voltooid deelwoord van een aantal werkwoorden die we tot nu zagen:
essere → stato
werkwoorden op **-are**: **fare → fatto**
werkwoorden op **-ere**: **bere → bevuto; prendere → preso; raccogliere → raccolto; rimanere → rimasto; scegliere → scelto; togliere → tolto; vedere → visto**
werkwoorden op **-ire**: **dire → detto; soffrire → sofferto; venire → venuto**.

1.3 Overeenkomst van het voltooid deelwoord

Hierbij is het even opletten!

• Bij vervoeging met het hulpwerkwoord **essere**:
→ het voltooid deelwoord moet altijd in geslacht en getal overeenkomen met het woord waarnaar het verwijst, het onderwerp:
Marco è andato (m. ev.)
Lena è andata (v. ev.)
Marco e Paolo / Marco e Lena sono andati (mannelijke/gemengde groep)
Lena e Sandra sono andate (vrouwelijke groep).

• Bij vervoeging met het hulpwerkwoord **avere**:
→ het voltooid is onveranderlijk, op een uitzondering na:
→ het voltooid deelwoord komt overeen met het lijdend voorwerp als dit de vorm aanneemt van een voornaamwoord in de 3e persoon (**lo/la** (**l'**), **li/le**, **ne**) en vóór het vervoegd werkwoord staat:
ho prenotato la camera, maar **la camera, la ho prenotata**.

1.4 Essere, *zijn* of avere, *hebben* als hulpwerkwoord?

• In het algemeen:
• bij transitieve werkwoorden (overgankelijke, die een lijdend voorwerp kunnen of moeten hebben) → **avere**
• bij intransitieve (onovergankelijke, die geen lijdend voorwerp kunnen hebben) → **essere**.

• Er zijn echter veel uitzonderingen, zoals we nog zullen zien. Zo is bij sommige werkwoorden van beweging het hulpwerkwoord **essere** vereist wanneer vertrekpunt of richting vermeld wordt, maar **avere** bij een beweging op zich:
Anna è corsa a casa, *Anna is naar huis gerend.*
Anna è stanca perché ha corso molto, *Anna is moe omdat ze veel gerend, gelopen heeft.*

• Bij wederkerende werkwoorden is **essere** van toepassing (zie punt 3).

Essere en **avere** hebben zichzelf als hulpwerkwoord:
sono stato, *ik ben geweest*; **ho avuto**, *ik heb gehad*.

2 Imperatief (imperativo)

De tabel toont de regelmatige vorming (2e pers. ev., beleefdheidsvorm, 1e en 2e pers. mv.) bij werkwoorden op **-are**, **-ere** en **-ire** (gewone en **-isc**-werkwoorden), en van **essere** en **avere**:

parlare	prendere	sentire	finire	essere	avere
parla *spreek*	prendi *neem*	senti *luister*	finisci *hou op*	sii *zij, wees*	abbi *heb*
parli * *spreekt u*	prenda * *neemt u*	senta * *luistert u*	finisca * *houdt u op*	sia * *zijt, weest u*	abbia * *hebt u*
parliamo *laten we spreken*	prendiamo *laten we nemen*	sentiamo *laten we luisteren*	finiamo *laten we ophouden*	siamo *laten we zijn*	abbiamo *laten we hebben*
parlate *spreken jullie*	prendete *nemen jullie*	sentite *luisteren jullie*	finite *houden jullie op*	siate *zijn/wezen jullie*	abbiate *hebben jullie*

* Wanneer we het hebben over de "beleefdheidsvorm" bedoelen we die in het enkelvoud; er bestaat ook een beleefdheidsvorm om een groep aan te spreken, maar die komt in deze cursus verder niet aan bod.

- Bij de werkwoorden uit de 3e groep, op **-ire**, zijn er opnieuw twee modellen (zoals in de o.t.t.): de ene met **-isc-**, de andere zonder.

- In de beleefdheidsvorm neemt de imperatief eigenlijk dezelfde structuur aan als een 3e pers. ev. o.t.t. in de conjunctief, bv. **vada**, *gaat u* (vergelijkbaar met het behoedzaam aansporen van een hoogheid met "dat Uwe Heerlijkheid 'ga'..."). Later meer hierover.

- De ontkennende imperatief wordt gevormd met **non** voor de persoonsvorm, behalve in de 2e persoon enkelvoud waar **non** vóór een infinitiefvorm staat: **non venite**, *komen jullie niet*, **non venire**, *kom niet*.

- De meeste onregelmatige werkwoorden gebruiken voor hun imperatief dezelfde vormen als de o.t.t.

- Vijf werkwoorden hebben een eenlettergrepige imperatiefvorm in de 2e persoon enkelvoud: **andare** → **va'**; **dare** → **da'**; **dire** → **di'**; **fare** → **fa'**; **stare** → **sta'**. Het weglatingsteken wijst op de weggevallen eind-**i**. Wordt een voornaamwoord als voorwerp aan de imperatief vast geschreven, dan moet het (behalve **gli**) zijn beginmedeklinker verdubbelen en valt de **'** weg: **dimmi che cosa vuoi**, *zeg me wat je wil*.

3 Wederkerende vormen

lavar**si**, *zich wassen*	
onvoltooid tegenwoordige tijd	voltooid tegenwoordige tijd
mi lavo *ik was me*	**mi sono lavato/lavata** *ik heb me gewassen*
ti lavi *je wast je*	**ti sei lavato/lavata** *je hebt je gewassen*
si lava *hij/ze/u wast zich*	**si è lavato/lavata** *hij/ze heeft / u hebt zich gewassen*
ci laviamo *we wassen ons*	**ci siamo lavati/lavate** *we hebben ons gewassen*

Vijfendertigste les / 35

vi lavate	vi siete lavati/lavate
jullie wassen je	jullie hebben je gewassen
si lavano	si sono lavati/lavate
ze wassen zich	ze hebben zich gewassen

• De wederkerende voornaamwoorden (**pronomi riflessivi**) **mi**, **ti**, **si**, **ci**, **vi**, **si** staan vóór het werkwoord, behalve bij een infinitief of imperatief, waar ze achteraan vast geschreven worden (de infinitief verliest hierbij zijn eind-**e**): **ci vestiamo**, *we kleden ons (aan)*; **non voglio vestirmi**, *ik wil me niet (aan)kleden*; **vestiti!** *kleed je (aan)!*
De klemtoon blijft op zijn plaats in het werkwoord: **soffia!** *[s*offia*]*, *blaas!*; **soffiati** *[s*offiati*]* **il naso!**, *snuit je neus!*
In de beleefde imperatief staat het wederkerend voornaamwoord er los vóór: **si vesta!**, *kleedt u zich (aan)!*

• In samengestelde tijden is het hulpwerkwoord **essere**, waardoor het voltooid deelwoord zich naar het onderwerp moet richten:
Ci siamo vestiti (m. of gemengd) / **vestite** (v.), *We hebben ons aangekleed.*
Elsa si è messa il cappello, *Elsa heeft haar (zich de) hoed opgezet.*

• De wederkerende vorm van het onpersoonlijke **si**, *men* is **ci si**: **ci si pettina**, *men kamt zich, doet zijn haar*.
• Staat er achter het werkwoord een lijdend voorwerp, dan moet het werkwoord daarmee overeenkomen: **Ci si lava il viso**, *Men wast zijn (zich het) gezicht*; **Ci si lavano i denti**, *Men poetst zijn (wassen zich de) tanden*.
• In samengestelde tijden is de overeenkomst van het voltooid deelwoord in het meervoud: **Ci si è vestiti così per molti anni**, *Men heeft zich zo gekleed gedurende vele jaren*.

• Met **ci**, **vi** en **si** kan ook wederkerigheid uitgedrukt worden: **ci parliamo**, *we spreken elkaar*;
in samengestelde tijden richt het voltooid deelwoord zich naar het onderwerp: **Carla e Laura si sono parlate**, *Carla en Laura hebben elkaar gesproken*.

4 Onregelmatige werkwoorden met *porre* als basis

porre	stellen, zetten,...
(io) pongo	ik stel, zet,...
(tu) poni	je stelt, zet,...
(lui, lei) pone	hij, ze/u (ev.) stelt, zet,...
(noi) poniamo	we stellen, zetten,...
(voi) ponete	jullie stellen, zetten,...
(loro) pongono	ze stellen, zetten,...

(Vertrekpunt is de Latijnse infinitief **'ponere'**, dus een werkwoord uit de 2e groep, op **-ere**.)

Werkwoorden met **porre** als basis worden op dezelfde manier vervoegd: **proporre**, *voorstellen*, **disporre**, *opstellen*, **comporre**, *samenstellen*, **opporre**, *tegenwerpen* / **opporsi**, *zich verzetten*, **deporre**, *neerzetten*, **imporre**, *instellen, opleggen*, **supporre**, *veronderstellen* enz.

5 Het onpersoonlijke *si* en *si passivante*

Het onpersoonlijke **si** komt overeen met *men* (in informele situaties kan het ook vertaald worden met een eveneens onpersoonlijk gebruikt *je* of *we* en evt. *ze*).

Het wordt gebruikt met een werkwoord in de 3e persoon:
qui si mangia bene, *men eet hier lekker*,

maar niet alleen in het enkelvoud: in een Italiaanse constructie met een lijdend voorwerp in het meervoud moet ook het werkwoord in het meervoud staan:
si compra una banana, *men koopt een banaan*, maar **si comprano delle banane**, *men koopt bananen*.

Dit is een soort passiefconstructie, qua vervoeging enigszins vergelijkbaar met 'er wordt een banaan / er worden bananen gekocht', maar in het Italiaans ziet men in zo een zin het naamwoord als een onderwerp en is er sprake van een **"si passivante"**.

Staat dergelijke zin in een samengestelde tijd, dan is het hulpwerkwoord **essere** van toepassing en richt het voltooid deelwoord zich dus naar zijn "onderwerp": **si è attraversata la piazza**, *men heeft het* *plein overgestoken*, **si sono visti molti paesi**, *men heeft veel landen gezien* (vgl. er is een plein overgestoken / zijn veel landen gezien).

6 Zelfstandige naamwoorden met een bijzondere vorm

6.1 Mannelijke -*o*-woorden met meervoud op -*a*

In het enkelvoud eindigen deze woorden op **-o**, maar ze worden in het meervoud vrouwelijk met de uitgang **-a**, bv.: **l'uovo**, *het ei* → **le uova**, *de eieren*; **il paio**, *het paar* → **le paia**; **il centinaio**, *het honderdtal* → **le centinaia; il migliaio**, *het duizendtal* → **le migliaia; il dito**, *de vinger* → **le dita; il ginocchio**, *de knie* → **le ginocchia**.

6.2 Mannelijke woorden met twee meervoudsvormen

In het enkelvoud eindigen deze woorden op **-o**, maar ze hebben twee meervoudsvormen: de ene mannelijk en regelmatig op **-i**, de andere vrouwelijk op **-a**, met een betekenisverschil, bv.:
il muro, *de muur* → **i muri**, *de muren*, **le mura**, *de stadsmuren*
l'osso, *het bot* → **gli ossi**, *de botten, beentjes* (die in het bord overblijven), **le ossa**, *de botten, beenderen* (in een lichaam)
il membro, *het lid* → **i membri**, *de leden* (van een partij, vereniging), **le membra**, *de leden* (als lichaamsdelen).

7 Voorzetsels

• **di**
– na het bijwoord van tijd **prima**:
Alza la mano prima di parlare, *Steek je hand op alvorens te spreken, voordat je spreekt*.
– bij het uitdrukken van "pijn", bv.:
mal di testa, *hoofdpijn*, **mal di denti**, *tand-, kiespijn*
– in plaatsaanduidingen, bv. **al centro di**:
al centro della piazza, *midden op het plein*

• **a** in plaatsaanduidingen:
in mezzo a, *te midden, in het midden van*; **di fronte a**, *tegenover*; **davanti a**, *voor*; **in fondo a**, *aan het einde, achterin*; **di fianco a**, *naast* ('aan flank van')
Ci troviamo davanti alle mura della città, *We bevinden ons voor de stadsmuren*.

• **da** om de bestemming, bedoeling van iets uit te drukken:
Napoli è una città da visitare/vedere, *Napels is een te bezoeken stad / een stad die je moet zien.*

• **in** in een adres:
Abito in via Garibaldi, *Ik woon in de Garibaldistraat.*

• **con**, *met, tegen(over)* m.b.t. een gesprekspartner:
Pronto, posso parlare con il dottor Masi, per favore?, *Hallo, kan ik (met) dokter Masi spreken, alstublieft?*
Parlo con te!, *Ik praat tegen, heb het tegen jou!*
Siete antipatici con me, *Jullie zijn niet sympathiek tegenover me.*

• **per** als *voor, gedurende/lang* en *om te:*
Questo regalo è per te, *Dit cadeau is voor jou.*
Per tutta la vita mio nonno ha portato il cappello, *Gedurende heel zijn leven heeft mijn grootvader een hoed gedragen.*
Ho dovuto insistere per un quarto d'ora per svegliare mio figlio, *Ik heb een kwartier (lang) moeten aandringen om mijn zoon te wekken.*

8 Uitdrukkingen uit het dagelijks leven

• Aan de telefoon: bij aanvang van een telefoongesprek zegt zowel wie opneemt als wie belt **pronto** (lett. *klaar, gereed*):
Pronto? – Pronto, parlo con il signor Biagini?, *Hallo? – Hallo, spreek ik met meneer (de heer) Biagini?*
Pronto, chi parla? *Hallo, met wie spreek ik, wie heb ik aan de lijn (wie spreekt)?*

• Aandachttrekkers in een gesprek:
senti, *luister* of **senta** (beleefdheidsvorm)
ascolta, *luister* of **ascolti** (beleefdheidsvorm)
guarda, *kijk* of **guardi** (beleefdheidsvorm);
hai capito? *heb je (het) begrepen?* of **ha capito?** (beleefdheidsvorm), met als antwoord **sì, ho capito**, *ja, ik heb (het) begrepen* of **no, non ho capito**, *nee, ik heb (het) niet begrepen.*

• De weg vragen:
Scusi, mi sa/può dire come si fa per andare in via Garibaldi?,

Excuseert u me, kunt u me zeggen hoe men naar/in de Garibaldistraat gaat/komt?

• Iemand de weg wijzen:
Va' dritto, *Ga rechtdoor* of **Vada dritto** (beleefdheidsvorm)
Gira a destra/sinistra, *Sla rechtsaf/linksaf* of **Giri...** *Slaat u...* (beleefdheidsvorm).

• De vier bewerkingen bij het rekenen:
più (+), **meno** (-), **per** (x), **diviso** (÷).
Bij het uitdrukken van de berekening spreekt men vaak alleen de getallen en tekens uit: **quarantaquattro diviso quattro (fa) undici**, *44 ÷ 4 11, vierenveertig gedeeld (door) vier (is) elf.*

Dialogo di revisione

1 – Pronto, chi parla?
2 – Pronto, scusi, ho prenotato un tavolo al vostro ristorante per stasera alle nove e un quarto.
3 Adesso sono in piazza della Luna ma da qui non so venire.
4 Mi può dire come si fa per venire lì da voi?
5 – È molto facile: vede la fontana al centro della piazza?
6 – Sì, sono seduto proprio di fronte alla fontana.
7 – Bene, si alzi e guardi a sinistra: ci sono due viali alberati.
8 Prenda quello di destra, che si chiama viale Roma.
9 Vada dritto per cinquanta metri e la seconda traversa a sinistra è la nostra via.
10 A quest'ora si può venire sia a piedi che in macchina, non c'è molto traffico.
11 – Grazie mille, mi sbrigo perché sono un po' in ritardo!
12 – Venga quando vuole, ma faccia attenzione e sia prudente, mi raccomando!

Vertaling

1 Hallo, met wie spreek ik? **2** Hallo, excuseert u me, ik heb in jullie restaurant een tafel geboekt voor vanavond om kwart over negen. **3** Nu ben ik op het Maanplein, maar vanaf hier weet ik niet [hoe er te] komen. **4** Kunt u me zeggen hoe men daar bij jullie geraakt? **5** Het is heel gemakkelijk: ziet u de fontein midden op het plein? **6** Ja, ik zit *(ben gezeten)* net tegenover de fontein. **7** Goed, staat u op / zet u zich recht en kijkt u naar links: er zijn twee lanen met bomen. **8** Neemt u die aan de rechterkant, die Romalaan heet. **9** Gaat u rechtdoor gedurende vijftig meter en de tweede dwarsstraat links is onze straat. **10** Op dit uur kan men zowel te

Trentaseiesima lezione

Progetto di gita [1]

1 – Che fate tu e Sandra il prossimo fine settimana?

2 – Niente di speciale, penso che lo [2] passeremo [3] a casa

3 e magari andremo [4] a fare un giretto [5] in centro, come sabato scorso.

4 – Se vi va di venire con noi, io e Anna abbiamo voglia di fare una gita in montagna domenica,

5 per passeggiare un po' in mezzo al verde e prendere una boccata d'aria buona.

6 Ci alzeremo [3][6] presto, anzi prestissimo, e se volete faremo [4] colazione tutti insieme al bar,

7 così non si perderà [3] tempo a prepararla [7] a casa,

8 poi vi [8] porteremo [3] con la nostra macchina fino al piazzale del rifugio Stella,

9 e da lì andremo [4] a piedi fino al passo del Sole;

voet als met de wagen komen, er is niet veel verkeer. **11** Dank u wel! Ik haast me omdat ik een beetje laat ben! **12** Komt u wanneer u wilt, maar let u op en wees voorzichtig, alstublieft!

U hebt gemerkt dat sommige lessen afgesloten worden met wat culturele informatie. Zo raakt u vertrouwd met het Italiaanse leven. Daarbij bevatten deze stukjes veel verrijkende woordenschat, die het in de dialoog verworven thematisch lexicon verder aanvult. Memoriseer zoveel mogelijk, het zal zijn nut hebben tijdens uw contacten met Italië en de Italianen!

Zesendertigste les

Plan[nen] voor [een] dagtrip

1 – Wat doen jullie, Sandra en jij, *(het)* volgend weekend?
2 – Niets bijzonders *(van speciaal)*, ik denk dat we het thuis zullen doorbrengen
3 en misschien zullen we wat gaan rondwandelen *(zullen-gaan te maken een rondje)* in de stad *(centrum)*, zoals vorige zaterdag.
4 – Als het jullie aanspreekt *(gaat)* om [mee] te komen met ons, Anna en ik hebben zin om zondag een uitstap naar de bergen te maken,
5 om wat te wandelen in *(te midden van)* het groen en een frisse neus *(mondje van lucht goede)* te halen.
6 We zullen vroeg opstaan, zelfs heel vroeg, en als jullie willen, zullen we allemaal samen ontbijten in de bar,
7 zo zullen we *(zal men)* geen tijd verliezen met het [ontbijt] thuis klaar te maken *(klaarmaken-het)*,
8 daarna zullen we jullie in onze wagen tot bij het voorplein van de Stellaberghut brengen,
9 en van daar zullen we te voet tot aan de Zonnepas gaan;

36 / Trentaseiesima lezione

10 Una passeggiatina da nulla, saranno [4, 9] sì e no [10] cinque chilometri.

11 Quando saremo arrivati [11] lassù, faremo [4] un bel picnic sull'erba. Fantastico, no?

12 – È un bellissimo programma, ma non si tornerà [3] troppo tardi?

13 – Ma no, dai, pigrone [12], alle dieci al massimo sarai [4] a letto!

14 E poi il giorno dopo non si lavora mica [13], martedì è festivo e lunedì facciamo il ponte! □

Uitspraak
prodjètto ... 3 ... andrémo ... dzjirétto ... 4 ... dzjita ... 5 ... passéddzjaré ... daria ... 6 tsji altsérémo ... antsi ... 8 ... rifoedzjo ... 9 ... pièdi ... 10 ... passéddzjatina noella ... 11 ... bèl piknik ... 12 ... proGramma ... 13 ... piGroné ...

Opmerkingen

1 La gita is een toeristische of recreatieve uitstap van hooguit één dag, bv. la gita scolastica, *de schooluitstap*, duurt die langer, dan wordt het un viaggio d'istruzione (lett. 'een instructiereis').

2 Lo is in deze zin het lijdend voorwerp in de vorm van het mannelijk persoonlijk voornaamwoord, dat overeenkomt met *hem, het*: lo vedo, *ik zie hem/het*.

3 Deze dialoog bevat een aantal werkwoorden in de toekomende tijd, die als volgt gevormd wordt: stam + er bij werkwoorden op -are en -ere, ir bij werkwoorden op -ire + uitgang -ò, -ai, -à, -emo, -ete of -anno.

4 Veel werkwoorden hebben een onregelmatige stam in de toekomende tijd, terwijl de uitgangen altijd dezelfde zijn, bv.: andare → andrò (1e pers. ev.), fare → farò, essere → sarò en avere → avrò.

5 Il giro is *de ronde*, maar dat kan op verschillende manieren geïnterpreteerd worden, bv. il giro del mondo, *de reis rond de wereld*; vado a fare un giro, *ik ga een toer maken, loop even om*. De verkleinvorm is il giret-

10 een wandelingetje van niets, het zullen om en bij de *(ja en nee)* 5 kilometer*(s)* zijn.

11 Wanneer we daarboven aangekomen zullen zijn, zullen we een lekkere picknick op het gras houden *(doen)*. Fantastisch, hé?

12 – Het is een prachtig programma, maar zullen we *(men zal)* niet te laat terugkomen?

13 – Maar nee, komaan, grote luilak, uiterlijk *(aan-het maximum)* om 10 uur zal je in bed liggen *(zijn)*!

14 En bovendien werken we *(men werkt)* de dag erna toch niet, dinsdag is [een] feest[dag] en maandag maken we de brug!

---

to, al is er ook **un girino** voor... *een kikkervisje*! Een verkleiningsuitgang kies je dus niet lukraak!

6 Denk eraan dat sommige werkwoorden wederkerend zijn in het Italiaans, maar niet noodzakelijk in het Nederlands (**alzarsi**, *opstaan, 'zich recht(op) zetten'*)! Dat **fare colazione** *ontbijten* is, wist u nog.

7 Een persoonlijk voornaamwoord als lijdend voorwerp staat doorgaans vóór de persoonsvorm (bv. **ti assumeranno** in les 31); volgt op het vervoegd werkwoord een infinitiefvorm, dan wordt het voornaamwoord hieraan vast geschreven (de infinitief verliest hierbij zijn eind-**e**): **Non posso vederlo**, *Ik kan hem/het niet zien*.

8 Hier is **vi** de 2e pers. mv. van het persoonlijk voornaamwoord als lijdend voorwerp, maar het kan ook fungeren als meewerkend voorwerp en eveneens als wederkerend voornaamwoord. We geven al mee dat dit multitasken is weggelegd voor de 1e en 2e pers. ev. en mv.: **mi, ti, ci, vi**.

9 De toekomende tijd wordt, naast zijn functie om iets wat nog moet gebeuren uit te drukken, ook gebruikt om een waarschijnlijkheid te formuleren, bv.: **A quest'ora Giovanni dormirà**, *Op dit uur zal/moet Giovanni (wel) slapen*; **Che ore saranno? – Saranno le due**, *Hoe laat zou (zal) het zijn? – Het zal/moet (wel) 2 uur zijn*.

10 **Sì e no** geeft *om en bij, een kleine,...* weer bij een schatting: **Ci saranno sì e no dieci persone**, *Er zal zo'n tien man zijn*.

36 / Trentaseiesima lezione

11 **Saremo arrivati** is een voltooid toekomende tijd, die gevormd wordt met de (onvoltooid) toekomende tijd van het hulpwerkwoord + het voltooid deelwoord van het hoofdwerkwoord (dat bij vervoeging met **essere** uiteraard moet overeenkomen met het onderwerp en bij **avere** in een gelijkaardige constructie onveranderlijk is): **Quando avremo finito andremo a casa**, *Wanneer we klaar (zullen) zijn, zullen we naar huis gaan*.

***

Esercizio 1 – Traducete
❶ No, non siamo mica arrivati, avremo camminato sì e no un'ora! ❷ Il caffè, mi piace berlo solo la mattina a colazione. ❸ Mi alzerò presto, mi vestirò e uscirò per fare una gita in montagna. ❹ Sbrighiamoci, se no arriveremo quando il treno sarà partito! ❺ La settimana prossima ci saranno due giorni festivi, così faremo il ponte.

***

Esercizio 2 – Completate

❶ Morgenochtend zal ik vroeg opstaan, zelfs heel vroeg, ik zal ontbijten in de bar en ik zal te voet tot aan de zee gaan.
.... presto, ..., ... al bar e .... al mare.

❷ Misschien, wanneer je groot zal zijn, zal je arts zijn.
Magari .... grande ..... il ....

❸ Zegt het jullie iets om een uitstap te maken met ons volgende zaterdag?
Vi .. . . con noi sabato ....?

❹ Wanneer ze zullen gewandeld hebben gedurende twee uur, zullen ze heel moe zijn.
Quando .... per due ore, ...

❺ Waar zouden (*zullen*) Sandra en Flavio zijn? Ik weet het niet, ze zullen wel uit zijn.
.... Sandra e Flavio? Non lo so, ...

12 **Pigrone** is de vergrotende vorm van **pigro**, *luilak*, dat als bijvoeglijk naamwoord *lui*, *loom* betekent.

13 **Mica**, hier als *toch niet/geen,* versterkt een ontkenning, bv. bij een (uitgedrukte of veronderstelde) tegengestelde mening: **Non è vero, non ho mica detto questo!**, *Dat is niet waar, ik heb dat helemaal niet gezegd!* Zie ook les 8.

***

Oplossing van oefening 1
❶ Nee, we zijn heus nog niet aangekomen, we zullen/moeten een klein uur gestapt hebben! ❷ Koffie, ik drink hem alleen graag 's morgens bij het ontbijt. ❸ Ik zal vroeg opstaan, zal me aankleden en zal [de deur] uitgaan om een uitstap te maken in de bergen. ❹ Laten we ons haasten, zo niet zullen we aankomen wanneer de trein vertrokken is *(zal zijn)*! ❺ Volgende week zullen er twee feestdagen zijn, zo zullen we de brug maken.

***

Oplossing van oefening 2
❶ Domattina mi alzerò – anzi prestissimo, farò colazione – andrò a piedi fino – ❷ – quando sarai – farai – medico ❸ – va di fare una gita – prossimo ❹ – avranno passeggiato – saranno molto stanchi ❺ Dove saranno – saranno usciti

Un giorno festivo *valt op een zon- of feestdag (***la festa** = het feest*),* **un giorno feriale** *is een doordeweekse of werkdag. De Italiaanse kalender telde vroeger heel wat (vooral religieuze) feestdagen, nu nog een twaalftal:* **Capodanno** *(nieuwjaarsdag, 1 januari),* **Epifania** *(Driekoningen, 6 januari),* **Pasqua** *(Pasen) en* **Pasquetta** *(tweede paasdag),* **la Liberazione** *(de bevrijding of het einde van de Tweede Wereldoorlog, 25 april),* **festa dei lavoratori** *(Dag van de Arbeid of "arbeidersfeest", 1 mei),* **festa della Repubblica** *(feest van de republiek of de nationale feestdag op 2 juni),* **ferragosto** *(Maria-Hemelvaart, 15 augustus),* **Ognissanti** *(Allerheiligen, 1 november),* **l'Immacolata Concezione** *(onbevlekte ontvangenis, 8 december),* **Natale** *(Kerstmis, 25 december) en* **Santo Stefano** *(Sint-Stefanus of tweede kerstdag, 26 december). Uiteraard viert ook elke stad zijn patroonheilige (***il santo patrono***). In principe wordt er op zaterdag en zondag niet gewerkt, al zijn winkels, vooral in de grootdistributie, omzeggens zeven dagen op zeven open, vermits Italianen net in het weekend, dus ook 's zondags, hun inkopen doen. Waar het kan, worden er bruggen,* **i ponti** *gemaakt tussen* **festivo** *en weekend!*

37

Trentasettesima lezione

Conversazione in treno

1 – Scusate, c'è un posto libero in questo scompartimento?
2 – Certo, qui di fianco a me non c'è [1] nessuno. Prego, si accomodi pure!
3 – Grazie mille, molto gentile, questo treno è [1] strapieno [2] e ho fatto una gran [3] fatica a trovare posto!
4 – Anch'io; si figuri che io sono stata in piedi nel corridoio da Verona fino a Brescia!
5 – È salita a Verona? Io ci sono vissuta [4] per tanti anni, ora sto [4] a Mantova.
6 Sto andando [5] a Varese a trovare uno dei miei figli che ci è andato ad abitare.
7 Sa, ha conosciuto una ragazza di Varese, ci si [6] è trasferito, si sono sposati
8 e adesso hanno due figli, un maschio e una femmina [7].
9 – Anch'io ho due nipotini [8], i bambini di mia figlia, ma non li [9] vedo quasi mai perché vivono all'estero [10].
10 Lei ha incontrato e sposato un australiano, e adesso sta [4] là.
11 Ci vuole [11] più di una giornata d'aereo per andarci [12]! E ci vogliono [11] tanti soldi [13]...!
12 – In Australia, ci sono stato due anni fa per lavoro; mi è piaciuta [14] moltissimo.

Zevenendertigste les

Gesprek in de trein

1 – Excuseren jullie me, is er een plaats vrij in dit compartiment?
2 – Zeker, hier naast mij zit *(is)* er niemand. Alstublieft, gaat u gerust zitten!
3 – Dank u wel, heel aardig [van u], deze trein zit *(is)* bomvol en ik heb veel moeite gehad *(gedaan een grote moeite)* om plaats te vinden!
4 – Ik ook; stelt u zich voor dat ík heb rechtgestaan *(ben geweest op voeten)* in de gang van Verona tot Brescia!
5 – Bent u in Verona opgestapt? Ík heb *(ben)* er gewoond *(geleefd)* gedurende vele jaren, nu woon *(ben)* ik in Mantova.
6 Ik ben onderweg *(aan-het-gaan)* naar Varese om een van mijn kinderen op te zoeken die er is gaan wonen *(gegaan te wonen)*.
7 Weet u, hij heeft een meisje uit Varese leren kennen *(gekend)*, hij is naar daar verhuisd *(er zich is overgebracht)*, ze *(zich)* zijn getrouwd
8 en nu hebben ze twee kinderen, een jongen en een meisje.
9 – Ook ik heb twee kleinkindjes, de kinderen van mijn dochter, maar ik zie ze bijna nooit omdat ze in het buitenland wonen.
10 Zij heeft een Australiër ontmoet en gehuwd, en nu woont ze daar.
11 Het *(Er)* vergt meer dan een dag vliegen *(van vliegtuig)* om erheen te gaan *(gaan-er)*! En het kost *(er vergen)* zoveel geld *('soldo's')* …!
12 – In Australië, ik ben er geweest twee jaar geleden voor [mijn] werk; het is me ontzettend bevallen.

37 / Trentasettesima lezione

13 Sua figlia ci si [6] trova bene? Che lavoro fa?
14 – Per il momento fa la casalinga perché ha avuto due gemelli e bisogna [11] occuparsi [15] tanto di loro,
15 ma appena saranno cresciuti un po' conta di ricominciare a lavorare.
16 È laureata in giurisprudenza, potrà lavorare nello studio di suo marito che fa l'avvocato. ☐

Uitspraak

konvérsatsioné in tréno ... **3** ... dzjéntilé ... strapièno ... **4** ... fiGoeri ... brèsja **6** ... andando ... **7** ... konosjoeto ... **8** ... maskio ... **9** ... koeazi mai ... **10** ... aoestraliano ... **11** ... daèréo ... andartsji ... **12** ... piatsjoeta ... **14** ... kazalinGa ... dzjémèlli ... **15** ... krésjoeti ... rikomintsjaré **16** ... laoeréata ... dzjoerisproedèntsa ...

Opmerkingen

1 **Essere** en **stare** kunnen soms vertaald worden met een werkwoord van positie zoals *zitten, staan, liggen*.

2 De absolute superlatief van een bijvoeglijk naamwoord kan ook gevormd worden met het prefix **stra-**: stra- vóór **pieno**, *vol* geeft **strapieno**, *bom-, tjokvol*; **strabello** i.p.v. **bellissimo** of **molto bello**, **stracaro** i.p.v. **carissimo** of **molto caro**.

3 **Gran**, van **grande**, *groot*, wordt vaak gebruikt ter versterking van het erop volgende woord: **Fa un gran caldo**, *Het is erg warm*.

4 Merk op hoe **stare**, *zijn, zich bevinden, (ver)blijven* en **vivere**, *leven* gebruikt worden in de betekenis van *wonen*: **In che città state? – Stiamo a Milano**, *In welke stad wonen jullie? – We wonen in Milaan*; **Siamo vissuti** (in deze betekenis vervoegd met **essere**) **a Napoli**, *We hebben in Napels gewoond*.

5 Met een vorm van **stare** + gerundium wordt de progressieve vorm uitgedrukt: **Che cosa stai facendo? – Sto mangiando**, *Wat ben je aan het doen? – Ik ben aan het eten*. De uitgang van het gerundium is **-ando** bij werkwoorden op **-are**, **-endo** bij die op **-ere** en **-ire**.

6 Het voornaamwoord **ci** (*er*) staat vóór het wederkerend voornaamwoord **si** (3e pers. ev./mv.), bv. **ci si sono transeriti**, *ze zijn erheen ver-*

Zevenendertigste les / 37

13 Voelt *(Vindt)* uw dochter er zich thuis *(goed)*? Wat [voor] werk doet ze?
14 – Op dit *(Voor het)* moment is ze *(doet de)* huisvrouw omdat ze een tweeling heeft gekregen *(gehad twee tweeling(heft)en)* en ze moet *([men] behoeft)* zich veel met *(van)* hen bezighouden,
15 maar zodra ze wat ouder zijn *(zullen-zijn gegroeid)*, is ze van plan *(rekent)* om het werk te hervatten *(herbeginnen te werken)*.
16 Ze heeft een master *(is 'laureate')* in [de] rechten, ze zal kunnen werken in het kantoor *(studie)* van haar man die advocaat is.

---

huisd, maar staat achter de andere, bv. **mi ci lavo**, *ik was me er*. Het wederkerende **trasferirsi** betekent *verhuizen*.

7 Un **figlio** is op zich een mannelijk 'kind', **una figlia** een vrouwelijk 'kind'. Er zijn ook de genusgerelateerde termen **maschio** (lett. man(netje) voor *jongen, zoon*, **femmina** (lett. vrouw(tje) voor *meisje, dochter*. Op school, bijvoorbeeld: **I maschi da una parte, le femmine dall'altra**, *De jongens aan de ene kant, de meisjes aan de andere*.

8 Il **nipote** betekent zowel *de neef* als *de kleinzoon*, **la nipote** *de nicht, kleindochter* (mv.: **i nipoti**); de verkleinvorm **nipotino/-a** geldt alleen voor een kleinkind, dus de dame in de dialoog is **la nonna**, *de grootmoeder* die het over haar **nipotini**, *kleinkindjes* heeft.

9 **Li** is het mannelijk persoonlijk voornaamwoord-lijdend voorwerp in de 3e pers. mv., in het vrouwelijk is dat **le**: **Le mie nipoti, le vedo spesso**, *Mijn nichten, ik zie hen/ze dikwijls*.

10 **L'estero** is *het buitenland*: **Sto all'estero**, *Ik ben/woon in het buitenland*. *Een buitenlander, vreemdeling* is **uno straniero** (zie les 8). Als bijvoeglijk naamwoord is er **estero** m.b.t. goederen (**liquori esteri**, *geïmporteerde alcoholische dranken*) en **straniero** in alle andere gevallen (**le lingue straniere**, *vreemde talen*; **le letterature straniere**, *buitenlandse literatuur*).

11 Vóór een naamwoord is **ci vuole** vergelijkbaar met *het vergt ..., er is ... nodig* enz.: **Per imparare l'italiano, ci vuole il metodo ASSIMIL**,

Om Italiaans te leren, heeft men / is de ASSIMILmethode nodig; staat wat nodig is in het meervoud, dan hoort het werkwoord **volere** ook in het meervoud: **Per imparare bene una lingua, ci vogliono anni**, *Om een taal goed te leren, zijn jaren nodig*.

Vóór een werkwoord (in de infinitiefvorm) moet het onpersoonlijk werkwoord **bisognare**, *behoeven, nodig zijn, moeten*, altijd in de 3e persoon enkelvoud, gebruikt worden: **Per imparare bene una lingua, bisogna studiare per anni**, *Om een taal goed te leren, moet men/je jaren studeren, moet er jaren gestudeerd worden, is het nodig om jaren te studeren*.

***

Esercizio 1 – Traducete
❶ La Sicilia mi è sempre piaciuta molto e ci abiterò l'anno prossimo. ❷ Anch'io voglio andarci, ma ci vogliono tanti soldi. ❸ Mio zio ci abita e ci si trova molto bene. ❹ Carlo è laureato in giurisprudenza ma fa una gran fatica a trovare lavoro. ❺ Per andare in Australia bisogna prendere l'aereo.

***

Esercizio 2 – Completate
❶ Gaan jullie naar Venetië, we weten *(zijn)* zeker dat het jullie zal bevallen.
 .... Venezia, ... che vi ....

❷ Ze kennen Firenze/Florence heel goed, ze hebben er gedurende jaren gewoond.
 .... Firenze, ... per anni.

❸ Ze hebben een tweeling gekregen, een jongen en een meisje, en ze moeten voor hen zorgen.
 .... due ...., ... e una ...., e
 .... di loro.

❹ De plaats voor mij is vrij, neemt u gerust plaats!
 Il posto ...., ... pure!

❺ Om 15.30 uur zullen we aangekomen zijn in Mantova.
 .... quindici . ... a Mantova.

Zevenendertigste les / 37

12 Net als andere voornaamwoorden wordt **ci** (*er*) als voorwerp van de zin achteraan de infinitief (zonder eind-**e**) vast geschreven: **Vogliamo andarci**, *We willen erheen*.

13 **I soldi**, eigenlijk het meervoud van **il soldo**, een oud Italiaans muntstuk, wordt vaak gebruikt voor *het geld*, dat op zijn beurt vertaald kan worden met het minder gebruikelijke **il denaro**.

14 **Piacere** wordt vervoegd met het hulpwerkwoord **essere**, dus moet het voltooid deelwoord overeenkomen met het onderwerp: **I film western non mi sono mai piaciuti**, *Ik heb westerns nooit leuk gevonden*.

15 **Occuparsi di** betekent *zich bezighouden met, zorgen voor*.

***

Oplossing van oefening 1

❶ Ik heb Sicilië altijd heel leuk gevonden en ik zal er volgend jaar wonen. ❷ Ik wil er ook heen, maar er zijn veel centen voor nodig. ❸ Mijn oom woont er en hij voelt er zich erg thuis. ❹ Carlo heeft een master in de rechten, maar hij heeft veel moeite om werk te vinden. ❺ Om naar Australië te gaan, moet men het vliegtuig nemen.

***

Oplossing van oefening 2

❶ Andate a – siamo sicuri – piacerà ❷ Conoscono strabene – ci sono vissuti – ❸ Hanno avuto – gemelli, un maschio – femmina – devono occuparsi – ❹ – davanti a me è libero, si accomodi – ❺ Alle – e trenta saremo arrivati –

Wie na het secundair of voortgezet onderwijs (dat 8 jaar duurt) slaagt voor het maturiteitsexamen, **la maturità** *kan zich inschrijven aan de universiteit voor het behalen van* **la laurea** *[la*oeréa*], met twee graden (***lauree*** [la*oeré-é*]):* **la laurea breve triennale** *(de 3 jaar durende bacheloropleiding) en daarna* **la laurea magistrale biennale** *(de 2 jaar durende master). Na nog drie bijkomende studiejaren is* **il dottorato di ricerca** *(lett. het onderzoeksdoctoraat) in zicht, het diploma aan het einde van de derde studiecyclus aan de universiteit.*

Het is verbazend hoe onbekenden soms ervaringen delen of zelfs over hun leven vertellen, maar niet zelden hoor je dergelijke gesprekken in de trein. Een goeie manier om tijdens uw volgende reis daar uw Italiaans te oefenen!

centosettantaquattro • 174

Trentottesima lezione

Il treno per Ancona

1 – Scusi, da che [1] binario parte il treno per Ancona?
2 Purtroppo il tabellone delle partenze è guasto [2], e mi sono dimenticata [3] di chiederlo in biglietteria.
3 – Non c'è problema! Quale [4] deve prendere?
4 Il regionale delle otto e dodici o il freccia rossa [5] delle nove e zero due [6]?
5 – Ah, c'è anche la freccia rossa? Ci mette [7] meno tempo, vero?
6 – Eh sì, ci mette molto meno tempo, parte quasi un'ora dopo e arriva ad Ancona solo dieci minuti più tardi dell'altro.
7 – È un bel risparmio di tempo, ma ho paura di arrivare in ritardo per la coincidenza per Jesi.
8 Se perdo [8] quella, ne [9] devo aspettare un'altra per più di un'ora ...
9 In generale, cerco di essere [10] sempre un po' in anticipo, per evitare di correre nei sottopassaggi da un binario all'altro.
10 Non si sa mai, magari cado per [11] le scale e mi rompo una gamba!
11 – Forse lei è un po' troppo ansiosa, ma se è così è meglio prendere il regionale.
12 – Come dice il proverbio, "chi [12] va piano va sano e va lontano"!

Achtendertigste les

De trein naar Ancona

1 – Excuseert u me, van welk spoor vertrekt de trein naar Ancona?
2 Helaas is het bord met *(van)* de vertrektijden defect en ik *(me)* ben vergeten *(van)* het te vragen aan/bij het loket.
3 – Dat is geen probleem! Welke moet u nemen?
4 De regionale van 08:12 *(de acht en twaalf)* of de hst *(pijl rode)* van 09:02 *(de negen en nul twee)*?
5 – O, is er ook een *(de)* hst? [Die] doet er minder lang over *(Erop zet minder tijd)*, niet?
6 – Wel ja, hij doet er veel minder lang over, hij vertrekt bijna een uur later en komt slechts tien minuten later dan de andere in Ancona aan.
7 – [Dat] is een mooie tijdsbesparing, maar ik heb schrik om te laat aan te komen voor de aansluiting naar Jesi.
8 Als ik die mis, moet ik wachten op een andere *(er moet afwachten een andere)* gedurende meer dan een uur ...
9 In [het] algemeen probeer *(zoek)* ik om altijd een beetje te vroeg *(in vervroeging)* te zijn, om te vermijden te moeten *(van)* rennen in de stationstunnels *(onderdoorgangen)* van [het] ene spoor naar het andere.
10 Je weet maar *(Niet men weet)* nooit, misschien val ik van de trappen en breek ik *(me)* een been!
11 – Wellicht bent u wat te angstig, maar als het zo is, is het beter de regionale [te] nemen.
12 – Zoals het spreekwoord zegt, "wie langzaam gaat, blijft *(gaat)* gezond en komt *(gaat)* ver"!

38 / Trentottesima lezione

Uitspraak
... ank**o**na ... **2** ... tab**é**llon**é** ... part**è**nts**é** ... Go**e**asto ... dim**é**ntik**a**ta ... ki**è**derlo ... **4** ... r**é**dzjon**a**l**é** ... fr**é**ttsja ... dz**è**ro ... **7** ... kointsjid**è**ntsa ... i**è**zi **9** ... dz**é**n**é**r**a**l**é** ... ant**i**tsjipo ... sottop**a**ss**a**ddzji ... **10** ... r**o**mpo ... G**a**mba **11** ... ansi**o**za

Aanwijzingen bij de uitspraak
(7) De stadsnaam Jesi is een van de zeldzame Italiaanse woorden waarin de letter j voorkomt. Immers, het Italiaanse alfabet telt slecht 21 letters, en daar zit de j niet bij. Een woord met die letter komt uit een andere taal. De j wordt dan als *[dzj]* uitgesproken, bv. in **judo** *[dzjoedo]*. Alleen in Latijnse woorden klinkt een j als *[i]*, bv.: **Jesi** (de oude stadsnaam), **la Juventus** *[ioevèntoes]* (naam, die *jeugd* betekent in het Latijn, van de Turijnse voetbalploeg) evenals de verkleinvorm **la Juve** (*[ioevé]*) en de supporters, **gli iuventini** (*[ioevéntini]*).

Opmerkingen

1 Het vragend voornaamwoord **che** is onveranderlijk: bijvoeglijk (vóór een zelfstandig naamwoord) gebruikt, bv. **Che giorno è oggi?**, *Welke dag is het vandaag?* of zelfstandig, bv. **Che vuoi?**, *Wat wil je?* (waarbij evt. het woord **cosa**, *zaak, ding* kan ingelast worden: **Che cosa vuoi?**, *Wat wil je?*).

2 **Guasto** betekent *bedorven, rot* (**un frutto guasto** is *een bedorven vrucht*) en bij uitbreiding *stuk, kapot, defect*. **Il guasto** is *het defect, de storing, panne*.

3 **Dimenticare** betekent *vergeten* (**Ho dimenticato il nostro appuntamento**, *Ik heb/ben onze afspraak vergeten*). In de wederkerende vorm klinkt het iets persoonlijker, meer betrokken (**Mi sono dimenticata**, *Ik ben (het) vergeten*, **Non devi dimenticarti di venire**, *Je moet/mag niet vergeten te komen*). **Dimenticarsi** volgt uiteraard de regels die bij wederkerende werkwoorden horen: vervoeging met **essere** en bijgevolg overeenkomst van het voltooid deelwoord met het onderwerp.

4 Het vraagwoord **quale**, *welk(e)* is van toepassing bij vrouwelijk en mannelijk enkelvoud, **quali**, *welke* is de meervoudsvorm voor beide geslachten: **Abbiamo visto molte città italiane. – Quali città avete visto?**

Achtendertigste les / 38

Quali sono le più belle?, *We hebben veel Italiaanse steden gezien. – Welke steden hebben jullie gezien? Welke zijn de mooiste?* In les 23 zagen we **quale** + **è** = **qual è**.

5 **Freccia rossa** ('rode pijl') is de naam van een hogesnelheidstrein van **Trenitalia**, de Italiaanse spoorwegmaatschappij. Daar **la freccia** vrouwelijk is, maar **il treno** mannelijk, zegt men zowel **la freccia rossa** als **il** (verzwegen: **treno**) **freccia rossa**.

6 Voor de zekerheid of duidelijkheid wordt bij dienstregelingen soms ook de nul voor een eenheid uitgesproken.

7 We hebben al veel idiomatische uitdrukkingen gezien, die al dan niet (goed) lijken op de Nederlandse versie. Hier wordt het veelzijdige werkwoord **mettere** gebruikt om de tijd die nodig is voor het verwezenlijken van iets uit te drukken: **Per fare questo lavoro ci hanno messo anni**, *Ze hebben er jaren over gedaan om dit werk te verrichten*.

8 **Perdere** betekent zowel *verliezen* (zie les 36) als *missen* (in de betekenis van *mislopen, niet halen*).

9 **Ne** geeft *er, ervan, erover* enz. weer. **Ne** staat net als **ci** (*er, erheen* enz.) en andere voornaamwoorden als voorwerp meestal vóór de persoonsvorm (**Ne vuole due**, *Hij wil er twee van*); volgt op het vervoegd werkwoord een infinitief, dan kunnen ze eraan (mits weglaten van de eind-**e**) vast geschreven worden (**Ne vuole prendere due** of **Vuole prenderne due**, *Hij wil er twee van nemen*).

10 **Cercare** is *zoeken*; staat er een infinitief achter, dan betekent **cercare** *zoeken te, trachten, proberen (om)* en moet het voorzetsel **di** ingelast worden: **Cerca di non prendere freddo**, *Tracht geen kou te vatten*.

11 We zagen al heel wat voorzetsels met verschillende toepassingen en vertalingen. In deze dialoog komt **per** voor als *naar* (in zin 1, 7), *voor* (7), *gedurende* (8), *om te* (9), *van* (10) en we voegen daar nog een paar voorbeelden aan toe: **passeggiare per la città**, *door de stad wandelen*, **dormire per strada**, *op straat slapen*, **passare per Roma**, *via Rome gaan*.

12 **Chi** heeft als betrekkelijk voornaamwoord betrekking op twee werkwoorden, bv. in **Chi dice questo, parla senza sapere niente**, *Wie dit zegt, praat zonder iets te weten, kennis van zaken* of in spreekwoorden zoals **Chi rompe paga**, 'Wie breekt betaalt', *Potje breken, potje betalen*.

Esercizio 1 – Traducete

❶ Signorina, cerchi di non perdere la coincidenza. ❷ Se il treno arriva in ritardo, correremo nei sottopassaggi da un binario all'altro. ❸ Ha preferito partire in anticipo. ❹ Con il regionale ci metteremo più tempo che con la freccia rossa. ❺ Ci siamo dimenticati di andarli a prendere a scuola.

***

Esercizio 2 – Completate

❶ Carla is vergeten hen te roepen.
Carla .. . . di ....

❷ Van welk spoor vertrekt de hst naar Milaan van 15:08?
.. .. parte il .... Milano
....?

❸ Goedenavond, ik zou een kaartje voor de regionale van 6:30 naar Livorno willen.
Buonasera, ...
delle ... . per Livorno.

❹ Als je je niet haast met je klaar te maken, zal je de trein missen en ook de aansluiting.
Se non .. .., ... il treno e anche .. ..

❺ Er zijn twee treinen naar Mantova, een om 10 uur en een andere [een] halfuur later; welke wilt u nemen?
.. .. per Mantova, ... e un altro ....; .... prendere?

*Il treno regionale is een stoptrein; il regionale veloce is sneller want heeft minder haltes, maar doet toch heel wat stations aan. Er zijn nog andere treinen, zoals de **Intercity** die sneller is en meer comfort biedt maar behoorlijk duurder uitkomt, en de **Eurostar** of **Frecce Rosse**, **Bianche** en **Argento**, de Rode, Witte en Zilveren Pijlen, hogesnelheidstreinen. **Le FS (le Ferrovie dello Stato**, 'de Spoorwegen van de Staat') worden beheerd door het staatsbedrijf **Trenitalia**. De*

Achtendertigste les / 38

Oplossing van oefening 1

❶ Juffrouw, tracht de aansluiting niet te missen. ❷ Als de trein te laat aankomt, zullen we in de stationstunnels van het ene spoor naar het andere rennen. ❸ Hij/Ze is liever vroeg vertrokken *(heeft verkozen vertrekken)*. ❹ Met de regionale zullen we er langer over doen dan met de hst. ❺ We zijn vergeten hen te gaan ophalen van school.

***

Oplossing van oefening 2

❶ – si è dimenticata – chiamarli ❷ Da che binario – freccia rossa per – delle quindici e zero otto ❸ – vorrei un biglietto per il regionale – sei e mezza – ❹ – ti sbrighi a prepararti, perderai – la coincidenza ❺ Ci sono due treni – uno alle dieci – mezz'ora dopo; quale vuole –

*afgelopen 30 jaar werd het spoorwegnet fors uitgebreid, waardoor de legendarische vertragingen en storingen grotendeels tot het verleden behoren. Italianen nemen vaak de hst, vooral beroepshalve. Toch blijft de auto het meest gebruikte vervoermiddel in de vrije tijd of voor familievakanties. Al kan men ook kiezen voor een goedkopere regionale trein met veel stopplaatsen (ook nog **il locale** de lokale, plaatselijke genoemd, naar zijn vroegere benaming). Sinds enkele jaren wordt een deel van het spoorwegnet uitgebaat door privébedrijven zoals **Italo**.*

Uw woordenschat breidt gestaag uit, en dat in uiteenlopende domeinen. Een aanzienlijke troef om uit te spelen tijdens uw contacten met Italianen! Dagelijks studeren en nauwgezet de oefeningen maken, zal u helpen om zoveel mogelijk woorden en structuren te 'assimileren'. Soms bieden we verschillende vertalingen voor eenzelfde begrip aan, zo krijgt u extra invalshoeken...

Trentanovesima lezione

All'ufficio postale

1 – Buongiorno, vorrei spedire una raccomandata con ricevuta di ritorno.
2 Sa, è la candidatura per un concorso nella pubblica amministrazione
3 e chiedono di mandarla così.
4 – Guardi che [1] ha sbagliato sportello [2], questo è per il pagamento di vaglia e per le operazioni finanziarie.
5 Siccome in questo momento non c'è nessuno, lo faccio io lo stesso [3].
6 – Grazie mille, signorina; in ogni caso devo anche pagare una multa...
7 – Alla multa ci penseremo dopo; ora compili questo modulo.
8 Faccia attenzione: qui ci vogliono nome, cognome e indirizzo del destinatario, e qui quelli del mittente.
9 – Ecco il modulo compilato. Posso pagare anche la multa?
10 – Sì, ma mi fa un piacere [4] se paga subito la raccomandata; sono nove euro e trenta centesimi [5].
11 – Mi dà anche due francobolli da un euro e dieci, per favore? [6]
12 Posso pagare col bancomat [7]? Non ho contanti...
13 – Va bene. Per pagare la multa ci vorrà [8] il suo codice fiscale [9].

Negenendertigste les

In het postkantoor

1 – Goeiemorgen, ik zou een aangetekende [brief] met ontvangstbewijs *(reçu van terugkeer)* willen verzenden.
2 Weet u, er loopt *(is)* een inschrijving *(de kandidatuur)* voor een sollicitatieprocedure bij de overheid *(openbare administratie)*
3 en ze vragen om ze zo te versturen.
4 – Wacht u even *(Kijkt [u] dat)*, u hebt [zich] vergist [van] loket, dit [hier] is voor de betaling van wissels en voor *(de)* financiële verrichtingen.
5 Aangezien er op dit ogenblik niemand is, doe ík het wel.
6 – Wel bedankt, juffrouw; in ieder geval moet ik ook een boete betalen...
7 – Met *(Aan)* de boete, daarmee zullen we [ons] achteraf bezighouden *(denken)*; vult u nu dit formulier in.
8 Let u op: hier zijn [voor]naam, familienaam en adres van de geadresseerde in te vullen *(nodig)*, en hier die van de afzender.
9 – Hier is het ingevulde formulier. Kan ik ook de boete betalen?
10 – Ja, maar u bewijst me een dienst *(me doet een plezier)* als u meteen de aangetekende [zending] betaalt; dat maakt *(zijn)* negen euro en dertig cent*(en)*.
11 – Geeft u me ook twee zegels van een euro en tien, alstublieft?
12 Kan ik met mijn *(de)* kaart betalen? Ik heb geen contant geld...
13 – Ja, hoor *(Gaat goed)*. Om de boete te betalen zal uw 'fiscale code' nodig zijn.

14 – Accidenti! Non ce l'ho [10] con [11] me e non lo so neanche a memoria...

15 – Oltre tutto [12] questa multa è stata fatta [13] più di due mesi fa!

16 Deve pagarla maggiorata, e per conoscerne l'importo esatto bisogna chiedere ai vigili [14]. □

Uitspraak

1 ... ritsjévoeta ... 2 ... konkorso ... amministratsioné 4 ... a zbaljato ... paGaménto ... valja ... opératsioni finantsiarié 6 ... paGaré oena moelta 7 ... kompili ... 8 ... konjomé ... indirittso ... mittènté 10 ... paGa soebito ... èoero ... tsjéntésimi 11 ... frankobolli ... 13 ... koditsjé fiskalé 16 ... maddzjorata ... konosjérné ... importo ézatto ... vidzjili

Opmerkingen

1 Met **guarda** (u-vorm: **guardi**) **che...** wordt de aandacht op iets gevestigd: *let, pas op dat..., wacht 's even...*

2 **Sbagliare** is iets *verkeerd doen, een fout begaan*: **sbagliando s'impara**, *al (fout) doende, leert men*; met een lijdend voorwerp krijgt het de nuance *zich vergissen (van/in)* enz.: **sbagliare la data**, *de verkeerde datum voorhebben*; **ha sbagliato sportello**, *hij heeft zich van loket vergist*. Zonder voorwerp wordt dan meestal het wederkerende **sbagliarsi** gebruikt: **Scusi, mi sono sbagliato**, *Neemt u me niet kwalijk, ik heb me vergist*.

3 **Lo stesso** is *de-/hetzelfde*, maar betekent hier *toch, wel, evengoed*.

4 **Fare un piacere** is *een plezier doen*, maar betekent ook *een dienst bewijzen*, zoals **fare un favore**, *een gunst bewijzen*.

5 **Un centesimo** is *een (euro)cent*, maar betekent ook *een honderdste*.

6 Zonder vraagteken zou dit een stellende zin zijn; hij staat in de o.t.t.: *U geeft me..., alstublieft?*

7 Uit les 5 weten we dat **il bancomat** zowel *de betaal-, pinkaart* als *de betaal-, pinautomaat* is: **Scusi, mi sa dire se c'è un bancomat qui vicino?**, *Excuseert u me, kunt u me zeggen of er hier in de buurt, dichtbij een geldautomaat is?*

14 – O jee! Ik heb hem niet bij me *(Niet 'er' hem heb met mij)* en ik ken hem ook niet uit het hoofd *(aan geheugen)*...
15 – Bovendien is deze boete meer dan twee maanden geleden uitgeschreven *(geweest gemaakt)* !
16 U moet ze verhoogd betalen, en om er het exacte bedrag van te kennen *(om-te kennen-ervan)*, moet u de verkeerspolitie contacteren *(behoeft vragen aan-de agenten)*.

8 Ci vorrà is de onregelmatige toekomende tijd van ci vuole.

9 Alle Italiaanse inwoners (en bedrijven) hebben **un codice fiscale**, een door de staat bepaald identificatienummer (het rijksregisternummer in België, burgerservicenummer in Nederland). Het staat vermeld op **la carta d'identità**, *de identiteitskaart* en op **la tessera sanitaria**, *de sociale zekerheidskaart* (die nodig is bij **la mutua**, *het ziekenfonds* voor tussenkomst bij doktersbezoek, aankoop van geneesmiddelen in de apotheek e.d.).

10 Ce kan als partikel vóór de constructie 'voornaamwoord-lijdend voorwerp 3e pers. ev./mv. (**lo, la, li, le** en soms **ne**) + vorm van het werkwoord avere' staan, zonder specifieke betekenis (vergelijkbaar met *got* in het Engels): **Non ce li abbiamo**, *We hebben ze* (m. mv.) *niet*; **Non ce ne hanno più**, *Ze hebben er geen meer*.

11 Het voorzetsel **con** betekent doorgaans *met* (zo ook in zin 1), maar we zagen het ook al vertaald als *tegen(over)* of zoals hier *bij* m.b.t. iets wat iemand *bij* zich heeft ('met' zich meedraagt): **Ha i documenti con lei?**, *Hebt u uw documenten bij zich, uw identiteitspapieren mee?*

12 **Oltre tutto** ('boven al(les)') of **oltretutto** betekent *bovendien*: **Non ci andrò perché ho il raffreddore; oltre tutto non m'interessa tanto**, *Ik zal er niet heen gaan omdat ik een verkoudheid heb; bovendien interesseert het me niet zozeer*.

13 De passieve vorm in de v.t.t. moet gevormd worden met de v.t.t. van **essere** + het voltooid deelwoord van het hoofdwerkwoord: **sono stato visto**, *ik ben gezien (geweest/geworden)*. Let erop dat beide voltooide deelwoorden (dat van **essere** en dat van het hoofdwerkwoord) moeten overeenkomen met het onderwerp: **Mia sorella è stata vista**, *Mijn zus* *is gezien (geweest)*. Onthoud dat het werkwoord **venire** alleen in enkelvoudige tijden **essere** kan vervangen (dus wanneer het hulpwerkwoord uit één element bestaat, bv. **è → viene**), niet in samengestelde tijden (zoals hier **è stata**).

***

Esercizio 1 – Traducete

❶ Allo sportello dei vaglia in questo momento non c'è nessuno. ❷ Guardi signorina che si è sbagliata, qui non si può pagare questa multa. ❸ Per questa operazione ci vogliono il codice fiscale e la carta d'identità. ❹ Alla raccomandata e ai francobolli ci penseremo dopo, ora deve compilare questo modulo. ❺ Vorrei un francobollo da tre euro e trenta, per favore.

***

Esercizio 2 – Completate

❶ Mevrouw, u bewijst me een dienst als u naar het andere loket gaat, waar er niemand staat.
Signora, ... all'altro ...., dove ... ...

❷ O jee, ik ben de fiscale code vergeten, ik heb hem niet bij me.
........., mi .... il codice fiscale, ...

❸ Wat zullen jullie doen volgende maandag, jij en je man?
... . lunedì .... e ... .?

❹ Hier zullen we het adres van de geadresseerde moeten schrijven, en hier dat van de afzender.
... . scrivere ...., e qui ....

❺ Deze aangetekende zending is verzonden *(geweest)* een week geleden vanuit het postkantoor van Cagliari.
Questa .... una settimana .. .. di Cagliari.

Negenendertigste les / 39

14 Vigili (urbani) zijn *(stedelijke) politieagenten,* belast met o.a. het regelen van het verkeer, toezicht bij burgerlijke en commerciële activiteiten (markten e.d.).

***

Oplossing van oefening 1

❶ Aan het loket voor wissels staat er op dit ogenblik niemand. ❷ Wacht 's even juffrouw, u hebt zich vergist, hier kan men deze boete niet betalen. ❸ Voor deze verrichting zijn de fiscale code en de identiteitskaart nodig. ❹ Met de aangetekende zending en de zegels zullen we ons achteraf bezighouden, nu moet u dit formulier invullen. ❺ Ik zou een zegel van 3,30 euro willen, alstublieft.

***

Oplossing van oefening 2

❶ – mi fa un piacere se va – sportello – non c'è nessuno ❷ Accidenti, – sono dimenticato – non ce l'ho con me ❸ Che cosa farete – prossimo tu – tuo marito ❹ Qui dovremo – l'indirizzo del destinatario – quello del mittente ❺ – raccomandata è stata spedita – fa dall'ufficio postale –

Quarantesima lezione

Invito a cena

1 – Simona, venerdì sera verranno ¹ a cena da noi il mio nuovo capufficio ² e sua moglie.
2   Mi raccomando, voglio assolutamente fare bella figura ³!
3 – Va bene, faremo quel che potremo ¹.
4 – Dovremo ¹ tirare fuori ⁴ il servizio di porcellana per apparecchiare la tavola come si deve ⁵.
5   Salirò io in soffitta a prenderli: piatti fondi e piani e piattini devono essere in uno scatolone ⁶.
6   E magari anche le posate che ci ⁷ hanno regalato ⁸ i miei zii per il matrimonio,
7   i cucchiai per i tortellini in brodo e coltelli e forchette per la carne ai ferri che cucinerò io.
8 – Non dimenticarti ⁹ i cucchiaini, perché farò anche un dolce.
9 – A dire il vero, quello lo porteranno loro...
10 – Meglio così, avrò meno da fare ¹⁰ in cucina.
11   Bisognerà anche mettere una bella tovaglia, e i tovaglioli assortiti, naturalmente.
12   E ci vorranno ¹ i bicchieri, quelli per l'acqua e quelli da vino ¹¹.
13 – Per essere sicuro di fare bella figura, la tavola la apparecchierai tu,
14   il lavoro in cucina mi basta e avanza ¹²!

Uitspraak
1 ... kapoeffitsjo ... *2* ... assoloetaménté ... *4* ... sérvitsio ... portsjéllana ... apparékkiaré ... *7* ... koekkiai ... forkétté ... *8* ... koekkiaini ... *11* tovalja ... tovaljoli ... *12* ... akkoea ... *13* ... apparékkiérai ... *14* ... avantsa

Veertigste les

Uitnodiging voor een *(tot)* diner

1 – Simona, vrijdagavond zullen mijn nieuwe bureauchef en zijn vrouw bij ons komen *(te)* dineren.
2 Alsjeblieft, ik wil absoluut [een] goed *(mooi)* figuur slaan *(maken)*!
3 – Ok, we zullen doen wat *(dat dat)* we *(zullen)* kunnen.
4 – We zullen het porseleinen servies moeten uithalen *(trekken buiten het servies van porselein)* om de tafel te dekken zoals het hoort *(men moet)*.
5 Ík zal ze van de zolder halen *(Zal-klimmen ik op zolder om-te halen-ze)*: diepe en platte borden en [dessert]- bordjes moeten in een kartonnen doos zitten.
6 En misschien ook het bestek *(de couverts)* dat mijn oom en tante ons hebben cadeau gedaan voor ons *(het)* huwelijk,
7 de lepels voor de *tortellini* in bouillon en messen en vorken voor het gegrild vlees *(op-de ijzers)* dat ík zal klaarmaken.
8 – Vergeet de lepeltjes niet, want ik zal ook een dessert [klaar]maken.
9 – Om de waarheid te zeggen, dat *(het)* zullen zij meebrengen...
10 – Beter zo, zal ik minder te doen hebben in de keuken.
11 – Er zal ook een mooi tafelkleed en de bijpassende servetten moeten gelegd worden *(Zal-behoeven ... leggen)*, natuurlijk.
12 En er zullen *(de)* glazen nodig zijn, die voor het water en die voor de *(van)* wijn.
13 – Om [ervan] zeker te zijn een goede indruk *(figuur)* te maken zal jíj de tafel dekken,
14 het werk in de keuken is meer dan genoeg voor mij *(me volstaat en vooruit)*!

40 / Quarantesima lezione

Opmerkingen

1. Nog een paar werkwoorden met een onregelmatige toekomende tijd: **venire → verrò** (*ik zal komen*); **potere → potrò** (*ik zal mogen/kunnen*); **dovere → dovrò** (*ik zal moeten*); **volere → vorrò** (*ik zal willen*), met **ci** in de betekenis van *nodig zijn*. Merk het gebruik van de toekomende tijd op, ook al blijkt uit de context dat iets nog moet gebeuren (en in het Nederlands dan de o.t.t. kan gebruikt worden).

2. **Capufficio**, *bureauchef* is de samentrekking van **capo**, *hoofd, chef* en **ufficio**, *bureau, kantoor*. Net als veel andere samengestelde woorden is het onveranderlijk: **il/la capufficio, i/le capufficio**.

3. **Fare bella figura** (zonder lidwoord) is *een goed figuur slaan, een goede indruk maken*. Het tegengestelde, met *slecht*, is **fare brutta figura** (pejoratief: **fare una figuraccia**), dat ook *een mal figuur slaan* of *een stommiteit, een flater begaan* betekent.

4. Het bijwoord **fuori**, *(naar) buiten, (er)uit* wordt, net als het tegengestelde **dentro**, *(naar) binnen, (er)in*, vaak met een werkwoord gecombineerd: **andare fuori** is *naar buiten gaan*, **tirare fuori** is *uithalen, tevoorschijn halen, naar buiten, -uitsteken* (denk aan de tong in les 33). **Vieni dentro!**, *Kom binnen!*

5. **Come si deve** (lett. 'zoals men moet') komt overeen met *zoals het hoort*: **Comportati come si deve!**, *Gedraag je zoals het hoort!*

6. Soms gaat een woord met een nuancerend achtervoegsel zijn eigen weg, zoals hier het mannelijke **lo scatolone**, *de kartonnen doos*, afgeleid van **la scatola**, *de doos*, dat met het vergrotingssuffix erbij vrouwelijk blijft en als **la scatolona** gewoon *de grote doos* is!

7. **Ci** is hier het persoonlijk voornaamwoord 1e pers. mv. *ons* in de rol van meewerkend voorwerp, maar het kan ook optreden als lijdend voor-

***

Esercizio 1 – Traducete

❶ Non dimentichiamoci di tirare fuori i bicchieri da vino. ❷ Siamo stati invitati a cena dalla mia capufficio. ❸ Quando saremo tornati dall'Italia vi diremo quali sono le città da visitare. ❹ Salirai in soffitta e andrai a prendere i piatti fondi e quelli piani. ❺ Bisognerà apparecchiare la tavola per la cena con gli zii.

Veertigste les / 40

werp (**ci vedranno**, *ze zullen ons zien*) of als wederkerend voornaamwoord (**ci laveremo**, *we zullen ons wassen*). Dit multitasken, dat zich in het Nederlands ook voordoet, kan in het Italiaans niet in de 3e pers. ev of mv.

8 Regalare is *cadeau doen, geven, schenken*; **un regalo** is *een geschenk, cadeau*.

9 Bij de imperatief van een wederkerend werkwoord, hier **dimenticarsi**, wordt het wederkerend voornaamwoord achteraan aan het werkwoord vast geschreven: **Dimenticati!**, *Vergeet (het)!*, **Non dimenticarti!**, *Vergeet (het) niet!*, **(Non) dimentichiamoci/dimenticatevi di comprare il biglietto!**, *Laten we (niet) vergeten / Vergeten jullie (niet) het ticket te kopen*. Behalve in de beleefdheidsvorm: **(Non) si dimentichi!**, *Vergeet u (het) niet!*

10 Met het voorzetsel **da** vóór een werkwoord wordt een (be)doel(ing) of verplichting uitgedrukt: **Ci sarà poco da bere**, *Er zal weinig te drinken zijn*; **È un film da vedere** ('Het is een te ziene film'), *Het is een film die je moet gezien hebben*.

11 Ook vóór een naamwoord drukt **da** uit waarvoor het voorwerp bedoeld, bestemd is: **la camicia da notte**, *het nachthemd* (les 34); **una tazza da caffè**, *een koffiekop* (terwijl **una tazza di caffè** *een kop koffie* is).

12 **Avanzare** is *vooruit-, verdergaan*, maar ook *over zijn, overblijven* (als er wat teveel is): **Nessuno ha mangiato ed è avanzata molta pasta**, *Niemand heeft gegeten en er is veel pasta overgebleven*. Vandaar de uitdrukking **basta e avanza**, *het is meer dan genoeg, volstaat ruimschoots*. **Bastare** betekent *volstaan, voldoende zijn*.

***

Oplossing van oefening 1

❶ Laten we niet vergeten de wijnglazen uit te halen! ❷ We zijn door mijn bureauchef uitgenodigd *(geworden)* voor een diner. ❸ Wanneer we uit Italië teruggekeerd zullen zijn, zullen we jullie zeggen welke de te bezoeken steden zijn. ❹ Je zal de zolder opgaan en je zal de diepe borden en die platte halen. ❺ De tafel zal gedekt moeten worden voor het diner met de oom(s) en tante(s).

Esercizio 2 – Completate

❶ Vergeten jullie niet om het bestek te gaan halen om de tafel te dekken.
   Non .... prendere le ......
   per ....•

❷ Ze zullen doen wat ze *(zullen)* kunnen om een goed figuur te slaan.
   .... che .... per ....•

❸ De identiteitskaart zal nodig zijn maar wij zullen ze niet hebben.
   .. .. la carta .... ma noi ... .•

❹ Voor ons huwelijk heeft je zus ons een porseleinen servies geschonken.
   Per .. .. tua ....
   un servizio .. ..•

❺ Ik vind deze lepels niet mooi, ik verkies die.
   Non mi ...., preferisco ......•

Quarantunesima lezione

Un colloquio di lavoro

1 – Signorina Grandi, l'abbiamo convocata [1] per il posto di responsabile del personale.
2 La [2] ringrazio di averci richiamato [3] subito, così abbiamo potuto fissare l'appuntamento oggi stesso.
3 – Sono io che [4] vi ringrazio, e se verrò scelta [5] per questo lavoro ne sarò felicissima!
4 – Beh, diciamo che il suo curriculum vitae corrisponde esattamente al profilo che stiamo cercando.
5 Lei ha sempre lavorato in ditte [6] che operano nel nostro stesso ramo,

Oplossing van oefening 2

❶ – dimenticatevi di andare a – posate – apparecchiare la tavola ❷ Faranno quel – potranno – fare bella figura ❸ Ci vorrà – d'identità – non ce l'avremo ❹ – il nostro matrimonio – sorella ci ha regalato – di porcellana ❺ – piacciono questi cucchiai – quelli

I tortellini zijn, net als i ravioli, met vlees of kaas e.d. gevulde pastasoorten, opgediend in een (vlees)saus of bouillon. Het is een van oorsprong Bolognese specialiteit.

Onze dialogen bevatten steeds meer nieuwe woordenschat en structuren. Net door er voortdurend mee geconfronteerd te worden, zal u ze zich snel eigen maken. Ongetwijfeld worden sommige [ ] en ( ) overbodig, gelukkig maar! We geven die toevoegingen in het Nederlands resp. typisch Italiaanse constructies vooral mee om mogelijke twijfels te vermijden. Ontdek de verschillen én gelijkenissen tussen beide talen en... geniet ervan!

Eenenveertigste les

Een sollicitatiegesprek *(onderhoud over werk)*

1 – Juffrouw Grandi, we hebben u opgeroepen voor de baan als *(post van)* personeelsverantwoordelijke.
2 Ik dank u om ons meteen teruggebeld te hebben, zo hebben we de afspraak vandaag nog kunnen *(gekund)* vastleggen.
3 – Ík ben [het] die jullie bedankt, en als ik uitgekozen word *(zal-komen)* voor dit werk zal ik er dolgelukkig om zijn!
4 – Wel, laten we zeggen dat uw curriculum vitae exact overeenstemt met het profiel dat we aan het zoeken zijn.
5 Ú hebt altijd gewerkt in bedrijven die actief zijn *(opereren)* in dezelfde branche als de onze *(in-de onze zelfde branche)*,

41 / Quarantunesima lezione

6 quindi i suoi compiti qui saranno più o meno gli stessi che ha svolto [3] presso i suoi datori di lavoro [7] precedenti.

7 – Mi farà molto piacere se la mia esperienza lavorativa potrà [5] essere utile all'azienda [6]!

8 – La nostra intenzione è quella di assumerla [1] a tempo indeterminato dopo un periodo di prova di tre mesi.

9 In un primo momento le [8] proporremo [9] uno stipendio di base per questo tipo di mansione,

10 ma se saremo [5] soddisfatti del suo lavoro la sua situazione evolverà molto in fretta.

11 E per quanto riguarda orari [10] e ferie, in questa società [6] siamo molto flessibili, se il lavoro è ben fatto.

12 – Oh, io non ho particolari pretese da questo punto di vista, almeno all'inizio...

13 – Come lei sa, noi produciamo [11] sistemi industriali di raffreddamento,

14 e lei dovrà spesso affiancare i nostri ingegneri per selezionare tecnici specializzati in questo ambito.

15 – Bene! Quando si comincia?

Uitspraak

2 ... rikiamato ...3 ... sjélta ... félitsjissima 4 ... koerrikoeloem vité ... 6 ... a zvolto ... prétsjédènti 7 ... éspèrièntsa ... alladzièndа 8 ... inténtsioné ... indétérminato ... 9 ... proporrémo ... stipèndio ... mansioné 10 ... sitoeatsioné ... 11 ... riGoearda ... fèrié ... sotsjéta ... 12 ... allinitsio 13 ... prodoetsjamo... raffréddaménto 14 ... affiankaré ... indzjénjèri ... sélétsionaré tèknitsji spétsjaliddzati ... ambito 15 ... komintsja

Eenenveertigste les / 41

6 dus uw taken hier zullen plusminus *(plus of min)* dezelfde zijn als [die welke] u hebt uitgevoerd *(gedraaid)* bij uw vorige werkgevers.

7 – Het zou *(zal)* me veel plezier doen indien mijn werkervaring nuttig mocht *(zal)* zijn voor de onderneming!

8 – Onze bedoeling is *(die)* u aan te werven voor onbepaalde duur *(tijd)* na een proefperiode van drie maanden.

9 Aanvankelijk *(In een eerste moment)* zullen we u een basissalaris voor dit type van functie aanbieden,

10 maar als we tevreden *(zullen)* zijn over uw werk zal uw situatie heel gauw evolueren.

11 En voor wat *(hoeveel)* betreft [werk]tijden en vakantiedagen zijn we in deze maatschappij erg flexibel, als het werk goed gedaan is.

12 – O, ík heb geen bijzondere eisen in dat opzicht *(punt van zicht)*, in het begin tenminste...

13 – Zoals u weet, produceren wij industriële afkoelingssystemen,

14 en u zal dikwijls moeten samenwerken [met] onze ingenieurs om in dit domein gespecialiseerde technici te selecteren.

15 – Goed! Wanneer beginnen we eraan *(men begint)*?

Opmerkingen

1 Staat een persoonlijk voornaamwoord in de 3e pers. ev./mv. als lijdend voorwerp (**lo, la** (**l'** vóór een klinker) / **li, le**) vóór een vervoeging met **avere**, dan moet het voltooid deelwoord ermee overeenkomen: **Tuo cugino, l'ho incontrato ieri**, *Je neef, ik heb hem gisteren ontmoet*; **Tua cugina, l'ho incontrata**, *Je nicht, ik heb haar ontmoet*; **I tuoi colleghi, li ho incontrati**, *Je collega's* (m. of gemengd), *ik heb ze ontmoet*; **Le tue colleghe, le ho incontrate**, *Je collega's* (v.), *ik heb ze ontmoet*.

centonovantaquattro • 194

41 / Quarantunesima lezione

2 Het persoonlijk voornaamwoord-lijdend voorwerp is in de beleefdheids- en vrouwelijke vorm (ev.) **la**. Bij overeenkomst moet een voltooid deelwoord dus in het vrouwelijk, ook m.b.t. een man, al wordt deze regel niet altijd gevolgd in gesproken omgangstaal: **Signor Rossi, l'abbiamo convocata/convocato**, *Meneer Rossi, we hebben u opgeroepen, bij ons laten komen*.

3 Aansluitend op opm. 1 hierboven: is het persoonlijk voornaamwoord-lijdend voorwerp vóór een vervoeging met **avere** geen 3e persoon enkelvoud/meervoud, zoals hier **ci**, *ons*, dan is overeenkomst van het voltooid deelwoord facultatief, en zelfs ongewoon in gesproken omgangstaal: **La ringrazio di averci richiamato/-i**, *Ik dank u om ons teruggebeld te hebben*; **Gina, ti abbiamo convocato/-a**, *Gina, we hebben je bij ons geroepen*.

4 Manieren om het belang van het onderwerp te benadrukken: gebruik van het persoonlijk voornaamwoord-onderwerp (**Lui deve venire da voi**, *Hij moet bij jullie komen*) of volgorde werkwoord-onderwerp (**Deve venire lui da voi**). Het klinkt nog sterker in een constructie met **essere**: **È lui che deve venire da voi**, *Hij is het die bij jullie moet komen*.

5 In het Italiaans kan een hypothese uitgedrukt worden met **se**, *als, indien* + een toekomende tijd: **Se verrai da me, ceneremo insieme**, *Als je bij mij komt* (zal komen), *zullen we samen dineren*; **Se avrai finito il tuo lavoro, potrai uscire prima**, *Als je je werk beëindigd hebt* (zal-hebben beëindigd), *zal je eerder kunnen weggaan*. Zie ook zin 7, waar de aanwerving nog onzeker is.

6 **Ditta**, **azienda** en **società**, drie gelijkwaardige woorden voor *bedrijf, onderneming, maatschappij*. En er is ook nog **impresa**.

***

Esercizio 1 – Traducete

❶ Signor direttore, la ringrazio di avermi scritto subito.
❷ Avete intenzione di assumermi a tempo indeterminato?
❸ Se potremo farlo, lo faremo sicuramente. **❹** Signorina, i suoi compiti in questo ambito saranno gli stessi che ha già svolto per i suoi precedenti datori di lavoro. **❺** L'ingegner Carli, dovremo spesso affiancarlo nella selezione di tecnici specializzati.

Eenenveertigste les / 41

7 De constructie 'hoofdwoord + voorzetsel **di** + bepalend woord' is het equivalent van een Nederlands samengesteld woord: *werkgever* is dus **datore di lavoro**, lett. 'gever van werk'.

8 **Le** is het persoonlijk voornaamwoord-meewerkend voorwerp in de beleefdheidsvorm, vervoegd in de 3e pers. ev. (zoals het vrouwelijk enkelvoud): **Signor direttore, le scriverò domani**, *Meneer de directeur, ik zal u morgen schrijven*.

9 **Proporremo** is de toekomende tijd in de 1e pers mv. van **proporre**, *aanbieden, voorstellen*. Onregelmatige werkwoorden met een infinitief op **-rre** (die tot de 2e groep behoren), zoals **comporre**, *samenstellen* en **produrre**, *produceren*, voegen de uitgang van de toekomende tijd toe aan hun stameinde **-rr**: **produrremo sistemi**, *we zullen systemen produceren*.

10 **Orario** betekent als bijvoeglijk naamwoord *uur-, tijd-*; als zelfstandig naamwoord wordt het gebruikt voor de uurregeling, het tijdschema op het werk, op school, in de bioscoop enz., de dienstregeling bij de spoorwegen, op de luchthaven enz., de openingsuren van handelszaken enz.

11 **Produrre**, *produceren*, onregelmatig werkwoord uit de 2e groep, met o.t.t. afgeleid van de Latijnse stam **produc-**: **produco, produci, produce, produciamo, producete, producono**. Het voltooid deelwoord is **prodotto**. O.a. de volgende werkwoorden volgen dit model: **tradurre**, *vertalen*, **ridurre**, *reduceren*, **dedurre**, *afleiden, aftrekken*, **riprodurre**, *reproduceren*, **condurre**, *besturen, leiden, (aan)voeren*: **condurre un'inchiesta**, *een enquête voeren*.

***

Oplossing van oefening 1

❶ Meneer de directeur, ik dank u om me meteen geschreven te hebben. **❷** Hebben jullie de intentie om me voor onbepaalde duur aan te werven? **❸** Als we het *(zullen)* kunnen doen, zullen we het zeker doen. **❹** Juffrouw, uw taken in dit domein zullen dezelfde zijn als die welke u al hebt uitgevoerd voor uw vorige werkgevers. **❺** Ingenieur Carli, we zullen vaak met hem moeten samenwerken bij de selectie van gespecialiseerde technici.

Esercizio 2 – Completate

❶ Volgend jaar zullen we afkoelingssystemen produceren.
L'anno .... di ....

❷ Als ze je een goed salaris voorstellen *(toekomende tijd)*, zal je voor hen kunnen werken.
Se ti ...., ... lavorare ... .

❸ Onze gespecialiseerde technici worden uitgekozen door de personeelsverantwoordelijke die samenwerkt met de ingenieurs.
I nostri ....
responsabile del personale ... .

❹ Voor wat betreft de werktijden, heb ik geen bijzondere eisen.
Per ...., non ho ....

❺ Ik zou *(toekomende tijd)* dolgelukkig zijn indien mijn werkervaring in deze branche van nut mocht *(zal)* zijn voor het bedrijf.
.... se la mia .... in questo .... essere utile ....

42

Quarantaduesima lezione

Revisione – Herhaling

1 Toekomende tijd

1.1 Onvoltooid toekomende tijd

• Vorming van de 'onvoltooide' of 'gewone' toekomende tijd, **il futuro semplice** (we noemen hem meestal dus ook de 'toekomende tijd', afgekort 'toek.t.':
werkwoordstam
+ **er** voor werkwoorden op **-are** en **-ere**
   ir voor werkwoorden op **-ire**
+ persoonsuitgang **-ò**, **-ai**, **-à**, **-emo**, **-ete** of **-anno**:

Oplossing van oefening 2

❶ – prossimo produrremo sistemi – raffreddamento ❷ – proporranno un buono stipendio, potrai – per loro ❸ – tecnici specializzati vengono scelti dal – che affianca gli ingegneri ❹ – quanto riguarda gli orari – particolari pretese ❺ Sarò felicissima – esperienza lavorativa – ramo potrà – all'azienda

Blijf dagelijks tijd besteden aan uw studie! Dat dit loont, hebt u intussen al ondervonden.

Tweeënveertigste les

parl**are**	prend**ere**	fin**ire**
parl*er*ò	prend*er*ò	fin*ir*ò
parl*er*ai	prend*er*ai	fin*ir*ai
parl*er*à	prend*er*à	fin*ir*à
parl*er*emo	prend*er*emo	fin*ir*emo
parl*er*ete	prend*er*ete	fin*ir*ete
parl*er*anno	prend*er*anno	fin*ir*anno

• Onregelmatige vormen:

- heel wat werkwoorden hebben in de toekomende tijd een onregelmatige stam, waaraan de regelmatige uitgang **-ò**, **-ai**, **-à**, **-emo**, **-ete** of **-anno** wordt toegevoegd, bv.:

infinitief	(onvoltooid) toekomende tijd (1e pers. ev.)
essere	sarò
avere	avrò
andare	andrò
dare	darò
fare	farò
stare	starò
dovere	dovrò
potere	potrò
sapere	saprò
vedere	vedrò
volere	vorrò
venire	verrò

- bij onregelmatige werkwoorden met infinitief op **-rre** worden de persoonsuitgangen aan het stameinde **-rr** toegevoegd, bv.:
produrre → **produrrò** enz., **proporre** → **proporrò** enz.

1.2 Voltooid toekomende tijd

Vorming van de voltooid toekomende tijd (v.toek.t.), **futuro anteriore**: (onvoltooid) toekomende tijd van het hulpwerkwoord + voltooid deelwoord van het hoofdwerkwoord (waar in het Nederlands 'zal/zullen hebben/zijn + voltooid deelwoord' gebruikt wordt), bv.:
avrò finito, *ik zal gedaan hebben*
sarò andato/-a, *ik zal gegaan zijn.*

1.3 Toekomende tijd voor een hypothese

De toekomende tijd wordt soms gebruikt om een hypothese, onzekere toestand, waarschijnlijkheid uit te drukken:
- in het heden, met de gewone toekomende tijd:
Che ore saranno? – Saranno le due, *Hoe laat zou (zal) het zijn? – Het zal/moet (wel) 2 uur zijn.*
- in het verleden, met de voltooid toekomende tijd:
Che ore saranno state? – Saranno state le due, *Hoe laat zou (zal) het geweest zijn? – Het zal/moet (wel) 2 uur geweest zijn.*

2 Wederkerende werkwoorden (vervolg)

Sommige werkwoorden zijn zowel in het Italiaans als in het Nederlands wederkerend, bv.:
lavarsi, *zich wassen;* **vestirsi**, *zich aankleden;* **vergognarsi**, *zich schamen.*

Sommige werkwoorden zijn wederkerend in het Italiaans, maar niet in het Nederlands bv.:
sposarsi, *huwen, trouwen* (**non mi sposo**, *ik trouw niet*)
mettersi (vestiti), *(kleren) aantrekken, aandoen* (**mi metto una sciarpa**, *ik doe een sjaal om*)
dimenticarsi, *vergeten* (**mi dimentico**, *ik vergeet (het)*)
rompersi, *breken* (**mi sono rotto il braccio**, *ik heb mijn arm gebroken*)
allenarsi, *trainen* (**mi alleno ogni settimana**, *ik train iedere week*)
of niet altijd, bv.:
sedersi, *zich neerzetten, gaan zitten, plaatsnemen* (**mi siedo**, *ik zet me neer, ik ga zitten, neem plaats*)
muoversi, *bewegen* in de betekenis van 'aan lichaamsbeweging doen'.

Sommige wederkerende werkwoorden hebben een Nederlands equivalent met 'bijvoeglijk naamwoord + worden', bv.:
innamorarsi, *verliefd worden* (**m'innamoro**, *ik word verliefd*)
arrabbiarsi, *boos worden, zich boos/kwaad maken* (**mi arrabbio**, *ik word boos, maak me kwaad*).
(Dit is ook bij een aantal niet wederkerende werkwoorden het geval, bv. **ringiovanire**, *jonger worden, verjongen;* **invecchiare**, *oud(er) worden, verouderen;* **dimagrire**, *slank(er) worden, vermageren, afvallen;* **ingrassare**, *dik(ker) worden, verdikken, bijkomen.*)

Sommige werkwoorden krijgen in de wederkerende vorm een (heel) andere betekenis, bv.:
lavare, *wassen;* **lavarsi**, *zich wassen* (zoals in het Nederlands)
svegliare, *wekken, wakker maken;* **svegliarsi**, *ontwaken, wakker worden*
chiamare, *roepen, (op)bellen;* **chiamarsi**, *heten, genoemd zijn/worden.*

We toonden ook voorbeelden van het gebruik van de wederkerende vorm van een werkwoord om de handeling persoonlijker uit te drukken.

We zagen daarnaast ook wederkerige vormen zoals **incontrarsi**, *elkaar ontmoeten* en **vedersi**, *elkaar zien.*

3 Hulpwerkwoorden (verbi ausiliari)

• We zagen dat sommige werkwoorden in het Italiaans met **essere** vervoegd worden terwijl hun Nederlandse vertaling *hebben* vraagt, bv. **vivere** in het volgende voorbeeld.

• Soms verandert de betekenis met het hulpwerkwoord, bv.:
vivere met **essere**: **È vissuto a lungo**, *Hij heeft lang geleefd*;
vivere met **avere**, vooral met een lijdend voorwerp erbij: **Ha vissuto una bella/brutta esperienza**, *Hij/Ze heeft een mooie/slechte ervaring beleefd/meegemaakt*.

• Wederkerende werkwoorden worden altijd met **essere** vervoegd:
Mi sono sbrigata, *Ik heb me gehaast.*
Mi sono rotto la gamba, *Ik heb mijn been gebroken.*
Mio nonno si è messo il cappello, *Mijn opa heeft zijn hoed opgezet.*

• Let erop dat er in het Italiaans niets (behalve een paar bijwoorden zoals **mai**, **appena** en **sempre**) tussen hulpwerkwoord en voltooid deelwoord staat!

• Pas de regels i.v.m. de overeenkomst van het voltooid deelwoord toe (zie les 35)!

4 Onregelmatige werkwoorden met *durre* als basis

Werkwoorden die uitgaan op **-durre** behoren tot de 2e groep: ze zijn afgeleid van het Latijnse 'ducere', *leiden* (vanwaar ook **il duce**, *de leider*, zoals dictator Mussolini zich tijdens de fascistische periode, tussen 1922 en 1945, liet noemen). Uitgaand van de onregelmatige **-duc-**stam worden ze dus vervoegd zoals andere werkwoorden op **-ere**, bv.: **condurre**, *leiden, besturen, (aan)voeren*, **dedurre**, *afleiden, aftrekken*, **produrre**, *produceren*, **ridurre**, *reduceren, herleiden*, **riprodurre**, *reproduceren*, **tradurre**, *vertalen*.

produrre in de o.t.t.
produco
produci
produce
produciamo
producete
producono

toek.t.: **produrrò** enz.
voltooid deelwoord: **prodotto**

5 Persoonlijke voornaamwoorden als lijdend voorwerp

Een persoonlijk voornaamwoord (**pronome personale**) treedt op als lijdend voorwerp (**oggetto diretto**) in een zin met een transitief (overgankelijk) werkwoord.

enkelvoud	
1	mi
2	ti
3	**lo** (mannelijk), **la** (vrouwelijk en beleefdheidsvorm)*
meervoud	
1	ci
2	vi
3	**li** (mannelijk), **le** (vrouwelijk)

* de 3e persoon enkelvoud (**lo** en **la**) verliest zijn klinker en krijgt een weglatingsteken vóór werkwoorden die beginnen met een klinker of een **h** (**l'**), de 3e meervoud verandert niet:
tuo fratello, l'inviterò domani, *jouw broer, ik zal hem morgen uitnodigen*
la tua amica, l'inviterò, *jouw vriendin, ik zal haar uitnodigen*
i tuoi fratelli, li inviterò, *jouw broers, ik zal hen/ze uitnodigen*
le tue amiche, le inviterò, *jouw vriendinnen, ik zal hen/ze uitnodigen*.

Wegens hun gelijkaardig gebruik worden **ne**, *er(van, -over enz.)* en **ci**, *er(heen, -naartoe enz.)* ook in deze voornaamwoordcategorie ondergebracht.

Een voornaamwoord-lijdend voorwerp staat vóór de persoonsvorm, maar bij een infinitief (die dan zijn eind-**e** verliest) of imperatief (behalve de beleefde) wordt het er achteraan vast geschreven:
Vorrei vedervi domani, *Ik zou jullie morgen willen zien.*
Mangiane, *Eet ervan*.
De klemtoon blijft op zijn plaats:
mangiate, *eten jullie*; **mangiatene**, *eten jullie ervan*.

6 Voorzetsels

• **di** om de inhoud of hoeveelheid van iets uit te drukken:
Vuoi una tazza di caffè?, *Wil je een kop koffie?*
of om iets nader te bepalen, bv. zeggen van welk materiaal iets is gemaakt:
È una tazza di porcellana, *Het is een kopje van porselein, porseleinen kopje.*

• **da** om uit te drukken wat de bestemming, bedoeling van iets is:
È una tazza da caffè, *Het is een koffiekop.*
of de prijs, waarde ervan:
un francobollo da tre euro, *een zegel van 3 euro*

***

Dialogo di revisione

1 – Siete già andati a vedere l'ultimo film di Sandro Pico?
2 – Io no, ma ci andrò domenica.
3 I suoi film mi sono sempre piaciuti molto.
4 – A dire il vero io ci sto andando proprio adesso.
5 Lo danno al Ristori, qualcuno vuole venire con me?
6 – Accidenti! Ci vogliono cinquanta minuti per andarci.
7 È in una parte della città che non conosco, quando ci vado mi ci perdo.
8 – Ma no, sarà a un paio di chilometri da qui sì e no.
9 – Se un giorno mi proporrai di andare più vicino, verrò con te!
10 – Io invece mi vergogno un po', ma di film di Pico non ne ho visto neanche uno.
11 – Non vergognarti! Vieni con me, piuttosto, penso che ti piacerà.
12 – Va bene, ci vengo, ma con la tua macchina!

Tweeënveertigste les / 42

- **con** m.b.t. iets wat je *bij* je hebt, *mee* hebt:
Deve avere sempre con lei la carta d'identità, *U moet steeds uw identiteitskaart bij zich hebben, mee hebben.*

- **per** als *door, over, langs* enz. m.b.t. een plaats:
Passeggiamo per la città / per un ponte, *We wandelen door de stad / over een brug.*

Onthoud ook het verschil tussen **a piedi**, *te voet* en **in piedi**, 'op voeten', dus *rechtop, overeind staand.*

***

Vertaling
1 Zijn jullie de laatste film van Sandro Pico al gaan bekijken? **2** Ík niet, maar ik ga *(zal gaan)* er zondag naartoe. **3** Ik heb zijn films altijd heel goed gevonden. **4** Om de waarheid te zeggen, ik ben er nu net heen aan het gaan. **5** Ze draaien hem in de Ristori, wil iemand met mij meekomen? **6** Verdorie! Je doet er 50 minuten over om erheen te gaan! **7** Het ligt in een stadsdeel dat ik niet ken, wanneer ik er naartoe ga, raak ik de weg kwijt *(me er verlies)*. **8** Maar nee, het moet zowat een paar kilometer hiervandaan zijn. **9** Als je me een dag voorstelt *(zal voorstellen)* om dichterbij te gaan, zal ik met je [mee]gaan! **10** Ik daarentegen schaam me een beetje, maar van de films van Pico heb ik er zelfs niet één gezien. **11** Schaam je niet! Kom liever met mij [mee], ik denk dat hij je zal bevallen. **12** Ok, ik kom ernaartoe, maar met jouw auto!

Deze vertaling is wat 'vrijer' dan anders (met hier en daar nog een [ ] en ( ) voor de duidelijkheid). U bent immers bijna halverwege de cursus en krijgt allerlei nuances onder de knie. U zit nu ook op "kruissnelheid", dus blijven we nieuwe woorden en structuren op uw route uitzetten. U krijgt die woordenschat en grammatica wel geassimileerd, les per les, dagelijks een portie...
AVANTI!

Quarantatreesima lezione

In banca

1 – Buongiorno, desidero [1] aprire un conto bancario.
2 – Certamente, signorina ... Come si chiama, scusi?
3 – Signora Agata Nowak, vengo dalla Polonia e starò in Italia per uno o due anni per lavoro.
4 – Ah, mi scusi, signora Nowak, le [2] chiamo subito un collega [3] che si occuperà di lei.
5 Ecco, signora, le [2] presento il dottor Paolini [4], gli [5] ho già spiegato di cosa ha bisogno.
6 – Buongiorno, signora, mi [5] dica esattamente che tipo di conto desidera [1] aprire.
7 – Direi [6] un conto classico, per domiciliare [7] il mio stipendio,
8 poi prelevare contanti, emettere assegni e usare [8] una carta di credito o di debito.
9 In Polonia avevo [9] una carta con addebito il mese successivo ed era [10] molto comodo [11].
10 – Guardi, quando avrà aperto il conto le [2] basterà comunicare il suo IBAN al suo datore di lavoro,
11 così il suo stipendio le [2] verrà accreditato direttamente sul conto tramite [12] bonifico.
12 Pagherà [13] tutte le sue bollette, luce [14], gas, acqua e telefono senza mai scomodarsi [11]:
13 farà tutto con l'home banking da casa, col computer o col cellulare.

Drieënveertigste les

In de bank

1 – Goeiedag, ik wens een bankrekening *(rekening bancaire)* [te] openen.

2 – Zeker, juffrouw … Hoe heet u, alstublieft *(excuseert)*?

3 – Mevrouw Agata Nowak, ik kom uit*(het)* Polen en ik zal in Italië verblijven gedurende een of twee jaar *(jaren)* voor [mijn] werk.

4 – O, excuseert u me, mevrouw Nowak, ik roep [voor] u meteen een collega die zich met *(van)* u zal bezighouden.

5 Ziezo, mevrouw, dit is meneer *([aan] u [ik] stel-voor de 'dokter')* Paolini, ik heb hem al uitgelegd wat u nodig hebt *(aan wat hebt behoefte)*.

6 – Dag, mevrouw, zegt u me exact welk type van rekening u wenst [te] openen.

7 – Ik zou zeggen een klassieke rekening, om mijn salaris te domiciliëren,

8 voorts cash geld *(contanten)* opnemen, cheques uitschrijven en een krediet- of debetkaart gebruiken.

9 In Polen had ik een kaart met debetboeking de volgende maand en [dat] was erg handig.

10 – Wel *(Kijkt-u)*, wanneer u de rekening zal geopend hebben, zal het [voor] u volstaan uw IBAN mee [te] delen aan uw werkgever,

11 zo zal uw salaris direct op uw *(de)* rekening bijgeschreven worden *([aan] u zal-komen gecrediteerd)* via overschrijving.

12 U zal al uw rekeningen, elektriciteit *(licht)*, gas, water en telefoon betalen zonder verdere *(nooit)* moeite te hoeven doen:

13 u zal alles doen via *(met de)* home banking van huis uit, met de computer of met de mobiele telefoon *(cellulaire)*.

duecentosei • 206

14 Oltre alla carta di credito le [2] daremo anche un bancomat, per i prelievi e per i versamenti agli sportelli automatici.

15 Le [2] ricordo però che per gli acquisti in negozio col bancomat l'addebito è immediato.

Uitspraak

1 ... dézidéro ... *3* ... kollèGa ... *5* ... spiéGato ... *6* ... ézattaménté ... *7* ... domitsjiliaré ... *8* ... oezaré ... *9* ... soettsjéssivo ... *12* paGéra ... bollétté ... loetsjé ... Gas ... *13* ... lom bènkin ... kompjoetér ... *14* ... vérsaménti ... aoetomatitsji *15* ... akoeisti ... néGotsio ...

Opmerkingen

1 Met **desidero**, *ik wens, verlang, wil graag* of **vorrei**, *ik zou willen* kan je vriendelijk en beleefd (ook wat formeel) aangeven wat je in een winkel, kantoor enz. nodig hebt. Merk op hoe de bediende het in zijn antwoord verwerkt: **Che tipo di conto desidera aprire?**, *Welk type rekening wenst u te openen?*

2 **Le** is het persoonlijk voornaamwoord-meewerkend voorwerp in de 3e persoon vrouwelijk enkelvoud, dat ook van toepassing is in de beleefdheidsvorm: **Signore, le chiedo scusa**, *Meneer, neemt u me niet kwalijk (eig. ik vraag u [om] excuus)*.

3 **Collega** is mannelijk en vrouwelijk, maar lidwoorden of bijvoeglijke naamwoorden errond horen wel in het mannelijk of vrouwelijk te staan: **un collega simpatico / una collega simpatica**, *een sympathieke collega (m./v.)*; in het meervoud is dit **dei colleghi simpatici / delle colleghe simpatiche**. Meer zelfstandige naamwoorden volgen deze regel, o.a. **giornalista**, *journalist(e)*, **farmacista**, *apotheker(es)*.

4 Wie titularis is van *een universitair diploma* (**una laurea**) wordt **dottore** genoemd. **Il dottor Paolini**, staflid bij de bank, behaalde wellicht **una laurea**, bv. in de economie. **Dottore** wordt **dottor** als er een naam op volgt (idem bij **signore** in les 4, **ingegnere** in les 41).

5 **Gli** is hier het persoonlijk voornaamwoord-meewerkend voorwerp in de mannelijke 3e pers. ev.: **Ho visto Paolo e gli ho parlato di te**, *Ik heb Paolo gezien en heb hem over jou gesproken (haar/u is **le**)*; in zin 6 is **mi** meewerkend voorwerp in de 1e pers. ev. Merk op dat een voorzetsel als *voor, aan, tegen* overbodig is.

14 Naast de creditcard zullen we u ook een bankkaart geven, voor *(de)* geldopnames en voor *(de)* stortingen via geldautomaten *(aan-de loketten automatische)*.

15 Ik herinner u [er] evenwel [aan] dat voor *(de)* aankopen in [een] winkel met de bankkaart de debetboeking onmiddellijk gebeurt *(is)*.

6 **Direi** is de 1e persoon enkelvoud in de voorwaardelijke wijs van **dire**. De voorwaardelijke wijs wordt, net als in het Nederlands, vaak gebruikt voor een beleefd verzoek, daar hij minder direct overkomt dan de o.t.t., bv. **vorrei**, *ik zou willen* i.p.v. **voglio**, *ik wil*.

7 Er is het werkwoord **domiciliare**, *domiciliëren, domicilie kiezen, betaalbaar stellen*, het zelfstandig naamwoord **il domicilio**, *de woon-, verblijfplaats (domicilie)* en het bijvoeglijk naamwoord **domiciliare**, *aan huis, (t)huis-*: **assistenza domiciliare**, *assistentie, bijstand aan huis, thuishulp, -zorg*.

8 **Usare**, *gebruiken* zagen we al in les 29 en 33. Het voltooid deelwoord wordt ook gebruikt in de betekenis van *gedragen* (**scarpe usate**, *gedragen schoenen*) of *tweedehands* (**una macchina usata** is *een tweedehandsauto*). *Verbruiken* is **consumare**: *Per sedersi si deve consumare*, 'Wil je gaan zitten, verbruik/consumeer dan iets'. En **scarpe consumate** zijn *versleten schoenen* (door gebruik verbruikt...).

9 **Avevo** is de 1e persoon enkelvoud in de onvoltooid verleden tijd (o.v.t.) van het (hulp)werkwoord **avere**. Volledige vervoeging: **avevo, avevi, aveva, avevamo, avevate, avevano**.

10 **Era** is de 3e persoon enkelvoud in de o.v.t. van het (hulp)werkwoord **essere**. Volledige vervoeging: **ero, eri, era, eravamo, eravate, erano**.

11 **Comodo** betekent op zich *comfortabel*: **un letto comodo**, *een comfortabel bed*, maar wordt ook gebruikt in de betekenis van *praktisch, handig, (ge)makkelijk* enz.: **È comodo avere molti negozi vicino a casa**, *Het is praktisch om veel winkels dicht bij huis te hebben*. Het tegengestelde is **scomodo**, met het werkwoord **scomodare**, *storen, lastigvallen*: **Non era necessario scomodare un medico, bastava un infermiere**, *Het was niet nodig om een arts te storen, een verpleger volstond*. De wederkerende vorm **scomodarsi** geeft *moeite doen, zich de moeite getroosten* weer, bv. *de moeite nemen* om zich te verplaatsen...

12 **Tramite** betekent als voorzetsel *door middel van, via*: **Sono stata assunta tramite concorso**, *Ik ben aangeworven (geweest) via een sollicitatieprocedure*. **Il tramite** is *de bemiddelaar, tussenpersoon*: **fare da tramite**, *als bemiddelaar optreden*.

13 Om de harde g-klank *[G]* te bewaren, wordt bij werkwoorden als **pagare** na de **g** een **h** ingelast vóór een uitgang die met een **i** of **e** begint. In les 17 en 21 zagen we zo de o.t.t. in de 2e persoon enkelvoud **paghi** en de 1e

***

Esercizio 1 – Traducete

❶ Da ragazza avevo molte amiche. ❷ Quando verrà la signora Rossi, le spiegheremo come prelevare contanti allo sportello automatico. ❸ Dottor Pareschi, se domicilia qui il suo stipendio, le sarà accreditato ogni mese dal suo datore di lavoro tramite bonifico. ❹ Mi spieghi esattamente di cosa ha bisogno. ❺ Era molto comoda la carta di credito con addebito il mese successivo.

***

Esercizio 2 – Completate

❶ We hebben Marco ontmoet en hebben hem alles uitgelegd.
.... Marco e ... . tutto.

❷ Morgen zullen we inkopen doen in de winkel waar we waren gisteren toen we elkaar hebben gezien.
Domani .... dove ....
.... quando .. ..

❸ Toen je student was had je veel vrije tijd.
Quando ... . tempo libero.

❹ Wanneer je je salaris zal ontvangen hebben, zullen we de elektriciteits- en de gasrekeningen betalen.
.... preso lo ...., ... le ....
.... e del .... .

❺ Ik zou met mijn 'bancomat' contant geld willen afhalen aan een geldautomaat.
.... col mio bancomat a uno
....

meervoud **paghiamo**. In de toekomende tijd moet het bij alle personen (zie les 49). Dit geldt voor alle werkwoorden op **-gare** (**navigare**, *navigeren, (be)varen*, **pregare**, *verzoeken, bidden*, **taggare**, *taggen* enz.).

14 **La luce** is letterlijk *het licht* (**accendi la luce**, *doe, steek het licht aan*) en bij uitbreiding de 'stroomaanvoer', *elektriciteit*: **la bolletta della luce**, *de elektriciteitsrekening*; **Manca la luce** (lett. 'Ontbreekt het licht'), *Er is een stroompanne, -storing, geen elektriciteit*.

***

Oplossing van oefening 1

❶ Als *(jong)* meisje had ik veel vriendinnen. ❷ Wanneer mevrouw Rossi komt *(zal komen)*, zullen we haar uitleggen hoe contant geld op te nemen aan/bij de geldautomaat. ❸ Meneer Pareschi, als u uw salaris hier domicilieert, zal het u elke maand door uw werkgever via overschrijving gecrediteerd worden. ❹ Legt u me exact uit wat u nodig hebt. ❺ Het was erg gemakkelijk, d(i)e kredietkaart met debetboeking de volgende maand.

***

Oplossing van oefening 2

❶ Abbiamo incontrato – gli abbiamo spiegato – ❷ – faremo acquisti nel negozio – eravamo ieri – ci siamo visti ❸ – eri studente avevi molto – ❹ Quando avrai – stipendio, pagheremo – bollette della luce – gas ❺ Vorrei prelevare contanti – sportello automatico

***

Hierbij wat praktische informatie voor het geval u in het Italiaans bankverrichtingen moet doen. Net als bij ons wordt in Italië een salaris op een bankrekening gestort en regelt men rekeningen, facturen *voor verbruik van energie, water, telecom enz.* (**le bollette**) *vaak via* automatische overschrijving (**bonifico automatico**). *Voor gewone aankopen wordt veel gebruikgemaakt van* **il bancomat**, *een bank-, pin- of* debetkaart, *terwijl* **la carta di credito**, *de* kredietkaart *vooral bij aankopen via internet handig is. Veel banken sluiten kantoren omdat heel wat verrichtingen die vroeger bij een loket(bediende) gebeurden voortaan via* **home banking**, *dus online op het bankportaal, uitgevoerd kunnen worden.*

Quarantaquattresima lezione

Iscrizione in palestra [1]

1 – Buongiorno, viene per iscriversi?
2 – Sì, ho bisogno di muovermi un po'.
3 Ho un lavoro d'ufficio molto sedentario e sono un po' ingrassato.
4 Il mio medico mi ha detto che devo dimagrire almeno cinque chili...
5 – L'attività sportiva è l'ideale per perdere peso!
6 I nostri personal trainer le [2] daranno un programma di allenamento personalizzato
7 e la [2] faranno dimagrire in pochissimo tempo!
8 – Spero davvero pochissimo, perché fare sport non mi è mai piaciuto [3]...
9 Una volta io e mia moglie andavamo [4] a correre tutte le domeniche mattina e ci piaceva [3] anche molto, ma poi abbiamo smesso [5].
10 Da giovane giocavo [4] a calcio [6] perché nella mia scuola c'era [7] un professore di educazione fisica molto bravo che aveva organizzato [8] una squadra piuttosto forte,
11 ci allenavamo [4] due volte alla settimana, con partita la domenica.
12 – Non si preoccupi: molti nostri clienti che avevano abbandonato [8] ogni [9] attività fisica qui da noi l'hanno ripresa.
13 Arrivando [10], molti ci dicevano [11]: "Non ce la farò [12] mai",

Vierenveertigste les

Inschrijving in de sportclub

1 – Goeiedag, komt u zich inschrijven *(om inschrijven-zich)*?
2 – Ja, ik moet wat bewegen *(heb behoefte aan bewegen-me een beetje)*.
3 Ik heb een heel sedentaire kantoorbaan en ben wat bijgekomen *(vervet)*.
4 Mijn arts heeft me gezegd dat ik minstens vijf kilo*('s)* moet vermageren...
5 – *(De)* Sportactiviteit is *(het)* ideaal om gewicht te verliezen!
6 Onze personal trainers zullen u een gepersonaliseerd trainingsprogramma geven
7 en zullen u in een mum van tijd laten afvallen *(doen vermageren)*!
8 – Ik verwacht *(Hoop)* echt bitter weinig omdat ik nooit graag [aan] sport heb gedaan...
9 Vroeger *(Een keer)* gingen mijn vrouw en ik alle zondagochtenden (hard)lopen en het beviel ons ook erg, maar dan zijn *(hebben)* we gestopt.
10 Als jongere voetbalde *(speelde te voetbal)* ik omdat er in mijn school een heel bekwame leraar lichamelijke opvoeding was die een behoorlijk sterke ploeg had samengesteld *(georganiseerd)*,
11 we trainden *(ons)* twee keer in de week, met [een] wedstrijd op *(de)* zondag.
12 – Maakt u zich geen zorgen: veel [van] onze klanten die alle fysieke activiteit hadden opgegeven, hebben ze hier bij ons hervat.
13 Bij aankomst *('Aankomend')* zegden velen ons: "Ik zal er nooit in slagen *(Niet er het [ik] zal-doen nooit)*"

14 e **o**ra **so**no qu**i o**gni [9] mattina all'apertura, **a**lle s**ei** in p**u**nto!

15 – Di **u**na c**o**sa **io so**no c**e**rto, signor**i**na: **o**gni [9] mattina, **a**lle s**ei** in p**u**nto, **io** sar**ò**... a l**e**tto!

Uitspraak
iskritsioné ... 2 ... moeovérmi ... 5 ... pézo 6 ... trèinér ... allénaménto pérsonaliddzato 7 ... pokissimo ... 9 ... dominiké ... zmésso 10 ... dzjokavo ... kaltsjo ... édoekatsioné ... orGaniddzato ... skoeadra ... 11 ... allénavamo ... 13 arrivando ... ditsjévano ...

Opmerkingen

1 In **la palestra** deed men in de Griekse oudheid al aan sport; tegenwoordig is het *de sportclub, het fitnesscentrum* of indoor sportactiviteit bij amateurs in het algemeen: **Vado in palestra**, *Ik ga naar de fitness*; **Mi sono iscritta in palestra**, *Ik (v.) heb me ingeschreven bij een sportclub*.

2 Let op de vorm van het persoonlijk voornaamwoord in de beleefdheidsvorm / het vrouwelijk enkelvoud als lijdend voorwerp, **la faranno dimagrire** en als meewerkend voorwerp, **le daranno un programma di allenamento**. Dergelijk verschil treedt alleen op in de 3e pers. enkelvoud en meervoud: **lo** (m. ev.), **la** (v. ev.), **li** (m. mv.) en **le** (v. mv.) als lijdend voorwerp; **gli** (m. ev. en m./v. mv.), **le** (v. ev.) als meewerkend voorwerp. De andere voornaamwoorden, **mi**, **ti**, **ci** en **vi**, gelden voor beide functies: **mi vedi**, *je ziet me* (lijdend voorwerp), **mi parli**, *je spreekt me, praat met me* (meewerkend voorwerp).

3 U weet het intussen, met het werkwoord **piacere** is de meewerkende vorm nodig: **mi piace il mare**, *ik hou van de zee* ('mij bevalt de zee'); **ti piace**... ('jou bevalt...'); **gli/le piace**... ('hem/haar, u bevalt...') enz. **Le sono piaciuti gli spaghetti, signore?**, *Vond u de spaghetti lekker, meneer?* (lett. U zijn bevallen de 'spaghetti's', want in het Italiaans is dit een meervoudsvorm!).

4 De onvoltooid verleden tijd (o.v.t.) is herkenbaar aan het ingelaste **av** bij werkwoorden op **-are**, **ev** bij die op **-ere** en **iv** bij die op **-ire** tussen stam en persoonsuitgang **-o, -i, -a, -amo, -ate** of **-ano**. **Da giovane**, *als jongere, (al van) toen ik jong was*.

Vierenveertigste les / 44

14 en nu staan *(zijn)* ze hier elke ochtend bij de opening, om 6 uur stipt *(in punt)*!

15 – Van één zaak ben ík zeker, juffrouw: elke ochtend, om 6 uur stipt, zal ík… in bed liggen *(zijn)*!

5 **Smettere** is *stoppen, ophouden (met)* een activiteit, handeling: **Smetti di fumare!** *Stop met roken!* Met betrekking tot een beweging gebruikt men voor *stoppen* het wederkerende **fermarsi**: *Fermati!, Stop, sta stil!*

6 **Giocare** is *spelen*; **giocare a** calcio/tennis/bridge enz. is *voetbal/tennis/bridge spelen, voetballen/tennissen/bridgen*: **Stefano va a giocare a golf**, *Stefano gaat golfen.*

7 **C'era**, *er was*, o.v.t. van **c'è**. Het meervoud is **c'erano**: *C'erano due professori, Er waren twee leraren.*

8 De voltooid verleden tijd (v.v.t.) wordt gevormd met de o.v.t. van het hulpwerkwoord + het voltooid deelwoord van het hoofdwerkwoord, net zoals in het Nederlands.

9 We zagen het onveranderlijk onbepaald voornaamwoord **ogni** al in les 23 en 26, in de betekenis van *elk(e), ieder(e)*: **Esco ogni sera**, *Ik ga elke avond uit*; **Sono qui ogni mattina**, *Ik ben / Ze zijn hier iedere morgen*. Het kan ook vertaald worden met *alle*: **Avevano abbandonato ogni resistenza**, *We hadden alle verzet opgegeven*. In Dante Alighieri's **Divina Commedia**, *Goddelijke Komedie* (14e eeuw) staat bij de poort naar de hel: "**Lasciate ogni speranza voi che entrate**, *Laat alle hoop varen, gij die binnentreedt*".

10 Het gerundium drukt in de bijzin een omstandigheid, oorzaak, reden, voorwaarde enz. uit die gelijktijdig met de actie in de hoofdzin loopt. Het wordt meestal vertaald met een omschrijving of met gebruik van een onvoltooid deelwoord: **Parlando, lo guardava negli occhi**, *Terwijl hij sprak, keek hij hem in de ogen*; **Sbagliando si impara**, *Al (verkeerd) doende, leert men*. Als in de letterlijke vertaling van een gerundium een onvoltooid deelwoord gebruikt wordt, zetten we het tussen '…' om verwarring met het Italiaanse onvoltooid deelwoord (dat uitgaat op **-ante** of **-ente**) te vermijden. Vorming van het gerundium: stam + uitgang **-ando** bij werkwoorden op **-are**, **-endo** bij die op **-ere** en **-ire**. U weet nog dat **stare** + gerundium = de progressieve vorm *aan het … zijn*.

duecentoquattordici

11 Het werkwoord **dire** leidt de o.v.t. af van de stam **dic-** (zie les 25 i.v.m. de Latijnse oorsprong en de o.t.t. **dico, dici** enz.) vervoegd als een werkwoord op **-ere**. Gelijkaardige werkwoorden zijn o.a. **fare** (stam **fac-** → **facevo, facevi** enz.) en werkwoorden op **-durre** (stam **duc-**, bv. **produrre** → **producevo, producevi** enz.); **bere**, *drinken* baseert zich op de oude vorm *bevere* → **bevevo, bevevi** enz.

12 **Farcela** geeft *ergens in slagen* weer: **ce la faccio**, *het lukt me (wel)*; **ce la faremo**, *we zullen het (wel) halen*. In samengestelde tijden moet het

***

▶ Esercizio 1 – Traducete

❶ Ero ingrassato perché facevo un lavoro sedentario e non mi muovevo mai. ❷ Non so se ce la farò ma voglio proprio dimagrire. ❸ Mia sorella viveva a Milano ma non le piaceva perché c'era un brutto clima. ❹ Ci allenavamo ogni mattina dalle sei in punto alle otto e un quarto. ❺ Il personal trainer della palestra le darà un programma di allenamento per riprendere un po' di attività fisica.

***

Esercizio 2 – Completate

❶ Door naar de sportclub te gaan, was ze veel vermagerd.
Andando .. .., ... molto ....

❷ Hij is gestopt met naar de sportclub te gaan sinds twee maanden.
.. .. di .... due mesi.

❸ Ze trainden elke morgen, bij elk klimaat/weer.
.. .. mattina, con ....

❹ We hebben spaghetti nooit lekker gevonden.
Non .. .. spaghetti.

❺ Ze ging altijd op vakantie naar zee in Sicilië en vond het heel fijn, maar dan is ze gestopt omdat haar man de bergen verkoos.
...... sempre .. .. in Sicilia e ..
...., ma poi .. .. suo marito
.... la montagna.

Vierenveertigste les / 44

voltooid deelwoord vrouwelijk zijn: **non ce l'abbiamo fatta**, *we zijn er niet in geslaagd*. Het kan ook aangevuld worden met **più**: **non ce la faccio più**, *ik kan (het) niet meer (aan)*.

Oplossing van oefening 1

❶ Ik was verdikt omdat ik een zittend beroep uitoefende en nooit bewoog. ❷ Ik weet niet of het me zal lukken, maar ik wil echt vermageren. ❸ Mijn zus woonde in Milaan, maar het beviel haar niet omdat het klimaat/weer er slecht was. ❹ We trainden elke ochtend van 6 uur stipt tot kwart over acht. ❺ De personal trainer van de sportclub zal u een trainingsprogramma geven om wat lichaamsoefening te hervatten.

***

Oplossing van oefening 2

❶ – in palestra, era – dimagrita ❷ Ha smesso – andare in palestra da – ❸ Si allenavano ogni – ogni clima ❹ – ci sono mai piaciuti gli – ❺ Andava – in vacanza al mare – le piaceva molto – ha smesso perché – preferiva –

Italianen doen minder aan sport dan de gemiddelde Europeaan (de door amateursport gegenereerde omzet vertegenwoordigt ongeveer 2 % van het bbp in Europa, met 7,3 miljoen werkkrachten in die sector, 3,5 % van de globale tewerkstelling in de EU); slechts 45 % van hen traint regelmatig, tegen bv. 94 % van de Zweden, 73 % van de Ieren en 66 % van de Fransen. Toch lijkt de sportactiviteit gestaag toe te nemen in clubs en in wellnesscentra, **centri benessere** *(die vaak geïntegreerd zijn in hotels en vakantiedorpen, het zogenaamde* **wellness travel***). Tot alles bereid om er goed uit te zien!*

Quarantacinquesima lezione

Le prossime vacanze

1 – Dove andrete per le prossime vacanze estive?
2 – Non abbiamo ancora deciso [1] perché non sappiamo in che periodo Pietro avrà le ferie [2].
3 Al suo lavoro devono prenderle a turno [3]:
4 quando uno va in vacanza in agosto, l'anno dopo ci va in luglio o in giugno.
5 Prima di avere figli ci piaceva andarci in settembre, ma ora con la scuola non si può più.
6 E voi dove andrete? Dimmi [4]!
7 – Penso che andremo due settimane a Cesenatico come l'anno scorso.
8 Sandro adora il mare e non gli piace viaggiare, così andiamo qui vicino,
9 pensione completa in riva al mare e riposo totale sotto l'ombrellone [5].
10 – Mi sa che faremo anche noi una vacanza così quest'estate, siamo invecchiati!
11 Una volta andavamo in giro per il mondo a visitare capitali e paesi lontani, adesso no.
12 – Puoi proporre a Pietro di venire con noi a Cesenatico, vedrai che vi piacerà.
13 In Romagna ci si diverte sempre! Spiaggia, bagni, cene di pesce e tanta animazione!

Vijfenveertigste les

De volgende vakantie

1 – Waar *(zullen)* gaan jullie voor de volgende zomervakantie *(vakanties zomer-)* [heen]?

2 – We hebben nog niet beslist omdat we niet weten in welke periode Pietro *(de)* vakantie zal hebben.

3 Op zijn werk moeten ze die *(ze)* om [de] beurt nemen:

4 wanneer iemand *(een)* met vakantie gaat in augustus, gaat hij het jaar erna met vakantie *(ermee)* in juli of in juni.

5 Voordat we kinderen hadden *(Alvorens te hebben kinderen)*, gingen we *(ermee)* graag in september, maar nu met de school kunnen we *(men kan)* niet meer.

6 En waar gaan júllie heen *(jullie waar zullen-gaan)*? Vertel het me *(Zeg-me)*!

7 – Ik denk dat we twee weken naar Cesenatico zullen gaan, zoals *(het)* vorig jaar.

8 Sandro is dol op de zee en hij houdt niet van reizen, dus gaan we hier dichtbij,

9 vol*(ledig)* pension aan de kust *(waterkant aan-de zee)* en totale rust onder een *(de)* parasol.

10 – Me dunkt dat ook wij zo een vakantie zullen houden *(doen)* deze zomer, we zijn ouder geworden *(verouderd)*!

11 Vroeger gingen we de wereld rond *(in ronde door de wereld)* om hoofdsteden en verre landen te bezoeken, nu niet [meer].

12 – Je kan *(aan)* Pietro voorstellen om met ons naar Cesenatico [mee] te komen, je zal zien dat het jullie zal bevallen.

13 In Romagna amuseert men zich altijd! Strand, zwemmen *(baden)*, visdiners en heel wat animatie!

14 – **O**ttima id**e**a! Non v**e**do l'**o**ra [6] di parl**a**rgli [7] di qu**e**sta bell**i**ssima prop**o**sta!

15 – Mi raccom**a**ndo, ric**o**rdagli [4] le mangi**a**te di p**e**sce: s**a**i c**o**me s**o**no gli u**o**mini [8]!

Uitspraak

2 ... détsjizo ... pìetro ... 5 ... andartsji ... 7 ... tsjézénatiko ... 8 ... viaddzjaré ... 9 pénsioné ... lombrélloné 10 ... invékkiati 13 ... spiaddzja ... animatsioné 14 ... parlarlji ... 15 ... rikordalji ... oeomini

Opmerkingen

1 **Deciso** is het voltooid deelwoord van het onregelmatig werkwoord **decidere**, *beslissen*. Vergelijkbare werkwoorden op **-cidere**: **coincidere**, *overeenstemmen, samenvallen* → **coinciso**; **uccidere**, *doden* → **ucciso**.

2 **Le ferie** slaat op *vakantie(dagen)*; **le giorni feriali** zijn *doordeweekse, werkdagen*, **le giorni festivi** *zon- en feestdagen*.

3 **Il turno** is *de ronde*, maar ook *de beurt* (**parlare a turno**, *ieder op zijn beurt praten*; **Aspetta il tuo turno!**, *Wacht je beurt af!*) en bij uitbreiding *de dienst, ploeg* (**il turno di notte**, *de nachtdienst, -ploeg*; **sono di turno**, *ik heb dienst, ben van wacht*; **chiuso per turno** ('gesloten om beurt'), *wekelijkse sluiting*, **farmacia/medico di turno**, *wacht-, dienstdoende apotheek/arts, die dienst heeft, van wacht is*).

4 **Dimmi**: net als een persoonlijk voornaamwoord-lijdend voorwerp wordt dat als meewerkend voorwerp vast geschreven aan een informele imperatief: **digli**, *zeg hem*; **ricordagli**, *herinner hem [aan]*. De klemtoon blijft op zijn plaats: **P**o**rta il caffè a tua madre**, *Breng de koffie naar je*

***

Esercizio 1 – Traducete

❶ Era già giugno e non avevano ancora deciso dove andare in vacanza. ❷ Sua moglie non vedeva l'ora di partire, lui invece non ne aveva voglia perché non gli era mai piaciuto viaggiare. ❸ Parlateci della vostra gita a Firenze. ❹ Ricordale la nostra proposta, sono sicuro che le farà piacere. ❺ Si era dimenticata di mettersi il rossetto.

Vijfenveertigste les / 45

14 – **Uitstekend idee! Ik kan niet wachten** *(Niet zie het uur)* **om hem te spreken over dit prachtig voorstel!**
15 – **Denk eraan, vertel hem over** *(herinner-hem)* **de visetentjes: je weet hoe** *(de)* **mannen zijn!**

moeder → **Portale il caffè**, *Breng haar de koffie*. Denk eraan dat bij eenlettergrepige imperatiefvormen (**va'**, **fa'**, **di'**, **da'**, **sta'**, zie les 35) de beginmedeklinker van het voornaamwoord verdubbeld wordt (**Dimmi che cosa vuoi**, *Zeg me wat je wil*), maar **gli** niet verandert (**Digli che cosa vogliamo**, *Zeg hem wat we willen*).

5 **L'ombrello** is *de paraplu* en **l'ombrellone** is *de parasol*, geen 'grote paraplu', ondanks het vergrotingssuffix **-one**! Zaaiden ook al verwarring: in les 36, **il girino**, *het kikkervisje* (dat wel klein is maar niets te maken heeft met **il giro**, *de ronde*); in les 32, **il rossetto**, *de lippenstift* (van **rosso**, *rood*, maar geen 'roodje'). Nog een voorbeeld: **il postino**, *de postbode* (die geen **piccolo posto**, *plaatsje* is).

6 **Non vedo l'ora** ('ik zie het uur niet') drukt ongeduld om iets te doen of het resultaat ervan te zien uit: **Non vedeva l'ora di arrivare**, *Hij kon niet snel genoeg aankomen, snakte ernaar om aan te komen*.

7 Net als een persoonlijk voornaamwoord-lijdend voorwerp wordt dat als meewerkend voorwerp vast geschreven aan een infinitief (die hierbij zijn eind-**e** verliest); de klemtoon blijft op zijn plaats: **parlare** → **Desideriamo parlarvi**, *We wensen jullie te spreken*.

8 (**Gli**) **uomini** is het onregelmatig meervoud van (**l'**)**uomo**, *(de) man*. Andere bijzondere meervoudsvormen: **il dio**, *de god* → **gli dei** (met **gli** en niet **i** als lidwoord!); **il bue**, *de os* → **i buoi**.

***

Oplossing van oefening 1
❶ Het was al juni en ze hadden nog niet beslist waar op vakantie te gaan. ❷ Zijn vrouw stond te popelen om te vertrekken, hij daarentegen had er geen zin in omdat hij nooit van reizen had gehouden. ❸ Spreken jullie ons over jullie uitstap naar Florence. ❹ Herinner haar aan ons voorstel, ik ben er zeker van dat het haar plezier zal doen. ❺ Ze was vergeten lippenstift op te doen.

duecentoventi • 220

Esercizio 2 – Completate

① Vroeger bezochten we voor de vakantie verre landen, nu niet [meer] omdat we ouder geworden zijn.
... . per le vacanze ...., adesso no ....

② Me dunkt dat we dit jaar zullen kiezen [voor] een rustige vakantie.
.. .. che .... tranquilla.

③ Wanneer we beslist zullen hebben, zullen we jullie zeggen wat jullie zullen moeten doen.
Quando .... cosa .... fare.

④ Wanneer je haar ziet *(toekomende tijd)*, spreek haar over mij en zeg haar dat ik haar ook zou willen spreken.
...., ... di me e .... anch'io.

⑤ In Romagna amuseert men zich veel: strand, zwemmen *(baden)* en rust onder een parasol.
In Romagna .. .. molto: ...., ... e riposo ....

Quarantaseiesima lezione

Attività extrascolastiche pomeridiane

1 – Ciao Alessandro, eccoti [1] qua: volevo proprio chiederti una cosa!
2 – Dimmi pure, cosa volevi chiedermi?
3 – Sto per iscrivere [2] mio figlio Guido al corso di violino
4 e vorrei qualche consiglio e qualche informazione da te,
5 perché so che i tuoi figli vanno da anni a lezione di musica tutti e due.

Oplossing van oefening 2

❶ Una volta – visitavamo paesi lontani – perché siamo invecchiati ❷ Mi sa – quest'anno sceglieremo una vacanza – ❸ – avremo deciso vi diremo – dovrete – ❹ Quando la vedrai, parlale – dille che vorrei parlarle – ❺ – ci si diverte – spiaggia, bagni – sotto l'ombrellone

Net als iedereen willen Italianen vakantie. Door de aanslepende economische crisis nemen veel van de schiereilandbewoners geen drie tot vier zomerweken meer vrij (de meeste arbeidscontracten voorzien minimum 28 vrije dagen per jaar), maar gaan een paar weekends naar zee of hooguit een week verder van huis weg. Ze blijven het liefst in eigen land. Als ze al naar het buitenland trekken, is dat vaak naar buurlanden zoals Kroatië of Slovenië. In Italië neemt het aantal lastminutevakanties naar verre stranden wel toe, maar het zijn vooral jongeren die voor dergelijke formules kiezen. Voor de doorsnee Italiaan blijft vakantie een familiegebeuren, naar oorden waar ouders én kinderen het naar hun zin hebben, zoals de badplaatsen aan de Adriatische of Tyrrheense kust, bijvoorbeeld Rimini of Viareggio, die ook een bruisend nachtleven te bieden hebben.

Zesenveertigste les

Buitenschoolse namiddagactiviteiten

1 – Hoi Alessandro, hier ben je dan: ik wou je net iets *(een zaak)* **vragen!**
2 – Zeg het *(me)* **maar, wat wou je me vragen?**
3 – Ik ga *(ben om-te)* **mijn zoon Guido inschrijven voor de vioolcursus**
4 **en ik zou enig advies en enige informatie willen van jou,**
5 **omdat ik weet dat jouw kinderen sinds jaren muziekles volgen** *(gaan naar les van muziek)* **alle twee.**

6 – Mi dispiace [3] ma hanno smesso sia l'uno che l'altro.
7 Antonio era troppo impegnato [4] col nuoto, anche perché oltre agli allenamenti in piscina
8 ha delle [5] gare tutti i fine settimana e non aveva più tempo per il sassofono.
9 – Che peccato! Mi ricordo che era bravissimo!
10 – E gli piaceva anche tanto, ma ha preferito lo sport, forse perché gli dava più soddisfazioni: vince sempre!
11 Invece Marco prima ha abbandonato la pallacanestro [6] per dedicarsi completamente al pianoforte [7], su consiglio del suo insegnante.
12 Si era rotto una mano [8] giocando, e le mani [8] sono preziose quando si suona [9] il piano [7]...
13 Poi qualche mese fa ha fatto uno stage di arti plastiche con una sua amica
14 e si è innamorato del disegno, della pittura ad acquerello e ad olio e della scultura!
15 – E della sua amica, di sicuro!
16 – Eh, sì, come dice il proverbio: l'amore ti mette le ali [10]!

Uitspraak
... èkstraskolastiké poméridiané ... **6** ... dispiatsjé ... **7** ... noeoto ... pisjina ... **10** ... sport ... soddisfatsioni ... vintsjé ... **11** ... pianoforté ... **12** ... dzjokando ... prétsiozé ... **13** ... stazj ... plastiké ... **14** dizénjo ... akkoeérèllo ... skoeltoera

Aanwijzingen bij de uitspraak
(10) Het woord **sport** komt uit het Latijn: *deportare* betekende *buiten de stadspoorten gaan* voor ontspanning en evolueerde tot het (zeldzaam) Italiaans woord **diporto**, *vertier, tijdverdrijf* en de oude Franse vorm *desport*, dat in het Engels in de 16e eeuw verkort werd tot *sport*.
(13) Het woord **stage** wordt op z'n Frans uitgesproken.

Zesenveertigste les / 46

6 – Het spijt me *(Me mishaagt)*, maar ze zijn *(hebben)* gestopt, zowel de ene als de andere.

7 Antonio was te [druk] bezig met*(het)* zwemmen, ook omdat, bovenop de trainingen in het zwembad,

8 hij wedstrijden heeft alle weekends en hij had geen tijd meer voor *(de)* saxofoon.

9 – Wat jammer *(zonde)*! Ik herinner me dat hij steengoed was!

10 – En hij vond het ook zo leuk, maar hij heeft voor sport gekozen *(verkozen de sport)*, wellicht omdat het hem meer voldoening*(en)* gaf: hij wint altijd!

11 Marco daarentegen heeft eerst het basketbal opgegeven om zich volledig te wijden aan de piano, op aanraden *(raad)* van zijn leraar.

12 Hij had zijn *(zich was een)* hand gebroken bij het spelen *('spelend')* en *(de)* handen zijn kostbaar wanneer je piano speelt *(men bespeelt de piano)*…

13 Dan heeft hij een paar maand[en] geleden een stage gedaan in *(van)* plastische kunsten met een vriendin van hem *(zijn)*

14 en hij is verliefd geworden op*(het)* tekenen, op*(het)* schilderen met aquarel en met olie[verf] en op*(het)* beeldhouwen!

15 – En op*(de)* zijn vriendin, beslist!

16 – Wel, ja, zoals het spreekwoord zegt: *(de)* liefde geeft je *(jou zet de)* vleugels!

Opmerkingen

1 Persoonlijke voornaamwoorden in de voorwerpsvorm kunnen aan het bijwoord **ecco** vast geschreven worden: **eccola!**, *hier/daar is ze, heb je haar!*, **eccovi!**, *hier/daar zijn jullie!* De klemtoon behoudt zijn plaats: **E**cco il signor Bigoni!, *Ziehier meneer Bigoni!*, **E**ccolo!, *Hier is hij, heb je hem!*

46 / Quarantaseiesima lezione

2 Met een vorm van **stare** + **per** + infinitief kan de nabije toekomst uitgedrukt worden, zoals met *gaan* + infinitief in de betekenis van *klaar staan, op het punt staan om …*: **stavo per cadere**, *ik ging vallen*.

3 **Dispiacere**, het tegengestelde van **piacere**, betekent letterlijk *mishagen, misnoegen* (**Mi dispiace**, *het bevalt me niet, ik vind het niet leuk, ik vind het naar, erg,…*), maar het wordt ook gebruikt voor s*pijten* (**Sa dov'è via Garibaldi? – No, mi dispiace, non sono di qui**, *Weet u waar de Garibaldistraat is? – Nee, het spijt me, ik ben niet van hier*. Let op de plaats van het voornaamwoord-meewerkend voorwerp, vóór het werkwoord: **Sara ha detto che le dispiace ma non può venire**, *Sara heeft gezegd dat het haar spijt, maar ze kan niet komen*.

4 **Impegnato** betekent *geëngageerd* en bij uitbreiding *bezet, bezig, het druk hebbend*: **Non posso venire domani, sono impegnato**, *Ik kan morgen niet komen, ik ben bezet*. **Impegnarsi** is *zich engageren, inzetten*: **Suo figlio deve impegnarsi di più**, *Uw zoon moet zich meer inzetten*; **impegnarsi a** is bijgevolg ook *afspreken om*: **Mi sono impegnata ad andarci domani**, *Ik heb afgesproken om er morgen naartoe te gaan*. Met een lijdend voorwerp is het *inzet vergen*: **Il nuoto la impegna troppo**, *Zwemmen vergt te veel inzet van haar* dus *ze is er te druk mee bezig*… **L'impegno politico/sociale**, *het politiek/sociaal engagement*.

5 U herinnert zich dat men in het Italiaans een onbepaald lidwoord in het meervoud kan gebruiken, om een onbepaalde hoeveelheid in te leiden, hier in de vorm van de samentrekking van het voorzetsel **di** + het bepaald lidwoord vrouwelijk meervoud **le** (**la gara**, *de wedstrijd*).

***

Esercizio 1 – Traducete

❶ Stava per abbandonare il nuoto perché lo impegnava troppo e non studiava abbastanza per la scuola. **❷** Vorrei prendere qualche lezione per imparare a suonare il sassofono. **❸** Giocando a pallacanestro è caduta e si è rotta una mano. **❹** Eccoti qua, volevo proprio chiederti un'informazione e qualche consiglio. **❺** Guarda le ali dell'aereo, sono grandissime!

Zesenveertigste les / 46

6 Ook al gebruiken Italianen vlot vreemde (vooral Engelse) woorden, voor veel sporttakken hebben ze hun eigen term, bv.: **la pallacanestro** is *basketbal*, **il calcio** *voetbal*, **la pallavolo** *volleybal*, **la pallamano** *handbal*, **la pallanuoto** *waterpolo*.

7 **Il pianoforte** is *de piano*, hoewel men ook de afkorting **il piano** hoort. *De pianoforte,* de voorloper van de piano, is dan weer **il fortepiano**!

8 **La mano**, *de hand* (al gezien in les 34) wordt **le mani** in het meervoud. Het is een van de zeldzame vrouwelijke woorden op **-o** in het enkelvoud en op **-i** in het meervoud.

9 Voor het *(be)spelen* van muziekinstrumenten wordt **suonare** gebruikt: **Sai suonare il pianoforte?**, *Kan je pianospelen?* (let op het gebruik van een lidwoord vóór het muziekinstrument dat bespeeld wordt). **Suonare** betekent ook *bellen, rinkelen*.

10 **L'ala**, *de vleugel* is een van de twee vrouwelijke woorden op **-a** met een meervoud op **-i**; het andere is **l'arma**, *het wapen* → **le armi**.

***

Oplossing van oefening 1

❶ Hij ging het zwemmen opgeven omdat het te veel van hem vergde en hij niet genoeg studeerde voor school. ❷ Ik zou enkele lessen willen nemen om te leren saxofoonspelen. ❸ Bij het basketballen is ze gevallen en heeft ze haar hand gebroken. ❹ Hier ben je dan, ik wou je net [om] een inlichting en enig advies vragen. ❺ Kijk naar de vleugels van het vliegtuig, ze zijn héél groot!

Esercizio 2 – Completate

❶ Kan je vioolspelen?
   ... . il ....?

❷ Ik ga me inschrijven bij een sportclub en ik zou enig advies van jou willen.
   Sto ... . una .... vorrei ....
   ....

❸ Vroeger vonden we basketbal leuk, nu vinden we het niet meer leuk.
   ... . ci ...., ora non ..
   ..... più.

❹ Toen we hem zagen, spraken we hem dikwijls over jou.
   Quando .. .., ... di te.

Quarantasettesima lezione

Posta elettronica

1 – Devo scrivere una mail [1] a Calgaro per ricordargli la riunione di domani.

2 – Che bisogno c'è? Non gli hai mandato la convocazione come a noi tutti una settimana fa?

3 – Sì ma non mi ha risposto...

4 – Si sarà dimenticato, sai che ha sempre la testa fra le nuvole.

5 Sta [2] giorni e giorni senza neanche accendere il [3] computer [1],

6 figurati se apre la [3] casella di posta elettronica [1] e legge le [3] mail!

7 – Sarà così, visto che non ho neanche ricevuto la conferma di lettura.

❺ Laten we onze handen wassen voordat we uitgaan *(alvorens...)*!
.... le .... di ......!

Oplossing van oefening 2
❶ Sai suonare – violino ❷ – per iscrivermi a – palestra e – qualche consiglio da te ❸ Una volta – piaceva la pallacanestro – ci piace – ❹ – lo vedevamo, gli parlavamo spesso – ❺ Laviamoci – mani prima – uscire

De dialogen bevatten heel wat idiomatische woorden en uitdrukkingen uit de dagelijkse omgangstaal. Beluister de gesprekjes aandachtig en tracht ze te imiteren, intonaties incluis. Het zal achteraf uw Italiaans vlotter laten klinken en indruk wekken bij uw gesprekspartners!

Zevenenveertigste les

Elektronische post

1 – Ik moet een mail schrijven naar Calgaro om hem te herinneren [aan] de vergadering van morgen.
2 – Waarvoor is dat nodig *(Welke behoefte er is)*? Heb je hem de convocatie niet toegestuurd, zoals naar ons allemaal een week geleden?
3 – Ja, maar hij heeft me niet geantwoord...
4 – Hij zal het *(zich)* vergeten zijn, je weet dat hij altijd met zijn hoofd in de wolken loopt *(het hoofd tussen de wolken heeft)*.
5 Hij blijft dagen en dagen zonder ook maar *(niet)* zijn *(de)* computer aan [te] zetten,
6 laat staan *(stel-voor-je)* dat hij zijn mailbox *(het vakje van post elektronische)* opent en zijn *(de)* mails leest!
7 – Het zal zo zijn, aangezien *(gezien dat)* ik zelfs geen *(de)* leesbevestiging heb ontvangen.

8 Oltretutto gli avevo scritto sia al suo indirizzo normale che sulla PEC [4]… boh [5]!

9 – Dai, non sono mica tutti come te [6] che vivi incollato allo schermo.

10 Avevi l'indirizzo giusto [7], almeno?

11 – Credo di sì… Non è "silvio.calgaro@sani.com" [8]?

12 – Sì, è quello giusto [7]. Ora che ci penso, ci sono stati dei lavori di ristrutturazione a casa sua

13 e sarà rimasto senza connessione per qualche tempo.

14 – Dai, i cellulari [1] sono sempre connessi alla rete [1] e un'occhiatina a mail e social [9] di tanto in tanto la danno tutte le persone normali!

15 – Si vede che [10] lui non è normale…

Uitspraak

1 … mèil … rikordarlji … *2* … konvokatsioné … *5* attsjèndéré … *7* … ritsjévoeto … *8* … pèk … *9* … skérmo *10* … dzjoesto … *12* … ristroettoeratsioné … *14* … tsjélloelari … oenokkiatina … sotsjal …

Opmerkingen

1 Zoals velen namen Italianen heel wat Engelse termen uit de informaticawereld over (eventueel met een eigen accentje…), bv. **il computer**, **il software**, **l'hard disk** (m.), *de harde schijf*, **il mouse**, *de muis*, **una (e-)mail** (als leenwoorden allemaal onveranderlijk), maar **la rete**, *het net(werk)*, **la casella di posta elettronica**, *de mailbox*. **Il cellulare** is lett. 'de cellulaire, cel-' (vgl. 'cell phone'), *de mobiele telefoon, gsm, smartphone*.

2 **Stare** is *zijn*, ook in de betekenis van langdurig op een plaats of in een toestand *(ver)blijven*: **Stava a letto tutto il giorno**, *Hij/Ze bleef heel de dag in bed*; **Ieri sono stato in casa**, *Gisteren ben ik thuis gebleven*.

3 Wanneer duidelijk is aan wie iets toebehoort, gebruikt men in het Italiaans doorgaans een bepaald lidwoord i.p.v. een bezittelijk voornaamwoord.

Zesenveertigste les / 47

8 Bovendien had ik hem zowel op zijn gewoon adres als via *(op-zijn)* aangetekende elektronische post aangeschreven... wie weet?!

9 – Nou, ze zijn heus niet allemaal zoals jij die aan het scherm gekluisterd *(gekleefd)* leeft.

10 Had je het juiste adres, tenminste?

11 – Ik geloof van wel *(ja)*... Is het niet "silvio.calgaro@sani.com"?

12 – Ja, dat is [het] juiste. Nu *(dat)* ik eraan denk, er zijn *(van-de)* verbouwingswerken geweest aan zijn huis

13 en hij zal zonder verbinding hebben gezeten *(zijn gebleven)* gedurende enige tijd.

14 – Komaan, smartphones *(de cellulairen)* zijn altijd verbonden met het net en een blikje [werpen] op mails en social [media] af en toe *(van zoveel in zoveel)*, dat doen *(het geven)* alle normale mensen *(personen)*!

15 – Blijkbaar *(Men ziet dat)* is híj niet normaal...

---

4 La PEC is la posta elettronica certificata, *de aangetekende* (lett. *gecertificeerde*) *elektronische post*, dus met aflevering van een juridisch geldig ontvangstbewijs, een door een webplatform aangeboden, betalende dienst.

5 Het tussenwerpsel **Boh!** drukt twijfel, onzekerheid uit: **Che ore sono? – Boh, non ho l'orologio!**, *Hoe laat is het? – Geen idee, weet ik veel, ik heb geen horloge!*

6 Op woorden als **come**, *zoals*, **secondo**, *volgens*, **solo**, *alleen*,... volgt een beklemtoond persoonlijk voornaamwoord (**me, te, lui/lei**,..., zie les 32).

7 **Giusto** is *juist* (met als tegengestelde **ingiusto**, *onjuist*) en ook *geschikt*: **la persona giusta al momento giusto**, *de geschikte persoon op het geschikte moment* (met als tegengestelde **sbagliato: al momento sbagliato**, *op het verkeerde, foute moment*).

8 Hoe spreken Italianen een e-mailadres uit: met **punto** voor *punt*, **trattino alto** voor *streepje*, **trattino basso** voor *lage streep* of *underscore*, **chiocciola** (lett. *slak*) of **at** voor *apenstaartje/at* (@), **tutto attaccato**, *alles aan elkaar:* **luigirossi = luigi rossi tutto attaccato**.

duecentotrenta • 230

9 **I social** is de verkorte vorm (uit het Engels) van **i social network/media**, *de sociale netwerken / social(e) media*.

10 **Si vede che**, lett. *men ziet dat*, drukt ook een veronderstelling of indruk uit: *je ziet wel dat, zo te zien* m.a.w. *kennelijk, blijkbaar*.

***

Esercizio 1 – Traducete

❶ Mandaci la convocazione per mail. ❷ Per favore, passami il mio cellulare, voglio dare un'occhiatina alle mie mail. ❸ Scusi, le ho mandato una mail ma non so se avevo l'indirizzo giusto. ❹ Non ho ricevuto niente, si vede che l'ha mandata a un indirizzo sbagliato. ❺ Sì, mi sarò sbagliato indirizzo; mi dà quello giusto, per favore?

***

Esercizio 2 – Completate

❶ Zet de computer aan, open je mailbox en lees de mails.
 . . . . il . . . . , ... la tua . . . . e . . . . . le mail.

❷ Ik heb de leesbevestiging niet ontvangen, je *(onpers.)* ziet dat hij hem niet gelezen heeft.
 Non . . . . , ... che non l'ha letta.

❸ Hij zal geen tijd gehad hebben, hij is altijd druk bezig.
 . . . . tempo, ... molto . . . .

❹ Ze bleef altijd op kantoor, aan het computerscherm gekluisterd, en ze was verdikt.
 . . . . ufficio, ... del computer, ed . . . .

❺ Er waren verbouwingswerken aan zijn huis en hij zal zonder verbinding gezeten hebben gedurende enige tijd.
 . . . . dei lavori di . . . . e . . . . senza . . . . tempo.

Zesenveertigste les / 47

Oplossing van oefening 1
❶ Stuur ons de bijeenroeping per mail. ❷ Alsjeblieft, geef me mijn gsm door, ik wil een blikje werpen op mijn mails. ❸ Excuseert u me, ik heb u een mail gestuurd, maar ik weet niet of ik het juiste adres had. ❹ Ik heb niets ontvangen, kennelijk hebt u het naar een verkeerd adres gestuurd. ❺ Ja, ik zal me van adres vergist hebben; geeft u me het *(dat)* juiste, alstublieft?

***

Oplossing van oefening 2
❶ Accendi – computer, apri – casella di posta elettronica – leggi – ❷ – ho ricevuto la conferma di lettura, si vede – ❸ Non avrà avuto – è sempre – impegnato ❹ Stava sempre in – incollata allo schermo – era ingrassata ❺ C'erano – ristrutturazione a casa sua – sarà rimasto – connessione per qualche –

*Het eerste elektronische postverkeer in Italië dateert uit 1994, kort nadat het **World Wide Web**-systeem gecreëerd werd door de Brit Tim Berners-Lee, die beschouwd wordt als de uitvinder van het internet. In 1994 telde men in Italië 115.000 elektronische adressen, overwegend voor professionele doeleinden, nauwelijks een jaar later waren het er 2 miljoen!*

Quarantottesima lezione

Musica classica

1 – Dobbiamo fare presto, se no arriviamo in ritardo a teatro!
2 Stasera Valentina Grabulova interpreta il primo concerto per pianoforte e orchestra [1] di Rachmaninov,
3 una delle mie opere [1] preferite fin da quando [2] studiavo al conservatorio.
4 – Ma se ti piaceva tanto la musica, perché poi hai deciso di lasciar perdere [3] e ti sei laureata in medicina?
5 – Mah, il mio insegnante diceva che non avevo orecchio [4] e che non ero dotata.
6 È stato un vero trauma [5] quando mi è toccato [6] di interrompere gli studi musicali.
7 – La vita è piena di traumi [5]... e poi te la sei cavata [7] benissimo e sei un bravo medico!
8 – Sì, e poi, orecchio o no, stasera voglio tenere le orecchie [4] ben aperte e non perdere una nota!
9 La Grabulova è sempre stata la mia eroina [8] del pianoforte, la adoro!
10 – Io non me ne intendo [9] come te, ma da profano apprezzo la musica, soprattutto sinfonica.
11 – Non importa mica essere un intenditore [9], è una questione di sensibilità: la musica è un linguaggio universale!
12 – Rimpiango di non averla studiata come te:

Achtenveertigste les

Klassieke muziek

1 – We moeten snel zijn *(doen)*, anders *(als niet)* komen we te laat aan in *(het)* theater!
2 Vanavond vertolkt Valentina Grabulova het eerste concerto voor piano en orkest van Rachmaninov,
3 een van mijn lievelingswerken al *(vanaf)* toen ik studeerde aan het conservatorium.
4 – Maar als je zoveel van *(de)* muziek hield, waarom heb je dan besloten om [het] te laten vallen *(verliezen)* en ben je afgestudeerd in geneeskunde?
5 – Tja, mijn leraar zei dat ik geen [muzikaal] oor had en dat ik geen aanleg had *(niet was begiftigd)*.
6 Het is een echt trauma geweest toen ik mijn muziekstudies moest afbreken.
7 – Het leven zit vol *(van)* trauma's... en daarna heb je je uitstekend weten te redden en je bent een bekwaam arts!
8 – Ja, en dan, oor of niet, vanavond wil ik mijn oren goed open houden en geen noot missen!
9 La Grabulova is altijd mijn heldin van de piano geweest, ik aanbid haar!
10 – Ik heb er niet zoveel verstand van *(niet mij eruit versta)* als jij, maar als leek apprecieer ik *(de)* muziek, vooral symfonische.
11 – Het maakt heus niet uit of je een kenner bent *(zijn een kenner)*, het is een kwestie van gevoeligheid: *(de)* muziek is een universele taal!
12 – Ik betreur [het] ze niet gestudeerd te hebben zoals jij:

13 da bambino volevo suonare in banda [10] uno strumento a fiato, che so, la tromba, l'oboe [1], il clarinetto, il flauto [11]...

14 – Puoi sempre imparare adesso e suonare da dilettante [12] in una banda: non è mai troppo tardi!

15 – È vero, ma rischia di esserlo per arrivare puntuali al concerto! Sbrighiamoci!

Uitspraak

2 ... kontsjèrto ... orkèstra ... 4 ... laoeréata ... 5 ... orékkio ... 6 ... traoema ... intérrompéré ... 7 ... pièna ... 9 ... éroina ... 10 ... apprèttso ... 11 ... inténditoré ... koeéstioné ... 11 ... linGoeaddzjo ... 13 ... loboé ... flaoeto 15 ... riskia ... zbriGiamotsji

Opmerkingen

1 **L'orchestra** (v.), *het orkest*; **l'opera** (v.), *de opera*, maar ook *het werk*. **L'oboe**, *de hobo* is mannelijk en onveranderlijk; nog een paar instrumenten: **il fagotto**, *de fagot*, **la viola**, *de altviool*; **gli archi**, *de strijkinstrumenten* (**un quartetto d'archi**, *een strijkkwartet*).

2 We zagen dat **fino a** *tot (aan)* betekent; **fin da** (zonder **-o**) is *vanaf*: **Fin dall'infanzia, si vedeva che era dotata per la musica**, *Van in haar kindertijd, van kinds af (aan) zag men dat ze aanleg had voor muziek*; **Può cominciare fin da ora**, *U kunt beginnen vanaf nu*; **Suonava il violino fin da quando era piccolo**, *Hij speelde al viool toen hij klein was*. **Quando** is *wanneer, of toen* refererend naar het verleden.

3 **Lasciar** (of **lasciare**) **perdere** geeft *laten vallen/zitten* weer.

4 **L'orecchio**, *het oor* is mannelijk, maar wordt vrouwelijk in het meervoud, **le orecchie** (dat we al zagen in les 15).

5 **Il trauma**, ondanks de eind-**a** een mannelijk woord, met een regelmatig meervoud op **-i**, **i traumi**, zoals **il problema**, **il sistema** enz. (zie les 21).

6 Na een meewerkend voorwerp drukt **toccare**, *(aan)raken* een verplichting uit, iets wat, veelal met tegenzin, 'moet' gebeuren: **Gli tocca lavorare di domenica**, *Hij is verplicht om op zondag te werken*; **Le è**

Achtenveertigste les / 48

13 als kind wou ik in [een] muziekkorps een blaasinstrument bespelen, weet ik wat, *(de)* trompet, *(de)* hobo, *(de)* klarinet, *(de)* fluit…
14 – Je kan [het] nog *(nu)* altijd leren en als amateur spelen in een muziekkorps: het is nooit te laat!
15 – 't Is waar, maar het riskeert het te zijn om tijdig aan te komen op het concert! Laten we ons haasten!

---

toccato di andare a casa a piedi, *Ze is te voet naar huis moeten gaan*; Ci toccava sempre tacere, *We moesten altijd zwijgen*.

7 **Cavarsela** (van **cavare**, *weghalen, onttrekken*) betekent 'zich uit een moeilijke situatie trekken', *zich (weten te) redden*, met als o.t.t.: **me la cavo, te la cavi, se la cava, ce la caviamo, ve la cavate, se la cavano**. In samengestelde tijden blijft het voltooid deelwoord in het vrouwelijk enkelvoud: **Ce la siamo cavata**, *We zijn uit de puree*.

8 **L'eroe**, *de held* / **l'eroina**, *de heldin*, waarbij **-ina** geen verkleinvorm is; zo ook bv. **re** / **regina** (*koning* / *koningin*), **gallo** / **gallina** (*haan* / *hen*).

9 Het wederkerende **intendersi** wordt gebruikt bij *verstand hebben van, goed overweg kunnen met,…*: **intendersi di musica**, *veel weten over muziek*. Hetgeen waarin men kundig is, zit vervat in het voornaamwoord **ne** (intenderse**ne**): **Ti intendi di musica? – Certo che me ne intendo!**, *Ben je thuis in muziek? – Zeker dat ik erin thuis ben!* O.t.t. van **intendersene**: **me ne intendo, te ne intendi, se ne intende, ce ne intendiamo, ve ne intendete, se ne intendono**. *De kenner*, degene die **se ne intende**, is **l'intenditore**.

10 **La banda** is een *fanfare, muziekkorps, -kapel*, met meestal blaas- en slaginstrumenten. Weet dat het woord ook *bende* betekent, maar die gaat met andere instrumenten aan de slag…

11 Het is u ongetwijfeld al meermaals opgevallen dat er in het Italiaans bij zelfstandige naamwoorden die in algemene zin gebruikt worden een bepaald lidwoord staat, bv. ook bij **la musica** hogerop.

12 **Il dilettante** is gewoon *de amateur*, die iets beoefent als *liefhebber*, niet als beroeps, zonder de pejoratieve connotatie in het Nederlandse *dilettant*. Het bijvoeglijk naamwoord is **dilettantistico** (soms **amatoriale**): **Gioca a livello dilettantistico**, *Hij speelt op amateurniveau*.

duecentotrentasei • 236

Esercizio 1 – Traducete

❶ Da giovane suonavo l'oboe nella banda della mia cittadina. ❷ Ho sempre suonato a livello dilettantistico, ma la musica mi è sempre piaciuta moltissimo. ❸ Mi è toccato lasciare il conservatorio per studiare medicina, e ho ricominciato a suonare dopo la laurea. ❹ Tu te ne intendi, io invece parlo da profano. ❺ Fin da piccolo si vedeva che era dotato per la musica e aveva un ottimo orecchio.

***

Esercizio 2 – Completate

❶ Ik zou willen fluitspelen in een muziekkapel, maar ik heb geen [muzikaal] oor.
Vorrei .... in una ....., ma non .. ..

❷ Als meisje *(v. kind)* speelde ik viool, maar dan ben ik moeten stoppen om geneeskunde te studeren.
.. bambina ...., ma poi mi . ... per studiare ....

❸ Ze hield zoveel van muziek dat ze besloten heeft om zich in te schrijven voor een cursus klarinet.
.. .. tanto .. .. di iscriversi a un ....

❹ Ik kan zeggen, als leek, dat ze zich vanaf de eerste lessen heel goed wist te redden!
Posso dire, ..., che ... . molto bene!

❺ Hij was een van die kenners die er helemaal niets van kennen!
... . quegli .... che non .. .. per niente!

Achtenveertigste les / 48

Oplossing van oefening 1

❶ Als jongere speelde ik hobo in de fanfare van mijn stadje. ❷ Ik heb altijd op amateurniveau gespeeld, maar ik heb altijd héél veel van muziek gehouden. ❸ Ik ben verplicht geweest het conservatorium op te geven om geneeskunde te studeren, en ik ben *(heb)* herbegonnen met spelen na mijn afstuderen. ❹ Jij hebt er verstand van, ik daarentegen spreek als leek. ❺ Van kleins af aan zag men dat hij aanleg had voor muziek en een bijzonder muzikaal oor had.

***

Oplossing van oefening 2

❶ – suonare il flauto – banda – ho orecchio ❷ Da – suonavo il violino – è toccato smettere – medicina ❸ Le piaceva – la musica che ha deciso – corso di clarinetto ❹ – da profano – fin dalle prime lezioni se la cavava – ❺ Era uno di – intenditori – se ne intendono –

Veel Italianen zijn gepassioneerd door muziek. Als u dat ook bent, hebben we u met deze les al wat voorbereid op het bijwonen van een concert... al dan niet met **musica sinfonica!**

Quarantanovesima lezione

Revisione – Herhaling

1 Onvoltooid en voltooid verleden tijd

1.1 Onvoltooid verleden tijd

- Regelmatige vorming van de onvoltooid verleden tijd (o.v.t., **imperfetto**):

werkwoordstam
+ infix **av** voor werkwoorden op **-are**
      ev voor werkwoorden op **-ere**
      iv voor werkwoorden op **-ire**
+ persoonsuitgang **-o**, **-i**, **-a**, **-amo**, **-ate** of **-ano**:

parl*are*	prend*ere*	fin*ire*
parl*av*o, ik sprak	prend*ev*o, ik nam	fin*iv*o, ik eindigde
parl*av*i	prend*ev*i	fin*iv*i
parl*av*a	prend*ev*a	fin*iv*a
parl*av*amo	prend*ev*amo	fin*iv*amo
parl*av*ate	prend*ev*ate	fin*iv*ate
parl*av*ano	prend*ev*ano	fin*iv*ano

Waar ligt de klemtoon:
- op de klinker **a**, **e**, **i** van het verledentijdsinfix bij de drie personen enkelvoud (bv. **parlavo – prendevi – finiva**) en de 3e meervoud (bv. **andavano**)
- op de voorlaatste lettergreep bij de 1e en 2e persoon meervoud (bv. **vedevamo – mangiavate**).

- Weinig werkwoorden zijn onregelmatig in de o.v.t.: de afwijking zit dan in de stam, de uitgangen zijn regelmatig, bv.:
essere: **ero – eri – era – eravamo – eravate – erano**.
(**Avere** is regelmatig: **avevo, avevi, aveva** enz.).

Negenenveertigste les

1.2 Voltooid verleden tijd

Vorming van de voltooid verleden tijd (v.v.t., **trapassato**):
o.v.t. van het hulpwerkwoord **essere** of **avere** + voltooid deelwoord van het hoofdwerkwoord, bv.:

| **ero arrivato**, *ik was aangekomen* | **avevo visto**, *ik had gezien* |

Essere en **avere** worden vervoegd met zichzelf als hulpwerkwoord:
ero stato/-a, *ik was geweest*
avevo avuto, *ik had gehad*.

De regels voor de overeenkomst van het voltooid deelwoord zijn in deze samengestelde tijd uiteraard van toepassing (zie les 35).

2 Bijzondere toekomende tijdsvormen

2.1 Nabije toekomst

Vorming: een vorm van het werkwoord **stare** + **per** + infinitief (vergelijkbaar met *gaan* + infinitief in de betekenis van *op het punt staan, klaar staan om*):
sto per partire, *ik ga vertrekken, sta klaar om te vertrekken*.

Deze constructie is in alle tijden mogelijk:
stavo per partire, *ik ging vertrekken*, **starò per partire**, *ik zal klaar staan om te vertrekken* enz.

2.2. Toekomende tijd van werkwoorden op *-care/-gare*

Om de k- en harde g-klank te behouden, lassen werkwoorden op **-care** en **-gare** in de o.t.t. een **h** in vóór uitgangen die met een **i** beginnen; in de toekomende tijd komt deze **h** vóór het infix **-er-**, bv.:
cercare, *zoeken*: **cercherò, cercherai, cercherà, cercheremo, cercherete, cercheranno**
pagare, *betalen*: **pagherò, pagherai, pagherà, pagheremo, pagherete, pagheranno**.

3 Persoonlijke voornaamwoorden als meewerkend voorwerp

persoon		persoonlijk voornaamwoord-meewerkend voorwerp
enkelvoud	1e	**mi**
	2e	**ti**
	3e	**gli** (m.), **le** (v. en beleefdheidsvorm)
meervoud	1e	**ci**
	2e	**vi**
	3e	**gli** (m. en v.)

In les 42 zagen we dat dezelfde voornaamwoorden, behalve die in de 3e persoon, gebruikt worden als lijdend voorwerp:
vorrei vederla, *ik zou haar/u willen zien*, **guardaci**, *bekijk ons*.

Plaats van persoonlijke voornaamwoorden die in een zin als meewerkend voorwerp (**oggetto indiretto**) fungeren:

- los vóór het vervoegd werkwoord, maar

- achteraan een infinitief vast geschreven (waarbij de infinitief zijn eind-**e** verliest): **vorrei parlarti**, *ik zou je willen spreken*, **vorrei parlarle**, *ik zou haar/u willen spreken*

- achteraan een informele imperatief vast geschreven: **parlategli**, *spreken jullie hem/hun*, maar los ervoor in de beleefde imperatief: **gli parli, signora!**, *spreekt u hem/hun, mevrouw!*;
vast geschreven aan een eenlettergrepige imperatiefvorm (**va'**, **da'**, **fa'**, **sta'** en **di'**) wordt de beginmedeklinker van voornaamwoorden als meewerkend voorwerp (behalve **gli**) en als lijdend voorwerp verdubbeld: **dimmi**, *zeg me*, **dacci**, *geef ons*.

4 Zelfstandige naamwoorden met een bijzondere vorm

4.1 Onregelmatig meervoud

l'uomo, *de man* → **gli uomini**
il bue, *de os* → **i buoi**
il dio, *de god* → **gli dei** (met ook een afwijkende lidwoordvorm!)

4.2 Onregelmatige vrouwelijke vorm

Bij sommige woorden is de vrouwelijke vorm helemaal geen afleiding van de mannelijke, maar een heel ander woord, bv.:
l'uomo / la donna, *de man / de vrouw*
il cane / la cagna, *de (mannetjes)hond, reu / de (vrouwtjes)hond, teef*
il toro / la mucca, *de stier / de koe*.

4.3 Misleidend "woordeinde"

Vrouwelijke vorm op **-ina**, maar geen verkleinvorm:
l'eroe, *de held* **/ l'eroina,** *de heldin*
il gallo, *de haan* **/ la gallina,** *de hen;*
mannelijke vorm op **-one**, maar geen vergrotende betekenis:
la strega, *de (tover)heks* **/ lo stregone,** *de tovenaar*.

4.4 Vrouwelijke woorden met meervoud op *-i*

la mano, *de hand* (zeldzaam vrouwelijk woord op **-o**) → **le mani**
l'ala, *de vleugel* → **le ali**
l'arma, *het wapen* → **le armi**

4.5 Mannelijk enkelvoud op *-o*, meervoud op *-e*

Het enige veel gebruikte woord hierbij is:
l'orecchio, *het oor* → **le orecchie**.

5 Voorzetsels

• **fino a**, *tot (aan, in,...),* in tijd en ruimte:
Siamo arrivati fino a Genova, *We zijn tot in Genua geraakt.*
Fino a quindici anni fa abitavo a Genova, *Tot vijftien jaar geleden woonde ik in Genua.*

• **fin da**, *vanaf, vanuit,...* in tijd en ruimte:
Fin da ragazza suonava benissimo il violino, *Als kind al ('Vanaf meisje') speelde ze erg goed viool.*
Abbiamo trovato traffico fin da Genova, *We hebben verkeer [onder]vonden vanaf Genua.*

• **da** bij hoedanigheid:
Ti parlo da amico, *Ik spreek je als vriend.*

• **tramite**, *via*, *door middel van*:
Ci pagheranno tramite bonifico, *Ze zullen ons betalen via overschrijving.*
Ho saputo che abitava qui tramite un amico comune, *Ik heb geweten dat hij hier woonde via een gemeenschappelijke vriend.*

Onthoud ook dat voorzetsels op zich, dus zonder lidwoord, gebruikt worden bij gewone, vertrouwde handelingen of plaatsen, bv.:
Lo incontravo spesso in pizzeria, *Ik ontmoette hem dikwijls in een pizzeria;*
Andavano a messa ogni domenica, *Ze gingen iedere zondag naar de mis.*
(wat soms ook in het Nederlands kan, bv. **Gli è sempre piaciuto andare a letto presto**, *Hij is altijd graag vroeg naar bed gegaan*).

Je kan voorzetsels duidelijk niet altijd één op één vertalen:
vado a letto/scuola/casa, *ik ga naar bed/school/huis*, maar **sono a letto**, *ik lig in bed*, **sei a scuola**, *je bent op school*, **siete a casa**, *jullie zijn thuis* ('te huis').
Denk ook aan:
a tussen een werkwoord als **andare**, *gaan* en een infinitief: **vado a dormire**, *ik ga slapen;*
a bij sportactiviteiten e.d.: **gioco a calcio/tennis/bridge**, *ik speel voetbal/tennis/bridge, ik voetbal/tennis/bridge;*
di na de hoeveelheid 'van' iets: **un po' di vino**, *een beetje wijn*, **un chilo di patate**, *een kilo aardappelen;* **una tazza di caffè**, *een kopje koffie.*

Kortom, voorzetsels moet je – per taal – leren gebruiken! Ooit leerden we in onze moedertaal – onbewust – toch ook het verschil tussen 'het koekje is <u>van</u> mij' en 'het koekje is <u>voor</u> mij'...

6 Idiomatische uitdrukkingen rond werkwoorden

• **piacere**
Het wordt vaak vertaald met *graag ..., leuk/lekker/mooi* enz. *vinden, houden van,* enz. al betekent het letterlijk *bevallen, behagen;*
dit werkwoord staat achter het voornaamwoord-meewerkend voorwerp:
Fin da piccolo, <u>gli piaceva</u> la musica, *Van kleins af hield hij van muziek* (lett. *'<u>hem beviel</u> de muziek'*).

In samengestelde tijden is het hulpwerkwoord **essere**, waardoor het voltooid deelwoord zich moet richten naar het onderwerp, dus wat iemand bevalt:
Non ci sono mai piaciute le vacanze al mare, *We hebben vakanties aan zee nooit leuk gevonden (vakanties aan zee zijn ons nooit bevallen,* waarbij in het Italiaans het voltooid deelwoord een uitgang in het v. mv. krijgt in functie van *de vakanties...*).

• **toccare**
Achter een voornaamwoord-meewerkend voorwerp drukt het een, veelal met tegenzin vervulde, verplichting uit:
Non aveva la macchina e le è toccato andarci a piedi, *Ze had de auto niet en ze is er te voet heen moeten gaan.*

• **farcela**
Het geeft *ergens in slagen, lukken* enz. weer. Het voornaamwoordelijk deel **ce la** is onveranderlijk en staat vóór de vervoegde vorm van **fare**:
Ce la fate a lavorare fino a quell'ora?, *Zal het jullie lukken om tot dat uur te werken?*
In samengestelde tijden staat het voltooid deelwoord in het vrouwelijk enkelvoud:
Ce l'abbiamo fatta, *We zijn erin geslaagd.*
Onthoud ook **Non ce la faccio più!**, *Ik kan (het) niet meer (aan)!*

• **cavarsela**
Het drukt *zich (weten te) redden* uit en heeft dezelfde constructie als **farcela**:
Parli bene italiano? – Me la cavo!, *Spreek je goed Italiaans? – Ik red me wel!*

• **non vedere l'ora**, *niet kunnen wachten, staan popelen, ergens naar snakken,...*
Non vedevamo l'ora di incontrarvi, *We konden niet wachten om jullie te ontmoeten.*

• **si vede che...** (lett. *men ziet dat*) voor een veronderstelling, indruk: *je ziet wel dat, zo te zien, kennelijk, blijkbaar...*
Non sono venuti, si vede che non ne avevano voglia, *Ze zijn niet gekomen, zo te zien hadden ze er geen zin in.*

- **intendersi**, *verstand, veel kennis hebben van, ergens goed mee overweg kunnen,...*
Ti intendi di calcio?, *Heb je verstand van voetbal?*
of met gegroepeerde voornaamwoorden, **intendersene**:
Lei se ne intende davvero!, *U weet er echt veel van/over!*

- **stare**
Betekent *zijn, staan* enz., maar soms ook *(ver)blijven* op een plaats of in een toestand, zonder beweging:
Non stare lì senza far niente, fa' qualcosa!, *Sta daar niet zo te nietsen, blijf daar niet zonder iets (lett. niets) te doen, doe iets!*

▶ Dialogo di revisione

1 – Facevate sport da bambini?
2 – Sì, quando ero piccolo io giocavo sempre a calcio, come tutti gli italiani!
3 – Io invece ero iscritta a pallavolo, avevo due allenamenti alla settimana e spesso il sabato pomeriggio c'erano delle partite.
4 – E ce la facevi ad allenarti tanto e a fare i compiti per la scuola?
5 – Sì, e non vedevo l'ora di andarci!
6   Non mi è mai piaciuto stare in casa, e anche adesso ho sempre bisogno di muovermi...
7 – Io non facevo molto sport perché preferivo la musica che mi impegnava tanto.
8   Fin da bambino ho sempre desiderato suonare uno strumento, e a undici anni ho cominciato a studiare il clarinetto.
9   Purtroppo mi è toccato smettere per qualche anno quando ero all'università,
10 ma ora sono felicissimo di suonare in banda da dilettante ogni giovedì sera!

Vertaling

1 Deden jullie aan sport als kind? **2** Ja, toen ik klein was voetbalde ik altijd, zoals alle Italianen! **3** Ik daarentegen was ingeschreven voor volleybal, ik had twee trainingen per week en dikwijls waren er op zaterdagnamiddag wedstrijden. **4** En je slaagde erin om zoveel te trainen en om je taken voor de school te maken? **5** Ja, en ik stond te popelen om erheen te gaan! **6** Ik ben nooit graag in huis gebleven, en ook nu heb ik altijd beweging nodig... **7** Ik deed niet veel aan sport omdat ik de voorkeur gaf aan muziek, die me erg bezighield. **8** Van kinds af heb ik altijd gewenst een instrument te bespelen en op mijn elfde *(elf jaren)* ben ik klarinet beginnen *(heb begonnen)* te studeren. **9** Helaas ben ik moeten stoppen gedurende enkele jaren toen ik op de universiteit zat, **10** maar nu ben ik dolgelukkig om in een muziekkorps als amateur te spelen iedere donderdagavond!

Besteed voldoende aandacht aan de herhalingslessen. Ze bieden een overzicht van en aanvulling op belangrijke elementen die aan bod kwamen in de opmerkingen bij de dialogen (vervoeging, woord- en zinsvorming enz.). Ze helpen u om de materie systematisch te herhalen, beter te begrijpen en te beheersen, om zich vlot uit te drukken, in correct opgebouwde zinnen, met de geleerde structuren en woordenschat. Als dat niet de moeite waard is!

U bent nu halverwege uw studie. Tot nu zat u in de zgn. receptieve fase, de "onderdompeling" die we verderzetten. Vanaf morgen vat u ook de productieve fase aan. Aan het einde van les 50 vertellen we u hoe dit in zijn werk gaat.

Cinquantesima lezione

Messaggerie

1 – Pronto, ciao Simona, mi potresti [1] dare il tuo indirizzo, così metto il navigatore e arrivo da te senza sbagliare strada?
2 – Ma sei matto a parlare al telefono guidando [2]?
3   Usare [3] il cellulare alla guida è spesso causa di incidenti!
4 – No, sta' tranquilla: ho il telefono col bluetooth in macchina e il volante ben stretto tra le mani.
5 – Ah, meno male [4]! In ogni caso ti mando la mia posizione, così fai prima.
6 – Purtroppo ho solo la messaggeria tradizionale e non posso ricevere immagini e file...
7 – Non ci posso credere! Devi assolutamente [5] scaricare e installare l'app [6],
8   oggi è impossibile non averla sul proprio [7] telefono!
9   Da quando ce l'ho io non chiamo quasi mai nessuno.
10 O scrivo un messaggio o addirittura lo registro e mando l'audio,
11 così non consumo credito telefonico e mi basta un piano tariffario minimo col mio operatore [8].
12 Si possono fare anche le videochiamate, e tutto con pochi giga di internet!

Vijftigste les

Berichtendiensten

1 – Hallo, dag Simona, zou je me jouw adres kunnen geven *(me zou-kunnen geven...)*, dan *(zo)* stel ik het navigatiesysteem [in] en kom ik bij jou aan zonder de verkeerde weg te nemen *(verkeerd-nemen weg)*?
2 – Maar ben je gek om te telefoneren *(praten aan-de telefoon)* terwijl je rijdt *('rijdend')*!
3 De smartphone gebruiken tijdens *(bij)* het rijden is vaak [de] oorzaak van ongevallen!
4 – Nee, wees gerust: ik heb een *(de)* telefoon met *(het)* bluetooth in *(de)* auto en [houd] het stuur goed vast in mijn *(tussen de)* handen.
5 – O, gelukkig maar *(minder verkeerd)*! In ieder geval stuur ik je mijn positie door, zo ga je sneller *(doet eerder)*.
6 – Helaas heb ik maar een *(de)* gewone *(traditionele)* berichtendienst en kan ik geen beelden en files/bestanden ontvangen...
7 – Ik kan het *(er)* niet geloven! Je moet absoluut de app downloaden en installeren,
8 tegenwoordig is het ondenkbaar hem *(ze)* niet te hebben op je *(de eigen)* telefoon!
9 Sinds *(wanneer)* ik hem *(er)* heb bel ík bijna nooit [nog] *(n)*iemand op.
10 Of ik schrijf een bericht of, gewoonweg, neem het op en verstuur de audio,
11 zo verbruik ik geen telefoontegoed en heb ik genoeg aan *(me volstaat)* een minimum tariefplan bij mijn provider *(operator)*.
12 Je kan *(Men kunnen)* ook *(de)* videogesprekken voeren *(doen)*, en allemaal met weinig giga *(van)* internet!

duecentoquarantotto • 248

50 / Cinquantesima lezione

13 – A dire il vero, ho un po' paura di diventare come quelli che passano la vita a chattare, a postare o a condividere scemenze [9] sui social,
14 o a chiedere a tutti di mettere "mi piace" sul loro profilo, insomma a perdere tempo!
15 – Hai ragione, allora fermati sul lato della strada per impostare [10] il navigatore sul mio indirizzo! □

Uitspraak
Uw niveau is nu zodanig dat u zelfs woorden die u voor het eerst tegenkomt vlot correct uitspreekt. Bijgevolg zullen we voortaan alleen nog woorden waarbij u kunt twijfelen over de uitspraak opnemen in deze rubriek. En daarvan zullen er alsmaar minder zijn!
méssaddzjérié … **1** … zbaljaré …**2** … Goeidando **3** … intsjidènti **4** … trankoeilla … bloetoet … **5** … pozitsioné … **6** … traditsionalé … fajl … **7** … lap **10** … méssaddzjo … laoedio **12** … vidéokiamaté … dzjiGa … **13** … tsjattaré … sjémèntsé …

Opmerkingen

1 Potresti, 2e pers. enkelvoud van potere, *kunnen, mogen* in de voorwaardelijke wijs, alweer bruikbaar als beleefd verzoek. Volledige vervoeging: potrei, potresti, potrebbe, potremmo, potreste, potrebbero.

2 Guidando, gerundium van guidare, *(be)sturen, rijden*. Het gerundium drukt uit dat iets aan de gang is, evt. terwijl ook iets anders gebeurt: parla dormendo, *hij praat in zijn slaap* (al 'slapend', terwijl hij slaapt). Zijn onderwerp is altijd dat van de hoofdzin.

3 Net als in het Nederlands kan een infinitief gesubstantiveerd worden als onderwerp (lavorare stanca, *werken vermoeit*) of als lijdend voorwerp (adoro viaggiare, *ik hou van reizen*).

4 Meno male ('minder slecht, erg, verkeerd') komt overeen met *gelukkig (maar)*: Meno male che vi abbiamo incontrati!, *Wat een geluk dat we jullie ontmoet hebben!*

5 Vaak wordt een bijwoord gevormd door het suffix **-mente** toe te voegen aan het vrouwelijk enkelvoud van een bijvoeglijk naamwoord: assoluto → assoluta → assolutamente, certo → certa → certamente; bij een

249 • duecentoquarantanove

Vijftigste les / 50

13 – Eerlijk gezegd, ik heb wat angst om te worden zoals degenen die hun *(het)* leven doorbrengen met chatten, met onzin posten of delen op *(de)* sociale media
14 of met aan iedereen vragen om "vind ik leuk" op hun profiel te zetten, kortom met tijd verliezen!
15 – Je hebt gelijk, dus stop *(je)* langs *(op de kant van)* de weg om de gps op mijn adres in te stellen!

bijvoeglijk naamwoord op **-e** wordt gewoon **-mente** toegevoegd: forte → fortemente, maar bij een op **-le/-re** valt de **-e** weg vóór **-mente**: naturale → naturalmente en bij een op **-lo/-ro** valt eerst de **-o** weg: leggero → leggermente.

6 Het vrouwelijk woord **applicazione** wordt verkort tot **app**.

7 **Proprio** richt zich bij bijvoeglijk gebruik naar zijn onderwerp: **Ogni persona ha i propri problemi**, *Elkeen (Ieder persoon) heeft zijn eigen problemen*, **Preferisce usare la propria macchina**, *Hij gebruikt liever zijn eigen wagen*.

8 **L'operatore telefonico** is *de telefonieleverancier, -operator* of *provider*. Alle maatschappijen bieden een *tariefplan* (**piano tariffario**) aan tegen een maandelijkse kostprijs, inclusief *de oproepen, gesprekken* (**le chiamate**), *de sms-berichtjes* (**gli sms** [*èssé-èmmé-èssé*]) en een bepaald aantal giga voor *dataverkeer via internet* (**il traffico dati internet**).

9 **Scemo** betekent *dom, idioot*, **la scemenza** is dus *de onzin, nonsens*. Zo ook **sciocco**, *dom, stom* en **la sciocchezza**, *de stommiteit*.

10 **Impostare** betekent in deze context *instellen*, **l'impostazione** *de instelling* van een telefoon, computer enz. Daarbuiten kan **impostazione** ook als *aanpak, benadering* gezien worden: **Quel libro ha un'impostazione scientifica**, *Dat boek heeft een wetenschappelijke benadering*.

50 / Cinquantesima lezione

Esercizio 1 – Traducete
① Ogni studente dovrà avere il proprio libro. ② Meno male che a quell'ora non eravamo ancora partite! ③ Passeremo a comprare il pane tornando dal lavoro. ④ Viaggiare in treno è molto meno faticoso che in macchina. ⑤ Con quel piano tariffario non si possono fare videochiamate.

***

Esercizio 2 – Completate
① Als je de gps instelt, riskeer je niet de verkeerde weg te nemen en kom je gemakkelijker ter plaatse *(aan)*.
.. .. non rischi di .... e ....

② Wees gerust, Sandro! Ik spreek nooit door de telefoon terwijl ik rijd.
...., Sandro! ... . telefono ....

③ Wat een geluk dat je *(v.)* gekomen bent! We waren net aan het praten over jou.
.... che ... .! .... proprio .... di te.

④ Om geen telefoontegoed te verbruiken, neem je audioberichten op en stuur ze door, in plaats van te bellen.
Per non ...., ... audio e ...., invece di ....

⑤ We zullen stoppen langs de weg om de gps in te stellen op je adres.
.. .. della strada per .... sul tuo ....

Vijftigste les / 50

Oplossing van oefening 1

❶ Elke student zal zijn eigen boek moeten hebben. ❷ Gelukkig maar dat we op dat uur nog niet vertrokken *(v.)* waren! ❸ We zullen langsgaan om brood te kopen bij het terugkeren van het werk. ❹ Reizen met de trein is veel minder vermoeiend dan met de auto. ❺ Met dat tariefplan kan men geen videogesprekken voeren.

***

Oplossing van oefening 2

❶ Se metti il navigatore – sbagliare strada – arrivi più facilmente ❷ Sta' tranquillo – Non parlo mai al – guidando ❸ Meno male – sei venuta! Stavamo – parlando – ❹ – consumare credito telefonico, registra i tuoi messaggi – mandali – chiamare ❺ Ci fermeremo sul lato – impostare il navigatore – indirizzo

Vandaag start u met de tweede fase, de zgn. "productieve fase" van uw studie. Het houdt in dat u, terwijl u doorgaat met nieuwe lessen, de verworven kennis moet activeren en consolideren. Hierbij moet u echt in het Italiaans leren praten. Hoe dan? Nadat u klaar bent met de les van de dag (vandaag de 50e), verzoeken we u terug te keren naar een eerdere les, in volgorde, van begin af aan (we zullen telkens de te herhalen les vermelden). Vertaal de Nederlandse dialoog in het Italiaans, doe dit hardop en liefst zonder de Italiaanse tekst te raadplegen. Haal bij deze oefening de acteur/actrice in u boven! Praat op natuurlijke wijze, zo vlot mogelijk, alsof u in gesprek bent met Italiaanse vrienden. Dat wordt best leuk! U zal ook versteld staan van het gemak waarmee uw geheugen de opgedane kennis activeert. Controleer even uw vertaling. Hierna zijn de Nederlandse zinnen uit oefening 1 aan de beurt. Klaar met de vertaling? En dat in een paar minuten... met een verbluffend resultaat!

Tweede fase: 1e les

Cinquantunesima lezione

Assistere i genitori

1 – Ciao Anna, ti vedo un po' stanca, stai bene?
2 – Sì, ma ho un po' di problemi coi miei genitori.
3   Sono molto anziani [1] e hanno bisogno di assistenza continua.
4 – Dillo a me [2]! Mio suocero novantenne [3] vive da anni con la badante [4], e nessuna gli va bene!
5   Ha un caratteraccio [5] e dopo un po' le manda via [6] tutte!
6   È la terza o la quarta che gli cambiamo!
7   Per me [2] in questi casi la soluzione migliore è il pensionato [7],
8   con una buona assistenza sanitaria, ma mio marito non è d'accordo.
9   Secondo lui [2] se lo ricoveriamo in una struttura sanitaria si sentirà solo e rischierà di deprimersi.
10 – Anche noi la pensiamo un po' così, ma d'altra parte ci sono anche dei vantaggi:
11   in una casa di riposo [7] ci sono infermieri e medici,
12   e un personale specializzato che aiuta gli anziani [1] a mangiare, a lavarsi,
13   e provvede a tutto ciò [8] di cui [9] hanno bisogno.
14 – Comunque sono sempre scelte difficili, e non si sa mai qual è quella giusta.

Eenenvijftigste les

De ouders bijstaan

1 – Hallo Anna, je lijkt me *([ik] zie je)* een beetje moe, ben je ok?
2 – Ja, maar ik heb wat *(van)* problemen met mijn ouders.
3   Ze zijn hoogbejaard en hulpbehoevend *(hebben behoefte aan assistentie voortdurende)*.
4 – Moet je mij zeggen *(Zeg-het aan mij)*! Mijn negentigjarige schoonvader heeft sinds jaren een inwonende 'persoonlijke verzorgster' *(woont ... met de 'verzorgster')* en geen enkele vindt hij *(hem gaat)* goed!
5   Hij heeft een moeilijk karakter en na een poos stuurt hij ze allemaal weg!
6   Het is de derde of de vierde die we *([voor] hem)* vervangen!
7   Voor mij, in dergelijke *(deze)* gevallen, is de beste oplossing het tehuis,
8   met een goede gezondheidszorg, maar mijn man gaat *(is)* niet *(van)* akkoord.
9   Volgens hem, als we hem opnemen in een gezondheidsstructuur, zal hij zich alleen voelen en loopt hij het risico *(zal-riskeren)* gedeprimeerd te worden *(deprimeren-zich)*.
10 – Ook wij denken er *(het)* enigszins zo [over], maar aan [de] andere kant zijn er ook voordelen:
11   in een rusthuis zijn er verplegers en dokters,
12   en *(een)* gespecialiseerd personeel dat de bejaarden helpt bij het *(te)* eten, zich *te)* wassen
13   en voorziet in alles wat ze nodig hebben *(al hetgeen aan waar hebben behoefte)*.
14 – Hoe dan ook zijn het altijd moeilijke keuzes, en je *(men)* weet nooit welke d*(i)*e juiste is.

duecentocinquantaquattro • 254

15 – Una cosa è certa: bisogna assistere i propri genitori.

16 Prima loro hanno aiutato noi [10] e ora tocca a noi [11] aiutare loro [10]!

Uitspraak

3 ... antsiani ... *4* ... soeotsjéro ... *5* ... karattérattsjo ... *9* ... riskiéra ... *10* ... vantaddzji ... *11* ... inférmièri ... *12* ... spétsjaliddsato ... aioeta ... *13* ... tsjo ... koei ...

Opmerkingen

1. **Molto anziano** (lett. 'erg bejaard') betekent *hoogbejaard*; **un anziano** is *een bejaarde, senior*.

2. De beklemtoonde persoonlijke voornaamwoorden **me, te, lui/lei, noi, voi, loro** moeten gebruikt worden na een voorzetsel (**per me, secondo lui**) en kunnen ook achter een werkwoord staan om de/het betrokkene te benadrukken (**hanno aiutato noi**, *ze hebben óns geholpen*).

3. Ons element *-jarig* wordt in het Italiaans weergegeven met het suffix **-enne** (in het meervoud **-enni**): **un ragazzo quindicenne**, *een vijftienjarige jongen*; **una signora quarantatreenne**, *een drieënveertigjarige dame*. Het bijvoeglijk naamwoord is bruikbaar vanaf **undicenne**, *elfjarig*.

4. **Un(a) badante** is iemand die tegen betaling oppast bij ouderen of hulpbehoevenden, geen verpleegkundige dus, daar deze persoon vaak inwoont, permanent voorziet in zorg als eten klaarmaken en toedienen, hulp bij het wassen en aankleden en in het huishouden. Het woord is het onvoltooid deelwoord van **badare**, *zorgen voor, oppassen*, dat ook voorkomt in uitroepen als **Bada a te!**, *Draag zorg voor jezelf!* of **Bada a come parli!**, *Let op hoe je praat!*

5. **Un carattere** is *een karakter*; met het suffix **-accio** erbij krijgt **caratteraccio** de pejoratieve betekenis *moeilijk, slecht karakter*.

6. **Via** komt overeen met *weg*: **andare via**, *weggaan*. **Mandare via** betekent dus *wegsturen*, zelfs soms *wegjagen*. Bij een wedstrijd hoor je **Via!** *Start!*, maar op zich is het ook *Weg! Vort!*

Eenenvijftigste les / 51

15 – Een zaak is zeker: je moet *([men] behoeft)* je *(de eigen)* ouders bijstaan.
16 Eerst hebben zij óns geholpen en nu is het *(raakt)* aan ons [om] hén [te] helpen!

7 **La pensione** is *het pensioen*, **il pensionato** *de gepensioneerde*, maar ook *het tehuis*; verblijven daar ouderen, dan heet het ook **una casa di riposo**, *een rusthuis*.

8 **Ciò**, een neutraal aanwijzend voornaamwoord, komt overeen met *dat(gene), hetgeen*. Het staat vaak vóór het betrekkelijk voornaamwoord **che**, *die, dat*, bv. **ciò che voglio**, *datgene wat ik wil* of vóór het betrekkelijk voornaamwoord **cui** (met een voorzetsel ertussen, zie opm. 9), bv. **ciò di cui abbiamo parlato**, *dat(gene) waarover we gesproken hebben*. **Ciò** kan vervangen worden door **quello**: **quello che voglio**, *dat(gene) dat = (dat) wat ik wil* (in het Nederlands wordt dergelijke structuur meestal vereenvoudigd).

9 **Cui**, een betrekkelijk voornaamwoord, komt overeen met *wie, waar* (m.b.t. personen resp. zaken) en wordt gebruikt met een voorzetsel ervoor: **la persona di cui ti avevamo parlato**, *de persoon over wie we je hadden gesproken*; **la ragione per cui ti ho chiamato**, *de reden waarom ik je heb gebeld*.

10 Een mooi voorbeeld van nadruk en tegenstelling, nl het gebruik van persoonlijke voornaamwoorden in de onderwerpsvorm en van de beklemtoonde vormen als lijdend voorwerp: **Io vedevo lui, ma lui non vedeva me**, *ík zag hém, maar híj zag míj niet*.

11 **Tocca a me** (a te, a lui enz.), met een beklemtoond persoonlijk voornaamwoord na het voorzetsel **a**, betekent *Het is aan mij (jou, hem* enz.), *het is mijn (jouw, zijn* enz.) *beurt*.

duecentocinquantasei

Esercizio 1 – Traducete

❶ Io sto parlando con te, ma tu non mi ascolti mica. ❷ Questa è la ragione per cui ho deciso di suonare l'oboe. ❸ Oggi tocca a te andare a fare la spesa. ❹ Lavorava malissimo e l'hanno mandato via. ❺ Mio cugino trentaquattrenne vive ancora con i suoi genitori.

***

Esercizio 2 – Completate

❶ Om bejaarden bij te staan, is er gespecialiseerd personeel nodig.
   Per .... ci ..... personale ....

❷ Er was alles wat we nodig hadden.
   .... quello di ... .

❸ Volgens mij is de beste oplossing om te reizen de trein.
   .... soluzione ... . è il treno.

❹ Met dat moeilijk karakter zal hij altijd problemen hebben.
   ... quel .... sempre dei ....

❺ Onze tachtigjarige buurman heeft een 'persoonlijke verzorgster' die Sofia heet.
   .. .. ha una ....
   Sofia.

52

Cinquantaduesima lezione

Consigli a un amico

1 – Ciao, Guido, che piacere incontrarti! Tutto a posto [1]?

2 – Purtroppo capiti [2] in un brutto momento, ho un sacco di [3] problemi sul lavoro...

3 Ma non voglio romperti le scatole [4] con le mie lagne [5].

Oplossing van oefening 1

❶ Ík ben tegen jou aan het praten, maar jij luistert helemaal niet naar me. ❷ Dit is de reden waarom ik heb besloten om hobo te spelen. ❸ Vandaag is het jouw beurt om de boodschappen te doen. ❹ Hij werkte barslecht en ze hebben hem weggestuurd. ❺ Mijn vierendertigjarige neef woont nog bij zijn ouders.

***

Oplossing van oefening 2

❶ – assistere gli anziani – vuole – specializzato ❷ C'era tutto – cui avevamo bisogno ❸ Secondo me la migliore – per viaggiare – ❹ Con – caratteraccio avrà – problemi ❺ Il nostro vicino ottantenne – badante che si chiama –

Als gevolg van de veroudering van de bevolking neemt de vraag naar bejaardenopvang toe. Mede door de hoge kostprijs voor een verblijf in een woonzorgcentrum, vaak privé-inrichtingen, doen heel wat families een beroep op een (soms zelfs onopgeleide) 'persoonlijke assistent(e)', om voor hun **anziani** *te zorgen,* **badare***. Deze 'verzorg(st)ers',* **badanti** *komen veelal uit Oost-Europese landen (Roemenië, Bulgarije, Moldavië, Oekraine). Waar ze in het begin zonder contract en wel eens semiclandestien in dienst waren, is er tegenwoordig een tendens om de situatie van deze werkkrachten te regulariseren. Zo raken ze goed geïntegreerd en gaan ze als het ware deel uitmaken van* **la famiglia***!*

Tweede fase: 2e les

Tweeënvijftigste les

Adviezen aan een vriend

1 – Dag, Guido, wat leuk *(genoegen)* je [te] ontmoeten! Alles in orde *(plaats)*?
2 – Helaas kom je op een slecht moment, ik heb een boel *(zak van)* problemen op het werk...
3 Maar ik wil je niet lastigvallen *(breken-je de dozen)* met mijn geklaag.

duecentocinquantotto • 258

4 – Ma che dici? Se non ne parli a me, che sono tuo amico, a chi vuoi parlarne?
5 Dai, raccontami cosa ti succede, forse posso darti qualche consiglio.
6 Parlandone magari ti vengono in mente delle soluzioni...
7 – In realtà ho appena [6] avuto una promozione e sono diventato dirigente del servizio in cui lavoravo da diversi [7] anni.
8 Potrei esserne contento, invece [8] questo ha scatenato l'invidia di tutti i miei colleghi, con cui ho sempre lavorato d'amore e d'accordo.
9 Ora mi parlano appena [6], fanno apposta a lavorare male per danneggiarmi,
10 e infatti [9] il servizio che dirigo funziona meno bene di prima e la direzione si lamenta di me!
11 Proprio a me doveva capitare [2] una cosa simile, io che odio i conflitti e i problemi con le persone!
12 – Dai, non esagerare, a sentire te [10] sembri circondato da mostri di cattiveria!
13 Da' retta [11] a me, parlane francamente coi tuoi colleghi e le cose si risolveranno.
14 – Sì, mi hai convinto, lo farò di sicuro!
15 – E meno male che hai incontrato me e non qualcun altro che magari ti dava cattivi consigli!
16 – Grazie, sei proprio un amico!

Uitspraak

1 ... Goeido ... **5** ... soettsjèdé ... **7** ... promotsioné ... **8** ... kollèGi ... **9** ... dannéddzjarmi **10** ... foentsiona ... dirétsioné ... **12** ... tsjirkondato ... **15** ... koealkoen ...

Tweeënvijftigste les / 52

4 – Maar wat zeg je [daar]? Als je er niet over praat met *(tegen)* mij, die je vriend ben, met wie wil je er [dan] over praten?
5 Komaan, vertel me wat je overkomt, misschien kan ik je enige raad geven.
6 Door erover te praten *('Pratend'-erover)* komen [er] je misschien oplossingen voor de *(in)* geest...
7 – In werkelijkheid heb ik net een promotie gehad en ben manager geworden van de dienst waarin ik sinds verschillende jaren werkte.
8 Ik zou erover tevreden mogen zijn, maar dit heeft de afgunst gewekt van al mijn collega's, met wie ik steeds in goede verstandhouding *(liefde en eensgezindheid)* heb gewerkt.
9 Nu spreken ze me nauwelijks [aan], werken ze opzettelijk slecht *(doen opzettelijk te werken slecht)* om me te schaden
10 en dan functioneert de dienst die ik leid ook minder goed dan voorheen en *(zich)* klaagt de directie over mij!
11 Net *(aan)* mij moest zoiets *(een zaak dergelijke)* overkomen, ik die een hekel heb aan *(de)* conflicten en *(de)* problemen met anderen *(de personen)*!
12 – Komaan, overdrijf niet, als ik jou hoor *(aan horen jou)* lijk je omringd door boosaardige monsters *(van boosaardigheid)*!
13 Luister naar mij *(Geef rechte aan mij)*, praat er openhartig over met je collega's en de zaken zullen zich oplossen.
14 – Ja, je hebt me overtuigd, ik zal het beslist doen!
15 – En nog een geluk dat je mij bent *(hebt)* tegengekomen en niet iemand anders die je misschien slechte raad *(adviezen)* had gegeven *(gaf)*!
16 – Dank je, je bent echt een vriend!

Opmerkingen

1 **Tutto a posto** wordt gebruikt om te zeggen dat alles goed gaat: **Come stai? – Tutto a posto, grazie**. **A posto** betekent dus *in orde*. **Mettere a posto** is *in orde brengen, opruimen*: **Metti a posto la tua camera!**, *Ruim je kamer op!*

2 Is het onderwerp een persoon, dan betekent **capitare** *(onverwacht) komen*, zoals in **Capiti a proposito**, *Je komt als geroepen*; bij een gebeurtenis of een feit betekent **capitare** *gebeuren* of *(iemand) overkomen*, zoals in **Cos'è capitato?**, *Wat is er gebeurd?* of **Mi è capitato un fatto strano**, *Er is me iets vreemds overkomen*, en dan is **succedere** een synoniem: **Mi è successo un fatto strano**.

3 **Un sacco** is *een zak*; **un sacco di** geeft *een pak, hoop, boel* enz., dus *heel wat* weer (zie ook les 23).

4 **Rompere le scatole** ('de dozen breken, stukmaken') drukt *lastigvallen, aan zijn kop zeuren* uit; **un rompiscatole** (onveranderlijk) is *een zeurkont*.

5 **Lagnarsi** betekent *klagen, zijn beklag doen* en **la lagna** (dat ook in het meervoud gebruikt wordt) *het geklaag*. **Una lagna** is ook *een klaaggraag* of zelfs *een saaie bedoening* (**Che lagna questo film!** *Wat saai deze film!*). Dit zijn termen uit de omgangstaal, daarnaast zegt men voor *klagen* **lamentarsi** (zie zin 10 en les 27).

6 De betekenis van het bijwoord **appena** hangt af van de context of zijn plaats in de zin: tussen hulpwerkwoord en voltooid deelwoord = *pas, net* (**Ho appena finito**, *Ik heb net gedaan, ben net klaar*); achter het werkwoord = *nauwelijks, bijna niet* (**Mangeremo appena**, *We zullen nauwelijks eten*); vóór het werkwoord = *zodra*, zoals gezien in les 37 (**Appena**

***

Esercizio 1 – Traducete

❶ Gli capitava spesso di arrivare in ritardo. ❷ La cittadina in cui abitavamo si trovava in riva al mare. ❸ Ho appena letto un libro molto interessante. ❹ È meglio non dare retta a lui, ma fare quello che dice il professore. ❺ Il collega con cui lavoro da anni ha un caratteraccio.

avrete finito, dovrete venire subito da me, *Zodra jullie gedaan (zullen) hebben, zullen jullie meteen bij mij moeten komen*).

7 **Diverso** is *verschillend* in de betekenis van *anders* (**Milano e Napoli sono due città molto diverse**, *Milaan en Napels zijn twee heel verschillende, andere steden*); met de meervoudsvorm **diversi/-e** kan ook *verschillende* als *verscheidene, een aantal* bedoeld worden (**Ho visitato diverse città italiane**, *Ik heb verschillende, een aantal Italiaanse steden bezocht*).

8 **Invece** zagen we ook als *daarentegen* (in les 10), *terwijl* (les 24) en in **invece che**, *in plaats van*, **invece di**, *in plaats van (te)*.

9 **Infatti** betekent als voegwoord *dan ook, namelijk,* als bijwoord *inderdaad*.

10 Merk op hoe een beklemtoond persoonlijk voornaamwoord (**me, te, lui/lei** enz.) achter het werkwoord staat om het belang van de betrokkene te benadrukken.

11 **Dare retta a** (lett. 'geven rechte (lijn) aan') staat voor *naar iemand luisteren* in de betekenis van *diens advies volgen*: **Perché non ci vuoi dare retta?**, *Waarom wil je niet naar ons luisteren?*

Oplossing van oefening 1

❶ Het overkwam hem dikwijls om te laat te komen. ❷ Het stadje waar(in) we woonden bevond zich aan de kust. ❸ Ik heb net een zeer interessant boek gelezen. ❹ Het is beter niet naar hem te luisteren, maar te doen wat de leraar zegt. ❺ De collega met wie ik sinds jaren werk heeft een moeilijk karakter.

Esercizio 2 – Completate

❶ Spreek er openhartig over met je collega en je zal zien dat dat probleem zich zal oplossen.
...... francamente con .. .. e ...... che quel ....

❷ Ik had hém gebeld, maar zijn zus heeft mij geantwoord.
...., ma mi .. .. sua sorella.

❸ Zodra ik de bijeenroeping van de vergadering zal geschreven hebben, zal ik je een mail sturen.
.... la .... della riunione, ... mail.

❹ Excuseer me, ik heb [het] niet opzettelijk gedaan!
Scusami, ...!

❺ Zijn houding schaadt de dienst waarvan ik manager ben.
Il suo comportamento .... il ....

53
Cinquantatreesima lezione

Lavoretti

1 – Pronto, Silvio? Ciao, sono Massimo, devo chiederti un favore.
2 Sto facendo un po' di lavoretti [1] nel mio appartamento e mi mancano alcuni attrezzi [2].
3 So che tu sei bravissimo nel bricolage [1], e quelli che [3] fanno tutto in casa loro, come te, sono sempre attrezzatissimi!
4 – Beh, dai, non esagerare, faccio le solite [4] cose che fanno tutti:

Oplossing van oefening 2

❶ Parlane – il tuo collega – vedrai – problema si risolverà ❷ Avevo chiamato lui – ha risposto – ❸ Appena avrò scritto – convocazione – ti manderò una – ❹ – non ho fatto apposta ❺ – danneggia – servizio di cui sono dirigente

U herkent ongetwijfeld meer en meer woorden en zinswendingen. Iedere les blijven we daar materiaal aan toevoegen. En, u merkt het, dat wordt allemaal geleidelijk aan geASSIMI-Leerd! Dankzij uw dagelijkse inzet!

Tweede fase: 3e les

Drieënvijftigste les

Karweitjes

1 – Hallo, Silvio? Hoi, met *(ben)* Massimo, ik moet je wat *(een gunst)* vragen.
2   Ik ben een paar karweitjes *(beetje van werkjes)* aan het uitvoeren in mijn appartement en [er] ontbreken me enkele werktuigen.
3   Ik weet dat jij keigoed bent in in het doe-het-zelven, en degenen die alles doen in hun huis, zoals jij, zijn altijd heel goed uitgerust!
4 – Nou, komaan, overdrijf niet, ik doe gewoon wat iedereen doet *(de gewone dingen die doen allen)*:

53 / Cinquantatreesima lezione

5 imbiancare [5] i muri, cambiare i sanitari, piastrellare [6], aggiustare una presa elettrica [7] o un interruttore, niente di speciale!

6 Per fare queste cose bastano rulli e pennelli, pinze, tenaglie, cacciaviti, un martello, un buon trapano, magari un avvitatore elettrico…

7 – Ecco, proprio quello che [8] mi serve [9]!

8 Quello che [3] avevo si è rotto, volevo comprarne uno nuovo ma guarda caso [10] oggi è Pasqua e tutti i negozi sono chiusi;

9 non solo il ferramenta [11] sotto casa mia, ma anche i grandi magazzini di bricolage…

10 – E proprio il giorno di Pasqua ti devi mettere a fare lavoretti?

11 – Sai, chi [12] come me rientra ogni giorno tardi dal lavoro, deve farli nei giorni festivi…

12 Volevo approfittare del ponte per ritinteggiare [5] i muri di camera mia e devo smontare e rimontare due grossi [13] armadi.

13 Per svitare e riavvitare a mano tutte le viti ci vogliono ore!

14 – E va bene, passa pure da me a prendere l'avvitatore, non c'è problema.

15 E per le pareti, almeno… la vernice, ti sei ricordato di comprarla?…

☐

Uitspraak

2 … attrétsi **3** … brikolazj … **5** … addzjoestaré … **6** … pintsé … ténaljé kattsjaviti … **8** … paskoea … kioezi **9** … maGaddzini … **11** … riéntra … **12** … ritintéddzjaré … zmontaré … **13** … zvitaré …**15** … vérnitsjé …

Drieënvijftigste les / 53

5 de muren schilderen *(inwitten)*, het sanitair vervangen, (be)tegelen, een stopcontact of een schakelaar herstellen, niets bijzonders *(van speciaal)*!

6 Om die dingen te doen volstaan rollen en kwasten, tangen, nijptangen, schroevendraaiers, een hamer, een goede boor, misschien een elektrische schroefmachine...

7 – Daar heb je 't, net wat ik nodig heb *(dat(gene) dat me dient)*!

8 Die *(Degene)* die ik had *(zich)* is stukgegaan, ik wou er een nieuwe kopen maar, als bij *(bekijk)* toeval is [het] vandaag Pasen en zijn alle winkels dicht;

9 niet alleen de ijzerwinkel hier beneden *(onder huis mijn)*, maar ook de grote doe-het-zelfzaken...

10 – En net op *(de)* paasdag moet je je aan het klussen *(doen werkjes)* zetten...

11 – Weet je, wie zoals ik *(mij)* iedere dag laat van het werk thuiskomt, moet dat doen *(doen-ze)* op*(de)* feestdagen...

12 Ik wou profiteren van de brug(dag) om de muren van mijn kamer te herschilderen en ik moet twee grote kasten uit elkaar halen *(demonteren)* en terug in elkaar zetten *(hermonteren)*.

13 Om alle schroeven met [de] hand los te schroeven en weer vast te schroeven zijn er uren nodig!

14 – Goed dan, kom maar bij mij langs om de schroefmachine op te halen, geen probleem.

15 En voor de wanden, de verf... heb je er tenminste aan gedacht om die te kopen *([je] je bent herinnerd om-te kopen-ze)*?...

Opmerkingen

1 Het woord **lavoretti**, lett. *werkjes*, slaat op *karweitjes, klusjes*, bv. herstellingen enz. in en aan je woning; bij het aan het Frans ontleende woord **bricolage** denk je meer aan 'verfraaiings'werken.

2 **Gli attrezzi** zijn *de werktuigen, het gereedschap*; **attrezzato** is *uit-, toegerust, ingericht,* dus voorzien van het nodige (gereedschap).

3 Vóór het betrekkelijk voornaamwoord **che** kan het aanwijzende **quello/-a/-i/-e** in de betekenis van *die, d(i)egene(n), dat(gene), hetgeen* staan: **Tra noi, tu sei quello che si riposa meno**, *Van ons ben jij degene die het minst uitrust* (**riposarsi** is *uitrusten, -blazen*); **Fra tutte le città italiane, quella che preferiamo è Venezia**, *Van alle Italiaanse steden is Venetië die die/welke we verkiezen*.

4 **Solito** (zie les 2 en 11) betekent als bijvoeglijk naamwoord *gewoon, gebruikelijk,* als zelfstandig *de-, hetzelfde (als gewoonlijk)*. Zo kan een stamgast het drankje dat hij doorgaans neemt als volgt bestellen: **Il solito, per favore!**, *'Hetzelfde (als gewoonlijk)', alstublieft!*

5 Voor muren of wanden *schilderen* wordt **imbiancare** gebruikt, ook al gebeurt dat in een andere kleur dan *wit*, **bianco**… **L'imbianchino** is trouwens *de (huis)schilder*… Er is ook **tinteggiare** (**la tinta** is *de tint*) en, met het prefix **ri-** ervoor, **ritinteggiare** (zin 12), *her-, opnieuw schilderen* (dat **ri-** zit ook in **rimontare** (zin 12) en **riavvitare** (zin 13)).

6 **La piastrella** is *de* (wand- of vloer)*tegel* (het meervoud **le piastrelle** is ook *de betegeling*), **piastrellare** is *(be)tegelen* en **il piastrellatore** of **il posatore** *de tegelzetter, -legger* of *plaatser*.

7 **La presa elettrica** of **la presa di corrente** ('elektrische opname' of 'opname van stroom') is *het stopcontact*.

***

Esercizio 1 – Traducete

❶ Chi smonterà questi armadi dovrà farlo con molta attenzione. **❷** Gli serviranno degli attrezzi per aggiustarlo. **❸** Diteci quello che pensate della nostra proposta. **❹** Passa pure da me a prendere il rullo e i pennelli per imbiancare il tuo appartamento. **❺** Guarda caso oggi che ho bisogno di lui, non risponde al telefono!

Drieënvijftigste les / 53

8 **Quello che** kan neutraal met *wat* weergegeven worden: **Fa' quello che vuoi**, *Doe wat (dat dat) je wil*.

9 **Servire** betekent *(be)dienen*, maar geeft ook *nodig hebben, van pas komen, van dienst/nut zijn* weer: **Mi servono un martello e un cacciavite**, *Ik heb een hamer en een schroevendraaier nodig* (de constructie is dan vergelijkbaar met **Mi mancano ...** (zie zin 2), *er ontbreken me, ik mankeer, heb geen ...*.

10 **Guarda caso** (lett. 'bekijk [het] geval/toeval') drukt ironisch *toevallig, toeval of niet, wat een toeval* enz. uit, wanneer iets niet echt bij toeval gebeurt...

11 **Il ferro**, *het ijzer*; **il ferramenta** (onveranderlijk), *de ijzerwinkel* (al verkoopt men er tegenwoordig ook andere zaken): **Questo attrezzo lo puoi comprare in tutti i ferramenta**, *Dit werktuig, je kan het in alle ijzerwinkels / elke ijzerwinkel kopen* (soms ook in het vrouwelijk gebruikt: **in tutte le ferramenta**).

12 Vergelijkbaar met het Nederlands kan m.b.t. een persoon **chi**, *wie* gebruikt worden i.p.v. **quello che**, *d(i)egene die*: **Chi ti ha detto questo, si sbaglia**, *Wie je dit heeft gezegd, vergist zich*.

13 **Grosso** betekent *dik*, maar kan ook *groot, stevig, zwaar* enz. weergeven (zie les 33).

Oplossing van oefening 1

❶ Wie deze kasten zal demonteren, zal het met veel aandacht moeten doen. ❷ Hij zal gereedschap nodig hebben om hem/het te repareren. ❸ Zeggen jullie ons wat jullie denken van ons voorstel. ❹ Kom maar bij mij langs om de rol en de kwasten op te halen om je appartement te schilderen. ❺ Toevallig vandaag dat ik hem nodig heb, neemt hij de telefoon niet op!

Esercizio 2 – Completate

① Is er volgens jou een boor nodig om dit werk te doen?
.... ci vuole .. .. questo ......?

② Ik ben een stopcontact aan het herstellen en ik heb geen schroevendraaier.
Sto .... e mi ..... il ....

③ Wie werkt op zaterdag en op zondag, rust 's maandags uit.
... lavora il ...... e .. .., si riposa il ....

④ We zullen alles doen wat je ons vraagt *(toek.t.)*.
...... tutto ...... che .. ..

⑤ Degene die je ziet daar achterin het bureau is mijn nieuwe collega.
.... là in ..... all'....... . .. . collega.

Cinquantaquattresima lezione

Consigli sul computer

1 – Buongiorno, vorrei alcune informazioni per comprare un nuovo computer.
2 – Certo, signora, siamo qui per questo!
3 – Voglio cambiare il mio vecchio computer fisso perché è troppo ingombrante [1].
4   Unità centrale, schermo, stampante, tastiera, tappeto per il mouse e casse [2] prendono un sacco di posto in casa,
5   quindi voglio comprare un portatile, lei che ne dice?
6 – Beh, è un'ottima scelta, sono anni che [3] la maggior parte della gente usa solo i portatili.

Oplossing van oefening 2

❶ Secondo te – un trapano per fare – lavoro ❷ – aggiustando una presa di corrente – manca – cacciavite ❸ Chi – sabato – la domenica – lunedì ❹ Faremo – quello – ci chiederai ❺ Quello che vedi – fondo – ufficio è il mio nuovo –

Italianen lijken minder graag karweitjes, **lavoretti** *op te knappen dan hun Europese buren... Ze vertrouwen de zorg voor hun woning, die ze graag perfect onderhouden en volgens de laatste trends ingericht zien, liever toe aan professionelen, mede dankzij de relatief goedkope (soms niet aangegeven...) arbeidskosten (eventueel via immigrantenarbeid). Het toenemend aantal doe-het-zelfzaken in winkelcentra wijst er evenwel op dat men op het schiereiland best wel meer vrije tijd gaat spenderen aan het opwaarderen en verfraaien van zijn leefruimte. Onze vriend Massimo vindt gegarandeerd ergens* **attrezzi** *... behalve met* **Pasqua***!*

Tweede fase: 4e les

Vierenvijftigste les

Adviezen over de computer

1 – Goeiedag, ik zou enkele inlichtingen willen om een nieuwe computer te kopen.

2 – Zeker, mevrouw, hiervoor *(voor dit)* zijn we hier!

3 – Ik wil mijn oude desktop *(vaste)* computer vervangen omdat hij te veel in de weg staat.

4 Centrale eenheid, scherm, printer, klavier, muismat en boxen nemen een massa *(zak van)* plaats [in] in huis,

5 dus wil ik een laptop *(draagbare)* kopen, wat denkt *(zegt)* ú daarvan?

6 – Wel, het is een uitstekende keuze, al jarenlang *(zijn jaren dat)* gebruiken de meeste mensen *(het grootste deel van-het volk gebruikt)* alleen *(de)* laptops.

54 / Cinquantaquattresima lezione

7 Anzi, molti usano il tablet o addirittura il proprio smartphone per evitare di trasportare il pc portatile, che trovano già troppo pesante.
8 – Io non lo trasporterò mica, lo uso solo in casa...
9 – Allora le posso senz'altro [4] consigliare questo, il più conveniente [5], con un ottimo rapporto qualità-prezzo.
10 – Guardi, io posso solo fidarmi di lei [6], perché di informatica non ci capisco niente.
11 – In ogni caso tutti i nostri prodotti sono garantiti per un anno,
12 e se ha qualsiasi [7] difficoltà può anche connettersi sul nostro sito:
13 nel menù della homepage, basta cliccare su "assistenza on line" e lì può chattare in diretta con i nostri tecnici.
14 – Detto così, non si può proprio rifiutare! Affare fatto! □

Uitspraak
3 ... vèkkio ... inGombranté 4 ... tastiéré ... maoez ... 7 ... tablèt ... smartfon ... pietsjie ... 9 ... koealita-prèttso 12 ... koealsiasi ... 13 ... ompéjdzj ... on lajn ...

Aanwijzingen bij de uitspraak
(4), (7), (13) Engelse computergerelateerde woorden worden soms wat 'op z'n Italiaans' uitgesproken...

Opmerkingen
1 **Ingombrante** betekent *in de weg staand, veel plaats innemend, last veroorzakend*.
2 **Una cassa** is *een kist, krat,* maar hier *een (luidspreker)box*, naar de vergelijking met de vroegere houten modellen van hifi-installaties.

Vierenvijftigste les / 54

7 Velen gebruiken zelfs hun *(de)* tablet of gewoonweg hun *(de eigen)* smartphone om te vermijden hun draagbare pc mee te dragen, die ze al te zwaar vinden.

8 – Ík zal hem helemaal niet transporteren, ik gebruik hem alleen thuis…

9 – Dan kan ik u beslist deze aanraden, de meest geschikte, met een uitstekende prijs-kwaliteitverhouding.

10 – Kijk*(t u)*, ík kan alleen op u vertrouwen*(me)*, want van informatica, daarvan begrijp ik niets.

11 – In ieder geval, al onze producten zijn onder waarborg *(gegarandeerd)* gedurende een jaar

12 en als u welke moeilijkheid ook hebt, kunt u ook terecht *(connecteren-zich)* op onze site:

13 in het menu van de homepage volstaat het [te] klikken op "online assistentie" en daar kunt u rechtstreeks *(in direct)* chatten met onze technici.

14 – Zo gezegd, kan men eigenlijk niet weigeren! We hebben een overeenkomst *(Zaak gedane)*!

---

3 In uitdrukkingen als **sono anni che** … (lett. '[het] zijn jaren dat'), *al/sinds jaren…* volgt het werkwoord **essere** de 'hoeveelheid' tijd: **È un'ora che ti aspetto**, *Ik wacht al een uur op je* (lett. '[het] is een uur dat …'). Het werkwoord in de bijzin staat in de o.t.t. of in de tijd van het werkwoord in de hoofdzin: **Sono anni che non vado in vacanza al mare**, *Al jaren ga ik niet (meer) op vakantie naar zee*; **Erano anni che non ci divertivamo tanto**, *We hadden ons al jaren niet meer zo geamuseerd, vermaakt*.

4 **Senz'altro** (lett. 'zonder andere') betekent *beslist, zeker* dus *zonder twijfel* of **senza dubbio**. Bij twijfel is **forse**, *misschien, wellicht* van toepassing.

5 **Conveniente** betekent *passend, geschikt* alsook *gunstig, voordelig*; het werkwoord **convenire** wijst op een 'voordeel', in welke betekenis ook: **Non conviene passare di qui**, *Het is beter niet hierlangs te gaan*; **Ti conviene dargli retta**, *Je hebt er baat bij, doet er goed aan naar hem te luisteren, zijn advies te volgen*.

duecentosettantadue

6 **Fidarsi di qualcuno**, *vertrouwen op iemand*, wederkerend in het Italiaans, met na het voorzetsel **di** de beklemtoonde vorm van het persoonlijk voornaamwoord: **Ci fidiamo di lui**, *We vertrouwen (op) hem*; **Non fidarti di loro**, *Vertrouw niet op hen, vertrouw hen niet*.

***

Esercizio 1 – Traducete
❶ Ho cambiato il mio vecchio computer fisso perché prendeva un sacco di posto in casa. ❷ Fidatevi di lui e chiedetegli un consiglio per qualsiasi problema. ❸ L'anno prossimo saranno dieci anni che abito a Sassari. ❹ Ho comprato delle casse più potenti perché con quelle di prima non si sentiva niente. ❺ Questo negozio è senza dubbio il più conveniente della città.

***

Esercizio 2 – Completate
❶ Ik wil het scherm, de printer en het klavier van mijn oude computer vervangen.
Voglio . . . . ,.. . . . . e la . . . .
del mio . . . .

❷ Al jaren zien we hen *(v.)* niet.
. . . . che non .. . .

❸ Je hebt er geen baat bij een desktop computer te kopen, niemand gebruikt die *(hem)* nog.
. . . ti . . . . , non lo . . . più . . . .

❹ Jullie hebben er goed aan gedaan niet op hem te vertrouwen, ik heb hem nooit gemogen.
. . . . bene a non . . . . , non .. . .

❺ Een schroefmachine, je vindt ze in eender welke goede doe-het-zelfwinkel.
.. . . , lo trovi .. . . bricolage.

Vierenvijftigste les / 54

7 **Qualsiasi**, een (bijvoeglijk gebruikt) onbepaald voornaamwoord, voor *wie/welk(e) ook, eender wie/welk(e), zomaar een, ieder willekeurig*: **Non compri un computer qualsiasi**, *Koopt u niet zomaar een computer*; **Per qualsiasi problema, telefonate a lui**, *Voor eender welk probleem, bellen jullie hem*.

Oplossing van oefening 1
❶ Ik heb mijn oude desktop computer vervangen omdat hij heel wat plaats innam in huis. ❷ Vertrouwen jullie op hem en vragen jullie hem om raad voor eender welk probleem. ❸ Volgend jaar zal het tien jaar zijn dat ik in Sassari woon. ❹ Ik heb krachtiger boxen gekocht omdat je *(men)* met die van vroeger niets hoorde. ❺ Deze winkel is zonder twijfel de voordeligste van de stad.

***

Oplossing van oefening 2
❶ – cambiare lo schermo, la stampante – tastiera – vecchio computer ❷ Sono anni – le vediamo ❸ Non – conviene comprare un computer fisso – usa – nessuno ❹ Avete fatto – fidarvi di lui – mi è mai piaciuto ❺ Un avvitatore – in qualsiasi buon negozio di –

Tweede fase: 5e les

Cinquantacinquesima lezione

Giardinaggio

1 – Con la bella stagione ci sono un sacco di cose da fare in giardino!
2 Questo fine settimana dovrò falciare l'erba, potare gli alberi e le siepi, piantare un po' di fiori ...
3 – Che meraviglia! Hai molti alberi?
4 – No, è un giardinetto: ci sono un mandorlo [1], un melo [1] e qualche arbusto di lillà e di glicine.
5 – Piacerebbe anche a me [2] fare giardinaggio, ma purtroppo vivo in un appartamento
6 e ho solo un balcone con dei vasi, ma ci pianto anch'io dei [3] fiori:
7 in primavera un po' di bulbi di giacinto, primule e viole, e all'inizio dell'estate gerani e petunie.
8 Sono tutte piante abbastanza resistenti, di cui non bisogna occuparsi troppo, ma con cui si rendono molto belli balconi e terrazze!
9 In fondo, basta innaffiarli regolarmente!
10 – Io ho cominciato ad appassionarmi al giardinaggio quando ho comprato questa villetta [4].
11 Una volta non ero neanche capace di distinguere una rosa da una margherita!
12 Poi, avendo il giardino, di punto in bianco [5] ho deciso di dedicarci del tempo.

Vijfenvijftigste les

Tuinieren

1 – Met het mooie seizoen zijn er een pak dingen te doen in de tuin!
2 Dit weekend zal ik het gras moeten maaien, de bomen en de hagen snoeien, wat bloemen planten...
3 – Geweldig! Heb je veel bomen?
4 – Nee, het is een tuintje: er staan een amandelboom, een appelboom en enkele lila- en blauweregenstruiken [in].
5 – Ík zou ook graag tuinieren *(Zou-bevallen ook aan mij doen tuinieren)*, maar helaas woon ik in een appartement
6 en heb ik slechts een balkon met [bloem]potten *(vazen)*, maar ík plant er ook bloemen in:
7 in de lente een beetje hyacintbollen, sleutelbloemen en viooltjes, en aan het begin van de zomer geraniums en petunia's.
8 Het zijn allemaal vrij resistente planten, om dewelke je je niet te veel hoeft te bekommeren *(niet behoeft bekommeren-zich)*, maar waarmee balkons en terrassen heel fraai worden *(zich maken)*!
9 Eigenlijk volstaat het ze regelmatig [te] begieten!
10 – Tuinieren is mij beginnen boeien *(Ik heb begonnen te passioneren-me voor-het tuinieren)* toen ik dit 'huis' heb gekocht.
11 Vroeger was ik niet eens bekwaam om een roos van een margriet te onderscheiden!
12 Dan, toen ik een tuin had *('hebbende' de tuin)*, heb ik ineens *(van punt in wit)* besloten om er tijd aan te besteden.

55 / Cinquantacinquesima lezione

13 Ho comprato cesoie, guanti, palette, badili, rastrelli e perfino una carriola!

14 Un giorno mi sono dato un colpo di piccone su un piede e sono finito al pronto soccorso [6] all'ospedale!

15 Ma alla fine devo riconoscere che si fa tanta fatica [7] ma c'è anche tanta soddisfazione!

16 – Certo! Come dice il proverbio: "chi dorme non piglia pesci" [8]!

Uitspraak

dzjardinaddzjo **1** … dzjardino **2** … faltsjaré … sièpi … **4** … Glitsjiné **4** piattsjérébbé … **7** … dzjatsjinto … dzjérani … pétoenié **8** … térrattsé … **9** …réGolarménté **11** … distinGoeéré … marGérita **13** … tsjèsoié Goeanti … **16** … pilja …

Opmerkingen

1 Veel boomnamen zijn mannelijk, terwijl de (ervan afgeleide) vruchtnaam vrouwelijk is, bv.: **il melo**, *de appelboom*, **la mela**, *de appel*; **il mandorlo**, *de amandelboom*, **la mandorla**, *de amandel*; **l'arancio**, *de sinaasappelboom*, **l'arancia**, *de sinaasappel*; **il pero**, *de perenboom*, **la pera**, *de peer*; **il ciliegio**, *de kersenboom*, **la ciliegia**, *de kers*.

2 Merk op hoe door het gebruik van de beklemtoonde vorm van het persoonlijk voornaamwoord (na een voorzetsel) tegenstelling of nadruk gecreëerd wordt: **mi piacerebbe**, met het 'gewone' **mi**, klinkt neutraler (*'me zou bevallen'*) dan **piacerebbe anche a me** (*ook aan mij zou bevallen*).

3 U herinnert zich het gebruik van **di** + bepaald lidwoord bij een onbepaalde hoeveelheid in het meervoud.

4 Hoewel **la villetta** de verkleinvorm is van **la villa**, *de villa* drukt het niet zozeer een 'villaatje', dan wel een 'vrijstaand huis (met tuin)' uit.

5 De uitdrukking **di punto in bianco** betekent *(zomaar) ineens*.

Vijfenvijftigste les / 55

13 Ik heb een snoeischaar *(scharen)*, handschoenen, schepjes, spaden, harken en zelfs een kruiwagen gekocht!

14 [Op] een dag heb ik mijn voet een houweelslag toegebracht *(me ben gegeven een slag van houweel op een voet)* en ben ik op de spoedafdeling in het ziekenhuis beland *(snelle hulp in-het hospitaal)*!

15 Maar uiteindelijk moet ik erkennen dat men zich veel moeite getroost *(doet)*, maar [dat] er ook veel voldoening is!

16 – Zeker! Zoals het spreekwoord zegt: "wie slaapt vangt geen vis*(sen)*"!

6 Il pronto soccorso is in een ziekenhuis 'de spoedafdeling', waar net *de* eerste, *prompte, snelle,* spoedeisende *hulp* wordt geboden... Moet *men een ambulance, ziekenwagen bellen,* dan **si chiama l'ambulanza**.

7 **Fare fatica** draait letterlijk of figuurlijk rond 'moeite' *(moeite doen, kosten, hebben met, zich de moeite getroosten, moeilijk zijn,...)*: **Se fai fatica a salire a piedi, prendi l'autobus,** *Als het moeilijk voor je is om te voet (de weg op) te gaan, neem dan de bus*; **Facciamo fatica a credergli,** *We kunnen hem/het moeilijk geloven*.

8 Niet alle spreekwoorden zijn in beide talen zo gelijkend: **Chi va piano va sano e va lontano**, 'Wie langzaam gaat, gaat gezond en gaat ver', *Langzaam maar zeker*.

Esercizio 1 – Traducete

❶ Domenica prossima poterò il mandorlo e il ciliegio del giardino della mia villetta. **❷** Abbiamo fatto fatica, ma alla fine ce l'abbiamo fatta. **❸** Falciando l'erba, si è fatto male ed è andato al pronto soccorso. **❹** È una pianta di cui non ci si deve occupare troppo, basta innaffiarla ogni sera. **❺** Mi piacerebbe avere una terrazza per metterci dei vasi e piantarci dei fiori.

***

Esercizio 2 – Completate

❶ We moeten de haag snoeien en de bloemen begieten.
Dobbiamo . . . . e . . . .

❷ De snoeischaar, het schepje en de hark zijn werktuigen waarmee men tuiniert.
Le . . . . . . , la . . . . e il . . . . sono . . . . si fa . . . .

❸ De bomen die ik verkies zijn de appelboom en de kersenboom.
. . . . preferisco sono . . . .

❹ Ook wij zouden graag planten en struiken planten, maar helaas hebben we geen tuin.
. . . . anche a . . . . e . . . . , ma . . . . il . . . .

❺ Wanneer je dat 'huis' zal gekocht hebben, zal je, een tuin 'heb-bende', hem moeten verzorgen.
. . . . quella . . . . , avendo un . . . . , ... curarlo.

Oplossing van oefening 1

❶ Volgende zondag zal ik de amandelboom en de kersenboom in de tuin van mijn 'huis' snoeien. ❷ We hebben er moeite mee gehad, maar uiteindelijk hebben we het gedaan / is het ons gelukt. ❸ Bij het grasmaaien, heeft hij zich pijn gedaan en hij is naar de spoedafdeling gegaan. ❹ Het is een plant om dewelke men zich niet te veel hoeft te bekommeren, het volstaat ze elke avond water te geven. ❺ Ik zou graag een terras hebben om er bloempotten op te zetten en er bloemen in te planten.

***

Oplossing van oefening 2

❶ – potare la siepe – innaffiare i fiori ❷ – cesoie – paletta – rastrello – attrezzi con cui – giardinaggio ❸ Gli alberi che – il melo e il ciliegio ❹ Piacerebbe – noi piantare piante – arbusti – purtroppo non abbiamo – giardino ❺ Quando avrai comprato – villetta – giardino, dovrai –

***Werk met regelmaat, best dagelijks, zodat uw kennis van het Italiaans snel toeneemt... groeit zoals de planten in de giardino van het personage in de dialoog:* chi dorme non piglia pesci!**

Tweede fase: 6e les

Cinquantaseiesima lezione

Revisione – Herhaling

1 Gesubstantiveerde infinitief

De infinitiefvorm (op **-are**, **-ere** of **-ire**) kan als zelfstandig naamwoord aangewend (gesubstantiveerd) worden en dienst doen als onderwerp, voorwerp enz., al dan niet met een lidwoord, een bijvoeglijk naamwoord of een voornaamwoord erbij:
Lavorare stanca, *Van werken word je moe* (Werken vermoeit).
Era stanchissimo per il troppo lavorare, *Hij was doodmoe door, van het (te) vele werken.*
Non sopporto il suo volere sempre avere ragione, *Ik verdraag zijn steeds gelijk willen hebben niet.*
È importante essere puntuali, *Punctueel zijn is belangrijk, het is belangrijk punctueel [te] zijn.*

2 Gerundium (gerundio)

- drukt gelijktijdigheid, omstandigheid, oorzaak, reden, voorwaarde enz. uit
- het staat altijd in een bijzin en zijn onderwerp is dat van de hoofdzin
- het wordt vaak vertaald met gebruik van een onvoltooid deelwoord (al zijn dit grammaticaal verschillende begrippen, vandaar dat we dan ' ' plaatsen) of met een omschrijving (het kan op zich een hele bijzin bevatten...).

• tegenwoordige tijd:
stam + **-ando** bij werkwoorden op **-are**,
    + **-endo** bij werkwoorden op **-ere** en **-ire**
Arrivando qui, ho incontrato Marcello.
Toen ik hier aankwam ('aankomend'), *ben ik Marcello tegengekomen.*
Non guardando la strada, ha avuto un incidente.
Doordat hij niet op de weg lette ('bekijkend'), *heeft hij een accident gehad.*
Potendo, verremo, *Als we kunnen* ('Kunnend'), *zullen we komen.*

Zesenvijftigste les

• verleden tijd:
gerundium in de tegenwoordige tijd van **avere/essere** + voltooid deelwoord van het hoofdwerkwoord
Avendo sbagliato strada, ci siamo persi, *Doordat we de verkeerde weg hebben genomen, zijn we verdwaald* ('Hebbend' verkeerd-genomen weg, ons zijn verloren).

• Met een vorm van het werkwoord **stare** + het gerundium wordt de progressieve vorm uitgedrukt:
Stiamo mangiando proprio in questo momento.
We zijn net op dit moment aan het eten.

3 Betrekkelijke voornaamwoorden (pronomi relativi)

onderwerp en lijdend voorwerp	**che**, *die, dat*
meewerkend voorwerp of andere bepaling (na een voorzetsel)	**cui**, *wie, waar*

la persona / il bambino che sta parlando
de persoon die / het kind dat aan het praten is
la persona / il verbale che stai guardando
de persoon die / het verslag dat je aan het bekijken bent
la persona / la ditta con cui stai parlando
de persoon met wie / het bedrijf waarmee je aan het praten bent

• **Che** kan achter het aanwijzende **quello** (of **quella, quelli, quelle**), *die/dat, d(i)egene(n), datgene, hetgeen* staan:
Tra le città italiane, quella che preferisco è Venezia, *Van de Italiaanse steden is die die/welke ik verkies Venetië.*

• Neutraal kan **quello che** *(dat dat)* vertaald worden met *wat*:
Era triste per quello che gli era successo, *Hij was droevig door wat hem was overkomen.*
Zo kan het vervangen worden door **ciò che** *(dat(gene)/hetgeen dat)*:
Era triste per ciò che gli era successo, *Hij was droevig door wat hem was overkomen.*

duecentottantadue • 282

• Vergelijkbaar met het Nederlands kan **quello che** (*die, d(i)egene die*) vervangen worden door **chi** (*wie*) als het om een persoon gaat:
Chi non vorrà venire, non verrà, *Wie niet wil* (zal-willen) *komen, zal niet komen.*
Zo komt **chi** ook vaak voor in spreekwoorden enz.:
Chi vivrà vedrà (Wie [dan nog] zal leven zal [het] zien), *De tijd zal het leren.*
Ride bene chi ride ultimo, *Wie het laatst lacht, lacht het best.*

4 Beklemtoonde persoonlijke voornaamwoorden als lijdend/meewerkend voorwerp

- hebben dezelfde vorm als lijdend en als meewerkend voorwerp
- dienen om het belang van de/het betrokkene te benadrukken, tegenstelling te accentueren enz.

1e pers. ev.	**me**
2e pers. ev.	**te**
3e pers. ev.	**lui** (m.), **lei** (v. en beleefdheidsvorm)
1e pers. mv.	**noi**
2e pers. mv.	**voi**
3e pers. mv.	**loro** (m. en v.)

• Als lijdend voorwerp staan ze achter het werkwoord:
Voglio te, *Ik wil jou, jou wil ik.*
(met het 'gewone, onbeklemtoonde' voornaamwoord: **ti voglio**, *ik wil je*)

• Als meewerkend voorwerp staan ze achter het voorzetsel, waar ze verplicht gebruikt moeten worden, niet alleen voor nadruk, tegenstelling enz., zoals in het Nederlands:
Parli a me?, *Praat je tegen mij?* (met het onbeklemtoonde voornaamwoord: **mi parli**, *je spreekt me*)
Dottore, sono venuta da lei per un consiglio, *Dokter, ik* (v.) *ben bij u gekomen voor een advies.*

5 Uitdrukkingen rond werkwoorden

• **tocca a**
Met **tocca** (van **toccare**) **a** + beklemtoond persoonlijk voornaamwoord kan meegedeeld (of gevraagd) worden 'wie aan de beurt is':
Tocca a te pagare, *Het is jouw beurt, het is aan jou om te betalen*.

• **dare retta a**
betekent *luisteren naar* in de betekenis van *het advies volgen van*:
Non dare retta ai cattivi compagni, *Luister niet naar foute maten, makkers*.

• **essere**
om een tijdsduur uit te drukken:
Sono tre mesi che studio l'italiano, *Ik studeer sinds drie maanden Italiaans* ([Het] zijn drie maanden dat [ik] studeer het Italiaans).
Sono tre mesi che non li vediamo, *We zien hen* (m.) *al drie maanden niet*.

• **fare fatica**
draait letterlijk of figuurlijk rond 'moeite': *moeite doen, kosten, hebben met, het moeilijk hebben om, zich de moeite getroosten, moeilijk zijn* enz.
Ho fatto fatica a finire gli studi, ma alla fine ce l'ho fatta, *Ik heb moeite gedaan, het heeft me moeite gekost om mijn studies af te maken, maar het is me uiteindelijk gelukt*.

• **guarda caso**
Het onveranderlijke **guarda** (van **guardare**) **caso** drukt ironisch *toevallig, toeval of niet, wat een toeval* enz. uit, wanneer iets niet echt bij toeval gebeurt:
Guarda caso, proprio oggi che c'era molto lavoro, lui è rimasto a casa. *Toeval of niet, net vandaag dat er veel werk was, is hij thuis gebleven*.

Dialogo di revisione

1 – Stavo lavorando col mio computer portatile, quando mi è caduto e si è rotto!
2 Guarda caso, mi è capitato proprio oggi, e prima di domani devo finire un lavoro importantissimo!

3 – Se vuoi, potrei provare ad aggiustarlo io.
4 – Sì, tu sei sempre stato bravissimo a smontare e a rimontare i pc, fin da quando eri giovane!
5 – Sì, ma sono tanti anni che non lo faccio...
6 Prendo un cacciavite e provo ad aprirlo.
7 Ecco, era un piccolo problema di schermo, ora è tutto a posto.
8 – Hai visto? E avevi appena detto che non facevi più questi lavoretti da un sacco di tempo!
9 Meno male che l'ho dato a te e non a un tecnico qualsiasi, che magari lo teneva una settimana!
10 – Tante volte tu hai aiutato me, ora toccava a me aiutare te...
11 E poi, aiutare gli amici è un piacere per me!
12 – Grazie! Sei un vero amico!

Cinquantasettesima lezione

All'aeroporto

1 – Presto, Carlo, siamo in ritardo e dobbiamo ancora passare al check-in e ai controlli di sicurezza!
2 – Avremmo dovuto [1] partire prima da casa!
3 Te lo [2] dico sempre, ma ogni volta tu aspetti l'ultimo momento per uscire...
4 – Ecco, guarda il tabellone: a sinistra ci sono gli atterraggi e a destra i decolli.
5 L'imbarco del nostro volo è al gate dodici.
6 – Scusi, ci potrebbe [3] indicare dov'è il gate dodici, per favore?
7 Dovremmo [3] esserci già, ma siamo in ritardo e non vediamo indicazioni.

Vertaling

1 Ik was met mijn laptop aan het werken toen hij me is ontglipt *(gevallen)* en hij is stukgevallen! **2** Toeval of niet, het is me net vandaag overkomen en voor morgen moet ik een héél belangrijk werk afmaken! **3** Als je wil, zou ík kunnen proberen om hem te repareren. **4** Ja, jij bent altijd keigoed geweest in uit elkaar halen en in terug in elkaar steken van pc's, van toen je jong was! **5** Ja, maar ik doe het al vele jaren niet meer... **6** Ik neem een schroevendraaier en probeer hem te openen. **7** Ziezo, het was een schermprobleempje, nu is alles in orde. **8** Zie je wel! *(Hebt gezien?)* En je had net gezegd dat je die dingen *(werkjes)* al een hele tijd niet meer deed! **9** Wat 'n geluk dat ik hem aan jou heb gegeven en niet aan eender welke technicus, die hem misschien een week had gehouden! **10** Jíj hebt mij zoveel keren geholpen, nu was het mijn beurt om jou te helpen... **11** En daarbij, vrienden helpen is een plezier voor mij! **12** Dank je! Je bent een echte vriend!

Tweede fase: 7e les

Zevenenvijftigste les

Op de luchthaven

1 – Snel, Carlo, we zijn laat en moeten nog voorbij de check-in en voorbij de veiligheidscontroles gaan!

2 – We hadden vroeger van huis moeten vertrekken hebben *(zouden-hebben gemoeten vertrekken)*!

3 Ik zeg het je *(je het)* altijd, maar elke keer wacht jij [tot] het laatste moment om weg te gaan...

4 – Ziezo, bekijk het bord: links staan *(er zijn)* de landingen en rechts de opstijgingen.

5 De boarding voor onze vlucht is bij gate 12.

6 – Excuseert u ons, zou u ons kunnen *(ons [u] zou-kunnen)* aanwijzen waar gate 12 is, alstublieft?

7 We zouden er al moeten zijn *([We] zouden-moeten zijn-er al)*, maar we zijn laat en we zien geen aanwijzingen.

8 – Dovete salire due rampe di scale mobili, poi prendere il secondo corridoio a destra.
9 Glielo [4] spiego di nuovo?
10 – No, va bene, ci andiamo subito, grazie!
11 – Attenzione, perché si possono [5] portare in cabina solo una valigia di piccole dimensioni ed un bagaglio a mano.
12 Se ha un bagaglio ingombrante [6] glielo [4] fanno mettere nella stiva.
13 – Appena in tempo per prendere l'ultima navetta!
14 – Spero proprio di avere un posto vicino all'oblò, mi piace guardare il paesaggio dall'alto.
15 Io trovo sempre emozionante [6] quando l'aereo passa tra le nuvole!
16 – Eppure dovresti [3] esserci abituata, hai sempre la testa fra le nuvole!

Uitspraak

1 ... tsjèkin ... sikoeréttsa *4* ... atterradzji ... *5* ... Géjt ... *7* ... èssértsji ... indikatsioni *9* ljélo spièGo... *11* ... validzja ... baGaljo ... *14* ... alloblò ... paézaddzjo ...*15* ... émotsionanté ... *16* éppoeré ...

Opmerkingen

1 **Avremmo dovuto** (lett. zouden-hebben gemoeten), verleden tijd van de voorwaardelijke wijs, gevormd met de (tegenwoordige tijd van de) voorwaardelijke wijs van het hulpwerkwoord + het voltooid deelwoord van het hoofdwerkwoord. Conditionalis van **avere**: **avrei, avresti, avrebbe, avremmo, avreste, avrebbero**, *zou(den) hebben*.

2 Bij opeenvolgende persoonlijke voornaamwoorden komt in het Italiaans het meewerkend voorwerp altijd vóór het lijdend voorwerp. Vóór het persoonlijk voornaamwoord-lijdend voorwerp **lo, la, li, le** veranderen de persoonlijke voornaamwoorden-meewerkend voorwerp **mi, ti, ci, vi** in **me, te, ce, ve** en vormen er een zgn. gegroepeerd voornaamwoord mee (**me lo, te lo, ce lo** enz.): **ve lo** diranno domani, *ze zullen het jullie morgen zeggen*.

Zevenenvijftigste les / 57

8 – Jullie moeten twee roltrappen *(hellingen van trappen mobiele)* opgaan, dan de tweede gang rechts nemen.
9 Leg ik het u *(u-het)* nogmaals *(op nieuw)* uit?
10 – Nee, het is goed, we gaan er meteen heen, dank u!
11 – Opgelet want er *(men)* kunnen in de cabine slechts één koffer met beperkte *(van kleine)* afmetingen en één handbagage meegenomen worden *(meenemen)*.
12 Indien uw bagage groter is *([u] hebt een bagage veelplaats-innemend)* zullen ze u die *(u-hem)* in het ruim doen zetten.
13 – Net op tijd om de laatste shuttle te nemen!
14 – Ik hoop echt om een plaats *(dicht)* bij het raampje te hebben, ik kijk graag naar het landschap vanuit de hoogte.
15 Ik vind [het] altijd aangrijpend wanneer het vliegtuig door de wolken vliegt *(passeert tussen)*!
16 – Je zou er nochtans aan gewend moeten zijn, je loopt steeds met je hoofd in *(hebt steeds het hoofd tussen)* de wolken!

---

3 Hier hebben we vormen van de (gewone, in de tegenwoordige tijd vervoegde) voorwaardelijke wijs van **potere** (in de beleefdheidsvorm) en **dovere** (in de we- en je-vorm), gevormd met de in de toekomende tijd gebruikte stam **potr-** (**potrò**, *ik zal kunnen/mogen*) resp. **dovr-** (**dovrò**, *ik zal moeten*) + uitgang -ei, -esti, -ebbe, -emmo, -este, -ebbero: **potrei, potresti, potrebbe, potremmo, potreste, potrebbero**, *zou(den) kunnen/mogen* en **dovrei, dovresti, dovrebbe, dovremmo, dovreste, dovrebbero**, *zou(den) moeten*.

4 Het persoonlijk voornaamwoord-meewerkend voorwerp **gli** vormt met het persoonlijk voornaamwoord-lijdend voorwerp **lo, la, li, le** het gegroepeerd voornaamwoord **glielo, gliela, glieli, gliele**: **glielo abbiamo detto** (meestal met apostrof: **gliel'abbiamo**), *we hebben het hem/haar/u/hun gezegd*. Deze vorm geldt dus in de mannelijke, vrouwelijke en beleefdheidsvorm, bv.: **Ho visto Franco/Marta e gli/le ho detto questo**, *Ik heb Franco/Marta gezien en ik heb hem/haar dit gezegd* → **gliel'ho detto**, *ik*

57 / Cinquantasettesima lezione

heb het hem/haar gezegd; **Signore, le porto il giornale**, *Meneer, ik breng u de krant* → **glielo porto**, *ik breng u hem*.

5 In les 34 zagen we al de constructie met het onpersoonlijke **si**, *men* waarbij het werkwoord zich richt naar het lijdend voorwerp (omdat het in het Italiaans eigenlijk als onderwerp in een passieve constructie beschouwd wordt): **Si mangiano pizze**, *Men eet pizza's*, *er worden pizza's gegeten* (uitgangspunt: het zijn de pizza's die gegeten worden…).

***

Esercizio 1 – Traducete

❶ Non abbiamo capito, ce lo potresti spiegare tu? ❷ Si dovrebbero portare pochi bagagli. ❸ Avreste potuto dirgli che era molto difficile! ❹ Avrebbero dovuto salire tre rampe di scale mobili. ❺ Signora, se vuole glielo spieghiamo noi.

***

Esercizio 2 – Completate

❶ Ze zijn te laat: ze zouden vroeger hebben moeten vertrekken van kantoor.
   Sono .. …….: ……… …… …….. ….. dall'ufficio.

❷ Ik zou het haar uitgelegd hebben, maar ze heeft niet willen luisteren naar mij.
   ………… ………, ma non ha …… …………..

❸ Heren, zouden jullie me de boardinggate voor mijn vlucht kunnen aanwijzen?
   Signori, .. ……… ……… il …. ………… del mio ….. ?

❹ Hoeveel koffers kan men meenemen in de cabine?
   Quante ……. .. …….. …….. in ……?

❺ Je zou de shuttle moeten nemen, het opstijgen is over tien minuten.
   ……… ……… la navetta, .. …….. è tra ….. …….. .

Zevenenvijftigste les / 57

6 **Ingombrante** en **emozionante**, onvoltooid deelwoord van **ingombrare** (*veel plaats innemen, in de weg staan, lastigvallen*) en **emozionare** (*emotioneren, emoties oproepen*), gevormd met de stam + **-ante** (mv.: **-anti**) bij werkwoorden op **-are**, + **-ente** (mv.: **-enti**) bij die op **-ere** en **-ire**. Een onvoltooid deelwoord wordt minder gebruikt als werkwoord dan als zelfstandig naamwoord, bv.: **abitante**, *in-, bewoner*, of als bijvoeglijk naamwoord, bv.: **potente**, *sterk, krachtig, machtig* (van potere, *kunnen, mogen*, dus kunnend, (ver)mogend), **importante**, *belangrijk* (van importare, *belang hebben, van belang zijn*).

***

Oplossing van oefening 1

❶ We hebben het niet begrepen, zou jij het ons kunnen uitleggen? ❷ Men zou weinig bagage *(mv.)* moeten meenemen. ❸ Jullie zouden hem hebben kunnen zeggen dat het heel moeilijk was! ❹ Ze zouden drie roltrap*(helling)*en hebben moeten opgaan. ❺ Mevrouw, als u wilt leggen wij het u uit.

***

Oplossing van oefening 2

❶ – in ritardo: avrebbero dovuto partire prima – ❷ Gliel'avrei spiegato – voluto ascoltarmi ❸ – mi potreste indicare – gate dell'imbarco – mio volo ❹ – valigie si possono portare – cabina ❺ Dovresti prendere – il decollo – dieci minuti

***

In deze nieuwe lessenreeks introduceren we de voorwaardelijke wijs, waarmee allerlei nuanceringen kunnen geformuleerd worden. Uw kennis van het Italiaans wordt merkbaar uitgebreider, zodat communiceren in verschillende situaties uit het dagelijks leven gerichter kan verlopen. Uw Italiaanse vrienden zullen perplex staan!

Tweede fase: 8e les

Cinquantottesima lezione

Dal meccanico [1]

1 – La mia macchina ha diversi problemi, le dispiacerebbe [2] darle un'occhiatina?
2 – Ci guardo subito! Di cosa si tratta [3] esattamente?
3 – Quando giro la chiavetta di accensione il motore fa fatica a partire.
4 – Potrebbe essere la batteria o il motorino di avviamento. Poi?
5 – Le luci dei fanali [4] sono debolissime, e le frecce a volte non funzionano.
6 Il cambio [5] è durissimo con tutte le marce, e anche i pedali della frizione e dell'acceleratore;
7 per non parlare del freno a mano e del volante, che faccio una gran fatica a girare quando faccio manovra per parcheggiare.
8 – Secondo me lei dovrebbe cambiare macchina, questa è davvero troppo vecchia.
9 – Ero sicura che me l'avrebbe detto [6]; continua a dirmelo [7] da anni, ogni volta che vengo qui in officina [1].
10 Me lo ripete sempre anche il mio vicino di casa: compratene [8] una nuova!
11 Naturalmente mi piacerebbe [2] moltissimo farlo, ma adesso non me lo [9] posso permettere.
12 – Spero sempre di convincerla, dicendoglielo [10] ogni volta …
13 Ma sa che con gli ecoincentivi e la rottamazione in questo periodo si risparmia tanto?

Achtenvijftigste les

Bij de [auto]monteur

1 – Mijn wagen heeft verschillende problemen, zou u er even willen naar kijken, alstublieft *(u zou-misnoegen geven-hem een blikje)*?
2 – Ik kijk er meteen naar! Waarover gaat het precies?
3 – Wanneer ik de contactsleutel *(sleuteltje van ontsteking)* draai, heeft de motor moeite om te starten.
4 – Het zou de batterij of de startmotor*(tje)* kunnen zijn. Verder?
5 – De lichten van de koplampen schijnen *(zijn)* heel zwak en de richtingaanwijzers *(pijlen)* werken soms niet.
6 De versnellingshendel is heel stram in *(hard met)* alle versnellingen, en ook de koppelings- en gaspedalen *(van-de frictie en van-de versneller)*;
7 om niet te spreken over de handrem en over het stuur, dat ik met veel moeite kan draaien wanneer ik maneuvreer *(doe maneuver)* om te parkeren.
8 – Volgens mij zou u moeten veranderen [van] auto, deze is echt te oud.
9 – Ik wist *(was)* zeker dat u me dit zou zeggen *(mij het zou-hebben gezegd)*; u blijft het me zeggen *(gaat-verder te zeggen-me-het)* sinds jaren, elke keer dat ik hier naar de garage kom.
10 Ook mijn buurman *(van huis)* herhaalt het me alsmaar: schaf je er een nieuwe aan!
11 Dat zou ik natuurlijk heel graag doen, maar nu kan ik het me niet veroorloven.
12 – Ik hoop altijd u te overtuigen, door het u telkens weer te zeggen *('zeggend'-u-het elke keer)*…
13 Maar weet u dat men met de eco-incentives en de sloop[premie] in deze periode veel bespaart?

14 Almeno le gomme ⁿ, signora, le cambi! Ha visto come sono lisce?
15 – Se continua così, mi sa che il meccanico lo cambio di sicuro...

Uitspraak
1 ... dispiatsjérébbé ... *3* ... kiavétta ... attsjénsioné ... *5* ... loetsji ... fréttsjé ... *6* ... martsjé ... fritsioné ... attsjélératoré *7* ... parkéddzjaré *12* ... konvintsjérla ... ditsjèndoljélo ... *13* ... èkointsjéntivi ... rottamatsioné ... *14* ... Gommé ... lisjé

Opmerkingen

1 Il meccanico is *de automonteur, garagist*, hij werkt in l'**officina**, *de werkplaats, garage*. Degenen *die gespecialiseerd zijn in elektrische auto-onderdelen* heten **gli elettrauto** (onveranderlijk) en *bandenspecialisten* **i gommisti**. Met **il garage** (zie les 27) bedoelt men de plaats waar een auto gestald wordt, al dan niet thuis. **Meccanico** is ook het bijvoeglijk naamwoord *mechanisch*.

2 Met **dispiacere** in de betekenis van *mishagen, misnoegen* of *erg, vervelend* enz. *vinden,...* in de voorwaardelijke wijs wordt opdringerigheid vermeden. Deze wijs is ook gebruikelijk in een beleefd verzoek: **Vorresti venire da me domani?**, *Zou je morgen bij mij willen komen?*; **Sarebbe un problema venirmi a prendere?**, *Zou het een probleem zijn om me morgen te komen halen?*

3 **Trattarsi di**, *gaan over, om, betreffen*: **Si tratta di...** , *Het gaat over, betreft...*

4 Il **fanale** is *de (kop)lamp, het (kop)licht* aan de voorzijde van een voertuig. Met **abbaglianti** (lett. 'verblindende') bedoelt men *groot licht* en met **anabbaglianti** ('niet verblindende') *dimlicht*.

5 Il **cambio** is lett. 'de wissel', maar hier *de versnellingshendel, -pook*; **cambiare** is dus niet alleen *wisselen, veranderen (van), vervangen*, maar ook *schakelen*, waarbij men verandert van versnelling... De *versnellingen* zijn **le marce**.

6 De voorwaardelijke wijs in de verleden tijd drukt ook de voltooid verleden toekomende tijd uit, het gebeuren in de bijzin dat plaatsheeft na het gebeuren in de hoofdzin die in de verleden tijd staat: **Mi ha detto**

Achtenvijftigste les / 58

14 Minstens de banden, mevrouw, verander ze! Hebt u gezien hoe glad ze zijn?
15 – Als u zo doorgaat, denk ik dat het van garagist is dat ik beslist verander *(me weet dat de garagist hem verander)*!

che sarebbe venuto, *Hij heeft me gezegd dat hij zou komen* (lett. 'zou-zijn gekomen').

7 Gegroepeerde voornaamwoorden worden achteraan de infinitief vast geschreven, waarbij deze zijn eind-**e** verliest: **Volevamo portarglielo**, *We wilden het hem/haar/u/hun brengen*. Volgorde van de Italiaanse voornaamwoorden: meewerkend voorwerp - lijdend voorwerp. De klemtoon in het werkwoord blijft op zijn plaats, ondanks de toevoegingen.

8 Gegroepeerde voornaamwoorden worden achteraan een imperatiefvorm vast geschreven. Merk op dat vóór **ne** een voornaamwoord-meewerkend voorwerp op -**i** er een op -**e** wordt: **compratene**; **Ce ne ha parlato ieri**, *Hij heeft er ons gisteren over gesproken*. **Gli + ne** wordt **gliene**: **Gliene ha parlato**, *Hij heeft er hem/haar/u/hun over gesproken*.

9 In een zin met twee opeenvolgende werkwoorden, het eerste vervoegd, het tweede in de infinitief, kunnen gegroepeerde voornaamwoorden los vóór het vervoegd werkwoord staan of samen achteraan de infinitief vast geschreven worden, zonder betekenisverschil (nooit ertussen!): **Non me lo posso permettere** of **Non posso permettermelo**.

10 Gegroepeerde voornaamwoorden worden achteraan een gerundium vast geschreven: **Potresti risolvere il problema parlandogliene**, *Je zou het probleem kunnen oplossen door er met hem/haar/hen over te praten* ('pratend'-hem/haar/hun-erover).

11 **La gomma** wordt gebruikt voor *gom*, *rubber* en *autoband*.

duecentonovantaquattro • 294

Esercizio 1 – Traducete

① Ci diceva sempre che voleva cambiare lavoro, ma noi sapevamo che non l'avrebbe mai cambiato. ② Portacelo domattina. ③ Le sarebbe piaciuto molto cambiare macchina, ma quest'anno non se l'è potuto permettere. ④ Signore, se non gira la chiavetta d'accensione il motore non parte... ⑤ Eravamo sicuri che con gli ecoincentivi e la rottamazione avremmo risparmiato tanto.

***

Esercizio 2 – Completate

① Zou u het vervelend vinden om een blik te werpen op de koppelings- en de gaspedalen?

.. .. un' .... ai ...... della .... e dell' .... ?

② Ik heb moeite om het stuur te draaien wanneer ik een maneuver moet doen.

.... a girare .. .. quando ....

③ Als jullie haar nodig hebben, zeggen jullie het haar meteen.

.. .. di lei, ...

④ Er hem over sprekend, heb ik begrepen dat hij het me niet zou hebben kunnen geven.

.............., ho capito che non ....

⑤ Als u doorgaat met me aan te raden om te veranderen van auto, denk ik dat ik verander van garagista.

.. .. di ...., mi .. che ....

Achtenvijftigste les / 58

Oplossing van oefening 1

❶ Hij zei ons altijd dat hij wilde veranderen van werk, maar wij wisten dat hij het nooit zou doen *(zou-hebben veranderd)*. ❷ Breng hem/het ons morgenochtend. ❸ Ze zou heel graag van auto veranderd zijn, maar dit jaar heeft ze het zich niet kunnen veroorloven. ❹ Meneer, als u de contactsleutel niet draait, start de motor niet... ❺ We wisten zeker dat we met de eco-incentives en de slooppremie veel zouden hebben bespaard.

***

Oplossing van oefening 2

❶ Le dispiacerebbe dare – occhiata – pedali – frizione – acceleratore ❷ Faccio fatica – il volante – devo fare manovra ❸ Se avete bisogno – diteglielo subito ❹ Parlandogliene – avrebbe potuto darmelo ❺ Se continua a consigliarmi – cambiare macchina – sa – cambio meccanico

***

*Om de sloop (**la rottamazione**) van oude, vervuilende voertuigen en de vervanging ervan door nieuwe, milieuvriendelijker exemplaren (op gas of elektriciteit) aan te moedigen, voerde Italië de zgn.* **eco-incentivi** *in, waarbij de overheid geldpremies toekent als bijdrage in de aankoopsom voor een nieuwe auto.*

We hopen dat u nooit met autopech te maken krijgt in Italië, maar mocht het toch gebeuren, dan kan de woordenschat uit deze les nuttig zijn in uw gesprek met een meccanico!

Tweede fase: 9e les

duecentonovantasei • 296

59

Cinquantanovesima lezione

Nel centro commerciale

1 – **O**dio venire in questi centri commerciali!
2 Si cammina per ore sotto le luci al neon e si spendono tanti soldi comprando cose inutili...
3 – Smettila [1] di lamentarti e aiutami a portare un po' di pacchetti!
4 Però non avrei mai immaginato [2] che ci sarebbe stata tanta gente.
5 – Quando piove [3] o fa freddo la gente si precipita nei centri commerciali per riscaldarsi...
6 – Anche sabato scorso è piovuto [3] tutto il giorno ma ce n'era molta meno.
7 – Sì, ma non erano ancora cominciati i saldi [4]...
8 – Dai, andiamo da Maletton, dove l'anno scorso ho trovato gonne e canottiere carinissime in svendita [4].
9 Guarda, questo giubbotto di pelle [5] ti andrebbe bene, provatelo!
10 – Fammelo [6] vedere... Ma neanche per sogno! Mi ci [7] vedi in giro con un "chiodo" addosso?
11 – Certo che ti ci [7] vedo! Anzi, alla prima occasione te ne regalerò uno...
12 Vado a provarmi questa maglietta gialla a maniche lunghe in una cabina di prova.
13 Forse è meglio provare una taglia più piccola.
14 – Era nello scaffale della merce scontata al cinquanta per cento, vero?

Negenenvijftigste les

In het winkelcentrum

1 – Ik haat [het om] in deze winkelcentra *(centra commerciële)* [te] komen!
2   Je *(Men)* wandelt gedurende uren onder neonverlichting *(de lichten met-de neon)* en spendeert veel geld *(spenderen veel 'soldo's')* aan *('kopend')* onnodige dingen...
3 – Stop met klagen *(beklagen-je)* en help me om wat pakjes te dragen!
4   Ik zou toch nooit gedacht hebben dat er zoveel volk zou geweest zijn.
5 – Wanneer [het] regent of koud is *(doet)* haasten de mensen zich naar de winkelcentra om zich te verwarmen...
6 – Ook vorige zaterdag heeft *(is)* het heel de dag geregend, maar er waren er veel minder.
7 – Ja, maar de koopjes waren nog niet begonnen...
8 – Komaan, laten we bij Maletton gaan, waar ik vorig jaar heel leuke rokken en topjes heb gevonden in [de] uitverkoop.
9   Kijk, dit lederen *(van leder)* jack zou je goed staan *(gaan)*, pas *(je)* het!
10 – Laat het me zien... Maar zelfs niet in een *(voor)* droom! Zie je me *(er)* rondlopen *(in ronde)* met een "zwarte leren jekker" aan *(op-rug)*?
11 – Natuurlijk dat ik je ermee zie! Sterker nog, bij de eerste gelegenheid zal ik je er een cadeau doen...
12   Ik ga *(te)* dit gele T-shirt met lange mouwen passen*(me)* in een paskamer *(cabine)*.
13   Misschien is het beter een maat kleiner [te] passen.
14 – Het lag *(was)* in het rek van de stukken *(waar)* afgeprijsd met*(de)* 50 %, niet?

15 Dammela, ce la [8] riporto e te ne vado a prendere un'altra.

16 – Sei già di ritorno? Te la sei cavata benissimo; di solito ci metti un'ora a trovarmela...

17 L'altra mi stava larga, ma questa non è un po' stretta?

18 – Ti sta benissimo. Sei molto carina vestita così.

19 – Uh, che complimento! Finalmente ti è passato il malumore da shopping...

Uitspraak

... kommértsjalé **2** ... nèon **3** zméttila... pakkétti **4** ...immadzinato ... **8** ... Gonné ... kanottièré ... zvéndita **9** ... dzjoebbotto ... **10** ... sonjo ... kiodo ... **12** ... dzjalla ... maniké loenGé... **13** ... talja ... **14** ... mèrtsjé ... **17** ... larGa ...

Opmerkingen

1 Het voornaamwoordelijk werkwoord **smetterla** (**smettere**, *stoppen, ophouden* + vrouwelijk persoonlijk voornaamwoord **la**) wordt vaak in de imperatief gebruikt in de volgende betekenis: **smettetela!**, *houden jullie hiermee op!;* **la smetta!**, *houdt u hiermee op!;* **smettila di ... !**, *hou op met ... !*

2 Immaginare is *denken* in de betekenis van 'zich inbeelden, voorstellen'.

3 Werkwoorden m.b.t. het weer zijn onpersoonlijk en worden dus vervoegd in de 3e pers. enkelvoud, in het Italiaans evenwel zonder 'het' te vernoemen: **pioverà**, *het zal regenen;* **nevica**, *het sneeuwt* (van **nevicare**, *sneeuwen*), **grandina**, *het hagelt* (van **grandinare**, *hagelen*) enz. Ze worden vervoegd met het hulpwerkwoord **essere**: **era nevicato**, *het*

***

Esercizio 1 – Traducete

❶ Portamici e fammelo vedere. ❷ Smettiamola di lamentarci, dobbiamo cavarcela senza di loro. ❸ L'inverno scorso non è mai nevicato. ❹ Lo vogliamo, daccelo! ❺ Faceva bello, era contenta e le era passato il malumore.

15 Geef het me, ik breng het er terug en ik ga er een ander [voor] je nemen.
16 – Ben je al *(van)* terug*(keer)*? Je hebt het heel snel *(goed)* geklaard; gewoonlijk doe *(zet)* je er een uur over om het [voor] me te vinden...
17 Het andere zat *(was)* me [te] breed, maar is dit niet wat smal?
18 – Het staat je prachtig. Je bent heel knap zo gekleed.
19 – O, wat 'n compliment! Eindelijk is je humeurigheid over winkelen *(je)* overgegaan...

had (was!) gesneeuwd. Let ook op de vervoeging in de 3e pers. ev. bij **la gente**, *volk, mensen*.

4 I **saldi** zijn *de koopjes, solden*; **la svendita** is *de uitverkoop*.

5 **La pelle** is zowel *de huid, het vel* (van mens of dier) als *het leder* gebruikt voor kleren; m.b.t. schoenen, meer bepaald *de zool,* **la suola,** gebruikt men **il cuoio**.

6 Net als bij 'gewone' persoonlijke voornaamwoorden in de voorwerpsvorm wordt bij gegroepeerde voornaamwoorden de beginmedeklinker verdubbeld vóór aanhechting aan een van de 5 eenlettergrepige imperatiefvormen (**andare** → **va'**, **dare** → **da'**, **dire** → **di'**, **fare** → **fa'**, **stare** → **sta'**): **vattene,** *ga weg (erheen),* **dammelo,** *geef het me,* **diccelo,** *zeg het ons* enz. Geen verdubbeling bij **gli**: **faglieli vedere,** *laat ze* (m. mv.) *hem/haar/hun zien, toon ze hem/haar/hun*.

7 Vóór het plaatsaanduidende **ci**, *er(heen, ...)* behoudt een voornaamwoord op **-i** zijn vorm: **vi ci ho accompagnate,** *ik heb jullie erheen vergezeld*.

8 Als **ci**, *er(heen, ...)* gegroepeerd wordt met **lo**, **la**, **li** of **le**, dan verandert het in **ce** en staat het vóór het persoonlijk voornaamwoord: **Ce le ho accompagnate,** *Ik heb hen* (v.) *erheen vergezeld*.

***

Oplossing van oefening 1

❶ Breng me erheen en laat het me zien. ❷ Laten we stoppen met klagen, we moeten het zonder hen redden! ❸ Vorige winter heeft het nooit gesneeuwd. ❹ We willen het, geeft het ons! ❺ Het was mooi weer, ze was tevreden en haar humeurigheid is overgegaan.

Esercizio 2 – Completate

① Wanneer het regent, zouden we nooit willen buitengaan.
.... non .... mai ....

② In de winkelcentra koopt men dikwijls nutteloze zaken.
Nei .... spesso si ....

③ We zouden nooit gedacht hebben dat het zo gemakkelijk zou geweest zijn.
Non .... mai .... che .... così ....

④ Bij de eerste gelegenheid zou ik hem een lederen jack willen cadeau doen.
.... occasione ... . un ....
.. ..

⑤ Dit topje zit me wat breed.
Questa .... un ... .

***

*De eerste **centri commerciali**, winkelcentra verschenen in Italië, net als in andere Europese landen, begin jaren 1970, aanvankelijk in het noorden. Meestal bestonden ze uit een heel groot warenhuis*

60
Sessantesima lezione

Meteo

1 – Allora domenica andiamo a Firenze a vedere la mostra di Rosso Fiorentino?

2 – A dire il vero sarebbe meglio rimandare [1] la gita; il meteo prevede che in quella zona pioverà tutto il fine settimana.

3 – Meno male che sei stata previdente, bisogna [2] sempre consultare il meteo prima di partire.

Oplossing van oefening 2

❶ Quando piove – vorremmo – uscire ❷ – centri commerciali – comprano cose inutili ❸ – avremmo – immaginato – sarebbe stato – facile ❹ Alla prima – gli vorrei regalare – giubbotto di pelle ❺ – canottiera mi sta – po' larga

***

met errond verschillende kleinere winkels. Pas in de jaren 1980 kwamen er verspreid over heel het land grote winkelcomplexen. Tegenwoordig zijn er meer dan 1.000 van, met meer dan 300.000 werknemers en jaarlijks miljoenen bezoekers. Velen gaan er een paar keer per maand naartoe. Niet iedereen is zoals ons personage, dat **odia i centri commerciali***...*

We beseffen dat de dialoogteksten steeds ingewikkelder worden. Alles meteen uitleggen zou een les te zwaar maken. Weet ook dat onze vertalingen vooral dienen om de Italiaanse woorden te begrijpen en geen stylistische oefening zijn. Wees dus geduldig, vertrouw op uw kunnen en geniet van al die bijzonderheden die het Italiaans te bieden heeft!

Tweede fase: 10e les

Zestigste les

Weersverwachting

1 – Gaan we dan zondag naar Firenze/Florence de expo van Rosso Fiorentino bekijken?

2 – Eerlijk gezegd, het zou beter zijn de uitstap uit [te] stellen; het weerbericht verwacht dat [het] in die zone zal regenen het hele weekend.

3 – Gelukkig ben je vooruitziend geweest, je moet *([men] behoeft)* altijd het weerbericht raadplegen voordat je vertrekt *(alvorens te vertrekken)*.

4 – Sì, bisognerebbe [2] farlo, ma a volte ci si [3] dimentica e sono guai...

5 – Come quella volta che siamo andati a Vienna ed è nevicato per tre giorni senza mai fermarsi!

6 – Ha fatto [4] tanto freddo che non abbiamo messo il naso fuori dall'albergo.

7 Sarebbe stato meglio andare [1] in montagna a sciare!

8 – Guarda: il giornale dice che ci sarà maltempo solo nell'Italia del centro-sud, mentre in tutto il nord farà bello, per una volta...

9 Ci conviene [5] piuttosto passare il fine settimana a Rimini.

10 Spiaggia e bagni, altro che mostre d'arte a Firenze!

11 – Speriamo bene; a volte succede [6] di leggere ottime previsioni del tempo,

12 si parte pieni [7] di ottimismo e si scopre sul posto che il meteo si era sbagliato!

13 – Accidenti, questo non è il giornale di oggi, ma della settimana scorsa!

14 – E sul mio sito meteo la perturbazione è generale: pioverà dappertutto...

15 – C'è qualche buon film alla tv questo fine settimana?...

Uitspraak

mètéo **1** ... firèntsé ... **2** ... dzona ... **4** ... Goeai **5** ... vièrna ... **7** ... sjiaré **8** ... dzjornalé ... **12** ... ottimizmo... zbaljato **14** ... pértoerbatsioné ... **15** ... tivoe ...

Zestigste les / 60

4 – Ja, je zou het moeten doen *([men] zou-behoeven doen-het)*, maar soms vergeet je het *(bij keren men zich vergeet)* en krijg je narigheid *(zijn narigheden)*...

5 – Zoals die keer dat we naar Vienna zijn gegaan en [het] gedurende drie dagen onophoudelijk *(zonder nooit ophouden)* heeft *(is)* gesneeuwd!

6 – Het is zo koud koud geweest *(Heeft gedaan)* dat we geen voet *(de neus)* buiten het hotel hebben gezet.

7 Het zou beter geweest zijn in de bergen te gaan skiën!

8 – Kijk: de krant zegt dat het alleen slecht weer wordt *(er zal-zijn slecht-weer)* in Midden- en Zuid-Italië *(in-het Italië van-het midden-zuid)*, terwijl [het] in heel het noorden mooi [weer] zal zijn *(doen)*, voor een keer...

9 We kunnen beter het weekend doorbrengen in Rimini.

10 Strand en (zonne)baden... [iets] anders dan kunsttentoonstellingen in Firenze!

11 – Laten we hopen *(goed)*; soms gebeurt het uitstekende weersvooruitzichten te lezen,

12 men vertrekt vol*(le van)* optimisme en men merkt *(ontdekt)* ter plaatse *(op-de plaats)* dat het weerbericht fout was *(zich was vergist)*!

13 – Jandorie, dit is niet de krant van vandaag, maar van*(de)* vorige week!

14 – En op mijn weersite is de storing algemeen: het zal overal regenen...

15 – Is er een of andere goeie film op*(de)* tv dit weekend?

trecentoquattro • 304

Opmerkingen

1 In onpersoonlijke wendingen zoals **è meglio/peggio…**, *het is beter/slechter, erger…*, **sarebbe utile…**, *het zou nuttig zijn…* staat een infinitiefvorm meteen achter het bijwoord of bijvoeglijk naamwoord, zonder (*om*) *te*: **È inutile continuare a parlarmene**, *Het is onnodig me er verder over te spreken*.

2 Het onpersoonlijke **bisognare**, lett. *behoeven* wordt in de 3e pers. enkelvoud vervoegd, vergelijkbaar met 'men moet', maar ook soms vertaald met een onpersoonlijk bedoeld 'je' of zelfs 'we': **Bisognerebbe studiare ogni giorno**, *Men/Je zou elke dag moeten studeren*.

3 In **ci si dimentica** is **ci si** de wederkerende vorm van het onpersoonlijke **si**, *men*: u weet nog dat het persoonlijk voornaamwoord **si**, *men* verandert in **ci** vóór het wederkerend voornaamwoord **si**, *zich* (**ci si pettina**, *men kamt zich*, 'men zich kamt'), zo wordt twee keer **si** na elkaar vermeden.

4 Om te zeggen hoe het weer 'is' wordt het werkwoord **fare** gebruikt, vervoegd met het hulpwerkwoord **avere**: **Pensavamo che avrebbe fatto bello**, *We dachten dat het mooi weer zou geweest zijn* (zou-hebben gedaan).

5 In les 54 zagen we al 'voordelige' betekenissen van het werkwoord **convenire** (lett. *schikken, passen, passend/gepast zijn,…*) met een infinitiefvorm erachter; we zetten er nu een persoonlijk voornaamwoord-meewerkend voorwerp vóór: **Ci conviene prendere il treno**, *We doen er goed aan de trein te nemen*; **Ti conviene accettare la sua proposta**, *Het is beter voor je / Je doet er goed aan om zijn voorstel te aanvaarden*.

***

Esercizio 1 – Traducete

❶ Sabato scorso è piovuto tutto il giorno, sarebbe stato meglio rimandare la nostra gita. **❷** Quando si esce la sera ci si fa belli e ci si veste eleganti. **❸** Il meteo prevedeva maltempo e perturbazioni dappertutto. **❹** Vi converrebbe consultare il meteo prima di partire. **❺** Ti è mai successo di arrivare puntuale?!

U herinnert zich het bijvoeglijk naamwoord **conveniente** (eigenlijk het onregelmatig onvoltooid deelwoord van **convenire**), wat 'passend, geschikt, beter enz. voor' inhoudt…

6 **Succedere**, *gebeuren, voorvallen, overkomen*, eventueel + **di** + infinitief: **A volte mi succede di mangiare troppo**, *Soms overkomt het me om te veel te eten, dat ik te veel eet*. Het voltooid deelwoord is **successo** (dat zich richt naar het naamwoord dat het gebeuren, het eigenlijke onderwerp, uitdrukt): **Mi è successa una cosa stranissima**, *Er is me iets heel vreemds overkomen (Een heel vreemde zaak is me overkomen)*.

7 Bijvoeglijke naamwoorden in een onpersoonlijke zin met **si**, *men* staan in het meervoud: **Quando si è giovani non si è mai stanchi** (van **stanco**), *Wanneer men jong is, is men nooit moe*.

***

Giovanni Battista di Jacopo *werd vanwege zijn haarkleur* **Rosso Fiorentino** *genoemd* (**rosso** *is zowel* rood *als* roodharig, ros, *dus betekent zijn bijnaam "Rosse, Rooie Florentijn"). De schilder leefde aan het einde van de renaissance (1495-1540) en wordt beschouwd als een van de meesters van het maniërisme, een soort interpretatie en modernistische, anticonformistische navolging van de kunst van Michelangelo en Rafaël. "Il Rosso" is beroemd om zijn fresco's in het kasteel van Fontainebleau. Hij bracht het laatste deel van zijn leven door aan het hof van Frans I en stierf in Parijs. Wel ja, zelfs Italiaanse kunstgeschiedenis komt in onze ASSIMILcursus aan bod!*

***

Oplossing van oefening 1

❶ Vorige zaterdag heeft het de hele dag geregend, het zou beter geweest zijn onze uitstap uit te stellen. **❷** Wanneer men 's avonds uitgaat, maakt men zich mooi/op en kleedt men zich elegant. **❸** Het weerbericht verwachtte overal slecht weer en storingen. **❹** Jullie zouden er beter aan doen het weerbericht te raadplegen alvorens te vertrekken. **❺** Is het je ooit overkomen op tijd aan te komen?!

Esercizio 2 – Completate

① We zijn niet vooruitziend geweest, we zouden het weerbericht moeten geraadpleegd hebben alvorens te vertrekken.

Non ...., ... consultare il .... partire.

② Het gebeurt dat men ter plaatse merkt dat de weersvooruitzichten fout waren.

.... di .... che .. .. del .... sbagliate.

③ We kiezen beter *(Ons zal-passend-zijn)* een niet te ver(afgelegen) plaats voor de vakantie.

Ci .... un .... per le vacanze.

Sessantunesima lezione

Venezia

1 – Come mi piacerebbe [1] visitare Venezia!
2 – Non l'hai mai vista? Sapessi [2] quanto [3] è bella [4]!
3 – Mi sarebbe piaciuto [1] andarci a studiare quando ho fatto l'anno di Erasmus.
4 L'università di Venezia faceva parte delle tre in cui ho fatto domanda,
5 ma alla fine sono stata accettata solo a Pisa.
6 Bisogna dire che anche Pisa è una cittadina molto piacevole, con un'università quotatissima.
7 – Sì, ma non c'è confronto con la magia di Venezia!
8 Adoro passeggiare di sera per le sue calli [5] ed i suoi campielli [5],

Eenenzestigste les / 61

④ Het weerbericht verwacht dat het slecht weer wordt in het noorden.
   .. .. che .. .. al .....

⑤ Soms vergist men zich.
   A ....

Oplossing van oefening 2
❶ – siamo stati previdenti, avremmo dovuto – meteo prima di – ❷ Succede – scoprire sul posto – le previsioni – meteo erano – ❸ – converrà scegliere – posto non troppo lontano – ❹ Il meteo prevede – ci sarà maltempo – nord ❺ – volte ci si sbaglia

---

Tweede fase: 11e les

Eenenzestigste les

Venetië

1 – Wat *(Hoe)* zou ik graag Venetië bezoeken!
2 – Heb je het nooit gezien? Mocht je weten *('Wist')* hoe*(veel)* mooi het is!
3 – Ik was er graag gaan *(me zou-zijn bevallen gaan-er te)* studeren toen ik mijn Erasmusjaar *(het jaar van Erasmus)* heb gedaan.
4 De universiteit van Venetië maakte deel [uit] van de drie waarbij ik [een] aanvraag heb ingediend *(gedaan)*,
5 maar uiteindelijk ben ik alleen in Pisa aanvaard *(geweest)*.
6 Het moet gezegd dat Pisa ook een erg aangenaam stadje is, met een heel hoog gequoteerde universiteit.
7 – Ja, maar het is niet te vergelijken *(niet er is vergelijk)* met de magie van Venetië!
8 Ik ben er dol op 's avonds te wandelen door haar smalle straatjes en haar pleintjes,

9 lungo i canali silenziosi dove di tanto in tanto passa una gondola.

10 Nel nostro mondo attuale pieno di automobili, Venezia è un miracolo!

11 – Sì, ma nato dal dramma delle popolazioni dell'entroterra

12 che si rifugiavano sulle isole della laguna per sfuggire alle invasioni barbariche, alla fine dell'Impero Romano.

13 Oltre alla sua originalità estetica, in gran parte dovuta ai suoi numerosi rapporti commerciali con l'Oriente,

14 Venezia è stata una delle prime Repubbliche con uno statuto laico,

15 nonostante il forte potere che la Chiesa di Roma ha esercitato in Italia nei secoli passati.

16 – Parli come un libro stampato [6], si sente che hai studiato all'università.

17 Io mi accontento delle mie passeggiate romantiche!

Uitspraak

vénètsia 3 ... érazmoes 5 ...attsjéttata ... piza 6 ... koeotatissima 7 ... madzjia ... 8 ... kampièlli 9 ... Gondola... 11 ... popolatsioni ... 12 ... rifoedzjavano ... izolé ... laGoena ... sfoeddzjire ... invazione barbariké ... 13 ... oridzjinalita ... oriènté 14 ... répoebbliké ... laiko 15 ... kièza ... a ésértsjitato ...

Opmerkingen

1 U weet intussen dat **piacere** lett. 'bevallen, behagen' betekent en dat het op verschillende manieren kan vertaald worden. Laten we het wat vervoegen: in de o.t.t. **mi piace**, 'me bevalt', **mi piace sciare**, *ik hou van skiën, ski graag*; in de voorwaardelijke wijs **mi piacerebbe**, 'me zou-bevallen', **mi piacerebbe avere tanti soldi**, *ik zou graag veel geld hebben*; in de verle-

Eenenzestigste les / 61

9 langs de stille kanalen waar af en toe een gondel voorbijvaart.
10 In onze hedendaagse wereld vol *(van)* auto's is Venetië een mirakel!
11 – Ja, maar geboren uit het drama van de inlandse bevolking*(en)*
12 dat *(die)* zich terugtrok*(ken)* op de eilanden van de lagune om te ontkomen aan de barbaarse invasies aan het einde van het Romeinse Rijk.
13 Naast haar esthetische originaliteit, grotendeels *(in groot deel)* **dankzij** *(verschuldigd aan-de)* **haar talrijke handelsbetrekkingen met het Oosten,**
14 is Venetië een van de eerste republieken met een lekenstatuut geweest,
15 ondanks de sterke macht die de Roomse kerk heeft uitgeoefend in Italië in de vorige eeuwen.
16 – Je spreekt als een boek *(gedrukt)*, je *(men)* hoort dat je aan de universiteit hebt gestudeerd.
17 Ík stel me tevreden met mijn romantische wandelingen!

---

den tijd van de voorwaardelijke wijs **mi sarebbe piaciuto**, 'me zou-zijn bevallen', **mi sarebbe piaciuto venire, ma non ho potuto**, *ik zou graag gekomen zijn, maar ik heb niet gekund*. Onthoud dat **piacere** vervoegd wordt met het hulpwerkwoord **essere**!

2 Met **sapessi** (van **sapere**, *weten, kunnen*,...) maken we kennis met de o.v.t. in de conjunctief (aanvoegende wijs). Deze wijs wordt o.a. gebruikt om iets 'hypothetisch' uit te drukken, bv. in zinnen ingeleid met **se**, *als*: **Se sapessi come si sta bene qui, verresti subito**, *Als je wist/ Mocht je weten hoe goed men het hier heeft, zou je meteen komen*. In de dialoogzin wordt het idiomatisch aangewend, zonder **se**, *als*.

3 **Quanto** betekent meestal *hoeveel* (**quanto costa?**, *hoeveel kost het?*), maar vervangt soms **come** in een uitroep: **Quanto/Come mi piace la pizza!**, *Wat vind ik (de) pizza lekker!*

4 Een stad wordt in het Italiaans altijd als vrouwelijk beschouwd (**la città**): **Roma è piena di turisti**, *Rome zit vol toeristen*.

trecentodieci • 310

5 Venetië is zo uniek dat zelfs het woord voor 'straten' en 'pleinen' er anders is dan in de rest van Italië: de eerste heten **calli** (**la calle** in het enkelvoud), de tweede zijn **i campi** (lett. 'de velden') of **i campielli**, *de pleinen* resp. *pleintjes*.

***

Esercizio 1 – Traducete
❶ Ho incontrato un ragazzo molto simpatico e mi piacerebbe farvelo conoscere. ❷ Le sarebbe piaciuto studiare all'università, ma ha dovuto cominciare a lavorare fin da giovane. ❸ Pensavamo che sarebbe arrivato in ritardo e gliel'abbiamo detto. ❹ Le popolazioni dell'entroterra sapevano che le isole della laguna sarebbero state sicure. ❺ La Chiesa ha esercitato un forte potere sull'Italia nei secoli passati.

***

Esercizio 2 – Completate
❶ Zouden jullie graag het weekend komen doorbrengen in mijn huis aan zee?

Vi . . . . il fine settimana . . . . ?

❷ Men zou vroeger wakker moeten worden om op tijd te zijn.

Ci . . . . per . . . . . . puntuali.

❸ Je zou geen desktop computer moeten kopen hebben, je had er beter aan gedaan een draagbare te kopen.

. . . . comprare un . . . . , ti . . . . uno portatile.

❹ We hebben een mooie film gezien en zouden hem (aan) hem willen vertellen.

. . . . un bel film e . . . .

❺ Ik vind sinaasappels lekker, geef me er twee van.

. . . . le . . . . . . , ... due.

Eenenzestigste les / 61

6 Van een welbespraakt iemand zegt men dat die spreekt **come un libro stampato**, *zoals een gedrukt boek*, vaak ironisch bedoeld en verwijzend naar het betweterige, verwaande…

***

Oplossing van oefening 1

❶ Ik heb een erg sympathieke jongen ontmoet en ik zou hem graag jullie voorstellen *(laten kennen)*. ❷ Ze zou graag aan de universiteit gestudeerd hebben, maar ze is al jong moeten beginnen te werken. ❸ We dachten dat hij te laat zou gekomen zijn en we hebben het hem gezegd. ❹ De inlandse volkeren wisten dat de eilanden van de lagune veilig zouden geweest zijn. ❺ De kerk heeft een sterke macht uitgeoefend over Italië in de vorige eeuwen.

Oplossing van oefening 2

❶ – piacerebbe venire a passare – nella mia casa al mare ❷ – si dovrebbe svegliare prima – essere – ❸ Non avresti dovuto – computer fisso – conveniva comprarne – ❹ Abbiamo visto – vorremmo raccontarglielo ❺ Mi piacciono – arance, dammene –

Tweede fase: 12e les

trecentododici • 312

Sessantaduesima lezione

Rinnoviamo la casa

1 – Io e Lorenzo abbiamo deciso di rinnovare [1] un po' il nostro appartamento.
2 Sono dieci anni che l'abbiamo comprato, e cominciamo ad avere voglia di novità.
3 Che so, qualche nuovo mobile, cambiare i colori, rinfrescare il tutto...
4 – Vi converrà chiamare un arredatore [2] o un architetto.
5 Mio marito l'anno scorso ha voluto fare tutto lui [3] ed è stato un disastro:
6 ha perfino buttato giù un muro per fare una finestra,
7 poi abbiamo scoperto che era vietato [4] e abbiamo dovuto richiuderla [1]!
8 Ci sarebbe davvero convenuto [5] chiamare un'impresa... ma ce ne siamo accorti [6] troppo tardi!
9 – Forse sarebbe bastato [5, 7] chiedere il permesso al comune...
10 – Se avete bisogno di una ditta per fare i lavori, vi posso consigliare quella che è venuta da noi.
11 Hanno cambiato gli infissi [8] e installato i doppi vetri [9], rifatto [1] il bagno,
12 e i loro imbianchini hanno ridipinto [1] la cucina e il soggiorno con colori bellissimi!
13 Se vi interessa, è possibile [4] avere un preventivo gratuito in meno di quarantott'ore.

Tweeënzestigste les

Laten we het huis renoveren

1 – Lorenzo en ik hebben besloten om ons appartement wat te renoveren.
2 Het is tien jaar geleden *(Zijn tien jaren)* dat we het gekocht hebben en we beginnen zin te hebben in nieuwe dingen *(nieuwigheid)*.
3 Weet je wel *(Wat weet)*, een paar nieuw[e] meubel[s], de kleuren veranderen, het geheel opfrissen...
4 – Jullie kunnen beter een interieurontwerper of een architect inschakelen *([Voor] jullie zal-passen roepen...)*.
5 Mijn man heeft vorig jaar alles zelf willen doen *(gewild doen alles hij)* en het is een ramp geweest:
6 hij heeft zelfs een muur neergegooid om een venster te maken,
7 achteraf hebben we ontdekt dat het verboden was en hebben we ze weer *(ge)*moeten dichtmaken!
8 Het zou werkelijk beter geweest zijn een onderneming in te schakelen *(Er zou-zijn gepast-geweest roepen)*... maar we zijn er ons te laat van bewust geworden!
9 – Wellicht zou het voldoende geweest zijn een *(de)* vergunning [aan te] vragen bij de gemeente...
10 – Als jullie een bedrijf nodig hebben om de werken uit te voeren *(doen)*, kan ik jullie dat wat bij ons is gekomen aanraden.
11 Ze hebben de kozijnen veranderd en dubbel glas *(de dubbele glazen)* geplaatst, de badkamer herdaan/vernieuwd
12 en hun schilders hebben de keuken en de woonkamer herschilderd in *(met)* prachtige kleuren!
13 Als het jullie interesseert, is het mogelijk [om] een gratis offerte [te] hebben in minder dan achtenveertig uren.

62 / Sessantaduesima lezione

14 – A dire il vero, per il momento noi volevamo soprattutto cambiare qualche mobile:
15 il divano e le poltrone del salotto, gli armadietti [10] della cucina, il nostro letto…
16 Mi piacerebbe anche comprare un materasso nuovo, e tante belle lenzuola e federe colorate per i cuscini [11].
17 – Il divano e il materasso li abbiamo comprati nuovi anche noi.
18 Dopo l'esperienza tragica dei lavori, mio marito ci passa tutto il suo tempo libero!

Uitspraak
1 … lorèndzo … *4* … arkitétto *6* … dzjoe … *7* … rikioedérla *12* … imbiankini … soddzjorno … *13* … Gratoeito … *15* … armadiétti … *16* … léntsoeola … koesjini … *18* … tradzjika …

Opmerkingen

1 Het prefix **ri-** komt overeen met ons *her-*, *ver-* of *opnieuw*: **ridipingere**, *herschilderen, opnieuw schilderen.*

2 Een **arredatore** is een *binnenhuisarchitect* of *interieurontwerper*, die meedenkt over *de inrichting*, **l'arredamento** (binnenhuisarchitectuur, meubilair en decoratie-elementen) van een woning of gebouw. **Arredare** betekent zowel *inrichten* als *meubileren*.

3 Let in **ha voluto fare tutto lui** op de plaats van het persoonlijk voornaamwoord **lui**, niet vooraan maar achteraan de zin, om te benadrukken dat de man alles zelf, zonder andermans hulp wou doen (vgl. **lo faccio io**, *ik doe het, ik doe het zelf*; **te lo dico io**, *ik zeg het je*).

4 Zoals eerder gezien (les 60) is in onpersoonlijke constructies met 'een vorm van **essere** + bijwoord / bijvoeglijk naamwoord + infinitief' ons *het* en *(om) te* overbodig: **Non è possibile entrare**, *Het is niet mogelijk om binnen te komen, gaan.*

5 Tussen de vervoegde vorm van onpersoonlijke werkwoorden als **convenire, bisognare, bastare** en een infinitiefvorm wordt *(om) te* niet uitge-

Tweeënzestigste les / 62

14 – Om de waarheid te zeggen, momenteel *(voor het moment)* wilden wij vooral een paar meubel[s] veranderen:
15 de divan en de zeteltjes van het salon, de keukenkastjes, ons bed...
16 Ik zou ook graag een nieuwe matras kopen en veel mooie lakens en kleurige kussenslopen voor de hoofdkussens.
17 – Een *(de)* divan en *(de)* matras, die *(ze)* hebben wij ook nieuw gekocht.
18 Na de tragische ervaring met *(van)* de werken brengt mijn man er al zijn vrije tijd door!

---

drukt; ons *het* is eveneens overbodig: **Basta chiedere il permesso**, *Het volstaat om een vergunning te vragen, een vergunning vragen volstaat.*

6 Let bij wederkerende werkwoorden als **accorgersi** (*zich bewust zijn/ worden, (be-, op)merken*), die vervoegd worden met het hulpwerkwoord **essere**, op de overeenkomst van het voltooid deelwoord met het onderwerp: **Non mi sono accorto che eri già arrivato**, *Ik* (m.) *was me er niet van bewust, heb niet gemerkt dat je al aangekomen was*; **Le tue sorelle si sono subito accorte di tutto**, *Je zussen zijn zich meteen van alles bewust geworden, hebben meteen alles opgemerkt.* Let er ook op dat vóór **ne** een persoonlijk voornaamwoord-meewerkend voorwerp op **-i** verandert in een op **-e**: **Non me ne parlare**, *Spreek me er niet over*!

7 Let bij een onpersoonlijk werkwoord als **bastare**, *volstaan, voldoende, genoeg zijn*, vervoegd met **essere**, op de overeenkomst van het voltooid deelwoord met het onderwerp (wat volstaat): **è bastata un'ora**, *een uur heeft* (is) *volstaan* (v. ev.), *is genoeg geweest*; **sono bastate due ore**, *twee uren hebben* (zijn) *volstaan* (v. mv.), *twee uur was voldoende*. Vóór een infinitief staat het voltooid deelwoord van dergelijke werkwoorden in het mannelijk enkelvoud: **Gli era bastato studiare un po' di più**, *Het had* (was) *[voor] hem volstaan, voldoende geweest wat meer [te] studeren*.

8 **Gli infissi** zijn *de kozijnen, het raamwerk*, een technische term voor *de vensters, ramen* (**le finestre**).

62 / Sessantaduesima lezione

9 Il **vetro** is zowel *het glas* als materiaal (**una bottiglia di vetro**, *een glazen fles*) als voorwerpen van glas (**i vetri della macchina**, *de autoruiten*; **i doppi vetri**, *het dubbel glas, de dubbele beglazing*).

10 **Un divano** is *een divan, (zit)bank*; **una poltrona** is *een (eenpersoons)- zetel, fauteuil, leunstoel*; **un salotto** is *een salon, zitkamer* (**un salone** is

***

 Esercizio 1 – Traducete

❶ Sono tre anni che abbiamo rinnovato il nostro appartamento. ❷ Vi sarebbe convenuto chiamare un bravo arredatore. ❸ Scusi, non me n'ero accorta! ❹ Ha scoperto troppo tardi che era vietato buttare giù quel muro. ❺ L'imbianchino ci ha fatto un preventivo molto conveniente per imbiancarci la casa.

***

Esercizio 2 – Completate

❶ Een interieurontwerper heeft ons aangeraden een paar nieuwe meubels te kopen.
Un . . . . di comprare . . . .
. . . .

❷ Het zal niet nodig zijn een vergunning te vragen bij de gemeente voor [het] veranderen [van] het raamwerk en installeren [van] de dubbele beglazing.
... . chiedere .. .. al ....
.... gli .... e .... i ....

❸ We zouden nieuwe zeteltjes voor de zithoek en nieuwe (hang)- kastjes voor de keuken moeten kiezen.
.... nuove .... per il .... e
nuovi ....

❹ Ze *(v.)* hebben niet gemerkt dat het verboden was om binnen te komen.
Non .. .. che ... .

❺ Onze matras is te oud, we moeten er ons een nieuwe kopen.
Il nostro ...., ...
.... uno nuovo.

317 • trecentodiciassette

Tweeënzestigste les / 62

een (grote) zaal (bv. feestzaal) of *een salon* in de betekenis van 'expo'); **un armadietto** is *een (hang)kastje* (**un armadio** is *een (gewone) kast*).

11 Il cuscino is *het kussen,* ook m.b.t. *het hoofd-, oorkussen.*

***

Oplossing van oefening 1
❶ Het is drie jaar geleden dat we ons appartement gerenoveerd hebben. ❷ Jullie zouden beter een bekwame interieurontwerper ingeschakeld hebben. ❸ Excuseert u me, ik *(v.)* was me er niet van bewust! ❹ Hij heeft te laat ontdekt dat het verboden was die muur neer te gooien. ❺ De schilder heeft ons een heel voordelige offerte opgemaakt voor het schilderen van ons huis *(om [voor] ons het huis te schilderen).*

***

Oplossing van oefening 2
❶ – arredatore ci ha consigliato – qualche nuovo mobile ❷ Non bisognerà – il permesso – comune per cambiare – infissi – installare – doppi vetri ❸ Dovremmo scegliere – poltrone – salotto – armadietti per la cucina ❹ – si sono accorte – era vietato entrare ❺ – materasso è troppo vecchio, ce ne dobbiamo comprare –

Italianen spenderen wel wat geld aan de aankoop van huishoudapparaten, meubels en decoratie. Wie woont niet graag in een fraai ingericht huis...

Tweede fase: 13e les

trecentodiciotto • 318

Sessantatreesima lezione

Revisione – Herhaling

1 Voorwaardelijke wijs

De voorwaardelijke wijs (of conditionalis, **il condizionale**) wordt meestal gebruikt voor het uitdrukken van iets dat kan of kon gebeuren onder bepaalde voorwaarden.

1.1. Voorwaardelijke wijs (tegenwoordige tijd)

Waar in het Nederlands gebruik gemaakt wordt van 'zou/zouden + infinitief', vormt het Italiaans de **condizionale presente** met: werkwoordstam
+ **er** voor **-are** en **-ere**-werkwoorden, **ir** voor **-ire**-werkwoorden (zoals de toekomende tijd, zie les 42)
+ persoonsuitgang **-ei, -esti, -ebbe, -emmo, -este** of **-ebbero**:

parlare	prendere	finire	essere	avere
parlerei	prenderei	finirei	sarei	avrei
parleresti	prenderesti	finiresti	saresti	avresti
parlerebbe	prenderebbe	finirebbe	sarebbe	avrebbe
parleremmo	prenderemmo	finiremmo	saremmo	avremmo
parlereste	prendereste	finireste	sareste	avreste
parlerebbero	prenderebbero	finirebbero	sarebbero	avrebbero

Bij onregelmatige werkwoorden gaat men uit van de onregelmatige stam die ook voor de toekomende tijd wordt gebruikt + regelmatige uitgang van de voorwaardelijke wijs **-ei, -esti, -ebbe, -emmo, -este** of **-ebbero**, bv.: **venire** (toek.t. **verrò**) → voorwaardelijke wijs **verrei** enz.; **potere** (toek.t. **potrò**) → voorwaardelijke wijs **potrei** enz.

1.2. Verleden tijd van de voorwaardelijke wijs

Om bijvoorbeeld een fictief scenario in het verleden te beschrijven, gebruikt het Italiaans de **condizionale passato**, gevormd met de (tegenwoordige tijd van de) voorwaardelijke wijs van het hulpwerkwoord **essere** of **avere** + voltooid deelwoord van het hoofdwerkwoord (in het Nederlands met 'zou/zouden zijn/hebben + voltooid

Drieënzestigste les

deelwoord'): **sarei venuto**, *ik zou gekomen zijn*, **avresti potuto**, *je zou gekund/gemogen hebben*.
Opmerking: in het Nederlands kan hiervoor ook een verleden tijd gebruikt worden, bv.: **Vi sarebbe convenuto chiamare un bravo arredatore**, *Jullie zouden beter een bekwame interieurontwerper ingeschakeld hebben, hadden beter ... ingeschakeld*.

1.3 Bijzonder gebruik van de voorwaardelijke wijs
1.3.1 Beleefd verzoek enz.

Net als in het Nederlands wordt de voorwaardelijke wijs gebruikt om beleefd een verzoek, een wens of zelfs een bevel uit te drukken:
Ti andrebbe di fare questo lavoro per me? *Zou het je passen (gaan) om deze klus te klaren voor mij?*
Potresti venire da me prima possibile? *Zou je zo snel mogelijk bij mij kunnen komen?*
Lei dovrebbe smettere di fumare, *U zou moeten stoppen met roken*.

1.3.2 Toekomstig gebeuren bekeken vanuit het verleden

De bijzin staat in de verleden tijd van de voorwaardelijke wijs als wat erin gebeurt zich later voordoet dan wat gebeurt in de hoofdzin, die in een verleden tijd staat:
Ho pensato che sarebbe stato difficile trovarlo, *Ik heb gedacht dat het moeilijk zou geweest zijn om hem/het te vinden* (de regels hierbij zijn minder strikt in het Nederlands, waar ook *Ik dacht dat het moeilijk zou zijn ...* kan).

2 Onvoltooid deelwoord (participio presente)

Het onvoltooid (of tegenwoordig) deelwoord bestaat uit:
werkwoordstam + **-ante** bij werkwoorden op **-are**,
                    + **-ente** bij werkwoorden op **-ere/-ire**.

Als werkwoord wordt het zelden gebruikt, behalve in officiële, juridische,... context (**la persona facente parte della famiglia**, *de van het gezin deel uitmakende persoon*).

Het is echter heel gebruikelijk als:
- zelfstandig naamwoord, bv. **gli abitanti**, *de be-, inwoners*, **i cantanti**, *de zangers*, lett. 'de wonenden, zingenden'
- als bijvoeglijk naamwoord, bv. **una persona potente**, *een sterke persoon, machtig iemand*, lett. 'kunnend/mogend'.

Opmerking: we gebruiken soms een onvoltooid deelwoord bij het vertalen van een gerundium (zie les 56).

3 Onpersoonlijke werkwoorden en constructies

3.1 Weersomstandigheden

Piovere, *regenen*, **nevicare**, *sneeuwen*, **grandinare**, *hagelen* enz. zijn onpersoonlijke werkwoorden die alleen in de 3e persoon enkelvoud vervoegd worden, met als hulpwerkwoord **essere**:
Domenica è piovuto tutto il giorno, *Zondag heeft het heel de dag geregend*.
Om te zeggen hoe het weer 'is', wordt het werkwoord **fare** gebruikt:
l'estate fa molto caldo, *'s zomers is het heel warm,*
met als hulpwerkwoord **avere**:
L'estate scorsa ha fatto molto caldo, *Vorige zomer is het heel warm geweest.*
Het als onderwerp wordt niet uitgedrukt.

3.2 Het onpersoonlijk voornaamwoord *si*, men

Even een en ander herhalen:

Si komt overeen met *men*, maar in minder afstandelijke situaties wordt het ook vertaald met een onpersoonlijk aangewend 'je' of zelfs 'we' en 'ze'; in een passiefconstructie is ook 'er' mogelijk.

Zonder lijdend voorwerp staat het werkwoord altijd in de 3e persoon enkelvoud en is het hulpwerkwoord **essere**:
Si va al mare, *Men gaat naar zee.*
Si sarà provato, *Men zal geprobeerd hebben.*

Volgt op het werkwoord een lijdend voorwerp, dan is dit in het Italiaans eigenlijk het onderwerp in een passieve constructie en wordt het werkwoord ernaar vervoegd in getal en persoon (3e persoon enkelvoud of meervoud; hulpwerkwoord: **essere**):
A colazione non si mangia una pizza, *Men eet geen pizza bij het ontbijt.*

Si dicono molte cose, *Er worden veel zaken gezegd, Men zegt veel dingen*.
Si sarebbero fatti degli sforzi, *Er zouden inspanningen geleverd zijn, Men zou inspanningen gedaan hebben*.

In het zinsdeel met het onpersoonlijke **si** staan bijvoeglijke naamwoorden in het meervoud:
quando si diventa vecchi, *wanneer men oud wordt*.

3.3 Onpersoonlijke werkwoorden

Bij onpersoonlijk gebruik worden werkwoorden als **bisognare**, *behoeven, nodig zijn, moeten*, **bastare**, *volstaan, voldoende zijn*, **succedere**, *gebeuren, overkomen, voorvallen*, **convenire**, *passen, schikken, gepast zijn, (er) beter (aan doen)* enz. in de 3e persoon enkelvoud vervoegd; er volgt een werkwoord in de infinitiefvorm op (afhankelijk van het werkwoord, met een voorzetsel erbij):
Bisognava fare attenzione, *Er moest opgelet worden*.
Basterebbe parlare meno, *Minder praten zou voldoende zijn*.
Succede anche a voi di dimenticare cose importanti?, *Overkomt het jullie ook om belangrijke zaken te vergeten?*
Op deze werkwoorden kan ook **che** + conjunctief volgen, zoals we in de volgende lessen zullen zien.

Opmerking: sommige ervan kunnen ook in een persoonlijke constructie voorkomen, in de volledige vervoeging, bv.:
Per ora bastate voi, poi chiameremo anche loro, *Voor nu zijn jullie met voldoende, later zullen we ook hen roepen*.

3.4 *Essere* + bijwoord / bijvoeglijk naamwoord + infinitief

Op **È meglio/peggio/possibile/vietato** enz., *het is beter/slechter, erger/mogelijk/verboden* enz. volgt meteen een werkwoord in de infinitief (zonder voorzetsel zoals *(om) te)*:
È meglio prendere il treno che passare ore nel traffico, *Het is beter de trein te nemen dan uren in het verkeer door te brengen*.

Op deze constructie kan ook **che** + conjunctief volgen, zoals we in de volgende lessen zullen zien.

3.5 *(Dis)piacere*

Het werkwoord **piacere** (lett. *bevallen, behagen*, maar op verschillende manieren te vertalen) wordt bijna altijd voorafgegaan van een persoonlijk voornaamwoord-meewerkend voorwerp.

– Er volgt vaak een infinitief op (of **che** + conjunctief, zoals binnenkort zal blijken):
Mi sarebbe piaciuto venire, ma non potevo proprio, *Ik zou graag gekomen zijn, maar ik heb echt niet gekund.*
– of een naamwoord (het voltooid deelwoord moet er in persoon en getal mee overeenkomen vermits **piacere** vervoegd wordt met **essere**):
Mi è piaciuta la mostra, *De tentoonstelling is me bevallen.*
– of kan in een persoonlijke constructie gebruikt worden:
Mi siete piaciuti, *Ik vond jullie* (m.) *goed, leuk.*

Het werkwoord **dispiacere** (lett. *mishagen, misnoegen,* maar op verschillende manieren te vertalen), het tegenovergestelde van **piacere**, wordt op dezelfde manier gebruikt, bv.:
Le dispiacerebbe dare un'occhiata alla mia macchina? *Zou u het erg, vervelend vinden even naar mijn auto te kijken?*

Mi dispiace betekent ook *het spijt me, ik vind het erg*.

4 Gegroepeerde persoonlijke voornaamwoorden als lijdend/meewerkend voorwerp

• Als ze op elkaar volgen, moet het persoonlijk voornaamwoord als meewerkend voorwerp altijd vóór dat als lijdend voorwerp staan.

In deze positie verandert de eind-**i** van het persoonlijk voornaamwoord-meewerkend voorwerp in -**e**: **mi** dici questo, *je zegt me dit* → **me** lo dici, *je zegt het me*.

Bij samensmelting van het persoonlijk voornaamwoord-meewerkend voorwerp **gli** (m. ev. of m./v. mv.) met (het erop volgende) persoonlijk voornaamwoord-lijdend voorwerp wordt een (eufonische) -**e**- ingelast; het vrouwelijke/beleefde **le** neemt bij samensmelting dezelfde vormen aan:
Glielo do betekent dus *ik geef het* (m.) *hem/haar/u/hun.*

Dit zijn de mogelijke vormen:

	lo	la	li	le	ne
mi	me lo	me la	me li	me le	me ne
ti	te lo	te la	te li	te le	te ne
gli, le	glielo	gliela	glieli	gliele	gliene

Drieënzestigste les / 63

ci	ce lo	ce la	ce li	ce le	ce ne
vi	ve lo	ve la	ve li	ve le	ve ne
gli	glielo	gliela	glieli	gliele	gliene

Het wederkerend voornaamwoord **si**, *zich* wordt **se** vóór een voornaamwoord-lijdend voorwerp: **Se lo dice ogni mattina**, *Ze zegt het elke morgen [tegen] zich[zelf]*.

• Net als gewone persoonlijke voornaamwoorden-lijdend/meewerkend voorwerp kunnen gegroepeerde voornaamwoorden vast geschreven worden aan infinitief, imperatief, gerundium of voltooid deelwoord:
Mi piacerebbe dirglielo, *Ik zou het hem/haar/u/hun graag zeggen.*
Ti prego, parlamene, *Alsjeblieft, spreek me erover.*
Dicendomelo, rideva, *'Zeggend'-me-het..., Terwijl hij/ze het me zei, lachte hij/ze.*
Fattolo, sono andata via, *Gedaan-het..., Nadat ik het gedaan had, ben ik (v.) weggegaan.*

Bij aanhechting aan een eenlettergrepige imperatiefvorm (van de werkwoorden **andare**, **dare**, **dire**, **fare**, **stare**) verdubbelen voornaamwoorden (behalve **gli**) hun beginmedeklinker:
fa**mm**elo vedere, *laat het me zien*; fa**tt**ene portare due, *laat je er twee brengen*; di**cc**elo, *zeg het ons*.

Als op een vervoegd werkwoord een infinitief of gerundium volgt, kunnen de gegroepeerde voornaamwoorden ofwel los van elkaar vóór de vervoegde vorm staan ofwel acheraan de infinitief resp. het gerundium vast geschreven worden:
Te ne vorrei parlare of **Vorrei parlartene**, *Ik zou je erover willen spreken.*
Glielo stavo dicendo of **Stavo dicendoglielo**, *Ik was het hem/haar/u/hun aan het zeggen.*

Gegroepeerd met het plaatsaanwijzend **ci**, *er(heen, -op,...)*:
- vóór **ci** behouden de voornaamwoorden **mi**, **ti**, **vi** hun vorm: **vi ci ho visti**, *ik heb jullie er gezien*;
- vóór **lo**, **la**, **li**, **le** verandert **ci** in **ce**: **ce l'ho visto**, *ik heb hem er gezien*.

trecentoventiquattro • 324

Let op: **ci si** is de wederkerende vorm van het onpersoonlijke **si**, bv. *ci si lava*, *men wast zich* en behoort dus niet tot de in punt 4 behandelde voornaamwoordengroepen.

Dialogo di revisione

1 – Non bisognava prendere la macchina proprio oggi, ve l'avevo detto!
2 – Hai ragione, c'è un traffico terribile!
3 – Ci sarebbe convenuto andare in treno.
4 – Sì, ma anche in treno avremmo avuto dei problemi,
5 è il primo fine settimana di agosto e sarebbe stato difficilissimo avere dei posti.
6 – Adesso che ci penso, io ho un abbonamento prioritario e i posti li trovo sempre…
7 – E diccelo la prossima volta, così evitiamo questo disastro!
8 – Oltre tutto la mia macchina ha un sacco di problemi:
9 si fa fatica a cambiare, a girare il volante, sarebbe ora di comprarne una nuova.

Sessantaquattresima lezione

Nascita in vista

1 – Sapete che Sandra aspetta un bambino?
2 – È fantastico! Chissà ¹ come saranno contenti, lei e Marco! Ma come l'hai saputo?

10 – A volte ci si accorge troppo tardi che sarebbe stato meglio cambiare macchina prima...
11 – Finalmente arrivati! Dai, alla fine non ce la siamo cavata troppo male...
12 – Forse, ma io il prossimo agosto lo passo in poltrona!

Vertaling

1 Net vandaag moesten we de auto niet nemen, ik had het jullie gezegd! **2** Je hebt gelijk, er is vreselijk veel *(een vreselijk)* verkeer! **3** We waren beter met de trein gegaan. **4** Ja, maar ook met de trein zouden we problemen gehad hebben, **5** het is het eerste weekend van augustus en het zou bijzonder moeilijk geweest zijn om plaatsen te hebben. **6** Nu *(dat)* ik eraan denk, ík heb een prioritair abonnement en plaatsen, die vind ik altijd... **7** En zeg het ons de volgende keer, zo vermijden we deze ramp! **8** Bovendien heeft mijn auto een boel problemen: **9** het is moeilijk om te schakelen, om het stuur te draaien, het zou tijd worden om er een nieuwe te kopen. **10** Soms merkt men te laat dat het beter zou geweest zijn eerder van auto te veranderen... **11** Eindelijk aangekomen! Komaan, uiteindelijk hebben we het er niet zo slecht van af gebracht. **12** Wellicht, maar de volgende [maand] augustus, die breng ík door in mijn leunstoel!

Tweede fase: 14e les

Vierenzestigste les

Vanaf deze dialoog duiken er conjunctiefvormen op. Daar deze in het Nederlands niet gebruikt worden, zetten we de vertaling ervan tussen '...', zodat u ze makkelijker herkent.

Geboorte in zicht

1 – Weten jullie dat Sandra een kind verwacht?
2 – Dat is fantastisch! Wie weet hoe blij ze *(zullen)* zijn, zij en Marco! Maar hoe ben je het te weten gekomen *(het hebt geweten)*?

3 – Non ricordo, credo che me l'abbia detto [2] sua sorella qualche [3] giorno fa, o forse l'ho saputo al lavoro da qualche [3] collega.

4 – Bisogna che lo dica [4] subito a Carla, a meno che non lo sappia [5] già...

5 – È meglio che aspetti [6] a dirlo in giro: Sandra è incinta di solo due mesi.

6 Il bambino nascerà [7] alla fine di aprile o ai primi [8] di maggio.

7 E poi io preferisco che decida [9] lei a chi e quando annunciare la buona notizia.

8 – Cosa potremmo regalarle? Con un neonato [7] si ha bisogno di tante cose:

9 una carrozzina o un passeggino, qualche pigiamino, un lettino o magari una culla...

10 – E perché non pannolini e biberon [10]!

11 Ma aspetta almeno che partorisca [11], poveretta! Come siete invadenti!

12 Lasciate che Sandra e Marco si facciano [12] gli affari loro e voi fatevi i vostri,

13 e quando farete un figlio voi, comprerete tutti i pigiamini che vorrete!

Uitspraak
nasjita ... 2 ... kissa ... 5 ... intsjinta ... 6 ... nasjéra ... maddzjo 7 ... détsjida ... annoentsjaré ... notitsia 9 ... karrottsina ... pidzjamino ... 10 ... bibéron

Opmerkingen

1 De uitdrukking **chissà**, samengesteld uit het vragend voornaamwoord **chi** + de 3e pers. ev. van *sapere*, hier in de betekenis van *weten*, drukt bij twijfel, onzekerheid of vermoeden *wie weet, ik vraag me af, misschien* enz. uit: **Chissà se arriveremo in tempo!**, *Wie weet of we op tijd zullen*

Vierenzestigste les / 64

3 – Ik herinner [het me] niet, ik geloof dat haar zus het me 'heeft' gezegd enkele dag[en] geleden, of misschien heb ik het gehoord *(geweten)* op het werk van een of andere collega.

4 – Ik moet het meteen zeggen *([Het] behoeft dat [ik] het 'zeg')* tegen Carla, tenzij *(ten minste als niet)* ze het al 'weet'...

5 – Je kan beter wachten *(Is beter dat [je] 'wacht')* met het rond te vertellen *(zeggen-het in ronde)*: Sandra is pas *(sinds maar)* twee maanden zwanger.

6 Het kind zal geboren worden *(op-het)* eind *(van)* april of begin *(in-de eerste van)* mei.

7 En daarbij heb ik liever dat zij 'beslist' aan wie en wanneer het goede nieuws aan [te] kondigen.

8 – Wat zouden we haar cadeau kunnen doen? Met een pasgeborene heb je *(men)* zoveel dingen nodig:

9 een kinderwagen of een buggy, een paar pyjamaatje[s], een bedje of misschien een wieg...

10 – En waarom geen luiers en babyflesjes!

11 Maar wacht ten minste tot *(dat)* ze 'bevalt', [het] arme ding! Wat zijn jullie opdringerig!

12 Laten jullie Sandra en Marco zich bezighouden met *(dat S. en M. zich 'doen' de)* hún zaken en houden jullie je bezig met die van jullie *(jullie doen-jullie de jullie)*,

13 en wanneer júllie een kind zullen maken, kunnen *(zullen)* jullie alle pyjamaatjes kopen die jullie *(zullen)* willen!

---

aankomen, Zullen we wel op tijd aankomen?!; **Sei stato a Venezia? Chissà che bello!**, *Ben je in Venetië geweest? Wie weet hoe mooi het is?!*

2 Abbia detto is een v.t.t. in de conjunctief, gevormd met de o.t.t.-conjunctief van het hulpwerkwoord **avere** (**abbia** – **abbia** – **abbia** – **abbiamo** – **abbiate** – **abbiano**) + het voltooid deelwoord van **dire**, *zeggen*. De conjunctief (of aanvoegende wijs) is in Romaanse talen heel gebruikelijk, maar komt in het Nederlands eigenlijk alleen voor in vaste uitdrukkingen (bv. in het zij zo, koste wat het kost, dus in de

64 / Sessantaquattresima lezione

3e pers. ev. die overeenkomt met de infinitief zonder eind-n (men neme…, God hebbe zijn ziel). Hij drukt iets onzekers of subjectiefs uit, bv. twijfel, een wens, een mogelijkheid, een persoonlijke mening, dus iets wat (nog) niet reëel is. Deze wijs komt vooral voor in bijzinnen, welke meestal ingeleid worden met **che**, *dat*. In de dialoogzin volgt op **credo che** de conjunctief, daar de spreker niet zeker is van zijn herinneringen en herinneringen geen realiteit zijn.

3 **Qualche** (waarop altijd een enkelvoud volgt!) kan zowel een onbepaalde hoeveelheid uitdrukken (**qualche giorno fa**, *enkele dagen geleden*), als een onbepaald iets/iemand (**qualche vicino**, *een of andere buurman*). **Non lo trovo, l'avrò dimenticato da qualche parte**, *Ik vind hem/het niet, ik zal hem/het ergens (op een of andere plek) vergeten hebben*.

4 Op **bisogna che** volgt een bijzin in de conjunctief: wat moet gebeuren is nog niet uitgevoerd en bijgevolg onzeker, ireëel… **Dica**, 1e (en ook 2e en 3e) pers. ev. o.t.t.-conjunctief van het onregelmatige **dire**, *zeggen*: **dica – dica – dica – diciamo – diciate – dicano**.

5 Op **a meno che non**, *tenzij* volgt de conjunctief (het vervolg is onzeker, weet ze het al of niet…): **sappia**, 3e (en ook 1e en 2e) pers. ev. o.t.t.-conjunctief van het onregelmatige **sapere**, *weten*, *kunnen* (**sappia – sappia – sappia – sappiamo – sappiate – sappiano**).

6 Wordt in de hoofdzin een mening, waardering enz. (iets subjectiefs, geen feit) uitgedrukt (**è meglio/peggio**, *het is beter/slechter* enz.), dan moet de bijzin in de conjunctief staan: **Non è bello che tu ci dica queste cose**, *Het is niet fraai dat je ons deze dingen 'zegt'*. In de dialoogzin is **aspetti** de enkelvoudsvorm in de o.t.t.-conjunctief van het regelmatige werkwoord uit de 1e groep **aspettare**, *wachten (op)*, *verwachten*: **aspetti – aspetti – aspetti – aspettiamo – aspettiate – aspettino**.

***

Esercizio 1 – Traducete

❶ Linda ha appena partorito: bisogna che andiamo a trovarla. ❷ Potremmo regalarle un pigiamino per il neonato. ❸ Non siamo invadenti, è meglio che aspettiamo che ci dica lei quando andarci e di cosa ha bisogno! ❹ Se non sono ancora arrivati, è possibile che abbiano dimenticato l'appuntamento. ❺ Lascia che prenda le proprie decisioni da solo!

Vierenzestigste les / 64

7 **Nascere** is *geboren worden;* voltooid deelwoord: **nato**, *geboren;* un **neonato**, *een pasgeborene* (lett. 'nieuwgeborene).

8 In deze idiomatische uitdrukking is het woord **giorni** weggevallen: **ai primi di maggio**, *begin mei* (in de eerste [dagen] van mei).

9 Op **preferire che** volgt een bijzin in de conjunctief: wat je verkiest is iets subjectiefs... **Decida**, enkelvoudsvorm in de o.t.t.-conjunctief van het regelmatige werkwoord uit de 2e groep **decid**ere, *beslissen*: decid**a** – decid**a** – decid**a** – decid**iamo** – decid**iate** – decid**ano**.

10 **Biberon**, *babyflesje, zuigfles* is onveranderlijk.

11 **Partorire** is *bevallen* in de betekenis van *een kind baren* (il parto is *de bevalling*), een regelmatig werkwoord uit de 3e groep, vervoegd zoals **fin**ire (met het infix **-isc-**) en met als o.t.t.-conjunctief: **partor**isc**a** – partor**isc**a – partor**isc**a – partor**iamo** – partor**iate** – partor**iscano**. Het wordt vervoegd met **avere**. De bijzin staat in de conjunctief: er wordt gewacht op de bevalling, die nog geen feit is...

12 **Facciano**, 3e pers. mv. o.t.t.-conjunctief van het onregelmatige **fare**, *doen, maken*: faccia – faccia – faccia – facciamo – facciate – facciano.

Oplossing van oefening 1

❶ Linda is net bevallen: we moeten haar een bezoekje 'gaan' brengen. ❷ We zouden haar een pyjamaatje voor de pasgeborene kunnen cadeau doen. ❸ Laten we niet opdringerig zijn, het is beter dat we 'wachten' tot ze ons 'zegt' wanneer er heen te gaan en wat ze nodig heeft! ❹ Als ze nog niet aangekomen zijn, is het mogelijk dat ze de afspraak vergeten 'hebben'. ❺ Laat hem zijn eigen beslissingen alleen nemen!

Esercizio 2 – Completate

1. Het is beter dat jullie het werk 'beëindigen' begin april.
   È .... lavoro ai ....

2. We zouden hun graag een buggy of een kinderwagen cadeau doen.
   Ci .... un .... o una ....

3. Laten we wachten tot zij het ons 'zeggen'.
   .... che .. .. loro.

4. Wat 'n mooie wagen! Wie weet hoe duur je hem betaald zal hebben?!
   Che ....! ...... quanto .... cara!

5. We hebben babyflesjes en luiers gekocht voor de pasgeborene.
   Abbiamo .... per il ....

***

Nadat het lang het babyland bij uitstek was, is Italië sinds de jaren 80 van de vorige eeuw een van de Europese landen, en bij momenten het Europees land, waar het laagste aantal kinderen geboren wordt. De re-

Sessantacinquesima lezione

Scegliere una facoltà

1 – Non vedo l'ora che venga [1] ottobre e che cominci [2] l'università!
2   Mi sono iscritta a filosofia, la materia che mi piaceva di più al liceo, e ho passato l'estate a leggere e rileggere i programmi dei vari esami.
3   Li trovo tutti appassionantissimi: estetica, logica, antropologia culturale...
4 – Beata te! Io invece sono molto indeciso.
5 – Veramente? Ma proprio non hai nessuna idea?

Oplossing van oefening 2

❶ – meglio che finiate il – primi di aprile ❷ – piacerebbe regalargli – passeggino – carrozzina ❸ Aspettiamo – ce lo dicano – ❹ – bella macchina! Chissà – l'avrai pagata – ❺ – comprato biberon e pannolini – neonato

***

denen voor deze nataliteitscrisis, die het voortbestaan van het nationaal sociale zekerheidssysteem sterk onder druk zet, zijn divers: het feit dat vroeger de meeste vrouwen bij de haard bleven, maar tegenwoordig buitenshuis werken; de tanende invloed van de katholieke kerk, die van oudsher kroostrijke gezinnen aanmoedigde; de opeenvolgende economische crisissen en de hoge werkloosheid, die jongeren ervan weerhouden vanonder de vleugels van hun ouders te komen en zelf een gezin te stichten, dit in combinatie met een zekere neiging om liever zogenaamde luxegoederen (kleding, auto's, reizen en vakantie) te consumeren dan zich aan het gezinsleven inherente opofferingen te getroosten.

Tweede fase: 15e les

Vijfenzestigste les

Een faculteit kiezen

1 – Ik kijk ernaar uit dat oktober [eraan] 'komt' en dat de universiteit 'begint'!

2 Ik heb *(ben)* me ingeschreven voor filosofie, het vak *(materie)* dat ik het liefst volgde op de middelbare school *(lyceum)*, en ik heb de zomer doorgebracht met de leerstof *(programma's)* van de verschillende cursussen *(examens)* [te] lezen en herlezen.

3 Ik vind ze allemaal bijzonder boeiend: esthetica, logica, culturele antropologie...

4 – Gelukkig voor jou! Ik daarentegen ben er nog niet uit *(heel besluiteloos)*.

5 – Echt? Maar heb je echt geen enkel idee?

65 / Sessantacinquesima lezione

6 – Di sicuro una facoltà scientifica, non sono mai stato portato per le materie letterarie.
7 Siccome sono tutte facoltà a numero chiuso, ho già passato il TOLC [3] per le scienze, e per fortuna ho avuto un discreto punteggio [4],
8 così sono sicuro di essere preso ovunque decida [5] di iscrivermi.
9 Penserei a informatica o a bioinformatica, ma non so quale delle due sia [6] meglio.
10 Sono sempre stato appassionato di biologia, quindi sceglierei volentieri la seconda,
11 ma diverse persone mi hanno consigliato informatica, perché si trova più facilmente lavoro.
12 – Magari dopo il triennio [7] puoi fare un biennio [7] di bioinformatica,
13 così avrai le competenze sia di un ramo che dell'altro, con doppi sbocchi professionali.
14 – Sì, lo penso anch'io, ma ho paura che certe materie di informatica non mi piacciano [8]...
15 – Io invece temo che non mi piaccia [8] l'ambiente universitario,
16 le lezioni in aula magna [9] dove non conosci nessuno e i [10] professori in cattedra che non ti guardano neanche in faccia...
17 Ma poi penso che è [11] una nuova fase della vita che comincia e la cosa mi entusiasma! □

Uitspraak
2 ... litsjèo ... ézami 3 ... lodzjika ... antropolodzjia ... 4 ... indétsjizo 6 ... sjentifika ... matèrié léttérarié 7 ... tolk ... sjèntsé ... poentéddzjo 8 ... ovoenkoeé ... 10 ... sjéljérèi volentièri ... 12 ... triènnio ... biènnio ... 13 ... kompétèntsé ... zbokki ... 16 ... aoela manja ... 17 ... éntoeziazma

Vijfenzestigste les / 65

6 – Vast een wetenschappelijke faculteit, ik heb nooit aanleg gehad *(ben geweest gedragen)* **voor** *(de)* **literaire vakken.**

7 Aangezien het allemaal faculteiten met numerus clausus *(aantal gesloten)* zijn, heb ik de 'online toelatingstest' voor *(de)* wetenschappen al afgelegd en gelukkig *(bij geluk)* heb ik een redelijk *(discreet)* resultaat behaald *(gehad)*,

8 zo ben ik [er] zeker van toegelaten te worden *(zijn genomen)* waar ook ik 'beslis' me in te schrijven.

9 Ik *(zou-)*denk*(en)* aan informatica of aan bio-informatica, maar ik weet niet wat *(welke)* van de twee beter 'is'.

10 Ik ben altijd geboeid geweest door biologie, dus zou ik graag het tweede kiezen,

11 maar verscheidene mensen hebben me informatica aangeraden, omdat je *(men)* makkelijker werk vindt.

12 – Misschien kan je na je bachelor *(de 'drie jaar')* een master *('twee jaar')* in bio-informatica doen,

13 zo ben je competent *(zal-hebben de competenties)* in zowel de ene als de andere branche, met **twee keer zoveel** *(dubbele)* **carrièreopties** *(vooruitzichten professionele)*.

14 – Ja, dat denk ik ook, maar ik ben bang dat bepaalde informaticavakken me niet 'aanstaan'…

15 – Ik daarentegen vrees dat het universiteitsmilieu me niet 'bevalt',

16 *(de)* lessen in grote aula['s] waar je niemand kent en *(de)* professoren achter [hun] katheder die je niet eens aankijken *(bekijken in gezicht)*…

17 Maar achteraf denk ik dat het een nieuwe levensfase is die begint en dat *(de zaak)* maakt me enthousiast *(me enthousiasmeert)*!

Opmerkingen

1. **Venga**, een o.t.t.-conjunctief (waar je naar uitkijkt is (nog) niet reëel) van het onregelmatige **venire**, *komen*: **venga – venga – venga – veniamo – veniate – vengano**.

2. **Cominci**, een o.t.t.-conjunctief van het regelmatige **cominciare**, *beginnen*: **cominci – cominci – cominci – cominciamo – cominciate – comincino**.

3. **TOLC**, zie de culturele info die deze les afsluit.

4. **Il punteggio**, afgeleid van **il punto**, *het punt*, slaat op *het puntentotaal, de score* en dus *het resultaat* behaald na deelname aan een wedstrijd, examen enz.

5. Na het voegwoord **ovunque**, *waar (dan) ook*, iets onzekers, moet de conjunctief gebruikt worden: **Chiamami, ovunque tu sia**, *Bel me, waar je ook 'bent'*.

6. Twijfel is subjectief, dus is de conjunctief van toepassing, bv. na **domandarsi che**, *zich afvragen of*: **Mi domando chi sia così matto da fare una cosa simile**, *Ik vraag me af wie zo gek 'is' om iets dergelijks te doen*. O.t.t.-conjunctief van **essere**: **sia – sia – sia – siamo – siate – siano**.

7. Met het suffix **-ennio** vormt men woorden die een periode van een aantal jaar uitdrukken, bv. **biennio**, een periode van twee jaar, **triennio**, van drie jaar, **quinquennio**, van vijf jaar, **decennio**, *een decennium*, **ventennio**, *twintig jaar*, **trentennio**, *dertig jaar* enz. Uit les 51 herinnert u zich het suffix **-enne** in een bijvoeglijk naamwoord om leeftijd aan te duiden: **un collega trentacinquenne**, *een vijfendertigjarige collega*. Weet dat men in het Italiaans 'x jaren heeft': **ha trentacinque anni**, *hij is 35 jaar*, lett. 'heeft 35 jaren'.

***

Esercizio 1 – Traducete

❶ Non vedo l'ora che sia domenica e che veniate a trovarci. ❷ Temo che non ci siano sbocchi professionali per quella facoltà. ❸ Ovunque tu ti iscriva, ti troverai bene. ❹ A volte trovo che mio figlio sia troppo agitato, ma poi penso che ha solo otto anni e che è normale che sia così. ❺ Fin da piccolo, era molto portato per le materie scientifiche.

8 **Piaccia** en **piacciano**, o.t.t.-conjunctiefvormen van **piacere**: **piaccia – piaccia – piaccia – piacciamo – piacciate – piacciano**. Iets al dan niet leuk vinden is subjectief, dus volgt op **(dis)piacere** een bijzin in de conjunctief.

9 **L'aula** is een *college-, rechtszaal* enz. Het bijvoeglijk naamwoord **magno**, uit het Latijn *magnus*, *groot*, wordt alleen gebruikt in vaste uitdrukkingen, zoals hier **l'aula magna** in een universiteit, **Alessandro Magno**, *Alexander de Grote*, **la Magna Grecia**, *het Grote Griekenland* enz.

10 Let op het gebruik van een bepaald lidwoord bij algemeenheden. Deze dialoog bevat er een paar voorbeelden van.

11 Bedoelt men met **pensare** niet het uiten van een persoonlijke mening (iets subjectiefs), maar gewoon zeggen waaraan men denkt, dan kan er een indicatiefvorm op volgen: **A cosa stai pensando? – Penso che domani è già lunedì e che non ho voglia per niente di andare a lavorare**, *Waaraan ben je aan het denken, waaraan denk je? – Ik denk [eraan] dat het morgen al maandag is en dat ik helemaal geen zin heb om te gaan werken*.

Oplossing van oefening 1

❶ Ik kan niet wachten tot het zondag 'is' en dat jullie ons 'komen' opzoeken. ❷ Ik vrees dat er geen carrièreopties 'zijn' voor die faculteit. ❸ Waar je je ook 'inschrijft', je zal je er thuis voelen. ❹ Soms vind ik dat mijn zoon te opgewonden 'is', maar achteraf denk ik dat hij maar acht jaar is en dat het normaal is dat hij zo 'is'. ❺ Van kleins af had hij veel aanleg voor wetenschappelijke vakken.

Esercizio 2 – Completate

❶ Ik weet niet aan welke faculteit het beter 'is' dat ik me 'inschrijf'.
... .. a quale .... che io .. ..

❷ We vrezen dat de universiteitssfeer ons niet 'aanstaat'.
.... che .... non .. ..

❸ Het zullen allemaal heel boeiende vakken zijn.
.... molto ....

❹ Ik geloof dat de antropologieles in de grote aula 'is' om halftien.
.... la lezione .. .. in ....
alle ....

❺ Ik heb de universiteit sinds 10 jaar af.
.. .. l'università .. ..

Sessantaseiesima lezione

L'elettricista

1 – Buongiorno, lei è la signora Ambrosetti? Sono l'elettricista; mi ha chiamato lei, vero?

2 – Sì, grazie di essere venuto subito, perché qui non funziona più niente [1]!

3 Qualunque elettrodomestico si accenda [2], salta il contatore e manca la corrente.

4 E senza la luce non solo non vanno [3] la tivù, il climatizzatore e tutto il resto, ma si spengono [4] anche il frigo e il congelatore,

5 e va a male [5] tutto quello che c'è dentro: carne, formaggi, frutta, verdura e surgelati vari!

6 – Bene, signora, prima di tutto dobbiamo staccare le spine [6] di tutti gli apparecchi,

Oplossing van oefening 2

❶ Non so – facoltà sia meglio – mi iscriva ❷ Temiamo – l'ambiente universitario – ci piaccia ❸ Saranno tutte materie – appassionanti ❹ Credo che – di antropologia sia – aula magna – nove e mezza ❺ Ho finito – da un decennio

*De meest gewilde universitaire faculteiten passen het numerus clausus-systeem toe, d.w.z. dat slechts een beperkt aantal studenten toegelaten wordt. Voor die toelating moet je een test, eigenlijk een examen, afleggen, het zgn. **TOLC**, **Test OnLine Cisia**, waarbij **CISIA** de nationale instantie is die de proef opstelt en organiseert.*

Tweede fase: 16e les

Zesenzestigste les

De elektricien

1 – Goeiemorgen, bent ú *(de)* mevrouw Ambrosetti? Ik ben de elektricien; ú hebt me gebeld, niet?
2 – Ja, bedankt om meteen gekomen te zijn, want hier werkt niets meer!
3 Eender welk huishoudapparaat je *(men)* 'aanzet', de meter *(teller)* slaat door *(springt)* en de stroom valt uit *(mankeert)*.
4 En zonder elektriciteit *(het licht)* gaan niet alleen de teve, de airco en al de rest niet, maar ook de koelkast en de [diep]vriezer gaan uit *(zich afzetten)*,
5 en al wat er in zit wordt *(gaat naar)* slecht: vlees, kaas, fruit, groente en verschillende diepvriesproducten!
6 – Goed, mevrouw, eerst en vooral *(van alles)* moeten we de stekkers *(stekels)* van alle apparaten uit [het stopcontact] trekken,

7 poi li riattacchiamo e li riaccendiamo uno alla volta per vedere qual è che fa saltare il contatore.
8 Quali elettrodomestici ha?
9 – In più di quelli che le ho già detto, ho una lavatrice, una lavastoviglie, un'asciugatrice, il forno... credo che sia tutto, non c'è altro. (...)
10 – Ecco fatto, signora, era la presa [6] della lavatrice che andava cambiata [7], ora è tutto a posto.
11 – Grazie mille, che gentile! Quanto le devo?
12 – Era un lavoretto da nulla, signora, non voglio niente, ma guardi che tutto il suo impianto [6] andrebbe messo [7] a norma, prima o poi dovrà farlo.
13 – Oh, lo farò di sicuro, mi sembra che il suo collega me l'abbia già detto l'ultima volta che è venuto a riparare un guasto.
14 Visto che è così gentile, non potrebbe anche dare un'occhiata al lavello [8] della cucina, che è otturato?
15 – Eh no, signora, per quello deve chiamare un idraulico. A ognuno il proprio mestiere!

Uitspraak
léléttritsjista **3** *koealoenkoeé ... 4 ... klimatiddzatoré ... spéngono ... friGo ... kondzjélatoré* **5** *... formaddzji ... soerdzjélati ... 6 ... apparékki* **7** *... riattakiamo ... riattjséndiamo ... 9 ... lavastoviljé ... asjoeGatritsjé ... 15 ... idraoeliko ... onjoeno ...*

Opmerkingen
1 U weet nog dat een Italiaanse zin twee ontkennende woorden kan bevatten:. **Non l'ho mai detto io**, *Ik heb het nooit gezegd*. Al betekent **mai** ook *ooit*: **Sei mai stato/-a a Roma?**, *Ben je ooit in Rome geweest?*

Zesenzestigste les / 66

7 daarna steken we ze [er] opnieuw in *(opnieuw-aansluiten)* en zetten we ze één voor één *(aan-de keer)* opnieuw aan om te zien welk *(is dat)* de meter doet doorslaan.

8 Welke huishoudapparaten hebt u?

9 – Behalve *(In meer van)* die welke ik u al heb gezegd, heb ik een wasmachine, een vaatwasser, een wasdroger, de oven... ik geloof dat dit alles 'is', er is niet[s] anders. (...)

10 – Ziezo *(gedaan)*, mevrouw, het was het stopcontact van de wasmachine die moest *(ging)* vervangen [worden], nu is alles in orde.

11 – Wel bedankt, wat vriendelijk! Hoeveel ben ik u schuldig *(u moet)*?

12 – Het was een klusje van niemendal, mevrouw, ik hoef *(niet wil)* niets, maar denkt u eraan *(bekijkt u)* dat heel uw installatie volgens [de] norm[en] zou moeten omgebouwd worden *(gaan)*, vroeg*(er)* of laat *(daarna)* zal u het moeten doen.

13 – O, ik zal het beslist doen, het lijkt me dat uw collega het me al gezegd 'heeft' de laatste keer dat hij een storing is komen *(gekomen te)* verhelpen.

14 Aangezien u zo aardig bent, zou u ook niet even kunnen kijken naar de wasbak van de keuken, die verstopt is?

15 – Euh nee, mevrouw, daarvoor *(voor dat)* moet u een loodgieter bellen. *(Aan)* Ieder z'n *(het eigen)* vak!

---

2 Na **qualunque**, *welk(e)/wat ook, eender welk(e)* hoort het werkwoord in de conjunctief: **Di qualunque cosa tu abbia bisogno, chiedimela pure**, *Wat je ook nodig 'hebt', vraag het me maar*.

3 Het werkwoord **andare**, *gaan* kan m.b.t. een toestel ook *werken* betekenen: **il televisore non va più**, *de televisie gaat/werkt niet meer*.

4 De 'gewone' o.t.t. (dus die in de indicatief) van het onregelmatige **spegnere**, *doven, uit-, afzetten* is **spengo – spegni – spegne – spegniamo**

– **spegnete** – **spengono** (alleen de 1e pers. ev. en de 3e mv. zijn onregelmatig); de o.t.t.-conjunctief is **spenga** – **spenga** – **spenga** – **spegniamo** – **spegniate** – **spengano**; het voltooid deelwoord is **spento**. De wederkerende vorm betekent *uitgaan, afslaan*, a.h.w. het doven ondergaan.

5 **Andare a male** betekent *slecht worden, bederven*: **Metti in frigo la spesa, se no va a male, con questo caldo**, *Zet de boodschappen in de koelkast/frigo, anders bederven ze, bij deze warmte*.

6 De woordenschat van een elektricien begrijpen, kan nuttig zijn in geval van panne! **L'impianto (elettrico)** is de *(elektrische) installatie* in huis, **la presa** is *het stopcontact* en **la spina** is *de stekker* (lett. *de stekel, doorn,*

***

Esercizio 1 – Traducete

❶ Ci andrai tu a fare la spesa oggi pomeriggio? **❷** Signora, prima o poi le gomme della sua macchina andranno cambiate. **❸** Qualunque elettricista chiamiate, vi dirà che il vostro impianto va messo a norma. **❹** Il frigo si è spento e tutto quello che c'era dentro è andato a male. **❺** Dobbiamo staccare la spina della lavastoviglie.

***

Esercizio 2 – Completate

❶ Bij mij thuis werken noch de wasmachine noch de wasdroger nog *(niet meer)*.
A casa ... ... né .. .. né
....

❷ Het lijkt me dat de elektricien een maand geleden gekomen 'is' en dat hij [voor] me enkele stopcontacten 'heeft' vervangen.
.. .. che un .... .. sia venuto .... e
che mi .... qualche ......

❸ Ik geloof dat het een huishoudapparaat 'is' dat de meter doet doorslaan.
Credo ... ... che fa ....
....

Zesenzestigste les / 66

een woord dat o.a. ook m.b.t. planten gebruikt wordt: **non c'è rosa senza spine**, *(er zijn) geen rozen zonder doornen)*.

7 Met 'een vorm van **andare** + voltooid deelwoord', een passieve constructie, kan noodzaak of verplichting uitgedrukt worden: **Questa cosa va fatta**, *Deze zaak moet gedaan, afgehandeld worden*.

8 Il **lavello** is *de wasbak, gootsteen* in de keuken; il **lavandino** is *de wasbak, -tafel, lavabo* in de badkamer, al wordt het ook voor die in de keuken gebruikt. **Lavello** is wel correcter, maar raakt in onbruik. Mevrouw Ambrosetti is waarschijnlijk niet zo jong meer...

***

Oplossing van oefening 1

❶ Zal jij boodschappen gaan doen van(na)middag? ❷ Mevrouw, vroeg of laat zullen de banden van uw auto vervangen moeten worden. ❸ Welke elektricien jullie ook bellen, hij zal jullie zeggen dat jullie installatie volgens de normen dient omgebouwd te worden. ❹ De koelkast is uitgevallen en alles wat er in zat is bedorven. ❺ We moeten de stekker van de vaatwasser uittrekken.

***

❹ Om de gootsteen te repareren is een loodgieter nodig.
Per . . . . ci . . . .

❺ Het is beter dat je het licht 'uitdoet' en dat je nu 'slaapt', het is heel laat.
È . . . . tu . . . . e che tu . . . ., è . . . .

Oplossing van oefening 2

❶ – mia non funzionano più – la lavatrice – l'asciugatrice ❷ Mi sembra – mese fa – l'elettricista – abbia cambiato – presa ❸ – che sia un elettrodomestico – saltare il contatore ❹ – riparare il lavello – vuole un idraulico ❺ – meglio che – spenga la luce – dorma ora – molto tardi

Sessantasettesima lezione

Ricette di cucina

1 – Ciao Barbara, anche tu qui al supermercato!
2 – Eh sì, ogni giorno ci si deve inventare [1] una cena per mettere a tavola la famiglia...
3 – A chi lo dici! Il problema è che ci vogliono ricette facili e veloci da preparare!
4 Mia moglie rincasa [2] tardi e spesso tocca a me fare da mangiare.
5 – Beata lei! Mio marito non sa fare neanche un uovo sodo!
6 – Beh, quando c'è bisogno ci si deve arrangiare [1]... Chiunque abbia [3] una famiglia lo sa bene!
7 In ogni caso, io stasera faccio il pollo al curry.
8 – Buona idea: come lo cucini?
9 – Prima di tutto, in una ciotola o in una piccola insalatiera, mescolo le spezie (curry e pepe) e dello [4] yogurt.
10 Poi sul tagliere taglio dei [4] petti di pollo [5] in pezzetti piccoli che metto a marinare con le spezie nella ciotola per un paio d'ore.

Uw kennis en beheersing van de syntaxis worden alsmaar verdiept. Het gebruik van de verschillende wijzen begint te vlotten, ook al voelt de conjunctief misschien nog wat onwennig aan. In de omgang wordt hij echter veel gebruikt, dus besteed er de nodige aandacht aan! Weldra spreekt u correct en zelfs op een elegante manier Italiaans!

Tweede fase: 17e les

Zevenenzestigste les

Keukenrecepten

1 – Hey Barbara, jij ook hier in de supermarkt!
2 – Nou ja, elke dag moet je wel *(men zich)* een avondmaal bedenken om je gezin aan tafel te krijgen *(zetten)*...
3 – Tegen wie zeg je het?! Het probleem is dat er makkelijke en snel te bereiden recepten nodig zijn!
4   Mijn vrouw komt laat thuis en vaak is 't aan mij om eten klaar te maken *(maken te eten)*.
5 – Zij heeft geluk! Mijn man kan niet eens een ei koken *(niet kan maken zelfs een ei hard)*!
6 – Ach, wanneer het nodig is moet je het weten te *(men zich)* regelen... Iedereen die een gezin 'heeft' weet het wel!
7   In ieder geval, vanavond maak ík kip met curry klaar.
8 – Goed idee: hoe maak je het klaar?
9 – Eerst *(van alles)*, in een kom of in een kleine slakom, meng ik de specerijen (curry en peper) en wat yoghurt.
10 Dan, op een *(de)* snijplank, snijd ik wat kippenborsten in kleine stukjes, die ik in de kom laat *(zet te)* marineren met de specerijen gedurende een paar uur *(van uren)*.

11 Se non c'è il tempo, anche un quarto d'ora, venti minuti vanno bene.
12 Quando è il momento, in una padella antiaderente fai soffriggere nell'olio d'oliva una cipolla tagliata fine,
13 zenzero tritato o grattugiato e peperoncino, e se ti piace anche uno spicchio d'aglio,
14 poi ci butti pollo e marinata e fai cuocere per una decina o una quindicina di minuti.
15 Nel frattempo [6], su un altro fornello avrai fatto bollire l'acqua con un pizzico di sale [7] in una pentola
16 per preparare il riso basmati, che servirai come contorno del tuo piatto.
17 Se vuoi, puoi condirlo con la [8] salsa di soia [9], che a casa mia piace a tutti.
18 – Grazie per l'ottima dritta: compro subito tutti gli ingredienti!

Uitspraak
5 ... oeovo ... 6 ... arrandzjaré ... kioenkoeé ... 7 ... kèrri ... 9 ... tsjotola ... insalatièra ... spètsié ... yoGoert 10 ... taljèré taljo ... péttsétti ... 12 ... tsjipolla ... 13 dzèndzéro ... Grattoedzjato ... pépérontsjino ... spikkio daljo 14 ... koeotsjéré ... 15 ... pittsiko ... 16 ... bazmati ... 18 ... inGrédiènti ...

Opmerkingen
1 De wederkerende vorm benadrukt de moeite die men zich getroost: **inventare**, *uitvinden, verzinnen*, **inventarsi**, *(alweer moeten) bedenken, verzinnen*; **arrangiare**, *regelen*, **arrangiarsi**, *het weten te regelen, zich (weten te) redden*.

2 **Rincasare** bevat het woord **casa**, *huis* en betekent *thuiskomen, naar huis gaan*.

Zevenenzestigste les / 67

11 Als er geen tijd is, is *(gaan)* ook een kwartier, twintig minuten goed.
12 Wanneer het zover *(het moment)* is, laat *(doe)* je in een antiaanbakpan, in *(de)* olijfolie, een fijn gesneden ui fruiten
13 [samen met] gehakte of geraspte gember en chilipeper, en als je dat lekker vindt ook een teen *(van)* knoflook,
14 dan doe *(gooi)* je er [de] kip en marinade bij en laat gedurende een tiental of een vijftiental *(van)* minuten garen *(koken)*.
15 Intussen, op een andere kookplaat *(fornuis)*, heb *(zal-hebben)* je *(het)* water met een snuifje *(van)* zout aan het koken gebracht *(gemaakt koken)* in een kookpan
16 om de basmatirijst te bereiden, die je als bijgerecht *(contour van-het je gerecht)* zal serveren.
17 Als je wil, kan je het op smaak brengen met *(de)* sojasaus, die bij mij thuis iedereen lust.
18 – Bedankt voor de uitstekende tip: ik koop onmiddellijk alle ingrediënten!

---

3 Op **chiunque**, *iedereen, eenieder die, wie ook, eender wie* volgt altijd een conjunctief: **Chiunque chiami, digli che non ci sono,** *Wie ook 'belt', zeg hem dat ik er niet ben.*

4 Het gebruik van **di** + bepaald lidwoord bij een onbepaalde hoeveelheid kan soms, zoals hier, vertaald worden met *wat, een beetje.*

5 **Il pollo** is *de kip,* **la gallina** *de hen,* **il gallo** *de haan* en **il pulcino** *het kuiken.*

6 **Nel frattempo**, lett. 'in de tussentijd', *in-, ondertussen.*

7 Let op het gebruik van het voorzetsel **di** om de hoeveelheid 'van' iets weer te geven.

8 Let op het gebruik van een bepaald lidwoord bij een zelfstandig naamwoord dat in algemene zin bedoeld wordt.

9 Let op het gebruik van het voorzetsel **di** tussen 'hoofdwoord' en 'omschrijving', waar in het Nederlands vaak een samengesteld woord mogelijk is.

trecentoquarantasei

Esercizio 1 – Traducete

❶ Per favore, mescola spezie e yogurt in una ciotola e taglia i petti di pollo a pezzetti. ❷ Va' a vedere il fornello, credo che l'acqua bolla. ❸ Ero sicuro che ci avresti messo il formaggio grattugiato. ❹ Preferisco che tu non metta l'aglio e la cipolla nella tua ricetta. ❺ Chiunque abbia detto questo di me, non mi conosce.

***

Esercizio 2 – Completate

❶ Gisteravond ben ik laat thuisgekomen en heb ik een snel klaar te maken avondmaal moeten bedenken.

.... sera .... e mi ....
.... veloce .. ..

❷ Vroeger kon ik zelfs geen *(hard)* ei koken, nu heb ik geleerd me te redden.

Una volta ... . un uovo ....,
ora .. .. ad ....

❸ Laat in de olijfolie een gehakte ui fruiten, dan gooi je er de kippenborsten bij en laat je vijftien minuten garen.

... . nell' ...., poi ..
.... e ... . minuti.

❹ Intussen waren ze *(m.)* naar de vijfde verdieping geklommen om het landschap te zien.

... ., loro .... al .... per
....

❺ Carla heeft me een uitstekende tip gegeven: vandaag beginnen de koopjes in het winkelcentrum!

Carla .. .., ...: oggi ....
..... al centro ....!

Zevenenzestigste les / 67

Oplossing van oefening 1
❶ Alsjeblieft, meng specerijen en yoghurt in een kom en snijd de kippenborsten in stukjes. ❷ Ga naar de kookplaat kijken *(zien)*, ik geloof dat het water 'kookt'. ❸ Ik was er zeker van dat je er geraspte kaas zou hebben opgedaan *(gezet)*. ❹ Ik heb liever dat je de knoflook en de ui niet in je recept 'doet' *('zet')*. ❺ Eender wie dit over mij gezegd 'heeft', kent me niet.

***

Oplossing van oefening 2
❶ Ieri – sono rincasato tardi – sono dovuto inventare una cena – da preparare ❷ – non sapevo neanche cuocere – sodo – ho imparato – arrangiarmi ❸ Fa' soffriggere – olio una cipolla tritata – ci butti i petti di pollo – fai cuocere quindici – ❹ Nel frattempo – erano saliti – quinto piano – vedere il paesaggio ❺ – mi ha dato un'ottima dritta – cominciano i saldi – commerciale

Tweede fase: 18e les

Sessantottesima lezione

Un'inaugurazione

1 – Buongiorno, signora Sani, mi piacerebbe vederla all'inaugurazione della mia nuova profumeria sabato prossimo.
2 – Certo! Come potrei mancare ad un evento così emozionante?
3 Sono così contenta che riapra il negozio di profumi! Credo che sia stato chiuso per due anni o giù di lì [1].
4 Non vedevo l'ora che cambiasse [2] gestione e che riaprisse [2]!
5 – È stato un gran lavoro, ma vedrà che ne è valsa [3] la pena!
6 Siamo molto soddisfatti del risultato, soprattutto negli arredi [4].
7 – Qualche anticipazione? Sono molto curiosa!
8 – Abbiamo scelto una decorazione che evochi [5] i bouquet [6] fioriti contenuti nelle essenze profumate.
9 Per esempio, dietro il banco c'è una parete d'arredo [4] realizzata con una magnifica carta da parati
10 con motivi floreali su fondo nero creata da un famoso designer.
11 – Che bella idea!
12 – Mi fa piacere che le piaccia!
13 Voglio organizzare la decorazione del negozio in modo che tutto riprenda [7] i toni dei fiori di quel pannello.

Achtenzestigste les

Een inhuldiging

1 – Dag, mevrouw Sani, ik zou het fijn vinden [om] u [te] zien op de inhuldiging van mijn nieuwe parfumerie volgende zaterdag.
2 – Zeker! Hoe zou ik op zo'n spannend evenement kunnen wegblijven *(ontbreken)*?
3 Ik ben zo blij dat de parfumwinkel 'heropent'! Ik geloof dat hij gesloten 'is' geweest gedurende twee jaar of iets in de buurt *(onder van daar)*.
4 Ik kon niet wachten tot er een nieuwe uitbater kwam *(dat 'veranderde' management)* en dat hij 'heropende'!
5 – Het is een hele klus *(groot werk)* geweest, maar u zal zien dat het *(er)* de moeite heeft *(is)* geloond!
6 We zijn heel tevreden over *(van)* het resultaat, vooral over *(in)* de inrichting*(en)*.
7 – Enig voorproefje *(anticipatie)*? Ik ben heel nieuwsgierig!
8 – We hebben een decoratie gekozen die de bloemengeuren [die] vervat [zitten] in *(de)* geuressences 'oproept'.
9 Bijvoorbeeld, achter de [toon]bank is er een decoratieve wand uitgevoerd in *(met een)* prachtig behangpapier
10 met bloemmotieven op [een] zwarte achtergrond ontworpen door een bekende designer.
11 – Wat 'n knap idee!
12 – Het doet me plezier dat het u 'bevalt'!
13 Ik wil de decoratie van de winkel zo *(in manier)* organiseren dat alles de bloementinten uit dat paneel 'weergeeft'.

14 Naturalmente abbiamo pensato anche a un piccolo rinfresco [8] che metta [5] i clienti a loro agio,

15 e che li immerga [5] in sapori affini alle fragranze dei nostri profumi:

16 bevande alla frutta, torte e pasticcini decorati a fiorellini.

17 Tutto sarà concepito perché chi ci viene a trovare venga [9] attratto dall'atmosfera del negozio, e che ... compri [9] i nostri prodotti! ☐

Uitspraak

... inaoeGoeratsioné **4** ... dzjestioné ... **7**... antitsjipatsioné ... **8** ... dékoratzioné ké èvoki i boekè ... éssèntsé... **9** ... réaliddzata ... manjifika ... **10** ... dézajnèr **14** ... adzjo **15** ... immèrGa ... fraGrantsé ... **16** ... pastittsjini ... **17** ... kontsjépito ...

Opmerkingen

1 Giù di lì duidt iets bij benadering aan, vooral m.b.t. tijd: **Ci vorrà un'oretta o giù di lì**, *Het zal ongeveer een uurtje vergen;* **Ci saremo andati nel 2000 o giù di lì**, *We zullen/moeten er omstreeks 2000 heen gegaan zijn.*

2 Cambiasse en **riaprisse** zijn o.v.t.-conjunctiefvormen, waarbij de dubbele **s** in de uitgangen kenmerkend is. Deze tijd wordt in het Nederlands niet gebruikt, maar is vergelijkbaar met de vorm 'ware' van het werkwoord 'zijn' in bv. 'het ware te hopen'. In het Italiaans is hij van toepassing in dezelfde gevallen als bij de o.t.t.-conjunctief, maar dan m.b.t. het verleden. De o.v.t.-conjunctief van **cambiare**, *veranderen, wisselen* is **cambiassi – cambiassi – cambiasse – cambiassimo – cambiaste – cambiassero**, die van **riaprire**, *heropenen* (afgeleid van **aprire**, *openen*) is **riaprissi – riaprissi – riaprisse – riaprissimo – riapriste – riaprissero**. We behandelen deze tijd in de volgende lessenreeks 71-77.

Achtenzestigste les / 68

14 Natuurlijk hebben we ook gedacht aan een verfrissinkje dat de klanten op hun gemak 'stelt'
15 en dat hen 'onderdompelt' in smaken [die] verwant [zijn] met de geuren van onze parfums:
16 vruchtendrankjes, met bloempjes versierde taarten en petitfours.
17 Alles zal zo opgevat zijn dat wie naar ons toe komt aangetrokken wordt *('komt')* door de sfeer in de winkel, en dat [die]... onze producten 'koopt'!

3 **Valso**, voltooid deelwoord van **valere**, *waard zijn, lonen*. Dit werkwoord is ook onregelmatig in de o.t.t.-indicatief (**valgo – vali – vale – valiamo – valete – valgono**), de o.t.t.-conjunctief (**valga – valga – valga – valiamo – valiate – valgano**) en de toek.t. met als stam **varr-**. In de andere tijden is de vervoeging regelmatig, bv. in de o.v.t. (indicatief): **valevo** enz.

4 We kennen uit les 62 **l'arredatore**, zowel *binnenhuisarchitect* als *interieurontwerper*. Waar **l'arredamento** vooral slaat op de materiële *inrichting* (meubels enz.), is **l'arredo** veeleer de esthetische *inrichting*, met **la parete d'arredo** als een kleurrijke of op een bijzondere manier gedecoreerde wand of muur, die verschilt van de andere, die enig reliëf brengt in het geheel.

5 Drukt een bijzin een doel uit, dan staat het werkwoord in de conjunctief (wordt het doel bereikt?...). Hier beoogt men met de decoratie dat ze geuren *'oproept'* (**evochi**), met het verfrissinkje dat het de klanten in een bepaalde sfeer *'onderdompelt'* (**immerga**). **Voglio fare un discorso che convinca tutti**, *Ik wil een discours houden dat iedereen 'overtuigt'*.

6 Het Franse woord **bouquet** behoudt in het Italiaans zijn spelling, uitspraak en dubbele betekenis: *boeket, ruiker bloemen* (**la sposa aveva uno splendido bouquet**, *de bruid had een prachtig boeket*) en *bouquet, geur*. I.p.v. deze wat snob overkomende Franse termen is er **mazzo** (of de verkleinvormen **mazzolino** en **mazzetto**) **di fiori** resp. **aroma**. *Frans* = **il francese** en *Frankrijk* = **la Francia**.

68 / Sessantottesima lezione

7 Een bijzin van doel (in de conjunctief!) kan ingeleid worden met **in modo che** (dat dan een modaal aspect krijgt): **Ho preparato il pranzo in modo che anche i vegetariani siano contenti**, *Ik heb de lunch zo klaargemaakt dat ook de vegetariërs tevreden (kunnen) 'zijn'*.

8 **Un rinfresco** is *een verfrissing,* maar ook *een receptie, drink, borrel* met *hapje(s) en drankje(s)*.

***

Esercizio 1 – Traducete
❶ Signora Sani, sono così contenta che sia venuta all'inaugurazione del mio negozio! ❷ E io sono felicissima che abbia riaperto, dopo essere stato chiuso per due anni o giù di lì. ❸ Temevo che sarebbe rimasto chiuso per sempre. ❹ Abbiamo concepito un'atmosfera che metta i clienti a loro agio. ❺ Ci sarà un rinfresco con bevande calde e fredde e pasticcini alla frutta.

***

Esercizio 2 – Completate
❶ Laten we [het] proberen, ik geloof dat het de moeite 'loont'.
Proviamo, ... •

❷ Hij wil een parfum creëren dat iedereen 'bevalt'.
. . . . . creare . . . . che . . . . •

❸ Achter de toonbank was er een decoratieve wand met (een) behang met bloemmotieven op [een] zwarte achtergrond.
Dietro il . . . . con una . . . . a motivi . . . . su . . . . •

❹ Ik sta te popelen tot de parfumerie tegenover ons huis 'heropent'.
Non . . . . che . . . . di . . . . nostra.

❺ Ik wil dat jullie naar de inhuldiging 'komen'.
Voglio . . . . •

Achtenzestigste les / 68

9 Meer voegwoorden om een bijzin van doel (in de conjunctief!) mee te beginnen: **perché** of **affinché**, *zodat, opdat*: **Ceniamo alle sette perché chi deve andare a letto presto possa farlo**, *Laten we om 7 uur eten/ dineren zodat wie vroeg naar bed moet gaan het 'kan' doen.*

***

Oplossing van oefening 1

❶ Mevrouw Sani, ik ben zo blij dat u naar de inhuldiging van mijn winkel 'bent' gekomen! ❷ En ík ben heel gelukkig dat hij heropend 'is', na gedurende om en bij de twee jaar gesloten [te] zijn geweest. ❸ Ik vreesde dat hij voor altijd gesloten zou gebleven zijn. ❹ We hebben een sfeer gecreëerd die de klanten op hun gemak 'stelt'. ❺ Er zal een receptie zijn met warme en koude dranken en petitfours met vruchten.

Oplossing van oefening 2

❶ – credo che ne valga la pena ❷ Vuole – un profumo – piaccia a tutti ❸ – banco c'era una parete d'arredo – carta da parati – floreali – fondo nero ❹ – vedo l'ora – riapra la profumeria – fronte a casa – ❺ – che veniate all'inaugurazione

Tweede fase: 19e les

Sessantanovesima lezione

Un incidente stradale

1 – Uh, mi scusi! Che distratta!
2 – Eh sì, signora, avevo io la precedenza: venivo da destra, e non c'era lo stop.
3 – Sì, ha ragione. Non è che io non conosca [1] il codice della strada...
4 È che ero [1] un po' disorientata, non vengo mai in centro in macchina.
5 Sono tutti sensi unici e non si sa dove passare.
6 – Sì, ma se non conosce bene le strade è meglio che venga in autobus e una volta arrivata giri a piedi.
7 Oltre tutto si fa anche una gran fatica a parcheggiare.
8 A me più di una volta hanno fatto la multa per divieto di sosta, anche per una sosta di pochi minuti,
9 o perché il biglietto del parcometro sul cruscotto della macchina era scaduto [2].
10 – Va bene, la prossima volta prenderò l'autobus, nonostante non mi piaccia [3]...
11 – Mi dispiace, ma dobbiamo fare la constatazione amichevole dell'incidente, perché io sia rimborsato dall'assicurazione.
12 Vede, mi ha fatto un bel danno alla carrozzeria... proprio qui, sul paraurti e sulla portiera.
13 Mi ha rotto anche lo specchietto retrovisore.

Negenenzestigste les

Een verkeersongeval

1 – O, excuseert u me! Wat [was ik] verstrooid!
2 – Wel ja, mevrouw, ík had *(de)* voorrang: ik kwam van rechts en er was geen *(de)* stop[teken].
3 – Ja, u hebt gelijk. Het is niet dat ik de wegcode niet 'ken'...
4   Het is dat ik wat gedesoriënteerd was, ik kom nooit in het stadscentrum met de auto.
5   Het zijn allemaal eenrichtingsstraten *(richtingen unieke)* en men weet niet waarlangs [te] rijden.
6 – Ja, maar als u de weg[en] niet goed kent is het beter dat u met de bus 'komt' en zodra aangekomen te voet gaat *(draait)*.
7   Bovendien kan men ook maar met moeite parkeren.
8   *(Aan)* Mij hebben ze meer dan eens een parkeerbon *(de bekeuring voor verbod op parkeren)* **gegeven** *(gedaan)*, zelfs voor een parkeersessie van een paar *(weinig)* minuten,
9   of omdat het parkeer*(meter)*ticket op het dashbord van mijn auto verlopen was.
10 – Goed, de volgende keer zal ik de bus nemen, ook al 'houd' ik er niet van ...
11 – Het spijt me, maar we moeten het aanrijdings-formulier invullen *(doen de vaststelling vriend-schappelijke van-het ongeval)* **zodat ik terugbetaald** 'word' door de verzekering.
12   Ziet u, u hebt ernstige *(me een mooie)* **schade toegebracht** *(gedaan)* aan het koetswerk... net hier, op de bumper en op de deur.
13   U hebt *(me)* ook de achteruitkijkspiegel*(tje)* gebroken.

14 – Ma certo, ci mancherebbe altro [4], facciamo tutto come si deve.
15 Sono assicurata, ecco la mia polizza. Tutto è in regola, per sua fortuna!

Uitspraak
2 ... prétsjédèntsa 4 ... dizoriéntata ... 8 ... divièto ... 11 ... konstatatsioné amikévolé ... dallassikoeratsioné 12 ... karrottséria ... portièra 13 ... spékkiétto ... 14 ... mankérébbé ... 15 ... politssa ... règola...

Opmerkingen

1 Merk op dat door de ontkennende vorm in de hoofdzin de bijzin iets 'subjectiefs' krijgt en het werkwoord dan in de conjunctief moet staan: **Non è che io non conosca** ... (in het Nederlands kan deze nuance weergegeven worden met een voorwaardelijke wijs: *Het is niet dat ik ... niet zou kennen*); bij een stellende hoofdzin staat de bijzin in de indicatief: **È che ero un po' persa** *Het is zo dat ik wat verloren was.*

2 Het bijvoeglijk naamwoord **scaduto** is ook het voltooid deelwoord van **scadere**, *vervallen, verstrijken, verlopen*, d.w.z. voorbij **la scadenza**, *de vervaltermijn*. Zo kan ook voeding **scaduto**, *vervallen* zijn als **la data di scadenza**, *de vervaldatum verstreken* is: **il latte che è in frigo è scaduto da due giorni**, *de melk die in de koelkast staat is al twee dagen over datum*.

***

Esercizio 1 – Traducete

❶ Le hanno fatto la multa perché aveva sul cruscotto della macchina il biglietto del parcometro scaduto. ❷ Nonostante sia molto distratto quando guida, non ha mai avuto incidenti. ❸ Abbiamo avuto danni alla carrozzeria, e anche lo specchietto retrovisore è rotto. ❹ Per fortuna l'altro era in regola con la polizza ed aveva una buona assicurazione. ❺ Abbiamo fatto la constatazione amichevole dell'incidente e siamo stati rimborsati.

14 – Maar natuurlijk, dat zou er nog aan ontbreken, laten we alles doen zoals het hoort *(men moet)*.
15 Ik ben verzekerd, hier is mijn polis. Alles is in orde *(regel)*, **gelukkig maar voor u** *(voor uw geluk)*!

3 **Nonostante** zagen we in les 15 als voorzetsel *(ondanks)*, hier is het een voegwoord *(ondanks (het feit dat), (al)hoewel, (ook) al)* waarop een conjunctief moet volgen: **Il mio lavoro mi piace nonostante sia molto impegnativo**, *Ik doe mijn werk graag ondanks het feit dat het heel veeleisend 'is'*.

4 In **non ci mancherebbe altro** is **non** facultatief en zelfs **altro** kan weggelaten worden: **La ringrazio molto, è stato gentilissimo! – Si figuri, ci mancherebbe!**, *Ik dank u zeer, u bent heel vriendelijk geweest! – Geen dank, stel u voor!* (in de zin van 'Stelt u zich voor, het zou er nog maar aan ontbreken dat we de zaken niet regelen, dat ik niet vriendelijk was geweest…'). Of… *Dat zou er nog bij moeten komen!*

***

Oplossing van oefening 1

❶ Ze hebben haar een bekeuring gegeven omdat ze op het dashbord van haar auto een verlopen parkeerticket [liggen] had. ❷ Al 'is' hij erg verstrooid wanneer hij rijdt, hij heeft nooit een ongeval gehad. ❸ We hebben beschadigingen aan de carrosserie gehad en ook de achteruitkijkspiegel is stuk. ❹ Gelukkig was de ander in orde met zijn polis en had hij een goede verzekering. ❺ We hebben het aanrijdingsformulier ingevuld en we zijn terugbetaald *(geweest)*.

Esercizio 2 – Completate

① We hadden geen voorrang, er was een stop[teken] en we hebben een ongeval gehad.
Non ...., ... lo stop e .... avuto un ....

② Ze hebben ons ernstige schade aan het koetswerk toegebracht.
Ci .... un ... . alla ....

③ Ik geloof dat jouw [auto]deur niet goed dicht 'is'.
..... che .. .. bene.

④ Meneer, het lijkt me dat u de wegcode niet 'kent'.
Signore, ... che lei non ....

Settantesima lezione

Revisione – Herhaling

1 Conjunctief

In eerdere lessenreeksen zagen we de volgende 'wijzen' en tijden:
• de aantonende wijs of indicatief, zonder hem expliciet te vernoemen (voor het uitdrukken van de werkelijkheid, dus feiten, objectieve zaken enz.) in de o.t.t., v.t.t., o.v.t., v.v.t., toek.t. en v.toek.t.
• gebiedende wijs of imperatief (voor het uitdrukken van een bevel, gebod, verbod)
• voorwaardelijke wijs of conditionalis (voor iets onder voorwaarde) in de tegenwoordige en verleden tijd.
De afgelopen dagen maakten we kennis met de conjunctief, ook aanvoegende wijs of subjunctief genoemd (wij kiezen voor 'conjunctief' omdat deze term aansluit bij het Italiaanse **congiuntivo**). Deze wijs drukt gebeurtenissen en handelingen uit die niet of nog niet reëel zijn. Hij is in Romaanse talen heel gebruikelijk, maar komt in het Nederlands eigenlijk alleen voor in vaste uitdrukkingen, bv. het 'zij' zo, 'leve' de vakantie!, 'koste' wat het kost, dus in de 3e pers. ev. die dan overeenkomt met de infinitief zonder eind-n

❺ Ik heb veel moeite gehad om te parkeren.
.. .. una .... a ....

Oplossing van oefening 2
❶ – avevamo la precedenza, c'era – abbiamo – incidente ❷ – hanno fatto – bel danno – carrozzeria ❸ Credo – la tua portiera non sia chiusa – ❹ – mi sembra – conosca il codice della strada ❺ Ho fatto – gran fatica – parcheggiare

Tweede fase: 20e les

Zeventigste les

(men neme..., God hebbe zijn ziel).
Net zoals er in de indicatief verschillende tijden zijn, bv. **il treno parte** (o.t.t.) of **il treno è partito** (v.t.t.), is dat ook het geval in de conjunctief, bv. **credo che il treno parta** (o.t.t.-conjunctief) of **credo che il treno sia partito** (v.t.t.-conjunctief).

1.1 O.t.t. in de conjunctief (congiuntivo presente)

Vorming:

• regelmatige werkwoorden: werkwoordstam + uitgang

ziehier het model voor de drie regelmatige werkwoordsgroepen (met de 2 **-ire**-subgroepen) en de vervoeging van **essere** en **avere**:

parlare	prendere	finire	aprire	essere	avere
parli	prenda	finisca	apra	sia	abbia
parli	prenda	finisca	apra	sia	abbia
parli	prenda	finisca	apra	sia	abbia
parliamo	prendiamo	finiamo	apriamo	siamo	abbiamo
parliate	prendiate	finiate	apriate	siate	abbiate
parlino	prendano	finiscano	aprano	siano	abbiano

(de klemtoon ligt op de onderstreepte klinker)

70 / Settantesima lezione

• onregelmatige werkwoorden:
– 1e, 2e, 3e pers. ev. (zelfde vorm) en 3e mv.: stam van de 1e pers. ev. in de o.t.t.-indicatief + zelfde uitgang als bij regelmatige vormen
– 1e en 2e pers. mv.: stam van de infinitief + uitgang **-iamo, -iate** (zelfde uitgang als bij regelmatige vormen en als in de 'gewone', indicatief-o.t.t.), bv.:
venire (1e pers. ev. o.t.t.-indicatief **vengo**): **venga - venga - venga - veniamo - veniate - vengano**
andare (1e pers. ev. o.t.t.-indicatief **vado**): **vada - vada - vada - andiamo - andiate - vadano**.

Gebruik:
• de conjunctief wordt gebruikt voor het uitdrukken van iets subjectiefs zoals een wens, hoop, twijfel, gevoel, mening, voornemen, mogelijkheid, waarschijnlijkheid enz., dus iets irreëels (in tegenstelling tot de indicatief die iets objectiefs, de realiteit uitdrukt)
• dus met werkwoorden zoals **credere**, *geloven*, **pensare**, *denken*, **dubitare**, *(be)twijfelen*, **immaginare**, *zich inbeelden, voorstellen*, **temere**, *vrezen*, **sperare**, *hopen*, **rallegrarsi**, *zich verheugen*, **essere contento**, *blij zijn* enz.
Credo che il prossimo treno parta tra mezz'ora, *Ik geloof dat de volgende trein over een halfuur 'vertrekt'.*
Mi fa piacere che Carlo venga, *Het doet me plezier dat Carlo 'komt'.*
Mi dispiace che sia stressata / che oggi faccia brutto tempo, *Ik vind het jammer dat u gestresseerd 'bent' / dat het vandaag slecht weer is ('doet').*
Penso che tu faccia bene, *Ik denk dat je [het] goed 'doet'.*
Spero che stiate bene, *Ik hoop dat jullie het goed maken ('zijn').*
Mi sembra che ci sia il treno, *Het lijkt me dat de trein er 'is'.*

• na onpersoonlijke wendingen zoals **è meglio/peggio/possibile**, *het is beter/slechter, erger/mogelijk* enz., **si dice**, *men zegt*, **sembra**, *naar het schijnt*, **bisogna**, **basta** enz.:
È meglio che tu venga presto, *Het is beter dat je vroeg 'komt'.*
Si dice che sia molto ricco, *Men zegt dat hij heel rijk 'is'.*

• na voegwoorden van doel (**in modo che, perché, affinché**) en van tegenstelling (**nonostante, benché**) en na het betrekkelijk voornaamwoord **che** als de bijzin een bedoeling uitdrukt:
Glielo ripeto perché capisca meglio, *Ik herhaal het hem opdat hij het beter zou begrijpen ('begrijpt').*

Prendo l'autobus nonostante non mi piaccia, *Ik neem de bus hoewel ik het niet leuk 'vind'.*
Devi fare un dolce che piaccia a tutti, *Je moet een dessert maken dat iedereen 'bevalt'.*

• na **ovunque**, *waar (dan) ook*, **chiunque**, *iedereen, eenieder die, wie ook, eender wie* en **qualunque**, *welk(e)/wat ook, eender welk(e)*:
Ovunque sia, lo troveremo, *Waar hij/het ook 'is', we zullen hem/het vinden.*

• in indirecte vraagzinnen (zonder vraagteken, met bijzin ingeleid door vragend voornaamwoord):
Mi domando dove sia, *Ik vraag me af waar ik 'ben', je 'bent', hij/ze/het 'is', u 'bent'.*

• uit de voorbeelden blijkt:
- de conjunctief wordt gebruikt <u>in de bijzin als het onderwerp verschilt van dat in de hoofdzin</u> en
- de bijzin wordt vaak ingeleid met het voegwoord **che**
(in het Nederlands gebruiken we *dat* + 'gewone' o.t.t., dus die in de indicatief)

• omdat in de o.t.t.-conjunctief de drie personen enkelvoud dezefde uitgang hebben, wordt ter verduidelijking vaak een persoonlijk voornaamwoord gebruikt.

1.2 V.t.t. in de conjunctief (congiuntivo imperfetto)

Vorming: o.t.t.-conjunctief van het hulpwerkwoord **essere** of **avere** + voltooid deelwoord van het hoofdwerkwoord:
che abbia fatto, *dat ik gedaan/gemaakt 'heb'* enz.
che sia venuto, *dat ik gekomen 'ben'* enz. (let bij vervoeging met **essere** op de uitgang van het voltooid deelwoord!)

Gebruik:

• de v.t.t. drukt een eenmalig en afgelopen gebeuren in het verleden uit; bij iets subjectiefs, irreëels in het heden m.b.t. iets wat gebeurde in het verleden moet de conjunctief gebruikt worden

• zinsconstructie: o.t.t.-indicatief in de hoofdzin (die het denken, vrezen, veronderstellen enz. uitdrukt), v.t.t.-conjunctief in de bijzin (die het subjectieve gegeven in het verleden uitdrukt), waarbij het onderwerp in elk zinsdeel verschillend is:

Non credo che sia stato un buon acquisto, *Ik geloof niet dat het een goede aankoop 'is' geweest.*
Penso che tu abbia fatto un errore, *Ik denk dat je een fout 'hebt' gemaakt.*
Mi fa piacere che Carlo sia venuto, *Het doet me plezier dat Carlo gekomen 'is'.*

We beseffen dat het gebruik van deze wijs niet vanzelfsprekend is. Begin gewoon al met het herkennen van de vormen.

2 Onregelmatige werkwoorden (*verbi irregolari*)

Ziehier twee werkwoorden die in de meeste tijden regelmatige vervoegingen kennen, behalve een paar vormen in de o.t.t. en de volgende gevallen:

spegnere, *doven, uitdoen, afzetten,...*	
(io) spengo	*ik doof*
(tu) spegni	*je dooft*
(lui, lei) spegne	*hij, ze/u (ev.) dooft*
(noi) spegniamo	*we doven*
(voi) spegnete	*jullie doven*
(loro) spengono	*ze doven*

voltooid deelwoord: **spento**; o.t.t.-conj.: **spenga** enz.

valere, *waard zijn, lonen,...*	
(io) valgo	*ik ben waard*
(tu) vali	*je bent waard*
(lui, lei) vale	*hij, ze/u (ev.) is waard*
(noi) valiamo	*we zijn waard*
(voi) valete	*jullie zijn waard*
(loro) valgono	*ze zijn waard*

voltooid deelwoord: **valso**; toek.t.: **varrò** enz.; voorwaardelijke wijs: **varrei** enz.; o.t.t.-conjunctief: **valga** enz.

Onthoud de uitdrukking **ne vale la pena**, *het is de moeite niet waard, loont de moeite niet*; **ne è valsa la pena**, *het is de moeite niet waard geweest, loonde de moeite niet*.

3 Onbepaalde voornaamwoorden

We zagen al een aantal **pronomi indefiniti**. Dit zijn de meest gebruikte:

poco	*weinig*
molto	*veel*
tanto	*(zo)veel*
troppo	*te (veel)*
tutto	*al(le)*
nessuno	*niemand; geen enkel(e)*
alcuno	*enkele, enig(e), een aantal/paar*
altro	*ander(e)*

Deze vormen kunnen zowel zelfstandig als bijvoeglijk gebruikt worden en gedragen zich zoals een zelfstandig of bijvoeglijk naamwoord op **-o** (v. ev. **-a**, m. mv. **-i**, v. mv. **-e**):
In dicembre ci sono poche giornate di sole, in giugno ce ne sono tante, *In december zijn er weinig zonnige dagen, in juni zijn er veel (van)*.

Poco, molto, tanto, troppo kunnen ook als bijwoord fungeren.

De vormen in onderstaande tabel kunnen alleen bijvoeglijk gebruikt worden, staan in het enkelvoud en zijn onveranderlijk:

qualche	*enkele, enig(e), een aantal/paar*
ogni	*elk(e), ieder(e), alle*
qualunque	*welk(e)/wat ook, eender welk(e)*

Qualche en **alcuni** zijn synomienen, maar het eerste is onveranderlijk en enkelvoud (al slaat het op een meervoud), het tweede richt zich naar zijn onderwerp: **qualche giorno** en **alcuni giorni** betekenen allebei *enkele dagen*.

We zagen dat **qualche** ook iets onbepaalds, niet noodzakelijk kwantitatief, kan uitdrukken:
Mangerò qualche cosa in fretta alla stazione, *Ik zal vlugvlug een of ander iets eten in het station*.

De volgende vormen worden alleen zelfstandig gebruikt:

richten zich naar hun onderwerp:	
qualcuno	iemand, een
ognuno	ieder(een)
zijn onveranderlijk:	
qualcosa	iets
niente	niets
chiunque	ieder(een), eenieder, wie ook, eender wie

Onthoud ook het bijwoord **ovunque**, *overal, waar ook, eender waar*:
Dove l'hai comprato? – Lo trovi ovunque.
Waar heb je hem/het gekocht? – Je vindt hem/het overal.

6 Idiomatische uitdrukkingen rond werkwoorden

• **farsi gli affari propri**, waarin het werkwoord **fare** wederkerend wordt gebruikt, komt overeen met *zich met z'n eigen zaken bemoeien*:
Digli che si faccia gli affari suoi.
Zeg hem dat hij zich met z'n eigen zaken bemoeit.

• **non vedere l'ora di** + infinitief, **non vedere l'ora che** + conjunctief, *niet kunnen wachten, staan te popelen om, snakken naar,...*:
Non vedo l'ora di andare al mare, *Ik sta te popelen om naar zee te gaan.*
Non vedo l'ora che sia Natale, *Ik kan niet wachten tot het Kerst 'is'.*

• **andare a male** betekent *slecht worden, bederven*, meestal m.b.t. voeding:
Si è spento il frigo e tutto è andato a male.
De koelkast is uitgevallen en alles is bedorven.

• het onveranderlijke **(non) ci mancherebbe (altro)!** minimaliseert een inspanning, vriendelijkheid enz. tegenover een gesprekspartner die het enorm apprecieerde en is vergelijkbaar met *het zou er nog maar aan ontbreken, stel je voor, graag gedaan, zonder dank* enz.:
Grazie mille, è stato gentilissimo! – Ma si figuri, ci mancherebbe!
Dank u zeer, u bent bijzonder vriendelijk geweest! – Maar geen dank, echt waar, stelt u zich voor!

Dialogo di revisione

1 – Mi raccomando, sia puntuale!
2 – Bisogna che io venga molto presto?
3 – Basta che lei sia qui alle otto e trenta.
4 – A quell'ora ci sarà molto traffico e farò una gran fatica a parcheggiare.
5 – Bisognerebbe partire molto presto da casa.
6 Chiunque prenda la macchina a quell'ora, sa che è meglio partire in anticipo.
7 – Mi domando se non sia meglio prendere l'autobus, vista l'ora.
8 Non so se ci sia una fermata vicino a casa mia, devo informarmi.
9 – Ovunque lei abiti, ci sarà una fermata vicina, ce ne sono dappertutto.
10 Ma se è un problema, la verrò a prendere io con la mia macchina.
11 – Grazie! Che gentile! Non vorrei disturbarla…
12 – Ma si figuri! Ci mancherebbe!

Vertaling

1 Alstublieft, wees op tijd! **2** Is het nodig dat ik heel vroeg 'kom'? **3** Het is voldoende dat u hier 'bent' om 8.30 uur. **4** Op dat uur zal er veel verkeer zijn en zal ik veel moeite hebben om te parkeren. **5** Men zou heel vroeg van huis moeten vertrekken. **6** Eenieder die op dat uur de auto neemt, weet dat het beter is vroeg te vertrekken. **7** Ik vraag me af of het niet beter 'is' de bus te nemen, gezien het uur. **8** Ik weet niet of er een halte 'is' dichtbij mijn huis, ik moet me informeren. **9** Waar u ook 'woont', er zal dichtbij een halte zijn, er zijn er overal. **10** Maar als er een probleem is, zal ík u met mijn auto komen halen. **11** Dank u! Wat vriendelijk! Ik zou u niet willen storen… **12** Maar, geen probleem, graag gedaan!

Tweede fase: 21e les

Settantunesima lezione

Una giornata alle terme

1 – Domenica scorsa io e Franco abbiamo passato una bellissima giornata alle terme.
2 – Davvero? Io non ci sono mai andata. Ho sempre pensato che fosse [1] un posto da [2] vecchi,
3 o che ci andassero [3] solo le persone con problemi di salute, reumatismi o cose del genere...
4 – A dire la verità la pensavo [4] così anch'io, ma ho proprio dovuto ricredermi [5].
5 Non avrei mai immaginato che fosse [6] così piacevole.
6 Bisogna dire che le terme non sono più istituti di cura, come una volta.
7 Adesso assomigliano più a centri benessere, a beauty farm [7], che a stabilimenti terapeutici o a cliniche.
8 Oltre ai soliti bagni nelle piscine di acque termali calde e tiepide, nell'acqua salata e nella vasca dell'idromassaggio,
9 abbiamo fatto anche la sauna e una meravigliosa seduta di massaggi,
10 alla fine della quale [8] ci hanno offerto diversi tipi di tisane depurative, energizzanti o rilassanti.
11 C'erano anche i fanghi, ma per quelli non c'è stato il tempo.
12 Avevamo solo una giornata, e quando si sta bene... il tempo vola!

Eenenzeventigste les

Een dag in de thermen

1 – Vorige zondag hebben Franco en ik een heerlijke dag in de thermen doorgebracht.
2 – Werkelijk? Ik ben er nooit geweest *(gegaan)*. Ik heb altijd gedacht dat het een plek voor ouderen 'was'
3 of dat er alleen *(de)* mensen met gezondheidsproblemen, reuma*(tismen)* of dingen van d[i]e aard naartoe 'gingen'...
4 – Eerlijk gezegd dacht ik dat *(ze)* ook, maar ik heb mijn mening echt *(ge)*moeten herzien.
5 Ik zou nooit gedacht *(ingebeeld)* hebben dat het zo aangenaam 'was'.
6 Het moet gezegd dat *(de)* thermen geen kuuroorden *(instituten van zorg)* meer zijn, zoals vroeger.
7 Tegenwoordig lijken ze meer op wellnesscentra, op beauty farms, dan op therapeutische instellingen of op klinieken.
8 Naast de gewone baden in de zwembaden met warm en lauw thermaal water, in zout water en in de jacuzzi *(kuip van-de hydromassage)*
9 hebben we ook de sauna gedaan en een geweldige massagesessie,
10 op het einde waarvan *(van-de welke)* men ons verschillende soorten *(van)* zuiverende, opwekkende of relaxerende kruidenthee*(s)* heeft aangeboden.
11 Er waren ook modderbaden *(de modders)*, maar daarvoor hebben we geen tijd gehad *(voor die niet er is geweest de tijd)*.
12 We hadden maar één dag, en wanneer je het naar je zin hebt *(men is goed)*... vliegt de tijd!

71 / Settantunesima lezione

13 Mi piacer**e**bbe che la pr**o**ssima v**o**lta ven**i**ste [6] **a**nche tu e M**a**ssimo.
14 – Credo che non sarà facile convincerlo.
15 Lui è più stile vi**a**ggi-avvent**u**ra che beauty farm…!

Uitspraak
3 … réoematizmi … dzjènéré 7 … assomiljano … bjoeti farm … térapèoetitsji … kliniké … 8 … tièpidé … idromassaddzjo 9 … saoena 10 … énérdzjiddsanti … 11 … fanGi …

Opmerkingen

1 **Fosse**, 3e pers. ev. o.v.t.-conjunctief van **essere**; volledige vervoeging: fossi – fossi – fosse – fossimo – foste – fossero. Het gebruik van de o.v.t.-conjunctief is vergelijkbaar met dat in de o.t.t.-conjunctief, maar dan met het werkwoord van de hoofdzin in de verleden tijd: **Penso che tu sia in anticipo**, *Ik denk dat je te vroeg 'bent'.* → **Ho pensato che tu fossi in anticipo**, *Ik (heb ge)dacht dat je te vroeg 'was'*.

2 Merk het gebruik op van het voorzetsel **da** om de bedoeling of bestemming van iets uit te drukken: **una macchina da corsa**, *een racewagen*; **scarpe da tennis**, *tennisschoenen*. Net als bij een constructie met **di** kan er vaak vertaald worden met een samengesteld woord.

3 **Andassero**, 3e pers. mv. o.v.t.-conjunctief van **andare**. Net als bij de o.v.t.-indicatief zit er een regelmaat in de vervoeging in de conjunctief, zelfs bij onregelmatige werkwoorden: stam van de infinitief + infix **ass** bij werkwoorden op -are, **-ess-** bij die op -ere en **-iss-** bij die op -ire + persoonsuitgang **-i, -i, -e, -imo, -te** (met slechts één infix-s!), **-ero**. O.v.t.-conjunctief van **andare**, *gaan*: andassi, andassi, andasse, andassimo, andaste, andassero; van **venire**, *komen*: venissi, venissi, venisse, venissimo, veniste, venissero.

4 Om een persoonlijke mening tegenover die van een ander te stellen, kan het voornaamwoordelijk werkwoord **pensarla** (met het persoonlijk voornaamwoord-lijdend voorwerp **la**) gebruikt worden, enigszins vergelijkbaar met *denken over*: **Io ti ho detto la mia opinione, e tu come**

Eenenzeventigste les / 71

13 Ik zou het leuk vinden als jij en Massimo de volgende keer ook komen *('kwamen')*.
14 – Ik denk *(geloof)* dat hem overtuigen niet gemakkelijk zal zijn.
15 Híj is meer reizen-avontuur- dan beauty-farmstijl...!

la pensi in proposito? – Io la penso come te, *Ík heb je mijn mening gezegd, en hoe denk jíj over het onderwerp? – Ík denk erover zoals jij.*

5 **Credere** is *geloven* (m.b.t. tot een mening kan het **pensare**, *denken* betekenen, zoals in het Nederlands). Het wederkerende **ricredersi** betekent *van mening veranderen, zijn mening herzien*.

6 Staat de hoofdzin in de voorwaardelijke wijs (tegenwoordige of verleden tijd), dan hoort de bijzin in de o.v.t.-conjunctief (of v.v.t.-conjunctief, zoals we later zullen zien): **Vorrei che mi chiamasse**, *Ik zou willen dat hij me 'terugbelde'.*

7 U weet nog dat leenwoorden onveranderlijk zijn.

8 In betrekkelijke zin kan i.p.v. **che** en **cui** ook **il/la quale, i/le quali**, *dewelke, hetwelk* gebruikt worden. Staat er een voorzetsel voor, dan smelt dit samen met het bepaald lidwoord tot een samengetrokken lidwoord: **l'amico del quale ti ho parlato**, *de vriend over wie* (over-de welke) *ik je heb gesproken* (al is **l'amico di cui ti ho parlato** gebruikelijker).

***

*Italianen gaan alsmaar meer relaxen in thermen die, zoals u kon lezen in onze dialoog, alsmaar minder bedoeld zijn voor het verlichten van reumatische of andere klachten, dan wel voor het bevorderen van het lichamelijk welbevinden van de klanten. Vooral in Midden- en Noord-Italië lijkt men een verblijf in thermen of spa's te appreciëren. In die streek zijn er ook heel wat thermale sites, bijvoorbeeld in de Veneto (**Abano**, het oudste van Europa, en **Montegrotto**) en in Alto Adige, in de provincie Bolzano, bij de grens met Oostenrijk (**Senales**, **Colle Isarco**, **Avelengo**). Nou, een duik in het miraculeuze water of... in uw ASSIMILcursus?!*

trecentosettanta • 370

Esercizio 1 – Traducete

❶ Non sapevamo che Sandra fosse tua sorella. ❷ Ci piacerebbe che andaste a vedere quel film, così ne potremo parlare insieme. ❸ Vedrai che se ci vai ti ricrederai anche tu. ❹ Credevo che l'avessi convinto, invece non la pensa mica come te. ❺ Avrei voluto che ci fossi anche tu.

***

Esercizio 2 – Completate

❶ In de thermen hebben we gebaad *(gedaan het baden)* in de zwembaden met warm water.
.... abbiamo fatto il bagno ....•

❷ Ik zou graag in de jacuzzi gegaan zijn, maar ik heb de tijd niet gehad.
Mi sarebbe .... vasca ...., ma non .. ..•

❸ Ik dacht dat het een zuiverende kruidenthee 'was', terwijl hij relaxerend was.
.... che ..... una ...., invece ... .•

❹ Ik zou liever hebben dat je morgen 'kwam'.
.... domani.

❺ Wat ik het liefste heb in de thermen zijn de sauna en de massages.
Ciò ... . ciò sono .. .. e . ...•

Eenenzeventigste les / 71

Oplossing van oefening 1

❶ We wisten niet dat Sandra jouw zus 'was'. ❷ We zouden het leuk vinden als jullie die film 'gingen' bekijken, zo *(zullen)* kunnen we er samen over praten. ❸ Je zal zien dat als je erheen gaat ook jij van mening zal veranderen. ❹ Ik dacht dat je hem overtuigd 'had', terwijl hij er helemaal niet zoals jij over denkt. ❺ Ik zou gewild hebben dat ook jij er 'was'.

***

Oplossing van oefening 2

❶ Alle terme – nelle piscine di acqua calda ❷ – piaciuto andare nella – dell'idromassaggio – ho avuto il tempo ❸ Credevo – fosse – tisana depurativa – era rilassante ❹ Preferirei che venissi – ❺ – che preferisco alle terme – la sauna – i massaggi

Tweede fase: 22e les

trecentosettantadue • 372

Settantaduesima lezione

Un sondaggio telefonico

1 – Pronto? Buongiorno, avrebbe due minutini da dedicare a un sondaggio?
2 Deve solo rispondere ad [1] alcune domande.
3 – Se si tratta di un paio di minuti va bene.
4 Basta che [2] non sia con fini [3] commerciali, e che alla fine [3] non mi chiediate di comprare qualcosa.
5 No no, è veramente per le statistiche, lavoriamo per un telegiornale.
6 – Allora va bene, anche se non è che [4] mi stiano tanto simpatici neanche i telegiornali…
7 – Non si preoccupi, faremo alla svelta. Quanti [5] anni ha, signore, e qual [5] è la sua professione?
8 – Ho quarantanove anni e sono insegnante di scuola media, insegno matematica.
9 – Da [6] quante [5] persone è composto il suo nucleo familiare?
10 – Sono sposato e ho due figli, un maschio di quindici anni e una femmina di diciassette, dunque siamo in quattro [7].
11 – Abitate in una casa di proprietà o siete in affitto?
12 – Siamo proprietari del nostro appartamento.
13 – Per i suoi acquisti di generi alimentari va da piccoli esercenti, al supermercato o ordina la spesa su internet?

Tweeënzeventigste les

Een telefonische enquête

1 – Hallo? Goeiemiddag, zou u twee minuutjes hebben voor *(te besteden aan)* een enquête?
2   U hoeft slechts op enkele vragen [te] antwoorden.
3 – Als het [maar] een paar *(van)* minuten duurt *(betreft)*, ok.
4   Op voorwaarde *(Volstaat)* dat het niet voor *(met)* commerciële doeleinden 'is' en dat jullie me op het einde niet 'vragen' om iets te kopen.
5   Nee, nee, het is echt voor de statistieken, we werken voor een tv-journaal.
6 – Goed dan, hoewel *(zelfs als niet is dat)* ik tv-journaals nu ook niet zo sympathiek vind *(me 'zijn' zoveel sympathieke niet-ook de tv-journaals)*...
7 – Wees gerust *(Niet zich verontrust)*, we zullen vaart zetten. Hoe oud bent *(Hoeveel jaren hebt)* u, meneer, en wat *(welk)* is uw beroep?
8 – Ik ben 49 *(heb veertig-negen jaren)* en ben leraar in het *(van)* middelbaar onderwijs, ik geef *(onderwijs)* wiskunde.
9 – Uit hoeveel personen bestaat *(is samengesteld)* uw gezin*(skern)*?
10 – Ik ben getrouwd en heb twee kinderen, een jongen van 15 jaar *(jaren)* en een meisje van 17, dus we zijn met *(in)* vier.
11 – Wonen jullie in een eigen huis *(huis van eigendom)* of huren jullie *(zijn in huur)*?
12 – We zijn eigenaar*(s)* van ons appartement.
13 – Voor uw aankopen van levensmiddelen *(waren voedings-)*, gaat u bij kleine winkeliers *(uitbaters)*, naar de supermarkt of bestelt u uw *(de)* boodschappen op internet?

trecentosettantaquattro

72 / Settantaduesima lezione

14 – Andiamo al supermercato, si fa prima...
15 – Chi va a fare la spesa nella sua famiglia?
16 – Dipende dagli orari; il primo che finisce di lavorare corre al supermercato!
17 – Con che [8] frequenza si reca nei centri commerciali della sua città?
18 – È semplice, non ci vado mai!
19 – Fa acquisti sui siti internet e se sì che cosa [8] ci compra?
20 – Altro che due minutini! Non pensavo che ci volesse [9] così tanto tempo per fare un sondaggio!

Uitspraak

... sondàddzjo ... **7** ... zvèlta ... **9** ... noekléo ... **11** ... propriéta ...
13 ... akoeisti ... ézértsjènti ... **17** ... frékoeèntsa ...

Opmerkingen

1 **Dovere** is *moeten, hoeven (te)*; **rispondere (a)** is *antwoorden (op), beantwoorden*.

2 Bij **basta che**, dat lett. *het volstaat dat* betekent, maar ook *op voorwaarde dat, mits, als ... maar* weergeeft, staat de voorwaardelijke bijzin in de conjunctief: **Vengo volentieri alla mostra con voi, basta che non ci restiate troppo**, *Ik kom graag naar de expo met jullie mits jullie er niet te lang 'blijven'*.

3 Het mannelijke **il fine** is *de bedoeling, het doel(einde)*, het vrouwelijke **la fine**, *het einde*; het meervoud is **i fini** resp. **le fini**. U kent ongetwijfeld de beroemde uitspraak van Machiavelli, de Florentijnse denker uit de renaissance: **Il fine giustifica i mezzi**, *Het doel heiligt de middelen*. Een leuke uitzondering: **il lieto fine**, *het 'happy end, blije einde'*.

4 Nog een toepassing in de conjunctief, nl. na een ontkennende zin: **Non è che non mi piaccia quello che hai cucinato, ma proprio non ho fame**, *Het is niet dat wat je hebt klaargemaakt me niet 'aanstaat', maar ik heb echt geen honger*.

Tweeënzeventigste les / 72

14 – We gaan naar de supermarkt, dat gaat sneller *(zich doet eerder)*...
15 – Wie doet *(gaat te doen)* de boodschappen in uw gezin?
16 – Dat hangt af van de [werk- en openings]tijden; de eerste die klaar is met werken, rent naar de supermarkt!
17 – Hoe dikwijls gaat u *(Met welke frequentie zich begeeft)* naar de winkelcentra van uw stad?
18 – Dat is simpel, ik ga er nooit naartoe!
19 – Doet u aankopen op internetsites en, zo *(indien)* ja, wat koopt u er?
20 – Hoezo *(Anders dan)* twee minuutjes?! Ik dacht niet dat er zo veel tijd 'nodig was' om een enquête te doen!

---

5 Quanto/-a/-i/-e, *hoeveel* en quale (v./m. ev) / quali (v./m. mv.), *welk(e)* zijn vragende voornaamwoorden die op zich en bijvoeglijk gebruikt kunnen worden: **Quanto ne vuoi?**, *Hoeveel wil je ervan?*; **Quanti mesi fa?**, *Hoeveel maanden geleden?* We zagen al dat **quale** zijn eind-**e** verliest voor **è**: **Qual è la capitale d'Italia?**, *Wat (Welke) is de hoofdstad van Italië?*

6 Alweer een andere vertaling van het voorzetsel **da**, hier met het werkwoord **comporre**, *samenstellen*: **La mia classe è composta da venticinque ragazzi di quattro diverse nazionalità**, *Mijn klas is samengesteld, bestaat uit 25 jongens en meisjes van vier verschillende nationaliteiten*.

7 Het voorzetsel **in** kan een aantal personen in een groep inleiden: **In quanti sarete? – Veniamo in due**, *Met hoevelen zullen jullie zijn? – We komen met twee, z'n tweeën*; **Eravamo in dieci e siamo rimasti in tre**, *We waren met 10 en zijn met 3 overgebleven*.

8 Het onveranderlijke vragend voornaamwoord **che** kan zowel bijvoeglijk gebruikt worden (**che ora è?**, lett. 'welk uur is [het]?, *hoe laat is het?*) als zelfstandig (**che vuoi?**, *wat wil je?*). We zagen **che** uiteraard ook al in andere betekenissen.

trecentosettantasei

9 **Volesse**, 3e pers. ev. o.v.t.-conjunctief van **volere**, *willen*, hier in de betekenis van *vergen, nodig zijn*: **Ci vuole un'ora**, *Je doet er een uur over*; **Credevo che ci volesse un'ora, invece ce ne sono volute due**, *Ik dacht dat het een uur 'vergde', er zijn er daarentegen twee nodig geweest*. Volledige o.v.t.-conjunctief: vol**ess**i, vol**ess**i, vol**ess**e, vol**ess**imo, vol**est**e (met 1 **s**!), vol**ess**ero.

***

Esercizio 1 – Traducete
❶ Non è che io voglia criticarti, ma mi sembra che tu ti stia sbagliando. ❷ Credevo che ci andassero in sei. ❸ Che cosa vorresti mangiare per cena? ❹ Pensavo che volessero parlarmi. ❺ Vi aspetto, basta che veniate alla svelta.

***

Esercizio 2 – Completate
❶ Zou u een paar minuten kunnen besteden aan een enquête?
Potrebbe .... un .... di ...... a un .... ?

❷ Het is voor een statistiek zonder commerciële doeleinden, ik werk voor een tv-journaal.
. per una .... commerciali, ...
... un ....

❸ Uit hoeveel personen bestaat uw gezin?
.. .. la sua famiglia?

❹ Ik heb twee kinderen, een jongen van dertien jaar en een meisje van zestien.
Ho ... ., un .... e una
....

❺ In de supermarkt, koopt u alleen levensmiddelen of doet u ook andere inkopen?
Al .... solo .... o fa
anche .... ?

Tweeënzeventigste les / 72

Oplossing van oefening 1

❶ Het is niet dat ik je 'wil' bekritiseren, maar het lijkt me dat je je aan het vergissen 'bent'. ❷ Ik dacht dat ze er met zes naartoe 'gingen'. ❸ Wat zouden jullie willen als avondeten? ❹ Ik dacht dat ze me 'wilden' spreken. ❺ Ik wacht op jullie, op voorwaarde dat jullie gauw 'komen'.

***

Oplossing van oefening 2

❶ – dedicare – paio – minuti – sondaggio ❷ È – statistica senza fini – lavoro per – telegiornale ❸ Da quante persone è composta – ❹ – due figli – maschio di tredici anni – femmina di sedici ❺ – supermercato compra – generi alimentari – altri acquisti

U hebt bijna driekwart van deze cursus afgewerkt! Met het toenemend aantal onderwerpen breidde ook uw woordenschat voortdurend uit. Blijf regelmatig en rigoureus studeren! Het loont de moeite, zoals u zelf ondervindt...

Tweede fase: 23e les

Settantatreesima lezione

La festa di compleanno

1 – Dobbiamo organizzare la festa di compleanno di Giacomo.
2 – Quando hai deciso di farla?
3 – Lui compie gli anni [1] giovedì, ma lo festeggeremo sabato, così tutti saranno liberi
4 e i genitori dei suoi amichetti [2] potranno accompagnarli e venirli a prendere.
5 – In quanti saranno?
6 – Lui vuole invitare tutta la sua classe, ma non credo che verranno [3] tutti.
7 – E poi sua sorella vorrebbe che invitassimo anche qualche sua amica, così non si annoia e si diverte anche lei.
8 La facciamo nel parco giochi davanti alla scuola, in modo che possano giocare.
9 – È un po' rischioso alla fine di novembre, ma è vero che il meteo dà bel tempo, nonostante le temperature un po' basse.
10 – Appenderemo dei [4] festoni e dei palloncini colorati ai rami degli alberi del parco
11 e porteremo dei trucchi [5] e dei travestimenti per tutti i bambini.
12 – Faranno la merenda sui tavoli da picnic che sono nel parco: preparerò una torta al cioccolato e una crostata alla frutta,
13 e riempiremo dei cestini di caramelle, cioccolatini, marshmallow e lecca-lecca [6], croccanti e mandorlati, torroncini, biscotti [7], wafer…

Drieënzeventigste les

Het verjaardagsfeest

1 – We moeten het verjaardagsfeest van Giacomo organiseren.
2 – Wanneer wil je het houden *(hebt beslist te doen-het)*?
3 – Hij is jarig *(vervult de jaren)* donderdag, maar we zullen hem zaterdag vieren, dan is *(zo zal-zijn)* iedereen vrij
4 en *(zullen-)*kunnen de ouders van zijn vriendjes hen brengen *(vergezellen)* en komen halen.
5 – Met hoevelen zullen ze zijn?
6 – Hij wil heel zijn klas uitnodigen, maar ik geloof niet dat ze allemaal zullen komen.
7 – En dan zou zijn zus willen dat we ook enkele vriendin[nen van] haar uitnodigen *('uitnodigden')*, zo verveelt ze zich niet en amuseert ook zij zich.
8 We doen het op het speelplein *(-park)* voor de school, zodat ze 'kunnen' spelen.
9 – Het is een beetje riskant *(op-het)* eind *(van)* november, maar het is waar dat het weerbericht mooi weer geeft, ondanks de wat lage temperaturen.
10 – We zullen een paar kleurrijke slingers en ballonnen ophangen aan de takken van de bomen in het park
11 en we zullen wat grimeermateriaal en verkleedspullen voor alle kinderen meebrengen.
12 – Ze zullen hun 'vieruurtje' eten aan de picknicktafels die in het park staan: ik zal een chocoladetaart en een vruchten[jam]taart klaarmaken,
13 en we zullen enkele mandjes vullen met snoepjes, chocolaatjes, marshmallows en lolly's, [hazelnoot]-krokantjes en amandelrotsjes, noga*('s)*, koekjes, wafers…

trecentottanta • 380

14 – Quanta [8] roba! E perché non lo zucchero filato e le caldarroste [9]? Forse esageri un po'…

15 – Ma no, vedrai che andrà mangiato [10] tutto, anzi divorato!

16 L'anno scorso pensavamo che ci fosse abbastanza cibo per tutti e invece dopo un'ora avevano spazzato via [11] tutto e morivano di fame!

17 A proposito, vai tu a fare la spesa, vero?

18 – A dire il vero credevo che ci fossi già andata [12] tu, ma quand'è così ci vado subito!

19 E magari compro anche qualcosa da bere, succhi di frutta e altro,

20 se no, con tutto quello che c'è da mangiare, si strozzano [13]!

Uitspraak

3 … kompié … dzjovédi … *4* … amikétti … akkompanjarli … *8* … dzjoki … *9* … riskiozo … *11* … troekki … *12* … tsjokkolato … *13* … riémpirémo … tsjokkolatini … vafér *14* … dsoekkéro … *16* … spattsato … *19* … soekki … *20* … strottsano …

Opmerkingen

1 Compiere is *vervullen*, compiere gli anni is *jarig zijn, verjaren*; compiere 10 anni is *10 (jaar) worden*.

2 Amichetto is een verkleinvorm van amico die alleen wordt gebruikt m.b.t. *vriendjes* van een kind.

3 Slaat credere op een mening, inschatting enz. m.b.t. iets in de toekomst, dan kan het werkwoord van de bijzin zowel in de toekomende tijd als in de conjunctief staan. Hier had de mama eveneens kunnen zeggen: **non credo che vengano tutti** (o.t.t.-conjunctief).

4 Uit zin 10, 11 en 13 blijkt nogmaals hoe in het Italiaans een onbepaalde hoeveelheid in het meervoud ingeleid kan worden met een samengetrokken lidwoord (di + bepaald lidwoord), dat soms kan vertaald worden met *wat, een beetje, enkele, een paar*.

Drieënzeventigste les / 73

14 – Zoveel dingen! En waarom geen suikerspinnen *(gesponnen suiker)* en gepofte kastanjes?! Misschien overdrijf je wel een beetje...
15 – Maar nee, je zal zien dat alles op*(gegeten)* zal raken *(komen)*, of zelfs verorberd!
16 Vorig jaar dachten we dat er voldoende eten 'was' voor iedereen en toch hadden ze na een uur alles op *(weggeveegd)* en stierven ze van [de] honger!
17 À propos, jij gaat de boodschappen doen, toch?
18 – Eerlijk gezegd dacht ik dat jij er al om gegaan 'was', maar als het zo is ga ik er meteen om!
19 En misschien koop ik ook iets te drinken, vruchtensappen en zo *(ander)*,
20 anders, met al wat er te eten is, stikken ze *(zich)* nog!

---

5 Il **trucco** is zowel een *truc* om iets op handige of slinkse wijze te verkrijgen, als *grime, make-up*.

6 **Leccare** is *likken*; in **il lecca-lecca**, *de lolly, likstok* zit een dubbele imperatiefvorm ('lik-lik').

7 Il **biscotto** is een *koekje*. *Biscotto* betekent lett. twee keer (bis) gebakken, **una fetta biscottata** ('twee keer gebakken snee') is... *een beschuit*.

8 Het bijvoeglijke **quanto** kan uitroepend gebruikt worden: **Quanta gente c'è oggi in questo centro commerciale!**, *Zoveel volk, wat is er vandaag veel volk in dit winkelcentrum!*; **Quanti amichetti!**, *Zoveel vriendjes!*

9 Le **caldarroste** (samengesteld uit **caldo**, *warm* + **arrosto**, *geroosterd*, waar je **le castagne**, *de kastanjes* bij moet denken), *gepofte kastanjes*, worden vaak 's winters op pleintjes verkocht, vooral rond Kerst.

10 Hier hebben we een passieve constructie met **andare** om geleidelijkheid, *(ge)raken* uit te drukken: **Purtroppo quell'opera d'arte è andata perduta**, *Helaas is dat kunstwerk verloren gegaan/geraakt*.

11 **Spazzare via** is omgangstaal voor 'alles gulzig opeten, verorberen', van **spazzare**, *vegen* (**la spazzatura**, *het vuil(nis)*) + het bijwoord **via**, *weg*. **Andare via**, *weggaan*, **buttare via**, *weggooien*.

73 / Settantatreesima lezione

12 **Fossi andata** is een v.v.t.-conjunctief, gevormd met de o.v.t.-conjunctief van **essere** + het voltooid deelwoord van het hoofdwerkwoord. In dit geval staat het werkwoord van de hoofdzin in de verleden tijd en dat van de bijzin in de v.v.t.-conjunctief, om iets dat vóór iets anders is gebeurd uit te drukken: **Non sapevo che Dante fosse morto a Ravenna**, *Ik wist*

***

Esercizio 1 – Traducete
❶ Quanto cibo abbiamo comprato! Non è troppo? ❷ Non preoccuparti, andrà spazzato via tutto, come al solito. ❸ Pensavo che l'estate scorsa fosse andato in vacanza a Rimini, invece è stato a Cervia. ❹ Pensi che Aldo arriverà puntuale o che sarà in ritardo come al solito? ❺ Vorrei che invitaste Dario, anche se forse non vorrà venire.

***

Esercizio 2 – Completate
❶ Hij was vrijdag jarig, maar ze hebben het zondag gevierd.
Ha .... gli anni ...., ma .... domenica.

❷ We zullen het verjaardagsfeest organiseren op het speelplein naast de school.
.... la festa .. .. nel .... di .... scuola.

❸ Ik zou graag hebben dat jij een vruchtenjamtaart 'klaarmaakte'.
Mi .... che tu .... alla ....

❹ Ik dacht dat jullie op dit uur de 'merenda' al genomen hadden.
.... che a .... aveste già ....

❺ Ik heb chocoladekoekjes en gepofte kastanjes in je mandje gelegd.
Ho .... tuo .... cioccolato . ...

383 • trecentottantatrè

niet dat Dante gestorven 'was' in Ravenna. De Florentijnse dichter leefde in de 13e-14e eeuw, dus vóór...

13 **Strozzare** is *wurgen, doen/laten stikken*, **strozzarsi** is *stikken*. Je kan stikken van te veel of te snel te eten of ook... van de dorst!

***

Oplossing van oefening 1

❶ Wat hebben we veel eten gekocht! Is het niet te veel? ❷ Maak je geen zorgen, alles zal verorberd worden, zoals gewoonlijk. ❸ Ik dacht dat hij vorige zomer op vakantie 'was' gegaan naar Rimini, terwijl hij in Cervia is geweest. ❹ Denk je dat Aldo op tijd zal aankomen of dat hij te laat zal zijn zoals gewoonlijk? ❺ Ik zou willen dat jullie Dario 'uitnodigden', ook al zal hij misschien niet willen komen.

***

Oplossing van oefening 2

❶ – compiuto – venerdì – l'hanno festeggiato – ❷ Organizzeremo – di compleanno – parco giochi – fianco alla – ❸ – piacerebbe – preparassi una crostata – frutta ❹ Credevo – quest'ora – fatto la merenda ❺ – messo nel – cestino biscotti al – e caldarroste

Wat zoets leek ons gepast in dit stadium van uw studie... Die dingen zijn ook heerlijk in Italië!

Tweede fase: 24e les

Settantaquattresima lezione

Il riciclo dei rifiuti domestici

1 – Mamma mia, che puzza! C'è di sicuro qualcosa di marcio in cucina!
2 – Forse è andata a male la frutta che hai comprato ieri lungo la statale [1].
3   Te l'avevo detto, che quella storia del chilometro zero [2] mi sembrava una fregatura [3]!
4 – Macché [4] chilometro zero! È che ci siamo dimenticati di portare giù la spazzatura stamattina prima di uscire.
5   Io pensavo che l'avessi già fatto [5] tu ieri sera.
6 – No, ero stanco morto e in più pioveva a dirotto, non me la sono sentita [6].
7   Ci vado subito e butto tutto nel cassonetto.
8 – Eh no, nel cassonetto va solo il sacchetto dell'umido, il resto va differenziato.
9 – Uffa, che barba, questa raccolta differenziata!
10 – Ma che dici, sei matto? È un progresso notevole, invece!
11   Una volta tutte le immondizie finivano nelle discariche, spesso a cielo aperto,
12   e tonnellate di prodotti nocivi finivano per inquinare [7] i terreni,
13   e a volte anche le falde acquifere, creando dei veri e propri disastri ambientali.
14   Grazie alla raccolta differenziata si riciclano tanti materiali, come la carta, la plastica, il vetro e l'alluminio;

Vierenzeventigste les

Het recycleren van *(het)* huishoudelijk afval

1 – Jeetje, wat 'n stank! Er ligt vast iets te rotten *(van rot)* in de keuken!
2 – Wellicht is het fruit dat je gisteren gekocht hebt langs de rijksweg bedorven.
3   Ik had het je gezegd dat dat verhaal rond *(van)* 'lokale producten' *(kilometer zero)* me *(een)* bedriegerij leek!
4 – Hoezo *(Maar-welke)* 'lokale producten'?! [Feit] is dat we vergeten zijn het vuilnis naar beneden te brengen vanmorgen voordat we weggingen *(alvorens te weggaan)*.
5   Ik dacht dat jij het al gedaan 'had' gisteravond.
6 – Nee, ik was doodop *(moe dood)* en daarbij *(in meer)* regende het pijpenstelen *(aan hevig)*, ik had er de moed niet voor *(niet me het ben gevoeld)*.
7   Ik ga er meteen heen en gooi alles in de container.
8 – Nee hoor, in de container gaat alleen het zakje met organisch afval *(van-het vochtige)*, **de rest moet** *(gaat)* gesorteerd *(onderscheiden)* [**worden**].
9 – Pff, wat 'n gedoe *(baard)*, **dat sorteren** *(ophaling onderscheiden)*!
10 – Maar wat zeg je [daar], ben je gek? Integendeel, het is een opmerkelijke vooruitgang!
11   Vroeger eindigde al het afval (mv.) op de stortplaatsen, vaak in open lucht *(hemel)*,
12   en tonnen *(van)* schadelijke producten gingen *(eindigden in)* **de grond** *(terreinen)* **verontreinigen**
13   en soms ook het grondwater *(lagen waterhoudend)*, wat regelrechte *(echte en eigen)* milieurampen veroorzaakt *('creërend')*.
14   Dankzij *(Dank aan)* het selectief inzamelen worden veel materialen, zoals *(het)* papier, plastic, glas en aluminium, gerecycleerd *(men recycleren materialen)*.

trecentottantasei • 386

15 l'umido viene riutilizzato per produrre fertilizzanti e concimi naturali, e solo il cosiddetto indifferenziato va negli inceneritori.

16 – E va bene, facciamo pure i bravi ambientalisti [8] e proteggiamo [9] l'ambiente:

17 dammi i contenitori della carta, della plastica e porto giù anche quelli.

18 – Eccoteli [10], e questa bottiglia vuota va nel cassonetto del vetro. Ci conviene trattarlo bene, il nostro pianeta! □

Uitspraak

… ritsjiklo … domèstitsji **1** … poettsa … martsjo … **4** makké … **8** … sakkétto … différéntsiato … **10** … proGrèsso … **11** … immonditsié … diskariké … tsjèlo … **12** … inkoeinaré … **13** … akoeiféré … **15** … rioetiliddzato … fértiliddzanti é kontsjimi … intsjénéritori **16** … protéddzjamo … **18** … bottilja … konvièné …

Opmerkingen

1 Het woord **strada** (*weg*) wordt vaak weggelaten vóór de benamingen **statale** (*rijks-*), **provinciale** (*gewest-*, van **la provincia**, *het gewest*, een bestuursgebied in Italië), **regionale** (*regionale*) enz.

2 Met **chilometro zero** verwijst men in Italië naar het kopen van lokale producten, die dus weinig of geen kilometers afleggen van producent tot consument, bv. **vendita di frutta a chilometro zero** waarbij een fruitteler zijn waar rechtstreeks aan de klant verkoopt.

3 **Fregare** is een woord uit de omgangstaal voor *belazeren* en *jatten*, **la fregatura** is het resultaat: **Accidenti, mi hanno fregato!**, *Verdraaid, ze hebben me belazerd, bedrogen!*

4 De uitdrukking **macché** drukt tegenstelling tot het gezegde uit: *Maar welke … dan wel?!*, *Hoezo … ?!*: **Andiamo al mare domenica? – Macché mare! Abbiamo un sacco di lavori da fare in casa!**, *Gaan we zondag naar zee? – Hoezo naar zee?! We hebben een stapel werk te doen thuis!*

Vierenzeventigste les / 74

15 Het organisch afval wordt hergebruikt om kunst- en natuurlijke mest te produceren, en alleen het zogezegde restafval *(ongesorteerde)* gaat in de verbrandingsovens.
16 – Goed dan, laten we maar milieubewust handelen *(doen de goede ecologisten)* en laten we het milieu beschermen;
17 geef me de papier- en plasticsorteerbakken en ik breng ook die naar beneden.
18 – Hier heb je ze, en deze lege fles gaat in de glascontainer. We doen er beter aan *(Ons betaamt)* ze goed te behandelen, onze planeet!

---

5 **Avessi fatto**, v.v.t.-conjunctief, gevormd met de o.v.t.-conjunctief van **avere**: av**essi** – av**essi** – av**esse** – av**essimo** – av**este** – av**essero**.

6 **Sentirsela** is een voornaamwoordelijk werkwoord (wederkerende vorm van **sentire** + voornaamwoord-lijdend voorwerp **la**): **me la sento**, *ik heb er de moed, kracht voor, voel er wat voor*. Het wordt meestal in de ontkennende vorm gebruikt bij een onoverkomelijk lijkend iets: **Non me la sono sentita di dirglielo, sarebbe stato troppo male**, *Ik heb de moed niet gehad, zag het niet zitten om het hem te zeggen, hij zou zich te slecht gevoeld hebben*.

7 **Inquinare**, *verontreinigen, vervuilen*, een werkwoord dat helaas te veel opduikt op *onze planeet* (il **nostro pianeta**, mannelijk ondanks de -a, mv. **i pianeti**)... Net als **l'inquinamento**, *de verontreiniging, vervuiling*: **l'inquinamento atmosferico**, *de milieuvervuiling*.

8 Het woord **ambientalista** lijkt stilaan **ecologista**, *ecologist(e), milieu-activist(e), groene* te vervangen. **L'ambiente** is *het milieu*, **l'ambientalismo** is *de milieubeweging*.

9 **Proteggere**, *beschermen*, is regelmatig, behalve het voltooid deelwoord **protetto**: **l'ambiente va protetto**, *het milieu moet beschermd worden*.

10 We zagen **ecco** (*ziehier, ziedaar*) met een persoonlijk voornaamwoord: **eccoti**, *hier ben je*, **eccolo**, *daar heb je hem*; ook gegroepeerde voornaamwoorden kunnen eraan vast geschreven worden: **eccotelo**, *hier is hij voor je*, **eccovele**, *daar zijn ze voor jullie*.

Esercizio 1 – Traducete

① Credevo che aveste buttato tutto nel cassonetto con la spazzatura. ② Macché cassonetto! Sei matto? ③ Non ce la siamo sentiti, erano dei ricordi di famiglia. ④ Abbiamo comprato dell'insalata, aglio e cipolle a chilometro zero sulla statale, ma era una fregatura. ⑤ I prodotti nocivi inquinavano i terreni e le falde acquifere.

***

Esercizio 2 – Completate

① Ik ben vergeten het vuilnis naar beneden te brengen alvorens te gaan werken.
Mi .... di .... la .... prima di ....

② Ik *(v.)* ben doodop en buiten regent het pijpenstelen, ik heb niet de moed om naar buiten te gaan.
Sono .... e fuori ...., non .. .. di uscire.

③ Met het selectief inzamelen worden papier, plastic en aluminium gerecycleerd.
Con la .... vengono ...., ... e ....

④ De vervuiling veroorzaakt milieurampen op onze planeet.
.... crea .... sul ....

⑤ Ik heb de krant van vandaag gekocht, hier heb je hem.
.. .. oggi, ...

Vierenzeventigste les / 74

Oplossing van oefening 1

❶ Ik dacht dat jullie alles in de vuilniscontainer hadden gegooid. ❷ Hoezo in de container?! Ben je gek? ❸ We hebben er de moed niet voor gehad, het waren familieherinneringen. ❹ We hebben sla, knoflook en uien gekocht, rechtstreeks van bij de teler, langs de rijksweg, maar het was bedriegerij. ❺ De schadelijke producten verontreinigden de terreinen en het grondwater.

***

Oplossing van oefening 2

❶ – sono dimenticato – portare giù – spazzatura – andare a lavorare ❷ – stanca morta – piove a dirotto – me la sento – ❸ – raccolta differenziata – riciclati carta, plastica – alluminio ❹ L'inquinamento – disastri ambientali – nostro pianeta ❺ Ho comprato il giornale di – eccotelo

*In Italië is men zich enigszins later dan in de andere West-Europese landen om de milieuproblemen gaan bekommeren en de milieupartij (**i verdi**, de groenen), die opgericht werd in 1985, wordt sinds 2008 niet meer vertegenwoordigd in het parlement. Echter door de toenemende gevoeligheid, vooral bij jongeren, voor de klimaatopwarming en hernieuwbare energie, schenkt de overheid meer aandacht aan deze bekommernissen: het selectief inzamelen van afval, alsook het recycleren ervan, dat tegenwoordig in alle steden gebeurt, toont de goede bedoelingen aan. Aanhouden nu…*

Tweede fase: 25e les

Settantacinquesima lezione

Download

1 – Ieri sera io e mia moglie abbiamo visto l'ultimo film di Carlo Torrentino. È bellissimo, te lo consiglio!
2 – Sono diversi mesi che è uscito; in che cinema lo fanno [1]?
3 – No, niente [2] cinema; non ci andiamo da mesi, purtroppo.
4 I nostri orari di lavoro non coincidono mai con quelli dei cinema, e l'ultimo spettacolo [3], quello delle dieci [4] o delle dieci e mezza, è troppo tardi.
5 Alla mattina ci svegliamo presto e a quell'ora rischiamo di addormentarci al cinema!
6 L'ho scaricato [5] da internet e l'abbiamo guardato sul televisore collegato al mio computer.
7 – Ah sì? Fai attenzione, perché con il download [5] illegale, se ti beccano [6] puoi prendere una multa colossale…
8 Non pensavo ci fosse ancora gente che scaricava i film, come una volta.
9 – Ma scusa, tu come fai se vuoi guardare un film senza andare al cinema? Guardi solo quelli che fanno[1] alla TV (tivù)?
10 – Ma no! Mi abbono a un sito come Petflix o Triton Prime e li guardo in streaming. Costa poco ed è perfettamente legale.
11 – E io che credevo che fosse costosissimo!

Vijfenzeventigste les

Download

1 – Gisteravond hebben mijn vrouw en ik de nieuwste *(laatste)* film van Carlo Torrentino gezien. Hij is prachtig, een aanrader *(jou hem raad-aan)*!
2 – Hij is al een aantal maanden uit *(zijn verschillende maanden dat [hij] is uitgekomen)*; in welke bioscoop draaien *(doen)* ze hem?
3 – Nee, niet in de *(niets)* bioscoop; we gaan er al maanden niet naartoe, helaas.
4   Onze werktijden stemmen nooit overeen met die van de bioscopen, en de laatste vertoning *(spektakel)*, die van 10 uur of die van 10.30 uur, is te laat.
5   's Morgens worden we vroeg wakker en op dat uur lopen we het risico in slaap te vallen in de bioscoop!
6   Ik heb hem gedownload van internet en we hebben hem bekeken op de televisie [die is] aangesloten op mijn computer.
7 – O ja? Let op, want met illegaal downloaden, als ze je betrappen, kan je een kolossale boete krijgen *(nemen)*...
8   Ik dacht niet dat er nog mensen 'waren' die films downloadden, zoals vroeger.
9 – Maar sorry, wat doe jij als je een film wil bekijken zonder naar de bioscoop te gaan? Kijk je alleen naar die welke op *(de)* tv komen *(doen)*?
10 – Maar nee! Ik abonneer me op een site zoals Petflix of Triton Prime en stream ze *(bekijk in streaming)*. Het is goedkoop *(Kost weinig)* en is perfect legaal.
11 – En ik die dacht dat het pokkeduur 'was'!

12 – Macché! Con l'abbonamento minimo, che costa pochi euro, guardi già un sacco di roba, film e serie di tutti i tipi, americani e non.
13 Oltre tutto al mio account possono collegarsi tre dispositivi: computer, tablet o telefonini.
14 Se vuoi ti do la mia password così ci accedi anche tu e approfitti del nostro abbonamento.
15 – Grazie! Sei troppo gentile!
16 – Figurati! Pensavo che vi foste già abbonati da un pezzo, se no te l'avrei proposto prima!

Het klankschrift is waarschijnlijk overbodig geworden, maar voor het geval u ergens nog aan zou twijfelen...

Uitspraak
daoenlood **5** ... *zvéljamo* ... **9** ... *tivoe* **10**... *striming* **12** ... *sèrié* ... **13** ... *akkaoent* ... **14** ... *passoeord* ... *attsjèdi* ...

Opmerkingen

1 M.b.t. de programmatie van films enz. wordt in het Italiaans het werkwoord **fare** en evt. ook **dare** gebruikt voor ons 'spelen, draaien, geven': **Al cinema Ristori fanno sempre ottimi film**, *In bioscoop Ristori spelen ze altijd keigoede films*; **In che cinema danno l'ultimo film di Pellini?**, *In welke bioscoop geven ze de recentste film van Pellini?*; **Cosa fanno** (of ook **che cosa c'è**) **stasera alla tivù?**, *Wat is er vanavond op tv?*

2 Niente vóór een naamwoord: *(helemaal) geen/niet* (zie les 20): **Vuoi un gelato? – No, niente gelato, grazie, devo dimagrire**, *Wil je een ijsje? – Nee, geen ijsje, dank je, ik moet afvallen*.

3 Lo spettacolo, *het spektakel* (zie les 23) wordt ook gebruikt voor een *vertoning* in de bioscoop: **Guarda gli orari degli spettacoli di oggi, così decidiamo a che ora andiamo al cinema**, *Kijk eens wanneer de vertoningen vandaag beginnen, dan (de tijden van-de vertoningen van vandaag, zo) beslissen we hoe laat we naar de bioscoop gaan*.

12 – Maar nee! Met het minimale abonnement, dat maar een paar *(weinig)* euro kost, bekijk je al heel wat, films en series van allerlei *(al de)* soorten, Amerikaanse of niet.

13 Bovendien kunnen aan mijn account drie toestellen gekoppeld worden: computers, tablets of telefoons.

14 Als je wil, geef ik je mijn paswoord, zo heb jij ook toegang *(ertoe)* en profiteer je van ons abonnement.

15 – Dank je! Je bent zo *(te)* vriendelijk!

16 – Met plezier! Ik dacht dat jullie je al een poos geleden geabonneerd hadden *('waren')*, anders zou ik het je eerder voorgesteld hebben!

4 Na de middag telt men de uren van 1 tot 11; *middernacht* is **mezzanotte** of **le ventiquattro**.

5 **Scaricare** is *lossen, uitladen, lozen* enz. (denk aan **la discarica**, *de stortplaats*), maar wordt in dit digitale tijdperk ook gebruikt voor *downloaden, binnen- ophalen*; als zelfstandig naamwoord is het Engelse *download* gebruikelijker dan **scaricamento**.

6 **Beccare** is *pikken* (**il becco**, *de bek, snavel*), maar verruimde zijn betekenis naar *betrappen, snappen* op een illegale of verboden activiteit: **Si è fatto beccare dal capufficio a guardare film sul computer durante l'orario di lavoro**, *Hij heeft zich door zijn kantoorchef laten betrappen op films kijken op de computer tijdens de werktijd*.

Esercizio 1 – Traducete
❶ Ieri sera, dopo cena, siamo andati a vedere il film "Disastro ambientale" all'ultimo spettacolo, quello delle dieci. ❷ Non sapevo che foste appassionati di cinema, non ce lo avevate mai detto. ❸ Siamo soprattutto ambientalisti convinti, e pensiamo che il nostro pianeta vada protetto. ❹ Proverò a scaricarlo da internet, noi non andiamo quasi mai al cinema. ❺ Fa' attenzione a non farti beccare, il download di film è illegale.

***

Esercizio 2 – Completate
❶ We zien elkaar nooit omdat onze werktijden niet overeenstemmen.
Non .. .. perché . ... non ....

❷ Als ik naar de laatste vertoning ga riskeer ik in slaap te vallen.
.. .... all'ultimo .... di ....

❸ Ik verkies me op een site te abonneren en films te streamen.
Preferisco .... a un sito e .... streaming.

❹ Ik wist niet dat het downloaden illegaal 'was'.
... . che .. download ....

76
Settantaseiesima lezione

Dal concessionario [1]

1 – Buongiorno, in che cosa posso esserle utile?
2 – Vorrei cambiare macchina, la mia è troppo vecchia e ne voglio una nuova fiammante!
3 – Quale modello le interesserebbe, di quelli che vede esposti qui?

Oplossing van oefening 1

❶ Gisteravond, na het avondeten, zijn we de film "Milieuramp" gaan bekijken in de laatste vertoning, die van 10 uur. ❷ Ik wist niet dat jullie fans 'waren' van cinema, jullie hadden het ons nooit gezegd. ❸ We zijn vooral overtuigde groenen en we denken dat onze planeet beschermd moet worden. ❹ Ik zal proberen hem van internet te downloaden, wij gaan bijna nooit naar de bioscoop. ❺ Let op dat je niet gesnapt wordt, het downloaden van films is illegaal.

***

❺ Het hangt ervan af. Wie een abonnement betaalt geeft heel weinig uit en mag het doen.

........• Chi .... spende .... e ... .•

Oplossing van oefening 2

❶ – ci vediamo mai – i nostri orari di lavoro – coincidono ❷ Se vado – spettacolo rischio – addormentarmi ❸ – abbonarmi – guardare i film in – ❹ Non sapevo – il – fosse illegale ❺ Dipende – paga un abbonamento – pochissimo – può farlo

Tweede fase: 26e les

Zesenzeventigste les

Bij de [auto]dealer

1 – Goeiedag, waarmee kan ik u van dienst zijn *(in wat kan kan zijn-u nuttig)*?
2 – Ik zou willen veranderen van auto, de mijne is te oud en ik wil er een gloednieuwe!
3 – Welk model zou u interesseren, van die welke u hier tentoongesteld ziet?

4 – Non saprei... Ne vorrei una piccola [2] ma confortevole e che vada abbastanza veloce. Lei quale mi consiglia?
5 – Dipende. Prima di tutto, quanto sarebbe intenzionato a spendere?
6 – Non troppo... Dovrei fare un pagamento rateale [3] e non vorrei indebitarmi [4] a lungo.
7 – Questa potrebbe fare per lei, che ne pensa?
8 – Sì, potrebbe andare, ma non mi piace il colore.
9 – Di che colore la gradirebbe [5]?
10 – Rossa! Di questo sono sicuro! Assolutamente rossa!
11 – E con quali interni preferisce rifinirla?
12 – Rossi anche quelli, senza alcun dubbio! Quanto verrebbe a costare compresi climatizzatore e autoradio?
13 – Le faccio il preventivo... Ecco, questa è la rata mensile che risulterebbe.
14 Se ordina ora fa in tempo ad usufruire del contratto a zero interessi.
15 Lei è proprio fortunato: la promozione scade oggi, non se la lasci scappare!
16 – Che ha detto [6]? Scade oggi? Certo che la ordino! Ma rossa, mi raccomando!
17 – Ma scusi, signore, perché tiene così tanto che la macchina sia rossa?
18 – Perché la voglio uguale a [7] quella del mio vicino, che mi vuole sempre fare schiattare di invidia, quella serpe!

 Uitspraak
... kontsjéssionario ... **14** .... oezoefroeiré ... **18** ... skiattaré ...

4 – Ik zou het niet weten... Ik zou *(er)* een kleine maar comfortabele willen en die vrij snel rijdt *('gaat')*. Welke raadt u me aan?
5 – Dat hang ervan af. Allereest *(Eerst van alles)*, hoeveel zou u van plan zijn te spenderen?
6 – Niet te veel... Ik zal *(zou)* een *(betaling op)* afbetaling moeten doen en ik zou me niet voor lang in de schulden willen steken.
7 – Deze zou iets voor u kunnen zijn *(zou-kunnen gaan)*, wat denkt u ervan?
8 – Ja, zou kunnen *(gaan)*, maar ik vind de kleur niet mooi.
9 – In welke kleur zou u hem graag hebben?
10 – Rood! Daarvan *(Van dat)* ben ik zeker! Rood, absoluut!
11 – En met welke binnen[bekleding]*(en)* zou u hem willen afwerken?
12 – Rood, die ook, zonder enige twijfel! [Op] hoeveel zou het neerkomen *(zou-komen te kosten)* airco en autoradio inbegrepen?
13 – Ik maak een offerte [op voor] u... Ziezo, dit is de maandelijkse afbetaling die [eruit] voortkomt *(zou-resulteren)*.
14 Als u nu bestelt, valt u binnen de tijdslimiet *(doet in tijd)* om te genieten van een renteloos contract *(het contract aan nul intresten)*.
15 U hebt echt geluk *(bent geluk-hebbend)*: de promotie loopt vandaag af, laat ze niet aan u voorbijgaan *(ontsnappen)*!
16 – Wat zei u daar *(hebt gezegd)*? Ze loopt vandaag af?! [Dan is het] zeker dat ik hem bestel! Maar [een] rode, denk eraan!
17 – Maar sorry, meneer, waarom staat u er zo op dat de auto rood 'is'?
18 – Omdat ik hem wil zoals *(gelijk aan)* die van mijn buurman, die me altijd wil laten *(doen)* stikken van jaloezie, dat serpent!

Opmerkingen

1. Een **concessionario**, *concessiehouder, dealer* baat **una concessionaria** uit: **Sono andato alla concessionaria a vedere gli ultimi modelli della FIAT**, *Ik ben bij een dealer de nieuwste FIAT-modellen gaan bekijken*.

2. Denk er bij het vertalen aan: **la macchina** is vrouwelijk, *de auto, wagen* is mannelijk.

3. **La rata**, *de af-, termijnbetaling*; **rateale**, *a rate, op afbetaling, in termijnen*: **Le mie macchine le ho sempre pagate a rate**, *Mijn auto's, die heb ik steeds op afbetaling gekocht, in termijnen betaald*. **Un pagamento rateale** is de 'hele' *afbetaling*.

***

Esercizio 1 – Traducete

❶ Voglio una macchina nuova fiammante e sono venuta a sceglierla tra i modelli che avete esposti. ❷ Che tipo di macchina gradirebbe, signora? ❸ Ne vorrei una che sia confortevole, veloce e… rossa, mi raccomando! ❹ Secondo questo preventivo la rata risulterebbe piuttosto alta. ❺ Allora a me va bene anche piccola e lenta, basta che sia rossa.

***

Esercizio 2 – Completate

❶ Hij zou willen veranderen van auto, maar hij wil niet in de schulden raken.

...., ma non vuole ....

❷ Dat model zou me interesseren, maar het hangt ervan af hoeveel het kost.

Mi ...., ma .... da ......
......

❸ Bestelt u onmiddellijk, zo zal u van onze promotie met nul [procent] intrest profiteren.

...., così .... della nostra ....
a ....

4 Il debito is *de schuld* (**è pieno di debiti**, *hij heeft veel schulden* (is vol schulden); **indebitarsi** betekent *zich in de schulden steken, in de schulden raken*; **l'indebitamento** is *de schuldenlast*.

5 Gradire wordt in de beleefde omgang veel gebruikt voor *wensen, verlangen, graag willen/aannemen* enz.: **Gradisce un caffè?**, *Wenst u een koffie?*

6 Merk op dat een **passato prossimo** (v.t.t.) soms vertaald kan worden met een o.v.t.

7 Hier drukt het voorzetsel **a** gelijkenis uit: **Lui è proprio uguale a me**, *Hij is net zoals ik* (gelijk aan mij); **da** wordt gebruikt bij verschil: **Sei diverso da me**, *Je bent anders dan ik, verschilt van mij*.

***

Oplossing van oefening 1

❶ Ik *(v.)* wil een gloednieuwe wagen en ik ben hem komen kiezen uit de modellen die jullie tentoongesteld hebben. ❷ Welk type auto zou u wensen, mevrouw? ❸ Ik zou er een willen die comfortabel, snel en… rood 'is', niet te vergeten! ❹ Volgens deze offerte zou de afbetaling behoorlijk hoog uitvallen. ❺ Dan schikt een kleine, trage me ook, als ie maar rood 'is'.

***

❹ Ik wil een auto zoals die van mijn kantoorchef.
Voglio … ……… …… . quella del …
……….

❺ Als u graag een koffie wil, in deze bar is hij werkelijk heerlijk.
Se ……… .. ……, in questo bar . ………
……….

Oplossing van oefening 2

❶ Vorrebbe cambiare macchina – indebitarsi ❷ – interesserebbe quel modello – dipende – quanto costa ❸ Ordini subito – approfitterà – promozione – zero interessi ❹ – una macchina uguale a – mio capufficio ❺ – gradisce un caffè – è davvero buonissimo

Tweede fase: 27e les

Bij complexer wordende teksten is het niet altijd mogelijk om letterlijk te vertalen. Op dit niveau is het ongetwijfeld niet meer nodig of zelfs storend. Bij wendingen die al meermaals aan

Settantasettesima lezione

Revisione– Herhaling

1 Conjunctief (vervolg)

Alweer twee tijden die in het Nederlands niet gebruikt worden...

1.1 O.v.t.-conjunctief
• Vorming:

• stam + infix **-ass-** bij werkwoorden op **-are**, **-ess-** bij die op **-ere**, **-iss-** bij die op **-ire** + uitgang **-i**, **-i**, **-e**, **-imo**, **-te** (met slechts één infix**-s**!), **-ero**; de klemtoon ligt altijd op de infixklinker:

parlare	prendere	finire
parl*ass*i	prend*ess*i	fin*iss*i
parl*ass*i	prend*ess*i	fin*iss*i
parl*ass*e	prend*ess*e	fin*iss*e
parl*ass*imo	prend*ess*imo	fin*iss*imo
parl*as*te	prend*es*te	fin*is*te
parl*ass*ero	prend*ess*ero	fin*iss*ero

• onregelmatige vormen nemen dezelfde infixen en uitgangen aan als regelmatige, dus de afwijking zit in de stam:

- **essere**: fossi – fossi – fosse – fossimo – foste – fossero
- **stare** en **dare** worden vervoegd zoals werkwoorden op -ere: **stessi** en **dessi** enz.
- **fare** baseert zijn vervoeging op de Latijnse infinitiefvorm *facere*: **facessi** enz.
- **dire** baseert zijn vervoeging op de Latijnse infinitiefvorm *dicere*: **dicessi** enz.

bod kwamen laten we dus voortaan de ( ) en [ ] achterwege. Verder bieden we af en toe ook varianten aan. Dit alles zal uw Italiaanse taalgevoel alleen maar aanwakkeren!

Zevenenzeventigste les

- werkwoorden op **-porre** (zie les 35) of **-durre** (zie les 42) nemen als stam **pon-** resp. **duc-** en worden vervoegd zoals werkwoorden op **-ere**: **producessi** enz.

(**Avere** wordt vervoegd zoals alle andere regelmatige werkwoorden op **-ere**.)

• Gebruik:
zoals de o.t.t.-conjunctief, maar dan met een hoofdzin in de verleden tijd:
Speravo che steste bene, *Ik hoopte dat jullie ok 'waren'.*
Ho pensato che tu dormissi, *Ik heb gedacht dat je 'sliep'.*

1.2 V.v.t.-conjunctief

• Vorming: o.v.t.-conjunctief van het hulpwerkwoord **essere** of **avere** + voltooid deelwoord van het hoofdwerkwoord:
avessi visto enz.
fossi venuto enz.

• Gebruik:
vergelijkbaar met de o.v.t.-conjunctief, maar met een bijzin die iets uitdrukt dat eerder gebeurde dan dat in de hoofdzin:
Credevo che foste già arrivati qui, poi ho ricevuto il vostro messaggio che diceva che non eravate ancora partiti.
Ik dacht dat jullie hier al 'waren' aangekomen, dan heb jullie bericht ontvangen dat zei dat jullie nog niet 'waren' vertrokken.

2 Betrekkelijke voornaamwoorden (vervolg)

Naast de vormen die we zagen in les 56 zijn er ook de volgende, 'langere', vergelijkbaar met *dewelke, hetwelk*:

	enkelvoud	meervoud
mannelijk	**il quale**, *dewelke, hetwelk*	**i quali**, *dewelke*
vrouwelijk	**la quale**, *dewelke, hetwelk*	**le quali**, *dewelke*

Ze kunnen **cui** vervangen; het voorafgaande voorzetsel wordt waar nodig samengetrokken met het bepaald lidwoord:
la persona della quale ti ho parlato = la persona di cui ti ho parlato, *de persoon over wie* (over-de welke) *ik je gesproken heb*;
gi amici coi quali sono andato in vacanza = gli amici con cui sono andato in vacanza, *de vrienden met wie* (met-de welke) *ik op vakantie ben gegaan*;
la ragione per la quale sono venuto da te = la ragione per cui sono venuto da te, *de reden waarom* (voor de welke) *ik bij jou ben gekomen*;
i libri tra i quali ho scelto = i libri tra cui ho scelto, *de boeken waaruit* (uit de welke) *ik heb gekozen*.

De vormen met **cui** zijn de meest gebruikte.

3 Vragende en uitroepende voornaamwoorden

3.1 Vragende voornaamwoorden

• **chi** (*wie*), voor personen:
Chi viene a cena stasera?, *Wie komt vanavond eten?*

• **che (cosa)** (*wat*), neutraal, voor zaken:
Che volete? = Che cosa volete?, *Wat willen jullie?*

• **quale** (m./v. ev.), **qual** (vóór **è**), **quali** (m./v. mv.) (*welk(e)*):
Quale vuoi? *Welke wil je?*
Qual è il tuo colore preferito?, *Wat* (Welke) *is je lievelingskleur?*

• **quanto** (m. ev.), **quanta** (v. ev.), **quanti** (m. mv.), **quante** (v. mv.) (*hoeveel*), voor personen en zaken:
In quanti venite stasera?, *Met hoevelen komen jullie vanavond?*
Ho fatto della pasta, quanta ne vuoi?, *Ik heb pasta klaargemaakt, hoeveel wil je ervan?*

3.2 Bijvoeglijk gebruikte vragende voornaamwoorden

Naast **chi** en **che cosa**, die alleen op zich gebruikt worden, kunnen de andere vragende voornaamwoorden vóór een naamwoord staan, dus bijvoeglijk gebruikt worden:
Di che colore la gradirebbe?, *In welke kleur zou u ze wensen?*
Quali scuole avete frequentato?, *Naar welke scholen zijn jullie gegaan* (hebben jullie gefrequenteerd)?
Quanti giorni pensate di restare?, *Hoeveel dagen denken jullie te blijven?*

Quanto is ook een neutraal vragend voornaamwoord:
Quanto costa questa macchina?, *Hoeveel kost deze auto?*

3.3 Uitroepende voornaamwoorden

Vragende voornaamwoorden kunnen uitroepend gebruikt worden:
Mamma mia, chi vedo!, *Jeetje, wie ik [daar] zie!*
Che bella macchina!, *Wat 'n mooie auto!*
Quali sciocchezze devo sentire!, *Welke gekheden ik al niet moet aanhoren!*
Quanta gente c'è oggi in piazza!, *Zoveel volk op het plein vandaag!*

4 Voorzetsels

- **a**
– bij gelijkenis:
Ha comprato una macchina uguale alla mia.
Hij heeft een auto zoals de mijne / dezelfde auto als ik gekocht.
– onthoud ook de uitdrukking **alla svelta**, *vlugvlug, gauw,…*

- **da**
– voor de bestemming, bedoeling van iets:
un coltello da cucina, *een keukenmes*;
– na het werkwoord **dipendere**:
Compreresti la mia macchina? – Dipende dal prezzo.
Zou je mijn auto kopen? – Dat hangt af van de prijs.

- **in**

om een aantal personen in een groep in te leiden:
Stasera veniamo in tre: io, Luca e sua sorella.
Vanavond komen we met drie, z'n drieën: Luca, zijn zus en ik.

5 Idiomatische uitdrukkingen rond werkwoorden

- **pensarla**

Met het voornaamwoordelijk werkwoord **pensarla** kan een persoonlijke mening tegenover die van een ander gesteld worden:
Non la penso per niente come te.
Ik denk er helemaal niet over zoals jij.

***

Dialogo di revisione

1 – Speravo che tu arrivassi prima.
2 – Mi dispiace, credevo che ci fosse meno traffico e sono partito un po' tardi.
3 Oltre tutto, tutte quelle macchine sulla statale creano un inquinamento colossale.
4 – Dai, facciamo alla svelta, dobbiamo essere tra un quarto d'ora alla festa di compleanno di Ilaria.
5 – Dobbiamo anche comprare una torta.
6 – Ah sì? Credevo che l'avessi già comprata tu.
7 – Avrei dovuto comprarla ieri pomeriggio, ma pioveva a dirotto e non me la sono sentita di uscire.
8 – La tua macchina è confortevole, ma non va mica tanto veloce…
9 – Bisogna accontentarsi, costa pochissimo e ho anche dovuto fare un pagamento rateale.

Zevenenzeventigste les / 77

• **sentirsela**
In de ontkennende vorm drukt het wederkerende **sentirsi** gekoppeld aan het persoonlijk voornaamwoord-voorwerp **la** *niet de moed hebben, het niet zien zitten* uit bij een onoverkomelijk lijkend iets:
Non me la sono sentita di uscire con quella pioggia, ho preferito restare in casa.
Ik heb niet de moed gehad om naar buiten te gaan met die regen, ik ben liever thuis gebleven.

***

10 Mi sono dovuto indebitare per quattro anni, però almeno non vado a piedi...
11 – Che brutto tempo! Anche se va piano, meno male che abbiamo la macchina!

Vertaling
1 Ik hoopte dat je eerder 'kwam'. **2** Het spijt me, ik dacht dat er minder verkeer 'was' en ik ben wat laat vertrokken. **3** Bovendien veroorzaken al die auto's op de rijksweg een kolossale vervuiling. **4** Komaan, laten we voortmaken, we moeten over een kwartier op het verjaardagsfeest van Ilaria zijn. **5** We moeten ook een taart kopen. **6** O ja? Ik dacht dat jij ze al gekocht had. **7** Ik zou ze gisternamiddag moeten kopen hebben, maar het regende pijpenstelen en ik heb niet de moed gehad om buiten te komen. **8** Je auto is comfortabel, maar hij gaat wel niet zo snel. **9** Je (Men) moet je er tevreden mee stellen, hij kost heel weinig en ik heb ook een afbetaling moeten regelen. **10** Ik heb me in de schulden moeten steken gedurende vier jaar, maar ik ga ten minste niet te voet... **11** Wat 'n slecht weer! Ook al rijdt hij langzaam, gelukkig hebben we een auto!

Tweede fase: 28e les

quattrocentosei • 406

Settantottesima lezione

Al parco divertimenti

1 – Questo parco divertimenti è davvero fantastico, vero Giulio?
2 – Non c'eravate mai stati? Meno male che ve l'abbiamo proposto, allora!
3 – No, magari l'avessimo conosciuto [1] prima! Ci avremmo portato i bambini, guarda come si divertono...
4 – E magari si divertissero [1] così ogni domenica! Quando erano piccoli andavamo al parco giochi,
5 ma adesso che sono grandi, sapete com'è, scivoli, altalene e sabbionaia non gli interessano più...
6 – Qui invece ci sono attrazioni per tutti i gusti e per tutte le età: dalla giostra e dalla ruota panoramica, come nei vecchi luna-park,
7 al percorso acquatico sui tronchi in mezzo alle cascate, alle montagne russe, l'ottovolante,
8 la casa dei fantasmi, il castello dei vampiri e il labirinto di siepi con gli specchi deformanti!
9 – Anche se a dire il vero lo trovo un po' troppo grande e mi ci perdo un po'...
10 I ragazzi hanno detto che andavano alla nave dei pirati, sapete dov'è?
11 – No, ma abbiamo la guida [2] che ci hanno dato all'ingresso, all'ufficio informazioni.

Achtenzeventigste les

In het pretpark

1 – Dit pretpark *([van] ontspanningen)* is echt fantastisch, nietwaar Giulio?
2 – Waren jullie [hi]er nooit geweest? Gelukkig dat we het jullie hebben voorgesteld dan!
3 – Nee, 'hadden' we het maar eerder gekend! We zouden er de kinderen heen gebracht hebben, kijk hoe ze zich vermaken...
4 – En 'amuseerden' ze zich maar iedere zondag zo! Toen ze klein waren gingen we naar de speeltuin *(park [met] spelen)*,
5 maar nu *(dat)* ze groot zijn, jullie weten hoe dat gaat *(het is)*, glijbanen, schommels en zandbak interesseren hun niet meer...
6 – Hier daarentegen zijn er attracties voor alle smaken en voor alle leeftijden, van de draaimolen en *(van)* het reuzenrad *(rad panoramisch)*, zoals in de vroegere pretparken *(oude luna-parken)*,
7 tot het waterparcours op [boom]stammen te midden van watervallen, tot rollercoasters *(bergen Russische)*, de achtbaan *(acht-vliegende)*,
8 het spookhuis *(spoken)*, het vampierenkasteel en het haagdoolhof met vervormende spiegels!
9 – Ook al vind ik het, eerlijk gezegd, een beetje te groot en verdwaal ik *(me verlies)* er wat in...
10 De jongens hebben gezegd dat ze naar het piratenschip gingen, weten jullie waar dat is?
11 – Nee, maar we hebben de gids die ze ons gegeven hebben bij het binnenkomen, in het infokantoor.

12 Guarda: il parco è diviso in aree tematiche, e ognuna è di un colore diverso sulla piantina [3].

13 La nave pirata è qui, nell'area blu dedicata ai personaggi dei fumetti e dei cartoni animati [4].

14 – Io ho un po' fame... E se mangiassimo [5] un panino prima di andare ... dai pirati?

15 Magari ne portiamo [6] uno anche ai ragazzi.

16 – Sì, vedi? Sulla cartina [3] i punti ristoro sono segnati in verde, i negozi in giallo e gli alberghi in blu.

17 – Sì, ma facciamo presto! Voglio fare in tempo a vedere tutto il parco, prima che chiudano [7].

18 – Per questo basta prendere il trenino panoramico, che fa tutto il giro.

19 Da lì potremo vedere comodamente anche la sfilata che fanno un'ora prima della chiusura, e i fuochi d'artificio.

20 – Che entusiasmo, Giulio! Sembri più bambino tu dei nostri figli!

Uitspraak

1 ... dzjoelio 5... sjivoli ... 6 ... dzjostra ... 8... fantazmi ... 12 ... aré-é tématiké ... 16 ... sénjati ... 19 ... kioezoera ... foeoki d'artifitsjo 20... éntoeziazmo ...

Opmerkingen

1 Een wens in het verleden, geuit met een werkwoord in de o.v.t.- of v.v.t.-conjunctief, wordt vaak versterkt met het bijwoord **magari** ervoor: **Magari fossimo ricchi!**, *'Waren' we maar rijk!;* **Magari fosse stato più giovane!**, *'Was' hij maar jonger geweest!*

2 **La guida** (v.), *de gids* is zowel de persoon die een groep bezoekers begeleidt als het tekstmateriaal dat het te bezoeken iets illustreert.

3 **La pianta** is zowel een *plant* als een *plattegrond, plan,* **la piantina** is bijgevolg een *plantje* of *plannetje*. **La carta** is een *kaart* (bv. **la carta**

Achtenzeventigste les / 78

12 Kijk: het park is ingedeeld in themazones *(area's thematische)* en ieder is in een verschillende kleur op het plannetje.

13 Het piratenschip is hier, in de blauwe zone gewijd aan figuren uit stripverhalen en uit tekenfilms.

14 – Ik heb een beetje honger... En als we een broodje 'aten' voordat we... bij de piraten gaan?

15 Misschien [kunnen] we er ook een voor de jongens meenemen.

16 – Ja, zie je? Op de plattegrond staan de eetgelegenheden *(punten restauratie-)* in [het] groen aangeduid, de winkels in het geel en de hotels in het blauw.

17 – Ja, maar laten we opschieten *(doen snel)*! Ik wil nog voldoende tijd hebben *(doen in tijd)* om heel het park te zien, voordat ze 'sluiten'.

18 – Hiertoe kunnen we *(Voor dit volstaat)* het panoramatreintje nemen dat helemaal rond gaat *(doet heel de ronde)*.

19 Van daar[uit] zullen we ook makkelijk de parade *(defilé)* kunnen zien die ze een uur vóór *(vroeger dan-de)* sluiting houden *(doen)*, en het vuurwerk *(de vuren van artificieel)*.

20 – Wat 'n enthousiasme, Giulio! Jij lijkt meer kind dan onze kinderen!

---

geografica, *de geografische* of *landkaart;* **le carte stradali**, *de wegenkaarten*); de verkleinvorm **cartina**, *kaartje* slaat ook op *plattegrond. Het plan* waarbij iets uitgewerkt is, heet **il piano**, dat ook gebruikt wordt voor *de verdieping*...

4 **I fumetti** zijn *stripverhalen*, waarbij **il fumetto** verwijst naar *het tekstwolkje* (afgeleid van **il fumo**, *de rook(wolk)*). **Cartoni animati**, *tekenfilms* zijn lett. *geanimeerde, levend(ig)e kartonnen*.

5 Een voorstel ingeleid met **se**, *als* staat in de o.v.t.-conjunctief: **E se domani andassimo al mare?**, *En als we morgen naar zee 'gingen'?*

78 / Settantottesima lezione

6 Hier drukt **magari** gewoon een mogelijkheid uit, *misschien*: **Adesso non ho voglia di andarci, magari ci vado più tardi**, *Nu heb ik geen zin om erheen te gaan, misschien ga ik er later naartoe.*

***

Esercizio 1 – Traducete
❶ Magari ti avessi incontrato prima! ❷ E se comprassimo una guida prima di andarci? ❸ Signore, se le interessano i mobili di antiquariato posso fargliene vedere alcuni. ❹ Era un negozio bellissimo, ho fatto in tempo ad andarci prima che fosse chiuso. ❺ Secondo la piantina del parco, il prossimo punto ristoro dovrebbe essere fra pochi metri.

***

Esercizio 2 – Completate
Bij de invuloefening moet u voortaan zelf uit de eerder aangeboden uitleg en de aangereikte zinselementen afleiden waar een conjuctiefvorm nodig is. Dit lukt u prima zonder onze '...'.

❶ Waren er maar glijbanen, schommels en draaimolens!
 Magari ci ...., ... e ....!

❷ Op het plannetje ziet men de themazones van het park, ieder in een verschillende kleur.
 .... si vedono .. ..
 ....., ... di un ....

❸ Kinderen vinden stripverhalen en tekenfilms leuk.
 Ai .... e i ....

❹ Vanuit het panoramatreintje ziet men de parade en het vuurwerk.
 Dal .... si vedono .. ..
 ....

❺ Hij houdt van literatuur maar sport interesseert hem helemaal niet.
 ... piace .. .. ma .. ..
 .... per niente.

Achtenzeventigste les / 78

7 Na **prima che**, *voordat* staat de bijzin in de conjunctief: **Siamo arrivati prima che chiudessero**, *We zijn aangekomen voordat ze zouden sluiten ('sloten')*.

***

Oplossing van oefening 1

❶ 'Had' ik je maar eerder ontmoet! ❷ En als we een gids 'kochten' voordat we erheen gaan? ❸ Meneer, als antieke meubels u interesseren, kan ik u er enkele laten zien / tonen. ❹ Het was een heel mooie winkel, ik heb nog de tijd gehad om ernaartoe te gaan voordat hij zou sluiten *('was' gesloten)*. ❺ Volgens het plannetje van het park zou de volgende eetgelegenheid enkele meters verderop *(over weinig meters)* moeten zijn.

***

Oplossing van oefening 2

❶ – fossero scivoli, altalene – giostre ❷ Sulla piantina – le aree tematiche del parco, ognuna – colore diverso ❸ – bambini piacciono i fumetti – cartoni animati ❹ – trenino panoramico – la sfilata e i fuochi d'artificio ❺ Gli – la letteratura – lo sport non gli interessa –

*In Italië werden vanaf de jaren 60-70 van vorige eeuw heel wat pretparken gebouwd. Geïnspireerd op de Amerikaanse Disneylands richtten ze zich aanvankelijk alleen op kinderen. Na 1975 kwamen er andere attractieparken bij, zoals **Gardaland** (bij het Gardameer) of **Mirabilandia** (aan de Adriatische kust, vlakbij Rimini), met steeds meer spektakels en amusement voor alle leeftijden… want de meest enthousiaste klanten zijn niet altijd de allerkleinsten…*

Tweede fase: 29e les

Settantanovesima lezione

Preparare un viaggio all'estero

1 – Hai telefonato all'ambasciata indiana per sapere se i nostri visti sono pronti?
2 – È il consolato che rilascia i visti, non l'ambasciata. Li ho chiamati prima, ma non mi hanno risposto. Riprovo domattina.
3 Speriamo piuttosto che Giacomo e Linda si siano occupati dei loro.
4 Il mese scorso Giacomo non aveva ancora fatto il rinnovo del suo passaporto che era scaduto da anni!
5 Io mi sono raccomandato che ci andasse al più presto, e lui mi ha risposto che non c'era fretta...
6 – Che ci vuoi fare, Giacomo è fatto così, vuole sempre fare di testa sua.
7 Se non fanno in tempo ad avere tutto a posto prima di partire [1], passaporti, visti e vaccini, peggio per loro! Partiremo senza di loro e buonanotte [2]!
8 – Ma sì, che facciano [3] come vogliono, tanto noi ci divertiremo anche da soli!
9 Mi raccomando, non mettere troppa roba in valigia, è un volo low-cost e il peso del bagaglio è limitato a dieci chili, credo.
10 – Guarda, là starò sempre in top o maglietta e sandali, quindi porterò pochissima roba.

Negenenzeventigste les

Een reis naar het buitenland voorbereiden

1 – Heb je naar de Indische/Indiase ambassade getelefoneerd om te weten of onze visa klaar zijn?
2 – Het is het consulaat dat de visa uitreikt, niet de ambassade. Ik heb ze eerder gebeld, maar ze hebben me niet geantwoord. Ik probeer morgenochtend opnieuw.
3 Laten we liever hopen dat Giacomo en Linda zich met die van hen hebben *('zijn')* bezig gehouden.
4 Vorige maand had Giacomo het vernieuwen van zijn paspoort, dat al jaren verlopen was, nog niet geregeld *(gedaan)*!
5 Ik heb hem *(me hen)* aangeraden er zo snel mogelijk heen te gaan *(dat [hij] er 'ging' bij-het meer snel)* en hij heeft me geantwoord dat er geen haast [bij] was...
6 – Wat wil je eraan doen, Giacomo is zo *(gemaakt)*, wil altijd z'n eigen zin *(van hoofd zijn)* doen.
7 Als ze niet tijdig het nodige doen *(niet doen in tijd)* om alles klaar te hebben voordat we vertrekken, paspoorten, visa en inentingen *(vaccins)*, pech *(erger)* voor hen! We *(zullen)* vertrekken zonder *(van)* hen en daarmee uit *(goedenacht)*!
8 – Wel ja, dat ze 'doen' wat *(zoals)* ze willen, wij zullen ons even[goed] ook *(bij)* alleen amuseren!
9 Alsjeblieft, leg niet te veel spullen in [je] koffer, het is een low-costvlucht en het gewicht van de bagage is beperkt tot 10 kilo, geloof ik.
10 – Kijk, ginder zal ik altijd in top[je] of T-shirt en sandalen lopen *(zijn)*, dus zal ik heel weinig dingen meenemen.

11 – Speriamo che tu non sia fuori uso per diversi giorni a causa del fuso orario [4], come quando siamo stati in Tailandia.

12 – Mamma mia, è vero! Ho avuto un jet-lag [5] memorabile, come lo chiamano. Non riuscivo più a svegliarmi!

13 Senti, c'è il tuo telefono che suona: che sia Giacomo?

14 Scommetto che ti dirà che alla fine non viene in vacanza con noi, con la scusa che non sono riusciti ad ottenere il visto o il passaporto.

15 – In realtà è perché ha paura di dover mangiare riso basmati per un mese.

16 Se lo si priva di pasta al pomodoro per una settimana, sta male!

Uitspraak
1 ... allambasjata ... 2 ... rilasja ... 7 ... vattsjini ...12 ... dzjèt-lèG ... rioesjivo ...

Opmerkingen

1 **Prima** is *eerder, vroeger*; let goed op bij **prima che**, *voordat* (+ conjunctief) en **prima di**, *alvorens, vooraleer te* (+ infinitief): **Prima di andarci, compra un guida**, *Koop een gids alvorens er heen te gaan*, dat in het Nederlands vlotter klinkt met... *voordat je er heen gaat*.

2 **Buonanotte** betekent uiteraard *goedenacht*, maar wordt in de omgang ook idiomatisch aangewend om snel een probleem af te ronden, zonder verdere discussie. 'Punt uit' in het Nederlands, 'dag uit... en nu goedenacht' in het Italiaans!

3 Let op het gebruik van de conjunctief in dergelijke wendingen: **Che vadano tutti al diavolo!**, *Dat ze allemaal naar de duivel 'lopen'!*

11 – Laten we hopen dat je niet uitgeteld *(buiten gebruik)* 'bent' gedurende verscheidene dagen wegens *(om reden van)* het tijdsverschil *(spil tijds-)*, zoals toen we in Thailand zijn geweest.

12 – Ach ja, da's waar! Ik heb een memorabele jetlag gehad, zoals ze zeggen *(hem noemen)*. Ik raakte maar niet wakker *(niet [ik] slaagde meer in wekken-me)*!

13 Hoor je [het], het is je telefoon die rinkelt/overgaat: zou het Giacomo zijn *(dat 'is' G.)* ?

14 Ik wed dat hij je zal zeggen dat hij uiteindelijk niet op vakantie [mee]komt met ons, met als *(het)* excuus dat ze [er] niet [in] geslaagd zijn om hun visum of paspoort te verkrijgen.

15 – In werkelijkheid is het omdat hij bang is om gedurende een maand basmatirijst te moeten eten.

16 Als je hem gedurende een week *(van)* pasta met tomaten[saus] ontzegt, is hij van slag *(slecht)*!

4 De term **fuso orario**, lett. 'tijdsspil', bij een vliegreis door verschillende tijdzones, is gebruikelijker dan het Engelse **jet-lag**; zo is er ook **sindrome da fuso** of **mal di fuso**.

5 Met **che** + conjunctief kan een vraagzin m.b.t. een mogelijkheid, veronderstelling enz. geformuleerd worden: **Simone è in ritardo; che abbia perso il treno?**, *Simone is laat; 'heeft' hij de trein (misschien) gemist, zou hij de trein gemist hebben?*

Esercizio 1 – Traducete

❶ Speriamo che il consolato sia aperto a quest'ora. ❷ Fa caldo, mi metto un top e un paio di sandali. ❸ Che vadano dove vogliono e buonanotte! ❹ Questa settimana ho lavorato troppo e sono stato fuori uso tutta la domenica. ❺ Ci siamo raccomandati che si occupassero al più presto di passaporti, visti e vaccini.

***

Esercizio 2 – Completate

❶ Ik hoop dat ze naar de ambassade getelefoneerd hebben om te weten of de visa klaar waren.
Spero ... . per sapere se i ....

❷ Gaat u na het vernieuwen van het paspoort naar het consulaat van het land waar u wil gaan, dat u het visum zal uitreiken.
Dopo .. .. del ...., vada al .... dove ...., che le ....

❸ Ik wed dat het een excuus is om niet met ons mee te komen.
.... che . ... con noi.

❹ Ik zal gedurende een week rijst moeten eten in plaats van mijn pasta met tomaten[saus]!
.... una .... invece della ... .!

❺ Wil hij binnenkomen? Dat hij binnenkomt!
....? ... .!

Ottantesima lezione

Animali domestici

1 – Buongiorno, signora, scusi ¹ se la disturbo. Sono il suo vicino, abito al piano di sotto.

Oplossing van oefening 1

❶ Laten we hopen dat het consulaat open 'is' op dit uur. **❷** Het is warm, ik trek een topje en een paar sandalen aan. **❸** Dat ze 'gaan' waar ze willen en daarmee uit! **❹** Deze week heb ik te veel gewerkt en ik ben de hele zondag uitgeteld geweest. **❺** We hebben hun aangeraden zich zo snel mogelijk met de paspoorten, visa en inentingen 'bezig te houden'.

***

Oplossing van oefening 2

❶ – che abbiano telefonato all'ambasciata – visti erano pronti **❷** – il rinnovo – passaporto – consolato del paese – vuole andare – rilascerà il visto **❸** Scommetto – è una scusa per non venire – **❹** Dovrò mangiare riso per – settimana – mia pasta al pomodoro **❺** Vuole entrare? Che entri!

***

Besteed de nodige aandacht aan idiomatisch taalgebruik, die typische wendingen die veelvuldig opduiken in dialogen uit het dagelijks leven. Ze verrijken uw uitdrukkingsmogelijkheden en taalvaardigheid, en uw ASSIMILcursus staat er vol van!

Tweede fase: 30e les

Tachtigste les

Huisdieren

1 – Dag mevrouw, excuseert u [me] indien ik u stoor. Ik ben uw buurman, ik woon op de benedenverdieping *(van onder)*.

2 – Piacere, io mi chiamo Luisella! E lui è Fox. Faccia [1] attenzione, è un po' diffidente verso gli estranei [2], a volte li morde.

3 Ma non è mica cattivo [3], sa? È solo un po' introverso.

4 Una certa aggressività è il suo modo di esprimere la sua timidezza, ce lo ha detto la psicologa.

5 – Ma...scusi [1], sta parlando del suo cane?

6 – Certo! Sto parlando di Fox, ma non lo guardi [1] con quella faccia [4], è così sensibile!...

7 – Veramente... è proprio del suo cane che volevo parlarle, perché la notte scorsa ha abbaiato e guaito tantissimo.

8 – Non era lui di sicuro, Fox è equilibratissimo, nonostante la timidezza.

9 Di sicuro è stato Sansone, il barboncino, che in questo periodo è un po' depresso.

10 – Ma... è suo anche il barboncino?

11 – Certo! Non è venuto a salutarla perché sta attraversando un momento difficile, come le dicevo.

12 È molto geloso dei miei tre gatti, trova che io gli dedichi troppe attenzioni.

13 – Ha anche tre gatti! Basta così, vero...?

14 – Ah, no! Ho anche due porcellini d'India, un criceto, tre pesci rossi e una coppia di bellissimi canarini.

15 Mi costano un po' cari di scatolette [5], croccantini e mangime [6], ma pazienza, ho sempre sognato una famiglia numerosa!

Tachtigste les / 80

2 – Aangenaam, ik heet Luisella! En hij is Fox. Let u op, hij is wat wantrouwig tegenover onbekenden, soms bijt hij hen.
3 Maar hij is helemaal niet gemeen, hoor. Hij is alleen wat introvert.
4 Een zekere agressiviteit is zijn manier om zijn verlegenheid te uiten, dat *(het)* heeft de psychologe ons gezegd.
5 – Maar... excuseert u me, hebt u het *(bent aan-het-praten)* over uw hond?
6 – Inderdaad *(Zeker)*! Ik heb het over Fox, maar kijkt u hem niet met die blik *(gezicht)* aan, hij is zo gevoelig!...
7 – Eigenlijk... is het net over uw hond dat ik u wou spreken, want vorige nacht heeft hij heel veel geblaft en gejankt.
8 – Hij was het beslist niet, Fox is heel evenwichtig, ondanks zijn verlegenheid.
9 Het is vast Sansone *(Samson)* geweest, de poedel, die momenteel *(in deze periode)* wat depressief is.
10 – Maar... is de poedel ook van u?
11 – Zeker! Hij is u niet komen begroeten omdat hij een moeilijk moment doormaakt *(is aan-het-doormaken)*, zoals ik u zei.
12 Hij is heel jaloers op *(van)* mijn drie poezen, hij vindt dat ik hun te veel aandacht*(en)* 'schenk'.
13 – U hebt ook drie katten! Da's wel veel *(Volstaat zo)*, niet...?
14 – O, nee! Ik heb ook twee cavia's / Guinese biggetjes *(uit India)*, een hamster, drie goudvissen *(rode)* en een koppel prachtige kanaries.
15 Ze kosten me wel wat *(kosten een beetje duur)* aan blikjes, brokjes *(krokantjes)* en voer, maar ach, ik heb altijd gedroomd [van] een kroostrijk *(talrijk)* gezin!

quattrocentoventi • 420

16 E se l'amministratore del condominio brontola, non mi interessa, che dica quel che vuole!

17 Come se fosse [7] un delitto amare gli animali!

18 Meno male che ci sono persone comprensive come lei, che si preoccupano del loro benessere!

19 – Veramente… volevo dirle che a causa di… Sansone, non ho chiuso occhio, e non è la prima volta.

20 Se continuo a passare notti in bianco [8], va a finire che dallo psicologo ci devo andare anch'io…

21 magari da quello di Fox, se è bravo!

 Uitspraak

2 … éstranéi … 4 … timidéddza … 7 … Goeaito … 12 … dzjélozo … 14 … portsjélini … kritsjéto … 15 … patsièntsa …

Opmerkingen

1 Intussen herkent u in de beleefde imperatief een 3e persoon enkelvoud o.t.t.-conjunctief, met **scusi** a.h.w. afgeleid van '**che mi scusi Vossignoria**, *dat Uwe Heerlijkheid me excusere*'.

2 **Un estraneo** is *een vreemde* in de betekenis van *een onbekende*, terwijl **lo straniero** dat is als *buitenlander* (**l'estero** is *het buitenland*).

3 **Cattivo** betekent zowel *slecht* (zie les 24), bv. m.b.t. smaak (**che cattiva questa carne!**, *wat is dit vlees slecht!*) als *stout, gemeen* enz.

4 **La faccia** is *het gezicht*: **perdere la faccia**, *zijn gezicht verliezen*; **Non fare quella faccia!**, *Trek niet zo'n ('Doe niet dat') gezicht!*

5 **La scatola** is een *doos*, **la scatolina** een *doosje* en **la scatoletta**… een *blikje*!

Tachtigste les / 80

16 En als de beheerder van het (gemeenschappelijk) gebouw moppert, kan het me niet schelen *(niet me interesseert)*, dat hij 'zegt' wat hij wil!

17 Alsof *(Zoals als)* het een misdrijf 'was' [om te] houden van dieren!

18 Nog een geluk dat er begripvolle mensen zijn zoals u, die bezorgd zijn om hun welzijn!

19 – Eigenlijk... wou ik u zeggen dat ik door... Sansone geen oog dichtgedaan heb, en het is niet de eerste keer.

20 Als ik slapeloze nachten blijf hebben *(blijf doorbrengen nachten in wit)*, zal ook ik bij de psycholoog belanden *(gaat te eindigen dat bij-de psycholoog er moet gaan ook ik)*...

21 misschien bij die van Fox, als ie goed is!

6 Il mangime, van mangiare, *eten,* is door een bedrijf klaargemaakt *voer* voor dieren, bv. voor vogels of knaagdiertjes.

7 Een bijwoordelijke bijzin van vergelijking ingeleid door **come se**, *alsof* staat in de o.v.t.- of v.v.t.-conjunctief: **Aveva fame come se non avesse mangiato da giorni**, *Hij had honger alsof hij sinds dagen niet gegeten 'had'.*

8 **Passare la notte in bianco** betekent *een slapeloze nacht hebben.* Met letterlijke vertalingen ga je soms de mist in... In deze dialoog staan hier meer voorbeelden van.

Esercizio 1 – Traducete

❶ Mio cugino sembra diffidente verso tutti, ma è solo un po' introverso. ❷ A volte non parla a nessuno, come se fosse un po' depresso. ❸ Però, quando si impara a conoscerlo, ci si accorge che è molto sensibile e anche simpatico. ❹ Fa una faccia come se non capisse quello che gli si dice. ❺ Sembra che sia cattivo, ma la sua aggressività è solo una forma di timidezza.

***

Esercizio 2 – Completate

❶ Zijn hond blaft altijd en soms bijt hij onbekenden.
Il ... . sempre e . ... gli ....

❷ Mevrouw, door uw hond hebben we een slapeloze nacht gehad.
Signora, ... la notte .. ..

❸ En als de beheerder van het (gemeenschappelijk) gebouw niet tevreden is, dat hij dan maar moppert!
E se l' .... non è contento, ... pure!

❹ Mijn drie katten kosten me wel wat aan brokjes en blikjes.
. .... tre gatti .. .. un po' .... e ....

❺ Ik zou graag een kroostrijk gezin gehad hebben.
.. sarebbe .... una famiglia ....

Ottantunesima lezione

Feste e tradizioni

1 – L'anno scorso siamo stati al carnevale di Viareggio a vedere la sfilata dei carri e ci è piaciuta molto.

Oplossing van oefening 1

❶ Mijn neef lijkt wantrouwig tegenover iedereen, maar hij is alleen wat introvert. ❷ Soms praat hij met niemand, alsof hij wat depressief 'was'. ❸ Wanneer men hem echter leert kennen, merkt men dat hij heel gevoelig en zelfs sympathiek is. ❹ Hij trekt een gezicht alsof hij niet 'begrijpt' wat men hem zegt. ❺ Het lijkt dat hij gemeen 'is', maar zijn agressiviteit is slechts een vorm van verlegenheid.

***

Oplossing van oefening 2

❶ – suo cane abbaia – a volte morde – estranei ❷ – a causa del suo cane abbiamo passato – in bianco ❸ – amministratore del condominio – che brontoli – ❹ I miei – mi costano – cari in croccantini – scatolette ❺ Mi – piaciuto avere – numerosa

Een op de drie Italianen heeft op z'n minst één huisdier, op zich een maatschappelijk fenomeen, maar ook een goede zaak voor producenten van voer en van allerlei accessoires voor die beestjes. In een land dat een belangrijke terugval van het aantal geboorten kent en waar er meer dan 60 miljoen honden en poezen in huis rondlopen, sta je er niet versteld van dat er voor hen parken en stranden voorbehouden worden, dat er dierenartspraktijken zijn, speciale afdelingen in de supermarkt, op beauty farms lijkende trimsalons en zelfs aangepaste smaken in ijssalons...

Tweede fase: 31e les

Eenentachtigste les

Feesten en tradities

1 – Vorig jaar zijn we naar het carnaval van Viareggio geweest om de [praal]wagensoptocht te zien en we hebben het heel leuk gevonden.

81 / Ottantunesima lezione

2 – Beh, tutti i gusti sono gusti... Io l'ho vista qualche volta alla televisione, e mi è sembrata abbastanza pacchiana [1]...

3 Tutti quei fantocci in cartapesta, spesso caricature di personaggi politici o televisivi, li trovo di pessimo gusto.

4 – Ecco l'intellettuale che snobba i passatempi del popolo!

5 – Ma no, che discorsi sono? Semplicemente non mi piacciono i carri di carnevale.

6 Ce ne sono in tante città italiane, anche qui a Verona, e non ci vado mai.

7 Oltretutto non mi piace farmi pestare i piedi nei luoghi affollati.

8 – Personalmente preferisco il carnevale di Venezia, con tutta la gente in maschera lungo i canali.

9 C'è un'atmosfera magica, anche se a volte c'è una ressa [2] pazzesca [3] anche lì.

10 – Il carnevale non fa per me. Ci sono ricorrenze [4] a cui sono molto più sensibile: il Natale per esempio.

11 Vado matta per le città illuminate a festa, i fuochi d'artificio a Capodanno, magari sotto la neve.

12 E poi adoro il panettone e il pandoro... e le vacanze scolastiche!

13 – E la Pasqua non ti piace? Anche lì c'è una settimana di vacanza.

14 – Per Pasqua o per Pasquetta spesso vado fuori città.

15 Molta gente va a fare picnic in campagna o in collina, approfittando delle prime giornate di clima primaverile.

Eenentachtigste les / 81

2 – Nou, ieder zijn smaak... Ik heb hem een paar keer gezien op de televisie en het leek me nogal patserig...

3 Al die papier-maché marionetten, vaak karikaturen van politieke of televisiegezichten *(personages)*, ik vind ze van heel slechte smaak [getuigen].

4 – Hier heb je de intellectueel die neerkijkt op de verstrooiingen *(tijdverdrijven)* van het volk!

5 – Maar nee, wat vertel je nou *(welke redevoeringen zijn)*? Ik hou gewoon niet van carnavalswagens.

6 Er zijn er in veel Italiaanse steden, zelfs hier in Verona, en ik ga er nooit heen.

7 Bovendien vind ik het niet fijn dat er op mijn voeten wordt getrapt *(laten-me trappen-op de voeten)* op d[i]e drukke *(overvolle)* plaatsen.

8 – Persoonlijk geef ik de voorkeur aan het carnaval van Venetië, met allemaal gemaskerde mensen *(heel het volk in masker)* langs de kanalen.

9 Er hangt een magische sfeer, ook al is er ook daar soms waanzinnig veel *(een)* gedrang.

10 – Carnaval is niets *(niet doet)* voor mij. Er zijn feesten waarvoor ik veel gevoeliger ben: Kerstmis bijvoorbeeld.

11 Ik ben gek op *(Ga gek voor)* feestelijk verlichte steden, vuurwerk met Nieuwjaar, mogelijk onder de sneeuw.

12 En daarbij ben ik dol op panettone en pandoro... en de schoolvakantie*(s)*!

13 – En hou je niet van Pasen? Ook dan *(daar)* is er een week vakantie.

14 – Met Pasen of op paasmaandag ga ik dikwijls de stad uit.

15 Veel mensen gaan picknicken *(te doen picknick)* op het platteland of in de heuvels, genietend van de eerste dagen met lenteweer *(van klimaat lenteachtig)*.

quattrocentoventisei • 426

16 E nei cestini con le provviste, spesso si portano anche le uova sode tipicamente pasquali, magari dipinte.

17 – A dire il vero, le uova di Pasqua io le preferisco di cioccolata [5]…

18 – Beh, per essere un intellettuale, sai anche apprezzare le cose buone della vita!

Uitspraak

1 … viaréddzjo … 2 … pakkiana 3 … fantottsji …4 … znobba … 7 … loeoGi … 8 … maskéra … 9 … paddzéska … 10 … rikorrèndzé …

Opmerkingen

1 **Pacchiano** betekent *patserig,* zodanig opzichtig dat het van slechte smaak getuigt.

2 **La ressa** is *het gedrang* in de menigte, niet te verwarren met **la rissa**, *de vechtpartij.*

3 **Pazzesco** is *waan-, krankzinnig,* zelfs *ongelofelijk* (van **pazzo**, *waan-, krankzinnige*), **matto** is eerder *gek* (zie les 20, 50 en 74), *maf, dwaas*: è

***

Esercizio 1 – Traducete

❶ Tutti i gusti sono gusti, ma il carnevale non fa proprio per me. ❷ Sfilate, maschere e carri, trovo il tutto piuttosto pacchiano. ❸ Non mi piace la ressa e preferisco evitare i luoghi affollati. ❹ Natale è una ricorrenza a cui sono molto più sensibile. ❺ Non fare l'intellettuale, di' piuttosto che ti piace da matti il panettone!

***

*Il **panettone**, een traditioneel Milanees kerstgebak, is een soort groot briochebrood vol rozijnen en stukjes gekonfijte vruchten. De basisvorm van de naam is **pan de Toni**, verwijzend naar **Toni** (verkleinvorm van **Antonio**), een jonge bakkersknecht uit de 15e eeuw. Die trachtte het gebak van zijn meester voor de hertog van Milaan,*

16 En in proviandmandjes neemt men vaak ook de typische hard[gekookt]e paaseieren mee, [die] misschien [zelfs] beschilderd [zijn].
17 – Eerlijk gezegd, paaseieren vind ik het lekkerst van chocolade...
18 – Nou, voor *(zijn)* een intellectueel weet je ook de goede dingen van het leven [te] appreciëren!

---

pazzesco! *dat is waanzinnig, ongelofelijk!*; **Nelle ore di punta c'è un traffico pazzesco**, *In de spitsuren is er waanzinnig (veel) verkeer.*

4 La ricorrenza is eigenlijk *de herdenking*, een (jaarlijks) terugkerend iets, bv. een verjaardag of feest, en werd zo een synoniem voor **festa**, *feest*. **Natale, Pasqua, Capodanno** zijn dus **ricorrenze**.

5 Il cioccolato of **la cioccolata**, mannelijk resp. vrouwelijk, zijn inwisselbaar voor *de chocolade*.

Oplossing van oefening 1

❶ Ieder zijn smaak, maar carnaval is echt niets voor mij. ❷ Optochten, maskers en praalwagens, ik vind het allemaal nogal patserig. ❸ Ik hou niet van gedrang en ik vermijd liever drukke plaatsen. ❹ Kerstmis is een feest waarvoor ik veel gevoeliger ben. ❺ Hang niet de intellectueel uit, zeg liever dat je gek bent op panettone.

***

dat als misbaksel uit de oven kwam, op te werken door er op het laatste nippertje ingrediënten aan toe te voegen. **Il pandoro**, *een kegelvormig kerstgebak uit de stad Verona, is eveneens een soort briochebrood, verrijkt met boter. Beide lekkernijen zijn al lang buiten hun stadsgrenzen heen, zelfs wereldwijd bekend.*

Esercizio 2 – Completate

① Is de praalwagensoptocht van Viareggio je bevallen?
Ti . ... di Viareggio?

② Ik verkies het carnaval van Venetië, ook al is er ook daar waanzinnig veel gedrang.
Preferisco .. .., anche se ... ... anche lì.

③ Ik (v.) ben gek op de kerstfeesten, mogelijk onder de sneeuw.
Vado .... Natale, magari ....

④ Voor de picknick op het platteland van volgende zondag zal ieder zijn eigen proviandmandje meebrengen.
Per .. .. prossima, ... il proprio .... con le ....

82

Ottantaduesima lezione

Turismo a Verona

1 – Verona è veramente piacevole per un turista!
2 – Beati voi che ci abitate!
3 – Le passeggiate lungo l'Adige, i vicoletti del centro, e la casa col balcone di Giulietta, così pittoresca, così romantica!
4 – E i ristorantini dove si mangia all'aperto!
5 – Sì, e a cercarle bene, si trovano delle trattorie e delle osterie dove si paga poco e a volte si mangia meglio che a casa propria [1].
6 – E poi in Arena, l'anfiteatro romano, durante l'estate vengono rappresentate opere liriche [2] e arrivano spettatori da tutto il mondo.
7 – Noi che abitiamo qui dovremmo andarci più spesso, invece a volte ci si dimentica [3] delle occasioni che offre la propria città.

❺ Hij trekt een gezicht alsof niets van wat we doen hem aanstaat.
   Fa . . . . se non gli . . . .
   . . . . . . che . . . .

Oplossing van oefening 2

❶ – è piaciuta la sfilata dei carri – ❷ – il carnevale di Venezia – c'è una ressa pazzesca – ❸ – matta per le feste di – sotto la neve ❹ – il picnic in campagna di domenica – ognuno porterà – cestino – provviste ❺ – una faccia come – piacesse niente di quello – facciamo

Tweede fase: 32e les

Tweeëntachtigste les

Toerisme in Verona

1 – Verona is echt aantrekkelijk voor een toerist!
2 – Wat 'n geluk hebben jullie er te wonen!
3 – De wandelingen langs de Adige, de steegjes in het stadscentrum en het huis met het balkon van Julia, zo pittoresk, zo romantisch!
4 – En de restaurantjes waar men eet in openlucht!
5 – Ja, en als men goed zoekt *(bij zoeken-ze goed)* vindt men 'trattoria's' en 'osteria's' waar men voor weinig geld *(men betaalt weinig)* en soms lekkerder dan thuis eet.
6 – En dan naar de Arena, het Romeins amfitheater, tijdens de zomer worden er opera's *(komen werken lyrische)* vertoond en komen er toeschouwers uit heel de wereld naartoe *(aan)*.
7 – Wij die hier wonen zouden er vaker naartoe moeten gaan, maar de opportuniteiten *(gelegenheden)* die onze eigen stad biedt ontgaan ons soms.

82 / Ottantaduesima lezione

8 – ... e magari si fanno [4] chilometri per andare a vedere uno spettacolo o una mostra da un'altra parte [5]!

9 – Comunque, venendoci da turista, si ha l'impressione che qui la vita sia molto meno frenetica che da noi.

10 – È vero, fossero tutte così, le città! Vi assicuro che a Roma è tutta un'altra cosa.

11 Bella fin che si vuole, ma così caotica e inquinata...!

12 – Bisogna dire che anche qui, nei giorni festivi, lungo il corso principale si passeggia più lentamente che a una processione,

13 perché i turisti sono tantissimi e si fermano ore davanti alle vetrine dei negozi.

14 – Sì, ma basta spostarsi un po' e andare nei vecchi vicoli quasi deserti,

15 si volge lo sguardo verso l'alto e si vedono palazzi antichi e balconcini fioriti.

16 – Hai ragione, si apprezza di rado [6] il posto in cui si vive.

17 – ... e l'erba del vicino è sempre più verde!

Uitspraak
3 ... adidzjé ... dzjouliétta ... 5 ... trattorié ... ostérié ... 6 ... liriké ... 12 ... protsjéssioné 15 ... voldzjé ... zGoeardo ...

Opmerkingen

1 Il proprio ... komt overeen met het onpersoonlijke *zijn eigen ...*: **Non si deve pensare solo al proprio interesse**, *Men moet niet alleen aan zijn eigen belang denken*. **A casa propria** betekent *in eigen huis*, dus *thuis*: **Come si sta/mangia bene a casa propria!**, *Wat heeft men het goed in eigen huis, eet men goed thuis!*

Tweeëntachtigste les / 82

8 – ... en we leggen *(men doen)* maar kilometers af om elders *(bij een ander deel)* een spektakel of een tentoonstelling te zien!
9 – Hoe dan ook, als men er als toerist komt *('komend'-er)*, heeft men de indruk dat het leven hier veel minder gejaagd 'is' dan bij ons.
10 – Da's waar, 'waren' ze allemaal [maar] zo, de steden! Ik verzeker jullie dat het in Rome een heel andere zaak is.
11 Mooi zoveel *(tot dat)* men wil, maar zo chaotisch en vervuild!
12 – Het moet gezegd dat ook hier, tijdens *(in)* de feestdagen, men langs de hoofdstraat trager wandelt dan in een processie,
13 omdat de toeristen zo talrijk zijn en zich uren voor de winkelramen ophouden.
14 – Ja, maar het is voldoende dat men zich wat verplaatst en in de oude, bijna verlaten stegen gaat,
15 men richt zijn blik omhoog *(de blik richting de hoogte)* en ziet oude gebouwen en balkonnetjes vol bloemen *(bebloemde)*.
16 – Je hebt gelijk, men waardeert zelden *(van zeldzaam)* de plaats waar*(in)* men woont.
17 – ... en het gras aan de overkant *(van-de buurman)* is altijd groener!

---

2 L'opera (v.) betekent *het werk, œuvre*; met het bijvoeglijk naamwoord lirica (il canto lirico, *het lyrisch gezang*) erbij krijgt het de betekenis van *de opera*, l'opera lirica, maar wanneer de context duidelijk is kan l'opera volstaan: Stasera vado a teatro a vedere un'opera di Verdi, *Vanavond ga ik naar het theater een opera van Verdi bekijken*.

3 Dimenticare, *vergeten* wordt vaak wederkerend gebruikt, hier met het onpersoonlijke si, *men*: ci si dimentica = *men vergeet, iets ontgaat ons, ontsnapt aan onze aandacht*. Ricordarsi is *zich herinneren*: ci si ricorda, *men herinnert zich*, van ricordare, *herinneren (aan), in het geheugen terugroepen, zich herinneren*.

quattrocentotrentadue • 432

82 / Ottantaduesima lezione

4 Voor een vlotte overgang hebben we hier een onpersoonlijk gebruik van 'we' i.p.v. *men*, **si**. Dat **si** hadden we elders in deze dialoog ook kunnen weergeven met een onpersoonlijk 'je', maar voor de grammaticale duidelijkheid opteerden we voor *men* (immers **si** en *men* worden allebei vervoegd in de 3e pers. ev.).

***

Esercizio 1 – Traducete

❶ Venendoci da turista, ho l'impressione che la tua città sia molto piacevole. ❷ Da noi la vita è molto più frenetica e l'aria è inquinata. ❸ Fossero tutte come la tua, le città! Magari la mia avesse tutte queste opere d'arte! ❹ Nelle vie del centro spesso c'è ressa, e i turisti si fermano ore davanti alle vetrine dei negozi. ❺ Noi in centro ci andiamo di rado, solo per visitare qualche mostra.

***

Esercizio 2 – Completate

❶ Jij bofkont die in een zo pittoreske en romantische stad woont!
.... che .... così .... e ....!

❷ Tijdens de zomer komen toeschouwers uit heel de wereld aan om de opera's te zien in de Arena.
.... arrivano .... il mondo ... . nell'Arena.

❸ Ik zou er vaker moeten heen gaan, maar soms ontgaan de opportuniteiten die mijn stad me biedt me.
Dovrei ...., ma a ....
.. .. che .. .. la mia città.

❹ Vaak spendeer ik meer geld en doe ik er uren over om elders naar een spektakel te gaan kijken!
Spesso .... e ....
vedere uno spettacolo .. ..!

❺ We houden van de verlaten stegen en de balkonnetjes vol bloemen.
Ci .... e i ....

Tweeëntachtigste les / 82

5 **Da un'altra parte** betekent *elders, op een andere plaats*; **d'altra parte** betekent *aan de andere kant, anderzijds, overigens*. Alweer een voorbeeld van de verschillende betekenissen die een voorzetsel, hier **da**, kan aannemen...

6 Het bijvoeglijk naamwoord **rado** betekent *zeldzaam*; de bijwoordelijke uitdrukking **di rado** betekent *zelden*.

***

Oplossing van oefening 1

❶ *(Er 'komend')* Als toerist heb ik de indruk dat je stad heel aangenaam 'is'. ❷ Bij ons is het leven veel gejaagder en de lucht is vervuild. ❸ 'Waren' ze maar allemaal zoals de jouwe, de steden! 'Had' de mijne maar al deze kunstwerken! ❹ In de straten van het stadscentrum is er dikwijls gedrang en de toeristen houden uren halt voor de winkelramen. ❺ Wij in het stadscentrum gaan er zelden heen, alleen om een *(of andere)* tentoonstelling te bezoeken.

***

Oplossing van oefening 2

❶ Beato te – abiti in una città – pittoresca – romantica ❷ Durante l'estate – spettatori da tutto – per vedere le opere liriche – ❸ – andarci più spesso – volte mi dimentico le occasioni – mi offre – ❹ – spendo più soldi – metto ore per andare a – da un'altra parte ❺ – piacciono i vicoli deserti – balconcini fioriti

***

Toeristen uit de hele wereld stromen toe in Verona, een van de drukst bezochte steden in Italië, waar Shakespeares tragedie "Romeo en Julia" zich afspeelt. Bezoekers reppen zich naar het beroemde balkon (dat trouwens nep en later bijgebouwd is) en laten soms de vele, prachtige gebouwen in Venetiaanse stijl uit de middeleeuwen en de renaissance links liggen! En dan is er nog **l'Arena**, *de Arena, het best bewaard gebleven Romeins amfitheater, het tweedegrootste na* **il Colosseo**, *het Colosseum van Rome. Jaarlijks wordt in* **l'Arena di Verona** *een van de belangrijkste operafestivals ter wereld georganiseerd.*

Tweede fase: 33e les

Ottantatreesima lezione

Un articolo della stampa locale

1 "Fiamma si è perso [1], ma l'hanno ritrovato nei boschi"
2 Vagava da domenica con l'aria di chi ha perso [1] la strada di casa e non riesce [2] più a ritrovarla.
3 Su un gruppo social era scattata una vera e propria mobilitazione
4 per provare a capire di chi fosse [3] il cagnolone [4] che girava senza collare nei vicoli del paese [5].
5 Tutti speravano di riuscire a restituirlo al suo padrone [6].
6 Nei giorni scorsi il cane aveva fatto perdere [1] le sue tracce,
7 quando finalmente un giovane di diciannove anni, Andrea Michelutti, vistolo [7] vagare nei boschi, ha dato l'avviso ai vigili che hanno allertato l'ASL.
8 "Spero che all'ASL rintraccino il padrone [6] e lo contattino velocemente
9 in modo che questo simpatico cagnolone [4] possa ritornare a casa sua al più presto!",
10 avrebbe affermato il ragazzo che ha ritrovato il cane, portandolo [8] fino all'ASL del paese.
11 Nella serata di ieri i funzionari dell'ASL hanno preso in consegna il cane,

Drieëntachtigste les

Een artikel in de lokale pers

1 "Fiamma *(Vlam)* was zoek *(zich is verloren)*, maar ze hebben hem teruggevonden in de bossen"
2 Hij doolde rond sinds zondag, als een verdwaalde hond die *(met het air van wie heeft verloren de weg van huis en)* er niet meer in slaagt de weg *(hem)* terug te vinden.
3 Via een [contact]groep [in de] sociale [media] was een regelrechte *(ware en echte)* mobilisatie op gang gekomen
4 om te proberen uitzoeken van wie de loebas 'was' die zonder halsband in de dorpsstegen rondliep.
5 Iedereen hoopte hem aan zijn baas[je] te kunnen terugbezorgen.
6 *(In)* De afgelopen dagen was er geen spoor meer van de hond *(de hond had gedaan verliezen de zijn sporen)*,
7 toen eindelijk een jongeman van 19 jaar, Andrea Michelutti, die hem had zien *(gezien-hem)* ronddolen in de bossen, melding deed bij *(heeft gegeven aan)* de agenten van de lokale politie, die het 'ASL' gealarmeerd hebben.
8 "Ik hoop dat ze bij het 'ASL' het baas[je] kunnen opsporen *(hertraceren)* en vlug met hem contact opnemen *(hem contacteren)*
9 zodat deze sympathieke loebas zo snel mogelijk naar *(zijn)* huis 'kan' terugkeren",
10 zou de jongen die de hond teruggevonden heeft verklaard hebben toen hij hem naar het 'ASL' van het dorp bracht *('brengend'-hem tot aan-het ASL)*.
11 In de [loop van] gisteravond hebben de ambtenaren van het 'ASL' de hond onder hun hoede *(in bewaring)* genomen,

12 dicendo al [9] Michelutti che avevano già preso contatti col padrone [6] e assicurandogli [8] che il lieto fine era vicino.

13 Infatti, alle prime luci dell'alba del giorno dopo ci è stato comunicato che Fiamma

14 – questo è il nome datogli [7] alla nascita a causa del suo colore fulvo –

15 è tornato a casa con la sua padroncina [6] di sette anni e la sua mamma.

16 La bambina era felicissima e ha detto:

17 "Adesso dovrò stargli [10] sempre vicino per non perderlo [1] mai più e non potrò neanche più andare a scuola!"

18 La mamma naturalmente le ha risposto: "Invece dovrai proprio andarci!"

Uitspraak
1 … boski … 2 … rièsjé … 6 … trattsjé 12 … assikoerandolji …

Opmerkingen

1 **Perdere** zagen we als *verliezen* en als *missen, mislopen*; het wederkerende **perdersi** betekent *de weg kwijtraken, verdwalen, zoekraken*.

2 **Riuscire a** betekent *slagen in, erin slagen om*, bijgevolg ook *kunnen*; er volgt een infinitief op (zie bv. ook les 79, zin 12 en 14).

3 In een indirecte vraag kan het werkwoord in de conjunctief staan: **Mi ha chiesto se conoscessi un buon medico**, *Hij heeft me gevraagd of ik een goede arts 'kende'*. In de omgangstaal is ook de indicatief mogelijk: **Mi ha chiesto se conoscevo un buon medico**.

4 **Il cane**, *de hond* heeft als diminutief **il cagnolino**, als augmentatief **il cagnone**; in de vergrotingsvorm **il cagnolone** zit een affectieve nuance, enigszins vergelijkbaar met 'de loebas'.

5 **Il paese** betekent zowel *het land* (in de betekenis van natie) als *het dorp*; **il connazionale** is een *landgenoot*, **il compaesano** een *dorpsgenoot*.

12 Michelutti gezegd *('zeggend' aan-de M.)* dat ze al contact*(en)* hadden [op]genomen met het baas[je] en hem ervan verzekerd *(verzekerend-hem)* dat de goede afloop nakend *(dichtbij)* was.

13 Inderdaad, bij het ochtendgloren *(de eerst lichten van-de dageraad)* 's anderdaags *(van-de dag erna)* werd ons *(ons is geweest)* gemeld dat Fiamma

14 – dit is de naam die hem werd gegeven *(gegeven-hem)* bij de geboorte wegens zijn rossige kleur –

15 terug naar huis is gekeerd met zijn bazinnetje van 7 jaar en haar mama.

16 Het kind was dolgelukkig en heeft gezegd:

17 "Nu zal ik altijd dichtbij hem moeten blijven *(blijven-hem)* om hem nooit meer kwijt te raken *(verliezen-hem)* en zal ik zelfs niet meer naar school kunnen gaan!"

18 Haar mama heeft haar natuurlijk geantwoord: "Je zal net wel moeten gaan*(er)*!"

---

6 Il padrone is *de baas*, bv. **il padrone di casa**, *de huisbaas*, ook als 'eigenaar' van een hond of ander huisdier. De verkleinvorm **padroncino** kan letterlijk of met gevoelswaarde gebruikt worden, zoals bij 'baasje'.

7 Een voltooid deelwoord kan op zich gebruikt worden: **Detto questo, rimango della mia opinione**, *Dit gezegd (zijnde), blijf ik bij mijn mening*. Bijbehorende persoonlijke voornaamwoorden, al dan niet gegroepeerd, worden achteraan deze werkwoordsvorm vast geschreven: **dettolo**, *het gezegd (hebbende)*, **dettoglielo**, *het hem/haar/u/hun gezegd (hebbende)*.

8 Ook aan een gerundium worden persoonlijke voornaamwoorden vast geschreven: **Dicendomelo, rideva**, *Terwijl hij het me zei ('Zeggend'-me-het), lachte hij*.

9 Soms wordt in journalisten- of juridische taal vóór een familienaam een bepaald lidwoord gebruikt, vergelijkbaar met 'de genaamde', in het bijzonder bij bekende figuren: **la Callas** (Maria Callas, de beroemde operazangeres).

83 / Ottantatreesima lezione

10 Stargli vicino (i.p.v. **stare vicino a lui**), *dichtbij hem blijven*, met het persoonlijk voornaamwoord vast geschreven aan de infinitief (die hierbij de eind-**e** verliest). **Stammi lontano!** (i.p.v. **Sta' lontano da me!**), *Blijf ver van mij!*, als voorbeeld voor het aaneenschrijven in de imperatief.

***

Esercizio 1 – Traducete

❶ Il Michelutti sarebbe stato visto nei vicoli del paese la notte scorsa. ❷ Vagava con l'aria di chi cerchi qualcuno. ❸ I vigili hanno subito fatto scattare le ricerche. ❹ Molti in paese si chiedevano quale fosse la causa di quella strana mobilitazione. ❺ Trovatolo, i vigili l'hanno riportato dai genitori.

***

Esercizio 2 – Completate

❶ Niemand wist van wie de hond die door de dorpsstegen rondliep was.
Nessuno . . . . il cane che . . . .
. . . .

❷ Ik zou altijd dichtbij je willen blijven om je nooit meer kwijt te raken.
Vorrei . . . . vicino per . . . .

❸ In de loop van woensdagavond hebben de agenten van de lokale politie de ambtenaren van het 'ASL' gealarmeerd.
Nella . . . . i . . . .
. . . . dell'ASL.

❹ Bij het ochtendgloren is de baas van de hond opgespoord (geweest).
Alle . . . . il . . . . è stato
. . . .

❺ Er zijn mensen die nooit weten wat *(Er is wie nooit weet welke)* de beste oplossing voor hun *(de)* eigen problemen is.
. . . . . . non sa mai . . . . migliore . .
. . . . . . problemi.

Drieëntachtigste les / 83

Oplossing van oefening 1
❶ De *(genaamde)* Michelutti zou vorige nacht gezien *(geweest)* zijn in de dorpsstegen. ❷ Hij doolde rond met het air van iemand die iemand 'zoekt'. ❸ De agenten van de lokale politie hebben meteen de opsporingen op gang gebracht. ❹ Velen in het dorp vroegen zich af wat de oorzaak 'was' van die vreemde mobilisatie. ❺ Toen ze hem gevonden hadden, hebben de agenten van de lokale politie hem teruggebracht bij zijn ouders.

***

Oplossing van oefening 2
❶ – sapeva di chi fosse – girava per i vicoli del paese ❷ – starti sempre – non perderti mai più ❸ – serata di mercoledì – vigili hanno allertato i funzionari – ❹ – prime luci dell'alba – padrone del cane – rintracciato ❺ C'è chi – quale sia la soluzione – ai propri –

Het letterwoord **ASL** *staat voor* **Azienda Sanitaria Locale**, *het 'plaatselijk gezondheidscentrum', een openbare instelling waar de lokale bevolking terechtkan voor medisch advies, inentingen enz. en waar ook altijd een veterinaire post aan verbonden is, bv. voor zwerfkatten of loslopende honden, zoals het geval was in onze dialoog.*

Tweede fase: 34e les

Ottantaquattresima lezione

Revisione – Herhaling

1 Conjunctief

1.1 Conjunctief in de hoofdzin

• **Wens**

Een wens van de spreker kan uitgedrukt worden met een o.v.t.- of v.v.t.-conjunctief, al dan niet met het bijwoord **magari**:
Magari piovesse un po'!, *'Regende' het maar een beetje!*
Fosse vero!, *'Was' het maar waar!*

• **Indirect bevel in de 3e persoon enkelvoud/meervoud**

Che vadano tutti al diavolo!, *Dat ze allemaal naar de duivel 'lopen'!*
Il signor Bianchi è fuori? Che entri!
Staat meneer Bianchi buiten? Dat hij 'binnenkomt'!

Zo kan het bevel als een wens opgevat worden (zie vorig punt):
Lo voglia il cielo!, *'God 'verhoede'!'* ('Dat de hemel het wille')

• **Beleefde imperatief**

De beleefde imperatief, die in het Italiaans uitgedrukt wordt in de vrouwelijke 3e persoon enkelvoud, sluit aan bij het vorige punt:
Dottore, mi ascolti, *Dokter, 'luistert' u naar me* ('[dat] u naar me luistere').

• **Vraag naar een mogelijkheid, veronderstelling enz.**

Vraag ingeleid met **che**:
Sandro è in ritardo; che abbia perso il treno? *Sandro is laat; 'heeft' hij (misschien) de trein gemist, zou hij de trein gemist hebben?*
Vraag ingeleid met **e se**:
E se domenica andassimo tutti al mare? *En als we zondag allemaal naar zee 'gingen'?*
E se non ci avesse detto la verità? *En als hij ons de waarheid niet 'had' gezegd?*

Vierentachtigste les

1.2 Conjunctief in een indirecte vragende bijzin

Dit zijn zinnen zonder vraagteken, ingeleid met werkwoorden zoals **sapere**, **chiedere** enz.:
Mi chiedo da chi l'abbia saputo, *Ik vraag me af van wie hij het gehoord (geweten) 'heeft'.*
Non sapeva dove si trovasse quella città, *Hij wist niet waar die stad zich 'bevond'.*
Al kan in de omgangstaal dan ook de indicatief gebruikt worden:
Mi chiedo da chi l'ha saputo.
Non sapeva dove si trovava quella città.

1.3 Conjunctief in een bijzin van vergelijking

Zo een bijzin wordt vaak ingeleid met **come se**, *alsof*:
Parla come se non sapesse nulla di quello che è successo, *Hij praat alsof hij niets 'wist' van wat gebeurd is.*

2 Zelfstandig gebruikt voltooid deelwoord

In het Italiaans volstaat soms een voltooid deelwoord waar in het Nederlands een hele omschrijving nodig is, bv.:
Arrivato a Roma, sono venuto subito da te, *(Eens, Zodra ik was) aangekomen in Rome, ben ik meteen bij jou gekomen.*
Bijbehorende persoonlijke voornaamwoorden in de voorwerpsvorm worden er achteraan vast geschreven:
Spiegatogli il lavoro da fare, gli ho detto di arrangiarsi da solo, *Nadat ik hem het uit te voeren werk had uitgelegd* ('Uitgelegd-hem het werk te doen'), *heb ik hem gezegd zich in z'n eentje te redden.*

3 Idiomatisch werkwoordgebruik

- **interessare**
wordt gebruikt met een meewerkend voorwerp:
Non interessa a nessuno, *Het interesseert (aan) niemand.*
Non le interessa, *Het interesseert haar niet* (met **le**, *haar* als meewerkend voorwerp).

4 Het bijwoord *magari*

– Voor het uitdrukken van een wens:
vaak in een uitroep, op zich of vóór een werkwoord in de o.v.t.- of v.v.t.-conjunctief of een infinitief:
Vai in vacanza quest'estate? – Magari! Purtroppo devo lavorare.
Ga je deze zomer op vakantie? – Graag genoeg, dat zou leuk zijn! Helaas moet ik werken.
Magari potessi andare in vacanza! *'Kon' ik maar op vakantie gaan!*
Magari essere ancora giovane! *Nog jong zijn... hoe mooi zou het zijn!*

***

Dialogo di revisione

1 – Siete andati al parco divertimenti domenica scorsa?
2 – Magari! Stiamo facendo dei lavori nel nostro nuovo appartamento
3 e siamo rimasti chiusi in casa tutto il fine settimana.
4 Oltretutto il cane dei nostri vicini ha abbaiato tantissimo
5 e la notte non siamo riusciti a dormire, anche se eravamo stanchissimi.
6 – Mi chiedo come abbiate fatto a restare in casa con quel caldo.
7 Io sono stata per due giorni in giro in maglietta e sandali.
8 – Beata te! Noi però sabato prossimo andremo a Vicenza, che è una cittadina molto piacevole.
9 – Sì, il centro storico è molto pittoresco e romantico, anche se a volte c'è ressa a causa del turismo.
10 – Che i turisti facciano quello che vogliono, noi ci andiamo lo stesso!

Vierentachtigste les / 84

– Voor het uitdrukken van een mogelijkheid, eventualiteit:
Oggi non ho voglia di andarci, magari ci vado domani, *Vandaag heb ik geen zin om erheen te gaan, mogelijk/eventueel ga ik er morgen naartoe.*
– Voor het uitdrukken van een mogelijkheid, waarschijnlijkheid:
Carlo non è venuto, magari non gli ha detto nessuno che la riunione era oggi, *Carlo is niet gekomen, misschien/wellicht heeft niemand hem gezegd dat de vergadering vandaag was.*
Dan is het een equivalent van **forse**.

***

Vertaling
1 Zijn jullie naar het pretpark gegaan vorige zondag? **2** Was 't maar waar! We zijn werken aan het uitvoeren in ons nieuw appartement **3** en we zijn heel het weekend opgesloten thuis gebleven. **4** Bovendien heeft de hond van onze buren heel veel geblaft **5** en we hebben 's nachts niet kunnen slapen, ook al waren we doodmoe. **6** Ik vraag me af hoe jullie thuis zijn kunnen blijven *('hebben' gedaan)* bij die warmte. **7** Ik heb gedurende twee dagen in T-shirt en sandalen rondgelopen. **8** Jij bofkont! Hoewel, volgende zaterdag *(zullen)* gaan wij naar Vicenza, dat een heel aangenaam stadje is. **9** Ja, de oude binnenstad is heel pittoresk en romantisch, ook al is er soms gedrang wegens het toerisme. **10** Dat de toeristen 'doen' wat ze willen, wij gaan er evengoed naartoe!

Tweede fase: 35e les

Ottantacinquesima lezione

Vanaf deze dialoog wordt de klemtoon in een woord niet meer aangeduid. U bent immers zo ver gevorderd dat u spontaan zelf kan "raden" welke letter te benadrukken in de nieuwe woorden die u tegenkomt!

Diete

1 – Vuoi un cioccolatino, Rocco?
2 – No, ti ringrazio ma proprio non posso, sono a dieta.
3 – A dieta? Ma sei matto? Non sei mica grasso!
4 – Eh, invece ho preso qualche chiletto e devo proprio fare attenzione a quello che mangio.
5 Sai, sono piuttosto goloso [1] e ho tendenza a ingrassare. Se mangiassi [2] tutto quello che mi fa gola [1] peserei [2] cento chili!
6 – Quante storie! Spero che tu non ti stia avvelenando con degli stupidi integratori alimentari
7 o che non abbia speso un sacco di soldi da un dietologo, a volte può [3] capitare [4] anche un imbroglione [5]...
8 – No, tranquilla! Mi accontento di mangiare insalata, carote, verdura cotta, frutta,
9 e cerco di evitare di abbuffarmi di pane, pasta, dolci e di bere alcolici [6] e bevande zuccherate.
10 Se mangio [7] poco sto [7] anche meglio di salute.
11 – E la carne non la mangi più? Per niente?
12 – Il meno possibile; tutti i medici oggi sconsigliano di mangiare carne rossa, soprattutto di manzo, e salumi [8],
13 e di limitare anche il consumo di carne bianca, pollo, tacchino e così via.

Vijfentachtigste les

Diëten

1 – Wil je een chocolaatje, Rocco?
2 – Nee, ik dank je, maar ik mag echt niet, ik ben op dieet.
3 – Op dieet? Maar ben je gek? Je bent toch niet dik *(vet)*!
4 – Euh, toch ben ik enkele kilootje[s] aangekomen *(heb genomen)* en moet ik echt letten op wat ik eet.
5 Weet je, ik ben nogal verzot op lekker eten en ik heb [de] neiging om aan te komen. Als ik alles 'at' wat ik lekker vind, zou ik 100 kilo wegen!
6 – Nou, zeg *(Hoeveel verhalen)*! Ik hoop dat jij je(zelf) niet aan het vergiftigen 'bent' met stomme voedingssupplementen
7 of dat je geen smak geld uitgegeven 'hebt' bij een diëtist, je *(men)* kan soms ook [bij] een bedrieger terechtkomen…
8 – Nee, rustig [maar]! Ik stel me tevreden met [het] eten van sla, wortelen, gekookte groente, fruit,
9 en ik probeer te vermijden om me vol te proppen met brood, pasta, zoetigheden en alcohol en gesuikerde dranken te drinken.
10 Als ik weinig eet voel ik me ook beter *(ben ook beter van gezondheid)*.
11 – En vlees, eet je dat niet meer? Helemaal niet meer?
12 – Zo weinig mogelijk; alle artsen raden tegenwoordig af om rood vlees te eten, vooral van rund, en vleeswaren,
13 en [raden aan] om ook de consumptie van wit vlees, kip, kalkoen enzovoort *(weg)* te beperken.

85 / Ottantacinquesima lezione

14 – E non sei un po' triste di non poter mangiare una bistecchina ogni tanto?
15 – Macchè! Fa bene a me e anche al pianeta:
16   se si pensa [7] che per produrre un chilo di carne bovina si consumano migliaia di litri d'acqua, che è un bene così prezioso e raro, si rabbrividisce [7]…
17   Senza contare che i liquami derivati da allevamenti e macelli sono molto inquinanti e il loro smaltimento è difficile e costoso.
18   Insomma, forse per una bistecca, per una braciola [9] o per un arrosto non ne vale la pena, no?
19 – È vero, se ci pensassimo [2] di più, diventeremmo [2] tutti vegetariani! ☐

Uitspraak
dièté 3 … 5 … téndèntsa … 6 … storié … 7 … diétoloGo … imbroljoné 12 … skonsiljano … 16 … pastittsjini …13 … takkino … rabbrividisjé 17 … zmaltiménto …

Opmerkingen

1 Goloso, *gulzig* of *verzot op lekker eten*, afgeleid van **la gola**, *de keel* (zie les 33): **i peccati di gola**, *'de zonden van de keel', gulzigheid*; **mi fa gola**, *het geeft me trek, doet me het water in de mond ('keel') lopen.*

2 Bij hypothetische of zgn. 'als-zinnen' is het gebruik van tijden en wijzen in het Italiaans strikt. In zin 5 en 19 is de combinatie de volgende: bijzin (die een hypothese uitdrukt waarvan de uitkomst mogelijk maar onzeker is, nl. zou hij wel alles eten en dermate verzwaren? of die vrijwel onbereikbaar is, nl. zou iedereen vegetariër worden?) in de o.v.t.-conjunctief (**se mangiassi**…, *als/indien ik … 'at'*, **se ci pensassimo**, *als/indien we erover 'nadachten'*) + hoofdzin in de tegenwoordige tijd van de voorwaardelijke wijs (**peserei**…, *zou ik… wegen*, **diventeremmo**…, *zouden we … worden*). In het Nederlands had bv. 'Als ik … zou eten, dan zou ik …', 'Als we … zouden nadenken, dan werden we …' ook gekund.

3 Blijf letten op de werkwoordsvormen: **può**, *(men) kan* vertalen we in dit informeel gesprek met een onpersoonlijk 'je kan', dat in vertaling **puoi** is…

Vijfentachtigste les / 85

14 – En vind je het niet jammer *(niet bent wat droevig)* om geen biefstukje te mogen eten af en toe *(elke zoveel)*?
15 – Nee, hoor! Het doet *(aan)* mij goed en ook *(aan)* de planeet:
16 als je *(men)* [be]denkt dat om een kilo rundvlees *(vlees boven)* te produceren men duizenden liters water verbruikt, wat zo'n kostbaar en schaars goed is, ga je huiveren *(men huivert)*…
17 Niet meegerekend *(Zonder tellen)* dat het afvalwater*(s)* afkomstig van [vee]teelt en slachthuizen heel vervuilend is en de afvoer ervan *(hun)* moeilijk en duur is.
18 Kortom, gewoon voor een biefstuk, voor een kotelet/karbonade of voor een gebraad, het loont er de moeite niet om, toch?
19 – 't Is waar, als we hier meer bij stilstonden *(erover 'nadachten' van meer)*, **zouden we allemaal vegetariërs worden!**

---

4 **Capitare** zagen we in les 52 als *(onverwacht) komen, overkomen*; hier als *(ongepland) terechtkomen bij, treffen*.

5 **Un imbroglione** is *een bedrieger, oplichter*; als bijvoeglijk naamwoord betekent **imbroglione** dus *bedrieglijk, bedriegend*.

6 **Alcolico** betekent *alcoholisch, alcoholhoudend* en **un alcolico** is *een alcoholhoudende drank* (**un superalcolico** is *een sterkedrank*); **alcolizzato** betekent *aan de drank* en **un alcolizzato** is *een alcoholist*!

7 In deze als-zinnen gaat het eigenlijk niet eens om een hypothese vermits de spreker weet dat aan de voorwaarde (vrijwel zeker) voldaan wordt, dat de uitkomst reëel is, dus staan hoofd- en bijzin in de o.t.t.-indicatief: **se mangio poco sto meglio**, *als/wanneer ik …*; **se si pensa … si rabbrividisce**, *als/wanneer men bedenkt, nadenkt over … huivert men*.

8 **Salume** is *charcuterie, (fijne) vleeswaren*.

9 **Una braciola di maiale** is in België *een varkenskotelet,* in Nederland *varkenskarbonade*.

quattrocentoquarantotto • 448

Esercizio 1 – Traducete

① Se prendessi degli integratori alimentari rischieresti di avvelenarti e saresti proprio stupido. ② Cerco di non abbuffarmi e di mangiare meglio possibile. ③ Se fai attenzione a quello che mangi stai sicuramente meglio. ④ Credevo che fosse un buon dietologo, invece era solo un imbroglione. ⑤ Ho detto al medico che mangiavo una bistecca al giorno, e lui me l'ha sconsigliato.

***

Esercizio 2 – Completate

① Als/Indien hij minder 'at' en minder gesuikerde dranken 'dronk', zou hij niet zo dik zijn.

.. .. meno e .... meno ....
..........., non .... così ....

② Ik denk dat hij zich op dieet zou moeten zetten en meer fruit en groenten eten.
Penso che .... e .... più
...... e ....

③ Hij heeft een smak geld uitgegeven bij een bedrieglijke diëtist.
Ha .... di ..... da un ....

④ Het zou volstaan zich niet vol te proppen met brood, pasta en zoetigheden.
.... non .... di pane, ... e ......

⑤ Als/Wanneer men erover nadenkt, huivert men en heeft men zin om vegetariër te worden.
Se .. .., ... e .. .. di
....

***

Het mediterraan dieet is door UNESCO in 2013 erkend als immaterieel werelderfgoed. Dit betekent niet alleen dat pasta lekker is, maar ook dat het traditionele voedingspatroon in Italië (alsook in Griekenland, Spanje, Portugal, Marokko enz.) perspectief biedt op een gezonder en langer leven. En toch, deels doordat het leven te-

Vijfentachtigste les / 85

Oplossing van oefening 1
❶ Als je voedingssupplementen 'nam', zou je het risico lopen jezelf te vergiftigen en zou je echt stom zijn. ❷ Ik tracht *(zoek)* me niet vol te proppen en zo goed mogelijk te eten. ❸ Als je let op wat je eet, voel je je zeker beter. ❹ Ik dacht dat hij een goede diëtist 'was', terwijl hij gewoon een oplichter was. ❺ Ik heb tegen de arts gezegd dat ik een biefstuk per dag at en hij heeft het me afgeraden.

***

Oplossing van oefening 2
❶ Se mangiasse – bevesse – bevande zuccherate – sarebbe – grasso ❷ – dovrebbe mettersi a dieta – mangiare – frutta – verdura ❸ – speso un sacco – soldi – dietologo imbroglione ❹ Basterebbe – abbuffarsi – pasta – dolci ❺ – ci si pensa, si rabbrividisce – si ha voglia – diventare un vegetariano.

genwoordig te sedentair is, worstelen Italianen voortdurend met hun overtollige kilo's en doen diëtisten, producenten van voedingssupplementen, maar – gelukkig! – ook sportclubs, gouden zaken dankzij de **peccati di gola***!*

Tweede fase: 36e les

Ottantaseiesima lezione

Una gita scolastica

1 – La settimana scorsa sono andata in gita scolastica con la classe di Giulio.
2 – Che strano! Ci potevano andare anche i genitori?
3 – No, ma le maestre non erano abbastanza numerose per accompagnare gli alunni [1],
4 allora hanno chiesto se c'era qualche mamma o qualche papà che poteva [2] andarci per dare una mano, e io mi sono offerta.
5 Siamo andati a visitare una fattoria didattica vicino a Siena.
6 – Ah sì, con polli, asini e conigli? Chissà che barba! [3]
7 – Macché, mi sono divertita da morire, e se me lo richiedessero ci tornerei di corsa!
8 Se l'avessi saputo ci sarei andata [4] anche l'anno scorso!
9 Abbiamo visto la stalla con le mucche e un ragazzo che le mungeva, il gallo, le galline che covavano le uova, i pulcini, i maiali, i cavalli...
10 – M'immagino la puzza!
11 – Non l'ho neanche notata, tanto la visita era appassionante!
12 Credo che se fossi nata in campagna avrei potuto [4] mungere mucche, allevare polli e fare la contadina con grande gioia!

Zesentachtigste les

Een schooluitstap

1 – Vorige week ben ik op schooluitstap gegaan met Giulio's klas.
2 – Wat vreemd! Mochten de ouders ook mee *(erheen gaan)*?
3 – Nee, maar de juffen waren niet talrijk genoeg om de leerlingen te begeleiden,
4 dus hebben ze gevraagd of er enkele mama['s] of papa['s] waren *(was)* die kon[den] meegaan *(gaan-er)* om een hand[je] te helpen *(geven)*, en ik heb *(ben)* me aangeboden.
5 We zijn een kinderboerderij *(boerderij didactische)* in de buurt van Siena gaan bezoeken.
6 – O ja, met kippen, ezels en konijnen? Moet wel saai geweest zijn!
7 – Helemaal niet, ik heb me rot geamuseerd *(me ben vermaakt als sterven)* en als ze het me opnieuw 'vroegen', zou ik meteen toehappen *(erheen terugkeren op [een] loopje)*!
8 Als ik het 'had' geweten zou ik ook vorig jaar meegegaan zijn!
9 We hebben de stal met de koeien gezien en een jongen die ze molk, de haan, de hennen die de eieren [uit]broedden, de kuikens, de varkens, de paarden…
10 – Ik stel me de stank voor…
11 – Ik heb hem niet eens opgemerkt, zo boeiend was het bezoek!
12 Ik geloof dat, als ik op het platteland 'was' geboren, ik koeien zou hebben kunnen melken, kippen kweken en boerin zijn *(doen)*, graag zelfs *(met grote vreugde)*!

13 In ogni caso, se ci vivessi ci starei benissimo.

14 – Invece sei sempre stata cittadina [5], e se avessi davvero lavorato in campagna sapresti [6] che è durissimo!

15 – I lavori agricoli non sono più faticosi come una volta; adesso ci sono macchine per seminare, per arare i campi, per mietere…

16 – La raccolta della frutta è sempre faticosa, su e giù dagli alberi con le scalette o in ginocchio per terra, come per raccogliere le fragole o le patate.

17 Da' retta a me: siamo più fortunati noi, che i frutti li cogliamo al supermercato e li mettiamo comodamente nel carrello! □

Uitspraak

3 … maéstré … 5 … sièna … 6 … azini … konilji … 7 … rikiédéssero … 9 … moekké … moendzjéva … poeltsjini … 12 … dzjoia 15 … mièteré 16 … dzjinokkio … 17 … koljamo …

Opmerkingen

1 L'**alunno** is *de leerling, scholier*, net als het minder gebruikte **lo scolaro**, vooral voor kinderen in de kleuter- en lagere school, eventueel nog in de middenschool (die loopt tot 13-14 jaar in Italië). Daarboven spreekt men over *de leerling, student*, **lo studente** (v. **la studentessa**). Buiten de school is er sprake van l'**allievo**, bv. **un allievo di musica, di teatro** enz..

2 U herinnert zich dat **qualche** altijd met een enkelvoudsvorm staat, ook al slaat het op een meervoud: **qualche bambino**, *een of ander kind, enkele kinderen*; **C'è qualche bella città da vedere in questa regione?**, *Is er een of andere mooie stad / Zijn er een paar mooie steden te zien in die streek?*; **Qualche alunno verrà con i genitori**, *Een paar leerlingen zullen* (zal) *met de/hun ouders meekomen*.

3 **Chissà** kan vrij letterlijk vertaald worden (**Chissà quanta gente ci sarà alla festa di domenica!**, *Wie weet hoeveel volk er op het feest zal zijn zondag?!;* **A che ora viene Carlo? – Chissà!**, *Hoe laat komt Carlo? – Wie*

Zesentachtigste les / 86

13 In ieder geval, als ik er 'woonde', zou ik me er heel goed voelen.
14 – In de plaats ben je altijd een stadsmeisje geweest en als je werkelijk op het platteland 'had' gewerkt, zou je weten dat het keihard is!
15 – De boerenstiel is *(werken landbouw- zijn)* niet meer zo vermoeiend als vroeger; nu zijn er machines om te zaaien, om de akkers [om] te ploegen, om te maaien...
16 – Het oogsten van het fruit is altijd zwaar, de bomen in- en uitklimmen *(op en neer van-de bomen)* met ladders of op de knieën op de grond, zoals om aardbeien te oogsten of aardappelen te rapen.
17 Luister 's naar mij: wij hebben meer geluk, die de vruchten in de supermarkt plukken en ze vlotjes in ons karretje leggen!

---

zal het weten?!), maar de twijfel of het vermoeden kan ook omschreven worden. De uitdrukking **Che barba!** betekent *Wat saai!*

4 Bij deze als-zinnen gaat het om een hypothese in het verleden, met de volgende tijd/wijze-combinatie: bijzin in de v.v.t.-conjunctief (**se l'avessi saputo**, *als ik het geweten 'had'*; **se fossi nata**, *als ik 'was' geboren*) die een voorwaarde uitdrukt waarvan de uitkomst onmogelijk dus irreëel is (nl. aan de voorwaarde kan en kon niet voldaan worden: ze wist het niet, is niet op het platteland geboren...) + hoofdzin in de verleden tijd van de voorwaardelijke wijs (**non sarei venuto**, *zou ik niet gekomen zijn*, **avrei potuto...**, *zou ik hebben kunnen (gekund)...*).

5 **Cittadino** betekent zowel *stedeling* als *stedelijk*.

6 In deze als-zin werd aan de voorwaarde niet voldaan, maar indien dat wel zo was geweest, zou dat een gevolg gehad hebben op het heden: bijzin in de v.v.t.-conjunctief (**se avessi lavorato**..., *als/indien je 'had' gewerkt*) + hoofdzin in de tegenwoordige tijd van de voorwaardelijke wijs (**sapresti**, *zou je weten*).

quattrocentocinquantaquattro • 454

Esercizio 1 – Traducete

❶ Dammi retta: se fossi nato in campagna, saresti venuto poi a vivere in città. ❷ Alla gita scolastica dei nostri figli ci siamo divertite da morire. ❸ Una gita a una fattoria didattica? Chissà che barba! ❹ Lavorare nei campi non è più faticoso come una volta. ❺ Se avessi saputo che andavate in gita, ci sarei venuto anch'io.

***

Esercizio 2 – Completate

❶ Als enkele scholieren niet op uitstap kunnen [mee]komen, zullen ze thuis blijven.
Se .... non ... . in ....
.... a casa.

❷ We hebben het karretje gevuld met appels, aardbeien en kersen.
Abbiamo ...., ... e ciliegie.

❸ Als er geen landbouwmachines waren, zou maaien, ploegen en zaaien veel vermoeiender zijn.
Se non .. .., ...,
..... e .... sarebbe molto più ....

❹ Op de kinderboerderij hebben we koeien, kippen, ezels en konijnen gezien.
Alla .... abbiamo ...., ...,
..... e ....

❺ Ik heb me aangeboden om mijn zoon te vergezellen tijdens de schooluitstap.
Mi .... alla ....
....

Zesentachtigste les / 86

Oplossing van oefening 1

❶ Luister 's naar mij: als je op het platteland 'was' geboren, zou je later in de stad komen wonen zijn. ❷ Tijdens de schooluitstap van onze kinderen hebben we *(v.)* ons kapot geamuseerd. ❸ Een uitstap naar een kinderboerderij? Zal wel saai geweest zijn! ❹ Werken op de akkers is niet meer zo zwaar als vroeger. ❺ Als ik 'had' geweten dat jullie op uitstap gingen, zou ik ook [mee]gekomen zijn.

***

Oplossing van oefening 2

❶ – qualche alunno – può venire – gita scolastica resterà – ❷ – riempito il carrello di mele, fragole – ❸ – ci fossero le macchine agricole, mietere, arare – seminare – faticoso ❹ – fattoria didattica – visto mucche, polli, asini – conigli ❺ – sono offerta per accompagnare mio figlio – gita scolastica

Wellicht is het niet de bedoeling om expert te worden in het leven en de dieren op de boerderij, maar met de woordenschat uit onze dialogen zal u zich toch weten te redden mocht u ergens in Italië in **una fattoria didattica** *terechtkomen...*

Tweede fase: 37e les

Ottantasettesima lezione

Un sogno

1 – Sai cos'ho sognato stanotte?
2 – E come faccio a saperlo? Non sono mica [1] nella tua testa!
3 Lo saprei se me l'avessi già detto, e del resto se tu pensassi che lo so non me lo chiederesti...
4 Se ti deciderai a raccontarmelo, lo saprò. [2]
5 – Ma che antipatico, è un modo di dire, è ovvio che non lo sai!
6 Eravamo io e te davanti a un castello, sai come quelli che ci sono nelle fiabe [3]?
7 A dire la verità dentro era fatto come una vecchia fabbrica,
8 una specie di gigantesco capannone di vetro e acciaio, pieno di uccelli di tutti i colori, come una voliera.
9 A un certo punto [4], questa costruzione diventa un castello di carte, e ci crolla addosso [5].
10 Noi scappiamo via di corsa in mezzo alle carte che ci cadono tutt'intorno [5],
11 quando all'improvviso [4] da una di loro esce, in carne ed ossa, il personaggio stampato sopra,
12 con in mano un'alabarda, o una lancia, o una spada, non ricordo bene.
13 – Non è che hai visto o letto da poco "Alice nel paese delle meraviglie"?
14 – Dici? È vero che gli assomiglia tanto! Se non me l'avessi ricordato tu, io non ci avrei mai pensato. Che strano!

Zevenentachtigste les

Een droom

1 – Weet je wat ik gedroomd heb vannacht?
2 – En hoe zou ik dat moeten weten *(doe om weten-het)*? Ik zit toch niet in je hoofd!
3 Ik zou het weten als je het me al 'had' gezegd en trouwens *(van-de rest)* als jij 'dacht' dat ik het weet, zou je het me niet vragen...
4 Als je beslist *(je zal-decideren)* om het me te vertellen, zal ik het weten.
5 – Maar wat onaardig [van je], het is een manier van spreken *(zeggen)*, het is evident dat je het niet weet!
6 Jij en ik stonden voor een kasteel, weet je wel, zoals die *(die er zijn)* in de sprookjes?
7 Eerlijk gezegd, binnen was het *(gemaakt)* zoals een oude fabriek,
8 een soort van gigantische loods van glas en staal, vol *(van)* vogels in alle kleuren, zoals een volière.
9 Op een bepaald moment *(punt)* wordt deze constructie een kaartenhuis *(-kasteel)* en zakt over ons in elkaar.
10 We vluchten snel weg tussen *(te midden van)* de kaarten die overal rondom ons vallen *(ons vallen allemaal in-ronde)*
11 wanneer onverwachts *(bij-het onverwachte)* uit een ervan *(van hen)* het erop gedrukte personage, in levenden lijve *(vlees en beenderen)*, tevoorschijn komt,
12 met in *(de)* hand een hellebaard, of een lans, of een zwaard, ik herinner [het me] niet goed.
13 – Heb je soms *(Niet is dat)* onlangs *(sinds weinig)* "Alice in wonderland" gezien of gelezen?
14 – [Daar] zeg je [wat]! Het klopt dat het er erg op lijkt! Als jij het me niet 'had' herinnerd, zou ik er nooit aan gedacht hebben. Wat vreemd!

15 Insomma, questo armigero della carta da gioco ci corre dietro [5], finché tutt'a un tratto [4] cade con la faccia a terra, immobile, tramortito.
16 Noi ci giriamo e lo solleviamo [6] per vedere che faccia ha, e lui ha la tua! Cosa ne pensi?
17 – Che hai bisogno di un buon psicanalista!

Uitspraak

1 ... koz**o** ...**5** ... **o**vvio ... **8** ... sp**è**tsjé di dziGant**é**sko ... attsj**a**io ... oettsj**è**lli ... voli**è**ra **9** ... kostroetsion**é** ... **12** ... l**a**nsja ... **13** ... alitsj**é** ... **14** ... assom**i**lja ... **15** ... armidzj**é**ro ... fink**é** ... imm**o**bil**é** ...

Opmerkingen

1 Onthoud dat het bijwoord **mica** een ontkenning versterkt (*helemaal/heus/toch* enz. *geen/niet*), vooral in mondeling taalgebruik.

2 In als-zinnen waarbij (volgens de spreker) vrijwel zeker aan de voorwaarde zal worden voldaan of waarbij ze op het punt staat om gerealiseerd te worden, waarbij dus de uitkomst reëel of zeer waarschijnlijk is, kunnen hoofd- en bijzin in de o.t.t.-indicatief of in de toekomende tijd staan: **Se domani farà bello, andremo al mare**, *Als het morgen mooi weer is* (zal zijn), *zullen we naar zee gaan*.

3 **Fiaba** of **favola** (les 26), uit het Latijn ***fabula***, betekent *fabel* of *sprookje*.

4 Deze dialoog staat grotendeels in de tegenwoordige tijd, zoals vaak bij het vertellen van een droom, en bevat een paar bijwoordelijke bepalin-

***

Esercizio 1 – Traducete

❶ Il tuo sogno assomiglia a un romanzo che ho letto poco tempo fa. ❷ Se non mi avessi ricordato tu il mio appuntamento di oggi, me lo sarei dimenticato. ❸ È successo tutto all'improvviso, non ce l'aspettavamo proprio. ❹ Mi è corso dietro, e tutt'a un tratto è caduto con la faccia a terra. ❺ L'ho aiutato a sollevarsi e per fortuna non si era fatto male.

Zevenentachtigste les / 87

15 Kortom, deze wapendrager van de speelkaart loopt ons achterna totdat hij plots *(alles in één trek)* valt, met zijn gezicht tegen de grond, onbeweeglijk, bewusteloos.
16 We draaien ons om en tillen hem op om te zien welk gezicht hij heeft, en hij heeft het jouwe! Wat denk je daarvan?
17 – Dat je een goeie psychoanalyticus nodig hebt!

gen van tijd: **a un certo punto**, *op een bepaald moment, zeker ogenblik*, **all'improvviso**, *onverwachts*, **tutt'a un tratto**, *plots*.

5 De constructie 'voornaamwoord als voorwerp + werkwoord + bijwoord' is gebruikelijk in het Italiaans: **mi cade addosso**, *het overvalt me*; **ci cadono intorno**, *ze vallen rondom ons neer*; **ci corre dietro**, *hij loopt ons achterna*.

6 **Sollevare**, *optillen, -heffen*; **sollevarsi**, *zich oprichten, opstaan*.

***

Oplossing van oefening 1

❶ Jouw droom lijkt op een roman die ik een tijdje geleden heb gelezen. ❷ Als jij me mijn afspraak van vandaag niet 'had' herinnerd, zou ik hem vergeten hebben. ❸ Het is helemaal onverwachts gebeurd, we verwachtten er ons echt niet aan. ❹ Hij is me achternagelopen en plots is hij gevallen, met zijn gezicht tegen de grond. ❺ Ik heb hem geholpen om op te staan en gelukkig had hij zich geen pijn gedaan.

quattrocentosessanta • 460

Esercizio 2 – Completate

❶ Als je het me vertelt, zal ik je zeggen wat ik erover denk.
   Se .. .. quel ... .

❷ We werken in die loods van glas en staal die je ginder ziet.
   Lavoriamo .. .. e .... che .... laggiù.

❸ Ik heb gedroomd dat ik in een gigantisch kasteel was, zoals die uit de sprookjes.
   .. .. che ... . castello, come ....

❹ Als ik je mijn droom van vannacht vertelde zou je denken dat ik een psychoanalyticus nodig heb.
   Se ti .... di .... che .. .. di uno ....

❺ Hoe kan ik weten wat je vannacht gedroomd hebt?
   Come faccio a ....'hai ....?

Ottantottesima lezione

Una mostra di pittura

1 – Questa mostra è davvero bellissima; meno male che siamo venuti!

2 – Diciamo: meno male che l'abbiamo saputo; chissà quante mostre ci siamo persi [1] per mancanza di informazione.

3 – Se leggessimo più spesso i giornali, forse saremmo più informati sulle manifestazioni culturali della nostra città.

4 – Del resto anche questa volta, se non avessimo letto il giornale per caso al bar, non l'avremmo saputo.

Achtentachtigste les / 88

Oplossing van oefening 2

❶ – me lo racconti ti dirò – che ne penso ❷ – in quel capannone di vetro – acciaio – vedi – ❸ Ho sognato – ero in un gigantesco – quelli delle fiabe ❹ – raccontassi il mio sogno – stanotte penseresti – ho bisogno – psicanalista ❺ – sapere cos – sognato stanotte

In tegenstelling tot veel mensen in de westerse wereld lijken Italianen zich niet zo snel tot een psycholoog of psychoanalyticus te richten om hun onbehagen te begrijpen, hun relatie te redden enz. De meesten van hen denken dat het zinloos (en ook te duur) is om hierover te praten met een vreemde en gaan liever bij een vriend of familielid langs, of lassen een leuk ontspanningsmoment in om de zinnen te verzetten. Dit ondanks het feit dat ongeveer 25% van het ziekteverzuim te wijten is aan problemen rond geestelijke gezondheid, een toestand die het Italiaanse socialezekerheidsstelsel veel geld kost. Vooral vrouwen zouden professionele hulp inroepen. Zo kan de dame uit onze dialoog misschien haar droom gaan vertellen aan **un buono psicanalista**…

Tweede fase: 38e les

Achtentachtigste les

Een schilderijententoonstelling

1 – Deze tentoonstelling is werkelijk prachtig. Wat een geluk dat we gekomen zijn!

2 – Laten we zeggen: wat een geluk dat we het geweten hebben. Wie weet hoeveel tentoonstellingen we gemist hebben *(ons zijn verloren)* bij gebrek aan informatie.

3 – Als we vaker de kranten 'lazen', zouden we wellicht beter *(meer)* geïnformeerd zijn over de culturele evenementen in *(van)* onze stad.

4 – Trouwens ook deze keer, als we niet bij toeval de krant 'hadden' gelezen in de bar, zouden we het niet geweten hebben.

5 – O magari l'avremmo imparato un mese dopo la chiusura, e avremmo detto: che peccato!

6 Guarda, c'è una guida con una comitiva [2]. Se ascoltiamo le sue spiegazioni [3], capiremo meglio il senso delle opere d'arte.

7 – Il quadro che avete davanti a voi è un acquerello giovanile del maestro, con i colori sfumati e i giochi di ombre e luci tipici della sua prima maniera.

8 Osserviamolo, poi lo confronteremo con lo stile di quello che si trova alle vostre spalle [4], dipinto [5] ad olio dieci anni dopo.

9 Notate in questo ritratto la delicatezza del rosa antico [6] del vestito, accostato al grigio argento [6] del nastro, al beige del foulard e all'ocra chiaro [6] dello sfondo.

10 Ed ora voltatevi e ammirate l'altro, un paesaggio inondato dal sole del sud:

11 nel giro di dieci anni [7] la tavolozza del pittore è totalmente cambiata, ed ora prevalgono il giallo [6] vivo [8], il blu, l'arancione, il rosso.

12 La pennellata si fa più vigorosa e più spessa, come mossa [5] da un'urgenza creatrice.

13 Nella sala successiva vedremo poi le nature morte [5] della vecchiaia, più semplici e essenziali:

14 tinte scure, forme quasi astratte, racchiuse [5] in strutture geometriche, triangoli, quadrati, rettangoli...

Achtentachtigste les / 88

5 – Of misschien zouden we het vernomen *(geleerd)* hebben een maand na de sluiting en zouden we gezegd hebben: wat jammer!

6 Kijk, er is een gids met een groep. Als we naar haar uitleg luisteren, zullen we de zin van de kunstwerken beter begrijpen.

7 – Het schilderij dat jullie voor je zien *(hebben)* is een acquarel uit de jeugdjaren *(jeugd-)* van de meester, met de kleurschakeringen en het *(de)* spelen met schaduw en licht*(en)* [die] typerend [zijn] voor zijn vroege [werk]wijze.

8 Laten we het observeren, daarna zullen we het vergelijken met de stijl van dat wat zich achter u *(bij de uw schouders)* bevindt, geschilderd met olie[verf] tien jaar later.

9 Merk in dit portret de verfijndheid op van het oudroze van de jurk, *(gezet)* naast het zilvergrijs van het lint, het beige van de halsdoek en het lichtoker van de achtergrond.

10 En draaien jullie je nu om en bewonderen jullie het andere, een landschap dat baadt in *(overspoeld door)* het zuiderse zon[licht]:

11 in de loop *(ronde)* van tien jaar is het palet van de schilder totaal veranderd en nu overheersen het felle geel, het blauw, oranje, rood.

12 De penseelstreek wordt *(zich maakt)* krachtiger en dikker, als aangedreven door een scheppingsdrang *(urgentie)*.

13 In de volgende zaal zullen we daarna de stillevens *(naturen dode)* zien van de ouderdom, eenvoudiger en essentiëler:

14 donkere tinten, bijna abstracte vormen, vervat in geometrische structuren, driehoeken, vierkanten, rechthoeken...

quattrocentosessantaquattro

15 L'artista ha voluto che fossero esposte senza nemmeno la cornice, per preservare la purezza dell'opera su tela.

16 – E io che credevo che non ci fossero le cornici perché qualcuno le aveva rubate!

Uitspraak

6 ... spié**G**ats**io**ni ... **9** ... délikat**é**ttsa ... bèzj ... foe**l**ar ... **11** ... tavol**o**ttsa ... larantsj**o**né ... **12** ... oerdzj**è**ntsa kreatr**i**tsjé ... **13** ... v**é**kki**ai**a ... **14** ... rakki**oe**zé ... dzjéom**é**triké ... **15** ... poer**é**ttsa ...

Opmerkingen

1 U herinnert het zich: **perdere** is *verliezen* (vervoegd met **avere**), maar betekent in de wederkerende vorm *missen, niet halen* (vervoegd met **essere**): *C'era un bel film ieri sera. – Accidenti, me lo sono perso!, Er was een mooie film gisteravond. – Verd..., ik heb hem gemist!*

2 **La comitiva** is een groep mensen die samenkomt voor een bezoek, excursie, reis enz.

3 **Le spiegazioni** (mv.) is *de uitleg,* een element ervan is **la spiegazione**, (ev.).

4 **Le spalle**, *de schouders* vervangen a.h.w. de rug in de uitdrukking **alle sue spalle**, *achter u, achter uw rug*, in letterlijke en figuurlijke betekenis: **Non farlo alle sue spalle**, *Doe het niet achter zijn/haar rug.*

***

Esercizio 1 – Traducete

❶ Nel giro di pochi anni lo stile del pittore è totalmente cambiato. ❷ Ora prevalgono le tinte scure e i giochi d'ombra. ❸ Questo ritratto è dipinto coi colori tipici della sua vecchiaia: ocra chiaro e blu. ❹ Quando vado a una mostra seguo le comitive per ascoltare le spiegazioni della guida. ❺ Ciò che preferisco nei suoi quadri sono le cornici!

15 De kunstenaar wilde *(heeft gewild)* dat ze zelfs zonder lijst tentoongesteld werden *('waren')*, om de puurheid van het werk op het doek te bewaren.
16 – En ik die dacht dat de lijsten er niet 'waren' omdat iemand ze had gestolen!

5 De dialoog bevat een paar onregelmatige voltooide deelwoorden: **dipinto** (van **dipingere**, *schilderen*), **morto** (van **morire**, *sterven*), **racchiuso** (van **racchiudere**, *bevatten*), **mosso** (van **muovere**, *bewegen, aandrijven*, dat in de wederkerende vorm ook gebruikt wordt voor 'aan lichaamsbeweging doen': **Non mi muovo in inverno**, *Ik beweeg niet in de winter*).

6 Kleurnamen zijn mannelijk. Bij een zelfstandig naamwoord zijn ze onveranderlijk (**grigio argento, i grigi argento**), bij een bijvoeglijk naamwoord richten ze er zich naar (**giallo vivo, i gialli vivi**). Ook kleuren op **-a** zijn mannelijk, maar onveranderlijk: **gli ocra chiari, i rosa scuri**.

7 De dialoog bevat een paar uitdrukkingen m.b.t. 'tijd', o.a.: **nel giro di**, *in de loop, een tijdsspanne van, binnen*: **Nel giro di un'ora ha cambiato idea tre volte**, *In een uur tijd is hij drie keer van gedacht veranderd*; **spesso**, *vaak, dikwijks* (in zin 3, niet te verwarren met **spesso** als *dik*); **per caso**, *bij toeval, toevallig* (zin 4).

8 **Vivo** betekent zowel *levend* als *levendig*: **i vivi e i morti**, *de levenden en de doden*. Ook **vivace** betekent *levendig*.

***

Oplossing van oefening 1

❶ In slechts weinige jaren is de stijl van de schilder totaal veranderd. ❷ Nu overheersen de donkeren tinten en het spelen met schaduwen. ❸ Dit portret is geschilderd in de typische kleuren voor zijn leeftijd: lichtoker en blauw. ❹ Wanneer ik naar een tentoonstelling ga, volg ik de groepen om naar de uitleg van de gids te luisteren. ❺ Wat ik het mooist vind aan zijn schilderijen zijn de lijsten!

Esercizio 2 – Completate

① Als je de krant van vandaag had gelezen, zou je geweten hebben dat de tentoonstelling opening.
Se .... di oggi .... che ....

② In zijn abstracte schilderijen overheersen de geometrische vormen: driehoeken, vierkanten, rechthoeken.
Nei suoi .... le forme ....: ...., ..., ...

③ De schilder wilde dat zijn werken in deze zaal tentoongesteld werden.
.. .. ha voluto che .. .. in ....

④ We zijn al drie dagen het huis niet uit geweest.
Non ci .... giorni.

⑤ Carla is droevig omdat ze alle herfsttentoonstellingen heeft gemist.
Carla . ... le mostre ....

Ottantanovesima lezione

Promozione e competenza

1 – Buongiorno direttrice [1], mi ha fatta [2] chiamare?
2 – Sì, si accomodi, signora Bonetti. Annachiara vero? Posso chiamarla per nome?
3 – Certo, come preferisce, signora direttrice [1].
4 – Veniamo al motivo per cui l'ho fatta chiamare, Annachiara.
5   Se le proponessi un cambiamento nel suo impiego lei sarebbe d'accordo?

Oplossing van oefening 2

❶ – avessi letto il giornale – avresti saputo – apriva la mostra ❷ – quadri astratti prevalgono – geometriche: triangoli, quadrati, rettangoli ❸ Il pittore – le sue opere fossero esposte – questa sala ❹ – siamo mossi da qui da tre – ❺ – è triste perché si è persa tutte – dell'autunno

Het is u ongetwijfeld opgevallen dat we in onze dialogen niet alleen nieuwe woorden aanbieden, maar er ook al geziene stof in verwerken, soms in verschillende varianten. Slechts af en toe verwijzen we ernaar in een opmerking, kwestie van uw geheugen te prikkelen...

Tweede fase: 39e les

Negenentachtigste les

Promotie en competentie

1 – Dag [mevrouw de] directrice, hebt u me laten *(doen)* roepen?
2 – Ja, komt u maar binnen, mevrouw Bonetti. Anna-chiara, is het niet? Mag ik u bij [uw] voornaam noemen?
3 – Zeker, zoals u verkiest, mevrouw [de] directrice.
4 – Laten we komen tot de reden waarvoor ik u heb laten roepen, Annachiara.
5 Als ik u een verandering in uw baan 'voorstelde', zou u akkoord gaan *(zou-zijn van akkoord)*?

89 / Ottantanovesima lezione

6 – Beh, se si trattasse veramente di un miglioramento mi piacerebbe... Mi dica.
7 – Bene, se non conoscessi da tempo le sue doti di efficienza e di serietà, non le farei questa proposta.
8 Si tratterebbe di continuare il suo solito lavoro, semplicemente dovrebbe svolgere anche alcune delicate mansioni di vicedirigenza del servizio.
9 – Io la ringrazio, ma è un periodo complicato e non posso trattenermi [3] al lavoro diverse ore oltre [4] il mio orario abituale.
10 – Ma competente com'è lei non avrà bisogno di trattenersi oltre l'orario! Semmai capiterà solo qualche volta.
11 Se poi io le aumentassi lo stipendio lei ne ricaverebbe un ulteriore bel vantaggio.
12 Un miglioramento economico fa sempre comodo [5], soprattutto nei periodi complicati, no?
13 – Già, non ha tutti i torti...
14 – E se io, Annachiara, le dessi l'ufficio più grande, quello con la terrazza, lei cosa mi risponderebbe, così su due piedi [6]?
15 Volevo anche aggiungere che mi farebbe molto piacere collaborare più spesso con lei.
16 – La ringrazio. In effetti se le cose stanno davvero in questi termini, ci penso su molto seriamente.
17 Anzi, direi che mi va proprio bene [7], anche su un piede solo [6]!
18 Accetto, ma prima voglio vedere nero su bianco le condizioni che mi ha appena proposto, aumento, terrazza e tutto il resto.
19 La prudenza non è mai troppa!

Negenentachtigste les / 89

6 – Wel, als het echt om een verbetering zou gaan *('betrof')*, zou ik dat wel zien zitten... Zegt u maar.

7 – Goed, als ik niet al lang *(tijd)* uw kwaliteiten als efficiëntie en ernst 'kende', zou ik u dit voorstel niet doen.

8 Het zou erop neerkomen dat u het werk dat u gewoonlijk doet voortzet, alleen *(gaan om voortzetten het uw gewone werk, simpelweg)* zou u ook enkele delicate taken als adjunct-directeur *(van vice-directie)* van de dienst moeten uitvoeren.

9 – Ik dank u, maar het is een lastige *(ingewikkelde)* periode en ik kan niet verscheidene uren boven mijn gewone werktijd op het werk blijven.

10 – Maar bekwaam zoals u bent, zal u niet buiten het werkschema moeten nablijven! Het zal hooguit maar een paar keer gebeuren.

11 Als ik *(u)* daarbij uw salaris zou verhogen *('verhoogde')*, zou u er een mooi bijkomend voordeel aan overhouden.

12 Een financiële *(economische)* verbetering komt altijd gelegen *(doet comfortabel)*, vooral in lastige periodes, toch?

13 – Wel, u hebt niet helemaal ongelijk *(al de ongelijken)*...

14 – En als ik, Annachiara, u het grootste kantoor 'gaf', dat met het terras, wat zou u me antwoorden, zo in een-twee-drie *(op twee voeten)*?

15 Ik wou [er] ook [aan] toevoegen dat het me veel plezier zou doen om vaker met u samen te werken.

16 – Ik dank u. Inderdaad, als de zaken er echt zo voorstaan *(zijn in deze termen)*, denk ik er heel ernstig over na.

17 Ik zou zelfs zeggen dat het me prima schikt *(gaat)*, zelfs in een-twee-... *(op een voet alleen)*!

18 Ik ga in op uw voorstel *(accepteer)*, maar eerst wil ik zwart op wit de voorwaarden zien die u me net hebt aangeboden, [loons]verhoging, terras en al de rest.

19 Je kunt niet voorzichtig genoeg zijn *(De voorzichtigheid niet is ooit te)*!

quattrocentosettanta

Uitspraak

*7 ... effitsj**è**ntsa i séri**é**ta ... 8 ... zv**o**ldzjéré ... vitsjédiridzj**è**ntsa ...
15 ... addzj**oe**ndzjéré ...*

Opmerkingen

1 Bij hiërarchische of professionele aansprekingen wordt **signor** of **signora** vaak weggelaten: **(signora) direttrice**, **buonasera avvocato** *(advocaat)*, **arrivederci geometra** *(landmeter)*.

2 Overeenkomst van het voltooid deelwoord is facultatief bij de persoonlijke voornaamwoorden-lijdend voorwerp **mi, ti, ci, vi**. Annachiara zegt **mi ha fatta chiamare** (vrouwelijke uitgang), maar had ook kunnen zeggen **mi ha fatto chiamare** (basisvorm van het voltooid deelwoord). Bij de andere vormen, nl. die in de 3e persoon, is overeenkomst verplicht, bv. wanneer de directrice zegt **l'ho fatta chiamare**, *ik heb u (v.) laten roepen*.

3 **Trattenere** betekent *doen blijven, op-, tegen-, inhouden* enz. (**Non voglio trattenerla più a lungo**, *Ik wil u niet langer op-, tegenhouden*; **trattenere il respiro**, *zijn adem inhouden*); de wederkerende vorm **trattenersi** betekent hier *(na)blijven*!

4 **Oltre** drukt een 'overschrijding' uit, *boven, naast, buiten, voorbij* enz.: **non oltre le otto**, *niet later dan, na 8 uur*; er is ook **al di là di: al di là dell'orario di apertura**, *buiten de openingstijden*.

***

Esercizio 1 – Traducete

❶ Se ti proponessero un miglioramento economico e professionale, lo accetteresti? ❷ Così su due piedi non lo so, bisognerebbe vedere quali sono le condizioni. ❸ Il direttore gli ha chiesto di svolgere mansioni di vicedirezione del servizio. ❹ Lui avrebbe accettato volentieri, ma non poteva trattenersi in ufficio al di là dell'orario. ❺ Se le cose stavano davvero in quei termini ha fatto bene a rifiutare.

5 **Fare comodo** is vergelijkbaar met *van pas, gelegen komen, meegenomen, nuttig zijn* enz.: **Avere un po' di soldi da parte fa sempre comodo**, *Wat geld opzij hebben, is altijd nuttig.*

6 De uitdrukking **su due piedi** past bij een actie waarvoor weinig bedenktijd is of genomen wordt: **È licenziato / Si è licenziato su due piedi**, *Hij is op staande voet ontslagen / Hij heeft plots, in een opwelling ontslag genomen*. Annachiara's reactie dat ze haar beslissing zelfs op één voet neemt, is een fijne kwinkslag.

7 Met **mi va bene** bedoelt men *het is ok voor mij, ik zie het wel zitten* enz.

***

Oplossing van oefening 1

❶ Als ze je een financiële en professionele verbetering 'voorstellen', zou je ze aanvaarden? ❷ Zo in een-twee-drie weet ik niet, ik zou moeten zien welke de voorwaarden zijn. ❸ De directeur heeft hem gevraagd om taken als adjunct-directeur van de dienst uit te voeren. ❹ Hij zou graag aanvaard hebben, maar hij kon niet op kantoor blijven na de werktijd. ❺ Als de zaken er echt zo voorstonden, heeft hij er goed aan gedaan te wijgeren.

Esercizio 2 – Completate

① Als ik had geweten welke de voorwaarden waren, zou ik niet aanvaard hebben.
Se avessi .... le ...., non ....

② Ik kan me niet veroorloven om op kantoor na te blijven tot dat uur.
Non mi .... in ufficio ....

③ Als je zijn kwaliteiten van efficiëntie en ernst kent, weet je dat hij de meest bekwame persoon is om deze taken uit te voeren.
Se .... di .... e di ......, ... che è la persona ... . per ....

Novantesima lezione

Assemblea condominiale

1 – Buongiorno signori [1], visto che mi avete appena riconfermata [2] la nomina ad amministratore del vostro condominio,

2 propongo di proseguire l'assemblea condominiale con l'ultimo punto all'ordine del giorno, l'eventuale rinnovo dell'impianto di riscaldamento centralizzato.

3 – Io non sono d'accordo con la sostituzione della vecchia caldaia con una nuova ad accensione elettronica.

4 I lavori sono troppo costosi rispetto al vantaggio che ne trarremo.

5 – L'ha detto anche l'anno scorso, e alla fine [3] abbiamo speso un sacco di soldi per le numerose riparazioni.

❹ Als u het me toestaat, kan ik u *(v.)* bij uw voornaam aanspreken.
   Se .. .. permette ....

❺ Een loonsverhoging zou me echt van pas komen.
   Un .... mi .... proprio ....

Oplossing van oefening 2
❶ – saputo quali erano – condizioni – avrei accettato ❷ – posso permettere di trattenermi – fino a quell'ora ❸ – conosci le sue doti – efficienza – serietà, sai – più competente – svolgere quelle mansioni ❹ – me lo – posso chiamarla per nome ❺ – aumento di stipendio – farebbe – comodo

Tweede fase: 40e les

Negentigste les

Mede-eigenaarsvergadering

1 – Dag [dames en] heren, aangezien jullie me net herbenoemd hebben *(me hebben herbevestigd de benoeming)* **tot syndicus van jullie mede-eigendom,**
2   stel ik voor om de mede-eigenaarsvergadering voort te zetten met het laatste punt van de dagorde/agenda, het eventuele vernieuwen van de centraleverwarmingsinstallatie *(gecentraliseerde)*.
3 – Ík ga niet akkoord met de vervanging van de oude verwarmingsketel door *(met)* een nieuwe met elektronische ontsteking.
4   De werken zijn te prijzig vergeleken met het voordeel dat we eruit zouden trekken.
5 – U hebt dit vorig jaar ook gezegd en uiteindelijk hebben we een smak geld uitgegeven voor de talrijke herstellingen.

6 – È vero, in gennaio si è rotta [4] e abbiamo patito un freddo cane per una settimana!

7 – Bisogna cambiarla perché si smetta di spendere un patrimonio in manutenzione!

8 Ci costerebbe un po', ma sarebbe un miglioramento che farebbe prendere valore agli appartamenti,

9 e quei soldi ci tornerebbero in tasca, specie se poi uno dovesse vendere.

10 – Sono d'accordo col signor Cantelli: è meglio cambiarla prima che si rompa [4] del tutto

11 e che siamo obbligati a farlo d'urgenza, magari a un prezzo superiore...

12 Oltretutto può darsi che [5] così faccia meno caldo negli appartamenti, da me sembra di essere ai tropici!

13 – Magari facesse troppo caldo anche da me! Io ho sempre freddo e ho dovuto comprare diverse stufe elettriche!

14 – Un momento signori, non c'è bisogno di litigare... Vi ho mostrato i preventivi di diverse ditte, alcuni anche molto convenienti,

15 ed essendo considerati lavori per migliorie dell'abitato e risparmio energetico vi danno diritto a riduzioni fiscali notevoli.

16 Propongo quindi di aggiornare l'assemblea a data da destinarsi [6] per dare a tutti il tempo di leggere bene i preventivi e riflettere con calma.

6 – 't Is waar, in januari is ze uitgevallen *(stukgegaan)* en hebben we het gedurende een week berekoud gehad *(geleden koude [van] hond)*!

7 – Ze moet vervangen worden zodat het gedaan is met *(men 'ophoudt' om)* een fortuin *(patrimonium)* uit te geven aan onderhoud!

8 Het zou ons wat kosten, maar het zou een verbetering zijn die onze appartementen zou opwaarderen *(zou-doen [toe]nemen waarde aan-de appartementen)*

9 en dat geld zou terug in onze zak komen *(ons zou-terugkomen in zak)*, vooral als iemand *(een)* later zou *(moeten)* verkopen.

10 – Ik ben het eens met meneer *(de heer)* Cantelli: het is beter ze te vervangen voordat ze helemaal *(van-het alles)* 'stukgaat'

11 en *(dat)* we verplicht 'zijn' het dringend *(bij urgentie)* te doen, misschien tegen een hogere prijs…

12 Bovendien kan het zo misschien *(geven-zich dat)* minder warm worden *(doen)* in de appartementen, bij mij waan je je *(lijkt te zijn)* in de tropen!

13 – Was het *('deed')* ook bij mij maar te warm! Ík heb [het] altijd koud en heb verscheidene elektrische kachels moeten kopen!

14 – Een ogenblik, [dames en] heren, ruziën is niet nodig… Ik heb jullie de offertes van verschillende firma's getoond, zelfs enkele heel gunstige,

15 en omdat ze beschouwd worden als *('zijnde' beschouwd)* werken voor woningsanering(en) en energiebesparing *(energetische)* geven ze jullie recht op aanzienlijke belastingverminderingen.

16 Ik stel dus voor om de vergadering uit te stellen *(verdagen)* tot [een] nader te bepalen *(bestemmen-zich)* datum om *(aan)* iedereen de tijd te geven om de offertes goed te lezen en rustig *(met kalmte)* na te denken.

17 – Sì, finalmente [3] torniamo a casa, che qui nel suo ufficio fa freddo.

18 Ma chi gliel'ha installato, a lei, il suo riscaldamento, una delle sue ditte "convenienti"?

Uitspraak
2 … tsjéntraliddzato … 7 … zmétta … 15 … miljorié …

Opmerkingen

1 Ook wanneer men zich tot een gemengd gezelschap richt, is **signori**, *heren* gebruikelijk; presentatoren zeggen gelukkig wel meer **signore e signori**, *dames en heren…*

2 In de omgangstaal richt het voltooid deelwoord zich soms naar het lijdend voorwerp als het achter het werkwoord staat.

3 Onthoud het verschil tussen **alla fine** en **finalmente** (zie les 26).

4 **Rompere** is *breken, stukmaken*, **rompersi** is *breken, stukgaan*. Voltooid deelwoord: **rotto**.

5 **Può darsi (che)** betekent *het kan zijn, misschien (dat)*.

***

Esercizio 1 – Traducete

❶ Il primo punto all'ordine del giorno è l'eventuale rinnovo dell'impianto di riscaldamento. ❷ Penso che sia meglio cambiare la vecchia caldaia prima che si rompa del tutto. ❸ L'anno scorso abbiamo speso un patrimonio in manutenzione. ❹ Grazie ai lavori fatti nel mio condominio ho avuto diritto a riduzioni fiscali per migliorie dell'abitato e risparmio energetico. ❺ La riunione è stata aggiornata a data da destinarsi.

Negentigste les / 90

17 – Ja, laten we eindelijk naar huis gaan, want *(dat)* hier in uw kantoor is het koud.
18 Maar wie heeft ze *(u)* geïnstalleerd, bij u, uw verwarming, een van uw "voordelige" firma's?

6 **La data** is *de datum*, enkelvoud. **A data da destinarsi** is administratief taalgebruik voor *tot een ander te bepalen datum*. U weet nog dat **si** achteraan een infinitief als **destinare** (waarbij dan de eind-**e** wegvalt) het equivalent is van *zich* en dat **si** ook een passieve constructie kan weergeven: **Si è decisa una nuova data**, *Men heeft een nieuwe datum vastgelegd, Er werd een nieuwe datum vastgelegd* (het voltooid deelwoord is vrouwelijk daar het onderwerp van de passieve zin **la data** is).

***

Oplossing van oefening 1

❶ Het eerste punt op de agenda is het eventuele vernieuwen van de verwarmingsinstallatie. ❷ Ik denk dat het beter 'is' de oude verwarmingsketel te vervangen voordat hij helemaal 'stukgaat'. ❸ Vorig jaar hebben we een fortuin uitgegeven aan onderhoud. ❹ Dankzij de in mijn *(gemeenschappelijk)* gebouw uitgevoerde werken heb ik recht gehad op belastingverminderingen voor woningsanering en energiebesparing. ❺ De vergadering is uitgesteld tot een nader te bepalen datum.

Esercizio 2 – Completate

1. Als de verwarmingsinstallatie stukgaat, zullen we barre koude lijden.
   Se .... si .... un freddo .....

2. Alvorens te kiezen, zal men de offertes goed moeten lezen en rustig nadenken.
   Prima di .... bene . ... e ....

3. Het kan zijn dat als we de verwarmingsketel vervangen we minder geld zullen uitgeven aan onderhoud.
   Può .... la caldaia .... meno ....

4. Ik stel voor om het te hebben over het volgende punt op de dagorde.
   .... di parlare ... . del giorno.

5. Bij de mede-eigenaarsvergaderingen van mijn *(gemeenschappelijk)* gebouw ruziet men dikwijls.
   Alle .... del ... . spesso .. ..

91

Novantunesima lezione

Revisione – Herhaling

De hypothetische of als-zin (*il periodo ipotetico*)

Er zijn drie types hypothetische zinnen:

"Reële" (of zeer waarschijnlijke) uitkomst (*periodo ipotetico della realtà*)

Het gaat om een gewone veronderstelling die door de spreker neutraal voorgesteld wordt, zonder positie in te nemen betreffende de graad van de uitkomst (op zich dus geen zuivere hypothese)
→ indicatief in beide zinsdelen (o.t.t. of toek.t.):

Oplossing van oefening 2

❶ – l'impianto di riscaldamento – rompe patiremo – cane ❷ – scegliere bisognerà leggere – i preventivi – riflettere con calma ❸ – darsi che se cambiamo – spenderemo – soldi in manutenzione ❹ Propongo – del prossimo punto all'ordine – ❺ – assemblee condominiali – mio palazzo – si litiga

***

Meer dan de helft van de Italianen woont in een flat of appartement, doorgaans in een gebouw dat namens de mede-eigenaars beheerd wordt door een syndicus. De nabijheid van werk, diensten, activiteiten en winkels lokt mensen naar flatgebouwen in de stad. Velen bewonen hun eigen appartement, dat ze comfortabel en met smaak inrichten, maar eventuele werken vertrouwen ze liever toe aan professionelen. Het mooie leven, of toch bijna…

Tweede fase: 41e les

Eenennegentigste les

bijzin	hoofdzin
Se fai presto	**arriverai in tempo**
o.t.t.-indicatief	toek.t.
Als je snel handelt,	zal je op tijd (aan)komen.

In dit geval zou **se** geïnterpreteerd kunnen worden als bv. *wanneer, daar, vermits*:

Se sei di Milano, conosci di sicuro la pinacoteca di Brera.
Als (Wanneer/Daar/Vermits) je van Milaan afkomstig bent, ken je vast de pinacotheek van Brera.

Mogelijke maar onzekere uitkomst
(*periodo ipotetico della possibilità*)

De spreker is niet zeker van de uitvoering van de hypothese
→ bijzin in de o.v.t.-conjunctief, hoofdzin in de (gewone, dus tegenwoordige tijd van de) voorwaardelijke wijs:

bijzin	hoofdzin
Se facessi presto	**arriveresti in tempo**
o.v.t.-conjunctief	voorwaardelijke wijs (teg. tijd)
Als je snel 'handelde',	*zou je op tijd (aan)komen.*

"Irreële" of onbereikbare uitkomst
(*periodo ipotetico dell'irrealtà o dell'impossibilità*)

– voor een onbereikbare (of ingebeelde) hypothese in het heden of in de toekomst
→ bijzin in de o.v.t.-conjunctief, hoofdzin in de (tegenwoordige tijd van de) voorwaardelijke wijs (dus zoals in het vorige type):

bijzin	hoofdzin
Se io fossi in te	**non accetterei la sua proposta.**
o.v.t.-conjunctief	voorwaardelijke wijs (teg. tijd)
Als ik in jouw plaats 'was',	*zou ik zijn voorstel niet aanvaarden.*

Deze hypothese is niet realiseerbaar vermits je nooit in iemand anders' plaats kan zijn...

– voor een niet gerealiseerde hypothese in het verleden (aan de voorwaarde werd niet voldaan, er was geen uitkomst, er is geen gevolg in het heden)
→ bijzin in de v.v.t.-conjunctief, hoofdzin in de verleden tijd van de voorwaardelijke wijs:

bijzin	hoofdzin
Se avessi fatto presto	**saresti arrivato in tempo.**
v.v.t.-conjunctief	verl. tijd v.d. voorwaardelijke wijs
Als je snel 'had' gehandeld,	*zou je op tijd zijn (aan)gekomen.*

Eenennegentigste les / 91

Opmerking bij een hypothese in het verleden waarvan de uitkomst een gevolg heeft in het heden → bijzin in de v.v.t.-conjunctief, hoofdzin in de (tegenwoordige tijd van de) voorwaardelijke wijs:
Se tu avessi studiato, ora avresti un esame in meno.
Als je gestudeerd had, zou je nu een examen minder hebben.

***

Dialogo di revisione

1 – Stanotte ho sognato che ero una pittrice famosa e facevo mostre in tutto il mondo.
2   I miei quadri erano quotatissimi sul mercato dell'arte e valevano un sacco di soldi!
3 – Magari fosse vero! Così potremmo cambiare la caldaia che si è rotta la settimana scorsa…
4   Il tecnico ci ha fatto un preventivo carissimo, e con i problemi economici che abbiamo in questo periodo…
5   Quando abitavamo in condominio era più semplice:
6   questi problemi si discutevano in assemblea condominiale e l'amministratore trovava sempre una soluzione.
7 – E si litigava sempre coi vicini… Se vivessimo ancora in condominio non avremmo il giardino e io non avrei la mia stanza per dipingere.
8 – Io invece non sogno mai e anche se sogno poi mi dimentico i miei sogni…
9   Se stanotte avessi sognato qualcosa ora me lo ricorderei, o no?
10 – Penso soprattutto che se ieri sera non avessi mangiato due enormi bistecche avresti dormito meglio e forse anche sognato!

Vertaling

1 Vannacht heb ik gedroomd dat ik een beroemde schilderes was en in heel de wereld tentoonstellingen deed. **2** Mijn schilderijen waren hoog gequoteerd op de kunstmarkt en een smak geld waard! **3** 'Was' het maar waar! Zo zouden we de verwarmingsketel die vorige week stukgegaan is kunnen vervangen... **4** De technicus heeft ons een erg dure offerte opgemaakt, en met de financiële problemen die we in deze periode hebben... **5** Toen we in mede-eigendom woonden was het eenvoudiger: **6** deze problemen werden besproken *(zich bespraken)* in de mede-eigenaarsvergadering en de syndicus vond altijd een oplossing. **7** En we maakten altijd ruzie *(men ruziede)* met de buren... Als we nog in mede-eigendom 'woonden', zouden we geen tuin hebben en ik zou mijn schilderkamer niet hebben. **8** Ik daarentegen droom nooit en zelfs

Novantaduesima lezione

In dit stadium van uw studie is het klankschrift overbodig geworden. We duiden in de dialoog alleen nog de klemtoon aan in woorden waar eventueel twijfel zou bestaan.

Le basiliche di Roma

1 – La guida ha detto che domani ci porterà [1] a visitare le quattro basiliche papali di Roma.
2 – Perché si chiamano così?
3 – Adesso leggo nella mia guida di cosa si tratta.
4 – Leggilo ad alta voce, così lo imparo anch'io.
5 – "Le basiliche papali, dette anche patriarcali, occupano il rango più alto nella chiesa cattolico-romana e contengono un altare riservato al pontefice.
6 Tutti i papi [2] della storia della chiesa romana celebrarono [3] messe su questi altari.

als ik droom, vergeet ik daarna mijn dromen. **9** Als ik vannacht iets 'had' gedroomd, zou ik het me nu herinneren, of niet? **10** Ik denk vooral dat, als je gisteravond geen twee enorme biefstukken 'had' gegeten, je beter zou geslapen hebben en misschien ook gedroomd!

Met il periodo ipotetico, materie waarbij het gebruik van tijden en wijzen complex is, zijn we bijna aan het sluitstuk gekomen van uw studie van de mooie Italiaanse taal. Dankzij uw aanhoudende inzet leek deze samenvatting u wellicht niet moeilijk. In de volgende lessen worden deze constructies alvast verder ingeoefend. **Avanti**, *zoals altijd!*

Tweede fase: 42e les

Tweeënnegentigste les

Vanaf deze dialoog vindt u tussen '...' niet meer de vertaling van een conjunctiefvorm (u bent immers zo ver gevorderd dat u die helemaal alleen kan afleiden... en toepassen!), maar wel die van een verleden tijdsvorm die in het Nederlands niet gebruikt wordt.

De basilieken van Rome

1 – De gids heeft gezegd dat ze ons morgen meeneemt *(zal-meenemen)* om de vier pauselijke basilieken van Rome te bezoeken.
2 – Waarom heten ze zo?
3 – Ik lees even *(nu)* in mijn gids waarover het gaat.
4 – Lees het hardop *(met luide stem)*, zo leer ik het ook.
5 – "De pauselijke basilieken, ook patriarchale [basilieken] genoemd *(gezegd)*, bekleden de hoogste rang in de rooms-katholieke kerk en bevatten een voor de paus *(pontifex)* voorbehouden altaar.
6 Alle pausen uit de geschiedenis van de roomse kerk 'vierden' missen [van]op deze altaren.

Novantaduesima lezione

7 Quattro si trovano a Roma, altre due ad Assisi, in **U**mbria, la città in cui n**a**cque [4] San Francesco, patrono d'Italia.

8 La bas**i**lica di San Pietro in Vaticano è la più famosa.

9 All'origine fu costruita [5] nel IV (quarto) secolo dall'imperatore Costantino sull'**a**rea del circo di Nerone,

10 dove secondo la tradizione l'ap**o**stolo Pietro fu sepolto [5] dopo la sua crocefissione.

11 Venne [6] poi riedificata tra il 1506 (millecinquecentosei) [7] e il 1626 (milleseicentoventisei) [7].

12 A questo grande cantiere della Roma rinascimentale [8] e barocca contribu**i**rono [9], tra gli altri, Michelangelo e Raffaello.

13 San Giovanni in Laterano fu per secoli, fino al 1309 (milletrecentonove) [7], legata [5] alla residenza dei papi.

14 Anch'essa risal**e**nte all'epoca costantiniana, venne convertita [6] allo stile barocco dall'archit**e**tto Borromini nel Seicento [10].

15 San Paolo fuori le mura fu interam**e**nte ricostruita [5] nel XIX (diciannovesimo) [10] secolo

16 sui resti della chiesa paleocristiana vittima di un terribile inc**e**ndio nel 1823 (milleottocentoventitrè) [7]

17 in uno stile comp**o**sito, che mescola eclecticam**e**nte diversi modelli classici.

18 La basilica di Santa Maria Maggiore sorse [4] nel IV secolo.

Tweeënnegentigste les / 92

7 Vier [ervan] bevinden zich in Rome, twee andere in Assisi, in Umbrië, de stad waar Sint-Franciscus, beschermheilige van Italië, 'werd geboren'.

8 De Sint-Pietersbasiliek in het Vaticaan is de bekendste.

9 Oorspronkelijk *(Bij de oorsprong)* 'werd' ze in de 4e eeuw gebouwd door Keizer Constantijn op de plaats van Nero's circus,

10 waar volgens de overlevering apostel Petrus 'werd' begraven na zijn kruisiging.

11 Ze werd *('kwam')* vervolgens tussen *(de)* 1506 en *(de)* 1626 herbouwd.

12 Tot deze grote werf van het Rome uit de renaissance en de barok 'droegen', onder *(de)* anderen, Michelangelo en Rafaël bij.

13 Sint-Jan van Lateranen 'was' gedurende eeuwen, tot in 1309, verbonden met de residentie van de pausen.

14 Ook deze basiliek gaat terug *(Ook zij teruggaand)* tot het Constantijnse tijdperk [en] werd *('kwam')* omgevormd in barokstijl door architect Borromini in de 17e eeuw.

15 Sint-Paulus buiten de Muren 'werd' helemaal opnieuw opgetrokken in de 19e eeuw,

16 op de resten van de vroegchristelijke kerk die verwoest werd door *(slachtoffer van)* een verschrikkelijke brand in 1823,

17 in een gemengde stijl, die eclectisch verschillende klassieke modellen vermengd.

18 De basiliek van Santa Maria Maggiore 'verrees' in de 4e eeuw.

19 Secondo la tradizione papa [2] Liberio la fece [4] costruire nel luogo indicato dalla Madonna tramite una nevicata miracolosa.

20 Ancora oggi il 5 agosto di ogni anno si rievoca il miracolo di Nostra Signora della Neve, facendo cadere petali bianchi dal soffitto a cassettoni della chiesa."

21 – La guida ci aveva detto anche che ci avrebbe portato [1] in un'ottima pizzeria.

22 Speriamo che mantenga la promessa, dopo tutti questi santi e miracoli!

Opmerkingen

[1] Let op het verschillend tijdsgebruik in de indirecte rede: **la guida ha detto che ci porterà**, waar het werkwoord van de bijzin in de toekomende tijd staat, en **aveva detto che ci avrebbe portato** (zin 21), waar het in de verleden tijd van de voorwaardelijke wijs staat. Bij een hoofdzin in de verleden tijd moet de bijzin in de verleden tijd van de voorwaardelijke wijs staan als het gaat om een actie in de toekomst, maar in de omgangstaal gebruikt men hiervoor ook de toekomende tijd.

[2] **Il papa** is in het meervoud **i papi**. Dit is een van de mannelijke woorden op **-a** met meervoud op **-i**, zoals ook bv. **il dentista → i dentisti** (tandarts), **il problema → i problemi** (probleem). Opgelet: **papa Francesco** is *paus Franciscus* en **papà Francesco** *papa Francesco*!

[3] **Celebrarono** is de 3e pers. mv. in de **passato remoto**, lett. "ver verleden". Deze tijd bestaat niet in het Nederlands. In Romaanse talen wordt hij vooral in geschreven taal gebruikt bij gebeurtenissen die zich lang geleden voordeden, bv. om een verhaal te vertellen. De vervoeging gebeurt door aan de stam een persoonsuitgang toe te voegen. Voor regelmatige werkwoorden op **-are** nemen we als voorbeeld **celebrare**, *vieren*: **celebrai, celebrasti, celebrò, celebrammo, celebraste, celebrarono** (de klemtoon valt bij de 3e pers. mv. op de derdelaatste lettergreep).

[4] Veel werkwoorden op **-ere** zijn in de **passato remoto** onregelmatig, nl. in de stam bij 1e en 3e pers. ev. en de 3e mv., bv. **nascere**, *geboren worden*,

19 Volgens de legende 'liet' paus Liberius haar bouwen op de plaats die de Maagd Maria had aangeduid *(aangeduid door-de Mijn-vrouw)* door middel van een miraculeuze sneeuwbui.

20 Nu *(vandaag)* nog herdenkt men op 5 augustus *(van)* ieder jaar het mirakel van Onze-Lieve-Vrouw ter Sneeuw, door witte bloemblaadjes vanaf het cassetteplafond van de kerk te laten neerdwarrelen *('latend' vallen)."*

21 – De gids had ons ook gezegd dat ze ons naar een heel goeie pizzeria zou meenemen *(zou-hebben meegenomen)*.

22 Laten we hopen dat ze haar belofte houdt, na al deze heiligen en mirakels!

---

ter wereld komen, ontstaan (**nacqui, nascesti, nacque, nascemmo, nasceste, nacquero**), **sorgere**, *verrijzen, opkomen* enz. (**sorsi, sorgesti, sorse, sorgemmo, sorgeste, sorsero**) en **fare**, *doen, maken* en soms ook *zijn, laten, worden* (**feci, facesti, fece, facemmo, faceste, fecero**).

5 **La basilica di San Pietro fu costruita, Pietro fu sepolto, [la basilica di] San Paolo fu ricostruita** zijn hier passieve vormen van de **passato remoto**, gevormd met **essere** in de **passato remoto** (**fui, fosti, fu, fummo, foste, furono**) + het voltooid deelwoord van het hoofdwerkwoord (let op de overeenkomst in geslacht en getal!): ... *'werd' gebouwd, begraven, heropgebouwd*. In de Divina Comedia van Dante zegt Ulysses "**Fatti non foste per vivere come bruti, ma per seguir virtute e conoscenza**", *Jullie 'werden' niet gemaakt om als bruten te leven, maar om deugd en kennis na te streven*.

6 U herinnert zich dat de passieve vorm bij enkelvoudige tijden ook met het werkwoord **venire**, *komen* + voltooid deelwoord uitgedrukt kan worden, dus ook bij de **passato remoto**, met **venni, venisti, venne, venimmo, veniste, vennero**.

7 Getallen (zie les 28), dus ook jaartallen, worden aan elkaar geschreven, in de volgorde 'duizendtal - honderdtal - tiental - eenheid': **duemilaventiquattro**, *2024*. Denk eraan vóór het jaartal een bepaald lidwoord (evt. samengesmolten met een voorzetsel) te gebruiken: **Sono nato nel millenovecentottanta**, *Ik ben geboren in(-het) 1980*.

92 / Novantaduesima lezione

8 Het bijvoeglijk naamwoord **rinascimentale** wijst aan te behoren tot de stijl of periode van de *renaissance* (**il Rinascimento**): **la pittura rinascimentale**, *de renaissanceschilderkunst*.

9 **Contribuirono**, passato remoto van **contribuire**, *bijdragen*, dat we als voorbeeld nemen voor de regelmatige vervoeging van werkwoorden op **-ire**: contribu**ii**, contribu**isti**, contribu**ì**, contribu**immo**, contribu**iste**, contribu**irono**.

***

Esercizio 1 – Traducete
❶ Roma non fu fatta in un giorno, ci vollero secoli per costruirla. ❷ Leonardo da Vinci partì per la Francia nel millecinquecentodiciassette. ❸ Molti italiani andarono a lavorare in America all'inizio del Novecento. ❹ Ci fu una grande nevicata e il papa pensò che la Madonna gli indicava così il luogo dove doveva sorgere la chiesa. ❺ Speriamo che la promessa venga mantenuta.

***

Esercizio 2 – Completate

❶ Deze basiliek 'verrees' op de plaats van een vroegchristelijke kerk uit de 4e eeuw.
Questa . . . . di una . . . . . .
. . . . del . . . .

❷ Sint-Franciscus, beschermheilige van Italië, 'werd geboren' in Assisi in 1182.
San Francesco, ... , ... Assisi . . .
. . . .

❸ De Italiaanse renaissanceschilders 'gingen' in Frankrijk werken.
. . . . del . . . .
. . . . in Francia.

❹ Hij heeft ons gezegd dat hij ons zou meenemen *(zou-hebben meegenomen)* om de tentoonstelling te bezoeken, maar ik weet niet of we de tijd zullen hebben.
. . . . che . . . . la
mostra, ma . . . . tempo.

489 • **quattrocentottantanove**

Tweeënnegentigste les / 92

10 Eeuwen kunnen op twee manieren uitgedrukt worden: met een rangtelwoord, zoals in het Nederlands (hoofdtelwoord + suffix **-esimo**, *-de*, *-ste*, bv. **il diciassettesimo secolo**, *de 17e eeuw*) of met het honderdtal (met hoofdletter!) in de data van die eeuw: **il Seicento** (lett. 'de Zeshonderd') is de 17e eeuw omdat de data in die eeuw (1610, 1685) het honderdtal 600 bevatten. Kortom: **nel diciannovesimo secolo** of **nell'Ottocento**, *in de 19e eeuw*. (Voor rangtelwoorden, zie ook de lesnummers in deze cursus.)

***

Oplossing van oefening 1
❶ Rome 'werd' niet in één dag gemaakt, er 'waren' eeuwen nodig om het [op] te bouwen. ❷ Leonardo da Vinci 'vertrok' naar Frankrijk in 1517. ❸ Veel Italianen 'gingen' in het begin van de 20e eeuw in Amerika werken. ❹ Er 'was' een hevige sneeuwval en de paus 'dacht' dat de Maagd Maria hem zo de plaats aanduidde waar de kerk moest verrijzen. ❺ Laten we hopen dat de belofte gehouden wordt.

❺ Het paleis gaat terug tot de renaissancetijd, maar 'werd' heropgebouwd in de 19e eeuw wegens een verschrikkelijke brand.
Il . . . . , ma . . . . .
. . . . a causa . . . .

Oplossing van oefening 2
❶ – basilica sorse sull'area – chiesa paleocristana – quarto secolo ❷ – patrono d'Italia, nacque a – nel millecentottantadue ❸ I pittori italiani – Rinascimento andarono a lavorare – ❹ Ci ha detto – ci avrebbe portati a visitare – non so se avremo il – ❺ – palazzo risale all'epoca rinascimentale – venne ricostruito nell'Ottocento – di un terribile incendio

Tweede fase: 43e les

Novantatreesima lezione

Il brutto anatroccolo

1 – Mamma, mi racconti una storia?
2 – Certo! Prendi il libro giallo sullo scaffale e te ne leggo una.
3 – Voglio quella del brutto anatroccolo!
4 – Va bene, so che è la tua preferita, e credo che sia [1] proprio nel libro giallo. Eccola qua.
5 "Mamma anatra, osservando il brutto anatroccolo, desiderava che anche lui diventasse [2] come tutti gli altri suoi piccoli.
6 Sognava che gli crescessero [2] le piume del colore di quelle degli altri e che avesse [2] lo stesso becco e le stesse zampe.
7 Tra sé e sé si diceva: "Spero che questo figlio così goffo diventi [3] come i suoi fratelli!"
8 Tutti lo prendevano in giro e un giorno uno dei fratelli gli disse [4]: "Tu non sei come noi, tu sei diverso!"
9 – Mamma, perché gli dice che è [5] diverso? Che cattivo!
10 – A volte i bambini sono cattivi senza volerlo; e poi lui è davvero diverso dagli altri!
11 – Anche mio fratello mi diceva che ero [5] brutta quando ero più piccola.
12 – Ah! Ah! Ma dai, non lo pensava mica, lo diceva per farti arrabbiare [6].
13 Andiamo avanti, dai, che è un po' tardi.
14 "L'anatroccolo, mortificato, pensò: "È meglio per tutti che io fugga [1] lontano.

Drieënnegentigste les

Het lelijke eendje

1 – Mama, vertel je me een verhaal[tje]?
2 – Zeker! Neem het gele boek op het [boeken]rek en ik lees jou er een [voor].
3 – Ik wil dat over het lelijke eendje!
4 – Ok, ik weet dat het jouw lievelings[verhaaltje] is en ik geloof dat het net in het gele boek staat. Hier is het.
5 "Het lelijke eendje observerend, wenste mama eend dat ook hij zoals al haar andere kleintjes werd.
6 Ze droomde dat hij veren kreeg *(hem groeiden de veren)* in de kleur van die bij de andere en dat hij dezelfde snavel en dezelfde poten had.
7 Ze zei bij zichzelf *(Tussen zich en zich zich zei)*: "Ik hoop dat dit zo onbeholpen jongetje *(zoon)* zoals zijn broer[tje]s wordt!"
8 Iedereen lachte hem uit *(Allen hem namen in ronde)* en [op] een dag 'zei' een van zijn broers hem: "Jij bent niet zoals wij, jij bent anders!"
9 – Mama, waarom zegt hij hem dat hij anders is? Wat 'n gemenerd!
10 – Soms zijn kinderen gemeen zonder het te willen en hij is trouwens echt anders dan de andere!
11 – Ook mijn broer zei me dat ik lelijk (v.) was toen ik kleiner was.
12 – Ach, nou! Toe, komaan, dat meende hij toch niet, hij zei het om je te plagen *(maken-je boos-worden)*.
13 Laten we voortlezen *(gaan vooruit)*, komaan, want het is al *(een beetje)* laat.
14 "Gekrenkt 'dacht' het eendje: "Het is beter voor iedereen dat ik ver [weg]vlucht.

15 Anzi, sarebbe stato meglio che io me ne fossi andato [7] via già da tempo."
16 Singhiozz**a**ndo si allontanò, e a lungo credette [8] che non avrebbe mai più ritrovato [9] una famiglia.
17 Passò l'inverno e in primavera il brutto anatr**o**ccolo si rispecchi**ò** [10] nelle acque di uno stagno popolato di candidi cigni.
18 Con gioia vide [11] se stesso e pensò: "Un tempo non immaginavo che in futuro mi sarei trasformato [9] in un cigno!"
19 Si unì agli altri suoi simili e visse [12] finalmente felice."
20 – E si sposò ed ebbe [13] anche tanti cignetti?
21 – Ah! Ah! Sicuramente, ma questo la storia non lo dice.

Opmerkingen

1 In **credo che sia** gebeuren beide handelingen in het heden, tegelijkertijd, dus staan de werkwoorden in de o.t.t.: in de hoofdzin drukt de mama, in de indicatief, haar vermoeden uit en, vermits het meedelen van een standpunt iets subjectiefs is, moet de bijzin in de conjunctief. Let er ook op dat het onderwerp in beide zinsdelen verschillend is en dat de bijzin ingeleid wordt met **che**, *dat*: **io credo che la storia sia**. Idem in zin 14 bij **è meglio che io fugga lontano**.

2 In **desiderava che diventasse** en **sognava che crescessero/avesse** zijn structuren vergelijkbaar met die in opm. 1, maar dan voor simultane handelingen in het verleden, met werkwoorden in de o.v.t.: in de hoofdzin drukt mama eend, in de indicatief, haar wens/droom uit, wat iets subjectiefs is, dus moet de bijzin, ingeleid met **che** en met een verschillend onderwerp (het eendje/de veren), in de conjunctief.

3 In **spero che diventi** staat het werkwoord van de bijzin in de o.t.t.-conjunctief, ook al gaat het om iets dat in de toekomst kan gebeuren. Dit is gebruikelijk in gesproken Italiaans: **Spero che domani tu venga da me**, *Ik hoop dat je morgen bij mij komt* (lett. 'kome').

Drieënnegentigste les / 93

15 Het zou zelfs beter geweest zijn dat ik er *(me)* al lang vandoor *(weg)* was gegaan."
16 Snikkend vertrok hij *(zich 'verwijderde')* en *(bij)* lang 'geloofde' hij dat hij nooit nog een familie zou vinden *(niet zou-hebben nooit meer gevonden)*.
17 De winter 'ging voorbij' en in de lente '*(weer)*-spiegelde' het lelijke eendje zich in het water*(s)* van een vijver vol *(bevolkt met)* helder witte zwanen.
18 Met vreugde 'zag' hij zichzelf en 'dacht': "Ik had nooit gedacht dat ik zou veranderen *(Een tijd niet inbeeldde dat in toekomst me zou-zijn veranderd)* in een zwaan!
19 Hij 'voegde' zich bij zijn andere soortgenoten *(gelijken)* en 'leefde' eindelijk gelukkig.
20 – En hij 'trouwde' en 'had' ook veel zwaantjes... ?
21 – Ha, ha! Zeker, maar dat zegt het verhaal[tje] niet.

---

4 Disse, onregelmatige 3e pers. ev. in de **passato remoto** van **dire**, *zeggen*: **dissi, dicesti, disse, dicemmo, diceste, dissero**.

5 **Dice che è diverso** en **diceva che ero brutta** zijn zinnen in de indirecte rede, waarbij bijzin en hoofdzin in dezelfde tijd staan. In de directe rede geeft dit: **Dice**: "**Sei** diverso" en **Diceva**: "**Sei** brutta", met de letterlijke weergave van wat gezegd wordt in de o.t.t.-indicatief.

6 **Arrabbiare** betekent *boos maken*, van **la rabbia**, *de boosheid* (ook *rabiës, hondsdolheid*...), met de wederkerende vorm **arrabbiarsi**, *zich boos maken*: **Non arrabbiarti!**, *Maak je niet boos!* **Far arrabbiare** is *boos maken* in de betekenis van *plagen, jennen*.

7 Het voornaamwoordelijk werkwoord **andarsene** is vergelijkbaar met *ervandoor gaan*. In **sarebbe stato meglio che me ne fossi andato via** zien we een hoofdzin die iets subjectiefs in het verleden uitdrukt, waarbij de bijzin, die iets dat zich eerder voordeed uitdrukt, in de v.v.t.-conjunctief moet staan. Gelijkaardig voorbeeld: **Pensavo che tu fossi nata a Firenze,** *Ik dacht dat je in Firenze geboren was* ('ware').

8 **Credette**, 3e pers. ev. in de passato remoto van **credere**, dat we als voorbeeld nemen voor de regelmatige vervoeging van werkwoorden op **-ere**: **credei/ credetti, credesti, credé/credette, credemmo, credeste, crederono/**

credettero. Er bestaat dus bij regelmatige werkwoorden op **-ere** een alternatieve uitgang in de 1e en 3e pers. ev., en in de 3e mv.

9 **Avrebbe ritrovato**, *zou hebben (terug)gevonden* en **sarei trasformato**, *zou zijn veranderd* staan in de verleden tijd van de voorwaardelijke wijs, die gebruikt wordt om vanuit het verleden te kijken naar toekomstige gebeurtenissen. Nog een voorbeeld: **Pensavo che saresti arrivato prima**, *Ik dacht dat je vroeger zou aangekomen zijn.*

10 **Lo specchio** is *de spiegel*; **specchiarsi** betekent *zich in de spiegel bekijken, zich spiegelen* en **rispecchiarsi** *zich weerspiegeld zien, weerspiegeld worden,* wat het oppervlak waarin men zijn beeld ziet ook is (hier

***

Esercizio 1 – Traducete

❶ Quando videro la città pensarono che non avrebbero mai immaginato che fosse così bella. **❷** Gli disse che non poteva andarci quel giorno, ma che ci sarebbe andato il giorno dopo. **❸** Visse a lungo ma ebbe una vita difficile. **❹** Sarebbe stato meglio che tu non l'avessi fatto. **❺** Non arrabbiatevi con i verbi irregolari!

***

Esercizio 2 – Completate

❶ Ik hoopte dat je er niet heen ging, maar helaas wist *(was)* ik zeker dat je er naartoe zou gegaan zijn.

...., ma purtroppo ... . che ci ....

❷ De veren van de zwaan zijn helder wit, maar zijn/haar poten zijn zwart.

.. .. sono ...., ma .. .. sono .....

❸ Snikkend 'zei' hij me dat we elkaar voor lange tijd niet zouden zien *(gezien hebben)*.

............., ... che non .. .. tempo.

❹ Hij 'was' gelukkig om zich bij zijn soortgenoten te voegen en met hen te leven.

.. .. ai ....

water). **Vide la propria immagine che si rispecchiava nel finestrino della macchina**, *Hij zag zijn eigen beeld dat zich in de autoruit weerspiegelde, zag zichzelf weerspiegeld in de autoruit.*

11 **Vide**, onregelmatige 3e pers. ev. in de **passato remoto** van **vedere**, *zien*: **vidi, vedesti, vide, vedemmo, vedeste, videro**.

12 **Visse**, onregelmatige 3e pers. ev. in de **passato remoto** van **vivere**, *leven, wonen*: **vissi, vivesti, visse, vivemmo, viveste, vissero**. Melomanen kennen de beroemde aria uit Puccini's opera Tosca, **"Vissi d'arte"**, *"Ik leefde voor de kunst"*.

13 **Ebbe**, onregelmatige 3e pers. ev. in de **passato remoto** van **avere**, *hebben*: **ebbi, avesti, ebbe, avemmo, aveste, ebbero**.

***

Oplossing van oefening 1

❶ Toen ze de stad 'zagen', 'dachten' ze dat ze [zich] nooit zouden hebben ingebeeld dat ze zo mooi was. ❷ Hij 'zei' hem dat hij er niet heen kon gaan die dag, maar dat hij er 's anderdaags naartoe zou zijn gegaan. ❸ Hij 'leefde' lang maar 'had' een moeilijk leven. ❹ Het zou beter geweest zijn dat je het niet had gedaan. ❺ Maken jullie je niet boos op de onregelmatige werkwoorden!

***

❺ Het is beter dat ik ook uit deze vervuilde stad wegtrek.
 È . . . . anch'io da . . . .

Oplossing van oefening 2

❶ Speravo che tu non ci andassi – ero sicuro – saresti andato ❷ Le piume del cigno – candide – le sue zampe – nere ❸ Singhiozzando, mi disse – ci saremmo visti per molto – ❹ Fu felice di unirsi – suoi simili e di vivere con loro ❺ – meglio che me ne vada – questa città inquinata

Doordat u wat complexere structuren, de passato remoto en het gebruik van tijden en wijzen in als- en andere zinnen herkent, zal u voortaan makkelijker Italiaanse teksten en zelfs sommige romans kunnen lezen. Geniet ervan!

Tweede fase: 44e les

Novantaquattresima lezione

Una scoperta sensazionale

1. Si suppone che cinquemila anni fa un uomo salì sui ghiacciai della Val Senales e che vi morì.
2. Nel 1991 (millenovecentonovantuno) venne scoperto per caso, con i suoi abiti e il suo equipaggiamento, mummificato e congelato.
3. All'inizio si pensò che si trattasse del corpo di un escursionista rimasto vittima di un incidente,
4. finché [1] non si comprese [2] che quell'uomo era vissuto all'età del rame.
5. La notizia sensazionale finì sui giornali e continuò a circolare oltre i confini locali e nazionali finché [1] si diffuse in tutto il mondo.
6. Dopo numerose analisi [3] scientifiche gli scienziati [4] scoprirono che la persona riemersa da un sonno glaciale era vissuta 5300 (cinquemilatrecento) anni fa.
7. Era un maschio di circa trenta-trentacinque anni ed era alto un metro e sessanta centimetri.
8. Ci vollero [5] molti mesi di lavoro per restaurare la mummia.
9. Ci fu [6] anche una piccola contesa tra l'Austria, dove si svolse, all'università di Vienna, gran parte delle ricerche,
10. e le autorità italiane che rivendicavano la territorialità del ritrovamento,
11. ma oggi l'uomo venuto dal ghiaccio è esposto nel museo archeologico di Bolzano.

Vierennegentigste les

Een sensationele ontdekking

1. Aangenomen wordt *(Men veronderstelt)* dat 5000 jaar geleden een mens/man de gletsjers van het Schnalstal 'beklom' en dat hij er 'stierf'.
2. In 1991 werd *('kwam')* hij toevallig ontdekt, met zijn kleren en zijn uitrusting, gemummificeerd en bevroren.
3. Aanvankelijk 'dacht' men dat het ging om het lichaam van een verongelukte bergwandelaar *(gebleven slachtoffer van een ongeluk)*,
4. totdat *(zolang)* men *(niet)* 'inzag' dat d(i)e man in de kopertijd had *(was)* geleefd.
5. Het sensationele nieuws 'belandde' in de kranten en 'bleef' voorbij de lokale en nationale grenzen *(te)* circuleren tot het zich over de hele wereld had verspreid *('verspreidde')*.
6. Na talrijke wetenschappelijke analyses 'ontdekten' wetenschappers dat de uit een ijsslaap opgedoken persoon 5300 jaar geleden had *(was)* geleefd.
7. Het was een man van ongeveer 30-35 jaar en hij was een meter *(en)* zestig *(centimeters)* **groot/lang** *(hoog)*.
8. Het vergde *(Er 'wilden')* vele maanden werk om de mummie te restaureren.
9. Er 'was' zelfs een klein geschil tussen Oostenrijk, waar aan de universiteit van Wenen de meeste *(groot deel)* van de onderzoeken plaatsvonden *(zich 'afspeelden')*,
10. en de Italiaanse autoriteiten die de territorialiteit van de vondst 'opeisten',
11. maar vandaag ligt de man *(gekomen)* uit het ijs tentoongesteld in het archeologisch museum van Bolzano.

12 È conservato in una vetrina che lo protegge dall'aria e dalla luce che lo rovinerebbero irrimediabilmente.

13 Gli è stato dato anche un nome: **Ö**tzi, a causa del nome della vallata austriaca di confine, l'Ötz**a**l.

14 Nella sezione del museo a lui dedicata sono esposti anche i numerosi oggetti che portava con sé:

15 abiti, utensili, armi, vasellame, il tutto in perfetto stato di conservazione.

16 Grazie ai resti di cibo trovati nel suo st**o**maco è stato possibile ricostruire perfino le sue abitudini alimentari,

17 il che [7] costituisce una documentazione eccezionale della vita quotidiana dei nostri antenati preistorici e protostorici.

18 Dal giorno del ritrovamento sono passati parecchi anni,

19 ma Ötzi ha continuato a essere m**e**ta [8] di frequenti visite turistiche e gite scolastiche, essendo una delle mummie più importanti e famose al mondo. □

Opmerkingen

1 Finché, tot(dat), zolang: finché non si compr**e**se, tot(dat) men inzag, zolang ze niet doorhadden; lo aspetterò finché non arriva, ik zal op hem wachten tot hij aankomt, 'zolang hij er niet is'; finché si diffuse, tot het zich had verspreid, zolang het zich verspreidde; finché posso, lo aspetterò, zolang ik kan, zal ik op hem wachten.

2 Compr**e**se, 3e pers. ev. in de passato remoto van comprendere, begrijpen, inzien enz., afgeleid van prendere, nemen, net als sorprendere, verrassen, apprendere, vernemen enz. De passato remoto van prendere is onregelmatig: presi, prendesti, prese, prendemmo, prendeste, presero.

Vierennegentigste les / 94

12 Hij wordt bewaard in een vitrine[kast] die hem beschermt tegen de lucht en het licht die hem onherstelbaar zouden beschadigen.
13 Er werd hem *(Hem is geweest)* ook een naam gegeven: Ötzi, wegens de naam van het dal bij de Oostenrijkse grens *(vallei Oostenrijkse van grens)*, Ötzal.
14 In de aan hem gewijde museumafdeling zijn ook de talrijke voorwerpen die hij bij zich droeg tentoongesteld:
15 kleren, werktuigen, wapens, vaatwerk, alles in perfecte staat van bewaring.
16 Dankzij de in zijn maag gevonden etensresten is het zelfs mogelijk geweest om zijn eetgewoonten te reconstrueren,
17 wat *(het dat)* uitzonderlijk documentatie[materiaal] over het dagelijks leven van onze prehistorische en protohistorische voorouders oplevert *(vormt)*.
18 Sinds de dag van de vondst zijn [er] heel wat jaren verstreken,
19 maar Ötzi is als *('zijnde')* een van de belangrijkste en bekendste mummies ter wereld nog steeds de *(heeft gebleven te zijn)* bestemming van veel*(vuldige)* toeristische trips *(bezoeken)* en schooluitstappen.

3 U herinnert zich dat **analisi** deel uitmaakt van de onveranderlijke, uit het Grieks ontleende woorden op **-i**, zoals **tesi**, *these*, **crisi**, *crisis* enz.

4 In **scienza**, *wetenschap* en afleidingen ervan is de **i** na **sc-** niet hoorbaar. U weet dat **sce** uitgesproken wordt als *[sjé]*, dus zou de **i** overbodig zijn, maar ze is te verklaren door de Latijnse oorsprong *scientiam*.

5 **Ci vuole/vogliono** kennen we, vóór een naamwoord, als *er is/zijn nodig, het vergt*, met vervoeging van het werkwoord **volere** in de 3e pers. ev./mv.: **ci vuole/volle un'ora**, *het vergt/'vergde' een uur*; **ci sono volute due ore**, *het heeft twee uur gevergd*. Passato remoto van **volere**: **volli, volesti, volle, volemmo, voleste, vollero**.

6 **Ci fu** is de passato remoto van **c'è**, *er is*, **ci furono** die van **ci sono**, *er zijn*: **Ci furono tre guerre puniche**, *Er 'waren' drie Punische oorlogen*.

cinquecento • 500

7 De onveranderlijke constructie **il che** wordt vertaald met *(dat) wat*.

8 **La meta**, met klemtoon op de **e**, is *het doel, de bestemming,* niet te verwarren met **la metà**, met de klemtoon, zoals trouwens aangeduid, op de eindletter, *de helft*.

***

Esercizio 1 – Traducete

❶ Ci furono molte discussioni su quel ritrovamento. ❷ All'inizio le autorità non pensarono che si trattasse di una scoperta eccezionale. ❸ Solo gli scienziati capirono che si trattava invece di una mummia preistorica, dell'età del rame. ❹ Ci vollero mesi per restaurarla, ed oggi è conservata in una vetrina al museo archeologico. ❺ Il direttore del museo non fu tranquillo finché la mummia non fu arrivata nella sezione a lei dedicata.

***

Esercizio 2 – Completate

❶ Veel wetenschappelijke ontdekkingen 'werden' toevallig gedaan.
Molte .... per caso.

❷ In het archeologisch museum worden prehistorische en protohistorische werktuigen en vaatwerk tentoongesteld.
... . sono esposti .... e
....

❸ Om 12 uur had hij nog een lege maag, wat uitzonderlijk was voor zijn eetgewoonten.
A mezzogiorno .... lo .... vuoto, ...
... . per le ... .

❹ Dat jaar 'was' er een sensationeel evenement dat iedereen 'verraste'.
.... un evento .... che ....
..... .

❺ Zijn zussen 'geloofden' hem niet en het 'vergde' veel tijd om ze te overtuigen.
.. .. non gli .... e .. ..
tempo ... .

Vierennegentigste les / 94

***

Oplossing van oefening 1
❶ Er 'waren' veel discussies over die vondst. ❷ In het begin 'dachten' de autoriteiten niet dat het om een uitzonderlijke ontdekking ging. ❸ Alleen de wetenschappers 'zagen in' dat het daarentegen om een prehistorische mummie uit de kopertijd ging. ❹ Het 'vergde' maanden om ze te restaureren en vandaag wordt ze bewaard in een vitrinekast in het archeologisch museum. ❺ De museumdirecteur 'was' niet gerust zolang de mummie niet aangekomen 'was' in de aan haar gewijde afdeling.

***

Oplossing van oefening 2
❶ – scoperte scientifiche vennero fatte – ❷ Nel museo archeologico – utensili – vasellame preistorici e protostorici ❸ – aveva ancora – stomaco – il che era eccezionale – sue abitudini alimentari ❹ Quell'anno ci fu – sensazionale – sorprese tutti ❺ Le sue sorelle – credettero – ci volle molto – per convincerle

*De oorspronkelijke naam **Schnalstal**, 'Dal van Schnals', werd veritaliaanst tot **Val Senales**. Het ligt in de regio Alto Adige, een grensgebied dat de Duitstalige inwoners ook 'Südtirol' noemen, de noordelijkste autonome provincie van Italië. Deze regio werd in 1919, na de Eerste Wereldoorlog, bij Italië gevoegd, wat de lokale, overwegend Duitse bevolking uiteraard niet zinde. Afscheidingsbewegingen voerden oppositie tegen de Italiaanse staat, wat in de jaren 50 van vorige eeuw zelfs tot terroristische acties leidde. Vandaag de dag zijn die problemen opgelost, grotendeels dankzij het autonoom statuut en Europa: **Alto Adige** maakt deel uit van de Euregio Tirol, die is samengesteld uit de Italiaanse provincies **Trento** en **Bolzano** en de Oostenrijkse zustergebieden Innsbruck en Lienz, wat overeenstemt met het gebied van het Habsburgse Rijk voor de oorlog van 1914. **Bolzano** wordt beschouwd als een van die steden in Italië waar de levenskwaliteit heel hoog is.*

Tweede fase: 45e les

Novantacinquesima lezione

Un caso di furto

1. Il commissario di polizia Sapientoni stava indagando su uno strano furto avvenuto all'hotel Centrale di Palermo.
2. Alcuni gioielli, che si trovavano su un tavolo vicino alla finestra, erano stati rubati in una stanza:
3. collane, orecchini, braccialetti, anelli, tutti di proprietà della contessa Baracchini-Bidoni.
4. Il tenente Civedo, che si era recato sul posto, disse:
5. – Giunto all'hotel, incontrai [1] immediatamente due testimoni, l'usciere [2] e una donna delle pulizie.
6. Il primo mi giurò: "Non sentii nessun rumore, non entrò nessuno dopo le ventitré."
7. La donna mi assicurò che aveva trovato la porta della camera chiusa a chiave, senza nessun segno di scasso.
8. Ma quello che è più strano è che tutti sapevano che i gioielli della contessa erano falsi;
9. aveva l'abitudine, nota a tutti, di portare in viaggio solo bigiotteria [3] e di lasciare a casa i gioielli, che varranno centinaia di migliaia [4] di euro, forse milioni!
10. Quindi il ladro, il bandito, il malvivente è entrato per magia e non s'intende di gioielli, questo è sicuro.
11. E se si trattasse [5] di uno scherzo, commissario?

Vijfennegentigste les

Een geval van diefstal

1 Politiecommissaris Sapientoni voerde een onderzoek *(was aan-het-onderzoeken)* naar een vreemde diefstal [die had] plaatsgevonden in hotel Centrale van Palermo.
2 Een paar juwelen, die zich op een tafel dicht bij het raam bevonden, waren gestolen uit *(geweest in)* een kamer:
3 halssnoeren, oorbellen, armbandjes, ringen, allemaal *(van)* eigendom van gravin Baracchini-Bidoni.
4 Luitenant Civedo, die zich ter plaatse had begeven, 'zei':
5 – Aangekomen bij het hotel, 'ontmoette' ik onmiddellijk twee getuigen, de portier en een schoonmaakster *(vrouw van-de schoonmaak[taken])*.
6 De eerste 'zwoer' me: "Ik heb geen enkel geluid gehoord *('hoorde')*, er is niemand binnengekomen *('kwam-binnen')* na 23 uur."
7 De vrouw 'verzekerde' me dat ze de kamerdeur op slot *(gesloten met sleutel)* had aangetroffen, zonder enig *(geen-enkel)* braakspoor.
8 Maar wat [nog] vreemder is, is dat iedereen 'wist' dat de juwelen van de gravin nep waren;
9 ze had de gewoonte, gekend door iedereen, om op reis alleen nepjuwelen te dragen en haar [echte] juwelen, die honderdduizenden euro, misschien miljoenen waard *(zullen)* zijn, thuis te laten!
10 Dus de dief, de bandiet, de misdadiger is bij toverslag *(magie)* binnengekomen en heeft geen verstand van juwelen, dat is zeker.
11 En als het om een grap ging, commissaris?

95 / Novantacinquesima lezione

12 – Allora, ricapitoliamo: l'usciere le ha detto che non ha visto né sentito nulla, e la donna delle pulizie che ha trovato la serratura della porta intatta.
13 E non ha chiesto ai due testimoni se la finestra fosse [6] chiusa o aperta?
14 – Certo, commissario, gliel'ho chiesto ripetutamente: "Era [6] aperta la finestra? Era chiusa?"
15 Nulla! Non si ricordavano, nessuno dei due! Ma si dice che la contessa la lasci [7] sempre aperta, a causa del caldo.
16 Però la stanza è al decimo piano, senza nessun accesso possibile dall'esterno.
17 – C'è una sola soluzione possibile: le gazze del parco. Nei giardini pubblici sottostanti vivono numerose gazze,
18 e si sa che le gazze sono ladre, vengono attratte da tutto ciò che luccica … e di gioielli, veri o falsi … non ci capiscono niente!

Opmerkingen

1 De **passato remoto** wordt vooral in geschreven taal gebruikt, maar in de spreektaal is hij ook gebruikelijk in bepaalde streken van Italië, o.a. Sicilië, waar hij de **passato prossimo** vervangt. Onze "misdaad" speelt zich af in het beruchte Palermo, vandaar dat sommige uitspraken van de luitenant in de **passato remoto** staan…

2 L'**usciere** is *de portier* in een hotel; *de conciërge* is **il portinaio** of **il portiere** (deze laatste is ook *de doelman, keeper*…). L'**uscio** is *de deur-(opening)* en **uscire**… *naar buiten gaan*.

3 Bij **bigiotteria** gaat het net als bij *bijouterie* om *fantasie-* of *nepjuwelen*; bij een echt *juweel* spreekt men van **un gioiello**.

Vijfennegentigste les / 95

12 – Laten we even samenvatten: de portier heeft u gezegd dat hij niets heeft gezien of *(noch)* gehoord, en de schoonmaakster dat ze het deurslot intact heeft aangetroffen.
13 En hebt u *(aan)* de twee getuigen niet gevraagd of het raam dicht of open was?
14 – Zeker wel, commissaris, ik heb het ze herhaaldelijk gevraagd: "Was het raam open? Was het dicht?"
15 Niets! Ze herinnerden het zich niet, geen*(-enkele)* van beiden! Maar er wordt gezegd *(men zegt)* dat de gravin het altijd open laat, wegens de hitte.
16 Maar de kamer is op de 10e verdieping, zonder enige mogelijke toegang van buitenaf.
17 – Er is slechts één oplossing mogelijk: de eksters uit het park. In de hieronder gelegen publieke tuinen zitten *(leven)* talrijke eksters
18 en het is geweten *(men weet)* dat eksters dieven zijn, ze worden *(komen)* aangetrokken door al wat glinstert … en van juwelen, echte of valse … ze snappen er niets van!

---

4 De enkelvoudsvormen **il migliaio**, *het duizendtal* en **il centinaio**, *het honderdtal* zijn mannelijk, hun meervoud **le migliaia** en **le centinaia** is vrouwelijk.

5 Let op het gebruik van de o.v.t.-conjunctief bij het opperen van een mogelijkheid, ingeleid met **se**, *als, indien*: **Non risponde al telefono; e se stesse dormendo?**, *Hij beantwoordt de telefoon niet; en als hij aan het slapen was?*

6 Bij een indirecte vraag hoort de bijzin in de conjunctief (**Ha chiesto se la finestra fosse aperta.**); een directe vraag staat 'gewoon' in de indicatief (**Ho chiesto: "Era aperta?"**).

7 Na **si dice** (*men zegt, er wordt gezegd*) staat de bijzin in de conjunctief daar het om een mogelijkheid, geen zekerheid gaat. In de verleden tijd geeft dit: **Si diceva che la lasciasse aperta**, *Men zei dat ze ze/het open liet*.

cinquecentosei • 506

95 / Novantacinquesima lezione

▶ Esercizio 1 – Traducete
① Si diceva che i gioielli della contessa fossero falsi, e che si trattasse di bigiotteria. ② Gli domandai se avesse visto qualcuno uscire fra le dodici e un quarto e le tredici e trenta. ③ E se fossero state le gazze del parco a rubare gli orecchini? ④ Il ladro ha lasciata intatta la serratura della porta. ⑤ Ci volle tempo al commissario per capire che non si trattava di un pericoloso malvivente ma di un semplice scherzo.

***

Esercizio 2 – Completate
① Ik denk niet dat het om een grap gaat.
   Non .... uno ....

② Ik dacht dat je op de elfde verdieping woonde; je appartement is daarentegen op het vijfde.
   .... piano, ... appartamento . .. .

③ Als hij niet vals was, zou die ring duizenden euro waard zijn.
   .. .. falso .... di euro.

④ De politie voerde een onderzoek *(was aan het onderzoeken)* naar een vreemd geval van diefstal die had plaatsgevonden in een winkel in het [stads]centrum.
   La polizia .... caso .. .. in un .... centro.

⑤ Van halssnoeren en armbandjes, ik snap er niets van.
   .. .. e .... io non .. .. niente.

Oplossing van oefening 1

❶ Men zei dat de juwelen van de gravin nep waren en dat het om fantasiejuwelen ging. ❷ Ik 'vroeg' hem of hij iemand had zien naar buiten gaan tussen 12.15 uur en 13.30 uur. ❸ En als het de eksters uit het park geweest waren om de oorbellen te stelen? ❹ De dief heeft het deurslot intact gelaten. ❺ Het 'vergde' de commissaris tijd om in te zien dat het niet om een gevaarlijke misdadiger ging, maar om een simpele grap.

***

Oplossing van oefening 2

❶ – penso che si tratti di – scherzo ❷ Credevo che abitassi all'undicesimo – invece il tuo – è al quinto ❸ Se non fosse – quell'anello varrebbe migliaia – ❹ – stava indagando su uno strano – di furto avvenuto – negozio del – ❺ Di collane – braccialetti – ci capisco –

Wel ja, u hebt net een "detectiefje" gelezen... (Bijna) klaar voor echte lectuur!

Tweede fase: 46e les

Novantaseiesima lezione

Siena

1 La leggenda narra che la città di Siena venne fondata dai figli di Remo, famoso fratello di Romolo, il fondatore di Roma.
2 La storia racconta invece che dopo che i Romani ebbero stabilito [1] qui un avamposto di nome Saena nel 30 a.C. (avanti Cristo), il luogo diventò un piccolo centro di scambi commerciali.
3 Vi [2] giunsero [3] successivamente i Longobardi nel secolo VI (sesto) d.C. (dopo Cristo) e in seguito anche i Franchi governarono la città.
4 Questi ultimi vi [2] realizzarono grandi lavori, tra i quali il più importante fu la via francigena, la strada che collegava Roma alla Francia e che passava per Siena.
5 Migliaia di pellegrini e di viandanti percorrevano ogni giorno questa strada, e le città che si trovavano sul suo percorso divennero [4] spesso ricche e fiorenti.
6 La potenza economica e militare della città crebbe [5] ed entrò spesso in conflitto con la vicina Firenze,
7 finché Siena fu sconfitta e incorporata nel territorio e nell'amministrazione fiorentini nel 1555 (millecinquecentocinquantacinque).
8 Negli anni tra il 1150 (millecentocinquanta) ed il 1300 (milletrecento) insigni artisti adornarono la città di meravigliosi monumenti, quali il Duomo, il Palazzo Pubblico e la Torre del Mangia.

Zesennegentigste les

Siena

1 De legende vertelt dat de stad *(van)* Siena gesticht werd *('kwam')* door de zonen van Remus, de bekende broer van Romulus, de stichter van Rome.
2 De geschiedenis vertelt daarentegen dat nadat de Romeinen hier een voorpost genaamd *(van naam)* Saena 'hadden' gevestigd in 30 v.C. (voor Christus), de[ze] plaats een klein handelscentrum *(centrum van commerciële uitwisselingen)* 'werd'.
3 Daarna 'kwamen' de Lombarden er in de 6e eeuw n.C. (na Christus) en vervolgens 'heersten' ook de Franken [over] de stad.
4 Deze laatsten 'realiseerden' er grote werken, waarvan *(onder de welke)* het belangrijkste de Via Francigena 'was', de route die Rome met Frankrijk verbond en die langs Siena liep.
5 Elke dag trokken duizenden pelgrims en reizigers over deze route, en de steden die zich op haar traject bevonden 'werden' vaak rijk en bloeiend.
6 De economische en militaire macht van de stad 'breidde uit' en 'trad' dikwijls in conflict met het naburige Firenze,
7 totdat Siena 'werd' verslagen en ingelijfd bij het Florentijnse grondgebied en bestuur in 1555.
8 In de jaren tussen 1150 en 1300 'verfraaiden' vermaarde kunstenaars de stad met prachtige monumenten, zoals de Duomo *(Dom)*, het Palazzo Pubblico en de Torre *(Toren)* del Mangia.

9 Dopo che un'epidemia di peste si fu abbattuta sulla città nel 1348 (milletrecentoquarantotto), uccidendo i tre quinti [6] della popolazione,

10 il recupero fu lento e difficile, anche a causa delle frequenti guerre contro Firenze.

11 Fu proprio questa crisi profonda che diede [7] a Firenze l'occasione di sconfiggere la città rivale.

12 Tra i secoli XIV (quattordicesimo) e XIX (diciannovesimo), la potenza economica di Siena crebbe [4] notevolmente, anche grazie alla famosa banca del Monte dei Paschi di Siena.

13 Con l'ottocentesca [8] unità d'Italia, Siena diventò amministrativamente parte della regione Toscana.

14 Oggi è una bellissima città che vive di finanza e turismo, soprattutto grazie al Palio, manifestazione folcloristica e sportiva famosa in tutto il mondo.

Opmerkingen

[1] **Ebbero stabilito**, 3e pers. mv. in de **trapassato remoto**, gevormd met de **passato remoto** van **essere** + het voltooid deelwoord van **stabilire**, *vestigen*. Deze in het Nederlands niet bestaande tijd wordt gebruikt voor een handeling voorafgaand aan een andere handeling in het verre verleden.

[2] Soms wordt **vi** in plaats van **ci**, *er* gebruikt, vooral in geschreven en formele taal, dus ook **vi è** of **vi sono** i.p.v. **c'è** en **ci sono**.

[3] **Giunsero**, 3e pers. mv. in de **passato remoto** van het onregelmatige **giungere**, hier als *(aan)komen, bereiken* (volledig: **giunsi, giungesti, giunse, giungemmo, giungeste, giunsero**), minder gebruikt dan het synoniem **arrivare**, maar met nuttige afleidingen van zijn basisbetekenis *verenigen*, zoals **aggiungere**, *toevoegen*, **congiungere**, *samenbrengen*, **raggiungere**, *bereiken* enz.

Zesennegentigste les / 96

9 Nadat de stad in 1348 getroffen 'werd' door een pestepidemie *(epidemie van pest zich was gestort op-de stad)* en daarbij *(de)* drie vijfden van de bevolking omkwam *('dodend' de ...)*,

10 verliep *('was')* het herstel langzaam en moeilijk, ook vanwege de veelvuldige oorlogen tegen Firenze.

11 Het 'was' net deze diepe crisis die *(aan)* Firenze de kans 'gaf' om de rivaliserende stad te verslaan.

12 Tussen de 14e en de 19e eeuw 'nam' de economische macht van Siena aanzienlijk toe, mede dankzij de beroemde bank Monte dei Paschi di Siena.

13 Met de eenmaking van Italië in de 19e eeuw 'werd' Siena bestuurlijk een deel van de regio Toscane.

14 Vandaag is het een heel mooie stad die leeft van het geldwezen en toerisme, vooral dankzij de Palio, een wereldberoemd folkloristisch en sportevenement.

---

4 **Divennero**, 3e pers. mv. in de **passato remoto** van **divenire**, *worden* (afleiding van het onregelmatige **venire**, *komen*, zie les 92), synoniem van het regelmatige **diventare** (zie les 33).

5 **Crebbe**, 3e pers. ev. in de **passato remoto** van **crescere**, *groeien, uitbreiden* enz.: **crebbi, crescesti, crebbe, crescemmo, cresceste, crebbero**.

6 Breuken worden, net als in het Nederlands, uitgedrukt met een hoofd- en een rangtelwoord: **Questo mese ho speso i due terzi del mio stipendio al supermercato!**, *Deze maand heb ik twee derden van mijn salaris in de supermarkt uitgegeven!* Let wel op het bepaald lidwoord ervoor, ook bij percenten: **C'è uno sconto del dieci per cento**, *Er is een korting van 10 %.*

7 **Diede**, 3e pers. ev. in de **passato remoto** van **dare**, *geven*: **diedi** (of **detti**), **desti**, **diede** (of **dette**), **demmo**, **deste**, **diedero** (of **dettero**).

8 **Ottocentesco**, *negentiende-eeuws*, **settecentesco**, *van/uit de 18e eeuw*, met het suffix **-esco** (v. **-esca**, m. mv. **-eschi**, v. mv. **-esche**) achter het honderdtal jaren van de eeuw. Dergelijke bijvoeglijke naamwoorden kunnen alleen vanaf de 13e eeuw, **duecentesco**, *13e-eeuws*.

Esercizio 1 – Traducete

❶ L'epidemia di peste fece morire i tre quarti della popolazione. ❷ Siena venne sconfitta dalla vicina Firenze e incorporata nel suo territorio dalla metà del Cinquecento. ❸ I principi fecero adornare la città da grandi artisti con meravigliose opere d'arte rinascimentale. ❹ Nel museo vi sono numerosi quadri di insigni pittori quattrocenteschi. ❺ Quando fu giunto alla meta del suo lunghissimo viaggio, si sentì finalmente in pace e si riposò.

***

Esercizio 2 – Completate

❶ De economische macht van de stad 'nam' vooral toe in de 15e eeuw.
La .... città ...... soprattutto ... .

❷ Duizenden pelgrims begaven zich over de Via Francigena trekkend naar Rome.
.... di .... a Roma ....
la ... .

❸ Als jullie houden van de schilderkunst uit de 13e eeuw, moeten jullie ons museum bezoeken.
.. .. la pittura ... ., ... visitare ..
....

❹ De Lombarden 'kwamen aan' in Italië in de 6e eeuw na Christus.
. ... in Italia ... .
Cristo.

❺ De Palio is een volks- en sportevenement dat twee keer per jaar plaatsheeft, in juli en in augustus.
Il Palio è ... . e sportiva
che .. .., in ...... e in ....

Oplossing van oefening 1

❶ De pestepidemie doodde *('deed' sterven)* drie kwart van de bevolking. ❷ Siena 'werd' verslagen door het naburige Firenze en bij haar grondgebied ingelijfd vanaf medio 16e eeuw. ❸ De prinsen 'lieten' de stad door grote kunstenaars verfraaien met prachtige kunstwerken uit de renaissance. ❹ In het museum hangen er talrijke schilderijen van vermaarde 15e-eeuwse schilders. ❺ Toen hij bij de bestemming van zijn heel lange reis aangekomen 'was', 'voelde' hij zich eindelijk in vrede en 'rustte' hij uit.

***

Oplossing van oefening 2

❶ – potenza economica della – crebbe – nel Quattrocento ❷ Migliaia – pellegrini si recavano – percorrendo – via francigena ❸ Se vi piace – del Duecento, dovete – il nostro museo ❹ I Longobardi giunsero – nel sesto secolo dopo – ❺ – una manifestazione folcloristica – ha luogo due volte all'anno – luglio – agosto

Italië kent verschillende historische evenementen, waarbij een deel van de bevolking in middeleeuwse klederdracht rondtrekt en traditionele vrijetijds- of sportactiviteiten georganiseerd worden. Een van de bekendste is **il Palio** *in Siena, dat draait rond een paardenrace in het stadscentrum, waarbij iedere* wijk, **contrada** *door een paard en zijn jockey wordt vertegenwoordigd.*

Tweede fase: 47e les

Novantasettesima lezione

Scambi accademici

1 Greta scrive una mail alla professoressa Scanzi, con cui s'incontrerà all'università di Bologna, dove sta per intraprendere [1] un Erasmus:

2 "Gentile [2] Professoressa [3], Le invio la presente per chiederLe di accordarmi gentilmente un appuntamento nel giorno e all'ora di Sua scelta

3 a partire dal 15 aprile p.v. [4], data a partire dalla quale sarò a Bologna per frequentare [1] il mio periodo di Erasmus.

4 Sono studentessa di lettere moderne all'università di Göteborg, e ho scelto l'università di Bologna in gran parte perché Lei vi insegna.

5 Ho studiato con grande interesse le Sue ricerche sulla letteratura medievale e tengo particolarmente a seguire le Sue lezioni e ad incontrarLa

6 perché al mio ritorno a casa ho l'intenzione di preparare la mia tesi di laurea in filologia romanza proprio sugli autori da Lei studiati,

7 in particolare su Cecco Angiolieri e Folgore da San Gimignano e sulla poesia giullaresca [5] del Duecento.

8 La ringrazio anticipatamente, Gentile Professoressa, della Sua disponibilità

Zevenennegentigste les

Academische uitwisselingen

1 Greta schrijft een e-mail aan professor Scanzi, met wie ze een ontmoeting zal hebben *(zich zal-ontmoeten)* op de universiteit van Bologna, waar ze binnenkort haar Erasmus aanvat *(op-het-punt-staat om-te ondernemen een Erasmus)*:

2 "Geachte Professor, ik stuur U dit schrijven *(de onderhavige)* om U vriendelijk te vragen me een onderhoud toe te staan *(verlenen-me een afspraak)* op de dag en het tijdstip naar Uw keuze

3 vanaf *(te beginnen van-de)* 15 april aanstaande, datum vanaf dewelke ik in Bologna zal zijn om mijn Erasmusopleiding te volgen.

4 Ik ben studente in de moderne letteren aan de universiteit van Göteborg en ik heb de universiteit van Bologna vooral uitgekozen omdat U er doceert.

5 Ik heb met veel *(grote)* belangstelling Uw onderzoek*(en)* naar middeleeuwse literatuur bestudeerd en wil heel graag *(houd bijzonder aan)* Uw colleges bijwonen en U ontmoeten

6 omdat ik bij mijn terugkeer naar huis van plan ben om te werken aan *(voorbereiden)* mijn masterscriptie Romaanse filologie, net over de door U bestudeerde auteurs,

7 in het bijzonder over Cecco Angiolieri en Folgore da San Gimignano en over de speelmanspoëzie uit de 13e eeuw.

8 Ik dank U bij voorbaat, geachte Professor, voor Uw bereidwilligheid *(beschikbaarheid)*

9 e, nell'attesa di un Suo graditissimo riscontro, Le porgo i miei più distinti saluti. Greta Johansson."

10 La professoressa risponde: "Buongiorno Greta, sarà un piacere incontrarti.

11 Ti propongo un appuntamento nel mio ufficio mercoledì 17 alle 14.

12 Ti faccio i miei complimenti per il tuo italiano, molto corretto.

13 Fa' solamente attenzione a non usare espressioni un po' vecchiotte e troppo formali, anche se gentili e rispettose,

14 come il "graditissimo riscontro", "prossimo venturo" e le lettere maiuscole riferite a me:

15 sono una professoressa universitaria, non sono mica il papa! Cordiali saluti. Prof. Emilia Scanzi." ☐

Opmerkingen

1 Twee werkwoorden die bij 'studeren' horen: **intraprendere gli studi**, *gaan studeren* (lett. de studies ondernemen, aangaan, -vatten), **frequentare l'università**, *naar de universiteit gaan*, **frequentare** of **seguire un corso / le lezioni**, *een cursus / de lessen volgen, college lopen* (ook **frequentare amici sbagliati**, *met foute vrienden omgaan, optrekken*).

2 Bij een brief horen bepaalde formules, en die evolueren met de tijd mee... De stijl in een bondige e-mail verschilt ook van die in een schrijven waarin, bijvoorbeeld, iemand zich onderdanig, overbeleefd, overgedienstig opstelt tegenover een hiërarchische overste. Hiertoe behoort ook het gebruik van een hoofdletter aan persoonlijke en bezittelijke voornaamwoorden, zelfs binnen een samengestelde vorm. Nog eerbiediger dan de aanspreekvorm **gentile**, *geachte* is **egregio**.

3 Let op het gebruik van de vrouwelijke beroepnaam: **Buongiorno, dottoressa**, *Goeiedag, dokter* (v.).

9 en, in afwachting van Uw zeer gewaardeerde antwoord, verblijf ik hoogachtend *(U bied-aan de mijn meest voorname groeten)*, **Greta Johansson."**

10 De professor antwoordt: "Dag Greta, het zal een plezier zijn je te ontmoeten.

11 Ik stel je een afspraak voor in mijn kantoor op woensdag 17 om 14 uur.

12 *(Jou doe de)* Mijn complimenten voor je zeer correcte Italiaans.

13 Let alleen op geen *(niet)* wat ouderwetse en te formele uitdrukkingen te gebruiken, ook al [zijn ze] beleefd en respectvol,

14 zoals "zeer gewaardeerd", "aanstaande" en de hoofdletters tegenover *(refererend aan)* mij:

15 ik ben een universiteitsprofessor, helemaal niet de paus! Vriendelijke groeten, Prof. Emilia Scanzi."

4 De afkorting **p.v.** staat voor **prossimo venturo**, *aanstaande* (lett. 'volgende komende'), **c.m.** voor **corrente mese**, *deze* ('lopende') *maand*.

5 Het bijvoeglijk naamwoord **giullaresco** is afgeleid van **il giullare**, *de jongleur* of *speelman*. De door rondtrekkende dichters-zangers uit de middeleeuwen voortgebrachte poëzie is een studieonderwerp in de letter- en muziekkunst.

Esercizio 1 – Traducete
❶ Egregio professore, mi permetto di disturbarLa per chiederLe di fissarmi gentilmente un appuntamento. ❷ Studio all'università di Rotterdam e sto per intraprendere il mio anno di Erasmus all'università di Firenze. ❸ Tengo particolarmente a seguire i Suoi corsi di filologia romanza. ❹ Sapendo quanto è impegnato nelle Sue ricerche, La ringrazio anticipatamente della Sua disponibilità. ❺ Nell'attesa di un Suo gradito riscontro, Le porgo i miei più distinti saluti.

***

Esercizio 2 – Completate
❶ Dag Peter, ik zal blij zijn je te ontmoeten wanneer je in Florence zal zijn.
   Buongiorno Peter, ...
   ..... . Firenze.

❷ Het spijt me dat we elkaar niet eerder ontmoet hebben daar ik vorige week net in Rotterdam was!
   Mi ....,
   perché la .... Rotterdam!

❸ Als ik het had geweten, zouden we elkaar direct ginder kunnen spreken hebben.
   Se ...., ... direttamente ...

Novantottesima lezione

Revisione – Herhaling

1 *Passato remoto*

Deze in het Nederlands onbestaande tijd wordt gebruikt m.b.t. iets in het verre verleden, vooral in geschreven taal, bijvoorbeeld in een verhaal.

Oplossing van oefening 1

❶ Zeer geachte professor, ik ben zo vrij u te storen om u vriendelijk te vragen voor mij een afspraak te regelen. ❷ Ik studeer aan de universiteit van Rotterdam en sta op het punt om mijn Erasmusjaar aan de universiteit van Firenze aan te vatten. ❸ Ik wil bijzonder graag uw colleges Romaanse filologie volgen. ❹ Wetende hoe druk u het hebt met uw onderzoek(en), dank ik u bij voorbaat voor uw bereidwilligheid. ❺ In afwachting van uw gewaardeerde antwoord, verblijf ik met hoogachting.

***

❹ Schrijf me nog een mail wanneer je zal aangekomen zijn en we zullen een afspraak regelen.

.... mail quando ....
.... un ....

Oplossing van oefening 2

❶ – sarò lieto di incontrarti quando sarai a – ❷ – dispiace che non ci siamo incontrati prima – settimana scorsa ero proprio a – ❸ – l'avessi saputo, avremmo potuto parlarci – là ❹ Scrivimi un'altra – sarai arrivato e fisseremo – appuntamento

Tweede fase: 48e les

Achtennegentigste les

• Onderstaande tabel toont de onregelmatige vervoeging van de (hulp)werkwoorden **essere** en **avere** en het regelmatige vervoegingsmodel voor de drie werkwoordsgroepen:

essere	avere	parlare	credere	finire
fui	ebbi	parlai	credei (of credetti)	finii
fosti	avesti	parlasti	credesti	finisti
fu	ebbe	parlò	credé (of credette)	finì
fummo	avemmo	parlammo	credemmo	finimmo

foste	aveste	parl**aste**	cred**este**	fin**iste**
furono	ebbero	parl**arono**	cred**erono** (of cred**ettero**)	fin**irono**

• Heel wat werkwoorden zijn onregelmatig in de **passato remoto**; dit zijn de belangrijkste:

– werkwoorden op **-are**

fare	stare	dare
feci	stetti	diedi
facesti	stesti	desti
fece	stette	diede (of **dette**)
facemmo	stemmo	demmo
faceste	steste	deste
fecero	stettero	diedero (of **dettero**)

– werkwoorden op **-ere**

bere	leggere	scrivere	sapere	conoscere
bevvi	lessi	scrissi	seppi	conobbi
bevesti	leggesti	scrivesti	sapesti	conoscesti
bevve	lesse	scrisse	seppe	conobbe
bevemmo	leggemmo	scrivemmo	sapemmo	conoscemmo
beveste	leggeste	scriveste	sapeste	conosceste
bevvero	lessero	scrissero	seppero	conobbero

prendere	nascere	vedere	vivere	volere
presi	nacqui	vidi	vissi	volli
prendesti	nascesti	vedesti	vivesti	volesti
prese	nacque	vide	visse	volle
prendemmo	nascemmo	vedemmo	vivemmo	volemmo
prendeste	nasceste	vedeste	viveste	voleste
presero	nacquero	videro	vissero	vollero

– werkwoorden op **-ire**

dire	venire
dissi	venni
dicesti	venisti

disse	venne
dicemmo	venimmo
diceste	veniste
dissero	vennero

Bij de onregelmatige werkwoorden op **-ere** en **-ire** doet de onregelmatigheid (telkens dezelfde) zich voor in de stam bij de 1e en 3e persoon enkelvoud en de 3e meervoud; bij de andere personen is de vervoeging regelmatig vanuit de basisstam. Woordenboeken geven daarom vaak de 1e persoon enkelvoud van de **passato remoto** mee, zo kan het hele rijtje makkelijk vervoegd worden, bv.:
scendere, *afdalen* heeft als 1e persoon enkelvoud **scesi** → 3e enkelvoud is **scese** en 3e meervoud is **scesero**, de andere zijn regelmatig (**scendesti** (2e ev.), **scendemmo** (1e mv.), **scendeste** (2e mv.)).

2 *Trapassato remoto*

Vorming: **passato remoto** van het hulpwerkwoord + voltooid deelwoord van het hoofdwerkwoord;

gebruik: voor een handeling voorafgaand aan een andere handeling in het verre verleden:

Dopo che ebbe finito il liceo, si iscrisse all'università di Milano.
Nadat hij zijn middelbaar 'af had', 'schreef' hij zich in aan de universiteit van Milaan.

3 Combinatie van tijd en wijs

De overeenstemming in tijd, de relatie tussen de tijd van het werkwoord in de hoofdzin en die in de bijzin, hangt af van:
- de tijd en de wijs van het werkwoord in de hoofdzin
- het tijdsverband (voor, tegelijk, na) tussen bij- en hoofdzin
- het soort werkwoord of (werk)woordconstructie in de hoofdzin, dat in de bijzin een indicatief, conjunctief of voorwaardelijke wijs vereist.

In het Italiaans zijn de regels hiervoor strikt. Onderstaande tabellen tonen de verschillende gevallen en varianten.

3.1 Hoofdzin in de tegenwoordige of toekomende tijd

hoofdzin	bijzin	tijdsverband
Sono sicuro che *Ik ben er zeker van dat*	**ieri sei andato a Roma.** *je gisteren naar Rome bent gegaan.* (v.t.t., eenmalige gebeurtenis) **ieri eri a Roma.** *je gisteren in Rome was.* (o.v.t., toestand voor langere duur) **Giulio Cesare nacque a Roma.** *Julius Caesar in Rome 'werd geboren'.* (passato remoto, iets in het verre verleden, vooral in de schrijftaal)	voor
	oggi sei a Roma. *je vandaag in Rome bent.* (o.t.t.-indicatief)	tegelijk
	domani andrai a Roma. *je morgen naar Rome zal gaan.* (toek.t.) **domani vai a Roma.** *je morgen naar Rome gaat.* (o.t.t. m.b.t. iets in de toekomst, vooral in de spreektaal)	na

Staat het werkwoord van de hoofdzin in de toekomende tijd:
- iets vooraf of tegelijk met wordt in de bijzin uitgedrukt met een toekomende tijd,
- iets achteraf met de voltooid toekomende tijd.

Ti chiamerò quando andrò a Roma, così ci andremo insieme.
Ik zal je bellen wanneer ik naar Rome zal gaan, zo zullen we er samen heen gaan.
Ti chiamerò quando sarò a Roma, così ci vedremo là.
Ik zal je bellen wanneer ik in Rome ben (lett. zal zijn), zo zullen we elkaar ginder zien.
Te lo dirò quando sarò stato a Roma.
Ik zal het je zeggen wanneer ik naar Rome zal geweest zijn.

3.2 Hoofdzin in een verleden tijd *(imperfetto, passato prossimo, trapassato prossimo, passato remoto,...)*

hoofdzin	bijzin	tijdsverband
Sapevo che *Ik wist dat*	**il giorno prima eri andato a Roma.** *je de dag ervoor naar Rome was gegaan.* (v.v.t., eenmalige gebeurtenis)	voor
Ho saputo che *Ik heb geweten dat*	**il giorno prima eri a Roma.** *je de dag ervoor in Rome was.* (o.v.t., toestand voor langere duur)	voor
Avevo saputo che *Ik had geweten dat*	**quel giorno eri a Roma.** *je die dag in Rome was.* (o.v.t.)	tegelijk
Seppi che *Ik 'wist' dat*	**il giorno dopo saresti andato a Roma.** *je 's anderdaags naar Rome zou zijn gegaan.* (verl. tijd van de voorw. wijs)	na

In de volgende twee punten speelt het soort <u>werkwoord of (werk)woordconstructie in de hoofdzin</u> een bepalende rol: er wordt iets subjectiefs, onzekers, irreëels mee uitgedrukt, bv. bij **credere, pensare, immaginare che, si dice che, e se** enz.

3.3 Hoofdzin in de tegenwoordige tijd waarop een bijzin in de conjunctief moet volgen

hoofdzin	bijzin	tijdsverband
Credo che *Ik geloof dat*	**ieri tu sia andato a Roma.** *je gisteren naar Rome 'bent' gegaan.* (v.t.t.-conjunctief, eenmalige gebeurtenis) **ieri tu fossi a Roma.** *je gisteren in Rome 'was'.* (o.v.t.-conjunctief, toestand voor langere duur)	voor
	oggi tu sia a Roma. *vandaag in Rome 'bent'.* (o.t.t.-conjunctief)	tegelijk
	domani andrai a Roma. *je morgen naar Rome zal gaan.* (toek.t.) **domani tu vada a Roma.** *je morgen naar Rome 'gaat'.* (o.t.t.-conjunctief m.b.t. iets in de toekomst, met een tijdsbepaling, vooral in de spreektaal)	na

3.4 Hoofdzin in een verleden tijd waarop een bijzin in de conjunctief moet volgen of hoofdzin in de voorwaardelijke wijs

hoofdzin	bijzin	tijdsverband
Credevo che *Ik dacht dat*	**il giorno prima tu fossi andato a Roma.** *je de dag ervoor naar Rome 'was' gegaan.* (v.v.t.-conjunctief, eenmalige gebeurtenis)	voor
Ho creduto che *Ik heb gedacht dat*	**il giorno prima tu fossi a Roma.** *je dag ervoor in Rome 'was'.* (o.v.t.-conjunctief, toestand voor langere duur)	

Avevo creduto che *Ik had gedacht dat*	**tu fossi a Roma.** *je in Rome 'was'.* (o.v.t.-conjunctief)	tegelijk
Credetti che *Ik 'dacht' dat*	**il giorno dopo saresti andato a Roma.** *je 's anderdaags naar Rome zou zijn gegaan.* (verl. tijd van de voorw. wijs)	na

Staat het werkwoord van de hoofdzin in een voorwaardelijke wijs:
Vorrei / Avrei voluto che tu fossi stato qui a Roma ieri (voor, v.v.t.-conj.).
Ik zou willen / zou gewild hebben dat je gisteren hier in Rome 'was' (geweest).
Vorrei / Avrei voluto che tu fossi qui a Roma (tegelijk, o.v.t.-conjunctief).
Ik zou willen / zou gewild hebben dat je hier in Rome 'was'.
Vorrei / Avrei voluto che tu andassi a Roma domani (na, o.v.t.-conjunctief).
Ik zou willen / zou gewild hebben dat je morgen naar Rome 'ging'.

4. Directe/indirecte rede (*discorso diretto/indiretto*)

Bij de indirecte rede wordt wat iemand zegt (directe rede) weergegeven in een bijzin:
Ha detto: "Mi chiamo Antonio" → **Ha detto che si chiama Antonio.**
Hij heeft gezegd: "Ik heet Antonio" → *Hij heeft gezegd dat hij Antonio heet.*

Voor het gebruik van tijden en wijzen bij de indirecte rede gelden dezelfde regels als in punt 3, daar het ook gaat om een hoofdzin (**ha detto che**) + een bijzin (**si chiama Antonio**).

4.1 Hoofdzin in de tegenwoordige tijd

In dit geval wordt in de directe en indirecte rede dezelfde tijd gebruikt:

directe rede	indirecte rede
Dice: "Vado a Roma". *Hij zegt: "Ik ga naar Rome".*	**Dice che va a Roma.** *Hij zegt dat hij naar Rome gaat.*
Dice: "Se avessi avuto i soldi, sarei andato a Roma". *Hij zegt: "Als ik geld 'had' gehad, zou ik naar Rome zijn gegaan".*	**Dice che se avesse avuto i soldi, sarebbe andato a Roma.** *Hij zegt dat als hij geld 'had' gehad hij naar Rome zou zijn gegaan.*

De imperatief verandert in een infinitief (voorafgegaan door **di**):

directe rede	indirecte rede
Mi dice: "Va' a Roma!". *Hij zegt me: "Ga naar Rome!".*	**Mi dice di andare a Roma.** *Hij zegt me naar Rome te gaan.*

4.2 Hoofdzin in de verleden tijd

In dit geval moeten de werkwoordsvormen de regels voor de overeenkomst in tijd volgen (rood is de tijd in de bijzin):

directe rede	indirecte rede
Ieri mi ha detto: "Vado a Roma". *Gisteren heeft hij me gezegd: "Ik ga naar Rome".* o.t.t.-indicatief	**Ieri mi ha detto che andava a Roma.** *Gisteren heeft hij me gezegd dat hij naar Rome ging.* o.v.t.-indicatief
Ieri mi ha detto: "Sono andato a Roma." *Gisteren heeft hij me gezegd: "Ik ben naar Rome gegaan".* v.t.t.-indicatief	**Ieri mi ha detto che era andato a Roma.** *Gisteren heeft hij me gezegd dat hij naar Rome was gegaan.* v.v.t.-indicatief
Ieri mi ha detto: "Non sono sicuro che il treno delle due vada a Roma." *Gisteren heeft hij me gezegd: "Ik ben er niet zeker van dat de trein van 2 u naar Rome 'gaat".* o.t.t.-conjunctief	**Ieri mi ha detto che non era sicuro che il treno delle due andasse a Roma** *Gisteren heeft hij me gezegd dat hij er niet zeker van was dat de trein van 2 u naar Rome 'ging'.* o.v.t.-conjunctief

Ieri mi ha detto: "Andrò a Roma."	Ieri mi ha detto che sarebbe andato a Roma.
Gisteren heeft hij me gezegd: "Ik zal naar Rome gaan".	Gisteren heeft hij me gezegd dat hij naar Rome zou zijn gegaan.
toek.t.	verl. tijd van de voorw. wijs
Ieri mi ha detto: "Vorrei andare a Roma."	**Ieri mi ha detto che sarebbe voluto andare a Roma.**
Gisteren heeft hij me gezegd: "Ik zou naar Rome willen gaan".	Gisteren heeft hij me gezegd dat hij naar Rome zou zijn willen (gewild) gaan.
(teg. tijd van de) voorw. wijs	verl. tijd van de voorw. wijs

De imperatief verandert in een infinitief (voorafgegaan door **di**):

directe rede	indirecte rede
Ieri mi ha detto: "Va' a Roma!".	**Ieri mi ha detto di andare a Roma.**
Gisteren heeft hij me gezegd: "Ga naar Rome!".	Gisteren heeft hij me gezegd naar Rome te gaan.

4.3 Indirecte vraag

Houdt de indirecte rede een vraag in, dan hangt de tijd in de bijzin af van die in de hoofdzin, maar moet alleszins in de conjunctief (onzekerheid):

• Hoofdzin in de tegenwoordige tijd:

directe rede	indirecte rede
Mi chiede: "Vai a Roma?".	**Mi chiede se (io) vada a Roma.**
Hij vraagt me: "Ga je naar Rome?".	Hij vraagt me of ik naar Rome 'ga'.
o.t.t.-indicatief (in de vraag)	o.t.t.-conjunctief (in de bijzin)
Mi chiede: "Sei andato a Roma?".	**Mi chiede se (io) sia andato a Roma**
Hij vraagt me: "Ben je naar Rome gegaan?".	Hij vraagt me of ik naar Rome 'ben' gegaan.
v.t.t.-indicatief (in de vraag)	v.t.t.-conjunctief (in de bijzin)

• **Hoofdzin in de verleden tijd:**

directe rede	indirecte rede
Mi ha chiesto: "Vai a Roma?". *Hij heeft me gevraagd: "Ga je naar Rome?".* o.t.t.-indicatief (in de vraag)	**Mi ha chiesto se (io) andassi a Roma.** *Hij heeft me gevraagd of ik naar Rome 'ging'?* o.v.t.-conjunctief (in de bijzin)
Mi ha chiesto: "Sei andato a Roma?". *Hij heeft me gevraagd: "Ben je naar Rome gegaan?".* v.t.t.-indicatief (in de vraag)	**Mi ha chiesto se (io) fossi andato a Roma.** *Hij heeft me gevraagd of ik naar Rome 'was' gegaan.* v.v.t.-conjunctief (in de bijzin)

▶ Dialogo di revisione

1 – Sono andata in vacanza in Toscana e mi sono innamorata dell'arte rinascimentale.
2   L'Italia del Quattrocento e del Cinquecento fu davvero un paese meraviglioso.
3 – Lo è ancora, anche se molte cose sono cambiate...
4   Ma diciamo che il mondo è cambiato, non solo l'Italia.
5 – Mi domando se non si stesse meglio in quei secoli d'arte e di bellezza che nella nostra epoca di tecnologia e di computer.
6 – Penso che la vita fosse più facile per pittori e scultori famosi, ma di certo non era così per tutti.
7   I cittadini non erano liberi e le città erano spesso in guerra le une contro le altre.
8 – Di sicuro hai ragione tu, ma mi piacerebbe lo stesso essere stata una principessa toscana,
9   con quei meravigliosi vestiti che si vedono nei quadri di Botticelli!
10 – Per questo, puoi sempre vestirti da principessa... per carnevale!

Achtennegentigste les / 98

Vertaling

1 Ik ben op vakantie gegaan in Toscane en ik ben verliefd geworden op de renaissancekunst. **2** Het 15e- en 16e-eeuwse Italië 'was' echt een prachtig land. **3** Het is het nog, ook al zijn er veel zaken veranderd... **4** Maar laten we zeggen dat de wereld is veranderd, niet alleen Italië. **5** Ik vraag me af of je *(men)* niet beter af was in die eeuwen van kunst en van schoonheid dan in onze tijd van technologie en van computers. **6** Ik denk dat het leven gemakkelijker was voor beroemde schilders en beeldhouwers, maar het was beslist niet zo voor iedereen. **7** De stedelingen waren niet vrij en de steden waren dikwijls in oorlog met elkaar *(de enen tegen de anderen)*. **8** Jij hebt vast gelijk, maar ik zou toch graag een Toscaanse prinses geweest zijn, **9** met die prachtige kleren die je *(men)* ziet op de schilderijen van Botticelli! **10** Daarom, je kan je altijd als prinses kleden... met carnaval!

Dit was uw laatste herhalingsles. Nog slechts twee dialogen te gaan, uiteraard met een paar opmerkingen en telkens twee oefeningen, en dan komt deze reis door de Italiaanse taal ten einde... Dankzij het schitterende parcours dat u hebt afgelegd, zijn alle belangrijke taalstructuren zo goed als geassimileerd. U zal dit ongetwijfeld merken in de praktijk. Bravo! Doe zo nog even verder!

Tweede fase: 49e les

Novantanovesima lezione

Montaggio "fai da te"[1]

1 – Finalmente è arrivato l'armadio che abbiamo ordinato on line!
2 È stata una sfacchinata[2] portare i pacchi su per le scale, ma adesso è solo da montare
3 e poi lo mettiamo in camera nostra, così ci sarà posto per tutti nostri vestiti.
4 – È colpa tua se hai dovuto faticare tanto, perché per risparmiare sulle spese di trasporto
5 hai fatto l'ordine di consegna a piano strada invece che direttamente nell'appartamento.
6 Ma sei sicuro che ce la farai[3] a montarlo?
7 – Ma certo! Con le loro istruzioni, il montaggio di questi mobili scandinavi è un gioco da ragazzi!
8 Allora, prima di tutto apro la busta di plastica con dentro tutte le viti e i tasselli.
9 Accidenti, manca una vite! Come mai?
10 – Cominciamo bene… Non è che ti sei sbagliato a contarle?
11 – Ah sì, hai ragione, sono proprio quindici, com'è scritto nelle istruzioni di montaggio.
12 Vedi? Ci vogliono solo un cacciavite e un martello, e il gioco è fatto!
13 – Fai attenzione a non leggere le istruzioni alla rovescia[4]…
14 – Ma no, fidati di me! Vedrai che andrà tutto più che bene!

Negenennegentigste les

Doe-het-zelfmontage

1 – Eindelijk is de kast die we online hebben besteld aangekomen!
2 Het is een gezwoeg geweest [om] de pakken naar boven [te] brengen langs de trappen, maar nu is ze alleen [nog] te monteren
3 en dan zetten we ze in onze kamer, zo zal er plaats zijn voor al onze kleren.
4 – Het is jouw schuld dat je zo hard hebt moeten zwoegen omdat je, om te besparen op de transportkosten,
5 de bestelling hebt gedaan met levering op straatniveau in plaats van direct in het appartement.
6 Maar ben je er zeker van dat het je zal lukken om ze in elkaar te zetten?
7 – Maar natuurlijk! Met hun instructies is het monteren van deze Scandinavische meubels kinderspel *(jongens-)*!
8 Dus, eerst en vooral open ik de plastic envelop met alle schroeven en pluggen in.
9 Verdorie, [er] ontbreekt een schroef! Hoe kan dat *(ooit)*?
10 – Het begint *([we] Beginnen)* goed… Je hebt je toch niet vergist bij het *(ze)* tellen?
11 – O ja, je hebt gelijk, het zijn [er] precies vijftien, zoals aangeduid staat in de aanwijzingen voor de montage.
12 Zie je? Al wat je nodig hebt is *(Er zijn alleen nodig)* een schroevendraaier en een hamer, en de klus is geklaard *(het spel is gedaan)*!
13 – Let op dat je de aanwijzingen niet omgekeerd leest *(niet te lezen)*…
14 – Maar nee, vertrouw*(je op)* mij! Je zal zien dat alles meer dan goed komt *(zal-gaan)*!

15 Vedi? Bisogna unire il ripiano lungo con quello corto, dopo avere inserito i tasselli di legno nei fori.
16 Accidenti! Le porte si aprono verso l'interno, devo avere sbagliato qualcosa...
17 – Direi, visto che all'interno ci vanno i vestiti...
18 – Che cosa stai facendo, papà? Ti serve una mano?
19 – Sì, dai, aiuta tuo padre, magari in due ci riuscite [3] meglio.
20 – Ecco fatto, papà: ho montato l'armadio senza neanche leggere le istruzioni.
21 – Vedi, ci è riuscito [3] Giovanni, che ha quindici anni... Avevi ragione, è proprio un gioco... da ragazzi!

Opmerkingen

1 De onveranderlijke uitdrukking **fai da te** is de Italiaanse tegenhanger van ons *doe-het-zelf*. Il "fai da te" is dus *het doe-het-zelven*, zowel m.b.t. zelf uitgevoerde verfraaiingswerken (ook **bricolage**), als het monteren van meubels of toestellen "in kit".

2 La **sfacchinata**, van **il facchino**, *de kruier,* staat voor zwaar, onaangenaam werk, *gezwoeg, geploeter, gebeul*; **sfacchinare** is *zwoegen* enz.

***

Esercizio 1 – Traducete

❶ Non è colpa mia se abbiamo dovuto fare quella sfacchinata per portare i mobili su per le scale. ❷ Abbiamo fatto fatica ma alla fine ci siamo riusciti nonostante non ci fosse l'ascensore. ❸ Credevo che abitasse al primo piano, invece siamo dovuti salire fino al quinto. ❹ Ci vogliono viti, tasselli, un martello e un cacciavite per montare l'armadio che abbiamo ordinato on line. ❺ Con le istruzioni di montaggio, è stato un gioco da ragazzi.

15 Zie je? De lange plank moet aan die korte vastgemaakt worden *(verbinden met)*, na de houten pluggen in de gaten gestopt [te] hebben.

16 Verdorie! De deuren draaien naar binnen open *(zich openen naar de binnenkant)*, ik moet iets verkeerd gedaan hebben...

17 – Ik denk het *(zou-zeggen)*, aangezien binnenin de kleren moeten *(er gaan)*...

18 – Wat ben je aan het doen, papa? Kan ik je een handje helpen *(Jou dient een hand)*?

19 – Ja, vooruit, help je vader, misschien slagen jullie er met z'n tweeën beter in.

20 – Ziezo, papa: ik heb de kast in elkaar gezet zonder ook maar de handleiding *(instructies)* te lezen.

21 – Zie je [wel], Giovanni, die 15 is, is het gelukt... Je had gelijk, het is echt... kinderspel!

3 **Farcela a** en **riuscire a** geven allebei *lukken, slagen in, erin slagen om* weer en worden met een infinitief gebruikt (zie les 79 en 83). Let bij **riuscire**, vervoegd met **essere**, op de vorm van het voltooid deelwoord: **Ci è riuscita, Sandra?**, *Ben je erin geslaagd, is het je gelukt, Sandra?*

4 **Alla rovescia** is *omgekeerd* in de betekenis van *achterstevoren, ondersteboven, binnenstebuiten*.

***

Oplossing van oefening 1

❶ Het is niet mijn schuld als we dat gezeul hebben moeten verrichten om de meubels langs de trappen naar boven te brengen. ❷ We hebben moeite gehad, maar uiteindelijk is het ons gelukt ook al was er geen lift. ❸ Ik dacht dat hij op de eerste verdieping woonde, maar we zijn tot op het vijfde moeten klimmen. ❹ Er zijn schroeven, pluggen, een hamer en een schroevendraaier nodig om de kast die we online hebben besteld in elkaar te zetten. ❺ Met de montage-instructies [erbij] is het kinderspel geweest.

Esercizio 2 – Completate

① We wilden de kast monteren maar we zijn er niet in geslaagd.
.... montare ....•

② Ik geloof niet dat het moeilijk is, maar er zijn een hamer en een schroevendraaier nodig.
Non credo che ... ., ma .. ..
.... e .. ..•

③ Toen ik het meubel online bestelde *(Bij-het-bestellen)*, heb ik om een *(de)* levering op straatniveau gevraagd om te besparen op de transportkosten.
.... on line .. ..
.... per .... di trasporto.

④ Vertrouw op mij, ik zal erin slagen om hem te monteren, het is kinderspel!
...., ce .. .., è un ....!

⑤ Het lijkt me dat er een schroef ontbreekt in de plastic envelop of misschien heb ik me vergist bij het *(ze)* tellen.
.. .. che .... di plastica
. ... sono ....•

Centesima lezione

In deze laatste les richten we ons tot de lezer in de 2e persoon meervoud. Dit generiek meervoud is gebruikelijk wanneer men mensen in, bijvoorbeeld, een lezers- of zaalpubliek individueel wil aanspreken, evenwel zonder jijen en jouen (wat als te familiair zou kunnen overkomen) of gebruik van de u-vorm (wat dan weer te formeel, afstandelijk of kil kan lijken). Italiaanse etiquette, zeg maar!

Arrivederci!

1 Eccoci arrivati all'ultima lezione del nostro metodo di italiano ASSIMIL!

2 Quante cose avete imparato lungo questo percorso, speriamo non troppo accidentato...!

Honderdste les / 100

Oplossing van oefening 2

❶ Volevamo – l'armadio ma non ci siamo riusciti ❷ – sia difficile – ci vogliono un martello – un cacciavite ❸ Ordinando il mobile – ho chiesto la consegna a piano strada – risparmiare sulle spese – ❹ Fidati di me – la farò a montarlo – gioco da ragazzi ❺ Mi sembra – manchi una vite nella busta – o forse mi – sbagliato a contarle

Tweede fase: 50e les

Honderdste les

Tot ziens!

1 Hier zijn we dan aanbeland bij de laatste les van onze ASSIMILcursus *(methode van)* Italiaans!

2 Wat hebben jullie veel *(Hoeveel zaken)* geleerd tijdens dit, [naar] we hopen niet te lastig, traject...!

3 Grazie al vostro studio [1] quotidiano, all'ascolto regolare dei dialoghi e agli esercizi,
4 ora possedete le basi grammaticali e il vocabolario indispensabili a cavarvela in tutte le situazioni della vita quotidiana e anche oltre:
5 fare acquisti, prenotare una camera d'albergo o un tavolo al ristorante, ordinare un buon pranzetto o una buona cenetta [2] al cameriere che vi ha portato il menù,
6 chiedere a un passante informazioni stradali (la direzione da prendere, la meta da raggiungere) o a un impiegato chiarimenti su questioni burocratiche o amministrative, e così via.
7 Anche le relazioni con amici, conoscenti e colleghi sono ora possibili e piacevoli: sapete infatti presentarvi e fare conoscenza,
8 parlare di voi stessi, dei vostri gusti, passatempi e attività lavorative, della vostra famiglia, della vostra città, delle vostre vacanze;
9 insomma siete in grado di fare in Italia quello che gli italiani fanno tanto volentieri appena possono, e spesso anche quando non potrebbero: chiacchierare [3]!
10 Perfino in caso di incidente d'auto (speriamo di no...!) o di guasto del circuito elettrico della casa
11 siete armati fino ai denti di lessico e di frasi idiomatiche per le pratiche assicurative o per rivolgervi a un tecnico!
12 Naturalmente vi mancano ancora diversi strumenti, e per questo avete bisogno di pratica:

Honderdste les / 100

3 Dankzij jullie dagelijkse studie, het regelmatig beluisteren van de dialogen en [het maken] van de oefeningen,

4 beheersen jullie nu de grammaticale basis*(sen)* en de woordenschat die noodzakelijk zijn *(onontbeerlijke)* om j*(ulli)*e te redden in alle situaties uit het dagelijks leven en ook daarbuiten:

5 inkopen doen, een hotelkamer of een tafel in een restaurant reserveren, een lekkere lunch of een lekker dinertje bestellen bij de ober die jullie het menu heeft gebracht,

6 de weg vragen aan een voorbijganger (de te volgen *(nemen)* richting, de te bereiken bestemming) of een kantoorbediende [vragen] om opheldering*(en)* over bureaucratische of administratieve kwesties, enzovoort.

7 Ook relaties met vrienden, kennissen en collega's zijn voortaan *(nu)* mogelijk en aangenaam: jullie weten namelijk hoe je voor te stellen, kennis te maken,

8 praten over julliezelf, over jullie voorkeuren *(smaken)*, hobby's en beroepsactiviteit *(werk-)*, over jullie gezin/familie, over jullie stad, over jullie vakantie;

9 kortom, jullie zijn in staat *(graad)* om in Italië te doen wat Italianen zo graag doen zodra het kan *(ze kunnen)* en vaak ook wanneer het niet kan *(zouden kunnen)*: kletsen!

10 Zelfs in geval van een auto-ongeluk (laten we hopen van niet...!) of van een storing op het elektriciteitsnet in huis

11 zijn jullie tot de tanden gewapend met woordenschat *(lexicon)* en met idiomatische zinnen bij het aanspreken van een verzekering of om je tot een technicus te wenden!

12 Natuurlijk ontbreekt het jullie nog aan *(ontbreken)* verscheidene hulpmiddelen, en hiervoor hebben jullie praktijk nodig:

13 la conversazione, naturalmente, la lettura di giornali e magari anche di romanzi, la visione di film o di programmi TV.
14 E poi… il vostro prossimo step [4] sarà il metodo ASSIMIL che segue questo: il Perfezionamento di Italiano.
15 Pubblicità a parte, è il miglior mezzo per perfezionare il vostro italiano.
16 Voi che siete arrivati fin qui insieme a noi, lo sapete bene! Dunque… arrivederci!

Opmerkingen

1 **Lo studio** is *de studie, het (be)studeren, leren* en **studiare** *(be)studeren, leren* m.b.t. allerlei studie- en lesactiviteiten, bv. iemand die *viool leert spelen* **studia il violino**. Alle inspanningen lijken aangenaam in het land van **il dolce far niente**…

2 Nog een **vezzeggiativo** (lett. vleiend), een afgeleide vorm om affectie e.d. uit te drukken, hier voor 'etentje', dus om het lekkere, gezellige enz. van de maaltijd te benadrukken, niet het mogelijk kleine volume!

3 **Chiacchierare** is *praten* in de betekenis van *kletsen, babbelen* enz.

***

Esercizio 1 – Traducete

❶ Era sicuro che con il metodo ASSIMIL avrebbe imparato bene l'italiano. ❷ Infatti l'ultima volta che è andato in Italia ha fatto conoscenza con molti ragazzi e si è divertito un sacco. ❸ Credo che ci voglia tornare l'estate prossima, dopo avere perfezionato il suo italiano. ❹ Se potessi andrei via con lui ma non credo che il mio datore di lavoro mi lascerà andare in ferie proprio in quel periodo. ❺ Quando mi ha assunto mi ha detto che luglio e agosto sono i mesi in cui la ditta lavora di più.

Honderdste les / 100

13 conversatie, uiteraard, het lezen van kranten en misschien ook van romans, het bekijken van films of van tv-programma's.
14 En daarna... zal jullie volgende stap de ASSIMILcursus zijn die volgt [op] deze: de Vervolmaking[scursus] Italiaans.
15 Los van de reclame, het is de beste middel om jullie Italiaans te perfectioneren.
16 Jullie die samen met ons tot hier zijn geraakt, weten dit wel! Dus... tot ziens!

4 Nog een paar Engelse leenwoorden: **lo** *step* voor **la tappa** of **la fase**, *de stap, fase*; *all inclusive*, **tutto compreso**, *alles inbegrepen* (vooral bij vakantieformules); **l'***audience*, **il pubblico, l'utenza, la clientela**, *het luister-, kijkerspubliek*, de gebruikers van een dienst, cliënteel; **il *brand*, la marca**, *het merk*; **il *competitor*, il concorrente**, *de concurrent*; **la *deadline*, la scadenza**, *de termijn, vervaldag, looptijd* enz.; **il *feedback*, la risposta, il riscontro**, *de terugkoppeling, het antwoord*; **la *location*, il posto**, *de locatie, plaats*; **il *wedding planner*, l'organizzatore di matrimoni**, *de bruiloftsplanner*...

***

Oplossing van oefening 1

❶ Hij was er zeker van dat hij met de ASSIMILmethode goed Italiaans zou leren *(zou-hebben geleerd)*. ❷ De laatste keer dat hij in Italië was *(is gegaan)* heeft hij namelijk kennisgemaakt met veel jongeren en zich erg goed geamuseerd. ❸ Ik geloof dat hij er volgende zomer opnieuw heen wil, na zijn Italiaans geperfectioneerd te hebben. ❹ Als ik kon, zou ik met hem weggaan, maar ik geloof niet dat mijn werkgever me met vakantie zal laten gaan net in die periode. ❺ Toen hij me heeft aangeworven, heeft hij me gezegd dat juli en augustus de maanden zijn waarin het bedrijf meer werk heeft *(werkt)*.

cinquecentoquaranta • 540

Esercizio 2 – Completate

① Ik *(v.)* moet *(Het is nodig dat...)* meer Italiaans studeren om klaar te zijn voor mijn volgende vakantie.
.... che .... l'italiano per ....
... .

② Het lijkt dat iedereen er dit jaar heen gaat.
Sembra che ....

③ Met uw grammaticale basis *(mv.)* zal u zich weten te redden in alle situaties uit het dagelijks leven en ook daarbuiten.
Con le ... . in tutte le
.... e ....

④ Er is *(mv.)* een beetje meer studie in het boek en praktijk nodig.
.. .. sul libro e ..
....

⑤ Wat kletsen we graag!
....!

Honderdste les / 100

Oplossing van oefening 2
❶ Bisogna – studi di più – essere pronta per le mie prossime vacanze ❷ – quest'anno ci vadano tutti ❸ – sue basi grammaticali se la caverà – situazioni della vita quotidiana – anche oltre ❹ Ci vogliono un po' più di studio – di pratica ❺ Come ci piace chiacchierare

Tweede fase: 51e les

Aan het einde van deze 100e les bent u ook klaar met de "eerste fase", het vooral receptieve en eerder passieve gedeelte van uw studie. Gefeliciteerd! U moet echter nog de "tweede, productieve fase" afwerken, om de opgedane kennis te activeren en te consolideren. Blijf dus dagelijks terugkeren naar een eerdere les (vandaag is dat les 51) en vertaal de Nederlandse dialoogtekst en de zinnen van oefening 1 in het Italiaans (gelukkig hebben we geen al te vrije vertaling gegeven, maar wel een die u inzicht bood in het Italiaanse woordgebruik...). Vul daarna misschien ook oefening 2 opnieuw in. Ga zo door tot u weer bij deze 100e les bent beland. Werk in deze fase veel hardop en acteer hierbij zelfs zoals in... la Commedia dell'Arte! Veel plezier en succes verder! Bravissimo!

Grammaticale bijlage

Onderstaande grammaticale begrippen zijn in de loop van de lessen aan bod gekomen. In deze bijlage, die geenszins als een "spraakkunstboek" bedoeld is, vatten we de belangrijkste elementen van dit taalaspect samen.

1 Lidwoorden 546
1.1 Bepaalde lidwoorden 546
1.2 Onbepaalde lidwoorden 547
1.3 Samengetrokken lidwoorden 548
2 Zelfstandige en bijvoeglijke naamwoorden 548
2.1 Mannelijk en vrouwelijk, enkelvoud en meervoud 548
2.2 Nuanceren van naamwoorden 552
3 Trappen van vergelijking 552
3.1 Comparatief 552
3.2 Superlatief 553
4 Aanwijzende voornaamwoorden 553
5 Bezittelijke voornaamwoorden 555
6 Betrekkelijke voornaamwoorden 556
7 Samen gebruikte aanwijzende en betrekkelijke voornaamwoorden .. 556
8 Persoonlijke voornaamwoorden 557
8.1 Persoonlijke voornaamwoorden als onderwerp 557
8.2 Persoonlijke voornaamwoorden als voorwerp 557
8.3 Beklemtoonde persoonlijke voornaamwoorden als voorwerp . 558
8.4 Gegroepeerde voornaamwoorden 559
8.5 **Ci** 560
9 Vragende en uitroepende voornaamwoorden 560
9.1 Vragende voornaamwoorden 560
9.2 Uitroepende voornaamwoorden 561
10 Onbepaalde voornaamwoorden 561
11 Bijwoorden 562
11.1 Bijwoorden die lijken op een bijvoeglijk naamwoord 562
11.2 Bijwoorden op **-mente** 563
11.3 Bijwoorden van tijd, plaats enz. 563
11.4 Comparatief en superlatief van bijwoorden 564
11.5 Nuanceren van bijwoorden 564
11.6 Bijwoordelijke uitdrukkingen 565

12 Voorzetsels 565
13 Werkwoorden 567
13.1 De (hulp)werkwoorden **essere** en **avere** 567
13.2 Vervoeging van regelmatige werkwoorden: de 3 groepen .. 570
13.3 Onregelmatige werkwoorden 573
13.4 Wederkerende werkwoorden.. 577
13.5 Onpersoonlijke werkwoorden 577
13.6 Modale (hulp)werkwoorden 578
13.7 Passieve vorm... 579
13.8 Uitdrukkingen met **stare** en **andare** 580
13.9 Beleefdheidsvorm 580
13.10 Ontkennen en vragen... 581
13.11 Overeenkomst van het voltooid deelwoord 581
13.12 Hypothetische zinnen 582
13.13 Gebruik van tijden en wijzen 582
13.14 Directe en indirecte rede 582

1 Lidwoorden

De vorm van een lidwoord wordt bepaald door het geslacht en het aantal van het zelfstandig naamwoord waar het bijhoort, maar in het Italiaans speelt ook de beginletter van het erop volgende naamwoord een rol.

1.1 Bepaalde lidwoorden

	mannelijk			vrouwelijk	
	voor een medeklinker (behalve s+medekl. of **gn-**, **z-**, **ps-**)	voor **s**+medeklinker of **gn-**, **z-**, **ps-**	voor een klinker	voor een medeklinker	voor een klinker
enkelvoud	il	lo	l'	la	l'
	il collega, *de collega*	**lo studente**, *de student* **lo gnomo**, *de gnoom* **lo zio**, *de oom* **lo psichiatra**, *de psychiater*	**l'autobus**, *de bus*	**la vicina**, *de buurvrouw*	**l'amica**, *de vriendin*
meervoud	i	gli		le	
	i colleghi, *de collega's*	**gli studenti**, *de studenten* **gli gnomi**, *de gnomen* **gli autobus**, *de bussen* **gli zii**, *de ooms* **gli pischiatri**, *de psychiaters*		**le vicine**, *de buurvrouwen* **le amiche**, *de vriendinnen*	

Het bijvoeglijk naamwoord **bello**, *mooi* wordt zoals het bepaald lidwoord gebruikt: **il bel collega**, **il bello studente**, **il bell'amico**, **i begli amici** en **le belle amiche**.

cinquecentoquarantasei • 546

1.2 Onbepaalde lidwoorden

	mannelijk		vrouwelijk	
	voor een medeklinker (behalve s+medekl. of gn-, z-, ps-) of voor een klinker	voor s+medeklinker of gn-, z-, ps-	voor een medeklinker	voor een klinker
enkel-voud	**un**	**uno**	**una**	**un'**
	un collega, *een collega* **un amico**, *een vriend*	**uno studente**, *een student* **uno gnomo**, *een gnoom* **uno zio**, *een oom* **uno psichiatra**, *een psychiater*	**una studentessa**, *een studente*	**un'amica**, *een vriendin*
	voor een medeklinker (behalve s+medekl. of gn-, z-, ps-)	voor s+medeklinker of gn-, z-, ps- of een klinker	voor een klinker of een medeklinker	
meer-voud	**dei**	**degli**	**delle**	
	dei colleghi, *collega's*	**degli studenti**, *studenten* **degli amici**, *vrienden*	**delle studentesse**, *studentes* **delle amiche**, *vriendinnen*	

Anders dan bij de bepaalde lidwoorden:
– er zijn 'maar' twee onbepaalde lidwoorden in het mannelijk enkelvoud: een dat geldt vóór een klinker of een medeklinker (behalve **s**+medeklinker, **gn-**, **z-** of **ps-**) en een dat geldt vóór die **s**+medeklinker, **gn-**, **z-** of **ps-**;
– er wordt alleen in het vrouwelijk enkelvoud een weglatingsteken gebruikt: **un amico**, *een vriend*, maar **un'amica**, *een vriendin*.

Om een onbepaalde hoeveelheid in het meervoud in te leiden, gebruikt men eigenlijk een *samengetrokken lidwoord* (**preposizione**

articolata), gevormd met het voorzetsel **di** + een bepaald lidwoord (zie 1.3 *Samengetrokken lidwoorden*). Het wordt echter vaak weggelaten: **ho mangiato dei panini** of **ho mangiato panini**, *ik heb broodjes gegeten*.

1.3 Samengetrokken lidwoorden

Ze worden gevormd met een voorzetsel + een bepaald lidwoord. Onderstaande tabel toont de mogelijkheden:

	il	lo	l'	la	i	gli	le
a	al	allo	all'	alla	ai	agli	alle
di	del	dello	dell'	della	dei	degli	delle
da	dal	dallo	dall'	dalla	dai	dagli	dalle
in	nel	nello	nell'	nella	nei	negli	nelle
su	sul	sullo	sull'	sulla	sui	sugli	sulle
con*	col	collo	coll'	colla	coi	cogli	colle

* Alleen bij **con** is samentrekking van voorzetsel en lidwoord niet verplicht: **con lo studente** of **collo studente**, *met de student*.

2 Zelfstandige en bijvoeglijke naamwoorden

Om zelfstandige en bijvoeglijke naamwoorden in groepen in te delen, wordt veelal gekeken naar hun eindletter en hoe die in het mannelijk/vrouwelijk en/of in het enkelvoud/meervoud verandert.

2.1 Mannelijk en vrouwelijk, enkelvoud en meervoud

• Mannelijk op *-o*
De grootste groep bevat de naamwoorden die in het mannelijk enkelvoud eindigen op **-o**, in het vrouwelijk enkelvoud op **-a**, in het mannelijk meervoud op **-i** en in het vrouwelijk meervoud op **-e**.

	mannelijk	vrouwelijk
enkelvoud	-o	-a
	il ragazzo biondo *de blonde jongen*	la ragazza bionda *het blonde meisje*
meervoud	-i	-e
	i ragazzi biondi *de blonde jongens*	le ragazze bionde *de blonde meisjes*

Binnen deze groep zijn er de naamwoorden die in het mannelijk enkelvoud eindigen op **-co** en in het vrouwelijk enkelvoud op **-ca**, en waarbij, om de k-klank te bewaren, een **h** ingelast moet worden vóór de meervoudsuitgang **-i** en **-e**, bv. **ricco**, *rijk* → **ricchi** (m.) *[rikki]* en **ricche** (v.) *[rikké]*. Maar er zijn heel wat uitzonderingen bij de mannelijke meervoudsvorm: o.a. **greco**, *Griek(s)* → **greci** *[Grètsji]* en **amico**, *vriend* → **amici** *[amitsji]*, en ook **-co**-woorden met de klemtoon op de derdelaatste lettergreep eindigen in het meervoud op **-ci**, bv. **simpatico**, *sympathiek* → **simpatici** *[simpatitsji]*. Deze uitzonderingen gelden dus niet voor de vrouwelijke meervoudsvorm, die altijd met een **h** geschreven wordt: **l'amica greca simpatica**, *de sympathieke Griekse vriendin* → **le amiche greche simpatiche** *[amiké Grèké simpatiké]*, *de sympathieke Griekse vriendinnen*.

Hetzelfde doet zich voor bij naamwoorden op **-go**, waar de **h** nodig is vóór de meervoudsuitgang **-i** en **-e** om de harde g-klank *[G]* te bewaren, bv.: **albergo**, *hotel* → **alberghi** *[alberGi]* en dus **lungo**, *lang* → **lunghi** *[loenGi]*, **lunga** → **lunghe** *[loenGé]*; uitzonderingen zijn alweer de mannelijke woorden met de klemtoon op de derdelaatste lettergreep, bv. **asparago** *[asparaGo]*, *asperge* → **asparagi** *[asparadzji]* en dus **lo psicologo** *[lo psikoloGo]*, *de psycholoog* → **gli psicologi** *[lji psikolodzji]*, maar **la psicologa** → **le psicologhe** *[lé psikoloGé]*.

• Mannelijk en vrouwelijk op **-e**

Een groep naamwoorden eindigt zowel in de mannelijke als in de vrouwelijke vorm enkelvoud op **-e**, in het meervoud wordt dat **-i**.

	mannelijk	vrouwelijk
enkelvoud	-e	-e
	il canadese gentile de vriendelijke Canadees	la canadese gentile de vriendelijke Canadese
meervoud	-i	-i
	i canadesi gentili de vriendelijke Canadezen	le canadesi gentili de vriendelijke Canadesen

• Mannelijk en vrouwelijk op **-a**

Bij sommige naamwoorden eindigt de mannelijke net als de vrouwelijk vorm enkelvoud op **-a**, met in het mannelijk meervoud **-i** en in het vrouwelijk meervoud **-e**. Hieronder vallen veel beroepsnamen, bv. **il collega**, *de collega*, **lo psichiatra**, *de psychiater,* **l'artista**, *de artiest/-e, kunstenaar/-nares*. Met een onbepaald lidwoord is het onderscheid tussen mannelijk en vrouwelijk herkenbaar aan het weglatingsteken: **un artista**, *een artiest* / **un'artista**, *een artieste*.

Il poeta, *de poëet, dichter* heeft als vrouwelijk equivalent **la poetessa**, met in het meervoud **i poeti** resp. **le poetesse**.

	mannelijk	vrouwelijk
enkelvoud	-a	-a
	il pianista *de pianist*	**la pianista** *de pianiste*
meervoud	-i	-e
	i pianisti *de pianisten*	**le pianiste** *de pianistes*

• Mannelijk op -**e**, vrouwelijk op -***essa***
Een aantal naamwoorden eindigt in het mannelijk op -**e** en in het vrouwelijk op -**essa**, zoals **lo studente**, *de student* / **la studentessa**, *de studente*; beroepsnamen zoals **il dottore**, *de dokter* / **la dottoressa**, **il presidente**, *de president* / **la presidentessa**; adellijke titels zoals **il conte**, *de graaf* / **la contessa**, **il principe**, *de prins* / **la principessa**; dieren zoals **l'elefante**, *de olifant* / **l'elefantessa**, **il leone**, *de leeuw* / **la leonessa**. Het meervoud is regelmatig, nl. mannelijke uitgang -**e** → -**i**, vrouwelijke -**a** → -**e**: **lo studente** → **gli studenti**, **la studentessa** → **le studentesse**.

• Mannelijk op -***tore***, vrouwelijk op -***trice***
Het zijn vaak namen bij kunstactiviteiten en dergelijke, bv. **il pittore**, *de schilder* / **la pittrice**, **lo scultore**, *de beeldhouwer* / **la scultrice**, vormen op -**e** in het enkelvoud, op -**i** in het meervoud: **i pittori / le pittrici**.
Als uitzondering zagen we net **il dottore / la dottoressa**.

• Mannelijk enkelvoud op -***o***, meervoud in het vrouwelijk op -***a***
Enkele naamwoorden zijn in het enkelvoud mannelijk met uitgang -**o**, maar worden in het meervoud vrouwelijk op -**a**, bv.: **l'uovo**, *het ei* (m. ev.) → **le uova** (v. mv.); **il dito**, *de vinger* → **le dita**; **il ginocchio**, *de knie* → **le ginocchia**; **il paio**, *het paar* → **le paia**; **il centinaio**, *het honderdtal* → **le centinaia**; **il migliaio**, *het duizendtal* → **le migliaia**. In deze groep heeft een aantal woorden twee meervoudsvormen, de ene mannelijk op -**i**, de andere vrouwelijk op -**a**, waarbij de eerste

meestal in de basisbetekenis bedoeld wordt, de laatste in een meer specifieke, bv. **il muro**, *de muur* met **i muri**, *de muren* en **le mura**, *de stadsmuren*.

• Onveranderlijke woorden
Sommige naamwoorden hebben dezelfde vorm in het enkel- en meervoud:
– leenwoorden en naamwoorden die eindigen op een medeklinker, bv. **il camion**, *de vrachtwagen* → **i camion**
– verkorte vormen, waarbij het woorddeel dat de enkel- of meervoudsuitgang bevatte is weggevallen, bv.: **la bici** (van **la bicicletta**), *de fiets* → **le bici**; **il cinema** (van **il cinematografo**), *de cinema, bioscoop* → **i cinema**
– naamwoorden die eindigen op een beklemtoonde klinker, die eigenlijk ook verkortingen zijn van vormen die vroeger gebruikt werden, zoals **la città** (van het oude *cittade*), *de stad* → **le città**; **la virtù** (van het oude *virtute*), *de deugd(zaamheid)* → **le virtù**
– naamwoorden op -**i**, vaak van Griekse oorsprong, zoals **la crisi**, *de crisis* → **le crisi**; **l'ipotesi**, *de hypothese* → **le ipotesi**
– eenlettergrepige naamwoorden zoals **il re**, *de koning* → **i re**; **la gru**, *de kraan* → **le gru**.

• Bijzondere gevallen
– sommige naamwoorden worden vrouwelijk met een verkleiningsuitgang (zie 2.2 *Nuanceren van naamwoorden*), bv. **l'eroe**, *de held* / **l'eroina**, *de heldin*; **il gallo**, *de haan* / **la gallina**, *de hen*; **il re**, *de koning* / **la regina**, *de koningin*
– bij sommige naamwoorden zijn de mannelijke en vrouwelijke vorm helemaal verschillend, zoals **l'uomo**, *de man* / **la donna**, *de vrouw*; **il genero**, *de schoonzoon* / **la nuora**, *de schoondochter*; en heel wat dierennamen, bv. **il maiale**, *het varken, zwijn* / **la scrofa**, *de zeug*, **il toro**, *de stier* en **il bue**, *de os* / **la mucca** of **la vacca**, *de koe*
– **la mano**, *de hand* wordt in het meervoud **le mani**.

• Let op de uitgang van zelfstandige en bijvoeglijke naamwoorden! Wanneer zelfstandige en bijvoeglijke naamwoorden in een zin bij elkaar staan, behouden ze ieder hun eigen morfologie en moet er goed gelet worden op het toepassen van hun specifieke regels. Soms zijn de uitgangen dan ook verschillend binnen een groep: **il**

gentile psicologo greco è ricco, *de vriendelijke Griekse psycholoog is rijk*, in het meervoud **i gentili psicologi greci sono ricchi**...

2.2 Nuanceren van naamwoorden

De betekenis van zelfstandige en bijvoeglijke naamwoorden kan door gebruik van een suffix genuanceerd worden, bv.:

verkleinvorm	vergrotend	pejoratief	lieftallig
-ino	-one	-accio, -astro	-etto
il cucchiaio, *de lepel* → **il cucchiaino**, *het lepeltje*	**il naso**, *de neus* → **il nasone**, *de dikke neus*	**un lavoro**, *een werk, klus* → **un lavoraccio**, *een lastig karwei*	**la cena**, *het diner* → **la cenetta**, *het gezellige dinertje*
una casa piccola, *een klein huis* → **una casina piccolina**, *een heel klein huisje*		**il poeta**, *de dichter* → **il poetastro**, *de flutdichter*	

3 Trappen van vergelijking

3.1 Comparatief

• De *vergrotende en verkleinende trap* wordt gevormd met **più** (*meer*) resp. **meno** (*minder*).

Het tweede element van de vergelijking wordt ingeleid met:
– **di** (of een samentrekking van **di** + bepaald lidwoord) bij een zelfstandig naamwoord (**un elefante è più grande di un topo**, *een olifant is groter dan een muis*) of bij een voornaamwoord (**un bambino è meno grande di te**, *een kind is minder groot dan jij*);
– **che** bij een bijvoeglijk naamwoord (**un elefante è più grande che veloce**, *een olifant is eerder groot dan snel*), een werkwoord (**mi piace di più andare al mare che lavorare**, *ik ga liever naar zee dan te gaan werken*), een bijwoord (**lavora più velocemente che bene**, *hij werkt eerder snel dan goed*), met een voorzetsel ervoor (**si sta meglio ad Amalfi che a Milano**, *men zit beter in Amalfi dan in Milaan*) of om een hoeveelheid aan te duiden (**ho comprato più mele che pere**, *ik heb meer appels dan peren gekocht*).

- Bij *gelijkheid* wordt het tweede element van de vergelijking ingeleid met **come** (of **quanto**): **un toro è pesante come** (of **quanto**) **un bue**, *een stier is even zwaar als een os*.

3.2 Superlatief

• Relatieve overtreffende trap
Deze wordt gevormd met een bepaald lidwoord en **più** (*meest*) of **meno** (*minst*) vóór het bijvoeglijk naamwoord: **la donna più ricca del mondo**, *de rijkste vrouw ter wereld*.

• Absolute overtreffende trap
– door toevoeging van het suffix **-issimo/-a/-i/-e** aan de stam van het bijvoeglijk naamwoord of bijwoord (zonder eindklinker): **bello**, *mooi* → **bellissimo**, **bene**, *goed* → **benissimo**
– met het bijwoord **molto**, *heel, zeer, erg* vóór het bijvoeglijk naamwoord of bijwoord: **molto bello**, **molto bene**.
– eventueel met een prefix, zoals **stra-** (**strapieno**, *erg, tsjok-, bomvol*), **ultra-** (**ultracaro**, *erg, peperduur*).

• Bijzondere comparatief- en superlatiefvormen
Dit zijn vaak oude vormen, uit het Latijn, die naast de "regelmatige" vormen bestaan, bv. **più buono** of **migliore**, *beter*, en **molto buono** of **buonissimo**, *heel goed* of **ottimo**, *uitstekend*.

bijvoegl. naamw.	comparatief	superlatief
buono, *goed*	**migliore**, *beter*	**ottimo**, *heel goed, optimaal*
cattivo, *slecht*	**peggiore**, *slechter*	**pessimo**, *heel slecht*
grande, *groot*	**maggiore**, *groter*	**massimo**, *maximum*
piccolo, *klein*	**minore**, *kleiner*	**minimo**, *minimum*

Zie ook punt 11.4 i.v.m. bijwoorden.

4 Aanwijzende voornaamwoorden

Questo verwijst naar iemand/iets dichtbij de spreker (*deze, dit*), **quello** naar wie/wat zich verderaf bevindt (*die, dat*).

Ze kunnen zelfstandig (op zich) of bijvoeglijk (bij een zelfstandig naamwoord) gebruikt worden:

queste sono le mie scarpe, *deze zijn mijn schoenen*
queste scarpe sono nere, *deze schoenen zijn zwart.*

• **Questo** richt zich in geslacht en getal naar het woord waarop het betrekking heeft, zoals een zelfstandig of bijvoeglijk naamwoord dat in het mannelijk enkelvoud eindigt op **-o**:

	mannelijk	vrouwelijk
enkelvoud	**questo**, *deze, dit*	**questa**, *deze, dit*
meervoud	**questi**, *deze*	**queste**, *deze*

Bijvoeglijk is vóór een naamwoord in het enkelvoud dat met een klinker begint **quest'** van toepassing: **quest'uomo**, *deze man*, **quest'amica**, *deze vriendin*; in het meervoud is het gewoon **questi uomini, queste amiche**.

• **Quello** heeft bij zelfstandig gebruik gelijkaardige vormen, nl. **quello, quella, quelli, quelle**;
wanneer het bijvoeglijk gebruikt wordt, gedraagt het zich zoals een bepaald lidwoord en moet er rekening gehouden worden met de beginletter van het erop volgende woord:

	mannelijk			vrouwelijk	
	voor een medeklinker (behalve s+medekl. of gn-, z-, ps-)	voor s+medeklinker of gn-, z-, ps-	voor een klinker	voor een medeklinker	voor een klinker
enkelvoud	quel	quello	quell'	quella	quell'
	quel cappello, *die hoed*	quello studente, *die student*	quell'amico, *die vriend*	quella foto, *die foto*	quell'amica, *die vriendin*
	mannelijk			vrouwelijk	
meervoud	quei	quegli		quelle	
	quei cappelli	quegli studenti quegli amici		quelle foto quelle amiche	

Dus: **questo bambino** = *dit kind*, **quel bambino** = *dat kind*.

5 Bezittelijke voornaamwoorden

– Bij het kiezen van een bezittelijk voornaamwoord moet rekening gehouden worden met 'bezitter' én 'bezit': **il mio** libro, *mijn boek*, maar **la mia penna**, *mijn pen*.

– Dezelfde vormen kunnen zowel bijvoeglijk als zelfstandig gebruikt worden: **il mio** betekent dus zowel *mijn* als *de/het mijne*.

	mannelijk enkelvoud	mannelijk meervoud	vrouwelijk enkelvoud	vrouwelijk meervoud
1e persoon enkelvoud	**mio**	**miei**	**mia**	**mie**
2e persoon enkelvoud	**tuo**	**tuoi**	**tua**	**tue**
3e persoon enkelvoud	**suo**	**suoi**	**sua**	**sue**
1e persoon meervoud	**nostro**	**nostri**	**nostra**	**nostre**
2e persoon meervoud	**vostro**	**vostri**	**vostra**	**vostre**
3e persoon meervoud	**loro**	**loro**	**loro**	**loro**

– Vóór een bezittelijk voornaamwoord moet een lidwoord gebruikt worden, behalve wanneer het om één familielid gaat, bv.: **il mio amico**, *mijn vriend*, maar **mio padre**, *mijn vader*, **mia madre**, *mijn moeder* enz. Het lidwoord is dus nodig bij meer dan één familielid (**i miei fratelli**, *mijn broers*, **le mie sorelle**, *mijn zussen*) en ook bij gebruik van een nuanceringssuffix, zie 2.2 (**il mio fratellino**, *mijn broertje*) en bij **la mia mamma**, *mijn mama* of **il mio papà**, *mijn papa* (beschouwd als aanspreekvormen).
Er kan ook een onbepaald lidwoord gebruikt worden: **un mio amico**, *een van mijn vrienden, een vriend van mij*.

– Bezit kan ook als volgt uitgedrukt worden: **questa macchina è mia**, *deze auto is van mij,* dus met een bezittelijk voornaamwoord waar het Nederlands voor een voorzetsel met persoonlijk voornaamwoord kiest.

6 Betrekkelijke voornaamwoorden

	omgangstaal	formele taal
onderwerp en lijdend voorwerp	**che**, *die, dat*	**il quale** (m. ev.) **la quale** (v. ev.) **i quali** (m. mv.) **le quali** (v. mv.), *dewelke, hetwelk*
meewerkend voorwerp of andere bepaling (na een voorzetsel)	**cui**, *wie, waar*	

la persona che parla, *de persoon die praat*
la persona che vedi, *de persoon die je ziet*
la persona per cui sono venuto, *de persoon voor wie ik gekomen ben*
il verbale che vedi, *het verslag dat je ziet*
il verbale di cui parliamo, *het verslag waarover we praten*

Wanneer de lange vormen **cui** vervangen, wordt het voorafgaande voorzetsel waar nodig samengetrokken met het bepaald lidwoord:
la persona per la quale sono venuto, *de persoon voor wie* (voor de welke) *ik gekomen ben*
la persona della quale ti abbiamo parlato, *de persoon over wie* (over-de welke) *we je gesproken hebben*
la cosa della quale parliamo, *de zaak waarover* (over-de welke) *we praten*.

Het betrekkelijk voornaamwoord **cui** voorafgegaan van een bepaald lidwoord komt overeen met *wiens, wier*: **la persona il cui nome comincia per T**, *de persoon wiens naam begint met T*.

Het voornaamwoord **chi**, *wie* komt in het volgende punt aan bod.

7 Samen gebruikte aanwijzende en betrekkelijke voornaamwoorden

Quello che, **quelli che**, **quella che**, **quelle che** komt overeen met *die/d(i)egene(n) die*, *dat(gene)/hetgeen dat*.

Neutraal kan m.b.t. zaken **quello che** of **ciò che**, *wat* (lett. 'dat dat') gebruikt worden (altijd in het mannelijk enkelvoud): **quello che si sente dire**, *wat men hoort zeggen*; **ciò che voglio dirle**, *wat ik haar/u wil zeggen*;

m.b.t. personen is dat, zoals in het Nederlands, **chi**, *wie*: **chi dice questo, si sbaglia**, *wie dit zegt, vergist zich*; **La gente ascolta chi dà buoni consigli**, *De mensen luisteren naar wie goede raad geeft*; **Chi vivrà vedrà** (Wie zal leven zal zien), *De tijd zal het leren*.

Cui, voorafgegaan van een voorzetsel, wordt gebruikt als meewerkend voorwerp en in andere bepalingen: **ciò di cui abbiamo bisogno**, *wat we nodig* (hetgeen waaraan we behoefte) *hebben*; **la persona / la macchina con cui siamo venuti**, *de persoon met wie / wagen waarmee we gekomen zijn*.

8 Persoonlijke voornaamwoorden

8.1 Persoonlijke voornaamwoorden als onderwerp

Doorgaans wordt zo een persoonlijk voornaamwoord alleen gebruikt om het onderwerp te benadrukken, om het tegenover een ander element te stellen enz.: **mangio**, *ik eet*, **io mangio**, *ík eet* (door het achter het werkwoord te plaatsen, krijgt het onderwerp nog meer belang).

io, *ik*	**noi**, *wij, we*
tu, *jij, je*	**voi**, *jullie*
lui, *hij* / **lei**, *zij, ze, u* (ev.)	**loro**, *zij, ze, u* (mv.)

Let op: de u-vorm neemt dezelfde vorm aan als de vrouwelijke 3e persoon enkelvoud (**lei**)! De beleefdheidsvorm tegenover een gezelschap, nl. **loro**, wordt in deze cursus niet gebruikt.

8.2 Persoonlijke voornaamwoorden als voorwerp

Alleen in de 3e persoon enkelvoud en meervoud verschilt de vorm als lijdend of meewerkend voorwerp:

lijdend voorwerp	meewerkend voorwerp
mi	
ti	
lo (m.), **la** (v. en beleefdheidsvorm)	**gli** (m.), **le** (v. en beleefdheidsvorm)
ci	
vi	
li (m.), **le** (v.)	**gli** (m. en v.)

Let erop dat in de beleefdheidsvorm dezelfde vormen als in de vrouwelijke 3e persoon enkelvoud gebruikt worden: **la vedo** betekent zowel *ik zie haar* als *ik zie u*; **le parlo** betekent zowel *ik spreek haar* als *ik spreek u*.

Persoonlijke voornaamwoorden staan als voorwerp vóór het werkwoord, behalve in de volgende gevallen, waar ze achteraan de werkwoordsvorm vast geschreven worden:

– in de imperatief: **parlami**, *spreek me*; **ascoltalo**, *luister naar hem* (niet in de beleefde imperatief, die eigenlijk de vorm van een conjunctief aanneemt, zie 13.9, dus **mi parli**, *spreekt u me*, **mi ascolti**, *luistert u naar me*); bij eenlettergrepige imperatiefvormen (2e persoon enkelvoud van de werkwoorden **andare – va'**, **dare – da'**, **dire – di'**, **fare – fa'**, **stare – sta'**) staat de beginmedeklinker van het voornaamwoord dubbel (**dammi**, *geef me*; **dicci**, *zeg ons*), behalve bij **gli**: **dagli**, *geef hem/hun*;

– bij een infinitief, die hierbij zijn eind-**e** verliest: **voglio vederle**, *ik wil hen zien*; **potremmo parlargli**, *we zouden hem/hun kunnen spreken*

– bij een gerundium: **accompagnandola, le ha parlato**, *terwijl hij haar vergezelde, heeft hij haar gesproken*

– bij een voltooid deelwoord: **ascoltatolo, se ne andò**, *nadat hij naar hem geluisterd had, ging hij ervandoor*.

Ci = *er, erheen,...* en **ne** = *er, ervan, erover,...* worden op dezelfde manier gebruikt: **voglio arrivarci**, *ik wil er komen*; **portatene**, *brengen jullie er(van) mee*.

De aangehechte voornaamwoorden beïnvloeden geenszins de klemtoon in het werkwoord, die dus blijft waar hij lag vóór ze erbij kwamen: **parla**, *praat, spreek*, **parlami**, *spreek me, praat tegen me*.

8.3 Beklemtoonde persoonlijke voornaamwoorden als voorwerp

– Ze hebben dezelfde vorm als lijdend en meewerkend voorwerp.

– Ze dienen om het belang van de/het betrokkene te benadrukken, tegenstelling te accentueren,...

– Als lijdend voorwerp staan ze achter het werkwoord: **vedo te**, *ik* *zie jou*, niet iemand anders (vgl. met de "gewone, onbeklemtoonde" vorm: **ti vedo**, *ik zie je*).

– Als meewerkend voorwerp of in een andere bepaling staan ze achter een voorzetsel, waar ze verplicht gebruikt moeten worden: **parlo a te**, *ik praat tegen jou*; **veniamo con lui**, *we komen met hem*; **l'hanno comprato per te**, *ze hebben het voor jou gekocht*; **lo dico per te, non per lui**, *ik zeg het voor jou, niet voor hem*.

lijdend voorwerp, meewerkend voorwerp of andere bepaling, na een voorzetsel	
me	noi
te	voi
lui (m.), **lei** (v. en beleefdheidsvorm)	**loro** (m. en v.)

8.4 Gegroepeerde voornaamwoorden

Bij opeenvolgende persoonlijke voornaamwoorden komt het meewerkend voorwerp altijd vóór het lijdend voorwerp.

Dit zijn de mogelijke combinaties:

meewerkend voorwerp	lijdend voorwerp				
	lo	**la**	**li**	**le**	**ne***
mi	me lo	me la	me li	me le	me ne
ti	te lo	te la	te li	te le	te ne
gli, le	glielo	gliela	glieli	gliele	gliene
ci	ce lo	ce la	ce li	ce le	ce ne
vi	ve lo	ve la	ve li	ve le	ve ne
gli	glielo	gliela	glieli	gliele	gliene

* We hebben **ne** = *er, ervan, erover,...* mee opgenomen in de tabel omdat de interactie met de voornaamwoorden dezelfde is: **te ne portiamo**, *we brengen je er(van) mee*.

Merk op dat:

– **mi, ti, ci, vi** veranderen in **me, te, ce, ve**

– alleen de vormen in de 3e persoon enkelvoud/meervoud aan elkaar geschreven worden (met een ingelaste **e**); deze vormen gelden overigens voor zowel de mannelijke als de vrouwelijke en de beleefdheidsvorm, dus **glielo diamo** betekent *we geven het hem/haar/u/hun*.

Net als gewone voornaamwoorden worden gegroepeerde voornaamwoorden vast geschreven achteraan de volgende werkwoordsvormen: imperatief*, behalve in de beleefdheidsvorm (**portamelo**, *breng het me*, maar **me lo porti**, *brengt u het me*); infinitief (**voglio portarglielo**, *ik wil het hem/haar/u/hun brengen*); gerundium (**dicendovelo**, *het jullie 'zeggend'*); voltooid deelwoord (**dettomelo**, *het me gezegd hebbende*, *na **het me gezegd** te hebben*).

* bij eenlettergrepige imperatiefvormen staat de beginmedeklinker van **me**, **te**, **ce** en **ve** dubbel: **dammene**, *geef me er(van)*.

8.5 *Ci*

Ci als *er, erheen, erop,...* is eigenlijk geen voornaamwoord, maar een bijwoord, dat zich gedraagt zoals een voornaamwoord:

– bij het vast schrijven aan dezelfde werkwoordsvormen: imperatief (**andateci**, *gaan jullie erheen*, met dubbele **c-** bij eenlettergrepige imperatiefvormen, bv. **stacci**, *blijf er*); infinitief (**voglio venirci anch'io**, *ik wil er ook komen*); gerundium (**andandoci**, *bij het erheen gaan*); voltooid deelwoord (**andatoci**, *erheen gegaan zijnde*, *na **erheen gegaan** te zijn*)

– bij het groep vormen met voornaamwoorden (het staat achter **mi**, **ti**, **ci**, **vi**: **ti ci accompagniamo**, *we vergezellen je erheen*; het staat vóór **lo**, **la**, **li**, **le** maar dan als **ce**: **ce li abbiamo messi**, *we hebben ze* (mv.) *er gelegd/gezet*).

Het zit ook in de uitdrukkingen **c'è**, **ci sono** (*er is, er zijn*, zie 13.1) en **ci vuole/vogliono** (*er is/zijn nodig*, zie 13.5), waarbij **ci** verandert in **ce** vóór **ne**: **ce ne sono due**, *er zijn er twee van*, **ce ne vuole uno solo**, *er is er maar een van nodig*.

9 Vragende en uitroepende voornaamwoorden

9.1 Vragende voornaamwoorden

Onderstaande voornaamwoorden, behalve **chi**, kunnen zowel zelfstandig als bijvoeglijk gebruikt worden:

che?[1], *wat?, welk(e)?* che[1] cosa? (cos' vóór een klinker)	quale?, *welk(e) (m./v. ev.)?* quali?, *welke (m./v. mv.)?* qual?[2]	quanto? (m. ev.), quanta? (v. ev.), quanti? (m. mv.), quante? (v. mv.), *hoeveel?*	chi?, *wie?*

[1] onveranderlijk
[2] zelfstandig gebruik, m./v. ev., **qual è?**, *welk(e) is het?*

Che? of **Cosa?** of **Che cosa?**, *Wat?*
Che vuoi?, **Che cosa vuoi?** of **Cosa vuoi?**, *Wat wil je?*
Che cos'è?, *Wat is het?*
Che città italiane hai visitato? *Welke Italiaanse steden heb je bezocht?*
Quali città italiane hai visitato?, *Welke Italiaanse steden heb je bezocht?*
Qual è quella che preferisci?, *Welke is degene die je verkiest?*
Quanti figli ha?, *Hoeveel kinderen hebt u?*
Quanto costano queste mele?, *Hoeveel kosten deze appels?*
Pronto, chi parla?, *Hallo, met wie spreek ik?*
Chi le ha detto questo?, *Wie heeft u dit gezegd?*

Al deze voornaamwoorden kunnen ingeleid worden met een voorzetsel:
In che (of **in quale**) **città abita?**, *In welke stad woont u?*
Con chi sei venuta?, *Met wie ben je gekomen?*
Da quante persone è composta la tua famiglia?, *Uit hoeveel personen bestaat je gezin?*

9.2 Uitroepende voornaamwoorden

Ze hebben dezelfde vorm als de vragende, bv.:
Che bella macchina! *Wat 'n mooie auto!*
Quanta gente! *Zoveel* (Hoeveel) *volk!*
Questo cappello costa trecento euro. – Quanto?!
Deze hoed kost 300 euro. – Zoveel (Hoeveel)*?!*
Quale is als uitroepend voornaamwoord in onbruik geraakt.

10 Onbepaalde voornaamwoorden

Bij bijvoeglijk gebruik volgt er een naamwoord op; bij zelfstandig gebruik vervangen ze het.

De volgende vormen worden veel gebruikt, zowel bijvoeglijk als zelfstandig:

poco	*weinig*
molto	*veel*
tanto	*(zo)veel*
troppo	*te (veel)*
tutto	*al(le)*
nessuno	*niemand; geen enkel(e)*
alcuno	*enkele, enig(e), een paar/aantal*
altro	*ander(e)*

Ze gedragen zich zoals naamwoorden op **-o** (v. ev. **-a**, m. mv. **-i**, v. mv. **-e**), bv.:
In dicembre ci sono poche giornate di sole, in giugno ce ne sono tante, *In december zijn er weinig zonnige dagen, in juni zijn er veel.*

De volgende vormen zijn onveranderlijk en worden alleen bijvoeglijk gebruikt, in het enkelvoud:

qualche	*enkele, enig(e), een paar/aantal*
ogni	*elk(e), ieder(e), alle*

Qualche en **alcuni** zijn synoniemen, maar het eerste is onveranderlijk en enkelvoud (al slaat het op een meervoud), het tweede richt zich naar zijn onderwerp: **qualche giorno** en **alcuni giorni** betekenen allebei *enkele dagen*.

De volgende vormen worden alleen zelfstandig gebruikt:

komen overeen in geslacht:	
qualcuno	*iemand, een*
ognuno	*ieder(een)*
zijn onveranderlijk:	
qualcosa	*iets*
niente	*niets*

11 Bijwoorden

11.1 Bijwoorden die lijken op een bijvoeglijk naamwoord

De volgende lijst bevat courante bijwoorden, sommige ervan kunnen ook fungeren als bijvoeglijk naamwoord, andere als (bijvoeglijk gebruikt) onbepaald voornaamwoord (zie punt 10):

molto	heel, zeer, erg, veel
tanto	(zo)veel
poco	weinig
troppo	te (veel)
solo	alleen, maar, slechts, enkel, pas...
forte	sterk, krachtig
lontano	ver
vicino	dichtbij

11.2 Bijwoorden op *-mente*

Onderstaande tabel toont hoe een bijwoord op **-mente** afgeleid wordt van een bijvoeglijk naamwoord:

bijvoeglijk naamwoord	bijwoord
met m. ev. op **-o**: **certo**, *zeker*	bijv. nw. v. ev. op **-a** + **-mente**: **certamente**, *(op) zeker(e wijze)*
met m./v. ev. op **-e**: **forte**, *sterk, krachtig*	bijv. nw. op **-e** + **-mente**: **fortemente**, *sterk, stevig, heel,...*
met m./v. ev. op **-le** of **-re**: **gentile**, *vriendelijk* **anteriore**, *vooraf(gaand)*	bijv. nw. zonder eind-**e** + **-mente**: **gentilmente**, *(op) vriendelijk(e wijze)* **anteriormente**, *vooraf(gaandelijk)*
met m. ev. op **-lo** of **-ro**: **leggero**, *licht* **ridicolo**, *belachelijk*	bijv. nw. zonder eind-**o** + **-mente**: **leggermente**, *licht, zachtjes* **ridicolmente**, *(op) belachelijk(e wijze)*

11.3 Bijwoorden van hoeveelheid, tijd, plaats enz.

Ziehier een aantal veel gebruikte dergelijke bijwoorden, die vaak los staan van een bijvoeglijk naamwoord:

abbastanza	genoeg, voldoende, nogal,...
mai	(n)ooit
sempre	altijd
spesso	dikwijls, vaak
presto	vroeg, snel
tardi	laat
piano	langzaam
qui	hier
là	daar

su	*(naar) boven, op,...*
giù	*neer, naar beneden*
bene	*goed*
male	*slecht*

11.4 Comparatief en superlatief van bijwoorden

Van bijwoorden kan, net als van bijvoeglijke naamwoorden (zie punt 3), de comparatief gevormd worden met **più/meno** (vergrotend/verkleinend):
Abito più lontano di te, *Ik woon verder dan jij*.
Parli meno forte, per favore!, *Praat u minder luid, alstublieft!*
en de superlatief met **molto** of met het suffix **-issimo**:
Gli ha parlato molto male, *Hij heeft hem heel naar toegesproken*.
Avevamo mangiato pochissimo, *We hadden heel weinig gegeten*.
Bijwoorden op **-mente** vormen de absolute superlatief door **-mente** bij de superlatief van het bijvoeglijk naamwoord waarvan ze zijn afgeleid (v. ev.) te voegen: **leggerissimamente**, *heel licht(jes)*; meestal gebruikt men i.p.v. deze toch wat logge vorm **molto** vóór het bijwoord: **molto leggermente**.

• Bijzondere comparatief- en superlatiefvormen
Ziehier een paar bijzondere vormen:

bijwoord	vergrotende comparatief	absolute superlatief
bene, *goed*	**meglio**, *beter*	**ottimamente**, *heel goed*
male, *slecht, erg*	**peggio**, *slechter, erger*	**pessimamente**, *heel slecht*
molto, *veel*	**più**, *meer*	**moltissimo**, *heel veel*
poco, *weinig*	**meno**, *minder*	**pochissimo**, *heel weinig*

Uiteraard zijn ook gewoon vormen als **molto bene, benissimo**, *heel goed*, **molto male, malissimo**, *heel slecht, erg* mogelijk.

11.5 Nuanceren van bijwoorden

De betekenis van bijwoorden kan genuanceerd worden met dezelfde suffixen als die voor zelfstandige en bijvoeglijke naamwoorden (zie punt 2.2), maar beperkt zich tot idiomatisch taalgebruik, zoals in de uitdrukkingen **sto benone**, *ik ben helemaal ok, voel me prima*, **non c'è malaccio**, *het gaat niet al te slecht*.

11.6 Bijwoordelijke uitdrukkingen

Ziehier een aantal bijwoordelijke uitdrukkingen die bestaan uit de combinatie van een naamwoord en een voorzetsel:

all'improvviso	onverwachts
a lungo	lang(durig)
di più	meer
di meno	minder
di sicuro	zeker, vast
di solito	gewoonlijk
in fretta	vlugvlug, in aller haast, gauw
per caso	bij toeval, toevallig

12 Voorzetsels

Ziehier de belangrijkste voorzetsels en de manieren waarop ze meestal gebruikt worden:

• **a**
– Richting van een beweging:
Vado a Roma, *Ik ga naar Rome*; **Vado a lavorare**, *Ik ga werken*.
– Locatie, vnl. stad:
Abito a Roma, *Ik woon in Rome*.
– Concreter situeren:
vicino a, *dichtbij*; **davanti a**, *voor*; **di fronte a**, *tegenover*; **in mezzo a**, *in het midden van*; **intorno a**, *om(heen), rondom*; **di fianco a**, *naast*

• **di**
– Bezit:
la macchina di Giulia, *de auto van Giulia*
– Omschrijving:
un libro di storia, *een boek over geschiedenis, geschiedenisboek*
– Inhoud, hoeveelheid:
una tazza di caffè, *een kop(je) koffie*
– Na bijwoorden:
prima di, *voor(dat), alvorens te*; **invece di**, *in plaats van (te)*
– In uitdrukkingen:
Credo di no, *Ik geloof van niet*; **Dico di sì**, *Ik zeg ja*.
– In tijdsbepalingen:
di giorno, di sera, di domenica, *overdag, 's avonds, op zondag*

- **da**
- – Oorsprong, afstand:

Vengo da Milano, *Ik kom van/uit Milaan*; **Abito a tre chilometri da Milano**, *Ik woon 3 km van Milaan vandaan*; **Siamo lontani da Torino?**, *Zijn we ver van Turijn (vandaan)?*

– *Sinds, al*:

Ti aspetto da due ore, *Ik wacht al twee uur op je*.

– Inleiden van wie/wat handelt in een passieve zin:

È stato visto da tutti, *Hij is/werd door iedereen gezien*.

– Bedoeld/bestemd voor:

È una cosa da fare, *Het is iets wat gedaan moet worden, te doen iets*.
una tazza da caffè, *een koffiekop(je)*

– *Bij (iemand thuis)*:

Vieni a mangiare da noi?, *Kom je bij ons eten?*

- **in**
- – *In*, plaats:

Abito in Italia, nella città, in centro, *Ik woon in Italië, in de stad, in het centrum*.

– Duurtijd van een actie:

L'ho fatto in due ore, *Ik heb het in twee uur, er twee uur over gedaan*.

– Aantal personen:

Veniamo in due, *We komen met twee, met z'n tweeën*.

– Middel:

Sono venuta in treno, *Ik ben per, met de trein gekomen*.

- **con**
- – *Met*:

Abito con Paolo, *Ik woon (samen) met Paolo*.

– Middel, manier:

Sono arrivata con il treno delle due e mezzo, *Ik ben aangekomen met de trein van 2u30*; **Lavora con cura**, *Hij werkt met zorg*.

- **su**
- – Plaats:

sul tavolo, *op de tafel*; **sul giornale**, *in de krant*; **una città sul mare**, *een stad bij de, aan zee*

– *over* (onderwerp):

un film sulla sua vita, *een film over zijn leven*

- **per**
– Oorzaak en doel:
Sono tornato a casa per il gran freddo, *Ik ben naar huis teruggekeerd wegens de barre koude*; **Sono venuto per questo**, *Ik ben hiervoor gekomen*.
– Bestemming:
Ho preso il treno per Roma, *Ik heb de trein naar Rome genomen*.
– Beweging binnen een zone:
Passeggiamo per la città, *We wandelen door de stad*.

- **tra / fra**
– *Tussen, te midden van*: **fra me e te**, *tussen jou en mij*
– *Onder* (leden) of (als deel) *van*: **fra noi tutti**, *onder/van ons allen*
– *Over* (afstand en tijd): **Vengo tra due ore**, *Ik kom over twee uur*.

13 Werkwoorden

13.1 De (hulp)werkwoorden *essere* en *avere*

Net als het Nederlandse *zijn* en *hebben* kunnen **essere** en **avere** op zich gebruikt worden, maar fungeren ze ook als hulpwerkwoord bij het vormen van samengestelde tijden van regelmatige en onregelmatige werkwoorden.
Bij transitieve werkwoorden (die kunnen of moeten een lijdend voorwerp bij zich hebben) wordt **avere**, *hebben* gebruikt, bij intransitieve (die hebben geen lijdend voorwerp en drukken vaak een toestand, beweging, evolutie of worden uit) meestal **essere**, *zijn*. Sommige werkwoorden kunnen zowel overgankelijk als onovergankelijk gebruikt worden, bv. **cominciare**, *beginnen* (met **essere** als wat begint het onderwerp is: **il film è cominciato**, *de film is begonnen*; met **avere** als het onderwerp zelf iets aanvat: **ho cominciato a scrivere**, *ik ben* (lett. heb) *beginnen te schrijven*).

- Vervoeging van *essere*, *zijn*

In de vervoegingstabellen worden alleen enkelvoudige tijden opgenomen (samengestelde tijden worden gevormd met een enkelvoudige tijd van het hulpwerkwoord + het voltooid deelwoord van het hoofdwerkwoord, bv. de v.t.t. = o.t.t. + voltooid deelwoord).
Waar twijfel mogelijk is qua klemtoon staat de te benadrukken klinker in het rood gedrukt.

	o.t.t.-ind.	o.v.t.-ind.	imperatief	toek.t.
io	sono	ero		sarò
tu	sei	eri	sii	sarai
lui, lei	è	era	sia	sarà
noi	siamo	eravamo	siamo	saremo
voi	siete	eravate	siate	sarete
loro	sono	erano	siano	saranno

	passato remoto	voorw. wijs	o.t.t.-conj.	o.v.t.-conj.
io	fui	sarei	sia	fossi
tu	fosti	saresti	sia	fossi
lui, lei	fu	sarebbe	sia	fosse
noi	fummo	saremmo	siamo	fossimo
voi	foste	sareste	siate	foste
loro	furono	sarebbero	siano	fossero

Het werkwoord **essere** heeft zichzelf als hulpwerkwoord en **stato** als voltooid deelwoord, dus is de v.t.t. **sono stato** enz., v.v.t. **ero stato** enz., v.toek.t. **sarò stato** enz., voorw. wijs-verl.t. **sarei stato** enz., v.t.t.-conj. **sia stato** enz., v.v.t.-conj. **fossi stato** enz.
Het voltooid deelwoord richt zich altijd naar het onderwerp (zie 13.11): **Luisa è stata molto gentile**, *Luisa is heel vriendelijk geweest*.
Gerundium: **essendo**.

• *C'è / ci sono*, er is / er zijn
Let er in samengestelde tijden op dat het voltooid deelwoord zich moet richten naar zijn onderwerp, bv.: **c'è posto**, *er is plaats* wordt in de v.t.t. **c'è stato posto** (m. ev.), *er is plaats geweest,* maar **non c'è acqua**, *er is geen water* wordt **non c'è stata acqua** (v. ev.), *er is geen water geweest;* **ci sono stati posti liberi** (m. mv.), *er zijn vrije plaatsen geweest;* **ci sono state molte chiamate** (v. mv.), *er zijn veel oproepen geweest*.

o.t.t.-ind.	c'è er is	ci sono er zijn
v.t.t.-ind.	c'è stato/-a er is geweest	ci sono stati/-e er zijn geweest
o.v.t.-ind.	c'era er was	c'erano er waren

toek.t.	ci sarà *er zal zijn*	ci saranno *er zullen zijn*
v.toek.t.	ci sarà stato/-a *er zal geweest zijn*	ci saranno stati/-e *er zullen geweest zijn*
passato remoto	ci fu *er 'was'*	ci furono *er 'waren'*
voorw. wijs	ci sarebbe *er zou zijn*	ci sarebbero *er zouden zijn*
voorw. wijs-verl.	ci sarebbe stato/-a *er zou geweest zijn*	ci sarebbero stati/-e *er zouden geweest zijn*
o.t.t.-conj.	ci sia *[dat] er 'is'*	ci siano *[dat] er 'zijn'*
v.t.t.-conj.	ci sia stato/-a *[dat] er geweest 'is'*	ci siano stati/-e *[dat] er geweest 'zijn'*

- Vervoeging van *avere*, hebben

	o.t.t.-ind.	o.v.t.-ind.	imperatief	toek.t.
io	ho	avevo		avrò
tu	hai	avevi	abbi	avrai
lui, lei	ha	aveva	abbia	avrà
noi	abbiamo	avevamo	abbiamo	avremo
voi	avete	avevate	abbiate	avrete
loro	hanno	avevano	abbiano	avranno

	passato remoto	voorw. wijs	o.t.t.-conj.	o.v.t.-conj.
io	ebbi	avrei	abbia	avessi
tu	avesti	avresti	abbia	avessi
lui, lei	ebbe	avrebbe	abbia	avesse
noi	avemmo	avremmo	abbiamo	avessimo
voi	aveste	avreste	abbiate	aveste
loro	ebbero	avrebbero	abbiano	avessero

Voltooid deelwoord: **avuto**, v.t.t.: **ho avuto** enz., v.v.t.: **avevo avuto** enz., v.toek.t.: **avrò avuto** enz., voorw. wijs-verl.t.: **avrei avuto** enz., v.t.t.-conj.: **abbia avuto** enz., v.v.t.-conj.: **avessi avuto** enz.; gerundium: **avendo**.

13.2 Vervoeging van regelmatige werkwoorden: de drie groepen

Bij alle regelmatige werkwoorden wordt:
– de o.v.t.-indicatief gevormd met de stam + **-av-** (werkwoorden op **-are**), **-ev-** (werkwoorden op **-ere**) of **-iv-** (werkwoorden op **-ire**) + persoonsuitgang (dezelfde voor alle groepen);
– de toekomende tijd met de stam + **-er-** (werkwoorden op **-are** en **-ere**) of **-ir-** (werkwoorden op **-ire**) + persoonsuitgang (dezelfde voor alle groepen);
– de voorwaardelijke wijs met de stam + **-er-** (werkwoorden op **-are** en **-ere**) of **-ir-** (werkwoorden op **-ire**), zoals de toekomende tijd + persoonsuitgang (dezelfde voor alle groepen);
– de o.v.t.-conjunctief met de stam + **-ass-** (werkwoorden op **-are**), **-ess-** (werkwoorden op **-ere**) of **-iss-** (werkwoorden op **-ire**) + persoonsuitgang (dezelfde voor alle groepen).

• Vervoeging van werkwoorden op *-are*: 1e groep
– **parlare**, *praten, spreken*

o.t.t.-ind.	o.v.t.-ind.	imperatief	toek.t.
parlo	parlavo		parlerò
parli	parlavi	parla	parlerai
parla	parlava	parli	parlerà
parliamo	parlavamo	parliamo	parleremo
parlate	parlavate	parlate	parlerete
parlano	parlavano	parlino	parleranno

passato remoto	voorw. wijs	o.t.t.-conj.	o.v.t.-conj.
parlai	parlerei	parli	parlassi
parlasti	parleresti	parli	parlassi
parlò	parlerebbe	parli	parlasse
parlammo	parleremmo	parliamo	parlassimo
parlaste	parlereste	parliate	parlaste
parlarono	parlerebbero	parlino	parlassero

Voltooid deelwoord: **parlato**, v.t.t.: **ho parlato** enz., v.v.t.: **avevo parlato** enz., v.toek.t.: **avrò parlato** enz., voorw. wijs-verl.t.: **avrei parlato** enz., v.t.t.-conj.: **abbia parlato** enz., v.v.t.-conj.: **avessi parlato** enz.; gerundium: **parlando**.

• Werkwoorden op **-care** en **-gare**

Om de k-klank resp. harde g-klank *[G]* te bewaren vóór een uitgang die met een **i** of **e** begint, moet een **h** ingelast worden tussen de stam en deze uitgangen (anders klinken die als *[tsji]* en *[dzji]*, *[tsjé]* en *[dzjé]*): **cercare**, *zoeken*: **cerchi**, *je zoekt*, **cerchiamo**, *we zoeken*, **cercherò**, *ik zal zoeken* enz.; **pagare**, *betalen*: **paghi**, *je betaalt*, **paghiamo**, *we betalen*, **pagherò**, *ik zal betalen* enz.

• Vervoeging van werkwoorden op **-ere**: 2e groep
– **vendere**, *verkopen*

o.t.t.-ind.	o.v.t.-ind.	imperatief	toek.t.
vendo	vendevo		venderò
vendi	vendevi	vendi	venderai
vende	vendeva	venda	venderà
vendiamo	vendevamo	vendiamo	venderemo
vendete	vendevate	vendete	venderete
vendono	vendevano	vendano	venderanno

passato remoto	voorw. wijs	o.t.t.-conj.	o.v.t.-conj.
vendei/ vendetti	venderei	venda	vendessi
vendesti	venderesti	venda	vendessi
vendé/ vendette	venderebbe	venda	vendesse
vendemmo	venderemmo	vendiamo	vendessimo
vendeste	vendereste	vendiate	vendeste
venderono/ vendettero	venderebbero	vendano	vendessero

Voltooid deelwoord: **venduto**, v.t.t.: **ho venduto** enz., v.v.t.: **avevo venduto** enz., v.toek.t.: **avrò venduto** enz., voorw. wijs-verl.t.: **avrei venduto** enz., v.t.t.-conj.: **abbia venduto** enz., v.v.t.-conj.: **avessi venduto** enz.; gerundium: **vendendo**.

In de **passato remoto** hebben werkwoorden op **-ere** twee (gelijkwaardige) vormen voor de 1e en 3e persoon enkelvoud en de 3e meervoud.

• Werkwoorden op **-cere** en **-gere**

Waar bij werkwoorden op **-care** en **-gare** de uitspraak van de stam dezelfde blijft in de hele vervoeging door de spelling aan te passen, nl. het inlassen van een **h** (zie hogerop in punt 13.2 onder *Vervoeging van werkwoorden op -are*), wordt bij werkwoorden op **-ere** de uitspraak van de stam bepaald door de spelling, die dus nergens in de vervoeging aangepast wordt. De klanken *[tsj]* en *[dzj]* worden dus *[k]* resp. *[G]* vóór een uitgang die begint met **a** of **o**: **vincere**, *winnen*, **vinco**, *ik win*, **vincono**, *ze winnen*, **vinca**, *wint u* enz.; **piangere**, *wenen*, **piango**, *ik ween*, **piangono**, *ze wenen*, **pianga**, *weent u* enz.

• Vervoeging van werkwoorden op *-ire*: 3e groep

In deze groep zitten heel wat werkwoorden, zoals **capire**, *begrijpen, verstaan*, die **-isc-** inlassen tussen stam en uitgang van de 1e, 2e en 3e persoon enkelvoud en de 3e meervoud om de o.t.t. (indicatief en conjunctief) en de imperatief te vormen. Ter illustratie tonen we voor deze tijden de vervoeging van **capire** en van **partire**, *vertrekken* (dat zonder **-isc-** vervoegd wordt); voor de andere tijden is alleen **capire** opgenomen in de tabel:

o.t.t.-ind.		o.v.t.-ind. (één vorm)	imperatief	
capisco	parto	capivo		
capisci	parti	capivi	capisci	parti
capisce	parte	capiva	capisca	parta
capiamo	partiamo	capivamo	capiamo	partiamo
capite	partite	capivate	capite	partite
capiscono	partono	capivano	capiscano	partano

toek.t. (één vorm)	passato remoto (één vorm)	voorw. wijs (één vorm)
capirò	capii	capirei
capirai	capisti	capiresti
capirà	capì	capirebbe
capiremo	capimmo	capiremmo
capirete	capiste	capireste
capiranno	capirono	capirebbero

o.t.t.-conj.		o.v.t.-conj. (één vorm)
capisca	parta	capissi
capisca	parta	capissi

capisca	parta	capisse
capiamo	partiamo	capissimo
capiate	partiate	capiste
capiscano	partano	capissero

Voltooid deelwoord: **capito**, v.t.t.: **ho capito** enz., v.v.t.: **avevo capito** enz., v.toek.t.: **avrò capito** enz., voorw. wijs-verl.t.: **avrei capito** enz., v.t.t.-conj.: **abbia capito** enz., v.v.t.-conj.: **avessi capito** enz.; gerundium: **capendo**.

13.3 Onregelmatige werkwoorden

Er zit een zekere "regelmaat" in de vervoeging van de onregelmatige werkwoorden:

– de o.v.t.-indicatief en -conjunctief worden bijna altijd regelmatig gevormd (bv. **andare**, *gaan*: **andavo**, *ik ging*, **andassi**, [*dat*] *ik 'ging'*);
– de toekomende tijd en de voorwaardelijke wijs hebben vaak een onregelmatige stam (bv. **andrò**, *ik zal gaan*, **andrei**, *ik zou gaan*), maar de uitgangen zijn regelmatig;
– de imperatief en de o.t.t.-conjunctief zijn vaak afgeleid van de o.t.t.-indicatief (bv. **vado**, *ik ga*, **vada**, *gaat u,* [*dat*] *ik ga* enz.).

Bijgevolg vermelden we onder de volgende tabellen (zoals trouwens ook in woordenboeken gebeurt) alleen de onregelmatige tijden en voor sommige ervan de 1e persoon enkelvoud, daar de uitgangen van de andere personen regelmatig zijn.

Net als in veel talen, zijn er in het Italiaans onregelmatige voltooide deelwoorden.

De **passato remoto** is een tijd met veel onregelmatige vormen (zelfs bij verder regelmatige werkwoorden); vermits hij minder in gesproken taal en vooral in verhalende en academische teksten gebruikt wordt, verwijzen we u door naar woordenboeken die bij elk werkwoord de 1e persoon enkelvoud van deze tijd opnemen (hier kan de hele vervoeging van afgeleid worden, wetende dat de 3e persoon enkelvoud en meervoud afgeleid worden van de stam van de 1e enkelvoud, en de andere regelmatig zijn), bv. **volere**, *willen*: **volli – volesti – volle – volemmo – voleste – vollero**.

Ziehier, voor elke groep, een paar werkwoorden als voorbeeld:

• Onregelmatige werkwoorden op *-are*

o.t.t.-ind.			
andare, *gaan*	**dare**, *geven*	**fare**, *doen, maken*	**stare**, *zijn, blijven,...*
vado	do	faccio	sto
vai	dai	fai	stai
va	dà	fa	sta
andiamo	diamo	facciamo	stiamo
andate	date	fate	state
vanno	danno	fanno	stanno

– **andare**: imperatief **va'**, toek.t. **andrò** enz., voorw. wijs **andrei** enz., o.t.t.-conj. **vada** enz.
– **dare**: imperatief **da'**, toek.t. **darò** enz., voorw. wijs **darei** enz., o.t.t.-conj. **dia** enz.
– **fare**: voltooid deelwoord **fatto**, imperatief **fa'**, o.v.t. **facevo** enz., toek.t. **farò** enz., voorw. wijs **farei** enz., o.t.t.-conj. **faccia** enz., o.v.t.-conj. **facessi** enz.
– **stare**: imperatief **sta'**, toek.t. **starò** enz., voorw. wijs **starei** enz., o.t.t.-conj. **stia** enz., o.v.t.-conj. **stessi** enz.

• Onregelmatige werkwoorden op *-ere*

o.t.t.-ind.		
bere, *drinken*	**dovere**, *moeten*	**potere**, *kunnen, mogen*
bevo	devo	posso
bevi	devi	puoi
beve	deve	può
beviamo	dobbiamo	possiamo
bevete	dovete	potete
bevono	devono	possono

– **bere**: voltooid deelwoord **bevuto**, o.v.t. **bevevo** enz., toek.t. **berrò** enz., voorw. wijs **berrei** enz., o.t.t.-conj. **beva** enz., o.v.t.-conj. **bevessi** enz.
– **dovere**: toek.t. **dovrò** enz., voorw. wijs **dovrei** enz., o.t.t.-conj. **debba** enz.
– **potere**: toek.t. **potrò** enz., voorw. wijs **potrei** enz., o.t.t.-conj. **possa** enz.

o.t.t.-ind.		
sapere, *weten, kunnen*	**volere**, *willen*	**proporre**, *voorstellen*
so	voglio	propongo
sai	vuoi	proponi
sa	vuole	propone
sappiamo	vogliamo	proponiamo
sapete	volete	proponete
sanno	vogliono	propongono

– **sapere**: imperatief **sappi**, toek.t. **saprò** enz., voorw. wijs **saprei** enz., o.t.t.-conj. **sappia** enz.

– **volere**: toek.t. **vorrò** enz., voorw. wijs **vorrei** enz., o.t.t.-conj. **voglia** enz.

– **proporre**: voltooid deelwoord **proposto**, o.v.t. **proponevo** enz., toek.t. **proporrò** enz., voorw. wijs **proporrei** enz., o.t.t.-conj. **proponga** enz., o.v.t.-conj. **proponessi** enz.

o.t.t.-ind.		
piacere, *bevallen, behagen, fijn/leuk/... vinden*	**scegliere**, *kiezen*	**tenere**, *houden*
piaccio	scelgo	tengo
piaci	scegli	tieni
piace	sceglie	tiene
piacciamo	scegliamo	teniamo
piacete	scegliete	tenete
piacciono	scelgono	tengono

– **piacere**: voltooid deelwoord **piaciuto**, o.t.t.-conj. **piaccia** enz.

– **scegliere**: voltooid deelwoord **scelto**, o.t.t.-conj. **scelga** enz.

– **tenere**: toek.t. **terrò** enz., voorw. wijs **terrei** enz., o.t.t.-conj. **tenga** enz.

o.t.t.-ind.	
valere, *waard zijn, gelden*	**produrre**, *produceren*
valgo	produco
vali	produci
vale	produce
valiamo	produciamo

valete	producete
valgono	producono

– **valere**: voltooid deelwoord **valso**, toek.t. **varrò** enz., voorw. wijs **varrei** enz., o.t.t.-conj. **valga** enz.

– **produrre:** voltooid deelwoord **prodotto**, o.v.t. **producevo** enz., toek.t. **produrrò** enz., voorw. wijs **produrrei** enz., o.t.t.-conj. **produca** enz.

– Een aantal werkwoorden heeft als basis (het op zich weinig gebruikte) **porre**, *stellen, zetten,* bv. **proporre**, **comporre**, *samenstellen*, **disporre**, *opstellen* enz. en sommige heel anders lijkende werkwoorden, zoals **rimanere**, *blijven*, hebben een gelijkaardige vervoeging (**rimango**, *ik blijf*, **rimasto**, *gebleven*, **rimarrò**, *ik zal blijven* enz.);

– andere werkwoorden nemen als basis **durre** (van het Latijnse *ducere, leiden*), bv. **produrre,** *produceren*, **tradurre**, *vertalen*, **ridurre**, *reduceren, herleiden* enz.

– Sommige werkwoorden hebben maar één onregelmatig aspect, bv.: hun voltooid deelwoord (**accendere**, *aandoen, -steken, -zetten*, **acceso**; **chiedere**, *vragen*, **chiesto**; **chiudere**, *sluiten*, **chiuso**; **correre**, *rennen*, **corso**; **decidere**, *beslissen*, **deciso**; **leggere**, *lezen*, **letto**; **mettere**, *aantrekken, zetten,...*, **messo**; **perdere**, *verliezen, missen*, **perso**; **prendere**, *nemen*, **preso**; **rispondere**, *antwoorden*, **risposto**; **rompere**, *breken*, **rotto**; **scendere**, *afdalen*, **sceso**; **scrivere**, *schrijven*, **scritto**; **vedere**, *zien*, **visto**; **vivere**, *leven*, **vissuto**) of hun toek.t. (**vedere**, **vedrò**; **vivere**, **vivrò**).

• Onregelmatige werkwoorden op **-ire**

o.t.t.-ind.			
dire, *zeggen*	**salire**, *naar boven gaan*	**uscire**, *naar buiten gaan*	**venire**, *komen*
dico	salgo	esco	vengo
dici	sali	esci	vieni
dice	sale	esce	viene
diciamo	saliamo	usciamo	veniamo
dite	salite	uscite	venite
dicono	salgono	escono	vengono

– **dire**: voltooid deelwoord **detto**, imperatief **di'**, o.v.t. **dicevo** enz., o.t.t.-conj. **dica** enz., o.v.t.-conj. **dicessi** enz.
– **salire**: o.t.t.-conj. **salga** enz.
– **uscire**: o.t.t.-conj. **esca** enz.
– **venire**: voltooid deelwoord **venuto**, toek.t. **verrò** enz., voorw. wijs **verrei** enz., o.t.t.-conj. **venga** enz.

De werkwoorden **aprire**, *openen*, **offrire**, *aanbieden* en **soffrire**, *lijden* worden regelmatig vervoegd (zoals **partire**), maar hebben een onregelmatig voltooid deelwoord: **aperto**, **offerto**, **sofferto**.

13.4 Wederkerende werkwoorden

Bij het vervoegen staat het wederkerend voornaamwoord vóór de persoonsvorm, bv. de o.t.t. van **lavarsi**, *zich wassen*:
mi lavo – ti lavi – si lava – ci laviamo – vi lavate – si lavano,
behalve in de imperatief*, bij een infinitief, gerundium of voltooid deelwoord, waar het wederkerend voornaamwoord achteraan het werkwoord vast geschreven wordt, bv. **lavarsi**, *zich wassen*; **lavandosi**, *terwijl men zich wast*; **lavatosi**, *zich gewassen hebbende*;
* **lavati**, *was je*, **laviamoci**, *laten we ons wassen*, **lavatevi**, *wassen jullie je*, maar in de beleefdheidsvorm blijft het wederkerend voornaamwoord vóór het werkwoord: **si lavi**, *wast u zich!*

Soms worden wederkerende werkwoorden gebruikt met een lijdend voorwerp, bv. **lavarsi i denti** ('zich de tanden poetsen'), *zijn tanden poetsen*, **allacciarsi le scarpe**, *zijn schoenveters dichtknopen*, enz. Daar wederkerende werkwoorden altijd vervoegd worden met het hulpwerkwoord **essere**, moet het voltooid deelwoord zich ook in deze constructies richten naar zijn onderwerp: **Lucia si è allacciata le scarpe**, *Lucia heeft haar schoenveters dichtgeknoopt*.

13.5 Onpersoonlijke werkwoorden

Deze worden alleen in de 3e persoon enkelvoud gebruikt, o.a. voor het uitdrukken van:
– weersomstandigheden, zoals **nevicare**, *sneeuwen* (**nevica**, *het sneeuwt*), **piovere**, *regenen* (**pioverà**, *het zal regenen*) enz.; het hulpwerkwoord is altijd **essere**: *ieri è piovuto tutto il giorno*, *gisteren heeft het heel de dag geregend*; soms wordt het werkwoord **fare** gebruikt, met als hulpwerkwoord **avere**: *ieri ha fatto bel tempo*, *gisteren is het mooi weer geweest*;

– noodzaak (**bisogna**, *het is nodig dat, er/men moet*), opportuniteit (**conviene**, *het past, schikt*), schijn (**sembra**, *het schijnt, lijkt*), gebeuren (**succede** / **capita**, *het gebeurt, valt voor*); hierop volgt een infinitief (afhankelijk van het werkwoord met of zonder voorzetsel) of een bijzin ingeleid met **che**, meestal in de conjunctief: **bisogna partire**, *men moet vertrekken*, **bisogna che tu parta**, *het is nodig dat je 'vertrekt', je moet vertrekken*; soms gaat het dus niet echt om een onpersoonlijke constructie, daar het onderwerp van de zin net die bijzin is, en kunnen sommige van deze werkwoorden met een echt onderwerp gebruikt worden, bv.: **succedono cose strane**, *er gebeuren rare dingen*;

– **è** (van **essere**) + een bijvoeglijk naamwoord of bijwoord, zoals **è meglio prendere l'ombrello**, *het is beter een paraplu mee te nemen*, **è meglio che tu prenda l'ombrello**, *het is beter dat je een paraplu 'meeneemt'*;

– het onpersoonlijke **si,** *men* wordt in het Italiaans vaak in een passieve constructie gebruikt en behandelen we dus in punt 13.7 .

• *Iets wat "nodig" is uitdrukken*
Wat nodig is, zit in een werkwoord of in een naamwoord vervat.
– Bij een werkwoord wordt het onpersoonlijk werkwoord **bisognare**, *behoeven, nodig zijn, moeten* in de 3e pers. enkelvoud gebruikt:
+ **che** + bijzin in de conjunctief: **bisognava che lavorassimo**, *het was nodig dat we 'werkten', we 'moesten' werken* of
+ infinitief: **bisognava lavorare**, *er moest gewerkt worden, men moest werken*;
– vóór een naamwoord wordt de uitdrukking **ci vuole/vogliono** gebruikt, dus met het werkwoord **volere**, hier in de betekenis van *vergen*, in de 3e persoon en net als het naamwoord in het enkel- of meervoud: **ci vuole un'ora**, *het vergt een uur, er is een uur voor nodig;* **ci vogliono due ore**, *het vergt twee uur, er zijn 2 uren voor nodig*; het hulpwerkwoord is **essere** en het voltooid deelwoord richt zich naar het naamwoord: **ci sono volut**e **due ore**, *er zijn 2 uren voor nodig geweest, heeft 2 uur gevergd*.

13.6 Modale (hulp)werkwoorden

De werkwoorden **dovere**, *moeten*, **potere**, *kunnen, mogen*, **volere**, *willen* (en eventueel ook **sapere** in de betekenis van *kunnen*) fungeren ook als hulpwerkwoord:

– er volgt dan een infinitief op: **Devo partire**, *Ik moet vertrekken.*
– bij samengestelde tijden worden ze vervoegd met het hulpwerkwoord dat bij het hoofdwerkwoord hoort: **Sono dovuto andare a Roma** (**andare** met **essere**), *Ik ben naar Rome moeten gaan*; **Ho dovuto imparare l'italiano** (**imparare** met **avere**), *Ik heb Italiaans moeten leren*; is het hulpwerkwoord **essere**, dan richt het voltooid deelwoord zich uiteraard naar het onderwerp: **Susanna è dovuta partire**, *Susanna is moeten* (lett. 'gemoeten' in het v. ev.) *vertrekken*; **Siamo voluti venire di persona**, *We wilden in eigen persoon* (lett. zijn 'gewild' in het m. mv.) *komen.*

13.7 Passieve vorm

– De passieve vorm wordt in het Nederlands meestal gevormd met 'worden', in het Italiaans is dat doorgaans met **essere**, vervoegd in de gewenste tijd + voltooid deelwoord (dat zich uiteraard richt naar het onderwerp);
– de handelende partij wordt ingeleid met het voorzetsel **da** (eventueel samengetrokken met een bepaald lidwoord):
in de o.t.t.: **la lingua italiana è studiata da molte persone**, *de Italiaanse taal wordt* (is) *door veel mensen gestudeerd*; in de toek.t.: **la tua cucina sarà apprezzata dagli invitati**, *jouw keuken zal door de gasten geapprecieerd worden* (zijn); in de v.t.t.: **la tua cucina è stata apprezzata**, *jouw keuken is geapprecieerd* (geweest/geworden), *werd geapprecieerd*.
– In enkelvoudige tijden kan **essere** vervangen worden door **venire** of (bij de idee van verplichting of noodzaak) **andare**: **la pizza viene mangiata in tutto il mondo**, *pizza wordt* (komt) *in heel de wereld gegeten*; **questa macchina va riparata**, *deze auto moet worden* (gaat) *gerepareerd*.

• Si "impersonale" en "passivante"
Si, *men* wordt gebruikt in onpersoonlijke structuren, bv. **d'estate si va al mare**, *in de zomer gaat men naar zee* (het wordt in het Nederlands soms vertaald met een eveneens onpersoonlijk gebruikt 'je', 'we' of zelfs 'ze').
Bij intransitieve werkwoorden staat in samengestelde tijden het voltooid deelwoord altijd in het mannelijk (tenzij de context uitsluitend vrouwelijk is) meervoud: **si è andati al mare**, *men is naar zee gegaan*.

Bij transitieve werkwoorden krijgt de zin in het Italiaans een passieve wending, waarbij het lijdend voorwerp eigenlijk als onderwerp optreedt (en **si** a.h.w. "**passivante**" wordt), en waarbij het werkwoord in de 3e pers. enkel- of meervoud staat afhankelijk van dat 'onderwerp' en het voltooid deelwoord er zich naar richt:
si mangia una mela, *men eet een appel, er wordt een appel gegeten*
si mangiano mele, *men eet appels, er worden appels gegeten*
si sono mangiate mele, *men heeft appels, er zijn appels gegeten*.
Bij wederkerende werkwoorden wordt *men zich* **ci si**: **ci si pettina**, *men kamt zich*, **ci si è pettinati**, *men heeft zich gekamd*.

13.8 Uitdrukkingen met *stare* en *andare*

• Een vorm van **stare** + gerundium drukt de progressieve vorm uit: **sto mangiando**, *ik ben aan het eten*; **stavamo guardando la tv**, *we waren tv aan het kijken*;
en een vorm van **stare** + **per** + infinitief drukt uit dat iets op het punt staat te gebeuren: **sto per partire**, *ik sta op het punt, sta klaar om te vertrekken*; **a quell'ora starà par partire**, *op dat uur zal hij klaar staan om te vertrekken*.

• Een vorm van **andare** + gerundium drukt uit dat iets geleidelijk aan gebeurt: **la situazione va migliorando**, *de toestand wordt stilaan beter* (het is een variant van de progressieve vorm).

13.9 Beleefdheidsvorm

– De beleefdheidsvorm wordt uitgedrukt in de vrouwelijke 3e persoon enkelvoud **lei** (zo zegt men **dare del lei**, lett. 'geven van-de zij/u', voor *vousvoyeren, met 'u' aanspreken*), een overblijfsel van de vroegere aanspreking **Vostra Signoria** of **Vossignoria**, *Uwe Heerlijkheid*. Bij samengestelde tijden heeft het voltooid deelwoord bijgevolg een vrouwelijke uitgang, ook al richt men zich tot een man, wat soms te formeel overkomt in de gesproken omgangstaal en als regel niet altijd gerespecteerd wordt: **Signor Carlini, non l'avevo vista/-o**, *Meneer Carlini, ik had u niet gezien*...

– De beleefde imperatief neemt dezelfde vorm aan als de 3e persoon enkelvoud van de o.t.t.-conjunctief: **Venga, signore!**, *Komt u* (lett. *"[dat ze] kome"*), *meneer!*; bijgevolg gelden de regels m.b.t. de imperatief niet voor de beleefdheidsvorm (zo worden voornaamwoorden als voorwerp niet vast geschreven aan deze vorm): **andateci**, *gaan* *jullie erheen*, maar **ci vada, signore**, *gaat u erheen, meneer*.

– Om een gezelschap beleefd aan te spreken, kan de 3e persoon meervoud gebruikt worden, bv. door een ober die zich tot zijn klanten richt met **Che cosa desiderano?**, *Wat wenst u* (lett. "wensen[-ze]"), al wordt in dergelijke gevallen vaak de 2e persoon meervoud gebruikt: **Che cosa desiderate?**

– In schrijftaal, in officiële briefwisseling, worden persoonlijke en bezittelijke voornaamwoorden in de beleefdheidsvorm vaak nog met een hoofdletter geschreven (zie les 97): **nell'attesa di incontrarLa all'occasione di una Sua gradita visita**, *in afwachting van een ontmoeting met U ter gelegenheid van een aangenaam bezoek van U*.

– Steeds meer wordt de beleefdheidsvorm voorbehouden voor hiërarchische relaties, voor communicatie onder onbekenden of mensen die een zekere afstand willen bewaren, of voor situaties waarin een jongere zich tot een ouder iemand richt. In andere gevallen gaat men in Italië vrij snel en vlot **tu** gebruiken.

13.10 Ontkennen en vragen

• Voor de ontkennende vorm volstaat het **non** vóór het werkwoord te zetten: **non voglio mangiare**, *ik wil niet eten*; **non voglio pane**, *ik wil geen brood*; **non voglio niente**, *ik wil niets*.

• De volgorde van woorden is in een vraag dezelfde als in een stellende zin; dat het om een vraag gaat, zie je aan het afsluitende vraagteken of hoor je aan de stijgende intonatie:
Puoi venire, *Je kan komen* → **Puoi venire?**, *Kan je komen?*

13.11 Overeenkomst van het voltooid deelwoord

• Bij vervoeging met het hulpwerkwoord **essere**:
het voltooid deelwoord moet altijd in geslacht en getal overeenkomen met het woord waarnaar het verwijst, het <u>onderwerp</u>: **Marta è andata a Roma**, *Marta is naar Rome gegaan*, ook in de passieve vorm (**Roma non fu fatta in un giorno**, *Rome 'werd' niet in één dag gebouwd*) en bij wederkerende werkwoorden (**ci siamo alzati presto**, *we zijn vroeg opgestaan*), zelfs met een lijdend voorwerp erbij (**ci siamo messi le scarpe**, *we hebben onze schoenen aangetrokken*) of met een bijwoord (**Luisa si è fatta male**, *Luisa heeft*

zich pijn gedaan).

• Bij vervoeging met het hulpwerkwoord **avere**:
– het voltooid deelwoord is onveranderlijk: **Paolo/Paola ha / Paolo e Paola hanno mangiato gli spaghetti**, *Paolo/Paola heeft / Paolo en Paola hebben spaghetti gegeten)*, op een uitzondering na:
– het voltooid deelwoord richt zich naar het lijdend voorwerp als dit de vorm aanneemt van een voornaamwoord in de 3e persoon (**lo/la (l'), li/le, ne**) en vóór het vervoegd werkwoord staat: **Paola li ha mangiati molto volentieri**, *Paola heeft ze heel graag gegeten* (m. mv.); **Avevo voglia di fragole e ne ho mangiate due**, *Ik had zin in aardbeien en ik heb er twee van gegeten* (v. mv.).

13.12 Hypothetische zinnen

Zie les 91.

13.13 Gebruik van tijden en wijzen

Zie les 98, punt 3.

13.14 Directe en indirecte rede

Zie les 98, punt 4.

Woordenlijsten

Deze "woordenlijsten" bevatten de Italiaanse woorden uit de lessen in dit boek. De vertaling is die welke in een dialoog, opmerking of herhalingsles gebruikt werd; daarnaast kunnen er uiteraard andere vertalingen bestaan. Het nummer verwijst naar de les waarin het woord voor het eerst in die betekenis voorkomt of uitgelegd wordt. Dit is dus geen "woordenboek".

Opmerkingen:
• Doorgaans zijn zelfstandige naamwoorden op **-o** mannelijk, die op **-a** vrouwelijk; bij afwijkingen hierop geven we het woordgeslacht mee (tenzij de vertaling het al aanwijst).
• Naamwoorden staan in het mannelijk enkelvoud; andere vormen kunt u afleiden aan de hand van de uitleg in de lessen.
• Werkwoorden staan in de infinitiefvorm.
• Bij gelijkaardige woorden (bv. bijvoeglijk naamwoord / bijwoord) wijst de vertaling meestal aan over welke woordsoort het gaat.
• Een volledig overzicht van de lidwoorden, voornaamwoorden, voorzetsels enz. is terug te vinden in de herhalingslessen en grammaticale bijlage.

Gebruikte afkortingen:

aanw.	aanwijzend		
bekl.	beklemtoond	pers.	persoonlijk
betr.	betrekkelijk	uitr.	uitroepend
b. nw.	bijvoeglijk naamwoord	v.	vrouwelijk
bw.	bijwoord	vnw.	voornaamwoord
ev.	enkelvoud	vrag.	vragend
LV	lijdend voorwerp	vw.	voegwoord
m.	mannelijk	vz.	voorzetsel
mv.	meervoud	wed.	wederkerend
MV	meewerkend voorwerp	ww.	werkwoord
O	onderwerp	z. nw.	zelfstandig naamwoord

Woordenlijst Italiaans-Nederlands

A

a	in 2; op 4; aan, bij 5; te *(na sommige wwn.)*; naar 12,...
abbagliante *(m.)*	autolicht (groot) 58
abbaiare	blaffen 80
abbandonare	opgeven 44
abbastanza	nogal 12; vrij 13; voldoende, genoeg 24
abbattersi su	treffen 96
abbonamento	abonnement 63, 75
abbonarsi	zich abonneren 75
abbuffarsi	zich volproppen 85
abitabile	bewoonbaar 27
abitante *(m./v.)*	be-, inwoner 57
abitare	wonen 10
abitato	woonst 90
abito	kledingstuk 94
abituale	gewoon 89
abituato	gewend 57
abitudine *(v.)*	gewoonte 94
accademico	academisch 97
accedere	toegang hebben 75
acceleratore *(m.)*	gaspedaal 58
accendere	aandoen, -steken, -zetten 47
accensione *(v.)*	ontsteking 58
accento	accent (tongval) 10
accesso	toegang 95
accettare	aanvaarden 61
acciaio	staal 87
accidentato	hobbelig 100
accidento	accident 12
accidenti!	hemeltje!, oeps!, verd...!,... 12
accomodarsi	rustig plaats nemen, binnenkomen,... 3
accompagnare	vergezellen 59; begeleiden 86
accontentarsi	zich tevreden stellen 61
accordare	toestaan 97
accordo	akkoord 51; eensgezindheid 52
accorgersi	zich bewust worden 62
accostare a	zetten naast 88
account *(m.)*	account 75
accreditare	crediteren, bijschrijven 43
acerbo	wrang, onrijp 20
acqua	water 16
acquatico	water- 78
acquerello	aquarel 46
acquifero	waterhoudend 74

acquisto	aan-, inkoop 43
addebito	debetboeking 43
addirittura	gewoonweg 50
addizione *(v.)*	optelling 34
addormentarsi	in slaap vallen 75
addosso	aan hebbend (kleren) 87
adesso	nu 18; tegenwoordig 71
adorare	dol zijn op 13; aanbidden 48
adornare	verfraaien 96
adulto	volwassen(e) 28
aereo	vliegtuig 37
aeroporto	luchthaven 57
affamato	uitgehongerd 24
affare *(m.)*	zaak 54
affermare	verklaren 83
affiancare	samenwerken met 41
affinché	op-, zodat 68
affine	verwant 68
affitto	huur 27
affollato	stamp-, overvol 18
aggiornare	uitstellen, verdagen 90
aggiungere	toevoegen 89
aggiustare	herstellen, repareren 53
aggressività	agressiviteit 80
agio	gemak 68
agitato	opgewonden, geagiteerd 22
aglio	knoflook 67
agosto	augustus 23
agricolo	landbouw- 86
aiutare	helpen 51
ala	vleugel 46
alabarda	hellebaard 87
alba	dageraad 83
alberato	met bomen 29
albergo	hotel 4
albero	boom 23
albicocca	abrikoos 20
alcolico	alcoholisch, alcoholhoudende drank 85
alcolizzato	alcoholist, aan de drank 85
alcuno/alcuni/alcune	enkele, een paar/aantal, enig(e) 30, 70
alimentare	voedings- 72; eet- 94
allenamento	training 44
allenarsi	trainen 44
allertare	alarmeren 83
allevamento	(vee)teelt 85
allevare	kweken 86
allievo	leerling (buiten school) 86
allontanarsi	zich verwijderen 93

allora	dan 8; dus 30
alluminio	aluminium 74
almeno	minstens 17; tenminste 41; ten minste 64
altalena	schommel 78
altare *(m.)*	altaar 92
alternativa	alternatief 30
alto	hoogte 57
alto	hoog 26; luid 92; groot, lang 94
altra parte (d'~)	aan de andere kant, anderzijds 51;
altra parte (da un'~)	elders 82
altrimenti	anders *(bw.)* 33
altro	ander(e) 11, 23
altro	(iets) anders 20
alunno	leerling, scholier 86
alzare	opsteken 34
alzarsi	opstaan 32
amare	houden van, liefhebben 19; gesteld zijn op 24
amato	geliefd 19
amatoriale	amateur- 48
ambasciata	ambassade 79
ambientale	milieu- 74
ambientalismo	milieubeweging 74
ambientalista	milieuactivist 74
ambiente *(m.)*	milieu 65
ambito	domein 41
ambulanza	ambulance, ziekenwagen 55
americano	Amerikaans 75
amichevole	vriendschappelijk 69
amico/amica	vriend/vriendin 15
amministrativamente	bestuurlijk *(bw.)* 96
amministratore	beheerder, syndicus 80, 90
amministrazione *(v.)*	administratie 39; bestuur 96
ammirare	bewonderen 88
amore *(m.)*	liefde 46
anabbagliante *(m.)*	autolicht (dim-) 58
analisi *(v.)*	analyse 26, 94
ananas *(m.)*	ananas 26
anatra	eend 30
anatroccolo	eendje 93
anche	zelfs 2; ook 8
ancora	nog 19
andare	gaan 5, 11
andare a male	slecht worden, bederven 66
andare a trovare	gaan bezoeken 25
anello	ring 95
anfiteatro	amfitheater 82
angolo	hoek 27

cinquecentottantasei • 586

animale *(m.)*	dier 13
animato	geanimeerd, levendig 78
animazione *(v.)*	animatie 45
anno	jaar 10
annoiarsi	zich vervelen 73
annunciare	aankondigen 64
ansioso	angstig 38
antenato	voorouder 94
antiaderente *(m.)*	antiaanbak- 67
anticipatamente	bij voorbaat 97
anticipazione *(v.)*	anticipatie, voorproefje 68
anticipo (in ~)	(te) vroeg 38
antico/-a/-chi/-che	antiek, klassiek, oud 31
antica (all'~)	ouderwets 31
antipasto	antipasto 30
antipatico	antipathiek 11; onaardig 87
antiquariato	antiquariaat, antiquair 31
antropologia	antropologie 65
anzi	zelfs 36
anziano	bejaard(e) 31
apericena	aperitief met veel hapjes 's avonds 24
aperitivo	aperitief 24
aperto	open 48; openlucht 82
apertura	opening 44
apostolo	apostel 92
app(licazione) *(v.)*	app(licatie) 50
apparecchiare	dekken (de tafel) 40
apparecchio	apparaat 66
appartamento	appartement, flat 27
appassionante	boeiend 65
appassionare	boeien, passioneren 55
appassionato	geboeid, fan 65
appena	net, pas 32; zodra 37; nauwelijks 52
appendere	ophangen 73
apposta	opzettelijk 52
apprezzare	appreciëren 30; waarderen 82
approfittare	genieten 23; profiteren 53
appuntamento	afspraak 22
appunto	precies, net, juist 31
aprile	april 64
aprire	openen 43
arancia	sinaasappel 20
arancio	sinaasappelboom 55
arancione	oranje 88
arare	ploegen 86
arbusto	struik 55
archeologico	archeologisch 94
architetto	architect 62

arco	strijkinstrument 48
area	zone 78; plaats 92
arena	arena 82
argento	zilver 88
aria	lucht 26; air 83
arma	wapen 46
armadietto	(hang)kastje 62
armadio	kast 53
armato	gewapend 100
armigero	wapendrager 87
aroma	geur 68
arrabbiare	boos maken 93
arrabbiarsi	boos worden, zich boos maken 42
arrangiare	regelen 67
arrangiarsi	het weten te regelen, zich (weten te) redden 67
arredamento	inrichting (meubels,...) 62
arredare	inrichten, meubileren 62
arredatore	binnenhuisarchitect, interieurontwerper 62
arredo	inrichting (decoratief) 68
arrivare	aankomen 18; geraken 49; komen 50; aanbelanden 100
arrivederci!	tot ziens! 1
arrosto	gebraad 85
arrosto	geroosterd 73
arte *(v.)*	kunst 31
ascensore *(m.)*	lift 4
asciugatrice *(v.)*	wasdroger 66
ascoltare	luisteren (naar), beluisteren 29
ascolto	het luisteren 100
asino	ezel 86
aspettare	wachten 24; afwachten 45; verwachten 64
aspetto	voorkomen (uiterlijk) 15
assegno	cheque 43
assemblea	vergadering 90
assicurare	verzekeren 82
assicurativo	verzekerings- 100
assicurato	verzekerd 69
assicurazione *(v.)*	verzekering 69
assistenza	assistentie, bijstand, hulp, zorg 43
assistere	bijstaan 51
assolutamente	absoluut *(bw.)* 40
assomigliare	lijken 71
assortito	bijpassend 40
assumere	aanwerven 31
astratto	abstract 88
atmosfera	sfeer 23

atmosferico	milieu- 74
attaccato	aan elkaar 47
attento (stare ~)	aandachtig zijn, opletten, oppassen 29
attenzione *(v.)*	attentie, aandacht 29
attenzione (fare ~)	opletten, oppassen 29
atterraggio	landing 57
attesa	afwachting 97
attività	activiteit 44
attrarre	aantrekken 95
attraversare	oversteken 29; doormaken 80
attrazione *(v.)*	attractie 78
attrezzato	uit-, toegerust 53
attrezzo	werktuig, gereedschap 53
attuale	hedendaags 61
attualità	actualiteit 17
audio	audio 50
aula	aula, college-, rechtszaal 65
aumentare	verhogen 89
aumento	verhoging 89
Australia/australiano	Australië/Australiër 37
Austria/austriaco	Oostenrijk/Oostenrijks 94
autista *(m./v.)*	chauffeur, bestuurder 18
auto	auto, wagen 26
autobus *(m.)*	(auto)bus 18
automatico	automatisch 43
automobile *(m.)*	automobiel 28
autoradio *(v.)*	autoradio 76
autore *(m./v.)*	auteur 97
autorità	autoriteit 94
autunno	herfst 23
avamposto	voorpost 96
avanti	verderop 33; vooruit 93; voor 96
avanzare	vooruit-, verdergaan; overblijven 40
avere	hebben 7
avvelenare	vergiftigen 85
avvenire	plaatsvinden 95
avventura	avontuur 71
avviamento	aanzet 58
avviso	melding 83
avvitatore *(m.)*	schroefmachine 53
avvocato	advocaat 12
azienda	onderneming, bedrijf 41
azzurro	lichtblauw 15

B

badante *(m./v.)*	persoonlijke oppas, verzorg(st)er 51
badare	oppassen, letten op 21; zorgen voor 51
badile *(m.)*	spade 55

bagaglio	bagage 57
bagno	bad 4
bagno	badkamer 4
balcone *(m.)*	balkon 27
bambino	kind 24
banana	banaan 20
banca	bank 43
bancario	bank- 43
banco	(toon)bank 68
bancomat *(m.)*	bank-, pinkaart; geld-, pinautomaat 5
banda	muziekkorps, -kapel, fanfare 48
bandito	bandiet 95
bar *(m.)*	bar 2; café 29
barba	baard 74
barbarico	barbaars 61
barboncino	poedel 80
barocco	barok 92
base *(v.)*	basis 30
basilica	basiliek 92
bastare	volstaan, voldoende zijn 40
batteria	batterij 58
beato	gelukzalig, bofkont,... 26
beauty farm *(v.)*	beauty farm 71
beccare	pikken; snappen, betrappen 75
becco	bek, snavel 75
beh	ach 22; wel 41; nou 53
beige	beige 88
belga	Belg(isch)(e) 3
bello	mooi 6, 21
bene	goed 5
bene (va ~)	ok, graag,... 11
benessere *(m.)*	wellness 44; welzijn 80
bere	drinken 16
bevanda	drank(je) 68
bianco	wit 15
biberon *(m.)*	babyflesje, zuigfles 64
bibita	drankje 16
bicchiere *(m.)*	glas (drink-) 16
bici(cletta)	fiets 26
biennale	twee jaar durend 37
biennio	twee jaar (periode van ~) 65
bigiotteria	bijouterie, nepjuweel 95
biglietteria	loket 5
biglietto	kaartje, ticket, biljet 5
binario	spoor (trein-) 38
bioinformatica	bio-informatica 65
biologia	biologie 65
biondo	blond 8

biro *(v.)*	balpen 34
birra	bier 16
biscotto	koekje 73
bisognare *(+ inf.)*	behoeven, nodig zijn, moeten 37
bisogno	behoefte, nood 20
bisogno (avere ~)	nodig hebben 20
bistecca	biefstuk 85
blu	blauw 88
bocca	mond 15
bolletta	rekening, factuur (water-, gas-,...) 43
bollire	koken (tot kookpunt brengen) 67
bolognese	Bolognees/-ese 10
bonifico	overschrijving, -boeking 43
bosco	bos 83
bottiglia	fles 74
bovino	rund- 85
braccialetto	armbandje 95
braccio	arm 79
braciola	kotelet, karbonade 85
bravo	goed, knap, bekwaam, bravo 9
bricolage *(m.)*	doe-het-zelven 53
brioche *(v.)*	croissant 2
brodo	bouillon 40
bronchite *(v.)*	bronchitis 33
brontolare	mopperen 80
brutto	lelijk 15; lelijkerd 35; slecht 40
bue *(m.)*	os 45
bulbo	bol (bloem-) 55
buonanotte	goedenacht, welterusten 4
buonasera	goedenavond 4
buongiorno	goeden-/goeiedag 1; -morgen, -(na)-middag, dag 4
buono	lekker 11; goed 15, 21
burocratico	bureaucratisch 100
burro	boter 32
busta	envelop 99
buttare	gooien 67

C

cabina	cabine 57
cabina di prova	paskamer 59
cacciavite *(m.)*	schroevendraaier 53
cadere	(af)vallen 23
caffè *(m.)*	koffie 2
cagna	teef (*v.* hond) 49
cagnolone *(m.)*	loebas 83
calcio	voetbal 44
calcolo	berekening, het rekenen 34

caldaia	verwarmingsketel 90
caldarrosta	gepofte kastanje 73
caldo	warm 9; warmte 23
calendario	kalender 22
calle *(v.)*	smal straatje (in Venetië) 61
calma	kalmte 90
calma (con ~)	rustig 90
cambiamento	verandering 89
cambiare	veranderen, verwisselen van 18; vervangen 51
cambio	versnellingshendel, wissel 58
camera	kamer 4
cameriere *(m.)*	ober 100
camicia	(over)hemd 15
camion *(m.)*	vrachtwagen 26
camminare	stappen 29; wandelen 59
cammino	weg 34
campagna	platteland 81
campiello	pleintje (in Venetië) 61
campo	plein (in Venetië) 29, 61; veld 61; akker 86
canale *(m.)*	kanaal 61
canarino	kanarie 80
candidatura	kandidatuur, inschrijving 39
candido	maagdelijk wit 93
cane *(m.)*	hond 13
canottiera	topje 59
cantante *(m./v.)*	zanger 63
cantiere *(m.)*	werf 92
canto	gezang 82
caotico	chaotisch 82
capace	bekwaam 55
capannone *(m.)*	loods 87
capello	haar 15
capire	begrijpen, verstaan 28
capitale *(v.)*	hoofdstad 45
capitare	(onverwacht) komen, overkomen, gebeuren 52
capo	hoofd, chef 40
capodanno	nieuwjaarsdag 36
cappello	hoed 15
cappuccino	cappuccino (koffie met opgeschuimde melk) 2
capufficio	bureauchef 40
caramella	snoepje 73
caratteraccio	slecht karakter 51
caricatura	karikatuur 81
carino	knap, mooi 15
carne *(v.)*	vlees 30

cinquecentonovantadue • 592

carnevale *(m.)*	carnaval 81
caro	lief 15; duur 16
carota	wortel 20
carrello	karretje 86
carriola	kruiwagen 55
carro	(praal)wagen 81
carrozzeria	koetswerk, carrosserie 69
carrozzina	kinderwagen 64
carta	kaart 5; papier 74
carta da parati	behang(papier) 68
cartapesta	papier-maché 81
cartina	kaartje, plannetje 78
cartone *(m.)*	karton 78
cartoni animati	tekenfilms 78
casa	huis 12
casa (a ~)	thuis 12
casa di riposo	rusthuis 51
casalinga	huisvrouw 37
cascata	waterval 78
casella di posta elettronica	mailbox 47
caso	geval 39; toeval 51
caso (per ~)	toevallig, bij toeval 88
cassa	kist, krat, box 54
cassettone *(m.)*	cassette 92
cassonetto	container 74
castagna	kastanje 73
castello	kasteel 78
cattedra	katheder 65
cattiveria	boosaardigheid 52
cattivo	slecht 24; gemeen, stout 80
cattolico-romano	rooms-katholiek 92
causa	oorzaak 50; reden 79
causa (a ~ di)	wegens 79; door 80
cavaliere *(m.)*	cavalier 19
cavallo	paard 86
cavare	weghalen, onttrekken 48
cavarsela	zich (weten te) redden 48
celebrare	vieren 92
cellulare *(m.)*	cel(ulaire), smartphone 22; mobiele telefoon 43; gsm 47
cena	avondmaal 24; diner 40
cenare	's avonds eten 24
centesimo	cent 39
centimetro	centimeter 94
centinaio	honderdtal 35
centrale	centraal 54
centralizzato	centraal, gecentraliseerd 90
centro	(stads)centrum 18; midden 29

centro commerciale	winkelcentrum 59
cercare	zoeken 17; proberen 38
cereale *(m.)*	graan 32
certamente, certo	zeker 4, 20; natuurlijk 30
certo	zeker 24; sommige 23; bepaald 29
certo (di ~)	beslist (zeker) 23
cesoie *(v. mv.)*	snoeischaar 55
cestino	mandje 73
chattare	chatten 50
che *(vrag. vnw.)*	welk(e) 4; wat 6
che *(uitr. vnw.)*	wat ('n) 6
che *(betr. vnw.)*	die 9; dat 15
che *(vgl.)*	dan 27
check-in	check-in 57
chi	wie 23
chiacchierare	kletsen, babbelen 100
chiamare	noemen 1; roepen 7; (op)bellen 51
chiamarsi	heten, zich noemen 1
chiamata	oproep, gesprek 50
chiarimento	opheldering 100
chiaro	licht- 88
chiave *(v.)*	sleutel 58
chiedere	vragen 17
chiesa	kerk 61
chilo	kilo 20
chilometro	kilometer 29
chiocciola	slak, @ 47
chiodo	zwarte leren jekker 59
chissà	wie weet 64
chiudere	sluiten 29
chiunque	ieder(een), eenieder (die), wie ook, eender wie 67, 70
chiuso	gesloten 30; dicht 31; opgesloten 84
chiusura	sluiting 78
ci	ons *(wed. vnw.)* 27, 35; ons *(pers. vnw. LV)* 31, 42; ons *(pers. vnw. MV)* 33, 46
ci/c'	er 3; erheen, -naartoe,... 19
ciao!	hallo!, hoi!, dag! 2
ciascuno/-a	ieder 34
cibo	eten 24
cielo	hemel 74
cignetto	zwaantje 93
cigno	zwaan 93
ciliegia	kers 55
ciliegio	kersenboom 55
cinema	bioscoop 16; cinema 21
cinematografo	cinematograaf 28
ciò	dat(gene), hetgeen 51

cioccolata	chocolade 81
cioccolatino	chocolaatje 73
cioccolato	chocolade 73
cioè	namelijk 27
ciotola	kom 67
cipolla	ui 67
circa	ongeveer 94
circo	circus 92
circolare	circuleren 94
circondare	omringen 52
circuito	net 100
città	stad 6
cittadina	stadje 26
cittadino	stedeling, stedelijk 86
clarinetto	klarinet 48
classe *(v.)*	klas 5; 42
classico	klassiek 43
cliccare	klikken 54
cliente *(m./v.)*	klant, cliënt 9, 14
clientela	cliënteel 100
clima	klimaat 21
climatizzatore *(m.)*	airco 66
clinica	kliniek 71
codice *(m.)*	code 39
cogliere	plukken 86
cognome *(m.)*	familienaam 39
coincidenza	aansluiting (vervoer) 38
coincidere	overeenstemmen, samenvallen 45
colazione *(v.)*	ontbijt 2
colazione (fare ~)	ontbijten 24
collaborare	samenwerken 89
collana	halssnoer 95
collare *(m.)*	halsband 83
collega *(m./v.)*	collega 41, 43
collegare	aansluiten 75; verbinden 96
collegarsi	koppelen 75
collina	heuvel 81
colloquio	onderhoud, gesprek 31, 41
colorato	kleurig 62; kleurrijk 73
colore *(m.)*	kleur 23
colossale	kolossaal 75
Colosseo	Colosseum 6
colpa	schuld 99
colpo	slag 55
coltello	mes 40
come	zoals 2; hoe 3; wat 13, 61; als 28, 30
come se	alsof 80
cominciare	beginnen 41

comitiva	groep (mensen) 88
commerciale	commercieel 59; handels- 61
commissario	commissaris 95
comodamente	comfortabel *(bw.)* 17; vlotjes 86
comodo	comfortabel *(b. nw.)* 3; praktisch 26; handig, gemakkelijk 43
compaesano	dorpsgenoot 83
compagnia	gezelschap 11
compagno	(klas)genoot 34; maat 56
competente	bekwaam 89
competenza	competentie 65
compiere	vervullen 73
compiere gli anni	jarig zijn 73
compilare	invullen 39
compito	taak 32
compleanno	verjaardag 22
completo	volledig *(b. nw.)* 30; vol 45
completamente	volledig *(bw.)* 46
complicato	ingewikkeld 89
complimento	compliment 59, 97
comporre	samenstellen 30; bestaan uit 72
comportamento	houding 52
comportarsi	zich gedragen 28
composito	gemengd 92
comprare	kopen 9; aanschaffen 58
comprendere	begrijpen, inzien 94
comprensivo	begripvol 80
compreso	inbegrepen 76
computer *(m.)*	computer 26, 43
comune *(m.)*	gemeente 62
comune	gemeenschappelijk 49
comunicare	meedelen 43; melden 83
comunque	hoe dan ook 20
con	met 4; bij 39; tegen(over) 35
concepire	opvatten 68
concerto	concert 48
concessionaria	(auto)dealer 76
concessionario	concessiehouder, dealer 76
concime *(m.)*	mest 74
concorrente *(m./v.)*	concurrent 100
concorso	sollicitatieprocedure 39
condire	op smaak brengen 67
condividere	delen 50
condizione *(v.)*	voorwaarde 89
condominiale	mede-eigenaars- 90
condominio	(gemeenschappelijk) gebouw 27; mede-eigendom 90
condurre	besturen, leiden, (aan)voeren 41

cinquecentonovantasei • 596

conferma	leesbevestiging 47
confine *(m.)*	grens 94
conflitto	conflict 52
confortevole	comfortabel 76
confrontare	vergelijken 88
confronto	vergelijk 61
congelare	bevriezen 94
congelatore *(m.)*	(diep)vriezer 66
congiungere	samenbrengen 96
coniglio	konijn 86
connazionale	landgenoot 83
connessione *(v.)*	verbinding 47
connettere	verbinden 47; connecteren 54
conoscente	kennis, bekende 100
conoscenza	kennis 92
conoscere	kennen 34, 37
consegna	bewaring 83; levering 99
conservare	bewaren 94
conservatorio	conservatorium 48
conservazione *(v.)*	bewaring 94
considerare	beschouwen 90
consigliare	aanraden 54
consiglio	advies 17; raad 46
consolato	consulaat 79
constatazione *(v.)*	vaststelling 69
constatazione amichevole	aanrijdingsformulier 69
consultare	raadplegen 30
consumare	verbruiken, consumeren 43
consumo	consumptie 85
contadino/-a	boer/boerin 86
contanti *(m. mv.)*	contanten, cash (geld) 5; contant geld 39
contare	tellen 85
contare di	van plan zijn om 37
contatore *(m.)*	teller, meter 66
contattare	contacteren, contact opnemen 83
contatto	contact 83
conte/contessa	graaf/gravin 12
contenere	bevatten 92
contenitore *(m.)*	sorteerbak 74
contento	tevreden 52; blij 64
contenuto	vervat 68
continuare	blijven (lopen) 29; doorgaan 58; verder ... 60; voortzetten 89
continuo	voortdurend 51
conto	rekening 43
contorno	bijgerecht 11, 67
contratto	contract 76
contribuire	bijdragen 92

controllo	controle 57
conveniente	geschikt, passend, gunstig, voordelig 54
convenire	schikken, passen, beter ..., baat hebben bij 54, 60, 63
conversazione *(v.)*	gesprek 37; conversatie 100
convertire	omvormen 92
convincere	overtuigen 52
convocare	oproepen, bij zich laten komen 41
convocazione *(v.)*	convocatie 47
coperto	bedekt 23
copiare	overschrijven, kopiëren 34
coppia	koppel 80
cordiale	vriendelijk 97
cornice *(v.)*	lijst, kader 88
corpo	lichaam 94
corrente *(b. nw.)*	lopend 97
corrente *(v. z. nw.)*	stroom 53
correre	rennen, hollen 32
corretto	correct 97
corridoio	gang 4
corrispondere	overeenstemmen 41
corsa	koers, het rennen 32
corsa (di ~)	op een loopje 32
corso	cursus 3; hoofdstraat 29; college 97
cortesia	beleefdheid 33
cortile *(m.)*	binnenplaats 27
cosa	ding, zaak 6
così	zo 2
cosiddetto	zogezegd 74
costantiniano	Constantijns 92
costituire	vormen 94
costoso	duur 75
costruire	bouwen 92
costruzione *(v.)*	constructie 87
cotoletta	kotelet 30
cotto	gekookt 24
cottura	kook- 27
covare	uitbroeden 86
cravatta	das 31
creare	ontwerpen, creëren 68; veroorzaken 74
creatore	scheppings- 88
credere	geloven 47
credito	krediet 5; tegoed 50
crescere	groeien 37, 93; uitbreiden 96
criceto	hamster 80
crisi *(v.)*	crisis 26
croccante *(m.)*	krokantje 73
croccantino	brokje 80

cinquecentonovantotto • 598

crocefissione *(v.)*	kruisiging 92
crollare	in elkaar zakken 87
crostata	taart 73
cruscotto	dashbord 69
cucchiaino	lepeltje 40
cucchiaio	lepel 40
cucina	keuken 27
cucinare	eten klaarmaken, koken 24
cugino/cugina	neef/nicht 22, 25
cui	wie, waar *(betr. vnw.)* 51
culla	wieg 64
culturale	cultureel 65
cuocere	garen, koken 67
cuoco	kok 24
cuoio	leder 59
cura	zorg 71
curare	verzorgen 33
curriculum vitae *(m.)*	curriculum vitae 41
curry *(m.)*	curry 67
cuscino	(hoofd-, oor)kussen 62

D

da	van 2; sinds, al 10; door 19; bij, uit 20,…
danneggiare	schaden 52
danno	schade 69
dappertutto	overal 60
dare	geven 5, 14
data	datum 90
dato	gegeven 50
datore di lavoro *(m.)*	werkgever 41
davanti (a)	voor 29
davvero	werkelijk 23
debito	debet 43; schuld 76
debole	zwak 58
decidere	beslissen 45
decennnio	decennium 65
decina	tiental 67
decisamente	beslist *(bw.)* 31
decollo	opstijgen *(z. nw.)* 57
decorato	versierd 68
decorazione *(m.)*	decoratie 68
dedicare	besteden 55; wijden 78
dedicarsi a	zich wijden aan 46
dedurre	afleiden, aftrekken 41
deformante	vervormend 78
delicatezza	verfijndheid 88
delicato	delicaat 89
delitto	misdrijf 80

denaro	geld 37
dente *(m.)*	tand 32
dentro	binnen 18
deporre	neerzetten 35
depresso	depressief 80
deprimersi	gedeprimeerd worden 51
depurativo	zuiverend 71
derivato	afkomstig 85
deserto	verlaten 82
desiderare	wensen 20; verlangen, graag willen 43
destinare	bestemmen, bepalen 90
destinatario	geadresseerde 39
destra	rechts 29
di	van 4; uit 10; in 11,... ; dan *(vgl.)* 22
dialogo	dialoog 7
diavolo	duivel 79
dicembre	december 23
didattico	didactisch 86
dieci	tien 10
dieta	dieet 85
dietologo	diëtist 85
dietro	achter 15
differenziare	onderscheiden, sorteren 74
difficile	moeilijk 10
difficoltà	moeilijkheid 54
diffidente	wantrouwig 80
diffondersi	zich verspreiden 94
digestivo	digestiefje 30
digitale	digitaal 17
dilettante *(m./v.)*	amateur, liefhebber 48
dilettantistico	amateur- 48
dimagrire	vermageren, afvallen 16
dimensione	afmeting 57
dimenticare	vergeten 38
dimenticarsi	vergeten, ontgaan 38
dio	god 45
dipendere	afhangen 72
dipingere	schilderen 88
dipinto	beschilderd 81; geschilderd 88
diploma	diploma 21
dire	zeggen 25
diretta (in ~)	rechtstreeks 54
direttamente	direct *(bw.)* 43
direttore/direttrice	directeur/directrice 41, 89
direzione *(v.)*	directie 52
dirigente *(m./v.)*	manager 52
dirigenza	directie 89
dirigere	leiden 52

diritto	recht 90
disastro	ramp 62
discarica	stortplaats 74
discreto	redelijk, discreet 65
disegno	het tekenen 46
disorientato	gedesoriënteerd 69
dispari	onpaar, oneven 34
dispiacere	spijten; misnoegen, mishagen; erg, lastig enz. vinden 46
disponibilità	beschikbaarheid, bereidwilligheid 97
disporre	opstellen 30
dispositivo	toestel 75
distinguere	onderscheiden 55
distinto	voornaam 97
distratto	verstrooid 69
disturbare	storen 34
dito (v. mv.: dita)	vinger 35
ditta	bedrijf 41
divano	divan, (zit)bank 62
divenire	worden 96
diventare	worden 33
diversi/-e	verschillende, verscheidene, een aantal 52
diverso	verschillend, anders 52
divertimento	pret- 78
divertirsi	zich amuseren, vermaken 45, 54
dividere	delen, verdelen 34
divieto	verbod 69
divisione (v.)	deling 34
divorare	verorberen 73
documentazione (v.)	documentatie 94
documento	document 94
dolce (m.)	dessert 11, 40
domanda	aanvraag 61; vraag 72
domandarsi	zich afvragen 65
domani	morgen 11, 19
domattina	morgenochtend 20
domenica	zondag 13
domestico	huishoudelijk 74; huis- 80
domiciliare (b. nw.)	thuis-, aan huis 43
domiciliare (ww.)	domiciliëren 43
domicilio	woon-, verblijfplaats 43
donna	vrouw 49, 95
dopo	voorbij 29; na 32; erna 36; later 38; achteraf 39; later 88
doppio	dubbel 4
dotato; essere dotato	begiftigd; aanleg hebben 48
dote (v.)	kwaliteit 89
dottorato	doctoraat 37

dottore/dottoressa	dokter 12, 43
dove	waar 10
dovere	moeten 16, 21
download *(m.)*	download 75
dramma	drama 61
dritta	tip (hint) 67
dritto	rechtdoor 29
dubbio (senza ~)	zonder twijfel 54
dubitare	twijfelen 70
due	twee 2
dunque	dus 72
duomo	dom (kathedraal) 96
durante	tijdens 75
duro	druk 32; hard 58

E

e	en 1; over, na 22
eccezionale	uitzonderlijk 94
ecco	ziehier, ziedaar, ziezo 2
ecletticamente	eclectisch *(bw.)* 92
ecoincentivo	eco-incentive 58
economia	economie 17
economico	economisch, goedkoop 17; financieel 89
edizione *(v.)*	uitgave, editie 17
educazione *(v.)*	opvoeding 44
efficienza	efficiëntie 89
egregio	zeer geachte 97
elegante	elegant 9
elettrauto	reparateur van elektrische auto's 58
elettricista	elektricien 66
elettrico	elektrisch 53
elettrodomestico	huishoudapparaat 66
elettronico	elektronisch 47
emettere	uitschrijven (cheque) 43
emozionante	aangrijpend 57; spannend 68
emozionare	emotioneren, emoties oproepen 57
energetico	energetisch, energie- 90
energizzante	opwekkend 71
entrare	binnenkomen 33; binnengaan 62
entroterra (dell'~)	inlands 61
entusiasmare	enthousiasmeren, enthousiast maken 65
entusiasmo	enthousiasme 78
epidemia	epidemie 96
epifania	Driekoningen 36
epoca	tijdperk 92
eppure	nochtans 57
equilibrato	evenwichtig 80

equipaggiamento	uitrusting 94
erba	gras 36
eroe/eroina	held/heldin 48
esagerare	overdrijven 24
esame *(m.)*	examen 65
esattamente	exact *(bw.)* 41
esatto	exact *(b. nw.)* 39
escursionista *(m./v.)*	bergwandelaar 94
esempio	voorbeeld 68
esercente *(m./v.)*	uitbater 72
esercitare	uitoefenen 61
esercizio	oefening 1
esperienza	ervaring 41
esporre	tentoonstellen 76
esprimere	uiten 80
essenza	essence 68
essenziale	essentieel 88
essere	zijn 1, 7; worden 24
estate *(v.)*	zomer 9
esterno (dall'~)	van buitenaf 95
estero	buitenland 37
estetico	esthetisch 61
estivo	zomers 45
estraneo	onbekende, vreemde 80
età	leeftijd 5
euro	euro 39
europeo	Europeaan 20
evento	evenement 68
eventuale	eventueel *(b. nw.)* 90
eventualmente	eventueel *(bw.)* 30
evitare	vermijden 38
evocare	oproepen 68
evolvere	evolueren 41
extrascolastico	buitenschools 46

F

fa	geleden 24
fabbrica	fabriek 24
facchino	kruier 99
faccia	gezicht 15
facile	(ge)makkelijk 25
facoltà	faculteit 65
fagotto	fagot 48
falciare	maaien (gras) 55
falda	laag 74
falso	nep, vals 95
fame *(v.)*	honger 2
famiglia	gezin 12; familie 74, 93

famoso	beroemd 19
fanale *(m.)*	lamp, licht 58
fango	modder 71
fantasma *(m.)*	spook 78
fantastico	fantastisch 36
fantoccio	marionet 81
farcela	ergens in slagen 44
fare	doen, maken 9; zijn 12
farmacia	apotheek 33
fase *(v.)*	fase 65
fatica	moeite 20
fatica (fare ~)	moeite doen/hebben om,... 20, 37, 55
faticare	zwoegen 99
faticoso	vermoeiend 20; zwaar 86
fattoria	boerderij 86
favola	sprookje 26
favore *(m.)*	gunst 5
favore (per ~)	alstublieft/alsjeblieft 5
febbraio	februari 23
febbre *(v.)*	koorts 32
federa	kussensloop 62
felice	gelukkig 41
femmina	meisje, vrouw(tje) (genus) 37
femminista	feministe 19
fenomeno	fenomeen 34
feriale; (giorno) feriale	werk-, doordeweeks; werkdag 36, 45
ferie *(v. mv.)*	vakantie(dagen) 41, 45
fermarsi	stoppen, stilstaan 44
fermata	halte 18
ferragosto	Maria-Hemelvaart, 15 augustus 36
ferramenta	ijzerwinkel 53
ferri (ai ~)	op de grill, ijzers 30
ferro	ijzer 53
ferrovia	spoorweg 38
fertilizzante *(m.)*	kunstmest 74
festa	feest 23
festeggiare	vieren 73
festivo; (giorno) festivo	feest-; zon- of feestdag 36
festone *(m.)*	slinger 73
fetta	snee 73
fetta biscottata	beschuit 73
fiaba	sprookje 87
fiamma	vlam 83
fiammante (nuovo ~)	gloednieuw 76
fianco	flank 37
fianco a (di ~)	naast 37
fiato (a ~)	blaas- 48
fidarsi di	vertrouwen op 54

seicentoquattro • 604

figli	kinderen 25
figlio/figlia	zoon/dochter 5, 25
figura	figuur 40
figurarsi	zich voorstellen, inbeelden 37
file *(m.)*	file, bestand 50
film *(m.)*	film 19
filologia	filologie 97
filosofia	filosofie 65
finalmente	eindelijk 26
finanza	geldwezen 96
finanziario	financieel 39
finché	tot(dat) 87; zolang 94
fine *(m.)*	doel(einde), bedoeling 72
fine *(v.)*	einde 26
fine (alla ~)	uiteindelijk, ten slotte, finaal 26
fine (lieto ~)	happy end 72, 83
fine settimana *(m.)*	weekend 36
finestra	venster 27; raam 62
finire	eindigen 26; belanden 94
fino	fijn (klein, dun) 37
fino a	tot 23
fiore *(m.)*	bloem 55
fiorellino	bloempje 68
fiorente	bloeiend 96
fiorentino	Florentijn 60; Florentijns 96
fiorito	bloemen- 68; bebloemd, vol bloemen 82
Firenze	Firenze, Florence 10
fiscale	fiscaal 39; belasting- 90
fisico	lichamelijk, fysiek 44
fissare	vastleggen 41
fisso	vast 30, 54
flauto	fluit 48
flessibile	flexibel 41
floreale	bloem- 68
foglia	blad 23
folcloristico	folkloristisch 96
folla	menigte 18
fondare	stichten 96
fondatore	stichter 96
fondo	bodem 4; achtergrond 68
fondo	diep 40
fondo (in ~ a)	aan het einde van, achterin 4
fondo (in ~)	eigenlijk 55
fontana	fontein 29
forchetta	vork 40
forma	vorm 33
formaggio	kaas 30, 66
formale	formeel 97

fornello	fornuis, kookplaat 67
fornitore	leverancier 20
forno	oven 66
foro	gat 99
forse	misschien, wellicht 16
forte	hard, snel 29; sterk 44
fortuna	geluk 65
fortunato	geluks-, geluk hebbend 27, 76
foto	foto 15
fotografia	fotografie 28
foulard *(m.)*	halsdoek 88
fra	onder, te midden van, tussen 15; over 24; van 53
fragola	aardbei 86
fragranza	geur 68
francamente	openhartig 52
francese *(m.)*	Frans 68
Francia	Frankrijk 68
Franco	Frank 96
francobollo	zegel 39
frase *(v.)*	zin 100
fratello	broer 18
frattempo (nel ~)	in-, ondertussen 67
freccia	pijl 38; richting(aan)wijzer 58
freddo	koud 9
freddo	koude 23
fregare	bedriegen, belazeren 74
fregatura	bedriegerij 74
frenetico	gejaagd 82
freno	rem 58
frequentare	frequenteren, gaan naar 77; volgen 97
frequente	veelvuldig 94, 96
frequenza	frequentie 72
fresco	koelte 23
fresco	vers 30
fretta	haast 32
fretta (in ~)	in aller haast, gauw 32
frigo	koelkast, frigo 66
fritto misto	gefrituurd assortiment 30
frizione *(v.)*	koppeling 58
fronte *(v.)*	voorzijde 29
fronte a (di ~)	tegenover 29
frutta	fruit 20; vrucht 30
frutti di mare *(m. mv.)*	zeevruchten 30
fruttivendolo	fruit- en groentehandelaar 20
fuggire	vluchten (weg~) 93
fulvo	rossig 83
fumare	roken 44

seicentosei • 606

fumetto	stripverhaal, tekstwolkje 78
fumo	rook(wolk) 78
funzionare	functioneren 52; werken 58
funzionario	ambtenaar 83
fuochi d'artificio *(m. mv.)*	vuurwerk 78
fuoco	vuur 78
fuori	(naar) buiten 33
furto	diefstal 95
fuso	spil 79
fuso orario	tijdsverschil 79

G

gallina	hen, kip 48
gallo	haan 48
gamba	been 38
gara	wedstrijd 46
garage *(m.)*	garage (autostalling) 27
garantito	gegarandeerd, onder waarborg 54
gas *(m.)*	gas 43
gate *(m.)*	gate 57
gatto	kat, poes 13
gazza	ekster 95
gelato	ijsje 2, 75
geloso	jaloers 80
gemello	tweeling 37
generale	algemeen 38
genere *(m.)*	aard 72
generi *(m. mv.)*	waren 72
generi alimentari *(m. mv.)*	levensmiddelen 72
genitore	ouder (vader of moeder) 30, 51
gennaio	januari 23
gente *(v. ev.)*	mensen 20; volk 23
gentile	vriendelijk 14; aardig 37
geografico	geografisch, land- 78
geometra *(m./v.)*	landmeter 89
geometrico	geometrisch 88
geranio	geranium 55
gestione *(v.)*	management 68
ghiacciaio	gletsjer 94
ghiaccio	ijs 94
già	al 24
giacca	jas(je), vest, colbert 31
giacinto	hyacint 55
giallo	geel 59
giardinaggio	het tuinieren 55
giardino	tuin 23
gigantesco	gigantisch 87
gilet *(m.)*	gilet 31

ginocchio *(v. mv.: -a)*	knie 86
giocare	spelen 44
gioco	spel 73
gioia	vreugde 86
gioiello	juweel 95
giornale *(m.)*	krant 60
giornata	dag 32
giorno	dag 13
giorno dopo (il ~)	's anderdaags 36
giostra	draaimolen 78
giovane	jongere, jong 44
giovanile	jeugd- 88
giovedì	donderdag 13
girare	draaien, afslaan 29
giretto	rondje 36
girino	kikkervisje 36
giro	ronde 36
gita	dagtrip, uitstap 36
giù	neer, naar beneden 62
giù di lì	ongeveer, omstreeks 68
giubbotto	jack, blouson 59
giugno	juni 45
giullare	speelman, jongleur 97
giullaresco	speelmans- 97
giungere	aankomen, bereiken 95
giurare	zweren 95
giurisprudenza	rechten 37
giusto	juist, geschikt 47
glaciale	ijs- 94
gli	de *(m. mv.)* 14; hem, hun *(pers. vnw. MV)* 33; hen *(bekl. vnw.)* 32
glicine *(m.)*	glycine 55
glutine *(m.)*	gluten 30
goffo	onbeholpen 93
gola	keel 33
goloso	gulzig, verzot op lekker eten 85
gomma	gom, rubber, autoband 58
gommista	bandenspecialist 58
gondola	gondel 61
gonna	rok 59
governare	heersen over 96
gradire	wensen, verlangen, graag willen, aannemen 76
gradito	gewaardeerd 97
grammatica	grammatica 25
grammaticale	grammaticaal 100
grande	groot 26
grandinare	hagelen 59

seicentootto • 608

grasso	vet, dik 85
grattugiare	raspen 67
gratuito	gratis 62
grazie	dank u/je, bedankt 4
greco/greca	Griek/Griekse 15
grido	schreeuw 32
grigio	grijs 88
grigliata	grillade 30
grosso	dik 33; groot 53
gruppo	groep 83
guaio	narigheid 60
guaire	janken 80
guanto	handschoen 55
guardare	kijken 22; bekijken, opletten 56
guasto	panne 38; storing 66
guerra	oorlog 96
guida	het rijden 50; gids (persoon/boekje) 78
guidare	rijden, (be)sturen 16
gusto	smaak 11

H

hard disc	harde schijf 47
homepage	homepage 54
hotel	hotel 95

I

i	de *(m. mv.)* 14
idea	idee 45
ideale	ideaal 44
idiomatico	idiomatisch 100
idraulico	loodgieter 66
idromassaggio	hydromassage, jacuzzi 71
ieri	gisteren 32
igienico	hygiënisch 27
il	de, het *(m. ev.)* 14
illegale	illegaal 75
illuminato	verlicht 81
imbarco	boarding 57
imbiancare	schilderen (woning) 53
imbianchino	schilder (woning) 53
imbroglione	bedrieger, oplichter; bedrieglijk, bedriegend 85
immaginare	denken, zich inbeelden, voorstellen 59
immagine *(v.)*	beeld 50
immediato	onmiddellijk 43
immergere	onderdompelen 68
immobile	onbeweeglijk 87
immondizie *(v. mv.)*	afval 74

imparare	leren 8
impegnarsi	zich engageren, inzetten 46
impegnativo	aanvraag 33
impegnativo	veeleisend 12
impegnato	druk bezig, bezet, geëngageerd 46
impegno	engagement 46
imperatore	keizer 92
impero	(keizer)rijk 61
impianto	installatie 66
impiegato	kantoorbediende 100
impiego	baan (werk) 89
imporre	instellen, opleggen 35
importante	belangrijk 22
importare	belang hebben 48
importo	bedrag 39
impossibile	ondenkbaar 50
impostare	instellen 50
impostazione *(v.)*	instelling; benadering, aanpak 50
impresa	bedrijf 41
improvviso (all'~)	onverwachts 87
in	in 3; naar 11; op 13,...
inaugurazione *(v.)*	inhuldiging 68
incendio	brand 92
inceneritore *(m.)*	verbrandingsoven 74
incidente *(m.)*	accident 50
incinta	zwanger 64
incollato	gekleefd 29; gekluisterd 47
incontrare	ontmoeten 37; tegenkomen 52
incontrarsi	elkaar ontmoeten 33
incorporare	inlijven 96
incrocio	kruispunt 29
indagare	onderzoeken 95
indebitamento	schuldenlast 76
indebitarsi	zich in de schulden steken, in de schulden raken 76
indeciso	besluiteloos 65
indeterminato	onbepaald 41
indiano	Indisch/Indiaas 79
indicare	aanwijzen 57
indicazione *(v.)*	aanwijzing 57
indifferenziato	restafval, ongesorteerd 74
indirizzo	adres 39
indispensabile	onontbeerlijk 100
industriale	industrieel 41
infanzia	kindertijd 48
infatti *(bw.)*	inderdaad 52
infatti *(vw.)*	dan ook, namelijk 52
infermiere/-a	verpleger/-ster 43

infine	uiteindelijk 26
infisso	(raam)kozijn 62
informatica	informatica 65
informazione *(v.)*	informatie, inlichting 6
ingegnere *(m./v.)*	ingenieur 12, 41
ingombrante	in de weg staand, veel plaats innemend, last veroorzakend 54
ingombrare	in de weg staan, veel plaats innemen, last veroorzaken 57
ingorgo	opstopping 18
ingrassare	dik(ker) worden, verdikken, bijkomen 42, vervetten 44
ingrediente *(m.)*	ingrediënt 67
ingresso	het binnenkomen 78
inizio	begin 41
innaffiare	begieten 55
innamorarsi	verliefd worden 42, 46
inondare	overspoelen, baden 88
inquinamento	verontreiniging, vervuiling 74
inquinante	vervuilend 85
inquinare	verontreinigen, vervuilen 74
inquinate	vervuild 82
insalata	salade, slaatje, sla 16
insalatiera	slakom 67
insegnante *(m./v.)*	leraar/lerares 46
insieme	samen 34
insigne	vermaard 96
insistere	aandringen 32
insomma	nou 19; kortom 32
insopportabile	ondraaglijk 23
installare	installeren 50
intatto	intact 95
integratore *(m.)*	supplement 85
intellettuale	intellectueel 81
intendersi/-sene	verstand hebben van 48
intenditore	kenner 48
intenzionato (essere ~)	van plan zijn 76
intenzione *(v.)*	bedoeling, intentie 41
interamente	helemaal 92
interessare	interesseren 39
interessante	interessant 52
interesse *(m.)*	intrest 76; belang 82; belangstelling 97
internet *(m.)*	internet 17
interno	binnen(kant) 99
interno	binnen- 76
interpretare	vertolken 48
interrompere	afbreken 48
interruttore *(m.)*	schakelaar 53

intorno	rondom 87
intraprendere	ondernemen, aanvatten, -gaan 97
introverso	introvert 80
inutile	onnodig 59
invadente	opdringerig 64
invasione *(v.)*	invasie 61
invecchiare	oud(er) worden, verouderen 42
invece	daarentegen 10; terwijl 24; maar 52
invece che	in plaats van 19
invece di	in plaats van te 50
inventare	bedenken, uitvinden, verzinnen 67
inverno	winter 9
investire	aanrijden 29
inviare	sturen 97
invidia	afgunst 52; jaloezie 76
invitare	uitnodigen 40
invito	uitnodiging 40
io	ik 1
irrimediabilmente	onherstelbaar 94
irritato	geïrriteerd 33
iscriversi	zich inschrijven 44
iscrizione *(v.)*	inschrijving 44
isola	eiland 61
istruzione *(v.)*	instructie 36, 99
Italia	Italië 8
italiana	Italiaanse 14
italiano	Italiaan(s) 8

L

l'	de, het *(m./v. ev.)* 14
la	de, het *(v. ev.)* 14
la	haar, u *(pers. vnw. LV)* 13
là	daar 29
labirinto	labyrint 78
ladro	dief 95
lagna	geklaag; klaaggraag; saai iets 52
lagnarsi	klagen, zijn beklag doen 52
laguna	lagune 61
laico	leken- 61
lamentarsi	klagen 27
lamentela	gejammer 32
lancia	lans 87
largo	breed 28
lasciare	laten 26
lassù	daarboven 27
lato	kant 50
latte *(m.)*	melk 32
lattuga	(krop)sla 16

laurea triennale/biennale	bachelor/master 37
laurearsi	afstuderen aan de universiteit 48
laureato	een master hebbend 37
lavagna	bord (school) 34
lavandino	wasbak, -tafel, lavabo 66
lavare	wassen 31
lavastoviglie *(v.)*	vaatwasser 66
lavatrice *(v.)*	wasmachine 66
lavello	wasbak, gootsteen 66
lavorare	werken 10
lavorativo	werk- 41; beroeps- 100
lavoratore	arbeider 36
lavoretto	karweitje, klusje 28
lavoro	werk 10
le	de *(v. mv.)* 14
le	haar, u *(pers. vnw. MV)* 6; hen *(v. pers. vnw. LV)* 13
lecca-lecca *(m.)*	lolly 73
leccare	likken 73
legale	legaal 75
legare	verbinden 92
leggenda	legende 96
leggere	lezen 17
leggero	licht (niet zwaar) 9
legno	hout 99
lei	zij/ze *(ev.)* 1; haar, u *(bekl. vnw.)* 32
lenzuolo	laken 62
leone/leonessa	leeuw/leeuwin 12
lessico	woordenlijst 100
lettere	letteren 97
letterario	literair 65
letteratura	literatuur 37
lettino	onderzoekbank, bedje 33
letto	bed 27
lettura	het lezen 17; lees- 47
levare	uittrekken, -doen 33
lezione *(v.)*	les 46
li	hen *(m. pers. vnw. LV)* 13
lì	daar 29
liberazione *(v.)*	bevrijding 36
libero	vrij 3
libraio	boekhandelaar 17
libreria	boekhandel 17
libro	boek 17
licenziare	ontslaan 89
licenziarsi	ontslag nemen 89
liceo	lyceum, middelbare school 65
lieto	blij 72

lieto fine	happy end 72
lillà	lila 55
limitare	beperken 85
limitato	beperkt 18
lingua	taal 25; tong 33
linguaggio	taal 48
liquame *(m.)*	vloeibare meststoffen 85
liquore *(m.)*	alcoholische drank 37
lirico	lyrisch 82
liscio	glad 58
litigare	ruziën 90
litigio	ruzie 32
lo	de, het *(m. ev.)* 14
lo	hem *(pers. vnw. LV)* 13
locale	lokaal, plaatselijk 83
locanda	locanda (eetgelegenheid) 30
logica	logica 65
Longobardo	Lombard 96
lontano	ver 38
loro	zij, ze *(mv.)* 7; hen *(bekl. vnw.)* 25; hun *(bez. vnw.)* 23, 28;
luccicare	glinsteren 95
luce *(v.)*	licht 58; elektriciteit 43
luglio	juli 23
lui	hij 7; hem *(bekl. vnw.)* 32
luna	maan 29
luna-park *(m.)*	luna-, pretpark 78
lunedì	maandag 13
lungo	lang 26; langs 61
luogo	plaats 81
lupo	wolf 2

M

ma	maar 5
macché	hoezo, maar welke dan wel 74
macchina	auto, wagen 19
macello	slachthuis 85
madre	moeder 18
maestra	juf, meesteres 34
maestro	meester 88
magari	dat zou fijn enz. zijn!, misschien 16; maar 78; mogelijk 81
magazzino	zaak, winkel 53
maggio	mei 64
maggiorato	verhoogd 39
magia	magie 61
magico	magisch 81
maglietta	T-shirt 15

seicentoquattordici • 614

magno	groot 65
magro	mager 2
mai	nooit 3; ooit 43
maiale *(m.)*	varken 86
mail *(v.)*	(e-)mail 47
maiuscolo	hoofdletter 97
male	fout 11; slecht 20; kwaad 27; mis 31; pijn 33; verkeerd 51
maltempo	slecht weer 60
malumore *(m.)*	humeurigheid 59
malvivente	misdadiger 95
mamma	mama 18
mancanza	gebrek 88
mancare	ontbreken 43; mankeren 53; uitvallen 66
mandare	versturen 39
mandorla	amandel 55
mandorlato	amandelrotsje 73
mandorlo	amandelboom 55
mangiare	eten 11
mangiata	etentje 45
mangime *(m.)*	voer 80
manica	mouw 59
maniera	manier 32
manifestazione *(v.)*	evenement 88
mano	hand 34
manovra *(m.)*	maneuver 58
mansione *(v.)*	functie 41; taak 89
mantenere	houden, nakomen 92
manutenzione *(v.)*	onderhoud 90
manzo	rund 30
marca	merk 100
marcia	versnelling (voertuig) 58
marcio	rot 74
mare *(m.)*	zee 23
margherita	margriet 55
marinare	marineren 67
marinata	marinade 67
marito	man, echtgenoot 17
marmellata	jam 32
marrone	bruin 15
marshmallow *(m.)*	marshmallow 73
martedì	dinsdag 13
martello	hamer 53
marzo	maart 22
maschera (in ~)	gemaskerd 81
maschera	masker 81
maschile	mannelijk 19
maschio	jongen, man(netje) (genus) 37

massaggio	massage 71
matematica	wiskunde 72
materasso	matras 62
materia	materie, vak 65
materiale *(m.)*	materiaal 74
matrimoniale	echtelijk 4
matrimonio	huwelijk 40; bruiloft 100
mattina	morgen, ochtend 2
matto	gek, maf, dwaas 20
maturità	maturiteitsexamen 37
maturo	rijp 20
mazzo	boeket, ruiker 68
me	me, mij *(bekl. vnw.)* 16, 32
meccanico	mechanisch 58
meccanico	mecanicien, monteur 12; automonteur, garagist 58
medicina	geneesmiddel, medicijn 33; geneeskunde 48
medico	arts 12
medievale	middeleeuws 97
meglio	beter 16
mela	appel 20
melanzana	aubergine 30
melo	appelboom 55
membro	lid 35
memorabile	memorabel 79
memoria	geheugen 39
memoria (a ~)	uit het hoofd 39
meno	minder 5; min, voor 22; minst 23
meno male	gelukkig (maar) 50
mensa	kantine 24
mensile	maandelijks 76
mente *(m.)*	geest 52
mente (a ~)	uit het hoofd 34
mentre	terwijl 32
menù *(m.)*	menu(kaart) 30
meraviglia	pracht 6; wonder 87
meraviglioso	geweldig 71; prachtig 96
mercato	markt 20
merce *(v.)*	waar, goederen 59
mercoledì	woensdag 13
merenda	merenda, vieruurtje, (zoet) tussendoortje 16, 24
merendina	snoepreep 24
mescolare	mengen 67
mese *(m.)*	maand 41
messa	mis 49, 92
messaggeria	berichtendienst 50

seicentosedici • 616

messaggio	bericht 50
mestiere *(m.)*	beroep, vak, stiel, ambacht 12
meta	bestemming, doel 94
metà	helft 94
meteo	weersverwachting 60
metodo	methode 37
metro	meter 94
mettere	aandoen, -aantrekken 31; doen over, zetten 38; leggen 40; (in)stellen 50
mezzanotte	middernacht 23
mezzo	middel 18
mezzo	half 20
mezzo a (in ~)	te, in het midden van 32
mezzi pubblici *(m. mv.)*	openbaar vervoer 18
mezzogiorno	12 u 's middags 22, 24
mi	me *(wed. vnw.)* 1, 35; me *(pers. vnw. LV)* 31; me *(pers. vnw. MV)* 33
mica	echt/helemaal/heus niet/geen 8; toch niet/geen 36
mietere	maaien (oogsten) 86
migliaio	duizendtal 35
miglioramento	verbetering 89
migliore	beter 26
miglioria	sanering 90
milanese	Milanees 30
Milano	Milaan 5
milione *(m.)*	miljoen 95
militare	militair 96
mille	duizend 4
minerale	mineraal 16
minestra	soep 24
minestrone *(m.)*	groentesoep 24
minimo	minimum 50
minuto	minuut 22
mio/mia/miei/mie	mijn1, 9; de/het mijne 28
miracolo	mirakel 61
miracoloso	miraculeus 92
misto	gemengd 16
mittente	afzender 39
mobile *(m.)*	meubel 31, 62
mobile	mobiel, rol- 57
mobilitazione *(v.)*	mobilisatie 83
modello	model 76
modernizzare	moderniseren, moderner worden 31
modulo	formulier 39
moglie	vrouw, echtgenote 1
moltiplicazione *(v.)*	vermenigvuldiging 34
molto *(bw.)*	heel, erg, zeer 3; veel 6

molto/-a/-i/-e *(b. nw.)*	veel 3
momento	moment 37; ogenblik 39
momento (per il ~)	op dit moment 37; momenteel 62
mondo	wereld 45
moneta	munt(eenheid) 20
montaggio	montage, het monteren 99
montagna	berg(en) 23
montare	monteren, in elkaar zetten 99
mordere	bijten 80
morire	sterven 24
moro	donkerkleurige huid/haren hebbend 8
mortificato	gekrenkt 93
morto (stanco ~)	dood(op) 74
morto	dode 88
mostra	expo, tentoonstelling 60
mostro	monster 52
motivo	motief 68
moto	motor (rijtuig) 28
moto(cicletta)	motor(fiets) 28
motore *(m.)*	motor (aandrijving) 58
motorino di avviamento	startmotor 58
mouse *(m.)*	mouse, (computer)muis 47
mucca	koe 49, 86
multa	boete 39; bekeuring 69
mummia	mummie 94
mummificare	mummificeren 94
mungere	melken 86
muovere	bewegen, aandrijven 88
muoversi	bewegen (aan lichaamsbeweging doen) 42
muro	muur 29
muro *(m. met v. mv. mura)*	stadsmuur 29
museo	museum 94
musica	muziek 46
musicale	muzikaal 48
mutua	mutualiteit, ziekenfonds 33

N

napoletano	Napolitaans 10
Napoli	Napels 10
narrare	vertellen 96
narrativa	fictie, verhalend 17
nascere	geboren worden 64, 92
nascita	geboorte 64
naso	neus 15
nastro	lint 88
Natale	Kerst(mis) 15
natura	natuur 88
natura morta	stilleven 88

seicentodiciotto • 618

naturale	natuurlijk *(b. nw.)* 50, 74
naturalmente	natuurlijk *(bw.)* 4
nave *(v.)*	schip 78
navetta	shuttle 57
navigare	navigeren, (be)varen 43
navigatore *(m.)*	navigatiesysteem 50
nazionalità	nationaliteit 72
né	noch 8
ne	ervan 22; er 34; erin 45; erover 49,…
neanche	evenmin, ook/zelfs niet/geen 8
necessario	nodig 43
nederlandese, neerlandese	Nederlander, Nederlands, Nederlandse 3; Nederlands (taal) 8
negozio	winkel 43
nemico	vijand 15
neon *(m.)*	neon 59
neonato	pasgeborene 64
nero	zwart 9
nessuno	niemand 16
nessuno/-a	geen enkel(e) 32
neve	sneeuw 81
nevicare	sneeuwen 59
nevicata	sneeuwbui 92
niente	niets 4; (helemaal) geen 20
nipote *(m./v.)*	neef/nicht, kleinkind/-zoon/-dochter 13
no	nee(n) 5; niet(waar) 9, 12; niet 19
nocivo	schadelijk 74
noi	wij, we 7; ons *(bekl. vnw.)* 32
nome *(m.)*	naam 4; voornaam 39
nomina	benoeming 90
non	niet, geen 2
nonna	grootmoeder 13
nonni	grootouders 13
nonno	grootvader 13
nonostante	ondanks 15; ondanks (het feit dat), (al)hoewel, (ook) al 69
norma	norm 66
normale	normaal 47
nostro/-a/-i/-e	ons, onze 22, 28
nota	noot (muziek) 48
notare	opmerken 86
notevole	opmerkelijk 74; aanzienlijk 90
notevolmente	aanzienlijk *(bw.)* 96
notizia	nieuws 64
noto	gekend 95
notte *(v.)*	nacht 4
novantenne	negentigjarig 51
novella	novelle 17

novembre	november 73
novità	nieuwigheid 62
nucleo	kern 72
nulla	niets 36
numero	getal 34; aantal 65
numeroso	talrijk 61, 80
numero chiuso	numerus clausus 65
nuoto	het zwemmen 46
nuovo	nieuw 1
nuovo (di ~)	opnieuw, nog eens 57
nuvola	wolk 47

O

o	of 5
obbligare	verplichten 23
obbligato	verplicht 23
oblò	(vliegtuig)raampje 57
oboe *(m.)*	hobo 48
occasione *(v.)*	gelegenheid 82
occhiata	blik (oogopslag) 47
occhio	oog 15
occuparsi	zich bezighouden (met), zorgen voor 37; zich bekommeren om 55
ocra	oker 88
odiare	haten 24; een hekel hebben aan 52
officina	werkplaats, garage (voor onderhoud) 58
oggetto	voorwerp 94
oggi	vandaag 13, 22
ogni	elk(e) 23; ieder(e) 44; alle 44
ogni tanto	af en toe 85
ognuno/-a	ieder(een) 66
olandese	Nederlander, Nederlands, Nederlandse 3; Nederlands (taal) 8
okay	ok 19
olio	olie 46
oliva	olijf 67
oltre	boven 39; buiten, later, voorbij 89
oltre a	naast 43; bovenop 46
oltre tutto / oltretutto	bovendien 39
ombra	schaduw 88
ombrello	paraplu 45
ombrellone *(m.)*	parasol 45
on line	online 54
opera	werk, opera 48
operaio	arbeider 24
operare	opereren, actief zijn 41
operatore	operator, provider 50
operazione *(v.)*	verrichting 39

opporre	tegenstellen 30
oppure	ofwel 30
ora *(bw.)*	nu 10
ora	uur 18, 22; tijdstip 97
ora di punta	spitsuur 81
orario	uur-, tijd- 41
orario	werk-, openingstijd enz., dienstregeling 41
orchestra	orkest 48
ordinare	bestellen 72
ordine *(m.)*	orde 90; bestelling 99
orecchino	oorbel 95
orecchio	oor 15
organizzare	organiseren 44
oriente *(m.)*	oosten 61
originalità	originaliteit 61
origine *(v.)*	origine, afkomst 25; oorsprong 92
orribile	afschuwelijk 24
ospedale *(m.)*	hospitaal, ziekenhuis 55
osservare	observeren 88
osso	bot 35
osteria	osteria (eetgelegenheid) 30
ottenere	verkrijgen 79
ottimismo	optimisme 60
ottimo	uitstekend, heerlijk 9
ottobre	oktober 65
ottocentesco	negentiende-eeuws 96
ottovolante	achtbaan 78
otturato	verstopt 66
ovunque *(vw.)*	waar (dan) ook 65
ovunque *(bw.)*	overal, waar ook, eender waar 70
ovvio	evident 87

P

pacchetto	pakje 59
pacchiano	patserig 81
pacco	pak 99
pace *(v.)*	vrede 23
padella	bakpan 67
padre	vader 18
padrone	baas 83
paesaggio	landschap 57
paese *(m.)*	land 25; dorp 83
pagamento	betaling 39
pagare	betalen 5
paio *(m.) (v. mv.: paia)*	paar 31
palazzo	gebouw, paleis 6
paleocristiano	vroegchristelijk 92
palestra	sportclub, fitness(centrum) 44

paletta	schepje (tuingerei) 55
pallacanestro *(v.)*	basketbal 46
pallamano *(v.)*	handbal 46
pallanuoto *(v.)*	waterpolo 46
pallavolo *(v.)*	volleybal 46
palloncino	ballon 73
pane *(m.)*	brood 32
panino	broodje 16
pannello	paneel 68
pannolino	luier 64
panoramico	panoramisch 78
pantaloni *(m. mv.)*	lange broek, pantalon 15
papa	paus 92
papà	papa 18
papale	pauselijk 92
paraurti *(m.)*	bumper 69
parcheggiare	parkeren 58
parco	park 73
parco divertimenti	pretpark 78
parco giochi	speeltuin 73
parcometro	parkeermeter 69
parentesi *(v.)*	parenthese 28
parenti	familieleden, verwanten 30
parete *(v.)*	wand 53
pari	paar, even 34
parlare	praten, spreken 8
parola	woord 26
parte *(v.)*	deel, kant 29
parte (la maggior ~)	de meeste 54
partenza	vertrek 38
particolare	bijzonder 41
particolarmente	bijzonder *(bw.)* 97
partire	vertrekken 26; starten 58
partita	match 44
parto	bevalling 64
partorire	bevallen (van kind) 64
Pasqua	Pasen 36, 53
pasquale	paas- 81
Pasquetta	paasmaandag 36
passante *(m./v.)*	voorbijganger 100
passaporto	paspoort 79
passare	langskomen 20; doorbrengen 36; doorgeven 47; overgaan 59; afleggen 65
passatempo	verstrooiing, tijdverdrijf 81
passato	afgelopen 61
passeggero	reiziger, passagier 18
passeggiare	wandelen 36
passeggiata	wandeling 36

seicentoventidue • 622

passeggino	buggy 64
passione *(v.)*	passie 17
passo	pas (berg) 36
password *(v.)*	paswoord 75
pasta *(v. ev.)*	pasta 30
pasticcino	petitfour 68
pasto	maaltijd 24
patata	aardappel 86
patente *(v.)*	rijbewijs 16
patire	lijden, ondervinden 90
patriarcale	patriarchaal 92
patrimonio	patrimonium 90
patrono	patroon- 36
patrono	beschermheilige 92
paura	angst, schrik 29
paura (fare ~)	angst aanjagen, bang maken 29
pazienza	geduld 80
pazzesco	waan-, krankzinnig 81
pazzo	waan-, krankzinnige 81
pc *(m.)*	pc 54
peccato	zonde 46
pedale *(m.)*	pedaal 58
pedonale	voetgangers- 29
pedone	voetganger 29
peggio	slechter, erger 60
peggiorare	verergeren 33
pelle *(v.)*	leder, huid, vel 59
pellegrino	pelgrim 96
pena	moeite 25
penna	pen (schrijfpen, vogelveer) 34
pennellata	penseelstreek 88
pennello	kwast 53
pensare	bedenken 18; denken 36; menen 93
pensionato	tehuis, gepensioneerde 51
pensione *(v.)*	pension 45; pensioen 51
pentola	kookpan 67
pepe *(m.)*	peper 67
peperoncino	chilipeper 67
per	voor 5; om te 8; door 25,...
pera	peer 55
perché	waarom 2; daarom, omdat, want 10
percorrere	trekken over 96
percorso	parcours 78
perdere	verliezen 36; missen 38
perdersi	verdwalen 78
perfettamente	perfect *(bw.)* 75
perfetto	perfect 94
perfezionamento	vervolmaking 100

perfezionare	perfectioneren 100
perfino	zelfs 31
pericoloso	gevaarlijk 29
periodo	periode 41
permesso	vergunning 62
permettere	veroorloven 58
pero	perenboom 55
però	evenwel 43; toch 59
persona	persoon 15
personaggio	figuur 78; personage 81
personale *(m.)*	personeel 41
personalizzato	gepersonaliseerd 44
personalmente	persoonlijk *(bw.)* 81
perturbazione *(v.)*	storing 60
pesante	zwaar 54
pesare	wegen 85
pesca	perzik 20
pesce *(m.)*	vis 30
peso	gewicht 44
pessimo	barslecht 24; heel slecht 81
pestare	trappen op 81
peste *(v.)*	pest 96
petalo	bloemblaadje 92
pettinarsi	zich kammen, z'n haar doen 31
pettinato	gekamd 31
petto	borst 67
petunia	petunia 55
pezzo	stuk 31
pezzo (da un ~)	al een tijd(je) 31
piacere	aangenaam; plezier, genoegen 1
piacere	bevallen, behagen, plezieren, leuk enz. vinden 6, 9
piacevole	aangenaam 61
pianeta *(m.)*	planeet 74
piano	langzaam 38; plat 40
piano	verdieping 4; plan 50; niveau 99
pianoforte *(m.)*	piano 46
pianta	plant; plattegrond, plan 78
piantare	planten 55
piantina	plannetje 78
pianura	vlakte 26
piastrella	tegel 53
piastrellare	(be)tegelen 53
piastrellatore	tegelzetter, -legger 53
piastrelle *(mv.)*	betegeling 53
piattino	bordje 40
piatto	bord 40; gerecht 67
piazza	plein 29

piazzale *(m.)*	voorplein 29
piccolo	klein 26
piccone *(m.)*	houweel 55
picnic *(m.)*	picknick 36, 73
piede *(m.)*	voet 33
piedi (a ~)	te voet 33
piedi (in ~)	rechtopstaand 37
pieno	vol 37
pigiama *(m.)*	pyjama 64
pigliare	vangen 55
pigro	luilak; lui, loom 36
pinza	tang 53
piovere	regenen 59
piovere a dirotto	pijpenstelen regenen 74
pirata	piraat 78
piscina	zwembad 46
pisolino	dutje 30
pittore/pittrice	schilder/schilderes (kunst) 19
pittoresco	pittoresk 82
pittura	schilderij 46
più	meer 5, meest 23
più o meno	ongeveer 5; plusminus 41
piuma	veer, pluim 93
piuttosto	liever, eerder 24; behoorlijk 44; nogal 85
pizza	pizza 11
pizzeria	pizzeria 11
pizzico	snuifje 67
plastica	plastic 74
plastico	plastisch 46
po'	beetje 8; wat 20; even 24
poco	weinig 5; beetje 8
poeta/poetessa	poëet, dichter/dichteres 12
poi	dan, verder, daarna 23; bovendien 36; later 55
politica *(z. nw.)*	politiek *(z. nw.)* 17
politico *(b. nw.)*	politiek *(b. nw.)* 46
polizia	politie 95
polizza	polis 69
pollo	kip 67
Polonia	Polen 43
poltrona	leunstoel, (eenpersoons)zetel 62
pomeridiano	namiddag- 46
pomeriggio	(na)middag 19
pomodoro	tomaat 79
ponte *(m.)*	brug 36
pontefice *(m.)*	pontifex, paus 92
popolare	bevolken 93
popolazione *(v.)*	bevolking 61

popolo	volk 81
porcellana	porselein 40
porcellino	biggetje 80
porcellino d'India	cavia, Guinees biggetje 80
porgere	aanbieden 97
porre	stellen, zetten,... 30
portare	dragen 9; meenemen, (mee)brengen 13
portato (essere ~ per)	aanleg hebben voor 65
portatile	draagbaar 54
portiera	(auto)deur, portier 69
portiere	conciërge; doelman, keeper 95
portinaio	conciërge 95
portoghese	Portugees/Portugese 8
posata	bestek 40
posatore	plaatser 53
posizione *(v.)*	positie 50
possibile	mogelijk 62
posta	post 47
postale	post- 39
postare	posten 50
postino	postbode 45
posto	plaats 3
posto (a ~)	in orde 52
potare	snoeien 55
potente	sterk, krachtig, machtig 57
potenza	macht 96
potere	kunnen, mogen 16
pranzare	lunchen 24
pranzo	lunch, middagmaal 24
pratica	praktijk 100
precedente	vorig 41
precedenza	voorrang 69
preferire	verkiezen, de voorkeur geven aan, liever... 17
preferito	lievelings- 18; favoriet 23
prego	alstublieft/alsjeblieft! 6
preistorico	prehistorisch 94
prelevare	opnemen, afhalen, pinnen 5
prelievo	geldafhaling, -opname 43
prendere	nemen 2; (op-, af)halen, oppikken 25; vatten 38; innemen 54
prenotare	boeken, reserveren 30
prenotato	geboekt, gereserveerd 4
preoccuparsi	zich zorgen maken, verontrusten, ongerust zijn 33; bezorgd zijn 80
preparare	klaarmaken, bereiden 24; voorbereiden 79; werken aan 97
presa	opname 53

presa elettrica / di corrente	stopcontact 53
preservare	bewaren 88
presso	bij 41
presto	vroeg 36; snel
presto (al più ~)	zo snel mogelijk 36
pretesa	eis 41
prevalere	overheersen 88
prevedere	verwachten 60
preventivo	offerte 62
previdente	vooruitziend 60
previsione *(v.)*	vooruitzicht 60
prezioso	kostbaar 46
prezzo	prijs 54
prima	eerder 41; eerst 47; voorheen 52; vroeger 57
prima di	alvorens te, voordat 34
prima o poi	vroeg of laat 66
primavera	lente 23
primaverile	lente- 81
primo	eerste 5; voorgerecht (eerste gerecht op menu) 11
primula	sleutelbloem 55
principe/principessa	prins/prinses 12
privare	ontzeggen 79
problema *(m.)*	probleem 5; vraagstuk 34
processione *(v.)*	processie 82
prodotto	product 54
produrre	produceren 41
profano	leek 48
professionale	professioneel 65
professione *(v.)*	beroep 12
professore/professoressa	professor, leraar 12
profilo	profiel 41
profondamente	diep *(bw.)* 33
profondo	diep 96
profumato	geur- 68
profumeria	parfumerie 68
profumo	parfum 68
progetto	plan 36
programma *(m.)*	programma 36
progresso	vooruitgang 74
promessa	belofte 92
promozione *(v.)*	promotie 52
pronto	klaar 13; gereed 30; hallo (aan de telefoon) 30; snel, prompt 55
pronto soccorso	spoed(afdeling), eerste hulp 55
proporre	voorstellen 30
proposta	voorstel 45

proprietà	eigendom 72
proprietario	eigenaar 72
proprio	net, juist, echt, precies 8; eigen 50; eigenlijk 54
prosciutto	ham 16
proseguire	doorgaan (met) 90
prossimo	volgend 13
proteggere	beschermen 74
protostorico	protohistorisch 94
prova	proef 30, 41; het passen 59
provare	passen, proberen 9
proverbio	spreekwoord 38
provincia	gewest 74
provinciale	gewest- 74
provvedere	voorzien 51
provvista	proviand 81
prudente	voorzichtig 29
prudenza	voorzichtigheid 89
psicanalista	psychoanalyticus 87
psichiatra *(m./v.)*	psychiater 12
psicologo	psycholoog 80
pubblicità	reclame 100
pubblico *(b. nw.)*	openbaar, publiek 18, 39
pubblico *(z. nw.)*	publiek *(z. nw.)* 19, 100
pulcino	kuiken 67
punteggio	resultaat 65
punto	punt 29
punto (in ~)	klokslag 28
puntuale	tijdig, op tijd 18
pure	maar, gerust 30
purezza	puurheid 88
purtroppo	helaas 10
puzza	stank 74

Q

qua	hier 20
quaderno	schrift 34
quadrato	vierkant 88
quadro	kader, schilderij 88
qualche	enig(e) 25; enkele, een paar/aantal, een (of ander(e)) 30
qualcosa	iets 16
qualcuno	iemand 13, 70
quale	welk(e) 23, 38
quale	zoals 96
qualità	kwaliteit 26
qualsiasi	wie/welk(e) ook, eender wie/welk(e),... 54
qualunque	eender welk(e), welk(e)/wat ook 66

quando	wanneer 9; toen 43
quanto	hoeveel 13, 22
quartetto	kwartet 48
quarto	kwart 22
quarto d'ora	kwartier 32
quasi	bijna 37
quello/quella/...	die, dat 15, 21
quello/quel che	wat 34, 40
quello/quella/... che	d(i)egenen die 23; dat-/hetgeen dat 53
questione *(v.)*	kwestie 48
questo/-a/-i/-e	deze, dit 3, 15, 21
qui	hier 8
quindi	dus 24
quindicina	vijftiental 67
quotato	gequoteerd 61
quotidiano	dagelijks 94

R

rabbia	boosheid; rabiës, hondsdolheid 93
rabbrividire	huiveren 85
racchiudere/racchiudo	bevatten/vervat 88
raccogliere	(op)rapen, ophalen 23; oogsten 86
raccolta	ophaling, inzameling 74; oogst 86
raccolta differenziata	het sorteren, selectief inzamelen 74
raccomandare	aanbevelen, aanraden 29, 79
raccomandata	aangetekend 39
raccontare	vertellen 52
rado	zeldzaam 82
rado (di ~)	zelden 82
raffreddamento	afkoeling 41
raffreddore *(m.)*	verkoudheid 33
ragazza	meisje 15
ragazzo	jongen 15
raggiungere	bereiken 96, 100
ragione *(v.)*	reden 51
ragione (avere ~)	gelijk hebben 31
ragù *(m.)*	vleessaus 30
rame *(m.)*	koper (materiaal) 94
ramo	branche 41; tak 73
rampa	helling 57
rango	rang 92
rapporto	verhouding 54; betrekking 61
rappresentare	vertonen 82
raro	zeldzaam 27; schaars 85
rasare	scheren 31
rastrello	hark 55
rata	af-, termijnbetaling 76
rateale	op afbetaling, in termijnen 76

re	koning 26
realizzare	uitvoeren 68; realiseren 96
realtà	werkelijkheid 52
recarsi	zich begeven 72
recupero	herstel 96
regalare	cadeau doen 40
regalo	cadeau 22
regina	koningin 48
regionale	regionaal 38, 74
regione *(v.)*	streek 86; regio 96
registrare	opnemen 50
regola	regel 69
regolare	regelmatig *(b. nw.)* 100
regolarmente	regelmatig *(bw.)* 55
rendersi	worden 55
repubblica	republiek 36, 61
residenza	residentie 92
resistente	resistent 55
resistenza	verzet 44
respirare	ademhalen 33
respiro	adem 89
responsabile	verantwoordelijke 41
ressa	gedrang 81
restare	blijven 23
restaurare	restaureren 94
restituire	terugbezorgen 83
resto	rest 34
resto (del ~)	trouwens 87
rete *(v.)*	net(werk) 47
retrovisore	achteruitkijk- 69
retta	rechte 52
rettangolo	rechthoek 88
reumatismo	reuma 71
riaprire	heropenen 68
riattaccare	opnieuw aansluiten 66
riavvitare	weer vastschroeven 53
ricapitolare	samenvatten 95
ricavare	overhouden aan 89
ricerca	onderzoek 37, 94
ricetta	recept, voorschrift 33
ricevere	ontvangen 47
ricevuta	reçu 39
richiamare	terugbellen 41
richiudere	weer dichtmaken 62
riciclare	recycleren 74
riciclo	recyclage 74
ricominciare	herbeginnen, hervatten 37
riconfermare	herbevestigen 90

riconoscere	erkennen 55
ricordare	zich herinneren 22; herinneren (iem. ~ aan) 45
ricordo	herinnering 74
ricordarsi	zich herinneren 29; eraan denken 53
ricorrenza	herdenking, feest 81
ricoverare	opnemen 51
ricredersi	zijn mening herzien 71
ridicolo	belachelijk 31
ridurre	reduceren, herleiden 41
riduzione *(v.)*	vermindering 90
riedificare	herbouwen 92
riemergere	opduiken 94
riempire	vullen 73
rientrare	thuiskomen 53
rievocare	herdenken 92
riferire	refereren 97
rifinire	afwerken 76
rifiutare	weigeren 54
rifiuto	afval 74
riflettere	nadenken 90
rifugiarsi	zich terugtrekken 61
rifugio	berghut 36
riguardare	betreffen 41
rilasciare	uitreiken 79
rilassante	relaxerend 71
rimandare	uitstellen 60
rimanere	blijven 23
rimborsare	terugbetalen 69
rimontare	hermonteren, terug in elkaar zetten 53
rimpiangere	betreuren 48
rinascimentale	renaissance- 92
Rinascimento	renaissance 19
rincasare	thuiskomen 67
rinfrescare	opfrissen 62
rinfresco	verfrissing, receptie, drink, borrel 68
ringiovanire	jonger worden, verjongen 42
ringraziare	danken 13; bedanken 41
rinnovare	renoveren 62
rinnovo	het vernieuwen 79, 90
rintracciare	opsporen 83
riparare	repareren, verhelpen 66
riparazione *(v.)*	herstelling 90
ripetere	herhalen 58
ripetutamente	herhaaldelijk *(bw.)* 95
ripiano	plank 99
riportare	terugbrengen 59
riposante	rustgevend, rustig 32

riposarsi	uitrusten 53
riposo	rust 45
riprendere	hervatten 44; weergeven 68
riprodurre	reproduceren 41
risalire	teruggaan 92
riscaldamento	verwarming 90
riscaldarsi	zich verwarmen 59
rischiare	riskeren 48; het risico lopen 51
rischioso	riskant 73
riscontro	antwoord (brief) 97
riso	rijst 30, 67
risolvere	oplossen 34
risparmiare	besparen 58
risparmio	besparing 38
rispecchiarsi	zich spiegelen, zich weerspiegeld zien, weerspiegeld worden 93
rispetto a	vergeleken met 90
rispettoso	respectvol 97
rispondere	(be)antwoorden 30
rissa	vechtpartij 81
ristorante *(m.)*	restaurant 16
ristoro	restauratie-, eet- 78
ristrutturazione *(v.)*	verbouwing 47
risultare	resulteren, voortkomen uit 76
risultato	resultaat 68
ritardo	vertraging 32
ritardo (in ~)	(te) laat 32
ritinteggiare	her-, opnieuw schilderen 53
ritorno	terugkeer 34
ritorno (di ~)	terug 34
ritratto	portret 88
ritrovamento	vondst 94
ritrovare	terugvinden 83
riunione *(v.)*	vergadering 47
riuscire a	slagen in 79; erin slagen om, kunnen 83
riutilizzare	hergebruiken 74
riva	waterkant 45
rivale	rivaliserend 96
rivendicare	opeisen 94
rivolgersi	zich wenden 100
roba	ding(en), spul(len),... 20
Roma	Rome 6
romano	Romeins 61
romantico	romantisch 61
romanzo	Romaans 97
romanzo	roman 17
rompere	breken 34, 38; stukmaken 52
rompersi	breken 38; stukgaan 90

rompere le scatole	lastigvallen 52
rompiscatole	zeurkont 52
rosa	roos 55
rossetto	lippenstift 32
rosso	rood 60
rottamazione *(v.)*	sloop(premie) 58
rovescia (alla ~)	omgekeerd, achterstevoren,... 99
rovinare	beschadigen 94
rubare	stelen 88
rullo	rol 53
rumore *(m.)*	geluid 95
ruota	rad 78
ruota panoramica	reuzenrad 78
russo	Russisch 25, 78

S

sabato	zaterdag 13
sabbionaia	zandbak 78
sacchetto	zakje 74
sacco	zak; resem, heleboel,... 23
sadico	sadistisch 24
saggio	essay 17
sala	zaal 88
saldi *(m. mv.)*	koopjes 59
sale *(m.)*	zout 67
salire	instappen 18; naar boven gaan 26
salotto	salon (in woning) 62
salsa	saus 67
saltare	springen, doorslaan 66
salume *(m.)*	charcuterie 85
salute *(v.)*	gezondheid 33
saluto	groet 97
salve!	dag! 5
sandalo	sandaal 9
sanitari *(mv.)*	sanitair 53
sanitario	gezondheids- 51
sano	gezond 38
santo	sint, heilige 36
sapere	weten 18; kunnen 21, 29
sapore *(m.)*	smaak 68
Sardegna	Sardinië 15
sardina	sardine 18
sassofono	saxofoon 46
sauna	sauna 71
sbadato	stomkop 22
sbadato	verstrooid 22
sbagliare	zich vergissen van/in, verkeerd doen 39
sbagliarsi	zich vergissen 39

sbocco	vooruitzicht 65
sbrigarsi	zich haasten 32, 48
scadenza	vervaltermijn, -datum 69
scadere	verlopen, vervallen, verstrijken 69; aflopen 76
scaduto	verlopen, vervallen, verstreken, over datum zijnde 69
scaffale *(m.)*	rek 59; (boeken)rek 93
scala	trap 38
scala mobile	roltrap 57
scambio	uitwisseling 96
scandinavo	Scandinavisch 99
scappare	ontsnappen 42; wegvluchten 76
scaricare	downloaden 30; lossen, uitladen, lozen 75
scarpa	schoen 9
scasso	braakspoor 95
scatenare	wekken 52
scatola	doos 40, 52
scatoletta	blikje (conserven) 80
scatolone *(m.)*	kartonnen doos 40
scattare	op gang komen 83
scegliere	kiezen 28, 41
scelta	keuze 9
scemenza	onzin, nonsens 50
scemo	dom, idioot 50
schermo	scherm 47
scherzo	grap 95
schiattare	stikken, barsten 76
sciare	skiën 23
scientifico	wetenschappelijk 50, 65
scienza	wetenschap 94
scienziato	wetenschapper 94
sciocchezza	stommiteit 50
sciocco	stom, dom 50
scivolo	glijbaan 78
scoglio	klif 30
scolaro	scholier, leerling 86
scolastico	school- 36; schools 46
scommettere	wedden 79
scomodare	storen, lastigvallen 43
scomodarsi	moeite doen, zich de moeite getroosten 43
scomodo	oncomfortabel, onpraktisch,... 43
scompartimento	compartiment 37
sconfiggere	overwinnen 96
sconsigliare	afraden 85
scontato	afgeprijsd 59
scoperta	ontdekking 94
scoprire	ontdekken 60

scorso	vorig 36
scrittore/scrittrice	schrijver/schrijfster 19
scrivere	schrijven 22
scultore/scultrice	beeldhouwer/beeldhouwster 19
scultura	het beeldhouwen 46
scuola	school 24
scuola media	middelbaar onderwijs 72
scuro	donker 88
scusa	excuus 43, 79
scusare	excuseren 3
se	als 5; of 20; indien 41
se no	anders 48
sé	zich 93
secolo	eeuw 61
secondo *(b. nw.)*	tweede 4
secondo *(z. nw.)*	hoofdgerecht (tweede gerecht op menu) 11, 30
secondo *(vz.)*	volgens 47, 51
sedentario	sedentair, zittend 44
sedersi	gaan zitten, zich neerzetten 33; plaatsnemen 42
seduta	sessie 71
segnare	aanduiden 78
segno	teken 95
seguire	volgen 29
seguito (in ~)	vervolgens 96
Seicento	17e eeuw 92
selezionare	selecteren 41
selezione *(v.)*	selectie 41
semaforo	verkeerslicht 29
sembrare	lijken 8
seminare	zaaien 86
semmai	hooguit 89
semplice	simpel 88; eenvoudig 88
semplicemente	gewoon, simpelweg 81
sempre	altijd 3; steeds 18; alsmaar 33
sensazionale	sensationeel 94
sensibile	gevoelig 80
sensibilità	gevoeligheid 48
senso	zin, betekenis 88
senso unico	eenrichtingsstraat 69
sentire	luisteren, horen 29; voelen 51
sentirsi	zich voelen 33
senza	zonder 30
senz'altro	beslist, zeker 54
seppellire	begraven 92
sera	avond (dagdeel) 23
serata	avond (duur, invulling ervan) 83

seriamente	ernstig *(bw.)* 89
serie *(v. onv.)*	serie 75
serietà	ernst 89
serpe *(v.)*	serpent 76
serratura	slot (met sleutel) 95
servire	(be)dienen, van dienst/nut zijn, van pas komen, nodig zijn 53, 99; serveren 67
servizio	dienst 27, 52; badkamer met toilet 27; servies 40
sete *(v.)*	dorst 16
settembre	september 45
settimana	week 13
sezione *(v.)*	afdeling 94
sfacchinare	zwoegen 99
sfacchinata	gezwoeg 99
sfilata	parade 78; optocht 81
sfondo	achtergrond 88
sformato	gratin 30
sforzo	inspanning 25 25
sfuggire	ontkomen 61
sfumato	geschakeerd 88
sguardo	blik (kijk) 82
si	men 12; zich 7, 31; elkaar 33
sì	ja 3
sia	zowel; ofwel 30
siccome	aangezien 39
Sicilia	Sicilië 20
siciliano	Siciliaans 20
sicuramente	zeker *(bw.)* 22; beslist 24
sicurezza	veiligheid 57
sicuro	zeker 22; veilig 61
sicuro (di ~)	beslist 46; vast 65
siepe *(v.)*	haag 55
signor(e)	meneer 4
signora	mevrouw 4
signori	heren, meneer en mevrouw, dames en heren 4
signorina	jongedame 5; juffrouw 39
silenzio	stilte 34
silenzioso	stil 61
simile	dergelijk 52
simile	gelijke, soortgenoot 52
simpatico	sympathiek 3
sindrome *(v.)*	syndroom 79
sinfonico	symfonisch 48
singhiozzare	snikken 93
singolo	enkel (één) 4
sinistra	links 29

sistema *(m.)*	systeem 41
sito	site 30
situazione *(v.)*	situatie 41
smaltimento	afvoer 85
smettere	stoppen, ophouden 44
smontare	demonteren, uit elkaar halen 53
snack *(m.)*	snack 16
snobbare	neerkijken op 81
soccorso	hulp 55
social *(m. mv.)*	social media *(Eng.)* 47
sociale	sociaal 46
società	maatschappij 41
soddisfatto	tevreden 41
soddisfazione *(v.)*	voldoening 46
sodo	hard(gekookt) 34
soffiare	blazen 33
soffitta	zolder 27
soffitto	plafond 92
soffriggere	fruiten 67
soffrire	lijden, last hebben van 23
soggiorno	woonkamer 62
sognare	dromen 80
sogno	droom 59
soia	soja 67
solamente	alleen 97
soldi *(m. mv.)*	geld 5
soldo	soldo 5, 37
sole *(m.)*	zon 36
solito	de-/hetzelfde (als gewoonlijk) 53
solito	gewoon, gebruikelijk 53
solito (come al ~)	zoals gewoonlijk 2
solito (di ~)	gewoonlijk 11
sollevare	optillen, -heffen 87
sollevarsi	zich oprichten, opstaan 87
solo	alleen, eenzaam 51
solo	alleen 2; maar 8; pas, enkel, slechts 25
soluzione *(v.)*	oplossing 18
sondaggio	enquête 72
sonno	slaap 94
sopra	boven(op) 9
soprattutto	vooral 9
sorella	zus 25
sorgere	verrijzen, opkomen 92
sorprendere	verrassen 94
sosta	het parkeren 69
sostituzione *(v.)*	vervanging 90
sotto	onder 45; beneden 53
sottopassaggio	stationstunnel, onderdoorgang 38

sottostante	hieronder gelegen 95
sottrazione *(v.)*	aftrekking 34
spada	zwaard 87
Spagna	Spanje 20
spagnolo	Spanjaard, Spaans 3
spalla	schouder 88
spalle (alle ~)	achter 88
spazzare	vegen, verorberen 73
spazzatura	vuil(nis) 73
specchio	spiegel 69
speciale	speciaal 23; bijzonder 36
specializzato	gespecialiseerd 41
specie *(v. onv.)*	soort 87
specie	vooral 90
spedire	verzenden 39
spegnere	doven, uit-, afzetten 66
spendere	uitgeven, spenderen 17
speranza	hoop 44
sperare	hopen 58
spesa *(v. ev.)*	boodschappen 32
spesa	kost(prijs) 99
spesso	dik 88
spesso	vaak, dikwijls 9
spettacolo	spektakel 23
spettacolo	vertoning (bioscoop) 75
spettatore	kijker 82
spezia	specerij 67
spiaggia	strand 45
spicchio	teen (knoflook) 67
spiegare	uitleggen 29
spiegazione *(v.)*	uitleg 88
spina	stekel, doorn; stekker 66
sport *(m.)*	sport 44
sportello	loket 39
sportivo	sportief 9; sport- 31
sposa	bruid 68
sposare/sposarsi	trouwen, huwen 37
sposato	getrouwd 72
spostarsi	zich verplaatsen 82
spuntino	hartig tussendoortje 16
squadra	ploeg, team 44
stabilimento	instelling (etablissement) 71
stabilire	vestigen 96
staccare	uittrekken 66
stage *(m.)*	stage 46
stagione *(v.)*	seizoen 9
stagno	vijver 93
stalla	stal 86

seicentotrentotto • 638

stamattina	vanmorgen 2
stampa	pers 83
stampante *(v.)*	printer 54
stampato	gedrukt 61
stancare	vermoeien 50
stanco	moe 4
stanza	kamer, vertrek 4
stare	zijn 11; zich bevinden, (ver)blijven, wonen 13
stasera	vanavond 11
statale	rijks- 74
statistica	statistiek 72
stato	staat 38
statuto	statuut 61
step *(Eng., m.)*	stap 100
stesso (lo ~)	wel, toch, evengoed 39
stesso	zelfde 20
stile *(m.)*	stijl 88
stipendio	salaris 41
stiva	(bagage)ruim 57
stivale *(m.)*	laars 9
stivaletto	laarsje 9
stomaco	maag 94
storia	verhaal 74, 85; geschiedenis 92
storico	historisch 18
storto	krom 15
strada	straat 26; weg 29
stradale	weg- 29
straniero	buitenlander, vreemdeling 8
straniero	buitenlands, vreemd 37
strano	vreemd 15
streaming	streaming 75
stregone/strega	tovenaar/(tover)heks 49
stretto	opeengepakt 18; vast 50
strisce pedonali *(v. mv.)*	zebrapad 29
striscia	streep 29
strozzare	wurgen, doen/laten stikken 73
strozzarsi	stikken 73
strumento	instrument 48; hulpmiddel 100
struttura	structuur 51
studente/studentessa	student/studente 3, 12; leerling 86
studiare	studeren 8
studio	studie/kantoor 37; studie 48
stufa	kachel 90
su	op 17; over 19; aan 29; in 34
subito	onmiddellijk, meteen 33
succedere	overkomen 52; gebeuren, voorvallen 60
successivamente	daarna 96

successivo	volgend 43
succo	sap 30
sud *(m.)*	zuiden 10
sugo	jus (vlees) 30
suo/sua/suoi/sue	zijn, haar, uw, de/het zijne/hare/uwe 28
suocero	schoonvader 51
suola	zool 59
suonare	(be)spelen (muziekinstrument); bellen, rinkelen 46; (over)gaan (telefoon) 79
superalcolico	sterkedrank 85
supermercato	supermarkt 67
supporre	veronderstellen 35; aannemen 94
surgelato	diepvriesproduct 66
svegliare	wakker maken, wekken 32
svegliarsi	wakker worden, ontwaken 32
svelta (alla ~)	vlugvlug, gauw 32
svelto	vlug, snel 32
svendita (in ~)	afgeprijsd 59
sventola (orecchio a ~)	flapoor 15
svitare	losschroeven 53
svolgere	uitvoeren 41
svolgersi	plaatsvinden, zich afspelen 94

T

tabellina	tafel van vermenigvuldiging 34
tabellone *(m.)*	bord (aankondigingen) 38
tablet *(m.)*	tablet 54
tacchino	kalkoen 85
tacere	zwijgen 36
taglia	maat 59
tagliare	snijden 67
tagliere *(m.)*	snijplank 67
taglioline	taglioline (soort lintpasta) 30
tanto/-a/-i/-e	veel 20, 26
tanto	heel, zeer, erg 28; veel 37; zo(zeer) 39; zoveel 48; evengoed 79
tanto in tanto (di ~)	af en toe 47
tanto (ogni ~)	af en toe 85
tappa	stap 100
tappeto	tapijt 54
tardi	laat 12
tariffario (piano ~)	tariefplan 50
tasca	zak 17, 90
tascabile	zak-, pocket- 17
tassello	plug 99
tastiera	klavier 54
tavola	tafel 40
tavolo	tafel 30

tavolozza	palet 88
tazza	kop(je) 40
te	je, jou *(bekl. vnw.)* 20, 32
teatro	theater 48
tecnico	technicus 41
tela	doek 88
telefonare	telefoneren 32
telefonico	telefoon-, telefonie- 50; telefonisch 72
telefono	telefoon 43
telegiornale *(m.)*	tv-journaal 72
televisione *(v.)*	televisie 81
televisivo	televisie- 81
televisore *(m.)*	televisie 66
tematica	thema- 78
temere	vrezen 65
temperatura	temperatuur 73
tempo	tijd 13
tenaglie *(v. mv.)*	nijptang 53
tendenza	neiging 85
tenente	luitenant 95
tenere	houden 16, 21
tennis *(m.)*	tennis 71
terapeutico	therapeutisch 71
termale	thermaal 71
terme	thermen 71
termine *(m.)*	term 89
terrazza	terras 55
terreno	terrein 74
terribile	vreselijk 16
territorialità	territorialiteit 94
territorio	grondgebied 96
tesi *(v.)*	these, thesis 26; scriptie 97
tessera	kaart 39
testa	hoofd 33
testimone	getuige 95
testo	tekst 63
ti	je *(wed. vnw.)* 3, 35; je *(pers. vnw. LV)* 31; je *(pers. vnw. MV)* 33
tiepido	lauw 71
timidezza	verlegenheid 80
tinta	tint (schakering) 53
tinteggiare	schilderen (woning) 53
tipico	typisch 88
tipo	kerel 15; soort 17
tirare fuori	uitsteken (tong) 33
tisana	kruidenthee 71
tivù *(v.)*	tv 75
toccare	moeten, (aan)raken 48

toccare a	aan de beurt zijn 51
tonnellata	ton 74
tono	tint (kleur) 68
top *(m.)*	topje (kleding) 79
tornare	terugkeren, -komen, -gaan 12
toro	stier 49
torre *(v.)*	toren 96
torrone *(m.)*	noga 73
torta	taart 68
torto	ongelijk 89
tosse *(v.)*	hoest 33
tossire	hoesten 33
totale	totaal *(b. nw.)* 45
totalmente	totaal *(bw.)* 88
tovaglia	tafelkleed 40
tovagliolo	servet 40
tra	onder, te midden van, tussen 15; over 24
traccia	spoor 83
tradizionale	traditioneel 50
tradizione *(v.)*	traditie 81
tradurre	vertalen 41
traffico	verkeer 18
tragico	tragisch 62
trainer	trainer 44
tramite	tussenpersoon, bemiddelaar 43
tramite	via, door middel van 43
tramortito	bewusteloos 87
tranquillo	rustig 24
trapano	boor 53
trarre	trekken 90
trascurare	verwaarlozen 33
trasferire	overplaatsen 37
trasferirsi	verhuizen 37
trasformare	veranderen 93
trasportare	meedragen, transporteren 54
trasporto	transport 99
trattare	behandelen 74
trattarsi di	gaan over/om, betreffen 58
trattenere	doen blijven, op-, tegen-, inhouden 89
trattenersi	(na)blijven 89
trattino	streepje 47
tratto	trek 87
tratto (tutt'a un ~)	plots 87
trattoria	trattoria (eetgelegenheid) 30
trauma	trauma 48
traversa	dwarsstraat 29
travestimento	verkleedspullen 73
treno	trein 37

seicentoquarantadue • 642

triangolo	driehoek 88
triennale	drie jaar durend 37
triennio	drie jaar (periode van ~) 65
triste	droevig 56
tritare	hakken 67
tromba	trompet 48
tronco	afgekapt 26
tronco	stam (boom) 78
tropico	tropisch 90
troppo	te 16, te veel 20
trovare	vinden 10; bezoeken 25
trovarsi	zich bevinden 29
trovarsi bene	zich thuis voelen 37
trucco	grimeermateriaal, make-up; truc 73
tu	jij 3; je 7
tuo/tua/tuoi/tue	jouw, je 2; de/het jouwe 28
turismo	toerisme 82
turista *(m./v.)*	toerist 82
turistico	toeristisch 94
turno	beurt; ronde 45
tutti	allemaal 8; ieder(een) 11, 18
tutto	al(les) 9
tutto/-a/-e/-i	al(le) 11; ieder, elk 23; heel 23

U

uccello	vogel 87
uccidere	doden 45, 96
uffa	pff 19
ufficio	kantoor 32; bureau 40
uguale	gelijk 34, 76; dezelfde 77
ulteriore	bijkomend 89
ultimo	laatste 19
umido	het vochtige 74
un/uno/una/un'	een 21
unico	uniek 69
unire	verbinden 99
unirsi a	zich voegen bij 93
unità	eenheid 54
universale	universeel 48
università	universiteit 8
uomo *(mv.* uomini)	man 15, mens 94
uovo	ei 34
urgenza	urgentie 88
usare	gebruiken 29
usato	gebruikt, gedragen, tweedehands 43
usciere	portier (hotel) 95
uscio	deur(opening) 95
uscire	uit-, weg-, naar buiten gaan 23

uso	gebruik 79
usufruire	genieten 76
utensile *(m.)*	werktuig 94
utenza	gebruikers(publiek) 100
utile	nuttig 41
uva	druif 20

V

vacanza	vakantie 13, 15
vaccino	vaccin 79
vagare	ronddolen 83
vaglia	mandaat 39
valere	lonen 25; waard zijn 68
valigia	koffer, valies 57
vallata	dal 94
vampiro	vampier 78
vantaggio	voordeel 51
vario	verschillend 65
vasca	kuip 71
vasellame *(m.)*	vaatwerk 94
vaso	vaas, bloempot 55
vecchiaia	ouderdom 88
vecchio	oud 28, 54; vroeger 78
vecchio	oudere (senior) 71
vecchiotto	ouderwets 97
vedere	zien 15
vegano	vegan 30
vegetariano	vegetariër 30
veloce	snel 38, 67
velocemente	vlug *(bw.)* 83
venerdì	vrijdag 13
Venezia	Venetië 21
venire	komen 20; worden 24
venturo	komend 97
veramente	echt 65; eigenlijk 80
verbale *(m.)*	verslag 56
verde	groen 15
verdura *(v. ev.)*	groente 20
vergognarsi	zich schamen 42
verità	waarheid 71
vernice *(v.)*	verf, lak, vernis 53
vero	echt, waar; niet(waar), toch 9
versamento	storting 43
vestire	kleden 31; aankleden 32
vestito	jurk 79
vetri (doppi ~)	dubbel glas 62
vetrina	etalage 9; (winkel)raam 82; vitrine(kast) 94
vetro	glas 62, 74

seicentoquarantaquattro • 644

vi	jullie/je *(wed. vnw.)* 31, 35; jullie *(pers. vnw. LV)* 31, 42; jullie *(pers. vnw. MV)* 33, 46
via *(bw.)*	weg 13
via *(z. nw.)*	straat 29
viaggiare	reizen 45
viaggio	reis 36
viale *(m.)*	laan 29
viandante *(m./v.)*	reiziger 96
vice-	vice-, adjunct- 89
vicino	in de buurt, dichtbij 39
vicino/vicina	buur(man)/buurvrouw 1, 9
vicolo	straatje 29, 82
videochiamata	videogesprek 50
vietato	verboden 62
vigile	agent (lokale politie) 39
vigoroso	krachtig 88
villetta	vrijstaand huis (met tuin) 55
vincere	winnen 46
vino	wijn 40
viola	viooltje (bloem) 55
viola	altviool 48
violino	viool 46
virtù *(v.)*	deugd 26, 67
visione *(v.)*	het bekijken 100
visitare	bezoeken 35, 45
viso	gezicht 15
vista	zicht 41, 64
visto	visum 79
visto che	aangezien 66
vita	leven *(z. nw.)* 19
vite *(v.)*	schroef, vijs 53
vittima	slachtoffer 92
vivace	levendig 88
vivere	leven 37
vivo	levend(ig) 88
vocabolario	woordenschat 100
voce *(v.)*	stem 92
voglia	zin, trek 11
voi	jullie *(pers. vnw. O)* 7; jullie *(bekl. vnw.)* 32
volante *(m.)*	stuur 50
volare	vliegen 71
volentieri	graag 65
volere	willen 5, 21; vergen, nodig zijn
volgere	richten 82
voliera	volière 87
volo	vlucht (vliegtuig) 57
volta	keer, maal 4, 19

volta (una ~)	eenmaal 29; vroeger 44
voltarsi	zich omdraaien 88
volte (a ~)	soms 12
vostro/-a/-i/-e	jullie *(bez. vnw.)* 1, 28
vuole/vogliono (ci ~) *(+ nw.)*	vergen, nodig zijn 37
vuoto	leeg 74

W
wafer *(m.)*	wafer 73

Y
yogurt *(m.)*	yoghurt 67

Z
zampa	poot 93
zenzero	gember 67
zero	nul 38
zio/zia	oom/tante 13
zona	zone 60
zuccherato	gesuikerd 85
zucchero	suiker 73
zucchero filato	suikerspin 73
zucchina	courgette 30

Woordenlijst Nederlands-Italiaans

A

aan	su 29; a 5
aan hebbend (kleren)	addosso 87
aanbelanden	arrivare 100
aanbevelen	raccomandare 29, 79
aanbidden	adorare 48
aanbieden	porgere 97
aandacht	attenzione *(v.)* 29
aandachtig zijn	attento (stare ~) 29
aandoen, -steken, -zetten	accendere 47
aandoen, -trekken (kledij,...)	mettere 31
aandringen	insistere 32
aanduiden	segnare 78
aangaan, -vatten	intraprendere 97
aangenaam	piacevole 61
aangenaam!	piacere! 1
aangetekend	raccomandata 39
aangezien	siccome 39; visto che 66
aangrijpend	emozionante 57
aankomen	arrivare 18
aankomen, bereiken	giungere 95
aankondigen	annunciare 64
aankoop	acquisto 43
aanleg hebben	dotato (essere ~) 48
aanleg hebben voor	portato (essere ~ per) 65
aannemen	gradire 76; supporre 94
aanraden	raccomandare 29, 79; consigliare 54
aanrijden	investire 29
aanrijdingsformulier	constatazione amichevole 69
aanschaffen	comprare 58
aansluiten	collegare 75
aansluiten (opnieuw ~)	riattaccare 66
aansluiting (vervoer)	coincidenza 38
aantal (een ~)	qualche 30; alcuno/alcuni/alcune 70
aantal	numero 65
aantrekken	attrarre 95
aanvaarden	accettare 61
aanvatten, -gaan	intraprendere 97
aanvraag	impegnativo 33; domanda 61
aanwerven	assumere 31
aanwijzen	indicare 57
aanwijzing	indicazione *(v.)* 57
aanzet	avviamento 58
aanzienlijk	notevole 90; notevolmente 96

aard	genere *(m.)* 72
aardappel	patata 86
aardbei	fragola 86
aardig	gentile 37
abonnement	abbonamento 63, 75
abonneren (zich ~)	abbonarsi 75
abrikoos	albicocca 20
absoluut *(bw.)*	assolutamente 40
abstract	astratto 88
academisch	accademico 97
accent (tongval)	accento 10
accident	accidento 12; incidente *(m.)* 50
account	account *(m.)* 75
ach	beh 22
achtbaan	ottovolante 78
achter	dietro 15; alle spalle 88
achteraf	dopo 39
achtergrond	fondo 68; sfondo 88
achterin	fondo (in ~ a) 4
achterstevoren, omgekeerd,...	rovescia (alla ~) 99
achteruitkijk-	retrovisore 69
actief zijn, opereren	operare 41
activiteit	attività 44
actualiteit	attualità 17
adem	respiro 89
ademhalen	respirare 33
adjunct-, vice-	vice- 89
administratie	amministrazione *(v.)* 39
adres	indirizzo 39
advies	consiglio 17
advocaat	avvocato 12
af en toe	di tanto in tanto 47; ogni tanto 85
afbetaling	rata 76
afbetaling (op ~)	rateale 76
afbreken	interrompere 48
afdeling	sezione *(v.)* 94
afgekapt	tronco 26
afgelopen	passato 61
afgeprijsd	scontato, in svendita 59
afgunst	invidia 52
afhalen, opnemen	prelevare 5
afhangen	dipendere 72
afkoeling	raffreddamento 41
afkomst	origine *(v.)* 25
afkomstig	derivato 85
afleggen	passare 65
afleiden	dedurre 41
aflopen	scadere 76

seicentoquarantotto • 648

afmeting	dimensione 57
afraden	sconsigliare 85
afschuwelijk	orribile 24
afslaan, draaien	girare 29
afspelen (zich ~)	svolgersi 94
afspraak	appuntamento 22
afstuderen aan de universiteit	laurearsi 48
aftrekken	dedurre 41
aftrekking	sottrazione *(v.)* 34
afval	immondizie *(v. mv.)*, rifiuto 74
afvallen, vermageren	dimagrire 16
afvoer	smaltimento 85
afvragen (zich ~)	domandarsi 65
afwachten	aspettare 45
afwachting	attesa 97
afwerken	rifinire 76
afzender	mittente 39
agent (lokale politie)	vigile 39
agressiviteit	aggressività 80
air	aria 83
airco	climatizzatore *(m.)* 66
akker	campo 86
akkoord	accordo 51
al, reeds	già 24
al, sinds	da 10
alarmeren	allertare 83
alcoholisch, alcoholhoudende drank	alcolico 85
alcoholische drank	liquore *(m.)* 37
alcoholist, aan de drank	alcolizzato 85
algemeen	generale 38
al(hoewel,) ook al	nonostante 69
al(le)	tutto/-a/-e/-i 11
alle	ogni 44
alleen, maar	solo 2; solamente 97
alleen, eenzaam	solo 51
allemaal	tutti 8
al(les)	tutto 9
als, zoals	come 28, 30
als, indien	se 5
alsmaar	sempre 33
alsof	come se 80
alstublieft/alsjeblieft!	prego 6
alstublieft/alsjeblieft	favore (per ~) 5
altaar	altare *(m.)* 92
alternatief	alternativa 30
altijd	sempre 3
altviool	viola 48
aluminium	alluminio 74

alvorens te	prima di 34
amandel	mandorla 55
amandelboom	mandorlo 55
amandelrotsje	mandorlato 73
amateur-	amatoriale, dilettantistico 48
amateur, liefhebber	dilettante *(m./v.)* 48
ambassade	ambasciata 79
ambtenaar	funzionario 83
ambulance	ambulanza 55
Amerikaans	americano 75
amfitheater	anfiteatro 82
amuseren (zich ~)	divertirsi 45, 54
analyse	analisi *(v.)* 26, 94
ananas	ananas *(m.)* 26
ander(e)	altro 11, 23
anderdaags ('s ~)	giorno dopo (il ~) 36
anders *(bw.)*	altrimenti 33
anders (iets)	altro 20
anders, zoniet	se no 48
anders, verschillend	diverso 52
anderzijds;	altra parte (d'~) 51
angst	paura 29
angst aanjagen	paura (fare ~) 29
angstig	ansioso 38
animatie	animazione *(v.)* 45
antiaanbak-	antiaderente *(m.)* 67
anticipatie, voorproefje	anticipazione *(v.)* 68
antiek, klassiek, oud	antico/-a/-chi/-che 31
antipathiek	antipatico 11
antiquariaat, antiquair	antiquariato 31
antropologie	antropologia 65
antwoord (brief)	riscontro 97
antwoorden, beantwoorden	rispondere 30
apenstaartje, @	chiocciola 47
aperitief	aperitivo 24
apostel	apostolo 92
apotheek	farmacia 33
app(licatie)	app(licazione) *(v.)* 50
apparaat	apparecchio 66
appartement	appartamento 27
appel	mela 20
appelboom	melo 55
appreciëren, waarderen	apprezzare 30, 82
april	aprile 64
aquarel	acquerello 46
arbeider	operaio 24; lavoratore 36
archeologisch	archeologico 94
architect	architetto 62

seicentocinquanta · 650

arena	arena 82
arm	braccio 79
armbandje	braccialetto 95
arts	medico 12
assistentie	assistenza 43
attentie, aandacht	attenzione *(v.)* 29
attractie	attrazione *(v.)* 78
aubergine	melanzana 30
audio	audio 50
augustus	agosto 23
aula, collegezaal, rechts-	aula 65
Australië	Australia 37
Australiër	australiano 37
auteur	autore *(m./v.)* 97
auto, wagen	auto, macchina 19, 26
autoband	gomma 58
autolicht (dim-/groot)	anabbagliante/abbagliante *(m.)* 58
automatisch	automatico 43
automobiel	automobile *(m.)* 28
autoradio	autoradio *(v.)* 76
autoriteit	autorità 94
avond (dagdeel)	sera 23
avond (duur, invulling ervan)	serata 83
avondmaal	cena 24
avonds eten ('s ~)	cenare 24
avontuur	avventura 71

B

baan (werk)	impiego 89
baard	barba 74
baas	padrone 83
baat hebben bij	convenire 54, 60, 63
babyflesje, zuigfles	biberon *(m.)* 64
bachelor	laurea triennale 37
bad	bagno 4
baden, overspoelen	inondare 88
badkamer	bagno 4
badkamer met toilet	servizio 27
bagage	bagaglio 57
bakpan	padella 67
balkon	balcone *(m.)* 27
ballon	palloncino 73
balpen	biro *(v.)* 34
banaan	banana 20
bandenspecialist	gommista 58
bandiet	bandito 95
bang maken	paura (fare ~) 29
bank	banca 43

bank-	bancario 43
bank, toonbank	banco 68
bankkaart, pin-	bancomat *(m.)* 5
bar	bar *(m.)* 2
barbaars	barbarico 61
barok	barocco 92
barsten	schiattare 76
basiliek	basilica 92
basis	base *(v.)* 30
basketbal	pallacanestro *(v.)* 46
batterij	batteria 58
beauty farm	beauty farm *(v.)* 71
bed	letto 27
bedanken	ringraziare 41
bedekt	coperto 23
bedenken	pensare 18
bedenken, verzinnen	inventare 67
bederven, slecht worden	andare a male 66
bedoeling, doel(einde)	fine *(m.)* 72
bedoeling, intentie	intenzione *(v.)* 41
bedrag	importo 39
bedriegen, belazeren	fregare 74
bedrieger, bedrieglijk, bedriegend	imbroglione 85
bedriegerij	fregatura 74
bedrijf	azienda, ditta, impresa 41
beeld	immagine *(v.)* 50
beeldhouwen *(z. nw.)*	scultura 46
beeldhouwer/beeldhouwster	scultore/scultrice 19
been	gamba 38
beetje	poco, po' 8
begeleiden	accompagnare 86
begeven (zich ~)	recarsi 72
begieten	innaffiare 55
begiftigd; aanleg hebben	dotato; essere dotato 48
begin	inizio 41
beginnen	cominciare 41
begraven	seppellire 92
begrijpen, inzien	comprendere 94
begrijpen, verstaan	capire 28
begripvol	comprensivo 80
behandelen	trattare 74
behang(papier)	carta da parati 68
beheerder	amministratore 80
behoefte, nood	bisogno 20
behoeven, nodig zijn	bisognare *(+ inf.)* 37
behoorlijk	piuttosto 44
beige	beige 88
bejaard(e)	anziano 31

seicentocinquantadue • 652

bek, snavel	becco 75
bekende, kennis	conoscente 100
bekeuring	multa 69
bekijken *(z. nw.)*	visione *(v.)* 100
bekijken *(ww.)*	guardare 56
bekommeren (zich ~ (om))	occuparsi 55
bekwaam	bravo 9; capace 55; competente 89
belachelijk	ridicolo 31
belanden	finire 94
belang	interesse *(m.)* 82
belang hebben	importare 48
belangrijk	importante 22
belangstelling	interesse *(m.)* 97
belasting-	fiscale 90
beleefdheid	cortesia 33
Belg(isch)(e)	belga 3
bellen, opbellen	chiamare 51
bellen, rinkelen	suonare 46
belofte	promessa 92
bemiddelaar	tramite 43
benadering, aanpak	impostazione *(v.)* 50
beneden (naar ~)	giù 62
beneden	sotto 53
benoeming	nomina 90
bepaald	certo 29
beperken	limitare 85
beperkt	limitato 18
bereiden	preparare 24
bereiken	raggiungere 96, 100
bereiken, aankomen	giungere 95
berekening, het rekenen	calcolo 34
berg(en)	montagna 23
berghut	rifugio 36
bergwandelaar	escursionista *(m./v.)* 94
bericht	messaggio 50
berichtendienst	messaggeria 50
beroemd	famoso 19
beroep	professione *(v.)* 12
beroep, vak, stiel, ambacht	mestiere *(m.)* 12
beroeps-, werk-	lavorativo 100, 41
beschadigen	rovinare 94
beschermheilige	patrono 92
beschermen	proteggere 74
beschikbaarheid, bereidwilligheid	disponibilità 97
beschilderd	dipinto 81
beschouwen	considerare 90
beschuit	fetta biscottata 73
beslissen	decidere 45

beslist (zeker)	di certo 23; sicuramente 24; decisamente 31; di sicuro 46; senz'altro 54
besluiteloos	indeciso 65
besparen	risparmiare 58
besparing	risparmio 38
bestaan uit	comporre 72
besteden	dedicare 55
bestek	posata 40
bestellen	ordinare 72
bestelling	ordine *(m.)* 99
bestemmen, bepalen	destinare 90
bestemming, doel	meta 94
besturen, leiden, (aan)voeren	condurre 41
besturen, sturen, rijden	guidare 16
bestuur	amministrazione *(v.)* 96
bestuurder, chauffeur	autista *(m./v.)* 18
bestuurlijk	amministrativamente 96
betalen	pagare 5
betaling	pagamento 39
betegeling	piastrelle (mv.) 53
betekenis	senso 88
beter ..., ergens goed aan doen	convenire 54, 60, 63
beter *(bw.)*	meglio 16
beter *(b. nw.)*	migliore 26
betrappen, snappen	beccare 75
betreffen	riguardare 41; trattarsi di 58
betrekking	rapporto 61
betreuren	rimpiangere 48
beurt	turno 45
beurt (aan de ~ zijn)	toccare a 51
bevallen (van kind)	partorire 64
bevallen, behagen	piacere 6, 9
bevalling	parto 64
bevatten	racchiudere 88; contenere 92
bevinden (zich ~)	stare 13; trovarsi 29
bevolken	popolare 93
bevolking	popolazione *(v.)* 61
bevriezen	congelare 94
bevrijding	liberazione *(v.)* 36
bewaren	preservare 88; conservare 94
bewaring	consegna 83; conservazione *(v.)* 94
bewegen (aan lichaamsbeweging doen)	muoversi 42
bewegen, aandrijven	muovere 88
bewonderen	ammirare 88
bewoner	abitante *(m./v.)* 57
bewoonbaar	abitabile 27
bewust worden (zich ~)	accorgersi 62
bewusteloos	tramortito 87

bezet, druk bezig	impegnato 46
bezighouden (zich ~ (met))	occuparsi 37
bezoeken	trovare 25; visitare 35
bezorgd zijn	preoccuparsi 80
biefstuk	bistecca 85
bier	birra 16
biggetje	porcellino 80
bij	a 5; da 20; con 39; presso 41
bijdragen	contribuire 92
bijgerecht	contorno 11, 67
bijkomend	ulteriore 89
bijna	quasi 37
bijouterie, nepjuweel	bigiotteria 95
bijpassend	assortito 40
bijstaan	assistere 51
bijstand, assistentie	assistenza 43
bijten	mordere 80
bijzonder *(b. nw.)*	speciale 36; particolare 41
bijzonder *(bw.)*	particolarmente 97
biljet	biglietto 5
binnen	dentro 18
binnen-	interno 76
binnen(kant)	interno 99
binnengaan	entrare 62
binnenhuisarchitect, interieurontwerper	arredatore 62
binnenkomen *(z. nw.)*	ingresso 78
binnenkomen *(ww.)*	entrare 33
binnenplaats	cortile *(m.)* 27
bio-informatica	bioinformatica 65
biologie	biologia 65
bioscoop	cinema 16
blaas-	fiato (a ~) 48
blad	foglia 23
blaffen	abbaiare 80
blauw	blu 88
blazen	soffiare 33
blij	contento 64; lieto 72
blijven	restare, rimanere 23
blijven (lopen)	continuare 29
blijven, nablijven	trattenersi 89
blijven, verblijven	stare 13
blik (kijk)	sguardo 82
blik (oogopslag)	occhiata 47
blikje (conserven)	scatoletta 80
bloeiend	fiorente 96
bloem	fiore *(m.)* 55
bloem-	floreale 68

bloemblaadje	petalo 92
bloemen-, bebloemd, vol bloemen	fiorito 68, 82
bloempje	fiorellino 68
blond	biondo 8
boarding	imbarco 57
bodem	fondo 4
boeien, passioneren	appassionare 55
boeiend	appassionante 65
boek	libro 17
boeken, reserveren	prenotare 30
boeket, ruiker	mazzo 68
boekhandel	libreria 17
boekhandelaar	libraio 17
boer/boerin	contadino/-a 86
boerderij	fattoria 86
boete	multa 39
bol (bloem-)	bulbo 55
Bolognees/-ese	bolognese 10
bomen (met ~)	alberato 29
boodschappen	spesa *(v. ev.)* 32
boom	albero 23
boor	trapano 53
boos maken	arrabbiare 93
boos worden, zich boos maken	arrabbiarsi 42
boosaardigheid	cattiveria 52
boosheid	rabbia 93
bord (aankondigingen)	tabellone *(m.)* 38
bord (school)	lavagna 34
bord (eet-)	piatto 40
bordje	piattino 40
borrel, receptie, drink	rinfresco 68
borst	petto 67
bos	bosco 83
bot	osso 35
boter	burro 32
bouillon	brodo 40
bouwen	costruire 92
boven	oltre 39
boven(op)	sopra 9
bovendien	poi 36; oltre tutto / oltretutto 39
bovenop	oltre a 46
box (geluids-)	cassa 54
braakspoor	scasso 95
branche	ramo 41
brand	incendio 92
bravo	bravo 9
breed	largo 28
breken	rompere 34, 38, rompersi 38

brengen, meebrengen	portare 13
broer	fratello 18
brokje	croccantino 80
bronchitis	bronchite *(v.)* 33
brood	pane *(m.)* 32
broodje	panino 16
brug	ponte *(m.)* 36
bruid	sposa 68
bruiloft	matrimonio 100
bruin	marrone 15
buggy	passeggino 64
buiten (naar ~ gaan)	uscire 23
buiten, voorbij	oltre 89
buiten, naar buiten	fuori 33
buitenaf (van ~)	esterno (dall'~) 95
buitenland	estero 37
buitenlander	straniero 8
buitenlands	straniero 37
buitenschools	extrascolastico 46
bumper	paraurti *(m.)* 69
bureau	ufficio 40
bureauchef	capufficio 40
bureaucratisch	burocratico 100
bus (auto-)	autobus *(m.)* 18
buur(man)/buurvrouw	vicino/vicina 1, 9
buurt (in de ~)	vicino 39

C

cabine	cabina 57
cadeau	regalo 22
cadeau doen	regalare 40
café	bar *(m.)* 29
carnaval	carnevale *(m.)* 81
cassette	cassettone *(m.)* 92
cavalier	cavaliere *(m.)* 19
cavia, Guinees biggetje	porcellino d'India 80
cel-, cellulair	cellulare *(m.)* 22
cent	centesimo 39
centimeter	centimetro 94
centraal	centrale 54
centraal, gecentraliseerd	centralizzato 90
centrum, stadscentrum	centro 18
chaotisch	caotico 82
charcuterie	salume *(m.)* 85
chatten	chattare 50
chauffeur	autista *(m./v.)* 18
check-in	check-in 57
cheque	assegno 43

chilipeper	peperoncino 67
chocolaatje	cioccolatino 73
chocolade	cioccolato 73
chocolade	cioccolata 81
cinema	cinema 21
cinematograaf	cinematografo 28
circuleren	circolare 94
circus	circo 92
cliënteel	clientela 100
code	codice *(m.)* 39
collega	collega *(m./v.)* 41, 43
college, cursus	corso 97
Colosseum	Colosseo 6
comfortabel *(bw.)*	comodamente 17
comfortabel *(b. nw.)*	comodo 3; confortevole 76
commercieel	commerciale 59
commissaris	commissario 95
compartiment	scompartimento 37
competentie	competenza 65
compliment	complimento 59, 97
computer	computer *(m.)* 26, 43
concert	concerto 48
concessiehouder	concessionario 76
conciërge	portinaio, portiere 95
concurrent	concorrente *(m./v.)* 100
conflict	conflitto 52
connecteren, verbinden	connettere 54
conservatorium	conservatorio 48
Constantijns	costantiniano 92
constructie	costruzione *(v.)* 87
consulaat	consolato 79
consumeren	consumare 43
consumptie	consumo 85
contact	contatto 83
contacteren, contact opnemen	contattare 83
container	cassonetto 74
contanten, contant, cash geld	contanti *(m. mv.)* 5, 39
contract	contratto 76
controle	controllo 57
conversatie	conversazione *(v.)* 100
convocatie	convocazione *(v.)* 47
correct	corretto 97
courgette	zucchina 30
crediteren, bijschrijven	accreditare 43
creëren, ontwerpen	creare 68
crisis	crisi *(v.)* 26
croissant	brioche *(v.)* 2
cultureel	culturale 65

curriculum vitae	curriculum vitae *(m.)* 41
curry	curry *(m.)* 67
cursus	corso 3

D

daar	là, lì 29
daarboven	lassù 27
daarentegen	invece 10
daarna	poi 23; successivamente 96
daarom	perché 10
dag (dagdeel)	giorno 13
dag (invulling)	giornata 32
dag!	ciao! 2; salve! 5
dagelijks	quotidiano 94
dageraad	alba 83
dagtrip, uitstap	gita 36
dal	vallata 94
dan (vgl.)	di 22, 28; che 27, 28
dan, dus	allora 8
dan, daarna	poi 23
dan ook, namelijk	infatti 52
dank u/je, bedankt	grazie 4
danken	ringraziare 13
das	cravatta 31
dashbord	cruscotto 69
dat *(aanw. vnw.)*	quello/quella/... 15, 21
dat *(betr. vnw.)*	che 15
dat(gene), hetgeen	ciò 51
datgene/hetgeen dat	quello/quella/... che 53
datum	data 90
datum (over ~ zijnde)	scaduto 69
de	il, lo *(m. ev.)*; la *(v. ev.)*; l' *(m./v. ev.)*; i, gli *(m. mv.)* 14; le *(v. mv.)* 14
dealer (automerk)	concessionaria, concessionario 76
debet	debito 43
debetboeking	addebito 43
december	dicembre 23
decennium	decennnio 65
decoratie	decorazione *(m.)* 68
deel	parte *(v.)* 29
dekken (de tafel)	apparecchiare 40
delen	condividere 50
delen, verdelen	dividere 34
delicaat	delicato 89
deling	divisione *(v.)* 34
demonteren, uit elkaar halen	smontare 53
denken	pensare 36
denken (eraan ~)	ricordarsi 53

denken, zich inbeelden, voorstellen	immaginare 59
depressief	depresso 80
dergelijk	simile 52
dessert	dolce *(m.)* 11, 40
deugd	virtù *(v.)* 26, 67
deur (auto)	portiera 69
deur(opening)	uscio 95
deze	questo/-a/-i/-e 3, 21
dezelfde	uguale 77
dezelfde/het- (als gewoonlijk)	solito 53
dialoog	dialogo 7
dicht, gesloten	chiuso 31
dichtbij, in de buurt	vicino 39
dichter/dichteres	poeta/poetessa 12
dichtmaken (weer ~)	richiudere 62
didactisch	didattico 8615, 21
die *(aanw. vnw.)*	quello/quella/...
die *(betr. vnw.)*	che 9
dieet	dieta 85
dief	ladro 95
diefstal	furto 95
d(i)egenen die	quello/quella/... che 23
dienen, bedienen, van dienst zijn	servire 53, 99
dienst	servizio 27, 52
dienstregeling	orario 41
diep *(bw.)*	profondamente 33
diep *(b. nw.)*	fondo 40; profondo 96
diepvriesproduct	surgelato 66
dier	animale *(m.)* 13
diëtist	dietologo 85
digestiefje	digestivo 30
digitaal	digitale 17
dik	grosso 33; spesso 88
dik, vet	grasso 85
dik(ker) worden, verdikken, bijkomen	ingrassare 42
dikwijls	spesso 9
diner	cena 40
ding(en), spul(len),...	roba 20
ding, zaak	cosa 6
dinsdag	martedì 13
diploma	diploma 21
direct	direttamente 43
directeur/directrice	direttore/direttrice 41, 89
directie	direzione *(v.)* 52; dirigenza 89
discreet	discreto 65
dit	questo/-a/-i/-e 3, 21
divan, (zit)bank	divano 62
dochter	figlia 5, 25

seicentosessanta · 660

doctoraat	dottorato 37
document	documento 94
documentatie	documentazione *(v.)* 94
dode	morto 88
doden	uccidere 45, 96
doe-het-zelven	bricolage *(m.)* 53
doek	tela 88
doel(einde), bedoeling	fine *(m.)* 72
doelman, keeper	portiere 95
doen	fare 9
doen blijven	trattenere 89
doen over, zetten	mettere 38
dokter	dottore/dottoressa 12, 43
dol zijn op	adorare 13
dom (kathedraal)	duomo 96
dom, idioot	scemo, sciocco 50
domein	ambito 41
domiciliëren	domiciliare 43
donderdag	giovedì 13
donker	scuro 88
donkerkleurige huid/haren hebbend	moro 8
dood(op)	morto (stanco ~) 74
door	da 19; per 25, a causa di 80
doorbrengen	passare 36
doordeweeks, werk-	feriale 36, 45
doorgaan	continuare 58; proseguire 90
doorgeven	passare 47
doormaken	attraversare 80
doorn, stekel	spina 66
doorslaan, springen	saltare 66
doos	scatola 40, 52
dorp	paese *(m.)* 83
dorpsgenoot	compaesano 83
dorst	sete *(v.)* 16
doven, uit-, afzetten	spegnere 66
download	download *(m.)* 75
downloaden	scaricare 30
draagbaar	portatile 54
draaien, afslaan	girare 29
draaimolen	giostra 78
dragen	portare 9
drama	dramma 61
drank(je)	bibita 16; bevanda 68
drie jaar (periode van ~)	triennio 65
drie jaar durend	triennale 37
driehoek	triangolo 88
Driekoningen	epifania 36
drink, receptie, borrel	rinfresco 68

drinken	bere 16
droevig	triste 56
dromen	sognare 80
droom	sogno 59
druif	uva 20
druk	duro 32
druk bezig, bezet	impegnato 46
dubbel	doppio 4
duivel	diavolo 79
duizend	mille 4
duizendtal	migliaio 35
dus	quindi 24; allora 30; dunque 72
dutje	pisolino 30
duur	caro 16; costoso 75
dwarsstraat	traversa 29

E

echt	veramente 65
echt, net, juist	proprio 8
echt, waar	vero 9
echt niet/geen	mica 8
echtelijk	matrimoniale 4
eclectisch	ecletticamente 92
eco-incentive	ecoincentivo 58
economie	economia 17
economisch	economico 17
editie, uitgave	edizione *(v.)* 17
een	un/uno/una/un' 21
een (of ander(e))	qualche 30
eend	anatra 30
eender waar, waar ook	ovunque 70
eender welk(e), welk(e)/wat ook	qualunque 66
eender wie, wie ook	chiunque 67, 70
eender wie/welk(e)	qualsiasi 54
eendje	anatroccolo 93
eenheid	unità 54
eenieder (die)	chiunque 67, 70
eenmaal	volta (una ~) 29
eenrichtingsstraat	senso unico 69
eensgezindheid	accordo 52
eenvoudig	semplice 88
eenzaam, alleen	solo 51
eerder	prima 41
eerder, liever	piuttosto 24
eerst	prima 47
eerste	primo 5
eet-	ristoro 78; alimentare 94
eeuw	secolo 61

efficiëntie	efficienza 89
ei	uovo 34
eigen	proprio 50
eigenaar	proprietario 72
eigendom	proprietà 72
eigenlijk	proprio 54; in fondo 55; veramente 80
eiland	isola 61
einde	fine *(v.)* 26
einde (aan het ~ van)	fondo (in ~ a) 4
eindelijk	finalmente 26
eindigen	finire 26
eis	pretesa 41
ekster	gazza 95
elders	altra parte (da un'~) 82
elegant	elegante 9
elektricien	elettricista 66
elektriciteit, licht	luce *(v.)* 43
elektrisch	elettrico 53
elektronisch	elettronico 47
elk(e)	ogni 23; tutto/-a/-e/-i 23
elkaar	si 33
elkaar (aan ~)	attaccato 47
emotioneren, emoties oproepen	emozionare 57
en	e 1
energetisch, energie-	energetico 90
engagement	impegno 46
engageren, inzetten (zich ~)	impegnarsi 46
enig(e)	qualche 25; alcuno/alcuni/alcune 30, 70
enkel (één)	singolo 4
enkel, pas, slechts	solo 25
enkele, een paar/aantal	qualche 30; alcuno/alcuni/alcune 30, 70
enquête	sondaggio 72
enthousiasme	entusiasmo 78
enthousiast maken, enthousiasmeren	entusiasmare 65
envelop	busta 99
epidemie	epidemia 96
er	ci 3
er, ervan, erin, erover,...	ne 22, 34, 45, 49
erg, heel, zeer	molto 3; tanto 28
erg, lastig enz. vinden	dispiacere 46
erger, slechter	peggio 60
erheen, -naartoe,...	ci 19
erkennen	riconoscere 55
erna	dopo 36
ernst	serietà 89
ernstig *(bw.)*	seriamente 89
ervaring	esperienza 41
essay	saggio 17

essence	essenza 68
essentieel	essenziale 88
esthetisch	estetico 61
etalage	vetrina 9
eten *(ww.)*	mangiare 11
eten *(z. nw.)*	cibo 24
eten klaarmaken, koken	cucinare 24
etentje	mangiata 45
euro	euro 39
Europeaan	europeo 20
even, wat	po' 24
evenement	evento 68; manifestazione *(v.)* 88
evengoed	tanto 79
evengoed, wel, toch	stesso (lo ~) 39
evenmin	neanche 8
eventueel *(b. nw.)*	eventuale 90
eventueel *(bw.)*	eventualmente 30
evenwel	però 43
evenwichtig	equilibrato 80
evident	ovvio 87
evolueren	evolvere 41
exact *(b. nw.)*	esatto 39
exact *(bw.)*	esattamente 41
examen	esame *(m.)* 65
excuseren	scusare 3
excuus	scusa 43, 6079
expo, tentoonstelling	mostra
ezel	asino 86

F

fabriek	fabbrica 24
faculteit	facoltà 65
fagot	fagotto 48
familie	famiglia 74, 93
familieleden, verwanten	parenti 30
familienaam	cognome *(m.)* 39
fan, geboeid	appassionato 65
fantastisch	fantastico 36
fase	fase *(v.)* 65
favoriet	preferito 23
februari	febbraio 23
feest	festa 23
feest-; zon- of feestdag	festivo; (giorno) festivo 36
feministe	femminista 19
fenomeen	fenomeno 34
fictie, verhalend	narrativa 17
fiets	bici(cletta) 26
figuur	figura 40; personaggio 78

fijn (klein, dun)	fino 37
fijn (dat zou ~ enz. zijn!)	magari 16
file, bestand	file *(m.)* 50
film	film *(m.)* 19
filologie	filologia 97
filosofie	filosofia 65
finaal, uiteindelijk	fine (alla ~) 26
financieel	finanziario 39; economico 89
Firenze, Florence	Firenze 10
fiscaal	fiscale 39
fitness(centrum), sportclub	palestra 44
flank	fianco 37
flapoor	sventola (orecchio a ~) 15
flat, appartement	appartamento 27
fles	bottiglia 74
flexibel	flessibile 41
Florence, Firenze	Firenze 10
Florentijn; Florentijns	fiorentino 60; 96
fluit	flauto 48
folkloristisch	folcloristico 96
fontein	fontana 29
formeel	formale 97
formulier	modulo 39
fornuis, kookplaat	fornello 67
foto	foto 15
fotografie	fotografia 28
fout;	male 11
Frank	Franco 96
Frankrijk	Francia 68
Frans	francese *(m.)* 68
frequenteren, gaan naar	frequentare 77
frequentie	frequenza 72
fruit	frutta 20
fruit- en groentehandelaar	fruttivendolo 20
fruiten	soffriggere 67
functie	mansione *(v.)* 41
functioneren	funzionare 52
fysiek	fisico 44

G

gaan	andare 5, 11
gaan over/om, betreffen	trattarsi di 58
gaan, overgaan (telefoon)	suonare 79
gang	corridoio 4
gang (op ~ komen)	scattare 83
garage (autostalling)	garage *(m.)* 27
garage (voor onderhoud)	officina 58

garagist, automonteur	meccanico 58
garen, koken	cuocere 67
gas	gas *(m.)* 43
gaspedaal	acceleratore *(m.)* 58
gat	foro 99
gate	gate *(m.)* 57
geachte (zeer ~)	egregio 97
geadresseerde	destinatario 39
geanimeerd, levendig	animato 78
gebeuren	capitare 52; succedere 60
geboeid, fan	appassionato 65
geboekt, gereserveerd	prenotato 4
geboorte	nascita 64
geboren worden	nascere 64, 92
gebouw (gemeenschappelijk)	condominio 27
gebouw	palazzo 6
gebraad	arrosto 85
gebrek	mancanza 88
gebruik	uso 79
gebruiken	usare 29
gebruikers(publiek)	utenza 100
gebruikt, gedragen, tweedehands	usato 43
gedeprimeerd worden	deprimersi 51
gedesoriënteerd	disorientato 69
gedragen (zich ~)	comportarsi 28
gedrang	ressa 81
gedrukt	stampato 61
geduld	pazienza 80
geel	giallo 59
geen, niet	non 2
geen, helemaal geen	niente 20
geen enkel(e)	nessuno/-a 32
geest	mente *(m.)* 52
gefrituurd assortiment	fritto misto 30
gegarandeerd, onder waarborg	garantito 54
gegeven	dato 50
geheugen	memoria 39
geïrriteerd	irritato 33
gejaagd	frenetico 82
gejammer	lamentela 32
gek, maf, dwaas	matto 20
gekamd	pettinato 31
gekend	noto 95
geklaag	lagna 52
gekleefd	incollato 29
gekluisterd	incollato 47
gekookt	cotto 24

seicentosessantasei • 666

gekrenkt	mortificato 93
geld	soldi *(m. mv.)* 5; denaro 37
geldautomaat, pin-	bancomat *(m.)* 5
geldafhaling, -opname	prelievo 43
geldwezen	finanza 96
geleden	fa 24
gelegenheid	occasione *(v.)* 82
geliefd	amato 19
gelijk	uguale 34, 76
gelijk hebben	ragione (avere ~) 31
gelijke, soortgenoot	simile 52
geloven	credere 47
geluid	rumore *(m.)* 95
geluk	fortuna 65
gelukkig	felice 41
gelukkig (maar)	meno male 50
geluks-, geluk hebbend	fortunato 27, 76
gelukzalig, bofkont,...	beato 26
gemak	agio 68
gemakkelijk, makkelijk	facile 25
gemakkelijk, handig	comodo 43
gemaskerd	maschera (in ~) 81
gember	zenzero 67
gemeen, stout	cattivo 80
gemeenschappelijk	comune 49
gemeente	comune *(m.)* 62
gemengd	misto 16; composito 92
geneeskunde	medicina 48
geneesmiddel, medicijn	medicina 33
genieten	approfittare 23; usufruire 76
genoeg	abbastanza 24
genoegen, plezier	piacere 1
genoot (klas~)	compagno 34
geografisch, land-	geografico 78
geometrisch	geometrico 88
gepensioneerde	pensionato 51
gepersonaliseerd	personalizzato 44
gequoteerd	quotato 61
geraken	arrivare 49
geranium	geranio 55
gerecht	piatto 67
gereed	pronto 30
gereedschap	attrezzo 53
gereserveerd, geboekt	prenotato 4
geroosterd	arrosto 73
gerust, maar	pure 30
geschakeerd	sfumato 88

geschiedenis	storia 92
geschikt, passend	conveniente 54
geschilderd	dipinto 88
gesloten	chiuso 30
gespecialiseerd	specializzato 41
gesprek	conversazione *(v.)* 37
gesprek, onderhoud	colloquio 31, 41
gesprek, oproep	chiamata 50
gesteld zijn op	amare 24
gesuikerd	zuccherato 85
getal	numero 34
getrouwd	sposato 72
getuige	testimone 95
geur	aroma, fragranza 68
geur-	profumato 68
gevaarlijk	pericoloso 29
geval	caso 39
geven	dare 5, 14
gevoelig	sensibile 80
gevoeligheid	sensibilità 48
gewaardeerd	gradito 97
gewapend	armato 100
geweldig	meraviglioso 71
gewend	abituato 57
gewest	provincia 74
gewest-	provinciale 74
gewicht	peso 44
gewoon	abituale 89
gewoon, gebruikelijk	solito 53
gewoon, simpelweg	semplicemente 81
gewoonlijk	solito (di ~) 11
gewoonlijk (zoals ~)	solito (come al ~) 2
gewoonte	abitudine *(v.)* 94
gewoonweg	addirittura 50
gezang	canto 82
gezelschap	compagnia 11
gezicht	faccia, viso 15
gezin	famiglia 12
gezond	sano 38
gezondheid	salute *(v.)* 33
gezondheids-	sanitario 51
gezwoeg	sfacchinata 99
gids (persoon/boekje)	guida 78
gigantisch	gigantesco 87
gilet	gilet *(m.)* 31
gisteren	ieri 32
glad	liscio 58

seicentosessantotto • 668

glas (drink~)	bicchiere *(m.)* 16
glas	vetro 62, 74
glas (dubbel ~)	vetri (doppi ~) 62
gletsjer	ghiacciaio 94
glijbaan	scivolo 78
glinsteren	luccicare 95
gloednieuw	fiammante (nuovo ~) 76
gluten	glutine *(m.)* 30
glycine	glicine *(m.)* 55
god	dio 45
goed *(b. nw.)*	buono 15, 21
goed	bene 5
goed (ergens ~ aan doen)	convenire 54, 60, 63
goedenacht, welterusten	buonanotte 4
goedenavond	buonasera 4
goedendag/goeiedag, -morgen, -(na)middag, dag	buongiorno 1, 4
goederen, waar	merce *(v.)* 59
goedkoop	economico 17
gom	gomma 58
gondel	gondola 61
gooien	buttare 67
graaf/gravin	conte/contessa 12
graag	volentieri 65
graag willen	desiderare 43; gradire 76
graan	cereale *(m.)* 32
grammatica	grammatica 25
grammaticaal	grammaticale 100
grap	scherzo 95
gras	erba 36
gratin	sformato 30
gratis	gratuito 62
grens	confine *(m.)* 94
Griek/Griekse	greco/greca 15
grijs	grigio 88
grill (op de ~)	ferri (ai ~) 30
grillade	grigliata 30
grimeermateriaal, make-up	trucco 73
groeien	crescere 37, 93
groen	verde 15
groente	verdura *(v. ev.)* 20
groentesoep	minestrone *(m.)* 24
groep (mensen)	comitiva 88
groep	gruppo 83
groet	saluto 97
grondgebied	territorio 96
groot	grande 26; grosso 53; magno 65

groot, lang	alto 94
grootmoeder	nonna 13
grootouder	nonni 13
grootvader	nonno 13
gsm (cel-)	cellulare *(m.)* 47
gulzig, verzot op lekker eten	goloso 85
gunst	favore *(m.)* 5
gunstig	conveniente 54

H

haag	siepe *(v.)* 55
haan	gallo 48
haar *(pers. vnw. LV)*	capello 15
haar *(pers. vnw. MV)*	la 13
haar *(bekl. vnw.)*	le 6
haar, de/het hare	lei 32
haast	suo/sua/suoi/sue 28
haast (in aller ~)	fretta 32
haasten (zich ~)	fretta (in ~) 32
hagelen	sbrigarsi 32, 48
hakken	grandinare 59
halen (op-, af-)	tritare 67
half	prendere 25
hallo (aan de telefoon)	mezzo 20
hallo!	pronto 30
halsband	ciao! 2
halsdoek	collare *(m.)* 83
halssnoer	foulard *(m.)* 88
halte	collana 95
ham	fermata 18
hamer	prosciutto 16
hamster	martello 53
hand	criceto 80
handbal	mano 34
handels-	pallamano *(v.)* 46
handig, gemakkelijk	commerciale 61
handschoen	comodo 43
happy end	guanto 55
hard	lieto fine 72, 83
hard(gekookt)	duro 58
hard, snel	sodo 34
harde schijf	forte 29
hark	hard disc 47
haten	rastrello 55
hebben	odiare 24
hedendaags	avere 7
	attuale 61

seicentosettanta • 670

heel	tutto/-a/-e/-i 23
heel, erg, zeer	molto 3; tanto 28
heersen over	governare 96
heilige, sint	santo 36
hekel (een ~ hebben aan)	odiare 52
helaas	purtroppo 10
held/heldin	eroe/eroina 48
heleboel,...	sacco 23
helemaal	interamente 92
helemaal niet/geen	mica 8
helft	metà 94
hellebaard	alabarda 87
helling	rampa 57
helpen	aiutare 51
hem *(bekl. vnw.)*	lui 32
hem *(pers. vnw. LV)*	lo 13
hem *(pers. vnw. MV)*	gli 33
hemd, overhemd	camicia 15
hemel	cielo 74
hemeltje!, oeps!, verd...!,...	accidenti! 12
hen *(bekl. vnw.)*	loro 25
hen *(pers. vnw. LV)*	li *(m.)* / le *(v.)* 13
hen *(pers. vnw. MV)*	gli 33
hen, kip	gallina 48
herbeginnen	ricominciare 37
herbevestigen	riconfermare 90
herbouwen	riedificare 92
herdenken	rievocare 92
herdenking, feest	ricorrenza 81
herfst	autunno 23
hergebruiken	riutilizzare 74
herhaaldelijk	ripetutamente 95
herhalen	ripetere 58
herinneren (iem. ~ aan)	ricordare 45
herinneren (zich ~)	ricordare 22; ricordarsi 29
herinnering	ricordo 74
herleiden, reduceren	ridurre 41
hermonteren, terug in elkaar zetten	rimontare 53
heropenen	riaprire 68
herschilderen, opnieuw schilderen	ritinteggiare 53
herstel	recupero 96
herstellen	aggiustare 53
herstelling	riparazione *(v.)* 90
hervatten	riprendere 44
herzien (zijn mening ~)	ricredersi 71
het	il, lo *(m. ev.)*; la *(v. ev.)*; l' *(m./v. ev.)* 14
heten	chiamarsi 1

heuvel	collina 81
hier	qui 8; qua 20
hieronder gelegen	sottostante 95
hij	lui 7
historisch	storico 18
hobbelig	accidentato 100
hobo	oboe *(m.)* 48
hoe	come 3
hoe dan ook	comunque 20
hoed	cappello 15
hoek	angolo 27
hoest	tosse *(v.)* 33
hoesten	tossire 33
hoeveel	quanto 13, 22
hoezo, maar welke dan wel	macché 74
hoi!	ciao! 2
homepage	homepage 54
hond	cane *(m.)* 13
honderdtal	centinaio 35
hondsdolheid, rabiës	rabbia 93
honger	fame *(v.)* 2
hoofd (uit het ~)	mente (a ~) 34; memoria (a ~) 39
hoofd	testa 33
hoofd, chef	capo 40
hoofdgerecht (tweede gerecht)	secondo 11, 30
hoofdletter	maiuscolo 97
hoofdstad	capitale *(v.)* 45
hoofdstraat	corso 29
hoog	alto 26
hoogte	alto 57
hooguit	semmai 89
hoop	speranza 44
hopen	sperare 58
horen	sentire 29
hospitaal	ospedale *(m.)* 55
hotel	albergo 4
hotel	hotel 95
houden	tenere 16, 21; mantenere 92
houden (op-, tegen-, in-)	trattenere 89
houden van, liefhebben	amare 19
houding	comportamento 52
hout	legno 99
houweel	piccone *(m.)* 55
huid	pelle *(v.)* 59
huis	casa 12
huis (vrijstaand ~ (met tuin)) 55	villetta
huis-	domestico 80

huis (aan ~)	domiciliare 43
huishoudapparaat	elettrodomestico 66
huishoudelijk	domestico 74
huisvrouw	casalinga 37
huiveren	rabbrividire 85
hulp, assistentie	assistenza 43
hulp	soccorso 55
hulp (eerste ~)	soccorso (pronto ~) 55
hulpmiddel	strumento 100
humeurigheid	malumore *(m.)* 59
hun *(bez. vnw.)*	loro 23, 28
hun *(pers. vnw. MV)*	gli 33
huur	affitto 27
huwelijk	matrimonio 40
huwen	sposare/sposarsi 37
hyacint	giacinto 55
hydromassage, jacuzzi	idromassaggio 71
hygiënisch	igienico 27

I

ideaal	ideale 44
idee	idea 45
idiomatisch	idiomatico 100
ieder	ciascuno/-a 34
ieder(e)	tutto/-a/-e/-i 23; ogni 44
ieder(een)	tutti 11; ognuno/-a 66; chiunque 67, 70
iemand	qualcuno 13, 70
iets	qualcosa 16
ijs	ghiaccio 94
ijs-	glaciale 94
ijsje	gelato 2, 75
ijzer	ferro 30, 53
ijzerwinkel	ferramenta 53
ik	io 1
illegaal	illegale 75
in	a 2; in 3; di 11; su 34
inbeelden (zich ~)	figurarsi 37, immaginare 59
inbegrepen	compreso 76
inderdaad	infatti 52
indien	se 41
Indisch/Indiaas	indiano 79
industrieel	industriale 41
informatica	informatica 65
informatie	informazione *(v.)* 6
ingenieur	ingegnere *(m./v.)* 12, 41
ingewikkeld	complicato 89
ingrediënt	ingrediente *(m.)* 67

inhuldiging	inaugurazione *(v.)* 68
inkoop	acquisto 43
inlands	entroterra (dell'~) 61
inlichting	informazione *(v.)* 6
inlijven	incorporare 96
innemen	prendere 54
innemen (veel plaats ~)	ingombrare 57
inrichten, meubileren	arredare 62
inrichting (decoratief)	arredo 68
inrichting (meubels,...)	arredamento 62
inschrijven (zich ~)	iscriversi 44
inschrijving	iscrizione *(v.)* 44
inspanning	sforzo 25
installatie	impianto 66
installeren	installare 50
instappen	salire 18
instellen	impostare, mettere 50
instellen, opleggen	imporre 35
instelling (etablissement)	stabilimento 71
instelling (van toestel)	impostazione *(v.)* 50
instructie	istruzione *(v.)* 36, 99
instrument	strumento 48
intact	intatto 95
intellectueel	intellettuale 81
interessant	interessante 52
interesseren	interessare 39
interieurontwerper, binnenhuisarchitect	arredatore 62
internet	internet *(m.)* 17
intrest	interesse *(m.)* 76
introvert	introverso 80
intussen, onder-	frattempo (nel ~) 67
invasie	invasione *(v.)* 61
invullen	compilare 39
inwoner	abitante *(m./v.)* 57
inzameling, ophaling	raccolta 74
inzetten, engageren (zich ~)	impegnarsi 46
inzien, begrijpen	comprendere 94
Italiaan(s)	italiano 8
Italiaanse	italiana 14
Italië	Italia 8

J

ja	sì 3
jaar	anno 10
jack, blouson	giubbotto 59
jaloers	geloso 80

seicentosettantaquattro • 674

jaloezie	invidia 76
jam	marmellata 32
janken	guaire 80
januari	gennaio 23
jarig zijn	compiere gli anni 73
jasje, vest, colbert	giacca 31
je *(wed. vnw.)*	ti 3, 35
je *(pers. vnw. LV)*	ti 31
je *(pers. vnw. MV)*	ti 33
je, jij	tu 3, 7
je, jou *(bekl. vnw.)*	te 20, 32
je, jouw; de/het jouwe	tuo/tua/tuoi/tue 2, 28
jekker (zwarte leren ~)	chiodo 59
jeugd-	giovanile 88
jong	giovane 44
jongedame	signorina 5
jongen	ragazzo 15
jongen, man(netje) (genus)	maschio 37
jonger worden, verjongen	ringiovanire 42
jongere	giovane 44
juf, meesteres	maestra 34
juffrouw	signorina 39
juist	giusto 47
juist, net, echt	proprio 8
juist, precies, net	appunto 31
juli	luglio 23
jullie *(bekl. vnw.)*	voi 32
jullie *(bez. vnw.)*	vostro/-a/-i/-e 1, 28
jullie *(pers. vnw. LV)*	vi 31, 42
jullie *(pers. vnw. MV)*	vi 33, 46
jullie *(pers. vnw. O)*	voi 7
jullie/je *(wed. vnw.)*	vi 31, 35
juni	giugno 45
jurk	vestito 79
jus (vlees)	sugo 30
juweel	gioiello 95

K

kaart	carta 5; tessera 39
kaartje, plannetje	cartina 78
kaartje, ticket	biglietto 5
kaas	formaggio 30, 66
kachel	stufa 90
kader, lijst	cornice *(v.)* 88
kader, schilderij	quadro 88
kalender	calendario 22
kalkoen	tacchino 85

kalmte	calma 90
kamer	camera 4
kamer, vertrek	stanza 4
kammen (zich ~)	pettinarsi 31
kanaal	canale *(m.)* 61
kanarie	canarino 80
kandidatuur, inschrijving	candidatura 39
kant	lato 50
kant (aan de andere ~);	altra parte (d'~) 51
kantine	mensa 24
kantoor	32ufficio
kantoorbediende	impiegato 100
karakter (slecht ~)	caratteraccio 51
karbonade (Nl.), kotelet	braciola 85
karikatuur	caricatura 81
karretje	carrello 86
karton	cartone *(m.)* 78
kartonnen doos	scatolone *(m.)* 40
karweitje, klusje	lavoretto 28
kast	armadio 53
kastanje	castagna 73
kastanje (gepofte ~)	caldarrosta 73
kasteel	castello 78
kastje	armadietto 62
kat	gatto 13
katheder	cattedra 65
keel	gola 33
keer, maal	volta 4, 19
keizer	imperatore 92
kennen	conoscere 34, 37
kenner	intenditore 48
kennis	conoscenza 92
kennis, bekende	conoscente 100
kerel	tipo 15
kerk	chiesa 61
kern	nucleo 72
kers	ciliegia 55
kersenboom	ciliegio 55
Kerst(mis)	Natale 15
keuken	cucina 27
keuze	scelta 9
kiezen	scegliere 28, 41
kijken	guardare 22
kijker	spettatore 82
kikkervisje	girino 36
kilo	chilo 20
kilometer	chilometro 29

seicentosettantasei • 676

kind	bambino 24
kinderen	figli 25
kindertijd	infanzia 48
kinderwagen	carrozzina 64
kip	pollo 67
kip, hen	gallina 48
kist, krat	cassa 54
klaaggraag	lagna 52
klaar, gereed	pronto 13
klaarmaken	preparare 24
klagen	lamentarsi 27; lagnarsi 52
klant, cliënt	cliente *(m./v.)* 9, 14
klarinet	clarinetto 48
klas	classe *(v.)* 5, 42
klassiek	classico 43
klavier	tastiera 54
kleden, aankleden	vestire 31, 32
kledingstuk	abito 94
klein	piccolo 26
kleinkind/-zoon/-dochter	nipote 13
kletsen, babbelen	chiacchierare 100
kleur	colore *(m.)* 23
kleurig, kleurrijk	colorato 62, 73
klif	scoglio 30
klikken	cliccare 54
klimaat	clima 21
kliniek	clinica 71
klokslag	punto (in ~) 28
klusje, karweitje	lavoretto 28
knap	bravo 9
knap, mooi	carino 15
knie	ginocchio 86
knoflook	aglio 67
koe	mucca 49, 86
koekje	biscotto 73
koelkast, frigo	frigo 66
koelte	fresco 23
koers, het rennen	corsa 32
koetswerk, carrosserie	carrozzeria 69
koffer, valies	valigia 57
koffie	caffè *(m.)* 2
kok	cuoco 24
koken (tot kookpunt brengen)	bollire 67
koken, eten klaarmaken	cucinare 24
koken, garen	cuocere 67
kolossaal	colossale 75
kom	ciotola 67

komen	venire 20
komen (onverwacht), overkomen	capitare 52
komend	venturo 97
konijn	coniglio 86
koning/koningin	re 26 / regina 48
kook-	cottura 27
kookpan	pentola 67
koopjes	saldi *(m. mv.)* 59
koorts	febbre *(v.)* 32
kop(je)	tazza 40
kopen	comprare 9
koper (materiaal)	rame *(m.)* 94
kopiëren, overschrijven	copiare 34
koppel	coppia 80
koppelen	collegarsi 75
koppeling	frizione *(v.)* 58
kortom	insomma 32
kost(prijs)	spesa 99
kostbaar	prezioso 46
kotelet, karbonade (Nl.)	braciola 85
kotelet, lapje (gepaneerd)	cotoletta 30
koud	freddo 9
koude	freddo 23
krachtig	potente 57; vigoroso 88
krankzinnig, waanzinnig	pazzesco 81
krankzinnige, waanzinnige	pazzo 81
krant	giornale *(m.)* 60
krat, kist	cassa 54
krediet	credito 5
krokantje	croccante *(m.)* 73
krom	storto 15
kruidenthee	tisana 71
kruier	facchino 99
kruisiging	crocefissione *(v.)* 92
kruispunt	incrocio 29
kruiwagen	carriola 55
kuiken	pulcino 67
kuip	vasca 71
kunnen	potere 16; sapere 21, 29
kunnen, erin slagen om	riuscire a 83
kunst	arte *(v.)* 31
kunstmest	fertilizzante *(m.)* 74
kussen (hoofd-, oor-)	cuscino 62
kussensloop	federa 62
kwaad	male 27
kwaliteit	qualità 26; dote *(v.)* 89
kwart	quarto 22

seicentosettantotto • 678

kwartet	quartetto 48
kwartier	quarto d'ora 32
kwast	pennello 53
kweken	allevare 86
kwestie	questione *(v.)* 48

L

laag	falda 74
laan	viale *(m.)* 29
laars	stivale *(m.)* 9
laarsje	stivaletto 9
laat	tardi 12
laat, te laat	ritardo (in ~) 32
laatste	ultimo 19
labyrint	labirinto 78
lagune	laguna 61
lak, verf, vernis	vernice *(v.)* 53
laken	lenzuolo 62
lamp, licht	fanale *(m.)* 58
land	paese *(m.)* 25
landbouw-	agricolo 86
landgenoot	connazionale 83
landing	atterraggio 57
landmeter	geometra *(m./v.)* 89
landschap	paesaggio 57
lang	lungo 26
lang, groot	alto 94
lange broek, pantalon	pantaloni *(m. mv.)* 15
langs	lungo 61
langskomen, -rijden,...	passare 20
langzaam	piano 38
lans	lancia 87
last veroorzakend	ingombrante 54
lastig, erg enz. vinden	dispiacere 46
lastigvallen	scomodare 43; rompere le scatole 52
laten	lasciare 26
later	dopo 38; poi 55
later, voorbij	oltre 89
lauw	tiepido 71
leder	cuoio 59
leder, vel	pelle *(v.)* 59
leeftijd	età 5
leeg	vuoto 74
leek	profano 48
leerling (buiten school)	allievo 86
leerling	alunno, scolaro, studente/studentessa 86
lees-	lettura 47

leesbevestiging	conferma 47
leeuw/leeuwin	leone/leonessa 12
legaal	legale 75
legende	leggenda 96
leggen	mettere 40
leiden	condurre 41; dirigere 52
leken-	laico 61
lekker	buono 11
lelijk	brutto 15
lelijkerd	brutto 35
lente	primavera 23
lente-	primaverile 81
lepel	cucchiaio 40
lepeltje	cucchiaino 40
leraar/lerares	professore/professoressa 12; insegnante 46
leren	imparare 8
les	lezione *(v.)* 46
letten op, oppassen	badare 21
letteren	lettere 97
leuk,... vinden	piacere 6, 9
leunstoel	poltrona 62
leven *(ww.)*	vivere 37
leven *(z. nw.)*	vita 19
levend(ig)	vivo 88
levendig	vivace 88
levendig, geanimeerd	animato 78
levensmiddelen	generi alimentari *(m. mv.)* 72
leverancier	fornitore 20
levering	consegna 99
lezen *(z. nw.)*	lettura 17
lezen *(ww.)*	leggere 17
lichaam	corpo 94
lichamelijk	fisico 44
licht (niet zwaar)	leggero 9
licht *(z. nw.)*	luce *(v.)* 58
licht-	chiaro 88
licht, lamp	fanale *(m.)* 58
lichtblauw	azzurro 15
lid	membro 35
lief	caro 15
liefde	amore *(m.)* 46
liefhebben	amare 19
liefhebber, amateur	dilettante *(m./v.)* 48
lievelings-	preferito 18
liever, eerder	piuttosto 24
liever..., de voorkeur geven aan	preferire 17
lift	ascensore *(m.)* 4

lijden, last hebben van	soffrire 23
lijden, ondervinden	patire 90
lijken	sembrare 8; assomigliare 71
lijst, kader	cornice *(v.)* 88
likken	leccare 73
lila	lillà 55
links	sinistra 29
lint	nastro 88
lippenstift	rossetto 32
literair	letterario 65
literatuur	letteratura 37
loebas	cagnolone *(m.)* 83
logica	logica 65
lokaal, plaatselijk	locale 83
loket	biglietteria 5; sportello 39
lolly	lecca-lecca *(m.)* 73
Lombard	Longobardo 96
lonen	valere 25
loodgieter	idraulico 66
loods	capannone *(m.)* 87
loopje (op een ~)	corsa (di ~) 32
lopend	corrente 97
losschroeven	svitare 53
lossen, uitladen, lozen	scaricare 75
lucht	aria 26
luchthaven	aeroporto 57
lui, loom	pigro 36
luid	alto 92
luier	pannolino 64
luilak	pigro 36
luisteren *(z. nw.)*	ascolto 100
luisteren, horen	sentire 29
luisteren (naar), beluisteren	ascoltare 29
luitenant	tenente 95
luna-, pretpark	luna-park *(m.)* 78
lunch, middagmaal	pranzo 24
lunchen	pranzare 24
lyceum, middelbare school	liceo 65
lyrisch	lirico 82

M

maag	stomaco 94
maagdelijk wit	candido 93
maaien (gras)	falciare 55
maaien (oogsten)	mietere 86
maal, keer	volta 4, 19
maaltijd	pasto 24

maan	luna 29
maand	mese *(m.)* 41
maandag	lunedì 13
maandelijks	mensile 76
maar	ma 5; invece 52
maar (wens)	magari 78
maar, slechts	solo 8
maar, gerust	pure 30
maart	marzo 22
maat	taglia 59
maat, makker	compagno 56
maatschappij	società 41
macht	potenza 96
machtig	potente 57
mager	magro 2
magie	magia 61
magisch	magico 81
mail, e-mail	mail *(v.)* 47
mailbox	casella di posta elettronica 47
maken	fare 9
mama	mamma 18
man	uomo (mv. uomini) 15, 45
man, echtgenoot	marito 17
man(netje) (genus)	maschio 37
management	gestione *(v.)* 68
manager	dirigente *(m./v.)* 52
mandaat	vaglia 39
mandje	cestino 73
maneuver	manovra *(m.)* 58
manier	maniera 32
mankeren	mancare 53
mannelijk	maschile 19
margriet	margherita 55
Maria-Hemelvaart, 15 augustus	ferragosto 36
marinade	marinata 67
marineren	marinare 67
marionet	fantoccio 81
markt	mercato 20
marshmallow	marshmallow *(m.)* 73
masker	maschera 81
massage	massaggio 71
master	laurea biennale 37
master (een ~ hebbend)	laureato 37
match	partita 44
materiaal	materiale *(m.)* 74
materie, vak	materia 65
matras	materasso 62

maturiteitsexamen	maturità 37
me *(wed. vnw.)*	mi 1, 35
me *(pers. vnw. LV)*	mi 31
me *(pers. vnw. MV)*	mi 33
me, mij *(bekl. vnw.)*	me 16, 32
mecanicien	meccanico 12
mechanisch	meccanico 58
mede-eigenaars-	condominiale 90
mede-eigendom	condominio 90
meedelen	comunicare 43
meenemen, (mee)brengen	portare 13
meer	più 5
meest	più 23
meeste (de ~)	parte (la maggior ~) 54
meester	maestro 88
mei	maggio 64
meisje	ragazza 15
meisje, vrouw(tje) (genus)	femmina 37
melden	comunicare 83
melding	avviso 83
melk	latte *(m.)* 32
melken	mungere 86
memorabel	memorabile 79
men	si 12
meneer	signor(e) 4
menen	pensare 93
mengen	mescolare 67
menigte	folla 18
mens	uomo *(mv.* uomini) 94
mensen, volk	gente *(v. ev.)* 20
menu(kaart)	menù *(m.)* 30
merk	marca 100
mes	coltello 40
mest	concime *(m.)* 74
met	con 4
meteen	subito 33
meter (afstand)	metro 94
meter, teller	contatore *(m.)* 66
methode	metodo 37
meubel	mobile *(m.)* 31, 62
mevrouw	signora 4
middag, namiddag	pomeriggio 19
middagmaal, lunch	pranzo 24
middags (12 u 's ~)	mezzogiorno 22, 24
middel	mezzo 18
middel (door ~ van)	tramite 43
middelbaar onderwijs	scuola media 72

middelbare school, lyceum	liceo 65
middeleeuws	medievale 97
midden (te ~ van)	fra, tra 15
midden (te/in het ~ van)	mezzo a (in ~) 32
midden	centro 29
middernacht	mezzanotte 23
mijn 1, 9, de/het mijne	mio/mia/miei/mie 28
Milaan	Milano 5
Milanees	milanese 30
milieu	ambiente *(m.)* 65
milieu-	ambientale, atmosferico 74
milieuactivist	ambientalista 74
milieubeweging	ambientalismo 74
militair	militare 96
miljoen	milione *(m.)* 95
min	meno 22
minder	meno 5
mineraal	minerale 16
minimum	minimo 50
minst	meno23
minste (ten ~)	almeno 64
minstens	almeno17
minuut	minuto 22
miraculeus	miracoloso 92
mirakel	miracolo 61
mis, fout	male 31
mis	messa 49, 92
misdadiger	malvivente 95
misdrijf	delitto 80
mishagen, misnoegen	dispiacere 46
misschien	magari, forse 16
missen	perdere 38
mobiel, rol-	mobile 57
mobilisatie	mobilitazione *(v.)* 83
modder	fango 71
model	modello 76
moderniseren, moderner worden	modernizzare 31
moe	stanco 4
moeder	madre 18
moeilijk	difficile 10
moeilijkheid	difficoltà 54
moeite	fatica 20; pena 25
moeite doen, zich de ~ getroosten	scomodarsi 43
moeite doen/hebben om,...	fatica (fare ~) 20, 37, 55
moeten	dovere 16, 21; toccare 48
moeten, behoeven, nodig zijn	bisognare *(+ inf.)* 37
mogelijk *(b. nw.)*	possibile 62

mogelijk	magari 81
mogen	potere 16
moment	momento 37
moment (op dit ~), momenteel	momento (per il ~) 37, 62
mond	bocca 15
monster	mostro 52
montage, het monteren	montaggio 99
monteren, in elkaar zetten	montare 99
monteur; automonteur	meccanico 12, 58
mooi	bello 6, 21
mopperen	brontolare 80
morgen	domani 11, 19
morgen, ochtend	mattina 2
morgenochtend	domattina 20
motief	motivo 68
motor (aandrijving)	motore *(m.)* 58
motor (rijtuig)	moto 28
motor(fiets)	moto(cicletta) 28
mouse, (computer)muis	mouse *(m.)* 47
mouw	manica 59
mummie	mummia 94
mummificeren	mummificare 94
munt(eenheid)	moneta 20
museum	museo 94
mutualiteit, ziekenfonds	mutua 33
muur	muro 29
muur (stads~)	muro *(m. met v. mv.* mura) 29
muziek	musica 46
muziekkorps, -kapel, fanfare	banda 48
muzikaal	musicale 48

N

na	dopo 32
na, over	e 22
naam	nome *(m.)* 4
naar	in 11; a 12
naast	fianco a (di ~) 37
naast (bovenop)	oltre a 43
nacht	notte *(v.)* 4
nadenken	riflettere 90
nakomen	mantenere 92
namelijk	cioè 27
namelijk, dan ook	infatti 52
namiddag	pomeriggio 19
namiddag-	pomeridiano 46
Napels	Napoli 10
Napolitaans	napoletano 10

narigheid	guaio 60
nationaliteit	nazionalità 72
natuur	natura 88
natuurlijk *(b. nw.)*	naturale 50, 74
natuurlijk *(bw.)*	naturalmente 4; certamente, certo 30
nauwelijks	appena 52
navigatiesysteem	navigatore *(m.)* 50
navigeren	navigare 43
Nederlander/Nederlands(e)	nederlandese, neerlandese, olandese 3
Nederlands (taal)	nederlandese, neerlandese, olandese 8
nee(n)	no 5
neef (zoon van broer/zus)	nipote 13
neef (zoon van oom/tante)	cugino 22, 25
neer, naar beneden	giù 62
neerkijken op	snobbare 81
neerzetten	deporre 35
negentiende-eeuws	ottocentesco 96
negentigjarig	novantenne 51
neiging	tendenza 85
nemen	prendere 2
neon	neon *(m.)* 59
nep, vals	falso 95
net	circuito 100
net(werk)	rete *(v.)* 47
net, juist, echt	proprio 8
net, pas	appena 32
net, precies, juist	appunto 31
neus	naso 15
nicht (dochter van broer/zus)	nipote 13
nicht (dochter van oom/tante)	cugina 22, 25
niemand	nessuno 16
niet, geen	non 2
niet(waar)	no 9, 12
niet(waar), toch	vero 9
niets	niente 4; nulla 36
nieuw	nuovo 1
nieuwigheid	novità 62
nieuwjaarsdag	capodanno 36
nieuws	notizia 64
nijptang	tenaglie *(v. mv.)* 53
niveau	piano 99
noch	né 8
nochtans	eppure 57
nodig	necessario 43
nodig hebben	bisogno (avere ~) 20
nodig zijn	vuole/vogliono (ci ~) (+ *nw.*) 37
nodig (van dienst/nut) zijn	servire 53, 99

nodig zijn, behoeven, moeten	bisognare (+ inf.) 37
noemen	chiamare 1
nog	ancora 19
nog eens	nuovo (di ~) 57
noga	torrone *(m.)* 73
nogal	abbastanza 12; piuttosto 853
nooit	mai
noot (muziek)	nota 48
norm	norma 66
normaal	normale 47
nou	beh 53
nou, kortom	insomma 19
novelle	novella 17
november	novembre 73
nu	ora 10
nu, tegenwoordig	adesso 18
nul	zero 38
numerus clausus	numero chiuso 65
nuttig	utile 41

O

ober	cameriere *(m.)* 100
observeren	osservare 88
oefening	esercizio 1
oeps!, hemeltje!, verd...!,...	accidenti! 12
of (twijfel)	se 20
of (keuze)	o 5
offerte	preventivo 62
ofwel (of ook)	oppure 30
ofwel	sia 30
ogenblik	momento 39
ok	okay 19
ok, goed, graag,...	bene (va ~) 11
oker	ocra 88
oktober	ottobre 65
olie	olio 46
olijf	oliva 67
om te	per 8
omdat	perché 10
omdraaien (zich ~)	voltarsi 88
omgekeerd, achterstevoren,...	rovescia (alla ~) 99
omringen	circondare 52
omstreeks	giù di lì 68
omvormen	convertire 92
onaardig	antipatico 87
onbeholpen	goffo 93
onbekende, vreemde	estraneo 80

onbepaald	indeterminato 41
onbeweeglijk	immobile 87
oncomfortabel, onpraktisch,...	scomodo 43
ondanks	nonostante 15
ondanks (het feit dat)	nonostante 69
ondenkbaar	impossibile 50
onder	sotto 45
onder, te midden van, tussen	fra, tra 15
onderdompelen	immergere 68
onderhoud	manutenzione *(v.)* 90
onderhoud, gesprek	colloquio 31, 41
ondernemen	intraprendere 97
onderneming, bedrijf	azienda 41
onderscheiden	distinguere 55
onderscheiden, sorteren	differenziare 74
ondertussen, in-	frattempo (nel ~) 67
onderzoek	ricerca 37, 94
onderzoekbank, bedje	lettino 33
onderzoeken	indagare 95
ondraaglijk	insopportabile 23
ongelijk	torto 89
ongerust zijn	preoccuparsi 33
ongesorteerd, restafval	indifferenziato 74
ongeveer	circa 94
ongeveer, plusminus	più o meno 5
ongeveer, omstreeks	giù di lì 68
onherstelbaar	irrimediabilmente 94
online	on line 54
onmiddellijk	subito 33; immediato 43
onnodig	inutile 59
onontbeerlijk	indispensabile 100
onpaar, oneven	dispari 34
onpraktisch, oncomfortabel,...	scomodo 43
onrijp, wrang	acerbo 20
ons *(bekl. vnw.)*	noi 32
ons *(wed. vnw.)*	ci 27, 35
ons *(pers. vnw. LV)*	ci 31, 42
ons *(pers. vnw. MV)*	ci 33, 46
ons, onze	nostro/-a/-i/-e 22, 28
ontbijt	colazione *(v.)* 2
ontbijten	colazione (fare ~) 24
ontbreken	mancare 43
ontdekken	scoprire 60
ontdekking	scoperta 94
ontkomen	sfuggire 61
ontmoeten	incontrare 37
ontmoeten (elkaar ~)	incontrarsi 33

ontslaan	licenziare 89
ontslag nemen	licenziarsi 89
ontsnappen	scappare 42
ontsteking	accensione *(v.)* 58
onttrekken, weghalen	cavare 48
ontvangen	ricevere 47
ontwerpen, creëren	creare 68
ontzeggen	privare 79
onverwachts	improvviso (all'~) 87
onzin, nonsens	scemenza 50
oog	occhio 15
oogst(en)	raccolta 86
oogsten	raccogliere 86
ooit	mai 43
ook	anche 8
ook niet	neanche 8
oom	zio 13
oor	orecchio 15
oorbel	orecchino 95
oorlog	guerra 96
oorsprong	origine *(v.)* 92
oorzaak	causa 50
oosten	oriente *(m.)* 61
Oostenrijk/Oostenrijks	Austria/austriaco 94
op	a 4; in 13; su 17
opdat	affinché 68
opdringerig	invadente 64
opduiken	riemergere 94
opeengepakt	stretto 18
opeisen	rivendicare 94
open	aperto 48
openbaar, publiek	pubblico 18, 39
openbaar vervoer	mezzi pubblici *(m. mv.)* 18
openen	aprire 43
openhartig	francamente 52
opening	apertura 44
openingstijd	orario 41
openlucht	aperto 82
opera	opera 48
operator, provider	operatore 50
opereren, actief zijn	operare 41
opfrissen	rinfrescare 62
opgesloten	chiuso 84
opgeven	abbandonare 44
opgewonden, geagiteerd	agitato 22
ophalen	raccogliere 23
ophaling, inzameling	raccolta 74

ophangen	appendere 73
opheffen, -tillen	sollevare 87
opheldering	chiarimento 100
ophouden, stoppen	smettere 44
opkomen, verrijzen	sorgere 92
opletten, oppassen	fare attenzione, stare attento 29; guardare 39, 56
oplichter, bedrieger	imbroglione 85
oplossen	risolvere 34
oplossing	soluzione *(v.)* 18
opmerkelijk	notevole 74
opmerken	notare 86
opname	presa 53
opnemen (audio)	registrare 50
opnemen (plaatsen)	ricoverare 51
opnemen, pinnen	prelevare 5
opnieuw	nuovo (di ~) 57
oppas, verzorg(st)er (persoonlijke ~)	badante 51
oppassen, zorgen voor	badare 21
oppassen, opletten	fare attenzione, stare attento 29
oppikken, -halen	prendere 25
oprichten (zich ~), opstaan	sollevarsi 87
oproep, gesprek	chiamata 50
oproepen (gevoel)	evocare 68
oproepen, bij zich laten komen	convocare 41
opsporen	rintracciare 83
opstaan	alzarsi 32
opsteken	alzare 34
opstellen	disporre 30
opstijgen *(z. nw.)*	decollo 57
opstopping	ingorgo 18
optelling	addizione *(v.)* 34
optillen, -heffen	sollevare 87
optimisme	ottimismo 60
optocht	sfilata 81
opvatten	concepire 68
opvoeding	educazione *(v.)* 44
opwekkend	energizzante 71
opzettelijk	apposta 52
oranje	arancione 88
orde	ordine *(m.)* 90
orde (in ~)	posto (a ~) 52
organiseren	organizzare 44
originaliteit	originalità 61
origine	origine *(v.)* 25
orkest	orchestra 48
os	bue *(m.)* 45

Nederlands	Italiaans
oud	vecchio 28, 54
oud(er) worden, verouderen	invecchiare 42
ouder (vader of moeder)	genitore 30, 51
ouderdom	vecchiaia 88
oudere (senior)	vecchio 71
ouderwets	antica (all'~) 31; vecchiotto 97
oven	forno 66
over	su 19; fra, tra 24
over, na	e 22
overal	dappertutto 60
overal, waar ook, eender waar	ovunque 70
overblijven	avanzare 40
overboeking, -schrijving	bonifico 43
overdrijven	esagerare 24
overeenstemmen (conform)	corrispondere 41
overeenstemmen, samenvallen	coincidere 45
overgaan	passare 59
overheersen	prevalere 88
overhouden aan	ricavare 89
overkomen, gebeuren	succedere 52
overplaatsen	trasferire 37
overschrijven, kopiëren	copiare 34
overschrijving, -boeking	bonifico 43
overspoelen, baden	inondare 88
oversteken	attraversare 29
overtuigen	convincere 52
overvol, stamp-,	affollato 18
overwinnen	sconfiggere 96

P

paar	paio *(m.)* (v. mv.: paia) 31
paar (een ~)	qualche 30; alcuno/alcuni/alcune 30, 70
paar, even	pari 34
paard	cavallo 86
paas-	pasquale 81
paasmaandag	Pasquetta 36
pak	pacco 99
pakje	pacchetto 59
paleis	palazzo 6
palet	tavolozza 88
paneel	pannello 68
panne, storing	guasto 38, 66
panoramisch	panoramico 78
papa	papà 18
papier	carta 74
papier-maché	cartapesta 81
parade	sfilata 78

paraplu	ombrello 45
parasol	ombrellone *(m.)* 45
parcours	percorso 78
parenthese	parentesi *(v.)* 28
parfum	profumo 68
parfumerie	profumeria 68
park	parco 73
parkeermeter	parcometro 69
parkeren *(z. nw.)*	sosta 69
parkeren *(ww.)*	parcheggiare 58
pas (berg)	passo 36
pas (van ~ komen)	servire 53, 99
pas, enkel, slechts	solo 25
pas, net	appena 32
Pasen	Pasqua 36, 53
pasgeborene	neonato 64
paskamer	cabina di prova 59
paspoort	passaporto 79
passagier	passeggero 18
passen (het ~)	prova 59
passen, proberen	provare 9
passen, schikken	convenire 54, 60, 63
passend, geschikt	conveniente 54
passie	passione *(v.)* 17
pasta	pasta *(v. ev.)* 30
paswoord	password *(v.)* 75
patriarchaal	patriarcale 92
patrimonium	patrimonio 90
patroon-	patrono 36
patserig	pacchiano 81
paus	papa 92
pauselijk	papale 92
pc	pc *(m.)* 54
pedaal	pedale *(m.)* 58
peer	pera 55
pelgrim	pellegrino 96
pen (schrijfpen, vogelveer)	penna 34
penseelstreek	pennellata 88
pensioen	pensione *(v.)* 51
pension	pensione *(v.)* 45
peper	pepe *(m.)* 67
perenboom	pero 55
perfect *(bw.)*	perfettamente 75
perfect *(b. nw.)*	perfetto 94
perfectioneren	perfezionare 100
periode	periodo 41
pers	stampa 83

personage	personaggio 78
personeel	personale *(m.)* 41
persoon	persona 15
persoonlijk	personalmente 81
perzik	pesca 20
pest	peste *(v.)* 96
petitfour	pasticcino 68
petunia	petunia 55
pff	uffa 19
piano	pianoforte *(m.)* 46
picknick	picnic *(m.)* 36, 73
pijl	freccia 38
pijn	male 33
pikken	beccare 75
pinnen, opnemen	prelevare 5
piraat	pirata 78
pittoresk	pittoresco 82
pizza	pizza 11
pizzeria	pizzeria 11
plaats	posto 3; luogo 81; area 92
plaats (in ~ van)	invece che 19
plaats (in ~ van te)	invece di 50
plaats (veel ~ innemend	ingombrante 54
plaatselijk, lokaal	locale 83
plaatser	posatore 53
plaatsnemen	sedersi 42
plaatsvinden	svolgersi 94; avvenire 95
plafond	soffitto 92
plan, project	progetto 36
plan (bv. tarief~)	piano 50
plan, plattegrond	pianta 78
plan (van ~ zijn)	contare di 37; essere intenzionato 76
planeet	pianeta *(m.)* 74
plank	ripiano 99
plant	pianta 78
planten	piantare 55
plastic	plastica 74
plastisch	plastico 46
plat	piano 40
plattegrond	pianta, cartina 78
platteland	campagna 81
plein (in Venetië)	campo 29, 61
plein	piazza 29
pleintje (in Venetië)	campiello 61
plezier, genoegen	piacere 1
plezieren, bevallen, leuk enz. vinden	piacere 6, 9
ploeg, team	squadra 44

ploegen	arare 86
plots	tratto (tutt'a un ~) 87
plug	tassello 99
pluim	piuma 93
plukken	cogliere 86
plusminus	più o meno 41
pocket-, zak-	tascabile 17
poedel	barboncino 80
poëet	poeta 12
poes	gatto 13
Polen	Polonia 43
polis	polizza 69
politie	polizia 95
politiek *(b. nw.)*	politico 46
politiek *(z. nw.)*	politica 17
pontifex, paus	pontefice *(m.)* 92
poot	zampa 93
porselein	porcellana 40
portier (auto)	portiera 69
portier (hotel)	usciere 95
portret	ritratto 88
Portugees/Portugese	portoghese 8
positie	posizione *(v.)* 50
post-	postale 39
post	posta 47
postbode	postino 45
posten	postare 50
pot (bloemen, planten)	vaso 55
praalwagen	carro 81
pracht	meraviglia 6
prachtig	meraviglioso 96
praktijk	pratica 100
praktisch	comodo 26
praten	parlare 8
precies, net,...	proprio 15; appunto 31
prehistorisch	preistorico 94
pret-	divertimento 78
pretpark	parco divertimenti 78
prijs	prezzo 54
prins/prinses	principe/principessa 12
printer	stampante *(v.)* 54
proberen	provare 9
probleem	problema 5
processie	processione *(v.)* 82
produceren	produrre 41
product	prodotto 54
proef	prova 30, 41

seicentonovantaquattro • 694

professioneel	professionale 65
professor	professore/professoressa 12
profiel	profilo 41
profiteren	approfittare 53
programma	programma *(m.)* 36
promotie	promozione *(v.)* 52
protohistorisch	protostorico 94
proviand	provvista 81
provider, operator	operatore 50
psychiater	psichiatra *(m./v.)* 12
psychoanalyticus	psicanalista 87
psycholoog	psicologo 80
publiek *(z. nw.)*	pubblico 19, 100
punt	punto 29
puurheid	purezza 88
pyjama	pigiama *(m.)* 64

R

raad	consiglio 46
raadplegen	consultare 30
raam	finestra 62
raamkozijn	infisso 62
raampje (vliegtuig)	oblò 57
rad	ruota 78
raken, aanraken	toccare 48
ramp	disastro 62
rang	rango 92
rapen, oprapen	raccogliere 23
raspen	grattugiare 67
realiseren	realizzare 96
recept, voorschrift	ricetta 33
receptie, drink, borrel	rinfresco 68
recht	diritto 90
rechtdoor	dritto 29
rechte	retta 52
rechten	giurisprudenza 37
rechthoek	rettangolo 88
rechtopstaand	piedi (in ~) 37
rechts	destra 29
rechtstreeks	diretta (in ~) 54
reclame	pubblicità 100
reçu	ricevuta 3974
recyclage	riciclo
recycleren	riciclare 74
redden (zich (weten te) ~)	cavarsela 48; arrangiarsi 67
redelijk (goed)	discreto 65
reden (motief)	ragione *(v.)* 51

reden (oorzaak)	causa 79
reduceren, herleiden	ridurre 41
refereren	riferire 97
regel	regola 69
regelen	arrangiare 67
regelen (het weten te ~)	arrangiarsi 67
regelmatig *(b. nw.)*	regolare 100
regelmatig *(bw.)*	regolarmente 55
regenen	piovere 59
regenen (pijpenstelen ~)	piovere a dirotto 74
regio	regione *(v.)* 96
regionaal	regionale 38, 74
reis	viaggio 36
reizen	viaggiare 45
reiziger	viandante *(m./v.)* 96
reiziger, passagier	passeggero 18
rek (bv. boeken~)	scaffale *(m.)* 59, 93
rekening	conto 43
rekening, factuur (water-, gas-,...)	bolletta 43
relaxerend	rilassante 71
rem	freno 58
renaissance	Rinascimento 19
renaissance-	rinascimentale 92
rennen *(z. nw.)*	corsa 32
rennen	correre 32
renoveren	rinnovare 62
reparateur van elektrische auto's	elettrauto 58
repareren, herstellen	aggiustare 53
repareren, verhelpen	riparare 66
reproduceren	riprodurre 41
republiek	repubblica 36, 61
reserveren, boeken	prenotare 30
residentie	residenza 92
resistent	resistente 55
respectvol	rispettoso 97
rest	resto 34
restaurant	ristorante *(m.)* 16
restauratie-, eet-	ristoro 78
restaureren	restaurare 94
resultaat	punteggio 65; risultato 68
resulteren, voortkomen uit	risultare 76
reuma	reumatismo 71
reuzenrad	ruota panoramica 78
richten	volgere 82
richting(aan)wijzer	freccia 58
rijbewijs	patente *(v.)* 16
rijden *(z. nw.)*	guida 50

rijden, (be)sturen	guidare 16
rijk, keizerrijk	impero 61
rijks-	statale 74
rijp	maturo 20
rijst	riso 30, 67
ring	anello 95
riskant	rischioso 73
riskeren, het risico lopen	rischiare 48, 51
rivaliserend	rivale 96
roepen	chiamare 7
rok	gonna 59
roken	fumare 44
rol	rullo 53
rol-, mobiel	mobile 57
roltrap	scala mobile 57
Romaans	romanzo 97
roman	romanzo 17
romantisch	romantico 61
Rome	Roma 6
Romeins	romano 61
ronddolen	vagare 83
ronde	giro 36; turno 45
rondje	giretto 36
rondom	intorno 87
rood	rosso 60
rook(wolk)	fumo 78
rookwolkje, tekst-	fumetto 78
rooms-katholiek	cattolico-romano 92
roos	rosa 55
rossig	fulvo 83
rot	marcio 74
rubber, gom	gomma 58
ruim (bagage)	stiva 57
rund	manzo 30
rund-	bovino 85
Russisch (taal; b. nw.)	russo 25; 78
rust	riposo 45
rustgevend, rustig	riposante 32
rusthuis	casa di riposo 51
rustig	tranquillo 24; con calma 90
rustig plaats nemen, binnenkomen,...	accomodarsi 3
ruzie	litigio 32
ruziën	litigare 90

S

sadistisch	sadico 24
salade, slaatje, sla	insalata 16

salaris	stipendio 41
salon (in woning)	salotto 62
samen	insieme 34
samenbrengen	congiungere 96
samenstellen	comporre 30
samenvatten	ricapitolare 95
samenwerken	collaborare 89
samenwerken met	affiancare 41
sandaal	sandalo 9
sanering	miglioria 90
sanitair	sanitari (mv.) 53
sap	succo 30
sardine	sardina 18
Sardinië	Sardegna 15
sauna	sauna 71
saus	salsa 67
saxofoon	sassofono 46
Scandinavisch	scandinavo 99
schaars	raro 85
schade	danno 69
schadelijk	nocivo 74
schaden	danneggiare 52
schaduw	ombra 88
schakelaar	interruttore *(m.)* 53
schamen (zich ~)	vergognarsi 42
schepje (tuingerei)	paletta 55
scheppings-	creatore 88
scheren	rasare 31
scherm	schermo 47
schikken, passen	convenire 54, 60, 63
schilder (woning)	imbianchino 53
schilder/schilderes (kunst)	pittore/pittrice 19
schilderen (woning)	imbiancare, tinteggiare 53
schilderen	dipingere 88
schilderij	pittura 46; quadro 88
schip	nave *(v.)* 78
schoen	scarpa 9
scholier	scolaro 86
schommel	altalena 78
school	scuola 24
school-; schools	scolastico 36; 46
schoonvader	suocero 51
schouder	spalla 88
schreeuw	grido 32
schrift	quaderno 34
schrijven	scrivere 22
schrijver/schrijfster	scrittore/scrittrice 19

seicentonovantotto • 698

schrik	paura 29
schroef, vijs	vite *(v.)* 53
schroefmachine	avvitatore *(m.)* 53
schroevendraaier	cacciavite *(m.)* 53
schuld (geld)	debito 76
schuld (fout)	colpa 99
schulden (zich in de ~ steken, in de ~ raken)	indebitarsi 76
schuldenlast	indebitamento 76
scriptie	tesi *(v.)* 97
sedentair, zittend	sedentario 44
seizoen	stagione *(v.)* 9
selecteren	selezionare 41
selectie	selezione *(v.)* 41
sensationeel	sensazionale 94
september	settembre 45
serie	serie *(v. onv.)* 75
serpent	serpe *(v.)* 76
serveren	servire 67
servet	tovagliolo 40
servies	servizio 40
sessie	seduta 71
sfeer	atmosfera 23
shuttle	navetta 57
Siciliaans	siciliano 20
Sicilië	Sicilia 20
simpel	semplice 88
sinaasappel	arancia 20
sinaasappelboom	arancio 55
sinds	da 10
sint, heilige	santo 36
site	sito 30
situatie	situazione *(v.)* 41
skiën	sciare 23
sla, kropsla	lattuga 16
sla, slaatje, salade	insalata 16
slaap	sonno 94
slaap (in ~ vallen)	addormentarsi 75
slachthuis	macello 85
slachtoffer	vittima 92
slag	colpo 55
slagen in	riuscire a 79
slagen (erin ~ om)	farcela 44
slak	chiocciola 47
slakom	insalatiera 67
slecht	male 20; cattivo 24; brutto 40
slecht (bar~, heel slecht)	pessimo 24, 81

slecht worden, bederven	andare a male 66
slechter, erger	peggio 60
slechts, enkel, pas	solo 25
sleutel	chiave *(v.)* 58
sleutelbloem	primula 55
slinger	festone *(m.)* 73
sloop(premie)	rottamazione *(v.)* 58
slot (met sleutel)	serratura 95
slotte (ten ~)	fine (alla ~) 26
sluiten	chiudere 29
sluiting	chiusura 78
smaak	gusto 11; sapore *(m.)* 68
smaak (op ~ brengen)	condire 67
smartphone (cel-)	cellulare *(m.)* 22
snack	snack *(m.)* 16
snee	fetta 73
sneeuw	neve 81
sneeuwbui	nevicata 92
sneeuwen	nevicare 59
snel	forte 29; svelto 32; pronto 55; veloce 38, 67
snel (zo ~ mogelijk)	presto (al più ~) 36
snijden	tagliare 67
snijplank	tagliere *(m.)* 67
snikken	singhiozzare 93
snoeien	potare 55
snoeischaar	cesoie (v. 73mv.) 55
snoepje	caramella
snoepreep	merendina 24
snuifje	pizzico 67
sociaal	sociale 46
social media (Eng.)	social (Eng. m. mv.) 47
soep	minestra 24
soja	soia 67
sollicitatieprocedure	concorso 39
sommige	certo 23
soms	volte (a ~) 12
soort	tipo 17; specie *(v. onv.)* 87
soortgenoot, gelijke	simile 52
sorteerbak	contenitore *(m.)* 74
sorteren, selectief inzamelen *(z. nw.)*	raccolta differenziata 74
Spaans	spagnolo 3
spade	badile *(m.)* 55
Spanjaard	spagnolo 3
Spanje	Spagna 20
spannend	emozionante 68
specerij	spezia 67
speciaal	speciale 23

speelman, jongleur	giullare 97
speelmans-	giullaresco 97
speeltuin	parco giochi 73
spektakel	spettacolo 23
spel	gioco 73
spelen	giocare 44
spelen, be~ (muziekinstrument)	suonare 46
spiegel	specchio 69
spiegelen (zich ~, weerspiegeld zien), weerspiegeld worden	rispecchiarsi 93
spijten	dispiacere 46
spil	fuso 79
spitsuur	ora di punta 81
spoed(afdeling)	pronto soccorso 55
spook	fantasma *(m.)* 78
spoor (trein-)	binario 38
spoor	traccia 83
spoorweg	ferrovia 38
sport	sport *(m.)* 44
sport-, sportief	sportivo 9, 31
sportclub, fitness(centrum)	palestra 944
spreekwoord	proverbio 38
spreken	parlare 8
springen	saltare 66
sprookje	favola 26; fiaba 87
staal	acciaio 87
staan (in de weg ~)	ingombrare 57
staat	stato 38
stad	città 6
stadje	cittadina 26
stage	stage (m.) 46
stal	stalla 86
stam (boom)	tronco 78
stampvol, over-	affollato 18
stank	puzza 74
stap	step (Eng., *m.*), tappa 100
stappen	camminare 29
starten	partire 58
startmotor	motorino di avviamento 58
stationstunnel, onderdoorgang	sottopassaggio 38
statistiek	statistica 72
statuut	statuto 61
stedelijk	cittadino 86
stedeling	cittadino 86
steeds	sempre 18
stekel, doorn	spina 66
stekker	spina 66

stelen	rubare 88
stellen, zetten,...	porre 30
stem	voce *(v.)* 92
sterk	forte 44; potente 57
sterkedrank	superalcolico 85
sterven	morire 24
stichten	fondare 96
stichter	fondatore 96
stiel, beroep, vak, ambacht	mestiere *(m.)* 12
stier	toro 49
stijl	stile *(m.)* 88
stikken (doen/laten ~)	strozzare 73
stikken	strozzarsi 73; schiattare 76
stil	silenzioso 61
stilleven	natura morta 88
stilstaan, stoppen	fermarsi 44
stilte	silenzio 34
stom, dom	sciocco 50
stomkop	sbadato 22
stommiteit	sciocchezza 50
stopcontact	presa elettrica / di corrente 53
stoppen, ophouden	smettere 44
stoppen, stilstaan	fermarsi 44
storen	disturbare 34; scomodare 43
storing	perturbazione *(v.)* 60
storing, panne	guasto 38, 66
storting	versamento 43
stortplaats	discarica 74
stout, gemeen	cattivo 80
straat	strada 26; via 29
straatje	vicolo 29, 82
straatje (smal ~ in Venetië)	calle *(v.)* 61
strand	spiaggia 45
streaming	streaming 75
streek	regione *(v.)* 86
streep	striscia 29
streepje	trattino 47
strijkinstrument	arco 48
stripverhaal (cf. tekstwolkje)	fumetto 78
stroom	corrente *(v.)* 53
structuur	struttura 51
struik	arbusto 55
student/studente	studente/studentessa 3, 12
studeren	studiare 8
studie	studio 48
studie, kantoor	studio 37
stuk	pezzo 31

settecentodue • 702

stukgaan	rompersi 90
stukmaken	rompere 52
sturen	inviare 97
sturen, besturen, rijden	guidare 16
stuur	volante *(m.)* 50
suiker	zucchero 73
suikerspin	zucchero filato 73
supermarkt	supermercato 67
supplement	integratore *(m.)* 85
symfonisch	sinfonico 483
sympathiek	simpatico
syndicus	amministratore 90
syndroom	sindrome *(v.)* 79
systeem	sistema *(m.)* 41

T

taak	compito 32; mansione *(v.)* 89
taal	lingua 25; linguaggio 48
taart	torta 68; crostata 68
tablet	tablet *(m.)* 54
tafel	tavolo 30; tavola 40
tafel van vermenigvuldiging	tabellina 34
tafelkleed	tovaglia 40
tak	ramo 73
talrijk	numeroso 61, 80
tand	dente *(m.)* 32
tang	pinza 53
tante	zia 13
tapijt	tappeto 54
tariefplan	tariffario (piano ~) 50
te (veel)	troppo 16, 20
technicus	tecnico 41
teef *(v.* hond)	cagna 49
teelt (bv. vee~)	allevamento 85
teen (knoflook)	spicchio 67
tegel	piastrella 53
tegelen, betegelen	piastrellare 53
tegelzetter, -legger	piastrellatore 53
tegenkomen	incontrare 52
tegenover	fronte a (di ~) 29
tegenstellen	opporre 30
tegenwoordig	adesso 71
tegoed	credito 50
tehuis	pensionato 51
teken	segno 95
tekenen *(z. nw.)*	disegno 46
tekenfilms	cartoni animati 78

tekst	testo 63
telefoneren	telefonare 32
telefoon	telefono 43
telefoon (mobiele, cel-)	cellulare *(m.)* 43
telefoon-, telefonie-, telefonisch	telefonico 72, 50
televisie	televisore *(m.)* 66; televisione *(v.)* 81
televisie-	televisivo 81
tellen	contare 85
teller, meter	contatore *(m.)* 66
temperatuur	temperatura 73
tenminste	almeno 41
tennis	tennis *(m.)* 71
tentoonstellen	esporre 76
tentoonstelling	mostra 60
term	termine *(m.)* 89
termijnbetaling	rata 76
termijnen (in ~), op afbetaling	rateale 76
terras	terrazza 55
terrein	terreno 74
territorialiteit	territorialità 94
terug	ritorno (di ~) 34
terugbellen	richiamare 41
terugbetalen	rimborsare 69
terugbezorgen	restituire 83
terugbrengen	riportare 59
teruggaan	risalire 92
teruggaan, -keren, -komen	tornare 12
terugkeer	ritorno 34
terugtrekken (zich ~)	rifugiarsi 61
terugvinden	ritrovare 83
terwijl	invece 24; mentre 32
tevreden	soddisfatto 41; contento 52
tevreden stellen (zich ~)	accontentarsi 61
theater	teatro 48
thema-	tematica 78
therapeutisch	terapeutico 71
thermaal	termale 71
thermen	terme 71
these	tesi *(v.)* 26
thesis	tesi *(v.)* 26
thuis	casa (a ~) 12
thuis-	domiciliare 43
thuiskomen	rientrare 53; rincasare 67
ticket, kaartje	biglietto 5
tien	dieci 10
tiental	decina 67
tijd	tempo 13

tijd-	orario 41
tijd(je) (al een ~)	pezzo (da un ~) 31
tijdens	durante 75
tijdig, op tijd	puntuale 18
tijdperk	epoca 92
tijdstip	ora 97
tijdsverschil	fuso orario 79
tijdverdrijf	passatempo 81
tint (kleur)	tono 68
tint (schakering)	tinta 53
tip (hint)	dritta 67
toch	però 59
toch niet/geen	mica 36
toch, niet(waar)	vero 9
toch, wel, evengoed	stesso (lo ~) 39
toegang	accesso 95
toegang hebben	accedere 75
toegerust, uit-	attrezzato 53
toen	quando 43
toerisme	turismo 82
toerist	turista *(m./v.)* 82
toeristisch	turistico 94
toestaan	accordare 97
toestel	dispositivo 75
toeval	caso 51
toevallig, bij toeval	caso (per ~) 88
toevoegen	aggiungere 89
tomaat	pomodoro 79
ton	tonnellata 74
tong	lingua 33
topje (kleding)	canottiera 59; top *(m.)* 79
toren	torre *(v.)*
tot	fino a 23
tot(dat)	finché 87
totaal *(b. nw.)*	totale 45
totaal *(bw.)*	totalmente 88
tovenaar/(tover)heks	stregone/strega 49
trachten, proberen te	cercare di 17
traditie	tradizione *(v.)* 81
traditioneel	tradizionale 50
tragisch	tragico 62
trainen	allenarsi 44
trainer	trainer 44
training	allenamento 44
transport	trasporto 99
transporteren, meedragen	trasportare 54
trap	scala 38

trappen op	pestare 81
trauma	trauma 48
treffen	abbattersi su 96
trein	treno 37
trek	tratto 87
trek, zin	voglia 11
trekken	trarre 90
trekken over	percorrere 96
trompet	tromba 48
tropisch	tropico 90
trouwen	sposare/sposarsi 37
trouwens	resto (del ~) 87
truc	trucco 73
T-shirt	maglietta 15
tuin	giardino 23
tuinieren *(z. nw.)*	giardinaggio 55
tussen	fra, tra 15
tussenpersoon	tramite 43
tv	tivù *(v.)* 75
tv-journaal	telegiornale *(m.)* 72
twee	due 2
twee jaar (periode van ~)	biennio 65
twee jaar durend	biennale 37
tweede	secondo 4
tweeling	gemello 37
twijfel (zonder ~)	dubbio (senza ~) 54
twijfelen	dubitare 70
typisch	tipico 88

U

u *(ev.)*	lei 1
u *(pers. vnw. LV)*	la 13
u *(pers. vnw. MV)*	le 6
u *(bekl. vnw.)*	lei 32
ui	cipolla 67
uit	di 10; da 20
uitbater	esercente *(m./v.)* 72
uitbreiden	crescere 96
uitbroeden	covare 86
uitdoen, -trekken	levare 33
uiteindelijk	infine, alla fine 26
uiten	esprimere 80
uitgaan, naar buiten gaan	uscire 23
uitgave, editie	edizione *(v.)* 17
uitgehongerd	affamato 24
uitgerust, toe-	attrezzato 53
uitgeven, spenderen	spendere 17

uitleg	spiegazione *(v.)* 88
uitleggen	spiegare 29
uitnodigen	invitare 40
uitnodiging	invito 40
uitoefenen	esercitare 61
uitreiken	rilasciare 79
uitrusten	riposarsi 53
uitrusting	equipaggiamento 94
uitschrijven (cheque)	emettere 43
uitstap, dagtrip	gita 36
uitsteken (tong)	tirare fuori 33
uitstekend, heerlijk	ottimo 9
uitstellen	rimandare 60; aggiornare 90
uittrekken	staccare 66
uittrekken, -doen	levare 33
uitvallen	mancare 66
uitvoeren, verrichten	svolgere 41
uitvoeren, realiseren	realizzare 68
uitwisseling	scambio 96
uitzonderlijk	eccezionale 94
uniek	unico 69
universeel	universale 48
universiteit	università 8
urgentie	urgenza 88
uur	ora 18, 22
uur-	orario 41
uw, de/het uwe (ev.)	suo/sua/suoi/sue 28

V

vaak, dikwijls	spesso 9
vaas	vaso 55
vaatwasser	lavastoviglie *(v.)* 66
vaatwerk	vasellame *(m.)* 94
vaccin	vaccino 79
vader	padre 18
vak, materie	materia 65
vakantie	vacanza 13, 15
vakantie(dagen)	ferie *(v. mv.)* 41, 45
vallen, afvallen	cadere 23
vals, nep	falso 95
vampier	vampiro 78
van	da 2; di 4
vanavond	stasera 11
vandaag	oggi 13, 22
vangen	pigliare 55
vanmorgen	stamattina 2
varen, bevaren	navigare 43

varken	maiale *(m.)* 86
vast	fisso 30, 54; stretto 50
vast, zeker	sicuro (di ~) 65
vastleggen	fissare 41
vastschroeven (weer ~)	riavvitare 53
vaststelling	constatazione *(v.)* 69
vatten	prendere 38
vechtpartij	rissa 81
veel *(b. nw.)*	molto/-a/-i/-e 3; tanto/-a/-i/-e 20, 26
veel *(bw.)*	molto 6; tanto 24
veel (te ~)	troppo 20
veeleisend	impegnativo 12
veelvuldig	frequente 94, 96
veer, pluim	piuma 93
vegan	vegano 30
vegen	spazzare 73
vegetariër	vegetariano 30
veilig	sicuro 61
veiligheid	sicurezza 57
vel, leder	pelle *(v.)* 59
veld	campo 61
Venetië	Venezia 21
venster	finestra 27
ver	lontano 38
veranderen	trasformare 93
veranderen van, verwisselen	cambiare 18
verandering	cambiamento 89
verantwoordelijke	responsabile 41
verbetering	miglioramento 89
verbinden	connettere 47; legare 92; collegare 96; unire 99
verbinding	connessione *(v.)* 47
verblijven	stare 13
verbod	divieto 69
verboden	vietato 62
verbouwing	ristrutturazione *(v.)* 47
verbrandingsoven	inceneritore *(m.)* 74
verbruiken, consumeren	consumare 43
verd...!, hemeltje!, oeps!,...	accidenti! 12
verder ...	continuare 60
verder, dan, daarna	poi 23
verdergaan, vooruit-	avanzare 40
verderop	avanti 33
verdieping	piano 4
verdwalen	perdersi 78
verergeren	peggiorare 33
verf, lak, vernis	vernice *(v.)* 53

verfijndheid	delicatezza 88
verfraaien	adornare 96
verfrissing	rinfresco 68
vergadering	riunione *(v.)* 47; assemblea 90
vergeleken met	rispetto a 90
vergelijk	confronto 61
vergelijken	confrontare 88
vergen	vuole/vogliono (ci ~) (+ nw.) 37
vergeten	dimenticare/ dimenticarsi 38
vergezellen	accompagnare 59
vergiftigen	avvelenare 85
vergissen (zich ~)	sbagliarsi 39
vergissen (zich ~ van/in)	sbagliare 39
vergunning	permesso 62
verhaal	storia 74, 85
verhogen	aumentare 89
verhoging	aumento 89
verhoogd	maggiorato 39
verhouding	rapporto 54
verhuizen	trasferirsi 37
verjaardag	compleanno 22
verkeer	traffico 18
verkeerd	male 51
verkeerslicht	semaforo 29
verkiezen, de voorkeur geven aan	preferire 17
verklaren	affermare 83
verkleedspullen	travestimento 73
verkoudheid	raffreddore *(m.)* 33
verkrijgen	ottenere 79
verlangen	desiderare 43; gradire 76
verlaten	deserto 82
verlegenheid	timidezza 80
verlicht	illuminato 81
verliefd worden	innamorarsi 42, 46
verliezen	perdere 36
verlopen, vervallen	scadere 69
vermaard	insigne 96
vermageren, afvallen	dimagrire 16
vermaken (zich ~)	divertirsi 45, 54
vermenigvuldiging	moltiplicazione *(v.)* 34
vermijden	evitare 38
vermindering	riduzione *(v.)* 90
vermoeien	stancare 50
vermoeiend	faticoso 20
vernieuwen *(z. nw.)*	rinnovo 79, 90
vernis, verf, lak	vernice *(v.)* 53
veronderstellen	supporre 35

verontreinigen	inquinare 74
verontreiniging	inquinamento 74
veroorloven	permettere 58
veroorzaken (last ~)	ingombrare 57
veroorzaken	creare 74
verorberen	divorare, spazzare 73
verplaatsen (zich ~)	spostarsi 8243
verpleger/-ster	infermiere/-a
verplicht	obbligato 23
verplichten	obbligare 23
verrassen	sorprendere 94
verrichting	operazione *(v.)* 39
verrijzen	sorgere 92
vers	fresco 30
verscheidene, een aantal	diversi/-e 52
verschillend	diverso 52; vario 65
verschillende, een aantal	diversi/-e 52
versierd	decorato 68
verslag	verbale *(m.)* 56
versnelling (voertuig)	marcia 58
versnellingshendel	cambio 58
verspreiden (zich ~)	diffondersi 94
verstaan, begrijpen	capire 28
verstand hebben van	intendersi/-sene 48
verstopt	otturato 66
verstrijken	scadere 69
verstrooid	sbadato 22; distratto 69
verstrooiing, tijdverdrijf	passatempo 81
versturen	mandare 39
vertalen	tradurre 41
vertellen	raccontare 52; narrare 96
vertolken	interpretare 48
vertonen	rappresentare 82
vertoning (bioscoop)	spettacolo 75
vertraging	ritardo 32
vertrek, kamer	stanza 4
vertrek	partenza 38
vertrekken	partire 26
vertrouwen op	fidarsi di 54
vervaldatum, -termijn	scadenza 69
vervallen, verlopen	scadere 69
vervangen	cambiare 51
vervanging	sostituzione *(v.)* 90
vervat	contenuto 68; racchiudo 88
vervelen (zich ~)	annoiarsi 73
vervolgens	seguito (in ~) 96
vervolmaking	perfezionamento 100

vervormend	deformante 78
vervuild	inquinato 82
vervuilen	inquinare 74
vervuilend	inquinante 85
vervuiling	inquinamento 74
vervullen	compiere 73
verwaarlozen	trascurare 33
verwachten	prevedere 60; aspettare 64
verwant	affine 68
verwanten, familieleden	parenti 30
verwarmen (zich ~)	riscaldarsi 59
verwarming	riscaldamento 90
verwarmingsketel	caldaia 90
verwijderen (zich ~)	allontanarsi 93
verwisselen, veranderen van	cambiare 18
verzekerd	assicurato 69
verzekeren	assicurare 82
verzekering	assicurazione *(v.)* 69
verzekerings-	assicurativo 100
verzenden	spedire 39
verzet	resistenza 44
verzorg(st)er, oppas (persoonlijke ~)	badante 51
verzorgen	curare 33
vest, jas(je), colbert	giacca 31
vestigen	stabilire 96
vet	grasso 85
via, door middel van	tramite 43
vice-, adjunct-	vice- 89
videogesprek	videochiamata 50
vieren	festeggiare 73; celebrare 92
vierkant	quadrato 88
vijand	nemico 15
vijftiental	quindicina 67
vijver	stagno 93
vinden	trovare 10
vinger	dito 35
viool	violino 46
viooltje (bloem)	viola 55
vis	pesce *(m.)* 30
visum	visto 79
vitrine(kast)	vetrina 94
vlakte	pianura 26
vlam	fiamma 83
vlees	carne *(v.)* 30
vleessaus	ragù *(m.)* 30
vleugel	ala 46
vliegen	volare 71

vliegtuig	aereo 37
vloeibare meststoffen	liquame *(m.)* 85
vlucht (vliegtuig)	volo 57
vluchten (weg~)	scappare 76; fuggire 93
vlug	svelto 32; velocemente 83
vlugvlug	alla svelta, in fretta 32
vochtige *(z. nw.)*	umido 74
voedings-	alimentare 72
voegen (zich ~ bij)	unirsi a 93
voelen	sentire 51
voelen (zich ~)	sentirsi 33
voelen (zich thuis ~)	trovarsi bene 37
voer	mangime *(m.)* 80
voet	piede *(m.)* 33
voet (te ~)	piedi (a ~) 33
voetbal	calcio 44
voetganger	pedone 29
voetgangers-	pedonale 29
vogel	uccello 87
vol	pieno 37; completo 45
voldoende	abbastanza 24
voldoende zijn	bastare 40
voldoening	soddisfazione *(v.)* 46
volgen	seguire 29
volgen (cursus)	frequentare 97
volgend	prossimo 13; successivo 43
volgens	secondo 47, 51
volière	voliera 87
volk	popolo 81
volk, mensen	gente *(v. ev.)* 20
volledig *(b. nw.)*	completo 30
volledig *(bw.)*	completamente 46
volleybal	pallavolo *(v.)* 46
volproppen (zich ~)	abbuffarsi 85
volstaan	bastare 40
volwassen(e)	adulto 28
vondst	ritrovamento 94
voor (uur)	meno 22
voor	per 5; davanti (a) 29; avanti 96
vooral	soprattutto 9; specie 90
voorbaat (bij ~)	anticipatamente 97
voorbeeld	esempio 68
voorbereiden	preparare 79
voorbij	dopo 29
voorbij, buiten, later	oltre 89
voorbijganger	passante *(m./v.)* 100
voordat	prima di 34

settecentododici

voordeel	vantaggio 51
voordelig	conveniente 54
voorgerecht (eerste gerecht)	primo 11
voorheen	prima 52
voorkomen (uiterlijk)	aspetto 15
voornaam *(z. nw.)*	nome *(m.)* 39
voornaam *(b. nw.)*	distinto 97
voorouder	antenato 94
voorplein	piazzale *(m.)* 29
voorpost	avamposto 96
voorrang	precedenza 69
voorschrift, recept	ricetta 33
voorstel	proposta 45
voorstellen	proporre 30
voorstellen (zich ~)	figurarsi 37; immaginare 59
voortdurend	continuo 51
voortzetten	continuare 89
vooruit	avanti 93
vooruitgaan, verder-	avanzare 40
vooruitgang	progresso 74
vooruitzicht	previsione *(v.)* 60; sbocco 65
vooruitziend	previdente 60
voorvallen	succedere 60
voorwaarde	condizione *(v.)* 89
voorwerp	oggetto 94
voorzichtig	prudente 29
voorzichtigheid	prudenza 89
voorzien	provvedere 51
voorzijde	fronte *(v.)* 29
vorig	scorso 36; precedente 41
vork	forchetta 40
vorm	forma 33
vormen	costituire 94
vraag	domanda 72
vraagstuk	problema *(m.)* 34
vrachtwagen	camion *(m.)* 26
vragen	chiedere 17
vrede	pace *(v.)* 23
vreemd	strano 15; straniero 37
vreemde, onbekende	estraneo 80
vreemdeling	straniero 8
vreselijk	terribile 16
vreugde	gioia 86
vrezen	temere 65
vriend/vriendin	amico/amica 15
vriendelijk	gentile 14; cordiale 97
vriendschappelijk	amichevole 69

vriezer, diepvriezer	congelatore *(m.)* 66
vrij	libero 3
vrij, nogal	abbastanza 13
vrijdag	venerdì 13
vroeg	presto 36
vroeg, te vroeg	anticipo (in ~) 38
vroeg of laat	prima o poi 66
vroegchristelijk	paleocristiano 92
vroeger	volta (una ~) 44; prima 57
vroeger *(b. nw.)*	vecchio 78
vrouw	donna 49, 95
vrouw, echtgenote	moglie 1
vrouw(tje) (genus)	femmina 37
vrucht	frutta 30
vuil(nis)	spazzatura 73
vullen	riempire 73
vuur	fuoco 78
vuurwerk	fuochi d'artificio *(m. mv.)* 78

W

waanzinnig	pazzesco 81
waanzinnige	pazzo 81
waar, goederen	merce *(v.)* 59
waar, echt	vero 9
waar *(betr. vnw.)*	cui 51
waar *(vrag. vnw.)*	dove 10
waar (dan) ook, eender waar	ovunque 65, 70
waard zijn	valere 68
waarderen, appreciëren	apprezzare 30, 82
waarheid	verità 71
waarom	perché 2
wachten	aspettare 24
wafer	wafer *(m.)* 73
wagen, auto	macchina, auto 19, 26
wakker maken, wekken	svegliare 32
wakker worden, ontwaken	svegliarsi 32
wand	parete *(v.)* 53
wandelen	passeggiare 36; camminare 59
wandeling	passeggiata 36
wanneer	quando 9
want	perché 10
wantrouwig	diffidente 80
wapen	arma 46
wapendrager	armigero 87
waren	generi *(m. mv.)* 72
warm	caldo 9
warmte	caldo 23

wasbak, -tafel, gootsteen, lavabo	lavello, lavandino 66
wasdroger	asciugatrice *(v.)* 66
wasmachine	lavatrice *(v.)* 66
wassen	lavare 31
wat, beetje	po' 20
wat *(vrag. vnw.)*	che 6; come 13, 61
wat *(betr. vnw.)*	quello/quel che 34, 40
wat ('n)	che 6
water	acqua 16
water-	acquatico 78
waterhoudend	acquifero 74
waterkant	riva 45
waterpolo	pallanuoto *(v.)* 46
waterval	cascata 78
we, wij	noi 7
wedden	scommettere 79
wedstrijd	gara 46
week	settimana 13
weekend	fine settimana *(m.)* 36
weer / slecht weer	tempo / maltempo 60
weergeven	riprendere 68
weersverwachting	meteo 60
weg	strada 29; cammino 34
weg-	stradale 29
weg (in de ~ staand)	ingombrante 54
weg *(bw.)*	via 13
wegen	pesare 85
wegens	causa (a ~ di) 79
weggaan	uscire 23
weghalen, onttrekken	cavare 48
weigeren	rifiutare 54
weinig	poco 5
wekken, op-	scatenare 52
wel, nou	beh 41
wel, toch, evengoed	stesso (lo ~) 39
welk(e)	che 4; quale 23, 38
welk(e)/wat ook, eender welk(e)	qualunque 66
welk(e)/wie ook	qualsiasi 1654
wellicht	forse
wellness	benessere *(m.)* 44
welzijn	benessere *(m.)* 80
wenden (zich ~)	rivolgersi 100
wensen	desiderare 20; gradire 76
wereld	mondo 45
werf	cantiere *(m.)* 92
werk	lavoro 10; opera 48
werk-	lavorativo 41
werk-, doordeweeks	feriale 36, 45

werk-, doordeweekse dag	feriale (giorno ~) 36, 45
werkelijk	davvero 23
werkelijkheid	realtà 52
werken	lavorare 10; funzionare 58
werken aan	preparare 97
werkgever	datore di lavoro *(m.)* 41
werkplaats	officina 58
werktijd	orario 41
werktuig	attrezzo 53; utensile *(m.)* 94
weten	sapere 18
wetenschap	scienza 94
wetenschappelijk	scientifico 50, 65
wetenschapper	scienziato 94
wie *(betr. vnw.)*	cui 51
wie	chi 23
wie ook, eender wie	chiunque 67, 70
wie weet	chissà 64
wie/welk(e) ook	qualsiasi 54
wieg	culla 64
wijden	dedicare 78
wijden (zich ~ aan)	dedicarsi a 46
wijn	vino 40
willen	volere 5, 21
winkel	negozio 43; magazzino 53
winkelcentrum	centro commerciale 59
winkelraam	vetrina 82
winnen	vincere 46
winter	inverno 9
wiskunde	matematica 72
wissel	cambio 58
wit	bianco 15
woensdag	mercoledì 13
wolf	lupo 2
wolk	nuvola 47
wonder	meraviglia 87
wonen	abitare 10
woonkamer	soggiorno 62
woonplaats, verblijf-	domicilio 43
woonst	abitato 90
woord	parola 26
woordenlijst	lessico 100
woordenschat	vocabolario 100
worden	diventare 33; rendersi 55; divenire 96
worden (passieve vorm)	essere, venire 24
wortel	carota 20
wrang, onrijp	acerbo 20
wurgen	strozzare 73

Y
yoghurt   yogurt *(m.)* 67

Z
zaaien   seminare 86
zaak 54   affare *(m.)*
zaak, ding   cosa 6
zaak, winkel   magazzino 53
zaal   sala 88
zak (kleding)   tasca 17, 90
zak (tas)   sacco 23
zak-, pocket-   tascabile 17
zakje   sacchetto 74
zakken (in elkaar ~)   crollare 87
zandbak   sabbionaia 78
zanger   cantante *(m./v.)* 63
zaterdag   sabato 13
ze, zij *(ev.)*   lei 1
ze, zij *(mv.)*   loro 7
zebrapad   strisce pedonali *(v. mv.)* 29
zee   mare *(m.)* 23
zeer, heel, erg   molto 3; tanto 28
zeevruchten   frutti di mare(m. mv.) 30
zegel   francobollo 39
zeggen   dire 25
zeker   certo 4; certamente 20; sicuro, sicuramente 22; senz'altro 54
zeker, beslist   senz'altro 54
zelden   rado (di ~) 82
zeldzaam   raro 27; rado 82
zelfde   stesso 20
zelfs   anche 2; perfino 31; anzi 36
zelfs niet   neanche 8
zetel (eenpersoons~)   poltrona 62
zetten, stellen,...   porre 30
zetten naast   accostare a 88
zeurkont   rompiscatole 52
zich (wederkerend vnw)   si 7, 31
zich   sé 93
zicht   vista 41, 64
ziehier, ziedaar, ziezo   ecco 2
ziekenhuis   ospedale *(m.)* 55
ziekenwagen   ambulanza 55
zien   vedere 15
ziens (tot ~)!   arrivederci! 1
zijn   essere 1, 7; stare 11
zijn, de/het zijne   suo/sua/suoi/sue 28

zilver	argento 88
zin	frase *(v.)* 100
zin, betekenis	senso 88
zin, trek	voglia 11
zitten (gaan ~), zich neerzetten	sedersi 33
zittend, sedentair	sedentario 44
zo	così 2
zo(zeer)	tanto 39
zoals	come 2; quale 96
zodat	affinché 68
zodra	appena 37
zoeken	cercare 17
zogezegd	cosiddetto 74
zolang	finché 94
zolder	soffitta 27
zomer	estate *(v.)* 9
zomers	estivo 45
zon	sole *(m.)* 36
zondag	domenica 13
zonde	peccato 46
zonder	senza 30
zone	zona 60; area 78
zool	suola 59
zoon	figlio 5, 25
zorg	cura 71
zorg, assistentie	assistenza 43
zorgen (zich ~ maken)	preoccuparsi 33
zorgen voor	occuparsi 37; badare 51
zout	sale *(m.)* 67
zoveel	tanto 48
zowel	sia 30
zuiden	sud *(m.)* 10
zuiverend	depurativo 71
zus	sorella 25
zwaan	cigno 93
zwaantje	cignetto 93
zwaar	pesante 54
zwaar, vermoeiend	faticoso 86
zwaard	spada 87
zwak	debole 58
zwanger	incinta 64
zwart	nero 9
zwembad	piscina 46
zwemmen *(z. nw.)*	nuoto 46
zweren	giurare 95
zwijgen	tacere 36
zwoegen	faticare, sfacchinare 99

▶▶▶ **Italiaans**

bij Assimil

Conversatiegids Italiaans
Werkboek Italiaans
Talen als target: Italiaans leren A2

Uitgavenr 4344: Italiaans
Gedrukt in Frankrijk - November 2024
411192